D1690225

IT-Unternehmensarchitektur

Wolfgang Keller ist freier Berater mit den Schwerpunkten Management großer Softwareprojekte und IT-Unternehmensarchitekturen. Seine Themen in diesem Umfeld sind u.a. Business-IT-Alignment, Architekturprozesse, Coaching von Architekturgruppen und IT-Bebauungsplanung für komplette IT-Landschaften. Vor seiner Selbstständigkeit war er über acht Jahre in verschiedenen Managementpositionen im Generali-Konzern in Österreich und Deutschland beschäftigt, leitete dort große Projekte und war u.a. verantwortlich für eine internationale Softwareplattform. Er hat mehr als 20 Jahre Erfahrung mit dem Bau großer individueller Anwendungssysteme als Softwareingenieur, Berater, Projektleiter und Chefarchitekt.

Er studierte nach einer »Siemens Stammhauslehre« Informatik/BWL an der Technischen Universität München und war vor seiner Tätigkeit bei der Generali als Seniorberater und Projektmanager bei der software design & management AG (sd&m, heute Capgemini) in Hamburg und München beschäftigt. Des Weiteren hat er über lange Zeit die VAA[1]-Initiative des GDV beraten.

Er ist Autor des Buches »Enterprise Application Integration – Erfahrungen aus der Praxis«, ebenfalls erschienen im dpunkt.verlag.

Website: www.objectarchitects.biz
E-Mail: wk@objectarchitects.de

---

1. VAA steht für Versicherungs-Anwendungs-Architektur, eine Initiative des Gesamtverbandes der Deutschen Versicherungswirtschaft (GDV), siehe *http://www.gdv-online.de/vaa*.

Papier plus+ PDF.

Zu diesem Buch – sowie zu vielen weiteren dpunkt.büchern – können Sie auch das entsprechende E-Book im PDF-Format herunterladen. Werden Sie dazu einfach Mitglied bei dpunkt.plus+:

www.dpunkt.de/plus

Wolfgang Keller

IT-Unternehmensarchitektur

Von der Geschäftsstrategie zur optimalen
IT-Unterstützung

3., überarbeitete und erweiterte Auflage

dpunkt.verlag

Wolfgang Keller
wk@objectarchitects.de

Lektorat: Christa Preisendanz
Copy-Editing: Ursula Zimpfer, Herrenberg
Herstellung: Birgit Bäuerlein
Umschlaggestaltung: Helmut Kraus, www.exclam.de
Druck und Bindung: M.P. Media-Print Informationstechnologie GmbH, 33100 Paderborn

Fachliche Beratung und Herausgabe von dpunkt.büchern im Bereich Wirtschaftsinformatik:
Prof. Dr. Heidi Heilmann · heidi.heilmann@augustinum.net

Bibliografische Information der Deutschen Nationalbibliothek
Die Deutsche Nationalbibliothek verzeichnet diese Publikation in der Deutschen Nationalbibliografie;
detaillierte bibliografische Daten sind im Internet über http://dnb.d-nb.de abrufbar.

ISBN:
Print   978-3-86490-406-6
PDF   978-3-96088-133-9
ePub   978-3-96088-134-6
mobi   978-3-96088-135-3

3., überarbeitete und erweiterte Auflage
Copyright © 2017 dpunkt.verlag GmbH
Wieblinger Weg 17
69123 Heidelberg

Die vorliegende Publikation ist urheberrechtlich geschützt. Alle Rechte vorbehalten. Die Verwendung der Texte und Abbildungen, auch auszugsweise, ist ohne die schriftliche Zustimmung des Verlags urheberrechtswidrig und daher strafbar. Dies gilt insbesondere für die Vervielfältigung, Übersetzung oder die Verwendung in elektronischen Systemen.
Es wird darauf hingewiesen, dass die im Buch verwendeten Soft- und Hardware-Bezeichnungen sowie Markennamen und Produktbezeichnungen der jeweiligen Firmen im Allgemeinen warenzeichen-, marken- oder patentrechtlichem Schutz unterliegen.
Alle Angaben und Programme in diesem Buch wurden mit größter Sorgfalt kontrolliert. Weder Autor noch Verlag können jedoch für Schäden haftbar gemacht werden, die in Zusammenhang mit der Verwendung dieses Buches stehen.
5 4 3 2 1 0

❖ Für meine Familie: Gabriele, Ilka und Arved ❖

Vorwort zur 3. Auflage

Nach fast fünf Jahren war wieder eine Überarbeitung des Buches notwendig. Wenn man eine solche Überarbeitung angeht, stellt man sich die Frage, ob grundsätzlich neue Dinge passiert sind oder der Status von IT-Unternehmensarchitektur eher stabil geblieben ist.

Die Antwort ist etwas gespalten: IT-Unternehmensarchitektur, soweit sie sich auf den IT-Anteil bezieht, war schon 2012 relativ stabil und es hat dort auch keine revolutionär neuen Entwicklungen gegeben. Nachfolgend erhalten Sie einen Überblick, wo es Ergänzungen gab. Parallel dazu hat sich »Business Architecture« oder aber auch Enterprise Business Architecture weiterentwickelt und auch verbreitet.

Doch zunächst zu Unternehmensarchitektur:

Von dem am häufigsten verwendeten Framework, das immer wieder als EAM-Framework bezeichnet wird, TOGAF 9.0, hat es 2012 mit TOGAF 9.1 ein Wartungsrelease gegeben. Seitdem hält die »Gemeinde« der Unternehmensarchitekten Ausschau nach TOGAF 10.0, das wahrscheinlich 2017 erscheinen wird und von dem man sich weitere Komplettierungen in Richtung vollständigere Abdeckung von IT-Unternehmensarchitektur wird erwarten können.

Das zweite wichtige Framework – COBIT 5 – war zum Erscheinen der 2. Auflage dieses Buches als Preview verfügbar. Der Herausgeber ISACA hat das Framework in der Zwischenzeit weiter ergänzt, sodass Risikomanagement und Management des Wertbeitrages der IT aus den bisher gesonderten Frameworks Risk IT und Val IT integriert wurden.

Was die Methodik von IT-Unternehmensarchitektur (bzw. EAM) generell angeht, gab es in den letzten zehn Jahren keine revolutionären Neuerungen. Typisch für »reife Märkte« gab es aber Produktvariationen: Lean EAM und Agile EAM. Wenn man beide betrachtet (Kap. 13), kann man feststellen, dass sie gut verträglich mit dem grundsätzlich musterbasierten Ansatz dieses Buches sind. In einen ähnlichen Kontext fallen Fragen nach »EAM für den Mittelstand«. Das Thema wurde bisher nicht explizit in diesem Buch behandelt, wird aber jetzt aus Gründen, die in Kapitel 15 erklärt werden, zumindest kurz angerissen. Weiter kann man fragen, wie es mit EAM bei sogenannten »exponentiellen Unternehmen« (ExOs) [Ismail+14] bestellt ist. Solche Unternehmen gibt es in ihren ersten Formen seit ca. 2006. Ihre Anfänge gab es also bereits, als die erste Auflage dieses Buches erschien – sie werden allerdings erst heute breiter diskutiert. Bezüglich EAM sind sie zum großen Teil einfach abzuhandeln. Warum das so ist, wird ebenfalls in Kapitel 15 diskutiert werden.

Technologische Trends wirken sich auf die IT-Unternehmensarchitektur zwar aus – aber nicht dramatisch. Sofern es Bezüge zu Cloud Computing gibt, werden sie eingewoben. Neue Architekturmuster, wie z. B. »Microservice-Architektur«, werden die bisherigen Architekturmuster ergänzen (siehe Abschnitt 9.3.3).

Eine weitere Frage betrifft die Weiterentwicklung von EAM-Tools. Die Strategie, das Thema abzuhandeln, bestand in den bisherigen Auflagen darin, sich anzusehen, welche neuen Trends beim Marktführer implementiert sind. Dies wurde auch hier wieder getan. Den aktualisierten Stand zu EAM-Tools finden Sie in Kapitel 12.

Aktualisierungen waren bei fast allen Kapiteln nötig. Speziell zu erwähnen sind noch die Kapitel zu Compliance (Kap. 6) und IT-Sicherheit (Kap. 7): Im Kapitel zu Compliance wurden die Beispiele auf einen aktuellen Stand gebracht. Dies war nicht zwingend erforderlich. Man lässt sich als Autor aber ungerne vorwerfen, etwas zu Basel II zu schreiben, wenn es schon Basel III gibt. Auch wenn es für den Zweck des Buches unerheblich ist und es eigentlich nur darum geht, zu zeigen, wie sich Regulierungen ganz allgemein auf IT-Unternehmensarchitektur auswirken. Bei IT-Sicherheit hat sich schlicht die Bedrohungslage weiter verschärft. Entsprechend musste das Kapitel überarbeitet werden.

Das **Thema Enterprise Business Architecture und Business Architecture** generell ist auf dem Vormarsch. Es gibt hier inzwischen eine wachsende Menge an Publikationen [Reynolds10], [Sensler+15], [Simon+15], [Ulrich+13], an denen auch der Autor dieses Buches teilweise beteiligt war [Simon+15]. Dieses Buch soll jedoch vorerst auf die IT-Seite der Unternehmensarchitektur fokussiert bleiben. Über Business-IT-Alignment, Capabilities (Geschäftsfähigkeiten) und IT-Strategien gibt es mehr als genug Anknüpfungspunkte und Schnittstellen.

München – im Dezember 2016
Wolfgang Keller

Vorwort zur 2. Auflage

Vom ersten Auftauchen eines Themas in der Informatik bis zu dem Zeitpunkt, an dem eine Technik allgemein beherrscht und gelehrt wird, vergehen üblicherweise 10–15 Jahre. Das bezieht sich auf das in diesem Buch behandelte Thema IT-Unternehmensarchitektur ebenso wie auf den Begriff Softwarearchitektur, der zu Beginn der 1990er-Jahre auftauchte. Anfang der 2000er-Jahre war das Thema Softwarearchitektur allgemein akzeptiert und reif. Als die erste Auflage dieses Buches geschrieben wurde, also 2005 bis 2006, gab es bereits ein brauchbares Softwarearchitektur-Curriculum und ausreichend Literatur dazu, sodass Softwarearchitektur sich zu einer Disziplin entwickelte, die in Praxis und Wissenschaft heute von großer Bedeutung ist.

Die erste Auflage dieses Buches gab den Wissensstand der »IT-Unternehmensarchitektur«, die sich etwa seit dem Jahr 2000 zu einer eigenständigen Disziplin entwickelt hatte, wieder. Es gab erste Ansätze wie das Zachman-Framework oder frühere Versionen von TOGAF (The Open Group Architecture Framework), die sich jedoch meistens auf die Entwicklung großer Einzellösungen bezogen. Später tauchten dann Begriffe wie »Planung der Anwendungslandschaft« oder der Vergleich von IT-Unternehmensarchitektur mit Stadtplanung auf, gefolgt von Begrifflichkeiten rund um das Management kompletter Anwendungsportfolios. Heute, im Jahr 2011, hat das Thema Unternehmensarchitektur also einen zur Softwarearchitektur Anfang der 2000er-Jahre vergleichbaren Stand. Die Methoden und Definitionen haben sich angeglichen, und ein gemeinsames Curriculum entwickelte sich. Von daher war es notwendig und sinnvoll, dieses Buch in Form einer zweiten Auflage gründlich zu überarbeiten. Ein neuer Ordnungsrahmen und der Aufbau des Buches spiegeln den Stand der IT-Unternehmensarchitektur heute wider. Viele Textpassagen und Abschnitte sind neu geschrieben oder erweitert worden.

IT-Unternehmensarchitektur ist im Gegensatz zur Softwarearchitektur noch kein großes Thema an Hochschulen. Dies mag damit zusammenhängen, dass in der Industrie deutlich weniger Unternehmensarchitekten benötigt werden als Softwarearchitekten. Während in einem Entwicklungsteam von ca. 10 Personen üblicherweise ein Softwarearchitekt zu finden ist, bezeichnen sich nur ca. 1 Prozent der Softwareexperten als Unternehmensarchitekten. Es ist also davon auszugehen, dass es derzeit mindestens zehnmal mehr Softwarearchitekten gibt als Unternehmensarchitekten.

Eine Neuauflage dieses Buches war auch aus anderen Gründen sinnvoll: In den letzten 5–6 Jahren haben sich in der IT großer Unternehmen einige Schwerpunkte verschoben. Reines Kostendenken, zumindest bezogen auf die IT, tritt immer mehr in den Hintergrund. Es wird davon ausgegangen, dass dieses Thema von IT-Managern bereits ausreichend ausgelotet und ausgereizt wurde. Insofern wird es in dieser Auflage auch nicht mehr dieselbe Breite einnehmen wie noch vor 5 Jahren. Stattdessen tritt die Notwendigkeit in den Vordergrund, als IT zusammen mit den Geschäftsbereichen Felder aufzuzeigen, in denen das Unternehmen seine Ertragsposition massiv verbessern kann. Angesichts der Tatsache, dass mehr als 90 Prozent aller Kosten den Geschäftsbereichen zuzuordnen sind – und eben nicht der IT –, liegt hier für das Unternehmen auch der wesentlich attraktivere Hebel.

Heute ist es für einen Projektleiter in einem großen Unternehmen deutlich mühsamer geworden, ein Projekt überhaupt bis zur Auslieferungsreife zu bringen. Ursachen dafür sind vor allem deutlich gestiegene Anforderungen aus den Querschnittsgebieten Compliance, Sicherheit und Risikomanagement. Die spektakulären Ereignisse rund um die letzten Finanzkrisen haben das akzeptierte Niveau an Risiko, das große Unternehmen eingehen dürfen, deutlich abgesenkt. Als Konsequenz wurden zusätzliche Stabsstellen installiert, die sich in allen Projekten um die Einhaltung der »IT-Governance« kümmern. Der Nachweisaufwand, den Projekte heute dafür führen müssen, ist erheblich gestiegen. Davon bleibt auch die IT-Unternehmensarchitektur nicht unberührt. Wenn Unternehmensarchitekten Projekte starten, geht ein guter Teil des Planungsaufwands in diese Themen. Außerdem müssen Aspekte der Compliance, der Sicherheit und des Risikomanagements auch in den zukünftigen Architekturen berücksichtigt werden. Auch dies ist mit aufwendigen Nachweispflichten verbunden.

Gleichzeitig wollen Unternehmen Produkte schneller entwickeln, um sich Vorteile in einem Zeitwettbewerb zu verschaffen. Hier beißt sich, vor allem in internationalen Großunternehmen, die Katze quasi in den Schwanz. Einerseits bedeuten Anforderungen an Compliance und Sicherheit einen erhöhten Aufwand für die Projekte. Andererseits sollen diese schneller abgewickelt werden als früher. Agile Methoden wie Scrum versprechen hier Lösungen. Wie agile Methoden zusammen mit großen Architekturen und Compliance- und Sicherheitsanforderungen skalieren, ist ein Thema, von dem Sie als Unternehmensarchitekt zumindest am Rande auch mit betroffen sind.

Des Weiteren breiten sich neben den agilen Methoden auch Konzepte der Lean Production in der Softwareentwicklung aus. Exemplarisch sei hier Kanban genannt. Beim Einsatz dieser Methoden darf jedoch das Thema Architektur nicht vergessen oder vernachlässigt werden, auch wenn sie keinen großen Einfluss darauf haben. Da sich die Themen IT-Unternehmensarchitektur und Agilität orthogonal verhalten, finden Sie in diesem Buch kein eigenes Kapitel zu »agiler Unternehmensarchitektur«. Oder anders ausgedrückt: Für das Portfolio von Anwendungen und Services ist es wenig relevant, ob diese agil oder nach der Wasserfallmethode erstellt wurden, solange dabei die Architekturrichtlinien eingehalten wurden.

Für Unternehmensarchitektur wird häufig eine Stabsstelle eingerichtet, wie auch für die Einheiten, die für Compliance, Sicherheit und Risikomanagement zuständig sind. In der Form einer solchen Stabsstelle ist Architekturmanagement heute in der Praxis weit verbreitet und hat zumindest bei sehr großen Unternehmen auch schon eine erhebliche Normung erfahren. Wenn man beispielsweise die Architektureinheiten mehrerer global agierender Finanzkonzerne vergleicht, wird man große Ähnlichkeiten feststellen. Die zu lösenden Probleme und die Methoden, damit umzugehen, konvergieren inzwischen stark.

In der Summe gab es also genügend Gründe, um die erste Auflage dieses Buches deutlich zu überarbeiten und eine zweite Auflage herauszubringen.

München – im Dezember 2011
Wolfgang Keller

Vorwort zur 1. Auflage

Chefarchitekt eines großen IT-Anwenderunternehmens zu sein, kann ein »gefährlicher Job« werden. Viele mittelgroße Anwenderunternehmen haben derzeit nicht einmal eine Gruppe für IT-Unternehmensarchitektur oder eine Unterstützungsgruppe für den IT-Vorstand[1], die sich unter anderem mit IT-Governance beschäftigt. Es gibt heute noch eine Mehrheit von Unternehmen mit deutlich mehr als drei Mrd. Euro Umsatz, die das Portfolio ihrer IT-Anwendungen nicht »auf Knopfdruck« kennen und die ihre Anwendungsportfolios nicht systematisch managen.

Unternehmensarchitekten leben gefährlich

In Zeiten knapper Budgets und kurzfristigen Erfolgsdrucks ist die Investitionsbereitschaft für »Housekeeping« naturgemäß schwach ausgeprägt – auch wenn man dezidiert nachweisen kann, dass Firmen durch die Totalverweigerung jeglicher Budgets für Infrastruktur und Aufräumarbeiten schon mittelfristig in erheblichem Umfang Mehrkosten produzieren. Mit der Krise ab 2002 haben viele IT-Anwenderunternehmen auch ihre Funktionen für »Methoden, Verfahren und Werkzeuge« auf nahe an der Nulllinie reduziert, um kurzfristig Kosten zu sparen. Oft haben solche Teams auch Aufgaben im Bereich der IT-Unternehmensarchitektur wahrgenommen, deren Fehlen sich mittelfristig ebenfalls teuer bemerkbar machen wird.

Budgets für Infrastruktur sind knapp

Das zu beklagen hilft aber wenig. Man muss es vielmehr schaffen, den Nutzen über andere Argumentationsketten nachzuweisen.

Nutzen muss nachgewiesen werden

Das gelingt Ihnen vor allem dann, wenn Sie Ihrem IT-Vorstand zeigen, dass Sie ihm dabei helfen können, seine Aufgabe erfolgreich anzugehen und auch durch Ihre Arbeit ein anerkanntes Mitglied des Topmanagement-Teams zu werden und zu bleiben.

---

1. Der Begriff IT-Vorstand wird in diesem Buch durchgehend für den IT-Verantwortlichen eines Unternehmens oder einer Unternehmensgruppe verwendet. Der Begriff steht hier für den engl. Begriff CIO (Chief Information Officer). Auch der Geschäftsführer eines ausgegründeten IT-Dienstleisters, der nicht den Titel Vorstand trägt, wird hier in diesem Buch unter dem Begriff »IT-Vorstand« subsumiert.

Regulierungsdruck fördert solide Arbeit

Wenn Ihnen das nicht spontan gelingt, arbeitet langfristig auch der wachsende Regulierungsdruck für Sie. Als Beispiele seien hier Entwicklungen genannt wie Solvency II, Basel II oder SOX (Sarbanes-Oxley Act), die auch eine Privathaftungskomponente für Vorstände enthalten können. An den Bereichen IT-Security oder Kartellrechts-Compliance kann man beobachten, wie blitzartig aufgeräumt werden kann, wenn der Vorstandsvorsitzende für Verstöße gegen allgemein als sicher akzeptierte Praktiken persönlich haftbar gemacht werden kann.

Bei den Unternehmen, die Funktionen wie beispielsweise IT-Unternehmensarchitektur haben, leben Chefarchitekten oft ähnlich gefährlich wie der IT-Vorstand selbst. Der Autor kennt fast so viele Architekten, die in der Hierarchie degradiert wurden oder denen das Budget so lange reduziert wurde, bis sie nur noch eine Alibifunktion hatten, wie solche, bei denen es »im Job einigermaßen« klappt. Der Autor kennt ferner viele Architekten, die zwar den Titel IT-Unternehmensarchitekt tragen – die aber zusammen mit ihren Mitarbeitern komplett in tagesaktuellen Projekten verbraucht werden.

IT-Unternehmensarchitektur ist bezahlbar

Die gute Botschaft ist aber, dass es sehr wohl Ansätze gibt, wie man mit moderaten Budgets eine funktionierende IT-Unternehmensarchitektur aufbauen kann, die der IT-Vorstand und damit das komplette Topmanagement als nützlich empfindet.

Da Architekturfunktionen auf Unternehmensebene derzeit erst im Entstehen sind, werden Sie noch relativ wenige Job-Handbücher für solche Funktionen finden. Unter diesen sind nur wenige, die auf praktischer Erfahrung – positiver wie negativer Art – im Job als Chefarchitekt beruhen. Damit war die Idee geboren, diese Lücke zu schließen und dieses Buch zu schreiben. Es wird Ihnen Ansätze zeigen, mit denen Sie den Job als IT-Unternehmensarchitekt erfolgreich angehen können. Das Buch wird demonstrieren, wann der Job gefährlich ist und wie man die Gefahren nicht nur begrenzen kann, sondern auch als akzeptierter Helfer des IT-Vorstands erfolgreich agiert.

München – im Juli 2006
Wolfgang Keller

Danksagung

IT-Unternehmensarchitektur ist ein spannendes Thema. An die Architektur wirklich großer Softwaresysteme wird man durch die Praxis herangeführt und am besten durch ein professionelles Umfeld, das sich unter anderem dieses Thema zum Anliegen gemacht hat. Ich bin durch die Firma sd&m (heute Capgemini) an dieses Umfeld herangeführt worden und möchte dafür Herrn Prof. Dr. Ernst Denert danken, der in dieser Firma eine Atmosphäre geschaffen hatte, in der nicht nur Termine und kurzfristige Gewinne eine Rolle gespielt haben, sondern aus der auch wirklich solide Arbeit auf dem Gebiet Softwarearchitektur für große Systeme hervorgegangen ist, wie auch zahlreiche andere Veröffentlichungen aus diesem Umfeld zeigen.

Dadurch ergab sich für mich die Chance, die Themen auch an verantwortlicher Stelle in der Praxis anzugehen. Mein Dank gilt hier denen, die mir die Chance dafür gegeben haben: Herrn Walter Steidl, von dem ich gelernt habe, was es heißt, über lange Zeit und gegen Widerstände an Ideen festzuhalten, von denen man überzeugt ist, und auch Herrn Norbert Barth, von dem ich in Bezug auf langfristiges strategisches Denken sehr viel lernen konnte, vor allem wie man durch konsequent verfolgte Vereinfachungen viel Geld sparen kann.

In den mittlerweile 10 Jahren seit der Veröffentlichung der ersten Auflage dieses Buches habe ich zu meiner eigenen Verblüffung weniger als Unternehmensarchitekt, sondern meist als Interims- und Projektmanager in großen, global agierenden Unternehmen gearbeitet. In diesen Positionen konnte ich gut beobachten, wie sich die Unternehmensarchitektur weiterentwickelt hat. Meine Kontakte zur Community der Unternehmensarchitekten habe ich weiter gepflegt und auch kleinere Beratungsaufträge im Kontext von Coaching für Architekturgruppen übernommen.

Wesentliche Impulse konnte ich immer wieder durch die Zusammenarbeit mit dem Lehrstuhl Informatik 19 (sebis) der Technischen Universität München gewinnen. Hier möchte ich mich besonders bedanken bei Florian Matthes, André Wittenburg, Sabine Buckl, Alexander Ernst,

Christian Schweda und Gloria Bondel, deren Arbeiten hier häufig zitiert und verwendet werden. Sie haben auch immer wieder Beiträge für eine teils gemeinsame Vorlesung zur IT-Unternehmensarchitektur an der Universität Potsdam geliefert. Ein weiterer Kollege, dem ich für seinen Input danken möchte und mit dem ich 2007 und 2008 Seminare zu EAM-Themen durchgeführt habe, ist Dieter Masak. Das, was ich über eine präzisere Definition von Business-IT-Alignment weiß, und viele Dinge mehr habe ich von ihm gelernt.

Mein Dank für das Beisteuern kompletter Abschnitte geht an:

- Frau Gloria Bondel und Herrn Prof. Dr. Florian Matthes für den Abschnitt über hybride Wikis (Abschnitt 5.4.2)
- Herrn Florian Oelmaier für das komplette Kapitel 7 über IT-Sicherheit. Ein solches Kapitel erfordert Spezialwissen, über das ich nicht in dem Maße verfüge wie Herr Oelmaier, der spezialisierter Berater für IT-Sicherheit ist.
- Die Herren Dirk Slama und Ralph Nelius für die Erlaubnis zur Verwendung der Abschnitte 3.2 bis 3.5 ihres Buches über Enterprise BPM [Slama+11] als Begriffssystem für SOA (Abschnitt 9.3.1)

Für angeregte Diskussionen und Iterationen zum Thema Service Portfolio Management (Abschnitt 4.8) möchte ich mich bei Herrn Michael Kunz bedanken.

Speziell für die dritte Auflage haben mir einige Kollegen besonders geholfen, schnell wieder auf den neuesten Stand zu kommen. Zu erwähnen sind hier vor allem Herr Dr. Ulrich Kalex von alfabet/Software AG und Herr Rolf Knoll von der NovaTec Consulting GmbH, der mir noch in seiner alten Funktion bei der Firma Syracom Zugang zu einer aktuellen EAM-Tools-Vergleichsstudie gewährt hat. Diese Studie wird in Zukunft von NovaTec und Syracom gemeinsam weitergeführt werden.

Zum dritten Mal gilt mein Dank auch dem Verlagsteam vom dpunkt.verlag, speziell Frau Christa Preisendanz und Herrn René Schönfeldt, mit denen ich wiederholt zusammenarbeiten durfte. Und es hat wieder Spaß gemacht. Dafür danke!

Weiter gilt mein Dank allen Kolleginnen und Kollegen, die die 3. Auflage dieses Buches oder einzelne Kapitel als Reviewer durchgesehen haben und denen ich viele wertvolle Hinweise verdanke. In alphabetischer Reihenfolge waren dies: Prof. Dr. Stefan Bente, Olaf Boczan, Dr. Peter Brössler, Nadin Ebel, Markus Gaulke und Mahbouba Gharbi. Vielen Dank!

Inhaltsübersicht

1	Einleitung und Überblick	1
2	Was ist IT-Unternehmensarchitektur?	23
3	Zielmuster	37
4	Managementprozessmuster	61
5	Sichten und Informationsmodelle	167
6	Compliance	197
7	IT-Sicherheit Von Florian Oelmaier	219
8	IT-Risikomanagement	271
9	Makro-Architekturmuster	281
10	Frameworks für IT-Unternehmensarchitektur	301
11	IT-Management-Frameworks	327
12	Werkzeuge für Enterprise Architecture Management	337
13	Lean und Agile EAM	361
14	Pragmatische Vorgehensweisen	373
15	Einführungspfade für IT-Unternehmensarchitektur	411
16	Ausblick	423

Anhang 429

A	Checkliste für Richtlinien, Vorstudien und Architekturdokumente	431
B	Textauszüge	437
C	Abkürzungsverzeichnis	441
D	Glossar	447
E	Literatur	455
	Stichwortverzeichnis	467

Inhaltsverzeichnis

1	**Einleitung und Überblick**		**1**
1.1	Motivation des Buches		3
1.2	Struktur des Buches		6
1.3	Wer sollte dieses Buch lesen und warum?		11
	1.3.1	Eine Frage der Unternehmensgröße?	12
	1.3.2	IT-Unternehmensarchitekten	13
	1.3.3	Verantwortliche für Business Development	15
	1.3.4	IT-Vorstände	15
	1.3.5	Softwarearchitekten	16
	1.3.6	Alle anderen IT-Mitarbeiter	17
	1.3.7	Studierende	17
1.4	Wie können Sie dieses Buch lesen?		18
1.5	Einige Besonderheiten		18
	1.5.1	Sprache: Deutsch	18
	1.5.2	Verwendung von Wikipedia-Definitionen	19
1.6	Was sich seit der ersten Auflage geändert hat		19
2	**Was ist IT-Unternehmensarchitektur?**		**23**
2.1	Das Substantiv: Unternehmensarchitektur als Struktur		24
	2.1.1	Geschäftsarchitektur	26
	2.1.2	IT-Unternehmensarchitektur	28
2.2	Die Tätigkeit: Unternehmensarchitektur als Management		30
2.3	Musterbasierter Ansatz für IT-Unternehmensarchitektur		32

3	**Zielmuster**	**37**
3.1	Business-IT-Alignment	40
	3.1.1 Bedeutung	41
	3.1.2 Dimensionen	42
	3.1.3 Zwischenbilanz	45
3.2	Verbesserung der Ertragskraft und Kostenmanagement	45
	3.2.1 Verbesserung der Ertragskraft des Business	46
	3.2.2 Reduktion von IT-Kosten	48
3.3	Optimierung mit Sourcing-Strategien	54
3.4	Verbesserung Time-to-Market	54
3.5	Verbesserung Kundenzufriedenheit	57
3.6	Reduktion von Heterogenität	58
3.7	Bewältigung von Fusionen	59
3.8	Compliance, Sicherheit und Risikomanagement	59

4	**Managementprozessmuster**	**61**
4.1	IT-Strategieentwicklung	65
	4.1.1 Was ist eine Strategie?	65
	4.1.2 Ein kurzer Blick auf den Strategieprozess	67
	4.1.3 Wozu sollte eine IT-Strategie Aussagen machen?	67
	4.1.4 Herausforderungen bei der Umsetzung in der Praxis	71
	4.1.5 Der Maxime-Prozess	73
4.2	Business-IT-Alignment herstellen mit Capabilities	74
	4.2.1 Was sind Capabilities?	75
	4.2.2 Investitionssteuerung mit Capabilities	76
	4.2.3 Wie kommt man zu einem sinnvollen Katalog von Capabilities?	78
	4.2.4 Wie kommt man zu den Bewertungen der Capabilities?	80
	4.2.5 Zwischenbilanz: Warum helfen Capabilities bei der strategischen Ausrichtung einer Anwendungslandschaft?	81
	4.2.6 Optimierung des Sourcings einer Anwendungslandschaft mit Capabilities	82
	4.2.7 Vergleich von Anwendungen mit Footprints	83
4.3	Management des Anwendungsportfolios	84
	4.3.1 Grundlegende Begriffe zum Management des Anwendungsportfolios	85
	4.3.2 Management des Anwendungsportfolios als zyklischer Prozess	88

4.4	Erfassung der Ist-Anwendungslandschaft		90
	4.4.1	Umfang	90
	4.4.2	Typische Attribute für eine minimale Befüllung	91
	4.4.3	Erfassung von Schnittstellen: Ja oder Nein?	92
	4.4.4	Key Visual für die Anwendungslandschaft	93
	4.4.5	Tipps und Tricks	94
4.5	Auswertungen des Anwendungsportfolios		95
4.6	Anwendungslandschaft, Metriken und Dashboards		100
4.7	Strategische Bebauungsplanung		103
	4.7.1	Grundsätzliches Vorgehen	104
	4.7.2	Erfassen der Anforderungen (Scoping)	106
	4.7.3	Analyse und Bewertung (Analysis)	107
	4.7.4	Erarbeiten der Zielbebauung	108
	4.7.5	Abstimmung (Design)	108
	4.7.6	Maßnahmenplanung (Plan Implementation)	109
	4.7.7	Zusammenfassung der strategischen Bebauungsplanung	109
4.8	Management eines Serviceportfolios		110
4.9	Managed Evolution		115
4.10	Etablieren eines IT-Governance-Systems		119
	4.10.1	Was ist IT-Governance?	120
	4.10.2	Hierarchie von Governance-Systemen	121
	4.10.3	Stile von IT-Governance	122
	4.10.4	Hinzunahme des Unternehmenstyps	125
4.11	Architektur-Governance		130
	4.11.1	Aufbauorganisation der IT-Governance und Architektur-Governance	131
	4.11.2	Entwicklung und Durchsetzung von Richtlinien	137
	4.11.3	Monitoring des Projektportfolios	143
	4.11.4	Projektbegleitung	146
	4.11.5	Über Reviews im Rahmen der Projektbegleitung	149
4.12	SOA-Governance		154
	4.12.1	Schichten	155
	4.12.2	Operationale und technische SOA-Governance	157
	4.12.3	Business-Motivation für SOA	158
4.13	Management von Fusionen		159
	4.13.1	Die Leiter der Integration	160
	4.13.2	Grundmuster von Anwendungskonsolidierungen	161
4.14	Reduktion von Heterogenität		165

5	**Sichten und Informationsmodelle**	**167**
5.1	Softwarekartografie als Grundlage der Systematisierung	169
5.2	Typen von Softwarekarten	170
	5.2.1 Clusterkarten	171
	5.2.2 Prozessunterstützungskarten	172
	5.2.3 Intervallkarten	174
	5.2.4 Karten ohne Kartengrund	175
5.3	Viewpoints und Viewpoint-Patterns	175
	5.3.1 Viewpoints in IEEE 1471 und TOGAF	175
	5.3.2 Viewpoint-Patterns	177
	5.3.3 Diskussion der Pattern-Qualität	179
5.4	Informationsmodelle	179
	5.4.1 Das TOGAF Content Metamodel	181
	5.4.2 Hybride Wikis als Repository für IT-Unternehmensarchitektur	182
	Von Gloria Bondel und Prof. Dr. Florian Matthes	

6	**Compliance**	**197**
6.1	Was ist »Compliance«?	197
6.2	IT-Compliance im Kontext von Enterprise Compliance	200
6.3	Exemplarische Compliance-Themen für die IT	201
	6.3.1 Basel II und III	202
	6.3.2 Solvency II	206
	6.3.3 Der Sarbanes-Oxley Act (SOX)	207
6.4	KonTraG	212
6.5	Aufbewahrungsfristen	213
	6.5.1 E-Mails sind archivierungspflichtig	213
	6.5.2 Stilllegung von DV-Systemen	214
6.6	COBIT und Compliance	215
	6.6.1 Beispiel aus APO02 – Managen der Strategie	215
	6.6.2 Beispiel aus APO03 – Managen der Unternehmensarchitektur	217
6.7	Der Clinger-Cohen Act	218

7 IT-Sicherheit   219
Von Florian Oelmaier

7.1   Bedarfsgerechte Sicherheit 221
7.2   Dimensionen von IT-Sicherheit 221
      7.2.1   Sicherheit: Security & Safety 222
      7.2.2   Grundwerte der Sicherheit 222
      7.2.3   Daten versus System/Verarbeitungslogik/Code 222
      7.2.4   Kategorien von Sicherheitsanforderungen 223
      7.2.5   Anforderungsquellen 223
      7.2.6   Technologie – Organisation – Prozesse 224
      7.2.7   Gesamtes Netzwerk 224
      7.2.8   Gehäuse, Hardware und Software 224
      7.2.9   Lebenszyklen einzelner Komponenten 225
      7.2.10 Wiederverwendung & Konfigurierbarkeit 226
      7.2.11 Betrachtung der Wertschöpfungskette 226
      7.2.12 Dienstleisterketten und Geschäftspartner, Berater 226
      7.2.13 End-to-End-Kommunikationswege 227
      7.2.14 Multinationaler Einsatz 227
      7.2.15 End-to-End in der Softwareentwicklung 227
      7.2.16 End-to-End im Betrieb 227
      7.2.17 Zwischenfazit 227
7.3   Organisation zur IT-Sicherheit 228
      7.3.1   Sicherheit als Prozess 228
      7.3.2   Ebenen der IT-Sicherheit 228
      7.3.3   Andere Akteure der IT-Sicherheit 229
      7.3.4   Aufgaben der Unternehmensarchitektur 231
7.4   Management der Informationssicherheit 232
7.5   Sicherheitsstrategie 238
7.6   Schutzbedarfs- oder Bedrohungsanalyse 240
      7.6.1   Schutzbedarfsanalyse 241
      7.6.2   Bedrohungsanalyse 242
7.7   Prävention für Forensik & Notfallprozesse 245
      7.7.1   Entdeckung von Sicherheitsvorfällen 245
      7.7.2   Technische Vorbereitungen 247
      7.7.3   Rechtliche Vorbereitungen 249
      7.7.4   Vorgehensweise bei einem IT-Sicherheitsvorfall 249
      7.7.5   Prozedur für Ersthelfer 250
7.8   Dokumentation, Test und Verifikation 251

7.9 Aufgaben für IT-Unternehmensarchitekten 253
7.10 Sicherheitsbebauung 258
7.11 Typische funktionale Sicherheitsmaßnahmen 260
     7.11.1 Rollen und Rechte 260
     7.11.2 Logging 262
     7.11.3 Privacy by Design, Privacy by Default 262
     7.11.4 Updates, Apps, Sandboxing 263
7.12 Typische nicht funktionale Sicherheitsmaßnahmen 263
     7.12.1 Modellierung von Schutzzonen 263
     7.12.2 Risikobewusste Einbindung von Anwendungen in die Netzwerkinfrastruktur 264
     7.12.3 Verschlüsselung auf Applikationsebene 266
     7.12.4 Verschlüsselung auf Netzwerkebene 266
     7.12.5 Einbindung in Infrastruktur- und Betriebssicherheit 267
     7.12.6 Sicherheitsbewusstes Codedesign 267

8 IT-Risikomanagement   **271**
8.1 Was ist Risikomanagement? 274
8.2 Management von Risiken mit Total Risk Profiling 276
8.3 Risikoregister für Anwendungen 278
8.4 IT-Risikomanagement-Framework Risk IT 279

9 Makro-Architekturmuster   **281**
9.1 Blueprints und Architekturrichtlinien 282
     9.1.1 Abstützen auf Standards 283
     9.1.2 Beschreibungsmittel 283
     9.1.3 Marchitecture: der Marketingaspekt 284
9.2 Beispiel: Facharchitektur für Versicherungen 285
     9.2.1 Beispiel zur Beschreibungstiefe einer Facharchitektur 286
     9.2.2 Einsatz und Nutzen einer Facharchitektur 287
     9.2.3 Abgrenzung zu Informationsarchitekturen 288
     9.2.4 Verwendung der Facharchitektur für die Bebauungsplanung 288
9.3 Beispiele für technische Architekturmuster 289
     9.3.1 Beispiel: SOA 290
          Von Dirk Slama und Ralph Nelius
     9.3.2 Beispiel: Blueprint für Internetanwendungen 295
     9.3.3 Beispiel: Microservices und REST 297

10	**Frameworks für IT-Unternehmensarchitektur**	**301**
10.1	Ordnungsrahmen für EAM- und IT-Management-Frameworks	302
10.2	TOGAF 9.x	307
	10.2.1 Die Sicht von TOGAF 9.x auf IT-Unternehmensarchitektur	308
	10.2.2 Der Kern von TOGAF: die »Architecture Development Method« (ADM)	311
	10.2.3 Abgleich von TOGAF mit Prozessclustern der IT-Unternehmensarchitektur	314
	10.2.4 Abdeckung weiterer Aufgabenbereiche durch TOGAF	318
	10.2.5 Sonstige nützliche Aspekte von TOGAF	320
	10.2.6 Künftige Versionen von TOGAF	322
10.3	Zachman-Framework	323
11	**IT-Management-Frameworks**	**327**
11.1	COBIT	328
	11.1.1 Grobstruktur des COBIT-Prozessmodells	330
	11.1.2 Nutzen von COBIT für IT-Unternehmensarchitekten	334
11.2	ITIL	334
12	**Werkzeuge für Enterprise Architecture Management**	**337**
12.1	Abwägungen beim Werkzeugeinsatz	339
12.2	Umfang eines integrierten IT-Planungswerkzeugs	342
	12.2.1 Zu unterstützende Prozesse der IT-Unternehmensarchitektur	343
	12.2.2 Sonstige Prozesse des IT-Managements	347
	12.2.3 Schnittstellen eines IPIT zu anderen Arten von Werkzeugen	349
	12.2.4 Weitere funktionale Anforderungen an IPITs	350
	12.2.5 Nicht funktionale Anforderungen an IPITs	351
12.3	Möglicher Umfang von Planungswerkzeugen	353
	12.3.1 Werkzeuge mit maximalem Umfang: das umfassende Informationssystem für die IT-Funktion?	353
	12.3.2 Werkzeuge mit realistischem Funktionsumfang: IPIT	354
	12.3.3 Werkzeuge mit mittlerem Funktionsumfang: Aufsätze auf bestehenden Lösungen	354
	12.3.4 Werkzeuge mit geringem Funktionsumfang: Ad-hoc-Werkzeuge nur für Bebauungsplanung	355
12.4	Herkunft der Werkzeuge	356
12.5	Marktsituation	358

13	**Lean und Agile EAM**	**361**
13.1	Lean und IT-Unternehmensarchitektur	362
	13.1.1 Lean-Prinzipien	363
	13.1.2 Lean auf Prozesse der IT-Unternehmensarchitektur anwenden	364
13.2	Die Tätigkeit: agile Praktiken auf EAM-Prozesse anwenden	365
	13.2.1 Agiles Manifest und agile Prinzipien	365
	13.2.2 Abgleich Lean und Agile	367
13.3	Das Substantiv: agile Softwarearchitektur	369

14	**Pragmatische Vorgehensweisen**	**373**
14.1	Angemessenes Budget für IT-Unternehmensarchitektur	373
	14.1.1 Zahlt sich IT-Unternehmensarchitektur aus?	374
	14.1.2 Wie groß sollte eine Architekturgruppe sein?	379
14.2	Wie viel Ordnung muss sein?	380
	14.2.1 Wie sorgt man für die Reduktion von Komplexität?	380
	14.2.2 Wie viel Ordnung ist gut? Gibt es zu viel Ordnung?	381
14.3	Gefahren für Unternehmensarchitekten	388
	14.3.1 Exkurs: Organisationsmuster für die IT-Funktion	389
	14.3.2 Auf die Beschaffungsseite fixierter IT-Vorstand	394
	14.3.3 Organigramm alten Stils	394
	14.3.4 Hierarchiedenken	395
	14.3.5 Chicken Race	395
	14.3.6 Mangelnde Offenheit	396
	14.3.7 Verzetteln: keine klare Strategie	397
	14.3.8 Inkonsequenz	398
14.4	Zusammenarbeit mit Lösungsarchitekten	398
	14.4.1 Warum macht der IT-Unternehmensarchitekt nicht meine Projektarchitektur?	399
	14.4.2 Das Kostendilemma der Wiederverwendung	402
14.5	Tipps und Tricks	403
	14.5.1 Architekturtickets	403
	14.5.2 Radar-Chart-Methode	405
	14.5.3 Chefmanagement	407

15	**Einführungspfade für IT-Unternehmensarchitektur**	**411**
15.1	IT-Unternehmensarchitektur für Großunternehmen	411
15.2	Einführungspfade für IT-Unternehmensarchitektur mit und ohne Topmanagement-Unterstützung	412
15.3	Wege in Konzernen mit dezentralen IT-Einheiten	419
16	**Ausblick**	**423**

Anhang 429

A	**Checkliste für Richtlinien, Vorstudien und Architekturdokumente**	**431**
A.1	Wer kann diese Checkliste verwenden und warum?	431
A.2	Zu Beginn	432
	A.2.1 Reviewen ist eine Dienstleistung für den Autor	432
	A.2.2 Schreiben ist eine Dienstleistung für den Leser	433
A.3	Kontrollfragen	433
	A.3.1 Kontrollfragen zur Geschichte, die das Dokument wiedergibt	433
	A.3.2 Formalia	436
B	**Textauszüge**	**437**
B.1	Auszug SOX Sections 302 und 404	437
B.2	Auszug AO (Abgabenordnung)	439
C	**Abkürzungsverzeichnis**	**441**
D	**Glossar**	**447**
E	**Literatur**	**455**
	Stichwortverzeichnis	**467**

1 Einleitung und Überblick

Die Anforderungen an das IT-Management sind über die Jahre, in denen sich die Informationstechnologie weiterentwickelt hat, kontinuierlich gestiegen. Während es in den 1980er-Jahren ausgereicht hat, die sogenannte Beschaffungsseite der IT (siehe Abb. 1–1) im Griff zu haben – also überhaupt eine einigermaßen lauffähige IT betreiben zu können –, hatte sich die Situation bis ca. 2006 dahingehend weiterentwickelt, dass es nun wichtig war, die IT als sogenannten Enabler zu führen. Dafür war es wichtig, als IT-Verantwortlicher primär das Geschäft zu verstehen und es optimal mit den Mitteln der Informationstechnologie zu unterstützen. Noch besser war und ist es, wenn der IT-Verantwortliche in der Lage ist, dem Topmanagement echte Innovation mit IT-Hilfe anzubieten. Nicht jedes Geschäft setzt hier auf den Einsatz von Infor-

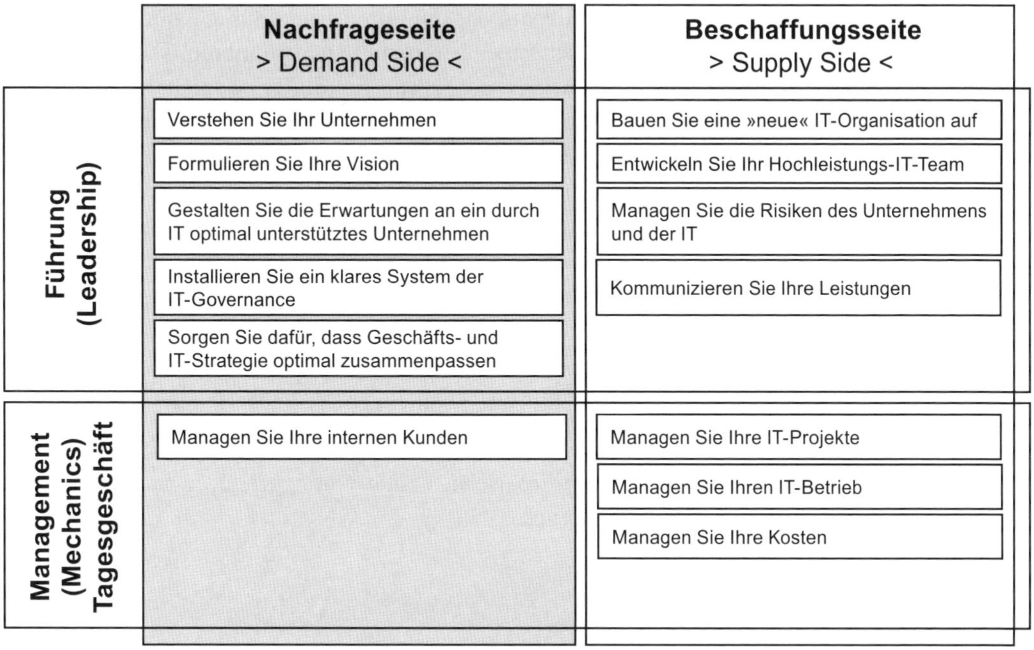

Anforderungen an das IT-Management steigen.

Abb. 1–1
Agenda eines IT-Vorstands nach [Broadbent+05]

		Nachfrageseite > Demand Side <	Beschaffungsseite > Supply Side <
Führung (Leadership)		Verstehen Sie Ihr Unternehmen	Bauen Sie eine »neue« IT-Organisation auf
		Formulieren Sie Ihre Vision	Entwickeln Sie Ihr Hochleistungs-IT-Team
		Gestalten Sie die Erwartungen an ein durch IT optimal unterstütztes Unternehmen	Managen Sie die Risiken des Unternehmens und der IT
		Installieren Sie ein klares System der IT-Governance	Kommunizieren Sie Ihre Leistungen
		Sorgen Sie dafür, dass Geschäfts- und IT-Strategie optimal zusammenpassen	
Management (Mechanics) Tagesgeschäft		Managen Sie Ihre internen Kunden	Managen Sie Ihre IT-Projekte
			Managen Sie Ihren IT-Betrieb
			Managen Sie Ihre Kosten

mationstechnologien. Nachdem heute aber sehr viele Geschäftsprozesse automatisiert und in IT-Systemen abgebildet sind, kann IT oft einen wichtigen Hebel für die Innovation darstellen und ist häufig eine wesentliche Komponente neuer Geschäftsmodelle. Der Trend, dass IT immer mehr zum Bestandteil neuer Geschäftsmodelle wird, spiegelt sich inzwischen auch im Thema »Digitalisierung« wider. IT ist nicht mehr eine Unterstützungsfunktion für Geschäftsmodelle, sondern wird selbst zum Teil des Geschäftsmodells. Häufig werden durch Digitalisierung sehr große Veränderungsprogramme in einer Unternehmens-IT verursacht. Solche großen Programme müssen gesteuert werden, und zwar sowohl, was das Projektmanagement anbelangt, als auch, was die Planung der IT-Unternehmensarchitektur betrifft.

Time-to-Market

Darüber hinaus haben sich Produktzyklen weiter verkürzt. Dies hat zur Folge, dass sich die IT-Landschaften schneller entwickeln müssen, als dies noch vor fünf oder zehn Jahren der Fall war. Apps für mobile Geräte sind heute bei Updatezyklen von durchschnittlich 30 Tagen angelangt [Kelly16]. Applikationen im Bereich mobiler Geräte und von Webfrontends sind teilweise »permanente Betaversionen«. Sogenannte Kernsysteme oder Bestandssysteme sollten ein solches Tempo eher nicht mitgehen – deshalb wird auch die sogenannte Two-Speed-IT heute kontrovers diskutiert.

Compliance und Sicherheit

Auf der Gegenseite der Beschleunigung finden sich verschärfte Anforderungen an Compliance (das Einhalten von Gesetzen), eine wesentlich gesteigerte Sensibilität für IT-Sicherheit und ein deutlich niedrigeres Risikoniveau, das die Öffentlichkeit, die Kunden, die Aktionäre oder der Gesetzgeber bereit sind zu akzeptieren. Das heißt, Risikomanagement – auch und gerade für die IT – spielt ebenfalls eine wichtige Rolle. Diese drei zuletzt genannten Entwicklungen machen Projekte eher langsamer als schneller.

Aus der Softwarearchitektur, die Einzelsysteme gestaltet, ist bekannt, dass mit Architekturmitteln sich einzelne Anwendungen schneller, sicherer und effizienter ändern lassen. Analog kann man auch ein komplettes Portfolio von Anwendungen so gestalten, dass sich Änderungen möglichst zügig, sicher und effizient durchführen lassen.

IT-Alignment

Die IT-Funktion eines großen Unternehmens muss im Regelfall heute also mindestens zwei Themengebiete beherrschen:

- Einerseits muss sie Enabler für ein Geschäft sein, das sich schnell ändern kann und in vielen Fällen von aggressiven Start-ups angegriffen werden wird,

- andererseits soll sie gesetzliche Auflagen erfüllen und verhindern, dass ein Unternehmen durch Sicherheitsprobleme in negative Schlagzeilen gerät, die schnell existenzbedrohende Ausmaße annehmen können.

Große Unternehmen müssen dabei viele Arten von Wettbewerbern abwehren. Kleine, aggressive Start-ups können sich auf kleine lukrative Teile des Geschäftsportfolios des großen Unternehmens konzentrieren und dadurch Teile des Gewinns angreifen. Große Internetunternehmen können sich zwischen ein Unternehmen und seine Kunden schieben und dadurch die Kundenbeziehung gefährden oder Gewinn daraus abschöpfen. KI-Assistenten werden diesen Trend noch gefährlicher für die Unternehmen machen, wenn die Kunden aus Bequemlichkeit einen »künstlich intelligenten« digitalen Assistenten von Google oder Amazon fragen, der dann im Hintergrund die Anfrage des Kunden versteigert und auf den Kanal leitet, der dem Internet-Giganten das meiste für den Kontakt bietet. Bei Onlinewerbung sind solche Versteigerungen bereits üblich. Durch den Einsatz von Assistenzsystemen werden sie sich weiter verbreiten.

Man erkennt leicht, dass sich solche Anforderungen, nämlich die Abwehr schneller oder extrem mächtiger Wettbewerber aus dem Internet, von der Commodity-IT, wie sie noch vor 15–20 Jahren weit verbreitet war, deutlich unterscheiden. IT-Management benötigt heute auch fortgeschrittenere Methoden als beim Erscheinen der ersten Auflage dieses Buches vor zehn Jahren. Zum Glück haben sich die Methoden kontinuierlich weiterentwickelt und verbessert.

1.1 Motivation des Buches

Wenn IT-Management heute für viele Unternehmen wichtiger ist als jemals zuvor, kann man sich die Frage stellen, welche Rolle denn dann IT-Unternehmensarchitektur spielt. So viel sei vorweg gesagt: IT-Unternehmensarchitektur deckt zentrale Gebiete eines fortschrittlichen IT-Managements ab. Abbildung 1–2 zeigt im Vergleich zwei Modelle für IT-Governance. In beiden Modellen sind jeweils die wichtigsten Aufgabenblöcke genannt, die ein IT-Gesamtverantwortlicher organisieren muss, um erfolgreich zu sein. Wenn man die Blöcke kurz durchgeht, ist leicht zu sehen, dass IT-Unternehmensarchitektur eine breite Rolle im IT-Management einnimmt.

Rolle IT-Unternehmensarchitektur

Abb. 1–2
Aufgabengebiete des IT-Managements – dargestellt anhand der Gliederungen des IT Governance Institute (ITGI, links) [ITGI11] und nach Weill (rechts) [Weill+04]

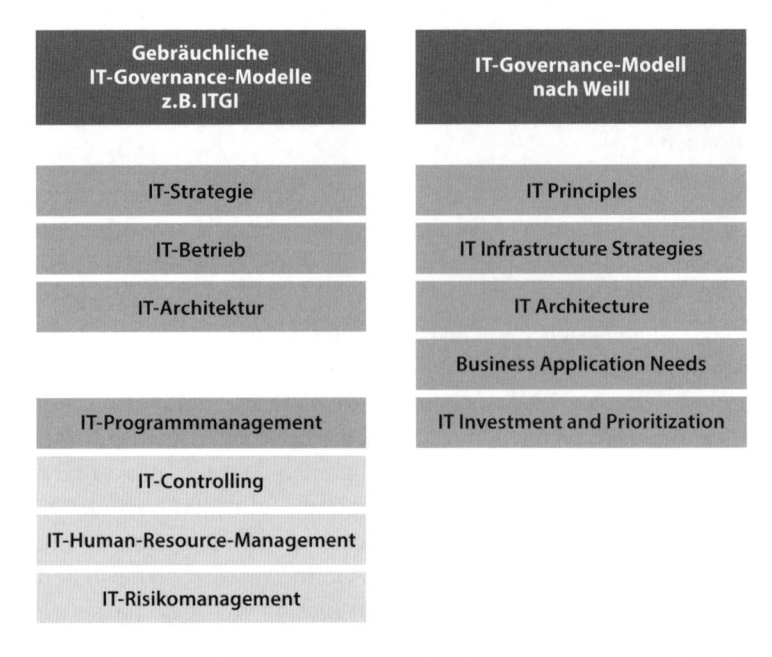

Gebräuchliche IT-Governance-Modelle z.B. ITGI	IT-Governance-Modell nach Weill
IT-Strategie	IT Principles
IT-Betrieb	IT Infrastructure Strategies
IT-Architektur	IT Architecture
	Business Application Needs
IT-Programmmanagement	IT Investment and Prioritization
IT-Controlling	
IT-Human-Resource-Management	
IT-Risikomanagement	

IT-Strategie

IT-Strategie: Der IT-Unternehmensarchitekt ist meist der maßgebliche Helfer des CIO, wenn es darum geht, eine IT-Strategie zu definieren. Dieses Thema wird sowohl in den Kapiteln über Zielmuster (Kap. 3) als auch über Prozessmuster (Kap. 4) ausführlich erläutert.

IT-Betrieb

IT-Betrieb: Unternehmensarchitekten, die meist ihren Berufsweg in der Softwareproduktion (Programmierung, Softwaredesign, Softwarearchitektur) zurückgelegt haben, vergessen zu oft, dass es wesentlich lohnender sein kann, Infrastruktur statt Software kostenmäßig zu optimieren. Bei vielen Unternehmen macht der Anteil der reinen Betriebskosten bis zu 70 Prozent der gesamten IT-Kosten aus. Es ist relativ klar, dass hier ein deutlich größerer Hebel liegen kann als in der Optimierung von Softwareprojekten. Durch Cloud Computing sind die Möglichkeiten, Betriebskosten zu senken, in den letzten fünf Jahren eher noch umfangreicher geworden. Man muss heute keine eigenen Rechenzentren mehr konsolidieren. Man kann sie in vielen Fällen komplett in die Cloud auslagern und eigene Rechenzentren damit komplett abschaffen. Entsprechend ist es für einen IT-Verantwortlichen wichtig, über eine Technologiestrategie zu verfügen. Auch eine Sourcing-Strategie ist wichtig, da nicht jedes Unternehmen die komplette Infrastruktur, die es benötigt, selbst betreiben möchte. Dieses Thema erhält weiteren Schub durch das Thema »Software as a Service« (SaaS) und wird in diesem Buch sowohl bei den Zielmustern als auch bei den Prozessmustern behandelt.

IT-Architektur: Dass sich IT-Unternehmensarchitektur auch mit IT-Architektur (Lösungsarchitektur) beschäftigen muss, liegt nahe. Die Unternehmensarchitektur erarbeitet u.a. auch die Vorgaben für Zielarchitekturen und Blueprints als Muster für eine Menge von Einzelsystemen. Oft muss man hier allerdings nicht mehr viel selbst erarbeiten. Die meisten Cloud-Provider bieten Open-Source-Software-Stacks an, die schon einmal eine gute Grundlage für eine Lösungsarchitektur bilden. Gewisse Dinge, wie die Oberflächenarchitektur, sind allerdings nach wie vor selbst zu komplettieren, auch wenn es hier ebenfalls wieder sehr gute Vorarbeiten in Form von großteils Open-Source-Umgebungen gibt.

IT-Architektur

IT-Programmmanagement: Dies ist der wesentliche Bereich des IT-Managements, der üblicherweise nicht von den IT-Unternehmensarchitekten selbst betreut wird. Hierfür gibt es in den meisten Unternehmen heute Project Management Offices, die ein unternehmensweites Programmmanagement für alle Vorhaben eines großen Unternehmens betreiben. Dementsprechend wird auch das Thema Multiprojektmanagement (siehe z. B. [Hirzel+12]) in diesem Buch nicht zentral behandelt.

IT-Programm-management

IT-Controlling und IT-Human-Resource-Management fallen üblicherweise ebenfalls nicht in das Aufgabengebiet eines IT-Unternehmensarchitekten. Ebenso wird es meistens einen separaten IT-**R**isikomanager geben. Dieser arbeitet häufig eng mit den IT-Unternehmensarchitekten zusammen, da das Risikoregister normalerweise zusammen mit der Informationsbasis der IT-Unternehmensarchitekten gepflegt und visualisiert wird.

IT-Controlling

Zusammenfassend kann man also sagen, dass ein CIO (Chief Information Officer), der über eine gute Stabsstelle für IT-Unternehmensarchitektur verfügt, wesentliche Teile seines Aufgabenportfolios damit abdecken kann. Oder anders formuliert: IT-Unternehmensarchitektur deckt einen sehr großen Teil der wesentlichen IT-Managementaufgaben ab, die zentral im Umfeld eines CIO anfallen.

1.2 Struktur des Buches

Überblick über das Buch

Nach Einführung und Überblick und einigen grundlegenden Begriffsdefinitionen (Kap. 2) gliedert sich das Buch in drei große Teile (siehe auch Abb. 1–3).

Abb. 1–3
Kapitelstruktur des Buches

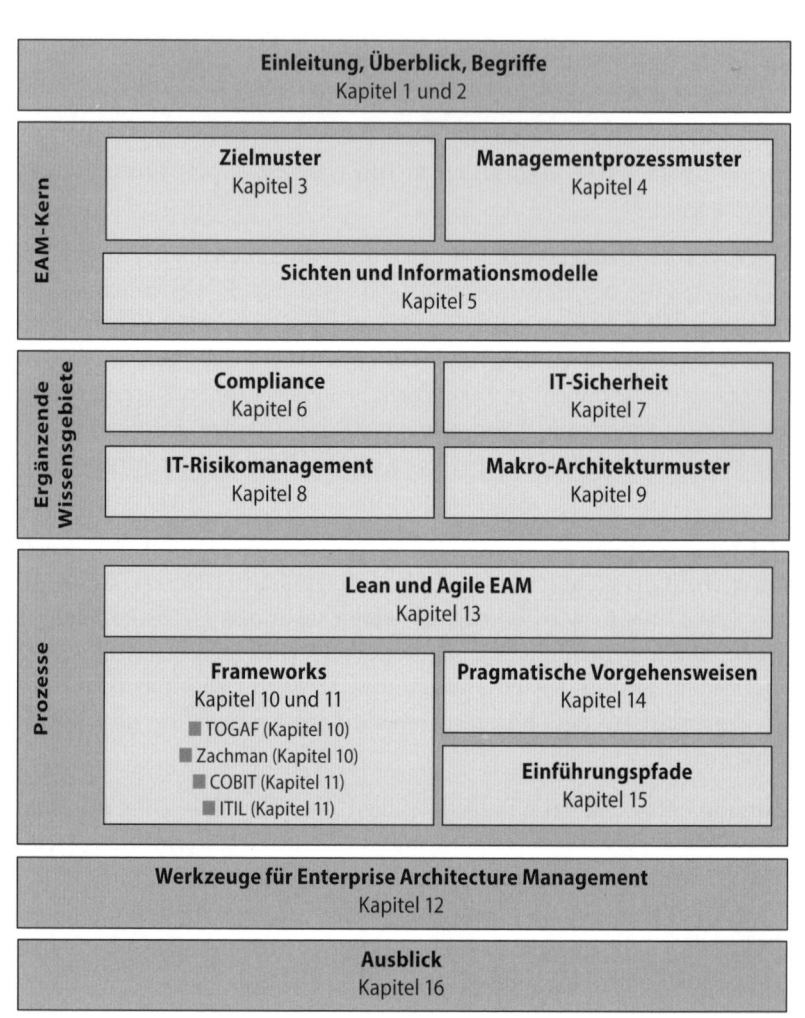

Einleitung, Überblick, Begriffe — Kapitel 1 und 2

| EAM-Kern | Zielmuster – Kapitel 3 | Managementprozessmuster – Kapitel 4 |
| | Sichten und Informationsmodelle – Kapitel 5 | |

| Ergänzende Wissensgebiete | Compliance – Kapitel 6 | IT-Sicherheit – Kapitel 7 |
| | IT-Risikomanagement – Kapitel 8 | Makro-Architekturmuster – Kapitel 9 |

Prozesse	Lean und Agile EAM – Kapitel 13	
	Frameworks – Kapitel 10 und 11 ■ TOGAF (Kapitel 10) ■ Zachman (Kapitel 10) ■ COBIT (Kapitel 11) ■ ITIL (Kapitel 11)	Pragmatische Vorgehensweisen – Kapitel 14
		Einführungspfade – Kapitel 15

Werkzeuge für Enterprise Architecture Management – Kapitel 12

Ausblick – Kapitel 16

EAM-Kern

EAM-Kern: Der Teil über den Kern von Enterprise Architecture Management (EAM) beschreibt vor allem den Umgang mit den funktionalen (geschäftsorientierten) Anforderungen an die IT-Funktionen eines Unternehmens. Hier erfahren Sie, wie Sie Ihre Funktionen für die IT-Unternehmensarchitektur so aufbauen bzw. anpassen können, dass sie den Anforderungen des Geschäfts genügen.

In der Praxis kann man dabei immer wieder bestimmte Muster entdecken. Solche Muster lassen sich sowohl für Ziele von Unternehmen erkennen als auch für die Art und Weise, wie Unternehmen versuchen, ihre Ziele zu erreichen. In Kapitel 3 finden Sie gebräuchliche **Zielmuster**. Solche Zielmuster beschreiben typische Anforderungen an die IT-Funktionen eines Unternehmens Es ist charakteristisch, dass Sie als Unternehmensarchitekt deutlich mehr als ein einziges Ziel verfolgen müssen. Die Zielmuster sind auch nicht immer trennscharf voneinander abgegrenzt. Mithilfe solcher Muster ist es erheblich einfacher und schneller möglich, sinnvolle Ziele für das IT-Management und damit auch die IT-Unternehmensarchitektur zu beschreiben. Zielmuster werden üblicherweise dadurch erfüllt, dass man **Managementprozessmuster** anwendet. Diese finden Sie in Kapitel 4. Für bestimmte Arten von Zielen haben sich heute Prozesse etabliert, die das Erreichen dieser Ziele unterstützen. Eine weitere interessante Frage ist dann, welche **Sichten und Informationsmodelle** benötigt werden, um die Managementprozesse zu unterstützen. Deren wesentliche Formen werden in Kapitel 5 diskutiert. Es gibt jedoch Hunderte von möglichen Diagrammformen und Metamodellvarianten, die eine hohe dreistellige bis zu einer kleinen vierstelligen Anzahl von Metaentitäten enthalten. Hier wird das Buch also vor allem auf weiterführende Quellen hinweisen, die umfangreiche Kataloge von Sichten und Informationsmodellen und deren mögliche Metaentitäten enthalten.

Zielmuster

Managementprozessmuster

Informationsmodelle

Der musterbasierte Ansatz, der im Buch verwendet wird, unterstellt, dass es kein »one version fits everybody«-EAM gibt, sondern dass Ziele in Unternehmen verschieden sind. Wenn Sie alle möglichen Metaentitäten füllen und alle denkbaren Auswertungen durchführen würden, würden Sie einen viel zu hohen Aufwand für EAM treiben. Es ist preiswerter, genau die Dinge zu tun, die für die Erreichung einer bestimmten Menge von Zielmustern erforderlich sind. Auf diese Weise kann und sollte man sich sein EAM selbst konfigurieren. Dabei helfen nicht nur Zielmuster, sondern auch die dazugehörigen Managementprozessmuster sowie die dazu passenden Sichten und Informationsmodellmuster. Dieses Buch ist damit seit der 2. Auflage feinteiliger aufgebaut als die erste Auflage, die als Leitlinie für die Gliederung lediglich eine EAM-Prozesslandkarte verwendet hat, wobei diese nach wie vor enthalten ist. Für die vorliegende 3. Auflage wurde der Musteransatz beibehalten. Einzelne Prozesse finden sich nach wie vor auch in den Managementprozessmustern wieder, die seit der ersten Auflage beschrieben wurden.

Musterbasierter Ansatz

Ergänzende Wissensgebiete: In einem anspruchsvollen, modernen Unternehmensumfeld reicht es heute für einen Unternehmensarchitekten bei Weitem nicht mehr aus, nur technisch und funktional »ordentliche Lösungen« bauen zu können. Gesetzgeber, Öffentlichkeit und weitere Stakeholder stellen eine Vielzahl von Ansprüchen an die Systemland-

Weitere Wissensgebiete

schaften von Unternehmen, die weit über die reine betriebswirtschaftliche Funktion und den technischen Aufbau hinausgehen. Solche weiter gehenden Querschnittsanforderungen kann man mit nicht funktionalen Anforderungen in der inzwischen klassischen Disziplin Softwarearchitektur vergleichen. Sie tragen zum Geschäftszweck unmittelbar nichts bei – wenn man sich allerdings nicht ausreichend um sie kümmert, haben sie das Potenzial, das Unternehmen ernsthaft zu gefährden oder sogar zu vernichten. Dies gilt sowohl für **Compliance** (Kap. 6) als auch für die Themen **IT-Sicherheit** (Kap. 7) und **IT-Risikomanagement** (Kap. 8). Zum schnellen Finden sinnvoller Lösungen bedienen sich Unternehmensarchitekten darüber hinaus sogenannter Makro-Architekturmuster. Dies sind Architekturmuster im großen Maßstab, z.B. Blaupausen für den fachlichen Aufbau einer kompletten Anwendungslandschaft einer Versicherung oder eines Telekommunikationsunternehmens. **Makro-Architekturmuster** werden in Kapitel 9 beschrieben.

Prozesse der IT-Unternehmensarchitektur

Prozesse: Abgesehen von den Managementprozessmustern in Kapitel 4, die jeweils zu einer Menge von Zielmustern (Kap. 3) passen, gibt es auch Prozessbausteine, die für das Management von IT-Unternehmensarchitekturen unabhängig von den Zielmustern eingesetzt werden.

Beim Design Ihrer speziellen Prozesse für das Management der IT-Unternehmensarchitektur in Ihrem Unternehmen werden Sie mit großer Wahrscheinlichkeit sogenannte **EAM-Frameworks** sowie weitere Frameworks für das **IT-Management** benutzen. Eine Auswahl der gebräuchlichsten Frameworks finden Sie in den Kapiteln 10 und 11. In einem ausführlichen Abschnitt über TOGAF (Abschnitt 10.2) erhalten Sie einen Überblick über das derzeit wichtigste EAM-Framework.

EAM-Frameworks

EAM-Tools

Werkzeuge für Enterprise Architecture Management: Früher oder später werden Sie ein **EAM-Werkzeug** einsetzen. In Kapitel 12 erfahren Sie, wo diese Werkzeuge herkommen, und erhalten Hinweise darauf, wie Sie das passende Werkzeug finden.

Pragmatik

Pragmatisches Vorgehen: Das Buch ist so geschrieben, dass Sie zunächst den kompletten erforderlichen »Lernstoff« vermittelt bekommen, auf dessen Grundlage dann Dinge, wie Lean EAM (Kap. 13), pragmatische Vorgehensweisen (Kap. 14) und Einführungspfade (Kap. 15), diskutiert werden können.

Lean und Agile EAM

In den fünf Jahren seit der letzten Auflage dieses Buches haben sich als Varianten **Lean EAM und Agile EAM** herausgebildet. Ziel der Anwendung von Lean-Prinzipien und agilen Prinzipien auf EAM ist es, ein überbürokratisches EAM im Elfenbeinturm zu vermeiden und stattdessen die Aktivitäten konsequent an der Wertschöpfung für das Unternehmen und an den Bedürfnissen der Betroffenen auszurichten.

In Kapitel 13 wird gezeigt, dass der musterbasierte Ansatz mit solchen Überlegungen sehr gut verträglich ist. In dem musterbasierten Ansatz finden sich sowohl die Muster, die man benötigt, um ein EAM »lean« auszugestalten, als auch solche, um es »agil« zu machen. Im Wesentlichen heißt das in beiden Fällen, Dinge wegzulassen, die nicht von den Stakeholdern benötigt werden.

Wenn Sie sich an einige **pragmatische Vorgehensweisen** halten, erleichtern Sie sich die Arbeit. Eine Auswahl finden Sie in Kapitel 14. Hier wird z.B. die Frage diskutiert, ob perfekte Ordnung (also null Heterogenität) wirklich sinnvoll ist oder wo pragmatische Grenzen liegen.

Wenn Ihre Stabsfunktion IT-Unternehmensarchitektur noch nicht etabliert ist, werden Sie sich fragen, wie Sie eine solche Funktion am sinnvollsten einführen. Hierzu finden Sie Informationen in Kapitel 15, **Einführungspfade für IT-Unternehmensarchitektur.**

Einführungspfade

Ausblick: In Kapitel 16 finden Sie zum Abschluss des Buches Aussagen zu Trends beim Management der IT-Unternehmensarchitektur.

Trends

Wie alles zusammenpasst: Abbildung 1–4 vermittelt Ihnen einen alternativen Überblick über die wesentlichen Zusammenhänge des Buches.

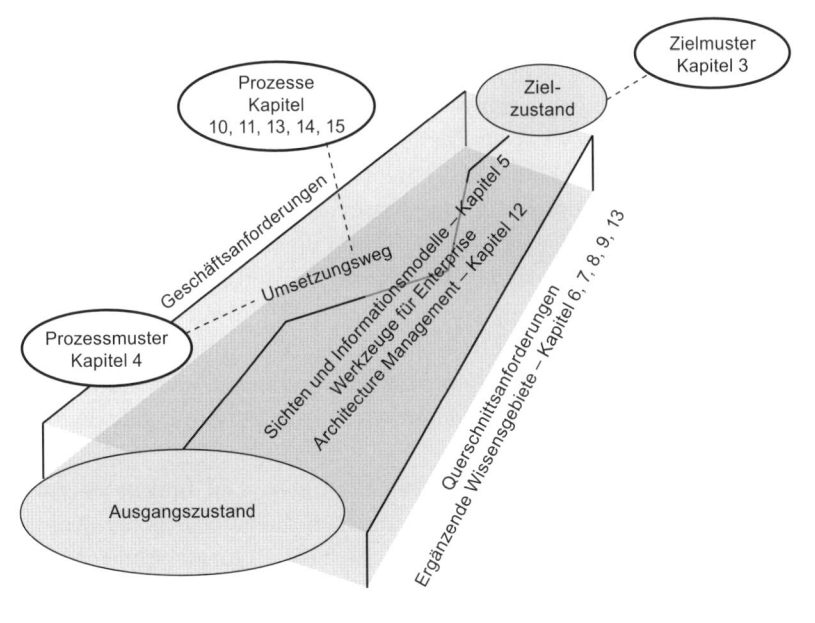

Abb. 1–4

Zusammenhang der Teile des Buches

Vom Istzustand ... Wenn Sie Verantwortung als IT-Unternehmensarchitekt übernehmen, werden Sie immer einen Ausgangszustand Ihrer IT-Landschaft vorfinden. In Kapitel 4 zu Prozessmustern finden Sie u. a. Hinweise dazu, wie man diesen Ausgangszustand beschreiben kann. Sehr häufig wird dazu ein EAM-Werkzeug (Kap. 12) eingesetzt, um die Daten über die existierende IT-Landschaft zu erfassen. In welcher Intensität dies geschieht, hängt allerdings von den Zielen ab (Zielmuster, siehe Kap. 3), die Sie mit Ihrer Initiative zur IT-Unternehmensarchitektur verfolgen.

... zum Zielzustand Der Zielzustand, den Sie für jede Periode strategischer Planung herbeiführen wollen, ist davon abhängig, welche Ziele Sie und Ihre Unternehmensleitung mithilfe von IT-Unternehmensarchitektur erreichen wollen. Auch für Ziele gibt es Muster, die man in vielen Unternehmen finden kann. Solche **Zielmuster**, die in vielen Unternehmen in ähnlicher Form angestrebt werden, finden Sie in Kapitel 3.

Managementprozessmuster Sie werden sich dann für einen Weg entscheiden, wie Sie vom Ausgangszustand in den Zielzustand gelangen können. Dazu haben sich **Managementprozessmuster** bewährt (siehe Kap. 4).

Für die Umsetzung dieser Managementprozesse benötigen Sie Informationen über den Zustand Ihrer IT-Landschaft. Diese werden normalerweise in Sichten aggregiert. Beispiele für solche Sichten sind z.B. sogenannte Softwarekarten, auf denen der Zustand einer IT-Landschaft schnell erfasst und dokumentiert werden kann. Für die Erstellung solcher Karten benötigt man eine Informationsbasis, bestehend aus **Sichten und Informationsmodellen**. Eine solche Informationsbasis beinhaltet normalerweise ein Metamodell. In Kapitel 5 finden Sie u. a. Hinweise auf Musterkataloge für Sichten und wie Sie sich anhand von Mustern ein Metamodell für eine passende Informationsbasis zusammenstellen können. So viel sei hier schon vorweg gesagt: Nicht jedes Unternehmen wird dasselbe Metamodell einsetzen. Die Menge an Informationen ist abhängig von den Zielen, die Sie mit Ihrer IT-Unternehmensarchitektur erreichen wollen. Es ist nicht immer sinnvoll, das größtmögliche Metamodell einzuführen, und es ist überhaupt nicht sinnvoll, das größtmögliche Metamodell vollständig mit Information zu füllen.

Informationsbasis

Leitplanken Auf dem Weg vom Ausgangszustand zum Ziel finden Sie zwei Sätze von Leitplanken: Dies sind zum einen die geschäftlichen Anforderungen des Unternehmens, zum anderen die Querschnittsanforderungen, die im Teil über **ergänzende Wissensgebiete** beschrieben sind. Dabei handelt es sich quasi um nicht funktionale Anforderungen wie **Compliance, IT-Sicherheit** und die Ergebnisse des **IT-Risikomanagements** (Kap. 6 bis 8). Sowohl die funktionalen als auch die nicht funktionalen Anforderungen müssen in Ihre Lösungen einfließen.

Compliance
IT-Sicherheit
Risikomanagement

Weitere Hilfsmittel unterstützen Sie dabei, Ihren Weg von der Ausgangssituation zum Ziel erfolgreich zu gehen. **Makro-Architekturmuster** (Kap. 9) können Sie verwenden, um den Zielzustand detailliert zu beschreiben, sofern es sich um Architekturen handelt und nicht um die Veränderung von Kennzahlen (wie z. B. IT-Kosten pro Umsatz). Allgemeine Prozessmuster, wie z. B. **pragmatische Vorgehensweisen** (Kap. 14), helfen Ihnen, den Weg schneller zu gehen. Auch aus **EAM-Frameworks** (Kap. 10 und 11) und sonstigen **IT-Management-Frameworks** können Sie viele nützliche Anregungen ziehen, um schnell ans Ziel zu gelangen, indem Sie Dinge wiederverwenden und nicht neu erfinden müssen. Und **EAM-Werkzeuge** (Kap. 12) helfen Ihnen dabei, Ihre Informationsbasis zu verwalten. Wenn Sie es nur mit einer zweistelligen Anzahl von Anwendungen zu tun haben sollten, kann die Werkzeugunterstützung geringer ausfallen. Wenn Sie allerdings für ein internationales Großunternehmen tätig sind, werden Sie mit einer vierstelligen Anzahl von Applikationen rund um den Erdball zu tun haben und nicht darum herumkommen, ein umfangreicheres Werkzeug einzusetzen.

EAM-Frameworks

EAM-Tools

Je nachdem, welche Ziele Sie verfolgen (also mit welchen Zielmustern Sie es zu tun haben), werden Sie an unterschiedlichen Enden des Unternehmens anfangen, IT-Unternehmensarchitektur einzuführen. Kapitel 15 zu **Einführungspfaden** wird Ihnen Hinweise dazu geben, welche Wege zu welchen Zielkombinationen passen.

Einführungspfade

1.3 Wer sollte dieses Buch lesen und warum?

Dieses Buch wendet sich primär an IT-Unternehmensarchitekten, ihre Vorgesetzten (IT-Gesamtverantwortliche, CIOs) sowie an IT-Mitarbeiter, die eine Karriere als IT-Unternehmensarchitekt ins Auge gefasst haben. Nachdem IT-Unternehmensarchitektur in Projektmodellen heute allerdings immer breiter verankert wird (die meisten Vorgehensmodelle großer Konzerne verweisen auf Checkpoints zur IT-Unternehmensarchitektur), sollten auch Projektleiter in Großunternehmen zumindest über Grundwissen zu Methoden und Vorgehensweisen der IT-Unternehmensarchitektur verfügen. Jeder, der IT-Management als einen Schwerpunkt seiner Aufgaben hat, sollte wenigstens in groben Umrissen wissen, wie die Kollegen »Unternehmensarchitekten« arbeiten, so wie jeder Entwickler über Grundlagenwissen zur Softwarearchitektur verfügen sollte.

Zielgruppen

Im Folgenden wird beschrieben, für welche Unternehmenstypen und für welche Leserkreise welche Kapitel besonders interessant sein können und warum.

1.3.1 Eine Frage der Unternehmensgröße?

Großunternehmen — Die Methoden und Verfahren für IT-Unternehmensarchitektur haben sich Ende der 1990er- und Anfang der 2000er-Jahre in Großunternehmen für Großunternehmen entwickelt. Damals gab es zwar schon die DotCom-Blase. Erfolgreiche sogenannte »exponentielle Unternehmen«, so wie wir sie heute beispielsweise in Form von UBER oder AirBnB beobachten können, gab es damals noch nicht. Als IT-Anwenderunternehmen gab es damals neben den Großunternehmen vor allem Mittelständler. Mittelständische Unternehmen können die in diesem Buch geschilderten Methoden einsetzen. Viele Rollen werden dort allerdings in Personalunion ausgefüllt.

Öffentliche Verwaltung — Zunehmend werden die hier vorgestellten Vorgehensweisen auch in der öffentlichen Verwaltung verwendet – in den USA sind sie für weite Teile der öffentlichen Verwaltung sogar gesetzlich vorgeschrieben. Solche Unternehmen oder Institutionen sind gekennzeichnet durch Milliardenumsätze und/oder IT-Budgets ab einem hohen zweistelligen Millionen-Euro-Bereich. Der größte Auftraggeber für Software weltweit ist das Department of Defense mit einem dreistelligen Milliarden-Dollar-Volumen, das jährlich für Software ausgegeben wird. Das Department of Defense hat daher mit DoDAF (Department of Defense Architecture Framework) sogar ein eigenes sehr umfangreiches Architekturframework entwickelt. In großen Behörden sind Methoden der IT-Unternehmensarchitektur mittlerweile in unterschiedlichen Ausprägungen und flächendeckend anzutreffen. Kritisch ist jedoch gerade in der Verwaltung, dass EAM nicht zu einer formalen Übung ausarten darf. Vor allem hier kann es also sinnvoll sein, die geübte Praxis gegen die Ansätze von Lean EAM und agilem EAM zu reflektieren, die in Kapitel 13 beschrieben werden.

Mittelstand — Der Einsatz im Mittelstand unterscheidet sich vor allem durch die Personalausstattung und die Größe und Komplexität der Anwendungsportfolios. Ein CIO eines größeren mittelständischen Unternehmens ist z. B. für ein Gesamt-IT-Budget von 30 Mio. Euro oder Dollar verantwortlich – bei beispielsweise 2 Mrd. Euro Umsatz des von ihm mit IT betreuten Unternehmens. Davon entfällt dann ca. 1/3, also 10 Mio. Euro, auf Beschaffung und Wartung der 20 Applikationspakete, oft Standardprodukte und zunehmend auch SaaS (Software as a Service). Ein solcher CIO wird zwar »im Kopf« Methoden der IT-Unternehmensarchitektur verwenden. Er wird in der Regel aber keinen »IT-Unternehmensarchitekten« einstellen, sondern die Aufgaben entweder selbst quasi im Kopf miterledigen – oder aber er wird einen erfahrenen Lösungsarchitekten beschäftigen, der die Aufgaben der IT-Unternehmensarchitektur mit erledigt.

Heute gibt es auch noch die sogenannten exponentiellen Unternehmen, die dadurch charakterisiert sind, dass sie exponentiell wachsen. Unter ihnen finden sich zahlreiche »Einhörner«. Das sind Start-ups, die mit mehr als einer Milliarde Euro oder US-Dollar Unternehmenswert eingeschätzt werden. Oft betreiben solche Unternehmen zwar IT für sehr viele Benutzer – allerdings im Wesentlichen in Form einer sogenannten »One Page Application« für viele Plattformen (diverse Browser, iOS, Android). Aufgrund der hohen Benutzerzahlen benötigen solche Unternehmen zwar eine wirklich gute Lösungsarchitektur für ihre eine oder ganz wenigen Anwendungen. Sie benötigen aber in vielen Fällen keine Unternehmensarchitektur.

Start-ups

Zusammenfassend kann man Folgendes festhalten: In Großunternehmen wird IT-Unternehmensarchitektur nach wie vor angewendet und hat dort auch eine ähnliche Bedeutung wie vor 5–10 Jahren. Viele Mittelständler können die Methoden verwenden. Start-ups mit hohen Benutzerzahlen und wenigen IT-Anwendungen benötigen vor allem eine sehr ausgefeilte Lösungsarchitektur.

1.3.2 IT-Unternehmensarchitekten

Das Buch ist primär für IT-Unternehmensarchitekten geschrieben. Wenn Sie in diesem Buch direkt angesprochen werden, dann versetzen Sie sich bitte in die Rolle eines IT-Unternehmensarchitekten. Als solcher erhalten Sie Hinweise, wie Sie Ihren Job so gestalten können, dass er nicht »gefährlich« wird, sondern dass Sie darin erfolgreich werden. Sehr erfahrene IT-Unternehmensarchitekten, die den Job gut beherrschen, werden in diesem Buch lediglich die Bestätigung finden, dass sie sich im Rahmen von »Good Practices« bewegen. Dramatisch Neues werden Sie nicht lernen – eben, weil sich das Feld auch konsolidiert. Wenn Sie auf Dinge treffen, die Sie schon kennen, können Sie diese Themen ja schnell diagonal überfliegen. Unternehmensarchitekten »in Ausbildung« werden von dem Buch deutlich mehr profitieren. Als IT-Unternehmensarchitekt sollte man tendenziell den kompletten Inhalt des Buches kennen – und noch eine Menge weiterer Wissensgebiete, die meist im Buch auch referenziert werden.

IT-Unternehmensarchitekten

Das Buch legt einen Schwerpunkt auf die IT-Management-Perspektive und nicht oder nur am Rande auf technische Architekturen und Lösungsarchitekturen. In den Kapiteln zu Zielmustern (Kap. 3) und Managementprozessmustern (Kap. 4) finden Sie wesentliches Managementwissen, das Sie benötigen, um die IT-Funktionen eines großen Unternehmens an den Geschäftszielen auszurichten.

Schwerpunkt IT-Management

Compliance
IT-Sicherheit
Risikomanagement

Die Bereiche Compliance (Kap. 6), IT-Sicherheit (Kap. 7) und IT-Risikomanagement (Kap. 8) sind für Sie insofern wichtig, als sie deutlich machen, dass es neben den eher funktionalen Anforderungen der Ausrichtung Ihrer IT auf den Geschäftszweck Ihres Unternehmens eine immer wichtiger werdende Menge nicht funktionaler Anforderungen gibt, die Sie nicht aus den Augen verlieren dürfen. Eine Nichtbeachtung kann schlicht dazu führen, dass Ihr Unternehmen in seiner Existenz gefährdet wird. Auch wenn Sie als IT-Unternehmensarchitekt nicht der primäre Verantwortliche z. B. für Sicherheitsfragen im Unternehmen sind, dürfen Sie trotzdem keine Architektur genehmigen, die nicht allen Sicherheitsanforderungen Ihres Unternehmens genügt. Sie benötigen daher ein ähnlich tiefes Wissen über Sicherheitsfragen wie z. B. der IT-Sicherheitsbeauftragte Ihres Unternehmens. Ähnliches gilt auch für die Themen Compliance und IT-Risikomanagement. Sie müssen in der Lage sein, in Reviews frühzeitig Verstöße gegen Gesetze zu erkennen sowie auch bei der Beurteilung Ihres bestehenden Anwendungsportfolios IT-Risiken zu sehen und sinnvoll zu erfassen.

Prozesse
Frameworks
Werkzeuge

Der Rest des Buches, die Blöcke über Prozesse, Frameworks und Werkzeuge, wird Ihnen viele nützliche Hinweise für Ihre Tagesarbeit geben. Makro-Architekturmuster (Kap. 9) dürften den meisten IT-Architekten schon vertraut sein. Sie werden hier trotzdem erläutert, um ihren Nutzen zu demonstrieren. In einem Kapitel über pragmatische Vorgehensweisen (Kap. 14) finden Sie nützliche Hinweise, die Ihnen die tägliche Arbeit als IT-Unternehmensarchitekt erleichtern. Zum Beispiel wird dort die Frage diskutiert, wie viel Ordnung (Homogenität) ein Unternehmen überhaupt benötigt. Es wird weiter erläutert, welche Budgetausstattung eine Stabsstelle für IT-Unternehmensarchitektur üblicherweise zur Verfügung haben sollte. Auch finden Sie in diesen Kapiteln eine Diskussion über verbreitete Architekturframeworks wie auch sonstige Frameworks, die im Kontext des IT-Managements heute verbreitet sind und die ein Unternehmensarchitekt folglich in Grundzügen kennen sollte. Früher oder später werden Sie als IT-Unternehmensarchitekt damit konfrontiert werden, ein EAM-Werkzeug aussuchen und einführen zu müssen. Hinweise hierzu enthält das Kapitel 12.

Einführungspfade

Ebenfalls häufig werden Sie mit der Frage konfrontiert sein, wie man eine Funktion für IT-Unternehmensarchitektur im Unternehmen einführen und verankern kann. Standardpfade hierzu beschreibt Kapitel 15.

1.3.3 Verantwortliche für Business Development

Auf der Geschäftsseite gibt es häufig Einheiten, die sich mit dem Finden und Umsetzen neuer Geschäftsmodelle befassen. In diesem Buch wird an mehreren Stellen deutlich, dass man massive Zeitvorteile erreichen kann, wenn man Geschäfts- und IT-Seite neuer Produkte und Services simultan plant und entwickelt. Dafür ist es sinnvoll, dass IT-Unternehmensarchitekten die Methoden und Vorgehensweisen der Kollegen kennen, die für Business Development verantwortlich sind. Umgekehrt ist es aber auch sinnvoll, wenn diese Kollegen ein Grundwissen in IT-Planung und speziell IT-Unternehmensarchitektur haben. Langfristig werden beide Kompetenzbereiche tendenziell zusammenwachsen. In fortschrittlichen Unternehmen ist dies bereits geschehen. Geschäftsarchitekten sollten daher heute schon mindestens über ein Grundwissen in IT-Unternehmensarchitektur verfügen.

IT-Alignment

1.3.4 IT-Vorstände

Als IT-Vorstand bzw. IT-Gesamtverantwortlicher gibt Ihnen dieses Buch Hinweise dazu, wie Sie IT-Unternehmensarchitektur für den eigenen Erfolg einsetzen können. Ein IT-Unternehmensarchitekt kann eine wesentliche Stütze für Sie sein. Um ihn auszuwählen und gut zu führen, hilft es, die Methoden und Standardaufgaben zu kennen, die er beherrschen sollte. Daher ist dieses Buch auch für IT-Vorstände nützlich.

IT-Verantwortliche

Als IT-Gesamtverantwortlicher sind für Sie vor allem die Kapitel über Zielmuster (Kap. 3) und Managementprozessmuster (Kap. 4) von Interesse. Sie können hier zusammen mit Ihrem IT-Unternehmensarchitekten festlegen, welche Prioritäten er für seine Arbeit setzen soll. Themen wie Sichten und Informationsmodelle (Kap. 5) sind für Sie als Topmanager weniger von Interesse, weil sie das Handwerk Ihres Mitarbeiters betreffen.

Zielmuster
Managementprozessmuster

Ebenso werden Sie mit Querschnittsanforderungen (Compliance, IT-Sicherheit und IT-Risikomanagement) im Regelfall operativ nichts zu tun haben wollen. Sie werden diese Themen sauber delegieren und lediglich periodisch sicherstellen, dass sie ordnungsgemäß abgehandelt werden, sodass Sie im Problemfall nachweisen können, dass Sie sich mit der notwendigen Sorgfalt darum gekümmert haben. Kapitel 6 bis 8 dieses Buches bieten einen schnellen Überblick und sind als Zusammenfassungen für das Management geeignet.

Auch die Kapitel über Hilfsmittel (Kap. 9 bis 14) gehören nicht notwendigerweise zu Ihrem Aufgabengebiet als IT-Verantwortlicher. Sie werden höchstwahrscheinlich auch diese Aufgaben delegieren.

Einführungspfade Interessant für Sie sind Überlegungen zu Einführungspfaden in Ihre IT-Unternehmensarchitektur (Kap. 15), wenn eine solche Funktion in Ihrem Unternehmen noch nicht oder noch nicht im vollem Umfang existiert und Sie eine entsprechende Stelle erst schaffen oder massiv ausbauen wollen.

1.3.5 Softwarearchitekten

Softwarearchitekten Das Erste, was Sie als Softwarearchitekt bei der Lektüre dieses Buches bemerken werden, ist, dass die Methoden, mit denen IT-Unternehmensarchitekten arbeiten, komplett andere sind als diejenigen, mit denen Sie arbeiten, wenn Sie sich mit der Softwarearchitektur für ein größeres System befassen – aber eben nicht mit der Planung für 200, 1000 oder noch mehr Systeme.

Compliance Ein von mir sehr geschätzter Kollege und erfahrener Softwarearchitekt äußerte sich mir gegenüber einmal so, dass ihn dieses »ganze BWL-Konzeptzeugs« nicht interessiere und er speziell das Kapitel 6 über Compliance extrem langweilig finde. Dazu muss man leider sagen, dass mit diesem »BWL-Konzeptzeugs« über die Zukunft ganzer Systemcluster entschieden wird, an denen jeweils auch Arbeitsplätze hängen. Wenn man also nicht eines Morgens unvorbereitet vor der Situation stehen möchte, dass das eigene System »wegrationalisiert« oder »wegkonsolidiert« wurde, ist es sinnvoll, die Methoden der Leute zu kennen, die solche Entscheidungen mit vorbereiten – also die Methoden von IT-Unternehmensarchitekten oder Unternehmensberatern. Und auch Compliance ist kein so langweiliges Thema: Wer einmal die Freude hatte, als Architekt negativ in einem Revisionsbericht erwähnt worden zu sein, der für den Vorstandsvorsitzenden des Zentralvorstands eines globalen Konzerns bestimmt war, wird das Thema nicht mehr so langweilig finden. Speziell dann, wenn der Vorstand aus dem Bericht erfahren hatte, dass er für die dort aufgelisteten Mängel persönlich haftbar gemacht werden könnte. Der entsprechende Vorstand wird Ihnen glaubhaft vermitteln können, dass Sie sich für Revisionsberichte besser interessieren sollten, wenn Sie in der Firma bleiben möchten.

IT-Strategie Softwarearchitekten sollten ebenso wie auch IT-Unternehmensarchitekten tendenziell das ganze Buch lesen. Wissen über strategische Prozesse schadet nicht, auch wenn es nicht zu Ihrem Tagesgeschäft gehört. Es kann Ihnen auch als Softwarearchitekt, der nur für ein System eines kompletten Anwendungsportfolios verantwortlich ist, helfen, die Methoden und Arbeitsweisen der Kollegen zu kennen, die Ihr *Kollegen verstehen* Projekt auf Verträglichkeit mit den Unternehmensrichtlinien überprüfen. Ihnen ist dann die Motivation der Kollegen bekannt, Sie wissen, mit welchen Mitteln sie arbeiten, was sie im Sinne des Gesamtunternehmens akzeptieren dürfen und was nicht. Und Sie erkennen auch, warum diese Kollegen nicht dafür verantwortlich sind, sozusagen als »Überarchitekten« Ihren Job zu machen. Mancher Softwarearchitekt wird sich auch später in einer IT-Unternehmensarchitekturfunktion wiederfinden. Es ist dann gut, vorher zu wissen, dass die Aufgaben und Erfolgsfaktoren komplett verschieden sind, auch wenn es reichlich Schnittstellen und Berührungspunkte zwischen IT-Unternehmensarchitektur und Projektarchitektur gibt.

1.3.6 Alle anderen IT-Mitarbeiter

Alle anderen Mitarbeiter der IT-Funktionen von Anwenderunternehmen können von diesem Buch profitieren, weil es hilfreich ist, zu erfahren, wie eine IT-Funktion langfristig von der Geschäftsseite gesehen wird. Man lernt dann zu verstehen, warum über Outsourcing nachgedacht wird, welche Antriebskräfte einen IT-Vorstand zu gewissen Handlungen veranlassen und in welcher Art Unternehmen oder Unternehmenskultur man sich befindet.

IT-Mitarbeiter

Wenn man die vierte Gruppe »alle anderen IT-Mitarbeiter« außen vor lässt, dann können ca. 10–15 Prozent des IT-Personals von diesem Buch unmittelbar profitieren. In etwa so hoch ist der Anteil von Unternehmens- und Projektarchitekturfunktionen am gesamten IT-Personal. Die Tendenz ist steigend, weil mit wachsendem Anteil an Outsourcing und Standardsoftware (abnehmender Wertschöpfungstiefe) der Anteil der Planungsaufgaben gegenüber reinen Implementierungstätigkeiten zunimmt.

1.3.7 Studierende

Die erste und zweite Auflage des Buches wurden bereits erfolgreich als Grundlage für Lehrveranstaltungen zu EAM oder IT-Management an verschiedenen Hochschulen eingesetzt. Auch der Autor hat basierend auf seinem Buch insgesamt vier Lehrveranstaltungen im Masterstudium des Hasso-Plattner-Instituts der Universität Potsdam durchgeführt.

Einsatz an Hochschulen

1.4 Wie können Sie dieses Buch lesen?

IT-Profis Dieses Buch ist primär für berufserfahrene IT-Profis geschrieben. Es kann jedoch auch von Berufsanfängern gelesen werden. Auf diese wird allerdings bei der Didaktik nicht immer die maximale Rücksicht genommen, da im Sinne des guten Leseflusses die für Profis in der IT allgemein bekannten Basisbegriffe nicht ausführlich definiert werden. Dies geschieht eher kurz in Form von Fußnoten mit weiterführenden Literaturhinweisen. Dieses Buch hat den Anspruch, dass jedes Kapitel sinnvoll für sich allein gelesen werden kann, damit Sie als Leser die Aspekte herausgreifen können, die für Sie neu und interessant sind. Es ist also so geschrieben, dass man einzelne Kapitel detailliert, andere nur diagonal liest und das Buch dann später zum Nachschlagen wieder »herausziehen« kann.

1.5 Einige Besonderheiten

Sprache Wenn man ein Buch wie dieses schreibt, denkt man länger darüber nach, ob man es in Deutsch oder »gleich« in Englisch schreiben soll. Englisch hat den Vorteil, dass viele bekannte Begriffe nicht übersetzt werden müssen, dass »denglische« Texte vermieden und potenziell ein größerer Leserkreis erreicht werden kann.

1.5.1 Sprache: Deutsch

Deutsch hat den Vorteil, dass Leser, die mit der englischen Fachsprache nicht so vertraut sind, das Buch schneller durchlesen können. Ich habe mich also im Sinne der Leser für Deutsch entschieden. Das hat allerdings auch Nachteile, z.B. dass man dabei mit Wortmonstern hantieren muss, die man eigentlich im Sinne eines flüssigen Schreibstils gerne vermeiden würde. Es reicht in diesem Buch beispielsweise nicht aus, einfach »Architektur« zu schreiben, weil in der deutschen Fachsprache im Gegensatz zur englischen zwischen Begriffen wie IT-Architektur, IT-Unternehmensarchitektur oder Geschäftsarchitektur zu unterscheiden ist.

Wenn Sie aus der Beraterwelt vertraute Begriffe wie CIO, CFO, CxO, C-Level-Officer, Challenge, Cost Cutting und ähnliche manchmal etwas sparsam eingesetzt sehen, hat das nichts damit zu tun, dass der Autor sie nicht auch beherrscht – sie wurden nur bewusst reduziert verwendet, um das Buch nicht mit englischen Akronymen zu überladen.

1.5.2 Verwendung von Wikipedia-Definitionen

Ein weiteres Thema ist der Umgang mit Definitionen. Das Buch enthält mehrere Definitionen aus Wikipedia. Über den Ruf von Wikipedia kann man sicher diskutieren, im Falle der Auswahl der Begriffe in diesem Buch waren diese Definitionen jedoch oftmals die instruktivsten. So erschien es sinnvoller, sie zu verwenden, als sie mit Gewalt durch andere, unverständlichere zu ersetzen. Die Wikipedia-Definitionen wurden gründlich plausibilisiert und auch nur dann verwendet, wenn keine andere gut erreichbare Quelle zur Verfügung stand.

Definitionen

1.6 Was sich seit der ersten Auflage geändert hat

Die erste Auflage dieses Buches repräsentierte den Kenntnisstand der IT-Unternehmensarchitektur von 2006.

Seit damals hat nicht nur die Bedeutung und Verbreitung des Themas IT-Unternehmensarchitektur stark zugenommen. Durch Forschungsarbeiten hat sich auch der Blick auf die Systematik und das Raster geändert, mit dem das Gebiet heute (2016) dargestellt werden kann. Dies hatte starke Auswirkungen auf die Struktur und den Umfang der zweiten Auflage, die 2011 entstand. Zwischen 2011 und 2016 hat sich im Kernfeld der IT-Unternehmensarchitektur nicht dramatisch viel verändert. Verändert hat sich vor allem, dass nun auch auf der Geschäftsseite etwas entsteht, was als »Enterprise Business Architecture« [Sensler+15] bezeichnet wird, und dass es mit exponentiellen Unternehmen einen neuen Typus sehr teurer Unternehmen mit sehr vielen Benutzern gibt, die interessant zu betrachten sind [Ismail+14].

Musterbasierter Ansatz

Als grundlegendes Ordnungsprinzip wird seit der zweiten Auflage nicht mehr nur die Prozesslandkarte für Architekturmanagement verwendet, die in einer früheren Form der ersten Auflage zugrunde lag. Es wird stattdessen eine eher modulare und auf Mustern basierende Herangehensweise an das Thema gewählt (zur Erläuterung siehe Abschnitt 2.3). Sie beruht auf Forschungsarbeiten der Technischen Universität München zu EAM-Patterns. Dieser musterbasierte Ansatz ist zu der ursprünglichen Darstellung einer Prozesslandkarte hinzugekommen und erlaubt ein feineres Anpassen einer IT-Unternehmensarchitekturfunktion an die Ziele des jeweiligen Unternehmens. Die in den letzten fünf Jahren aufgetauchten Variationen Lean EAM und Agile EAM sind damit ebenfalls gut verträglich (siehe dazu Kap. 13).

Ordnungsprinzip Muster

Als IT-Unternehmensarchitekt haben Sie es somit einfacher, sich die Aspekte herauszusuchen, die Sie genau in Ihrem Unternehmen für die Ziele Ihrer IT-Funktion benötigen. Dieses Vorgehen spiegelt sich wider in den Kapiteln über Zielmuster (Kap. 3), Managementprozessmuster (Kap. 4) sowie Sichten und Informationsmodelle (Kap. 5). An Prozessmustern ist vor allem das Management von Business-IT-Alignment mit Capabilities (Abschnitt 4.2) vergleichsweise neueren Datums.

SOA

In den letzten Jahren ist ferner die SOA-Welle über die Unternehmen geschwappt: Manche mögen sagen, dass SOA tot sei. Tatsache ist jedoch, dass gerade große Unternehmen heute ein Service Portfolio Management (Abschnitt 4.8) betreiben und dies nicht im Sinne von ITIL, sondern in Form von SOA-Diensten, die analog zu Anwendungsportfolios gemanagt werden müssen. Hier gibt es auch Querbezüge zum Management von Geschäftsprozessen und auch zu den moderneren Ausprägungen von serviceorientierten Architekturen, die in Abschnitt 13.3 beschrieben sind.

Governance

Daraus entstehen Managementprozessmuster genauso wie SOA-Governance (Abschnitt 4.12), eine spezialisierte Form der Architektur-Governance.

Compliance

Der Compliance-Druck auf Unternehmen steigt immer weiter. Das Buch trägt dem dadurch Rechnung, dass dieser Aspekt immer wieder betont wird. In Kapitel 6 über Compliance werden Compliance-Frameworks erläutert. Solche unternehmensweiten Frameworks für das Compliance-Management sind durch Korruptionsskandale stark gefördert worden. Das Kapitel über Compliance kann jedoch nur Denkanstöße geben. Den Anspruch, sämtliche Rechtsgrundlagen aufzulisten, haben nicht einmal Spezialwerke zum Thema. Diese (wie auch das vorliegende Buch) können nur Hilfen zum Auffinden der Rechtsgrundlagen geben, die für die verschiedenen Branchen und Länder relevant sind.

IT-Sicherheit

Ebenso hat der Druck auf das Thema IT-Sicherheit noch weiter zugenommen. Das Kapitel zum Thema IT-Sicherheit (Kap. 7) wurde daher überarbeitet und ist stark gewachsen. Es wurde von einem anerkannten Experten auf diesem Gebiet beigesteuert. In der ersten Auflage wurden lediglich Frameworks für die IT-Sicherheit aufgeführt. Doch das Thema IT-Sicherheit hat heute so stark an Bedeutung gewonnen, dass man als IT-Architekt und IT-Unternehmensarchitekt auch dazu tiefere Kenntnisse benötigt.

Risikomanagement

Dasselbe gilt für IT-Risikomanagement (Kap. 8). Auf diesem Gebiet sind die Unternehmen in den letzten zehn Jahren deutlich rigider geworden. Große Lösungsarchitekturen werden jetzt in Form von Makro-Architekturmustern abgehandelt. Darunter fallen auch sogenannte Blueprints und Facharchitekturen.

Pragmatik

Die Aussagen über pragmatische Vorgehensweisen für IT-Unternehmensarchitekten (Kap. 14) sind nach wie vor gültig. Hier hat es lediglich eine größere Änderung gegeben, nämlich die Behandlung von Lean und Agile EAM. Fragen, wie beispielsweise »wie viel Ordnung sein muss – und wie viel Unordnung man sich noch erlauben kann«, sind von aktuellen Entwicklungen relativ unabhängig und werden daher seit der ersten Auflage im Wesentlichen unverändert behandelt.

In Kapitel 10 und 11 finden Sie Informationen über Frameworks für die IT-Unternehmensarchitektur und IT im Allgemeinen. Hier fällt vor allem die tiefer gehende Behandlung von TOGAF 9 und 9.1 ins Gewicht. Das TOGAF-Framework hat sich zum Quasistandard für Unternehmensarchitektur-Frameworks entwickelt, auch wenn es viele Gebiete nicht abdeckt, die ein Buch zu IT-Unternehmensarchitektur abdecken muss, wie etwa IT-Strategie und Anwendungsportfoliomanagement, um zwei Beispiele zu nennen. Dies ist ein Grund, ausführlich zu diskutieren, welche Felder des kompletten Gebietes IT-Unternehmensarchitektur durch TOGAF 9.x abgedeckt werden. In 2017 wird der Abschnitt über TOGAF 9.x durch das erwartete Erscheinen von TOGAF 10 vermutlich veralten. In diesem Fall wird der Autor zeitnah eine Schnellreferenz zu TOGAF 10 zur Verfügung stellen, so wie das auch nach der zweiten Auflage für TOGAF 9.1 geschehen ist.

TOGAF

Die Inhalte zu sonstigen IT-Management-Frameworks wie z.B. ITIL sind relativ stabil geblieben, wobei Aktualisierungen berücksichtigt wurden. Anfang 2012 wurde ein umfangreich überarbeitetes COBIT-Framework in einer Version 5 herausgegeben. Die dritte Auflage setzt daher komplett auf COBIT 5 auf und nicht mehr auf COBIT 4.1.

COBIT

An der Art und Weise, wie man EAM-Werkzeuge evaluiert, hat sich seit der ersten Auflage wenig verändert. Kapitel 12 konnte ohne wirklich drastische Änderungen fortgeschrieben werden. Die Eigenschaften der Werkzeuge wurden zwar weiterentwickelt, aber grundlegend haben sie sich nicht geändert. Die Toolstudien der Technischen Universität München wurden nach 2008 nicht mehr fortgeführt. Dafür wurde eine neue Toolstudie der Firma Syracom verwendet [Ehrlich+15]. Der EAM-Thinktank, der diese Studie veröffentlicht hat, wird in Zukunft als Kooperation zweier Beratungsfirmen (NovaTec und Syracom) weitergeführt werden. Mit Updates ist also zu rechnen.

EAM-Tools

Die für die dritte Auflage erforderlichen Veränderungen spiegeln die relative Stabilität des Fachgebietes »IT-Unternehmensarchitektur« wider. Neue Trends, die auf den ersten Blick neu aussehen mögen, wie Lean EAM oder Agile EAM, konnten auf bekannte Muster zurückgeführt werden. Frameworks und Tools waren vergleichsweise stabil. Der nächste Schub ist auf dem Gebiet der Enterprise Business Architecture (siehe z.B. [Sensler+15], [Simon+15]) zu erwarten.

2 Was ist IT-Unternehmensarchitektur?

Für dieses Buch ist es erforderlich, in kompakter Form eine Grundlage an Definitionen für Unternehmensarchitektur und IT-Unternehmensarchitektur zu vermitteln. Wenn Sie praktizierender Unternehmensarchitekt sind und sich ausreichend sicher mit den Begriffen fühlen, können Sie dieses Kapitel überblättern. Wenn Sie sich neu für das Thema interessieren, sollten Sie das Kapitel lesen.

Sie werden in anderen Büchern zu diesem Thema teilweise unterschiedliche Definitionen finden. Ähnlich wie beim Thema Softwarearchitektur gibt es auch für Unternehmensarchitektur und IT-Unternehmensarchitektur eine Vielzahl von Ansätzen. Dieses Buch hält sich an eine bekannte Norm und an die Begriffsdefinitionen der Open Group.

Ein Problem wird von vielen Autoren gerne übergangen: Unternehmensarchitektur ist nicht nur ein Substantiv, hinter dem die Beschreibung der Struktur eines Unternehmens steht. Unternehmensarchitektur wird im Englischen auch als Verb verwendet. Dahinter verbirgt sich dann die Tätigkeit, die Unternehmensarchitektur so zu managen, dass sie jeweils optimal an die Unternehmensziele angepasst ist. Diese leichte Begriffsverwirrung im Deutschen kommt auch daher, weil es im Englischen zwei verschiedene Begriffe für Unternehmensarchitektur gibt: das Substantiv, das für die Struktur steht, »Enterprise Architecture«, und das Verb, das für die Tätigkeit steht, »Enterprise Architecture Management«. Zu beachten ist auch noch, dass »Unternehmen« keine genaue Übersetzung des Begriffs »Enterprise« darstellt. Im Englischen steht Enterprise für deutlich mehr als nur Wirtschaftsunternehmen. Jede Form von Organisation, die gemeinsame Ziele verfolgt (und eine gewisse Größe haben sollte), wird im Englischen als Enterprise bezeichnet.

Substantiv und Verb

Sie werden in diesem Kapitel also Definitionen vorfinden für das Substantiv »Unternehmensarchitektur« (Abschnitt 2.1) und auch für die Tätigkeit »Unternehmensarchitektur« (Abschnitt 2.2). Es wird ferner erläutert, wie man IT-Unternehmensarchitektur als Teil der gesamten Unternehmensarchitektur abgrenzen kann (Abschnitt 2.1.2). Wenn man das tut, kommt man schnell zu dem Ergebnis, dass sich diese Abgrenzung auf lange Sicht nicht halten wird.

Weitere Definitionen rund um Unternehmensarchitektur und IT-Unternehmensarchitektur finden Sie bei den jeweiligen Themen eingestreut. Es sollte vermieden werden, ein 30-seitiges Kapitel nur mit Definitionen zu füllen.

2.1 Das Substantiv: Unternehmensarchitektur als Struktur

Struktur Man kann Unternehmensarchitektur zunächst als die Beschreibung der Struktur eines Unternehmens betrachten. Jedes Unternehmen oder jede Behörde hat eine Struktur – auch wenn diese nicht durch einen expliziten Entwurfsprozess erzeugt wurde. Es ist ähnlich wie mit der Kommunikation und dem berühmt gewordenen Watzlawick-Zitat »Man kann nicht nicht kommunizieren«. Genauso kann ein Unternehmen nicht keine Architektur haben. Es ist nur die Frage, wie gut diese Architektur ist und – abhängig von der Größe – wie aufwendig man sie beschreiben muss. Forscher an der Universität St. Gallen haben Unternehmensarchitektur wie folgt definiert:

> **Definition: Enterprise Architecture**
> According to ANSI/IEEE Std 1471-2000, architecture is defined as the »fundamental organization of a system, embodied in its components, their relationships to each other and the environment, and the principles governing its design and evolution« (IEEE 2000). Enterprise architecture (EA) therefore is understood as (1) the fundamental organization of a government agency or a corporation, either as a whole, or together with partners, suppliers and/or customers («extended enterprise«), or in part (e.g. a division, a department, etc.) as well as (2) the principles governing its design and evolution (OpenGroup 2003).
>
> While an EA model is a representation of as-is or to-be architecture of an actual corporation or government agency, an EA framework provides (OpenGroup 2003)
> - One or more meta-model(s) for EA description,
> - One or more method(s) for EA design and evolution,
> - A common vocabulary for EA, and maybe even
> - Reference models that can be used as templates or blueprints for EA design and evolution.

→

2.1 Das Substantiv: Unternehmensarchitektur als Struktur

> The components of an EA framework should be applicable for a broad range of corporations and government agencies.
> Quelle: Robert Winter, Ronny Fischer: Essential Layers, Artifacts, and Dependencies of Enterprise Architecture [Winter+06]

Diese Definition ist ähnlich allgemein wie die bekannte Definition von (IT-)Architektur aus IEEE 1471-2000, die im Prinzip einfach übertragen und ausgedehnt wurde. Nachfolgend wird daher etwas tiefer betrachtet, was sich hinter dieser Definition an einzelnen Teilen und Inhalten verbirgt.

IEEE 1471-2000

Abbildung 2–1, die ursprünglich aus einem Buch über eher IT-orientierte Unternehmensarchitektur [Engels+08] stammt, unterteilt die gesamte Unternehmensarchitektur in einen Teil für Geschäftsarchitektur – dieser Teil würde eher dem Business »gehören« – und in einen Teil für IT-Unternehmensarchitektur.

```
Unternehmensarchitektur
├── Geschäftsarchitektur
└── IT-Unternehmensarchitektur
    ├── Architektur der Informationssysteme (IS)
    └── Architektur der technischen Infrastruktur (IT)
```

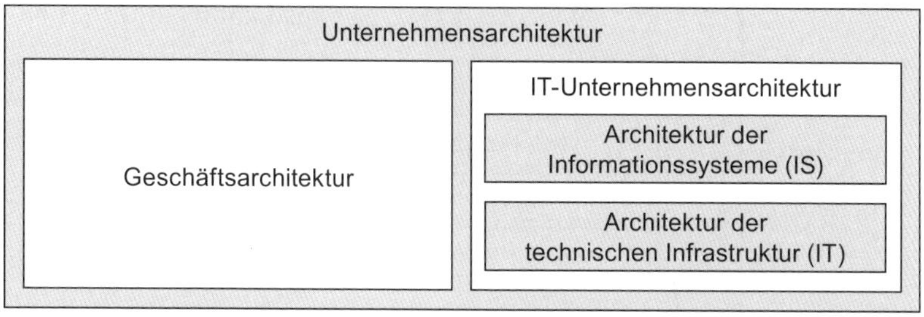

Abb. 2–1
Unternehmensarchitektur-Sicht aus [Engels+08] und [Kappes+09] – leicht angepasst

Die IT-Unternehmensarchitektur teilt sich dann wieder auf in eine Architektur der Informationssysteme (andere Autoren bezeichnen dies auch als Anwendungsportfolio) und in die Architektur der technischen Infrastruktur, also der Plattformen, auf denen die Informationssysteme ablaufen.

Bevor wir tiefer auf die Details der IT-Unternehmensarchitektur eingehen, ist es sinnvoll, die Geschäftsarchitektur noch etwas genauer zu betrachten. Sie werden sehen, dass es deutliche Überschneidungen zur IT-Unternehmensarchitektur gibt. Schon deshalb ist abzusehen, dass es unnötig ist, beide Teile wirklich scharf zu trennen. In unterschiedlichen Unternehmen können sich unterschiedliche Arbeitsteilungen etablieren, ohne dass dadurch Schaden entsteht. Wichtig ist lediglich, dass die Unternehmensarchitekten auf der Geschäftsseite und auf der IT-Seite so nahtlos zusammenarbeiten, dass insgesamt eine optimale Lösung für das Geschäft entsteht. Die Autorenschaft für diese Lösung ist zweitrangig.

Geschäftsarchitektur

2.1.1 Geschäftsarchitektur

So wie es für Unternehmensarchitektur die unterschiedlichsten Definitionen gibt, trifft dies erst recht auf das vergleichsweise jüngere Gebiet der Geschäftsarchitektur zu. Die Bemühungen, Unternehmen mithilfe von Architekturen zu beschreiben, kommen eher aus der Wirtschaftsinformatik als aus der klassischen Betriebswirtschaftslehre. Sie sind also mehr von der IT-Seite getrieben und beeinflusst. Es gab erst IT-Architekturen für einzelne Lösungen, dann wurden Begriffe für IT-Unternehmensarchitekturen entwickelt. Die Forschung, die sich mit Modellen für komplette Unternehmen befasst, ist im Vergleich zu den beiden erstgenannten Richtungen neuer. Daher sind die Begriffe dort noch weniger vereinheitlicht. Hier werden also zwei Begriffssysteme kurz gezeigt und verglichen.

Zunächst soll Geschäftsarchitektur so gezeigt werden, wie sie von Reynolds [Reynolds10] beschrieben wird.

Abb. 2–2
Bestandteile einer Geschäftsarchitektur nach [Reynolds10]

Geschäftsarchitektur
Ziele
Fassaden
Kommunikation (extern und intern)
Prozesse
Geschäftsentitäten

Danach unterteilen sich die Modelle, die in Summe eine Geschäftsarchitektur ausmachen, in folgende Teile:

Ziele: Ziele stellen ein Modell für die Ziele dar, die ein Unternehmen verfolgt.

Fassaden: Sie beschreiben die Außensicht auf das Verhalten des Unternehmens. Fassaden kann es sowohl für Dienstleistungen geben, die nach außen sichtbar sind, als auch für solche, die lediglich intern zwischen Unternehmensbereichen sichtbar sind.

Kommunikation: Kommunikation beschreibt als eine Summe von Modellen, wie das Unternehmen intern und mit seiner Umwelt kommuniziert.

Prozesse: Dies sind die allgemein bekannten Prozessmodelle, wie man sie auch als Modelle von Geschäftsprozessen in anderen Methodenrahmen findet.

Geschäftsentitäten: Sie beschreiben die Dinge, mit denen das Geschäft umgeht. Hier gibt es gewisse Verwandtschaften zu Objekt- und Datenmodellen einer IT.

Bevor diese Unterteilung jetzt diskutiert wird, sollten Sie sich zunächst die Inhalte eines sogenannten Geschäftsmodells (engl.: Business Model) ansehen. Geschäftsmodelle werden seit dem Aufkommen der New Economy, also seit den späten 1990er-Jahren, diskutiert. Ihr Fokus liegt weniger darauf, ein Unternehmen als Selbstzweck zu beschreiben, sondern darauf, zu verdeutlichen, wie ein Unternehmen Geld verdienen kann.

Inhalte Geschäftsmodell

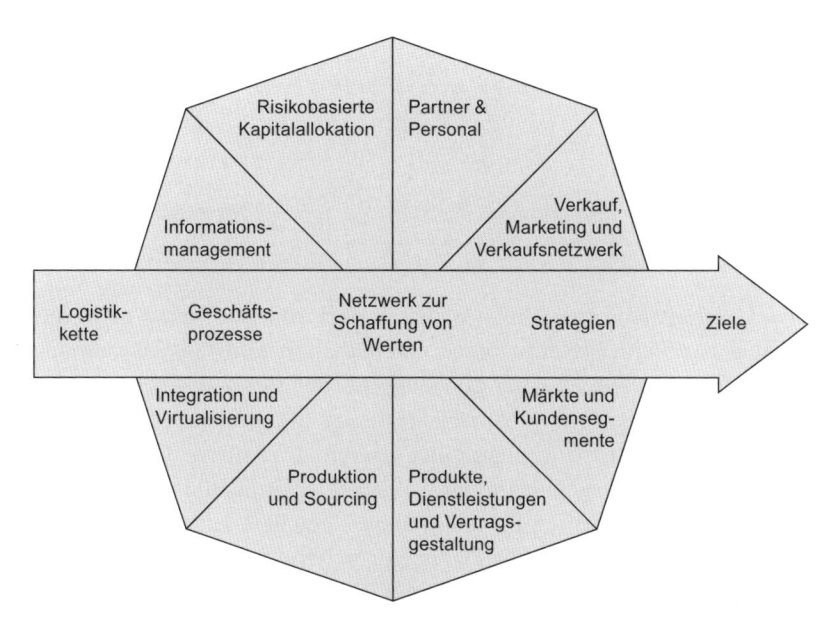

Abb. 2–3
Beispiel für die Kategorien eines Geschäftsmodells (aus dem Englischen übersetzt auf Basis von [Doblaski03])

Abbildung 2–3 enthält also auch Dinge wie Ziele oder Geschäftsprozesse. Sie enthält aber deutlich mehr Teile, die auch wesentlich spezifischer sind. Durch die Unterteilung von Reynolds (siehe Abb. 2–2) wird man z.B. nicht gezwungen, sich Gedanken über Kapitalbeschaffung oder Logistikketten zu machen; beides kann man mit den Mitteln von Reynolds beschreiben. Aber man wird nicht explizit dazu angehalten, das zu tun. Die in Abbildung 2–3 explizit dargestellten Punkte sind für die meisten Unternehmen wichtig, um zu beschreiben, wie das Unternehmen effizient Geld verdienen kann.

Modell von Reynolds

Insofern sind also beide Modelle gültig. Das Modell von Reynolds ist sicher allgemeiner – das zweite Modell der Geschäftsmodellkategorien lässt sich mit den Mitteln des ersten Modells abbilden. Es ist zu erwarten, dass die Forschung noch diverse solcher Modellraster liefern wird, die sich über die Zeit angleichen werden. Weiter unten wird noch ein weiteres Modellraster gezeigt (siehe Abb. 2–6), das heute schon besser akzeptiert ist, weil es Bestandteil des weitverbreiteten Architekturframeworks TOGAF[1] ist.

2.1.2 IT-Unternehmensarchitektur

IT-Unternehmensarchitektur befasst sich mit allen Aspekten, die benötigt werden, um die IT-Funktion eines Unternehmens zu beschreiben und zu managen. Abbildung 2–4 zeigt diesen Zusammenhang.

Abb. 2–4
Beziehung von Unternehmensarchitektur und IT-Unternehmensarchitektur (analog zu [Engels+08] – leicht angepasst)

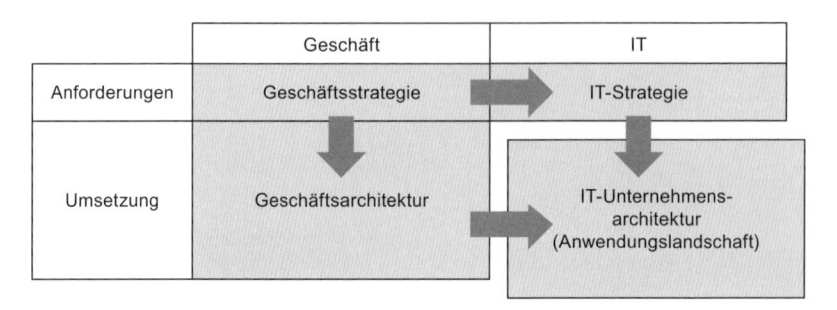

	Geschäft	IT
Anforderungen	Geschäftsstrategie	IT-Strategie
Umsetzung	Geschäftsarchitektur	IT-Unternehmensarchitektur (Anwendungslandschaft)

Das Geschäft (Business) befasst sich danach mit den Teilen nicht aus technischer Sicht, sondern beschreibt Geschäft und Geschäftsmodell technikneutral. Die IT leitet zunächst aus der Geschäftsstrategie eine eigene Teilstrategie ab – die IT-Strategie, die festlegt, wie sie das Geschäft möglichst gut unterstützen kann. Innovative IT-Strategien machen auch Aussagen dazu, mit welchen IT-Mitteln man im Geschäft Innovation betreiben, z.B. völlig neue Geschäftsfelder erschließen kann. Des Weiteren wird die IT diejenigen Modellteile für sich ausformulieren, die die Geschäftsseite noch nicht abgedeckt hat.

Architekturpyramide von Dern

Die Darstellung in Abbildung 2–4 stammt aus einem Buch aus dem Jahr 2008. Anfang der 2000er-Jahre waren eher Darstellungen wie die Architekturpyramide aus dem Buch von Dern [Dern03] gebräuchlich (siehe Abb. 2–5). Dort wird ebenfalls die Geschäftsarchitektur aus einer Unternehmensstrategie abgeleitet. Soweit ist hier noch kein Unterschied vorhanden – außer dass in der Pyramide nicht zwischen Geschäftsseite und IT-Seite unterschieden wird. Der Schnitt würde sich in der Pyramide eher waagerecht am unteren Rand der Geschäftsarchitektur befinden.

Anwendungsportfolio

Die obere Schicht der IT-Unternehmensarchitektur gemäß der Pyramide ist hier die sogenannte Facharchitektur. Dieser Begriff wurde dann nach dem Erscheinen des Buches von Dern [Dern03] noch diffe-

---

1. Siehe [TOGAF9.1] sowie Abschnitte 5.4.1 und 10.2.

renziert und um den Begriff des Anwendungsportfolios ergänzt. Eine Facharchitektur stellt einen Blueprint für eine fachliche Bebauung dar, während das Anwendungsportfolio die Menge aller vorhandenen bzw. geplanten Anwendungen beschreibt. In Abschnitt 9.1 wird beispielhaft eine Facharchitektur für eine Branche gezeigt. Eine Facharchitektur abstrahiert von konkret vorhandenen Anwendungen und Technologien, sie konzentriert sich auf die fachlichen Konstruktionsprinzipien in einer Anwendungslandschaft und gibt diese vor.

Facharchitektur

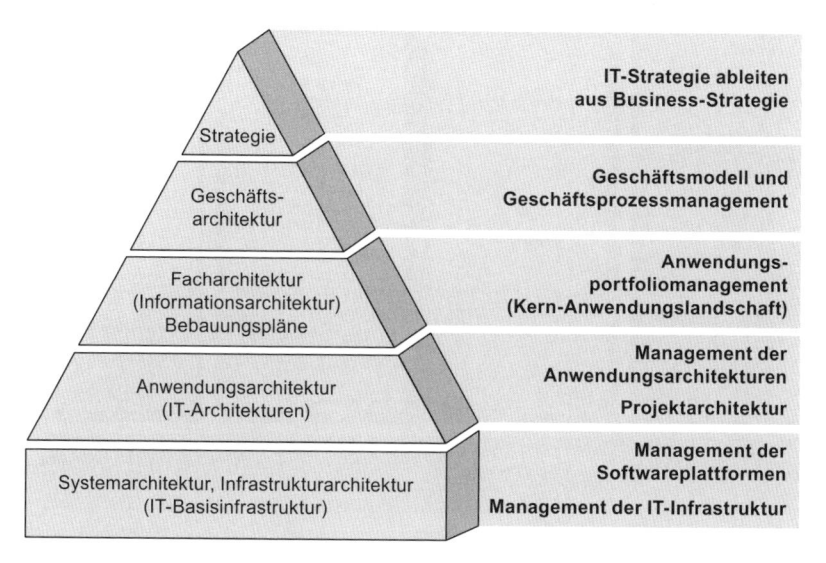

Abb. 2–5
Architektur-Modellpyramide nach Dern [Dern03]

Architekturpyramide:
- Strategie — IT-Strategie ableiten aus Business-Strategie
- Geschäftsarchitektur — Geschäftsmodell und Geschäftsprozessmanagement
- Facharchitektur (Informationsarchitektur) Bebauungspläne — Anwendungsportfoliomanagement (Kern-Anwendungslandschaft)
- Anwendungsarchitektur (IT-Architekturen) — Management der Anwendungsarchitekturen, Projektarchitektur
- Systemarchitektur, Infrastrukturarchitektur (IT-Basisinfrastruktur) — Management der Softwareplattformen, Management der IT-Infrastruktur

Zu der Architekturpyramide ist noch anzumerken, dass die Schichten für IT-Architekturen und Systemarchitektur dann deckungsgleich mit den Vorstellungen von Lösungsarchitekturen sind, die bereits Anfang der 2000er-Jahre in ausreichender Detaillierung auf der technischen Seite vorhanden waren. Mit Lösungsarchitekturen beschäftigen sich Unternehmensarchitekten allerdings in den meisten Fällen nur insoweit, als sie dort Heterogenität eindämmen und möglichst wenige Lösungsarchitekturen im Unternehmen präsent haben wollen.

Lösungsarchitektur

Abbildung 2–6 ist dann wesentlich detaillierter. Sie fasst sowohl die Modelleinhalte von Reynolds als auch die der Architekturpyramide von Dern zusammen. Es handelt sich dabei um einen Überblick über das Metamodell von TOGAF. Dazu muss man allerdings wissen, dass die Open Group diesen Teil von TOGAF mit der Version TOGAF 9 aus dem Enterprise Architecture Framework von Capgemini entnommen hat. Sie finden hier sogar noch weitere Inhalte, wie z. B. Capabilities oder sogenannte Architecture Contracts. Teilweise werden diese in diesem Buch noch separat behandelt (z. B. Capabilities).

TOGAF Content Metamodel

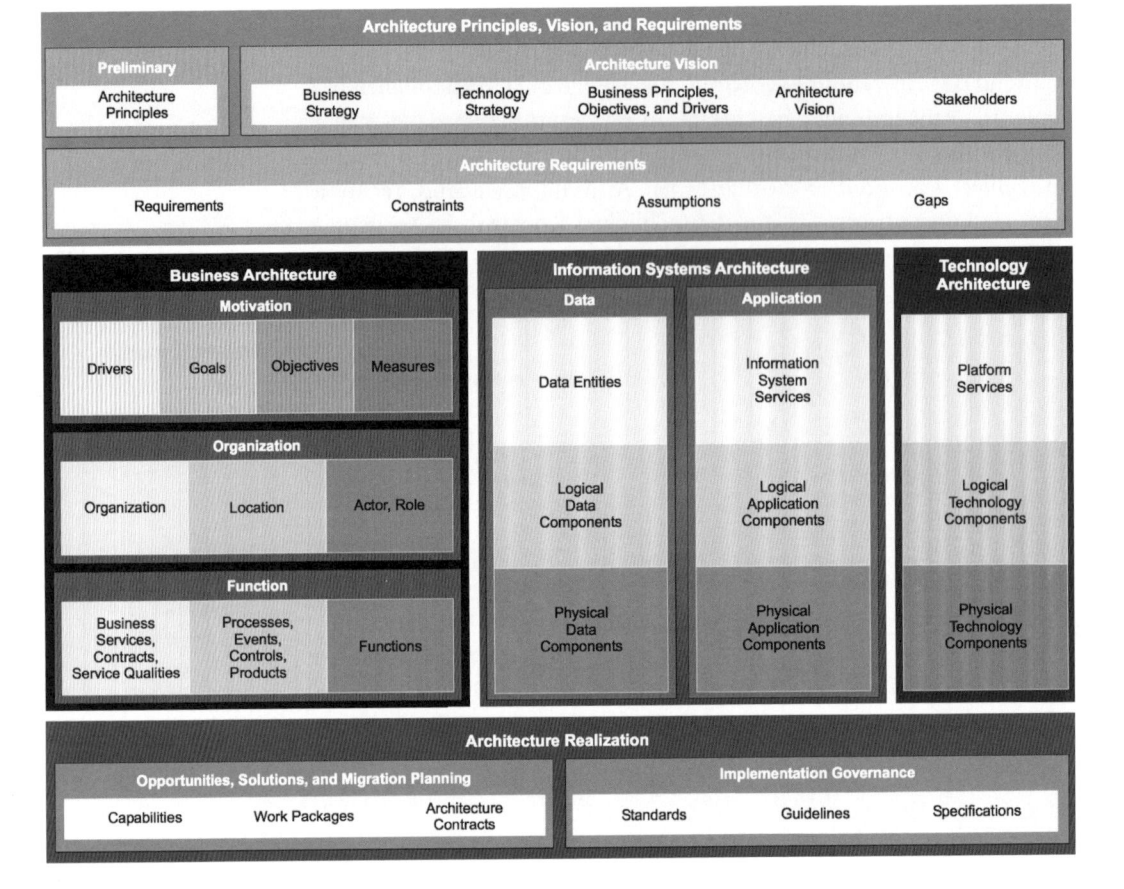

Abb. 2-6
TOGAF Content Metamodel Overview [TOGAF9.1]

Das TOGAF Content Metamodel unterscheidet nicht grundsätzlich zwischen der Geschäftsarchitektur und der IT-Unternehmensarchitektur. Beides ist in einem großen gemeinsamen Rahmenwerk verbunden.

2.2 Die Tätigkeit: Unternehmensarchitektur als Management

Neben dem eher statischen Konstrukt von Unternehmensarchitektur als Menge von Modellen, die den Ist- oder einen Zielzustand eines Unternehmens beschreiben, wird Unternehmensarchitektur auch als Management der Strukturen eines Unternehmens verstanden.

Im Falle von IT-Unternehmensarchitektur hat man dann eine Landkarte von Prozessen vor sich. In Kapitel 4 werden die in Abbildung 2–7 dargestellten Prozesscluster näher beschrieben und teilweise auch noch detaillierter heruntergebrochen.

Für den Moment reicht es aus, zu vermitteln, was hinter solchen Clustern steht. Zum Beispiel ist eine IT-Strategie natürlich das Ergebnis eines Entwicklungsprozesses. Einen solchen Prozess kann man beschreiben. Die Ausführung des Prozesses ist Unternehmensarchitektur im Sinne einer Tätigkeit. Im Englischen würde hierfür der Begriff Enterprise Architecture Management (Tätigkeit) statt des Begriffs Enterprise Architecture (Struktur) verwendet werden.

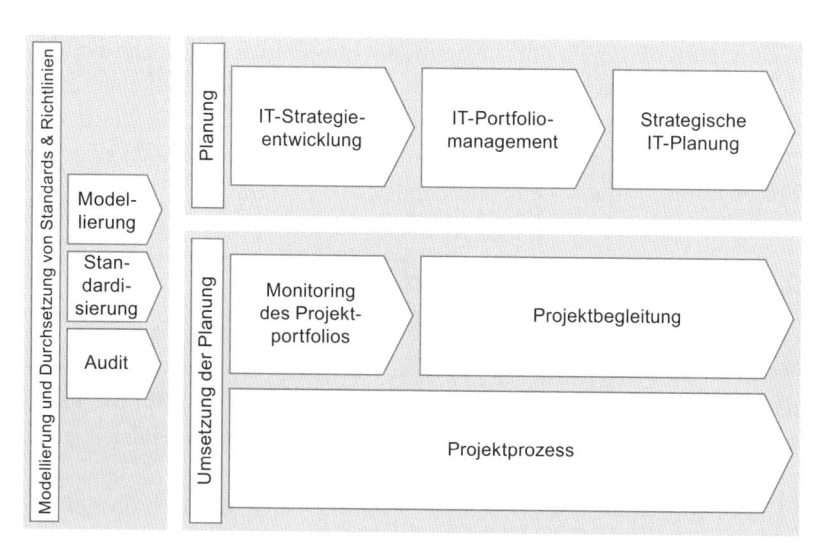

Abb. 2–7
Prozesslandkarte IT-Unternehmensarchitektur

Ein weiteres Beispiel für einen Prozess der IT-Unternehmensarchitektur (als Tätigkeit) ist das IT-Portfoliomanagement, das in mehreren Abschnitten in Kapitel 4 noch eingehend erläutert wird.

Trennung Business/IT ist auf Dauer wenig sinnvoll

Nicht nur das gemeinsame TOGAF Content Framework aus Abbildung 2-6 zeigt, dass eine Trennung von Unternehmensarchitektur und IT-Unternehmensarchitektur mittelfristig in vielen Unternehmen Geschichte sein wird. Heute ist diese Trennung noch üblich, weil – wie dargestellt – die Abbildung eines Unternehmens als eine Menge von Modellen analog zu Architekturplänen in der Vergangenheit eher von der IT-Seite getrieben wurde. Es wurde auch ausgeführt, dass die Forschung dazu ebenfalls eher von der Technikseite gefördert wurde. Es bleibt abzuwarten, wann sich Planungsabteilungen auf der Geschäftsseite gleichfalls flächendeckend solcher Methoden bedienen und wann die Betriebswirtschaftslehre sich in großem Umfang solcher Methoden annehmen wird. Es gibt allerdings auch durchaus Autoren, die der Meinung sind, dass sich »Geschäftsarchitektur« im Sinne von Management der (nicht-IT) Unternehmensarchitektur nie durchsetzen

Einheitliche Sicht auf Unternehmensarchitektur

wird, weil es sich beim Geschäft um »Systeme komplexer Systeme« handelt [Bloomberg13]. Welche Denkrichtung dominieren wird, bleibt abzuwarten.

Dann wird die Grenze zwischen Unternehmensplanung und IT-Planungen immer mehr verschwimmen. Dies ist auch deshalb schon sinnvoll, weil der Anteil der IT an der Wertschöpfung der meisten Unternehmen immer noch steigt. Auch Beispiele, in denen die Wertschöpfung nur aus IT besteht, sind bekannt. Unternehmen werden dem Rechnung tragen und insbesondere innovative Unternehmen werden die Grenze zwischen IT und Business weitgehend aufheben. Eine sofortige Umsetzung scheitert heute noch daran, dass die Methoden für den Geschäftsteil der Unternehmensarchitektur noch stärker in der Entwicklung sind als die Methoden für den IT-Teil.

2.3 Musterbasierter Ansatz für IT-Unternehmensarchitektur

Anpassung an Ihr Unternehmen

Wenn Sie IT-Unternehmensarchitektur in Ihrem Unternehmen einrichten und betreiben wollen, werden Sie früher oder später auf die Frage stoßen, ob Sie alle dazu bekannten Methoden und Verfahren auch wirklich anwenden müssen.

Die erste Auflage dieses Buches war noch so gegliedert, dass sämtliche Prozesse für das Management der IT-Unternehmensarchitektur in Prozesscluster auf einer Prozesslandkarte (siehe Abb. 2–7) aufgeteilt waren. Diese Prozesslandkarte ist auch nach wie vor gültig und sinnvoll. Über die Jahre und mit der Erfahrung vieler Einführungsprojekte zum Management der IT-Unternehmensarchitektur hat sich aber herausgestellt, dass die konkreten Ausprägungen von EAM in Unternehmen oft stark voneinander abweichen. Während eine Organisation sich auf Kostenmanagement konzentriert, wird eine andere Innovationen oder Time-to-Market vorziehen. Dementsprechend liegen die Schwerpunkte im Management der IT-Unternehmensarchitektur auf anderen Aspekten. Der Ansatz, mit einer Art von IT-Unternehmensarchitektur-Management alle Organisationen glücklich machen zu wollen, wird mit hoher Wahrscheinlichkeit nicht funktionieren.

EAM-Patternkatalog der Technischen Universität München

An der Technischen Universität München (TUM) wurde daher der Einsatz sogenannter EAM-Patterns verfolgt ([Buckl+07], [Ernst08]). Dort werden vier Arten von Mustern definiert und in Beziehung zueinander gesetzt; in diesem Buch werden analoge Begriffe verwendet, allerdings mit etwas gröberer Granularität. Nachfolgend soll zunächst die Idee des EAM-Patternkataloges anhand der dort verwendeten Begriffe [Ernst08] erläutert werden. Alle hier erwähnten Muster finden Sie im EAM-Patternkatalog der Technischen Universität München:

EAM-Patterns

Concerns: Dies sind Ziele, die die Organisation mit dem Betreiben von IT-Unternehmensarchitektur verfolgt, bzw. Fragen, die sich die Organisation stellt, wenn sie die IT-Unternehmensarchitektur einem Management unterwirft. Beispiele dafür sind relativ willkürlich aus dem Patternkatalog ausgewählt:

Concerns

- (C-2) Wo werden Architekturstandards oder Architektur-Blueprints benutzt und auf welchen Gebieten werden sie nicht berücksichtigt?
- (C-33) Welche Geschäftsanwendungen werden von welchen Geschäftseinheiten benutzt?

Concerns sind relativ feingranular. Es gibt davon im Patternkatalog ca. 50 Muster immer wiederkehrender Fragen, die Unternehmensarchitekten regelmäßig beantworten.

Methodology-Patterns (M-Patterns): Dies sind Muster für Managementmethoden, die verwendet werden, um Concerns zu beantworten bzw. dafür zu sorgen, dass das in einem Concern ausgedrückte Ziel erreicht wird. In der Beschreibung zum Concern C-2 findet sich im Patternkatalog z.B. ein Hinweis auf das M-Pattern »M-4 Standard Conformity Management« (also die Durchsetzung der Einhaltung von Standards). Dort sind Prozesse beschrieben, mit denen man Standards üblicherweise durchsetzen kann.

Managementprozessmuster

Viewpoint-Patterns (V-Patterns): Um einen bestimmten Aspekt zu managen, werden immer wieder ähnliche Grafiken oder auch Auswertungen verwendet. In unserem Beispiel des M-Patterns »M-4 Standard Conformity Management« wird z.B. das Viewpoint-Pattern »V-6 Architectural Standard Clustering« (Clustern der Verwendung von Architekturstandards) eingesetzt. Wie ein solches Viewpoint-Pattern »funktioniert«, sieht man am besten am konkreten Beispiel der Darstellung in Abbildung 2–8.

Sichten

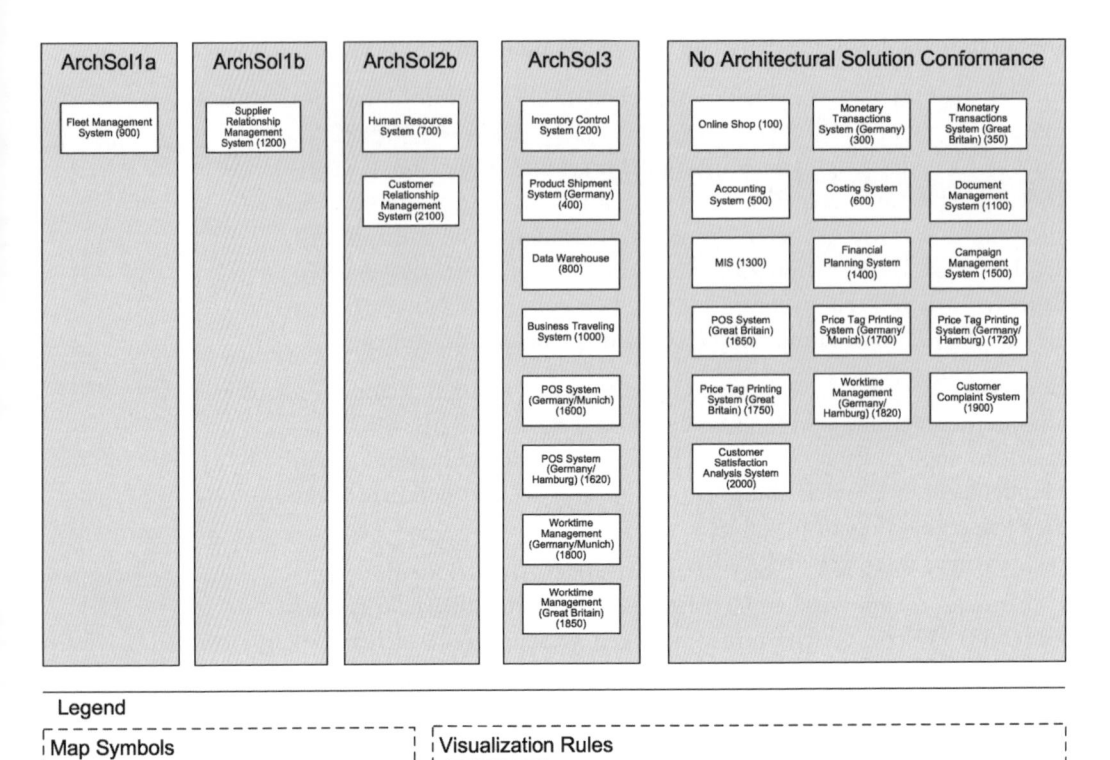

2 Was ist IT-Unternehmensarchitektur?

ArchSol1a	ArchSol1b	ArchSol2a	ArchSol2b	ArchSol3	No Architectural Solution Conformance		
Fleet Management System (900)	Supplier Relationship Management System (1200)	Human Resources System (700)	Inventory Control System (200)	Online Shop (100)	Monetary Transactions System (Germany) (300)	Monetary Transactions System (Great Britain) (350)	
		Customer Relationship Management System (2100)	Product Shipment System (Germany) (400)	Accounting System (500)	Costing System (600)	Document Management System (1100)	
			Data Warehouse (800)	MIS (1300)	Financial Planning System (1400)	Campaign Management System (1500)	
			Business Traveling System (1000)	POS System (Great Britain) (1650)	Price Tag Printing System (Germany/Munich) (1700)	Price Tag Printing System (Germany/Hamburg) (1720)	
			POS System (Germany/Munich) (1600)	Price Tag Printing System (Great Britain) (1750)	Worktime Management (Germany/Hamburg) (1820)	Customer Complaint System (1900)	
			POS System (Germany/Hamburg) (1620)	Customer Satisfaction Analysis System (2000)			
			Worktime Management (Germany/Munich) (1800)				
			Worktime Management (Great Britain) (1850)				

Legend

Map Symbols
- A — Architectural Solution
- B (1) — Business Application (with id)

Visualization Rules
- A containing B (1) and C (2) → Architectural Solution (A) used by Business Application (C)

Abb. 2-8 Viewpoint-Pattern »V-6 Architectural Standard Clustering«[2]

Viewpoint-Patterns werden daher fast immer eine Form von Softwarekarten beschreiben. Mehr zum Thema Softwarekartografie im Zusammenhang mit Viewpoint-Patterns finden Sie in den Abschnitten 5.1 bis 5.3.

Information-Model-Patterns (I-Patterns): Um Softwarekarten zeichnen zu können, benötigen Sie eine darunterliegende Informationsbasis. Metamodelle für das Vorhalten der Informationsbasis für IT-Unternehmensarchitektur gibt es in der Praxis und in Frameworks von ca. 50 bis zu knapp mehr als 500 Metaentitäten[3]. Kein Unternehmen wird alle möglichen Aspekte von IT-Unternehmensarchitektur abdecken wollen, die beispielsweise ein Metamodell mit rund 1000 Entitäten umfasst.

---

2. Quelle: https://wwwmatthes.in.tum.de/pages/1amnnyxncto1t/ EAM%20Pattern%20Catalog/V-Pattern/Architectural%20Standard%20Clustering (aufgerufen am 20.10.2016).
3. Von Reviewern wurde mehrfach gefragt, woher solche großen Zahlen kommen. Das Metamodell hinter dem sehr umfangreichen Tool alfabet hat mehr als 500 Metaentitäten. Die untere Grenze findet man in einfacheren EAM-Werkzeugen.

Die Frage ist also, welche dieser vielen Entitäten werden für Ihre Ausprägung von IT-Unternehmensarchitektur benötigt – und welche nicht.

Diese Frage beantworten I-Patterns. I-Patterns zeigen einen Metamodellausschnitt, den man benötigt, wenn man ein bestimmtes V-Pattern implementieren möchte. Im Beispiel unseres V-Patterns »V-6 Architectural Standard Clustering« wird dort ein I-Pattern »I-6 Usage of Architectural Solutions« referenziert. Dieses versteht man am schnellsten anhand von Abbildung 2–9.

*Abb. 2–9
Information-Model-Pattern »I-6 Usage of Architectural Solutions«*[4]

Konfiguration mit den Patterns des TUM-EAM-Patternkataloges

Mit den oben beschriebenen vier Typen von Patterns können Sie idealtypisch das Management Ihrer IT-Unternehmensarchitektur wie folgt konfigurieren:

- Identifizieren Sie aus der Liste möglicher Concerns diejenigen, die Sie benötigen, um Ihre IT-Strategie optimal zu unterstützen.
- Suchen Sie die zugehörigen M-Patterns (Managementmethoden) und implementieren Sie diese, indem Sie
  - die entsprechenden V-Patterns (Viewpoint-Patterns) identifizieren und
  - dazu die Metaentitäten auswählen, die Sie in den zugehörigen I-Patterns (Information-Model-Patterns) finden.

Schritte zur Konfiguration Ihres EAM

Dass man mehr als den hier gezeigten Patternkatalog benötigt, um IT-Unternehmensarchitektur in einem Unternehmen zu implementieren, dürfte klar sein. Die Grundidee des Patternkataloges zur Konfiguration des Managements der IT-Unternehmensarchitektur ist aber sehr nützlich.

Konfiguration des Managementsystems

Anwendung der Pattern-Idee in diesem Buch

Die Idee der Konfigurierbarkeit des Managements der IT-Unternehmensarchitektur wurde für dieses Buch aus dem oben beschriebenen Patternkatalog übernommen – allerdings in leicht modifizierter Form. In diesem Buch werden Sie folgende Arten von Mustern finden:

---

4. Quelle: *http:// https://wwwmatthes.in.tum.de/pages/d0w3aaqpitvo/EAM%20Pattern%20Catalog/I-Pattern/Usage%20of%20Architectural%20Solutions* (aufgerufen am 20.10.2016).

Zielmuster

Zielmuster: In Kapitel 3 werden zunächst acht verschiedene Zielmuster beschrieben, die Unternehmen verfolgen können, wenn sie ihre Unternehmensarchitektur managen. Beispiele für solche Zielmuster sind »Verbesserung der Ertragskraft und Kostenmanagement« oder »Compliance, Sicherheit und Risikomanagement«. Diese Zielmuster sind wesentlich grobgranularer als die im Patternkatalog der TUM beschriebenen ca. 50 Concerns. Man kann also die Concerns verwenden, um die Zielerreichung für die Zielmuster damit zu unterstützen.

Managementprozessmuster

Managementprozessmuster: In Kapitel 4 werden dann 13 Managementprozessmuster beschrieben, mit denen Sie Ihre Zielmuster unterstützen können. Beispiele für solche Prozessmuster sind »Management des Anwendungsportfolios« oder »Architektur-Governance«. Welches Zielmuster durch welche Managementprozessmuster unterstützt wird, ist in (Abb. 4–1, S. 61) dargestellt. Auch die Managementprozessmuster sind grobgranularer als die M-Patterns des TUM-Patternkataloges. Man wird meist mehrere M-Patterns finden, die ein Managementprozessmuster wie »Management des Anwendungsportfolios« unterstützen können.

Sichten

Sichten und Informationsmodelle: In diesem Buch wird Softwarekartografie lediglich in den Abschnitten 5.1 und 5.2 allgemein erläutert. Es würde den Rahmen des Buches sprengen, die fast 100 verschiedenen Kartendarstellungen (Sichten, V-Patterns) zu präsentieren. Hierzu sei auf den EAM-Patternkatalog[5] der TUM verwiesen. Informationsmodelle werden in Abschnitt 5.4 jeweils als Ganzes betrachtet. Auch hier wird auf Quellen verwiesen, unter denen Sie komplette Metamodelle für IT-Unternehmensarchitektur finden. Sie können dann z. B. die I-Patterns der TUM verwenden, um ein solches Modell geeignet an Ihre Zwecke anzupassen.

---

5. *http://wwwmatthes.in.tum.de/wikis/eam-pattern-catalog/home* (aufgerufen am 27.06.2016).

3 Zielmuster

Wenn man sich länger mit IT-Unternehmensarchitektur beschäftigt, fällt auf, dass die Ziele, die Unternehmen bei der Optimierung ihrer IT-Funktionen verfolgen, sich häufig aus einem Baukasten immer wiederkehrender Muster zusammensetzen. Die Kombination der Bausteine mag verschieden sein – die Bausteine selbst tauchen jedoch immer wieder auf.

Zielbausteine

Die Bausteine sind nicht exakt voneinander abgegrenzt. Abbildung 3–1 gibt einen Überblick über Beziehungen und Überschneidungen. Die Liste der Zielmuster, die in diesem Kapitel behandelt wird, erhebt keinen Anspruch auf Vollständigkeit. Die Liste der Zielmuster kann deshalb auch nicht kanonisch sein: Gerade im Bereich der Politik kann es Ziele geben, wie zum Beispiel »Gender Mainstreaming«, um ein beliebiges Beispiel zu nennen, die man in einem eher betriebswirtschaftlich geprägten Zielsystem, wie es hier vorgestellt wird, nicht erfassen würde. Trotzdem können Sie als Unternehmensarchitekt jederzeit auch mit solchen Zielen politischer Stakeholder konfrontiert werden und müssen auch dazu auskunftsfähig sein bzw. diese u.U. in Ihren Überlegungen berücksichtigen.

Wenn Sie vergleichbare Auswertungen zur Abbildung 3–1 ansehen – z.B. den EAM-Patternkatalog der Technischen Universität München –, dann werden Sie feststellen, dass die dort aufgeführten sogenannten Concerns einen ähnlichen Abdeckungsgrad haben wie die hier beschriebenen Zielmuster.

Abb. 3-1 Beziehungen gebräuchlicher Zielmuster in IT-Unternehmensarchitektur (IT-Management)

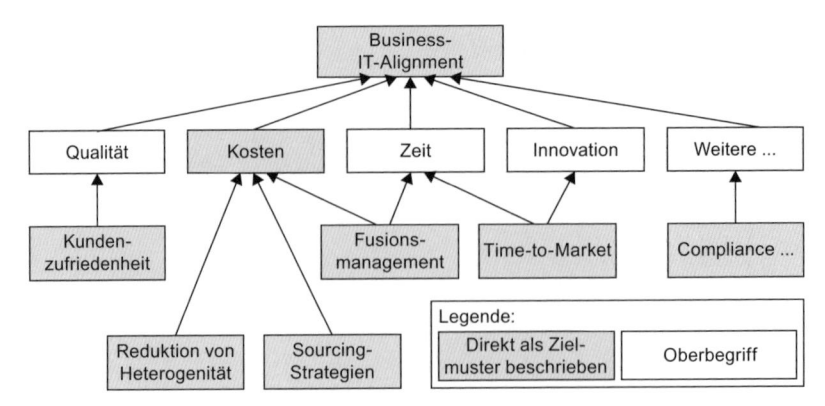

Sämtliche Zielmuster werden hier zunächst kurz erläutert und dann in den folgenden Abschnitten ausführlicher diskutiert.

Business-IT-Alignment: Innerhalb der Zielmuster ist Business-IT-Alignment relativ universell. Genau genommen lässt sich darunter ziemlich jedes andere Zielmuster einordnen. Kostenmanagement kann eine Ausprägung sein, wenn das Unternehmen generell eine Kostenstrategie verfolgt.

Trotzdem ist es sinnvoll, dieses Muster kurz zu beleuchten, da es sowohl in der Literatur als auch in der Praxis immer wieder auftaucht und es sich daher lohnt, das Buzzword Business-IT-Alignment ein wenig tiefer zu betrachten.

Kostenmanagement: Für die IT-Funktion hat Kostenmanagement über Jahre eine dominante Rolle gespielt. Kluge IT-Verantwortliche werden sich allerdings nicht nur darauf konzentrieren. Trotzdem fallen in diesen Bereich zahlreiche Vorgehensweisen und Prozessmuster, die man in der IT-Unternehmensarchitektur häufig antrifft.

Optimierung mit Sourcing-Strategien: Sie sind häufig auch eine Ausprägung von Kostenmanagement. Die IT versucht ihre Aufgaben dort erledigen zu lassen, wo sie mit akzeptabler Qualität am preiswertesten erledigt werden können. Dabei sind natürlich auch Aspekte wie Zukunftssicherheit, strategische Abhängigkeit von Lieferanten, mögliche Reaktionsgeschwindigkeiten zu berücksichtigen. Sourcing-Strategien kann man sowohl im Rahmen des Technologiemanagements betrachten als auch im Rahmen des Managements des Anwendungsportfolios. Es gibt dedizierte Techniken zur Weiterentwicklung des Anwendungsportfolios in Richtung Sourcing-Fähigkeit.

Time-to-Market: Wenn Zeit, Kosten und Qualität übliche Stellschrauben sind, um die Dienstleistungen eines Unternehmens weiterzuentwickeln und von der Konkurrenz abzuheben, dann ist logischerweise eine

Verbesserung der Time-to-Market neben Kostenmanagement wesentlich für die Wettbewerbsposition eines Unternehmens. Time-to-Market kann auch durch die Qualität der IT-Systeme beeinflusst werden. Wenn sich diese schnell und flexibel ändern lassen, können Unternehmen ihre Produkte schneller auf den Markt bringen; das gilt vorzugsweise für solche Produkte, die einen hohen Grad an IT-Unterstützung ihrer Geschäftsprozesse benötigen (z.B. Versicherungs- und Bankprodukte, Tarife in der Telekommunikation oder Energieversorgung). Daher ist eine Verbesserung der Time-to-Market ein häufiges Zielmuster im Rahmen der IT-Unternehmensarchitektur.

Kundenzufriedenheit: Gemeint sind hier vor allem die internen Kunden der IT-Funktion. Dieses Zielmuster wird meist dann eingesetzt, wenn die internen Anwender mit der Unternehmens-IT unzufrieden sind. Solange die Zufriedenheit so gut ist, dass niemand über die Qualität der Anwendungen zu laut redet, werden sich IT-Verantwortliche eher auf Kosten oder andere wettbewerbsrelevante Ziele konzentrieren.

Reduktion von Heterogenität: Der Einsatz vieler verschiedener Technologien für ein und dieselbe Aufgabe genauso wie der Einsatz vieler verschiedener, redundanter Anwendungen für ein und dieselben Geschäftsprozesse verursacht hohe Kosten. Insofern ist Management von Heterogenität Teil einer Kostenreduktionsstrategie. Da es spezielle Prozesse und Sichten gibt, mit denen man Heterogenität erkennen und bekämpfen kann, wird dieses Zielmuster hier separat beschrieben.

Fusionsmanagement: Dies ist häufig ein Unterpunkt des Managements von Heterogenität. Wenn zwei Unternehmen fusionieren, die ein ähnliches Produkt- und Aufgabenspektrum haben, ist es wahrscheinlich, dass hinterher zwei große IT-Landschaften vorhanden sind, die im Prinzip dieselben Aufgaben erfüllen können. Eine ist also überflüssig. Die Bewältigung z.B. der Fusion mehrerer Unternehmen kann die Unternehmensarchitektur bis zu zehn Jahre und mehr beschäftigen. Heute wird erwartet, dass solche Themen in spätestens drei Jahren erledigt sind, auch wenn das nicht immer realistisch ist.

Compliance, Sicherheit und Risikomanagement: Dieser Themenkomplex ist immer zu behandeln. Explizit in den Vordergrund tritt er dann, wenn der Gesetzgeber Bestimmungen verschärft hat oder wenn es aktuelle Anlässe gibt wie Unternehmenszusammenbrüche aufgrund nicht beachteter Risiken oder Datenschutzskandale.

Zum Abgleich der Zielmuster aus Abbildung 3–1 mit denen anderer Unternehmen kann man eine jährliche Umfrage der amerikanischen Society for Information Management heranziehen, die ein Panel von

CIO-Umfrage

CIOs befragt, welche Themen für sie im jeweiligen Jahr wichtig sind und oben auf der Managementagenda stehen. Tabelle 3–1 zeigt die Prioritätenliste von CIOs für das Jahr 2016.

Tab. 3–1
Prioritätenliste von CIOs (Quelle: Jährliche Umfrage der Society for Information Management, 2015 wiedergegeben im Forbes Magazin[1])

Rang	Thema
1	Business-IT-Alignment
2	IT-Sicherheit & Datenschutz
3	Time-to-Market, Liefergeschwindigkeit
4	Innovation
5	Produktivität und Effizienz des Geschäfts
6	Wertbeitrag der IT für das Geschäft
7	IT-Agilität und Flexibilität
8	Reduktion der IT-Kosten
9	Agilität und Flexibilität für die Geschäftsseite
10	Kostenreduktion auf der Geschäftsseite

3.1 Business-IT-Alignment[2]

Business-IT-Alignment ...

Der Begriff Business-IT-Alignment bezeichnet die Ausrichtung der IT an den Geschäftszielen des Unternehmens. Er reflektiert die Einsicht, dass IT-Einsatz keinen Selbstzweck darstellt, sondern das Geschäftsergebnis möglichst positiv beeinflussen soll. Business-IT-Alignment ist also essenzielle Voraussetzung für das Generieren eines optimalen Beitrags der IT zum Geschäftserfolg des Unternehmens. Halten wir zunächst fest, dass das Herstellen von Business-IT-Alignment ein mögliches und weitverbreitetes Muster für Ziele ist, die einer IT vom Management gesetzt werden können. Es wird häufig vorkommen, dass ein CIO große Teile der Umsetzung an seinen IT-Unternehmensarchitekten delegiert.

... als Oberbegriff der meisten Zielmuster

Wenn man sich die obige Definition ansieht, kann die Verfolgung so gut wie jedes Zielmusters, das in Abbildung 3–1 und im darauf folgenden Überblick dargestellt ist, auch als Umsetzung von Business-IT-Alignment verstanden werden. Es wird vor allem dann als Thema gese-

---

1. Quelle: *http://www.forbes.com/sites/steveandriole/2015/10/30/top-ten-cio-concerns-for-2016-its-deja-vu-all-over-again/#79c89f064052* (aufgerufen am 05.07.2016).
2. Der Abschnitt über IT-Alignment basiert vor allem auf Arbeiten von Dieter Masak [Masak06] und in der konkreten Ausprägung auf einer gemeinsamen Zusammenfassung [Keller+08].

hen, wenn es nicht oder nicht ausreichend vorhanden ist, also als »fehlend« wahrgenommen wird.

3.1.1 Bedeutung

Tabelle 3–2 zeigt, welche Priorität Business-IT-Alignment über verschiedene Jahre in der Meinung von CIOs hatte. Das Thema lag über mehrere Jahre konstant unter den Spitzenplätzen der Themen von CIOs. Wie Abbildung 3–1 für 2016 wieder zeigt, ist das Thema auch derzeit wieder an der Spitze der CIO-Prioritäten.

SIM CIO Panel: CIOs' Top Priorities		
2011	2012	2013
(1) IT and business alignment	(1) Business productivity and cost reduction	(1) Alignment of IT and/with the business
(2) Business agility and speed to market	(2) IT and business alignment	(2) Business agility
(3) Business Process Management & Reengineering	(3) Business agility and speed to market	(3) Business Productivity
(4) Business Productivity & Cost Reductions	(4) Revenue Generating IT Innovations	(4) Business Cost Reduction/Controls
(5) IT Strategic Planning	(5) IT cost reduction	(5) IT Cost Reduction/Controls

Tab. 3–2
Prioritäten von CIOs über mehrere Jahre (Quelle: CIO Panels der Society for Information Management 2011–2013)

Dort wo Business-IT-Alignment nicht optimal implementiert ist, findet die Diskussion über den bekannten Graben zwischen Business und IT statt. Oft kursieren dazu Anmerkungen der Art, eine technikverliebte IT kümmere sich zu sehr um ihre eigenen Belange und zu wenig ums Geschäft. Umgekehrte Vorwürfe, dass sich das Business zu wenig um IT kümmern würde, gibt es natürlich auch, Solche Diskussionen sind selten objektiv und werden daher umso emotionaler geführt. In einem solchen Umfeld entstehen Plattitüden der Art »Diese Maßnahme erzeugt ein hohes Alignment« oder »Aufgrund des schlechten Alignments ...« – solche Diskussionen lassen sich versachlichen, wenn man den Begriff messbar macht wie in [Masak06] versucht. Die dort vorgestellten Ansätze sind allerdings noch weit davon entfernt, in der täglichen Praxis zur Operationalisierung von IT-Alignment zu dienen. Obwohl viele Berater und Hersteller behaupten, dass ihre Vorschläge oder Produkte das IT-Alignment erhöhen, wird es im Grunde selten klar und messbar definiert; das macht es aber nur einfacher, den Begriff in allen möglichen Kontexten zu verwenden und letztlich den Sinn zu entfremden. Als Alternative kann man den Begriff so weit ver-

Graben zwischen Business und IT

Messbares Business-IT-Alignment

tiefen, dass man auf einer sachlichen Ebene darüber diskutieren kann. Das wird im Folgenden unternommen. Darauf, wie man Business-IT-Alignment in der Praxis herstellen kann, geht Abschnitt 4.2 ein. Dort wird gezeigt, wie man mithilfe sogenannter Capabilities eine IT-Landschaft so gestalten kann, dass umgesetzt wird, was für das Geschäft wichtig ist.

Capabilities

Der Begriff Alignment leitet sich etymologisch aus dem französischen Verb alignier ab, das ausrichten bedeutet. Dass man sich mit Alignment zwischen IT und Business überhaupt beschäftigt, liegt zunächst daran, dass es offensichtlich nur selten vorhanden ist. Warum ist das so?

Geschäftsprozesse
Organisation
Softwaresysteme

Damit ein Unternehmen effizient und gut funktioniert, bedarf es heute dreier Voraussetzungen: effiziente Geschäftsprozesse, zu diesen Prozessen passende Organisationsstrukturen und Softwaresysteme, die sowohl zu den Prozessen als auch zu den Strukturen passen. Leider glauben viele Menschen, dass sich Software an jede Gegebenheit anpassen lässt. Verstärkt wird dieser Irrglaube noch durch die Standardsoftwarehersteller, die mit diesem Argument ihre Software an den Kunden bringen. Dem ist jedoch nicht so! Jede Software enthält ein Modell der zu unterstützenden Geschäftsprozesse und ein Modell der Organisation; und zwar die Modelle, die zum Zeitpunkt der Softwareerstellung bekannt waren oder antizipiert wurden. Diese Tatsache, dass Software stets die Organisation widerspiegelt, durch die sie geschaffen wurde, ist auch als Conway's Law bekannt [Masak05]. Wenn dann ein Softwaresystem nicht mehr zu den Prozessen oder zur Organisation passt, wird mangelndes IT-Alignment beklagt. Auch Diskrepanzen zwischen Strukturen und Prozessen werden oft als mangelndes Business-IT-Alignment bezeichnet und sind in der Organisationstheorie schon lange bekannt.

Conway's Law

3.1.2 Dimensionen

Zum besseren Verständnis ist es sinnvoll, den Oberbegriff Business-IT-Alignment in fünf komplementären Dimensionen zu betrachten:

Kognitives IT-Alignment befasst sich mit der Ausrichtung der Geschäfts- und der IT-Welt auf gemeinsames Gedankengut. Bezogen auf Managementsysteme befindet man sich hier im Bereich gemeinsamer Werte, gemeinsamer Visionen und vor allen Dingen eines gemeinsamen Verständnisses aller Beteiligten im Unternehmen. Wenn es daran fehlt, kommt es oft zu dem viel beklagten Graben zwischen einer z.B. technikverliebten IT und einem Business, das sich vorgeblich keinerlei Gedanken über die Realisierbarkeit seiner Anforderungen an die IT macht. Der Graben kann aber auch anders entstanden sein: zwischen einer zu konservativen IT, die in nationalen Dimensionen denkt, und einem Business, das dabei ist, das Geschäftsmodell des Unternehmens zu globalisieren.

Es gibt auch andere klassische Gräben in Unternehmen, z.B. zwischen Entwicklung und Vertrieb. Gute Unternehmensführer investieren daher ausreichend Zeit in das Thema »gemeinsame Ziele – gemeinsame Werte – gemeinsame Visionen«, über alle Unternehmenseinheiten hinweg. Das kognitive Alignment betrifft alle Einheiten eines Unternehmens, nicht nur IT und den »Rest«, der dann oft unter Business subsumiert wird. Es wird aber meist im IT-Bereich am offensichtlichsten, da dieser seine eigene Fachsprache hat, in die die Begriffe des Business erst übersetzt werden müssen. Ein hohes kognitives Alignment setzt also auch gemeinsame Begriffe voraus.

Strategisches IT-Alignment meint die Abstimmung von Geschäftsstrategie und IT-Strategie. Klassisches Beispiel für fehlendes strategisches Alignment wäre die IT eines kleineren Handelsbetriebs, die viel zu hohe Kosten produziert, weil ohne Nachweis der Wirtschaftlichkeit z.B. RFID-Technologien eingesetzt werden – nur um des Einsatzes der Technik willen. Was jedoch in dem einen Betrieb unpassend sein kann, kann in einem anderen Betrieb aus derselben Branche notwendig sein. Wenn z.B. WalMart die Optimierung des Warenflusses und das Abwälzen der Vorratskosten als integralen Bestandteil seines Geschäftsmodells sieht, dann wird dafür auch ein entsprechender Aufwand in Form komplexerer Warenwirtschaftssysteme bis hin zur Real-Time-Abwicklung getrieben. Strategisches Alignment schafft die Voraussetzungen für Aufrechterhaltung bzw. Verbesserung des Alignments in der Zukunft.

Architektonisches Alignment: Darunter wird verstanden, wie gut die IT-Systeme zu den Geschäftsprozessen des Unternehmens passen. Primär wird untersucht, inwieweit sich die aktuellen Geschäftsprozesse und Organisationsstrukturen eines Unternehmens mit den aktuellen IT-Systemen unterstützen lassen.

Bei naiver Betrachtung besonders beliebt sind hier Behauptungen der Art, dass eine strukturelle Ähnlichkeit zwischen Software und Geschäftsprozess automatisch ein hohes IT-Alignment produziere. Eine solche Fragestellung wäre nicht einfach zu beantworten. Fundierter wäre es, wenn beispielsweise Fragen nach ausreichender Flexibilität gestellt werden. Versteht ein Unternehmen als Teil seines Geschäftsmodells eine schnelle Anpassungsfähigkeit seiner Geschäftsprozesse und Produkte, dann muss es sich auch die Frage stellen, ob nicht funktionale Eigenschaften, z.B. Time-to-Market für neue Prozesse und Produkte, durch die vorhandenen Architekturen hinreichend unterstützt werden.

Mit solchen Fragestellungen beschäftigen sich die Unternehmensarchitekturen, speziell im Bereich des Anwendungsportfoliomanagements, aber auch beim Aufbau sogenannter »agiler Architekturen« (siehe Abschnitt 13.3).

Temporales Alignment: Hier wird der Frage nachgegangen, wie schnell Softwaresysteme und die zugrunde liegende IT eines Unternehmens an Änderungen des Geschäftsmodells angepasst werden können. Es ist sinnvoll, dabei zwischen absehbaren Änderungen und solchen, die nicht antizipierbar und disruptiver Natur sind, zu unterscheiden. Das temporale Alignment betrachtet das Zeitverhalten der Veränderung, z.B. die Reaktionsfähigkeit auf saisonale Schwankungen, die Fähigkeit, inkrementelle Änderungen von Produkten oder Prozessen zu bewältigen. Auch die Fähigkeit des Unternehmens, auf disruptive, in größeren Zeitabständen auftretende Änderungen zu reagieren, gehört dazu. Die Methoden zur Verbesserung der Reaktionsfähigkeit sind situativ zu bestimmen, sie betreffen in der Regel Gebiete wie Projektmanagement, Projektportfoliomanagement und auf eher strategischer Ebene auch Innovationsmanagement.

Systemisches IT-Alignment: Diese Dimension geht der Frage nach, inwieweit die Informations- und Kommunikationssysteme einer Unternehmung dafür geeignet sind, das Unternehmen tatsächlich zu steuern. Darunter fällt z.B., ob die IT-Systeme langfristige Veränderungen entdecken, organisatorisches Lernen unterstützen und insgesamt das langfristige Überleben der Organisation sichern können.

Das Toyota-Produktionssystem beispielsweise ist dafür bekannt, dass es allen Beteiligten permanentes Lernen erlaubt, was zu einem schwer zu kopierenden Wettbewerbsvorteil führt. Es ist das Ergebnis einer langfristigen Vision und eines permanenten Verbesserungsprozesses. Leider ist Toyota aber auch ein Beispiel dafür, dass ein Wettbewerbsvorteil durch Fehler auf anderen Gebieten negativ kompensiert werden kann. Bei Toyota hat das Ignorieren von Compliance schwere Probleme bewirkt.

In speziellen Fällen, so z.B. bei Nokia, ist ein Unternehmen durch gutes systemisches Alignment auch in der Lage, sich vollständig neu zu definieren und damit auf disruptive Einflüsse erfolgreich zu reagieren. Nokia startete als Papiermühle und wurde dann ein Großunternehmen der Kommunikationsindustrie. Dafür musste sich Nokia mehrfach neu erfinden. Die Fortsetzung der Geschichte zeigt jedoch, dass die Anpassung an disruptive Veränderungen nicht immer wieder neu funktioniert, weil sie einmal gelungen ist. Durch das Aufkommen von Smartphones wurde Nokia besonders hart getroffen und von der Spitze der

Innovation in der mobilen Kommunikation verdrängt. In der Folge wurde das Unternehmen zerschlagen und zu großen Teilen inzwischen abgewickelt.

3.1.3 Zwischenbilanz

Alle diese Dimensionen und Felder des IT-Alignments lassen sich in jedem Unternehmen verbessern. Hierzu bedarf es eines konventionellen guten Managements.

Verbesserung des Business-IT-Alignments

Wenn man noch einmal reflektiert, welche Dimensionen von Alignment durch IT-Unternehmensarchitektur zu beeinflussen sind, dann sind dies vor allem das strategische, das architektonische und das temporale Alignment. Architektonisches und temporales Alignment werden meist unter anderen Oberbegriffen diskutiert, wie Time-to-Market für das temporale Alignment und Eignung der Anwendung für das architektonische Alignment. Bleibt also das strategische Alignment. Dieses wird in vielen Unternehmen mittlerweile explizit einem Managementprozess unterworfen. Das kognitive Alignment herzustellen ist quasi eine Routineaufgabe des Topmanagements, das dafür zu sorgen hat, dass Strategien ausreichend kommuniziert werden. Systemisches Alignment ist schwer zu beherrschen. Meist kann man nur ex post feststellen, ob es vorhanden war oder nicht.

3.2 Verbesserung der Ertragskraft und Kostenmanagement

Die Ertragskraft eines Unternehmens kann entweder durch Kostenreduktion oder über neue Ertragsquellen verbessert werden. Als IT-Manager muss man sich zunächst darüber klar werden, welche Kosten man beeinflussen möchte:

Unterstützung des Kostenmanagements: Man kann das Business dabei unterstützen, Kosten zu senken. Wenn man davon ausgeht, dass Unternehmen IT-Kostenquoten von 0,5 Prozent bis vielleicht 10 Prozent haben, dann wird klar, dass die Hebel für beachtliche Kostensenkungen im Business liegen. Das Thema wird jedoch nur kurz abgehandelt, da es sich hier um ein Buch über IT-Management handelt und nicht um ein Buch über allgemeines betriebliches Kostenmanagement. In der Praxis wird sich jeder gute IT-Manager allerdings darüber gründlich informieren, wie sein Geschäft seine Kosten im Griff behalten kann.

Reduktion von IT-Kosten: Wenn nur die IT-Kosten um 20–30 Prozent gesenkt werden, mag dies auf den ersten Blick uninteressant aussehen. IT-Budgets erreichen aber bei großen Unternehmen schnell 50 Mio.

Euro und können bei einem Automobilhersteller oder Finanzkonzern auch bis zu mehr als 1 Mrd. Euro umfassen. In solchen Fällen entsprechen 20–30 Prozent dann 200–300 Mio. Euro Einsparung. Und das sind Dimensionen, für die sich auch ein Topmanagement interessiert. Die Standardrezepte dazu folgen.

Falsches Sparen an der IT

Es ist klar, dass zwischen IT-Kosten und den Kosten des Geschäfts erhebliche Wechselwirkungen bestehen. Oft erfordert Kostensenkung im Geschäft deutliche Investitionen in die IT-Funktion, die deshalb aber noch lange nicht immer getätigt werden. Wenn die IT-Funktion Überlegungen zum strategischen Alignment anstellt, wird sie das meistens in enger Zusammenarbeit mit dem Geschäft tun. Wenn also z. B. nicht mehr wichtige Anwendungen aus dem Portfolio verschwinden und andere ausgebaut werden, weil sie an Gewicht gewonnen haben, können sowohl IT als auch Business Kosten sparen. Und es gibt auch den dritten Effekt: Die IT kann sich auf Kosten des Business »reich« sparen, dann nämlich, wenn sie Dienstleistungen streicht, deren Wegfall zu Mehrkosten im Business führt. Solche Effekte zu vermeiden, ist Aufgabe einer integrierten Planung. Die Abschnitte 4.1 und 4.2 über strategisches Alignment und Planung mit Capabilities zeigen hierzu praktische Vorgehensweisen.

3.2.1 Verbesserung der Ertragskraft des Business

Es gibt viele Muster, über die sich die Ertragskraft nachhaltig verbessern lässt. Hier wird bewusst nicht nur von Kostenmanagement gesprochen, weil einige der Modelle auch verstärkt auf die Ertragsseite wirken. Dazu existiert eine Menge Literatur, die in den letzten zehn Jahren auch deutlich umfangreicher geworden ist und inzwischen auch in Form von Mustern aufbereitet ist [Gassmann+14]. Nachfolgend werden einige prominente Beispiele zusammengefasst, um Ihnen eine Idee davon zu geben, mit welchen Konzepten auf der Geschäftsseite operiert wird.

Geschäftsmodellmuster

Exemplarisch seien drei Beispiele für Geschäftsmodellmuster aus der deutschen Literatur genannt: In [Kagermann+06] beschreiben Kagermann und Österle Bausteine für innovative Geschäftsmodelle. Ein Buch mit ähnlichem Themenspektrum ist [Dietrich+06]. Ein noch neueres Buch, das sich generell mit dem Entwurf von Geschäftsmodellen befasst, ist [Osterwalder10]. Neben Mustern für erfolgreiche Internetgeschäftsmodelle enthält es auch eine umfangreiche Methodik für den Entwurf neuer Geschäftsmodelle. Gassmann et al. haben die Entwicklung weitergetrieben und insgesamt 55 Geschäftsmodellmuster identifiziert [Gassmann+14].

Beispiele für Bausteine, die man in vielen Geschäftsmodellen zur Verbesserung der Wettbewerbsposition einbauen kann, sind die folgenden – teilweise überschneiden sie sich:

Business Process Reengineering (BPR, [Hammer+93]): Business Process Reengineering ist unter diesem Begriff seit Mitte der 1990er-Jahre bekannt. Grundidee ist, dass vorhandene Prozesse nicht geringfügig optimiert – sondern dass komplett neue Geschäftsprozesse erdacht werden. Häufig basieren diese darauf, dass 80 Prozent einfache Fälle von preiswerteren Mitarbeitern abgearbeitet werden, die restlichen 20 Prozent Spezialfälle erledigen teure Spezialisten.

Kundenselbstbedienung: Teure Serviceprozesse werden auf den Kunden verlagert, der sich z.B. über eine Webanwendung selbst bedienen muss. Oft wird dies auch mit Business Process Reengineering in der oben beschriebenen Trennung 80/20 Prozent kombiniert, dadurch sinkt die Gehaltssumme.

Automatisierung von Geschäftsprozessen (Dunkelverarbeitung): Die z.B. 80 Prozent einfachen Geschäftsfälle eines Prozesses laufen vollautomatisch ab. Reicht im konkreten Fall der automatische Prozess mit seinen Geschäftsregeln nicht mehr aus, wird die Prozessinstanz im Arbeitskorb eines menschlichen Bearbeiters abgelegt.

Zerlegung von Geschäftsmodellen (Unbundling Business Models): Hier wird ein Unternehmen in Teile zerlegt in der Hoffnung, dass die Summe der Teile bessere Ergebnisse ergibt als das gesamte Unternehmen zuvor. Dies wird vor allem dann möglich, wenn ausgelagerte Teilbereiche von mehreren (auch fremden) Unternehmen genutzt werden können, sodass sich Economies of Scale ergeben. Beispiele sind die Zerlegung von Versicherungen nach Risikoträger, Kundenservice-Gesellschaften und Schadensabwickler. Oder: Universalbanken wurden zerlegt in Banken für Privatkunden, Banken für Massenkunden, Depotbanken, Transaktionsbanken und z.B. Kreditfabriken. Eine Transaktionsbank dient dann nicht mehr nur einer Universalbank, sondern einer ganzen Gruppe, was zu deutlich besseren Kostenstrukturen führt. Analoge Modelle finden sich auch außerhalb der Finanzbranche.

Crowdsourcing-Modelle: Grundidee ist, dass ein Unternehmen versucht, die Wertschöpfung teilweise auf die Kunden auszulagern. Beispiele sind Rezensionen bei Amazon oder aber auch der Versuch von Computerfirmen, den Support für ihre Produkte durch die Gemeinde aller Nutzer erledigen zu lassen und dafür Web-2.0-Instrumente zur Verfügung zu stellen.

»Free« als Geschäftsmodell

Kostenlose Angebote als Geschäftsmodell bieten ein kostenloses Einstiegsprodukt und ergänzend dazu höherwertige Varianten, die verkauft werden. Beispiele dafür sind zu finden unter den Stichworten »FREE as a Business Model« [Osterwalder10] oder »FREE – the Future of a Radical Price« [Anderson09].

Die Liste ist bei Weitem nicht vollständig, sondern zeigt nur Beispiele. In den oben schon zitierten Büchern ([Dietrich+06], [Osterwalder10], [Kagermann+06] und [Gassmann+14]) finden Sie noch viele weitere Ideen, wie man die Wettbewerbsposition seines Unternehmens durch innovative Geschäftsmodelle und/oder Prozesse steigern kann.

Lesen Sie betriebswirtschaftliche Literatur.

Als IT-Lösungsarchitekt sind Sie es gewohnt, vor allem technische Literatur zu lesen, z.B. Entwurfsmuster für verbesserte Datenbankzugriffsschichten. Es kann zwar nicht schaden, wenn Sie alle diese Dinge noch beherrschen. Für Ihr Tagesgeschäft werden allerdings Geschäftsmodelle der oben beschriebenen Art deutlich wichtiger sein als technische Detailfragen.

Ertragskraft ist wichtiger als eindimensionales Kostendenken.

Dieser Abschnitt dürfte auch deutlich gemacht haben, warum die Reduzierung von IT-Kosten in den Hintergrund tritt. Mit einigen der o. a. Geschäftsmodelle kann man so viel Ertrag generieren, dass Detailfragen der technischen Implementierung vergleichsweise für das Geschäftsergebnis nicht ins Gewicht fallen. Außerdem können viele Geschäftsmodelle, die auf IT basieren, heute schon auf Cloud-Infrastrukturen realisiert werden, sodass man sie mit keiner oder minimaler IT-Investition testen kann. Solche Plattformen sind derart skalierbar, dass auch einer schnellen Globalisierung der Geschäftsidee nichts im Wege stehen würde.

Der schnelle Wertzuwachs mancher Firma erklärt sich genau über solche Mechanismen. Wer eine gute Idee hat, kann sie mithilfe des Internets schnell auf der ganzen Welt nutzen. Sie kann leider auch ebenso schnell kopiert werden. Insgesamt ist es für IT-Unternehmensarchitekten wichtig, solche Überlegungen zu kennen und die dazugehörige Sprache zu sprechen, um mit der Geschäftsseite auf gleicher Augenhöhe diskutieren zu können.

3.2.2 Reduktion von IT-Kosten

Reduktion von IT-Kosten war lange ein dominantes Ziel jedes IT-Managers. Wie oben erläutert wurde, hat die Bedeutung dieses Ziels abgenommen. Dies kann man auch an der Prioritätenliste von CIOs (siehe Tab. 3–1) ablesen. Es wird zunehmend erkannt, dass es wenig sinnvoll ist, nur die Kosten der IT zu optimieren, weil der wesentlich bessere Hebel in der Optimierung der Kosten des Geschäfts liegt und oft ein noch besserer in der Optimierung der Einkommensquellen des Geschäfts.

Weil man IT-Kostenreduktion als IT-Manager natürlich auch beherrschen muss, werden Standardkomponenten eines IT-Kostensenkungsprogramms aufgezeigt. In Abbildung 3–2 ist in einer typischen Matrix, wie sie gerne von Beratungsunternehmen verwendet wird, dargestellt, welche Maßnahmen mit welcher Fristigkeit typischerweise welche Einsparungen an IT-Kosten bringen.

Das ABC der Reduktion von IT-Kosten

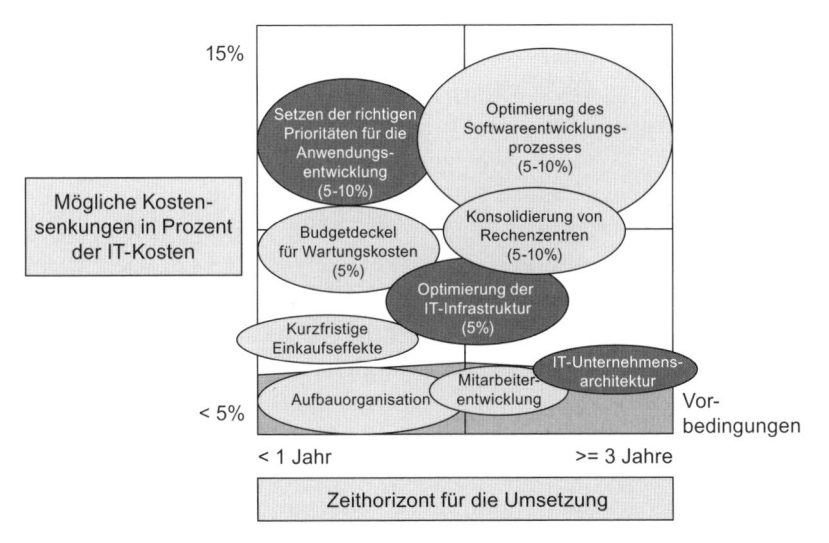

Abb. 3–2
IT-Fitnessprogramm. Bei allen dunkelgrau hinterlegten Feldern spielt IT-Unternehmensarchitektur eine wesentliche Rolle.

Im Folgenden werden diese jeweils kurz diskutiert:

Setzen der richtigen Prioritäten für die Anwendungsentwicklung: Wenn man davon ausgeht, dass ca. 30–40 Prozent der IT-Kosten im weitesten Sinne in die Anwendungsentwicklung fließen, dann muss man, um das in der obigen Abbildung gezeigte Sparziel von ca. 5–10 Prozent aller IT-Kosten zu erreichen, die Kosten der Anwendungsentwicklung um 15–30 Prozent senken. Dies sieht anspruchsvoll aus. Sie werden im Abschnitt über Capabilities Methoden kennenlernen, deren Anwendung solche Ziele durchaus realistisch erscheinen lassen. Kernidee ist, überflüssige Dinge nicht zu tun, also solche, für die sich das Geschäft nicht interessiert und die nicht aus Gründen von Compliance, IT-Sicherheit oder Risikomanagement zwingend erforderlich sind. Mithilfe von Capabilities lassen sich solche Themenbereiche relativ zügig isolieren. Details beschreibt Abschnitt 4.2. Eine solche Aufgabe wird oft von IT-Unternehmensarchitekten umgesetzt.

Tun Sie das Richtige!

Optimierung des Softwareentwicklungsprozesses: Es gestaltet sich deutlich schwieriger, auch ca. 30 Prozent Kosteneffekte aus einem Softwareentwicklungsprozess herauszuholen. Hier werden vor allem drei Linien verfolgt:

Offshoring
- Manche Unternehmen investieren in einen schwergewichtigen Prozess und setzen dabei auf extrem billige Arbeitskräfte (Offshoring). Dies kann jedoch den Nachteil haben, dass darunter die Agilität deutlich leidet und man am Ende feststellt, dass auch der Kosteneffekt nicht wirklich eingetreten ist. Möglicherweise leidet auch die Qualität und es wird Nacharbeit erforderlich.

Agiles Vorgehen
- Andere Unternehmen setzen daher eher auf leichtgewichtige, also agile Prozesse. Diese Vorgehensweise steht allerdings in sehr großen Unternehmen erst am Anfang. Erste Versuche sind Erfolg versprechend. Es muss aber zugegeben werden, dass dieses Rezept Nebenwirkungen haben kann: Bleibt z. B. Dokumentation auf der Strecke, dann wird das erste Projekt billig, folgende jedoch teuer, und man erzeugt mittels agiler Prozesse moderne Legacies. Wenn man gute Entwicklungspartner hat, muss dies nicht sein. Leben die Entwicklungspartner aber agile Prozesse nicht wirklich, sondern wollen damit nur die eigenen Marktchancen erhöhen, dann kann ein agiles Projekt in einer großen Organisation eine größere technische Schuld (engl.: Technical Debt; [Sterling10]) aufbauen. Der einmal realisierte Kosteneffekt ist dann nicht wirklich nachhaltig. Die Erfahrung des Autors mit agilen Ansätzen in einem sehr großen Entwicklungsteam war, dass die Softwareproduktion nicht billiger geworden ist, aber Resultate erzielt wurden, die deutlich besser die Kundenwünsche reflektiert haben als bei einem Wasserfallvorgehen. Die Kunden in den Geschäftsbereichen haben Software also nicht billiger erhalten – aber deutlich näher an ihren Wünschen und auch deutlich schneller. Damit haben die Kunden ein deutlich verbessertes Preis-Leistungs-Verhältnis für die Software bekommen – auch wenn die absoluten Ausgaben nicht gesunken sind, sondern eher leicht gestiegen sind.

Best-Practice-Prozesse
- Wieder andere Unternehmen haben versucht, durch die Einführung umfangreicher Best-Practice-Prozesse Geld einzusparen. Da diese Prozesse oft unhandlich und groß sind, gelingt das nur in wenigen Fällen.

Weiter vertieft wird das Thema nicht, weil es kein Kerngebiet des Managements der IT-Unternehmensarchitektur ist und damit selten dramatische Kosteneffekte zu erzielen sind. Methoden, Verfahren und Tools waren früher Kernkompetenzgebiete von Technikern, die sich zuweilen als Vorläufer von IT-Unternehmensarchitekten sehen.

Budgetdeckel für Wartungskosten: Damit lässt sich kurzfristig Geld einsparen. Sie richten im Regelfall auch keinen größeren Schaden an. Dass Übertreibungen Schäden bewirken können, kann man leider bei der Deutschen Bahn (im Bereich Business und weniger in der IT) als deren Kunde in jedem Winter und auch Sommer erleben. Es gibt Möglichkeiten, mithilfe von Metriken und speziellen Prozessen Zustände ohne schädliche Nebenwirkungen zu definieren (siehe dazu Abschnitt 4.9 über Managed Evolution); dort werden auch Konzepte wie die sogenannte technische Schuld erläutert. Von daher sind Wartungskosten und deren Steuerung ein Thema, an dem auch IT-Unternehmensarchitekten mitarbeiten.

Kurzfristige Einkaufseffekte werden normalerweise bei jedem Kostensenkungsprogramm bemüht. Dabei handelt es sich um Ergebnisse von Preisverhandlungen ohne Änderung der IT-Struktur. Dieser Punkt wird hier nicht weiter vertieft, dasselbe gilt für die nächsten beiden.

Aufbauorganisation: Hierunter wurde in der Vergangenheit oft die Einführung einer sogenannten Manage/Change/Run-Organisation (siehe Abb. 14–8, S. 392) verstanden sowie weitere Maßnahmen zur Optimierung der Organisation des IT-Bereichs.

Mitarbeiterentwicklung: Der Erfolgsnachweis von Maßnahmen zur Mitarbeiterentwicklung ist meistens nicht einfach, soweit von Personalkostenänderungen abgesehen wird. Große Effekte sind auch nicht zu erwarten (siehe Abb. 3–2). Moderne, »harte« Manager werden daher den Punkt außen vor lassen. Andere Manager werden immer Mitarbeiterentwicklung betreiben – ob sie sie über ein Kostensenkungsprogramm rechtfertigen können oder nicht. Investitionen in die Qualifikation der Mitarbeiter zahlen sich langfristig eigentlich immer aus. Nur kurzfristig kann man mit dem Streichen solcher Investitionen sein Budget entlasten.

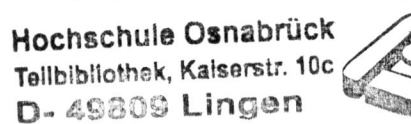

Konsolidierung von Rechenzentren: Rechenzentren haben normalerweise starke Skaleneffekte. Das heißt, selbst wenn man zwei schon große Rechenzentren konsolidiert, kann man meistens weitere Einsparungen erzielen. Im Falle von Konzernen, die über eine Vielzahl kleiner Rechenzentren verfügen, lassen sich häufig Einsparungen im ein- bis zweistelligen Millionenbereich realisieren. Die Konsolidierungsprojekte sind in vielen Fällen nicht besonders schwierig durchzuführen. Konsolidierung von Infrastruktur jeder Art ist also fast immer lohnend, allerdings heute schon oft ein Konzept von gestern. Heute denkt man eher daran, selbst keine Rechenzentren mehr zu betreiben und deren Betrieb an professionelle Outsourcer abzugeben oder gleich Cloud-Infrastrukturen nach Bedarf zu benutzen. Neben der Tatsache, dass Outsourcer und Cloud-Rechenzentren meist infolge ihrer Größe deutlich bessere Kostenstrukturen haben, fällt auch ins Gewicht, dass man kein Personal mehr benötigt, das Weltklasse im (kerngeschäftsfremden) Betreiben von Rechenzentren ist. Solches Personal ist bei einem spezialisierten Dienstleister besser aufgehoben und kann dort auch besser ausgelastet werden.

Optimierung der IT-Infrastruktur: Ähnliches wie für die Konsolidierung von Rechenzentren gilt auch für IT-Infrastruktur ganz allgemein. Nachdem die infrastrukturnahen IT-Kosten häufig über 50 Prozent des IT-Kostenvolumens eines Unternehmens ausmachen, lohnt es sich fast immer, die IT-Infrastruktur auf Optimierungsmöglichkeiten zu durchleuchten. Meist wird eine Architekturgruppe hier fündig werden. Deshalb kann es sich auch lohnen, in einer Stabsstelle für IT-Unternehmensarchitektur einen Fachmann für Infrastruktur zu haben. Meistens verdienen solche Mitarbeiter mindestens ihr Gehalt problemlos durch Optimierungen der Infrastruktur.

IT-Unternehmensarchitektur wird selbst auch immer wieder als Bestandteil von IT-Fitnessprogrammen genannt. Ähnlich wie bei der Mitarbeiterqualifikation sind auch hier die direkten Einsparungen eher niedrig anzusetzen. Der Wirkungszeitraum ist mit ca. drei Jahren auch eher lang. Deshalb wird kein CIO IT-Unternehmensarchitektur primär einführen, um Kosten zu sparen. Die meisten werden dies tun, um Schlagkraft und Qualität ihres IT-Managements deutlich zu verbessern. Die Liste der Prioritäten von CIOs (siehe Tab. 3–1) hat genug Ansatzpunkte gezeigt, die dort ausreichend weit oben genannt wurden. IT-Unternehmensarchitekten werden natürlich an Maßnahmen mitarbeiten, die Kosteneinsparungen im Geschäft ermöglichen. Sie können sicherstellen, dass das temporale Alignment einer Anwendungslandschaft verbessert wird, also z.B. dafür sorgen, dass Produkte deutlich schneller auf den Markt kommen, weil die eigenen IT-Systeme dies durch ihre Flexibilität erleichtern. Und IT-Unternehmensarchitekten sind, wie schon ausgeführt, typischerweise diejenigen Stabsmitarbeiter, die sich für den CIO darum kümmern, dass das strategische Alignment des Anwendungsportfolios permanent verbessert wird (siehe dazu auch den Abschnitt über Management von Capabilities).

Der Abschnitt über Kostenmanagement darf nicht ohne eine deutliche Warnung vor Übertreibungen beim Sparen enden. Dazu eine kleine Geschichte:

> An einem klaren Tag im Dezember klopft ein sorgenvoll dreinblickender Finanzvorstand an die Tür seines gequälten Kollegen, des IT-Vorstands, und beginnt die Konversation wie folgt: »Die Zeiten sind hart, lieber Kollege. Wenn wir unsere Gewinnziele nächstes Jahr erreichen wollen, müssen wir aus dem IT-Budget 10 Prozent streichen.« Mit einiger Mühe und mehr als nur ein wenig Hilfe von Moores Law schafft es der IT-Vorstand, sein Budget um 10 Prozent zu senken, ohne dass die Leistung der IT-Funktion, die er verantwortet, kurzfristig merklich schlechter wird. Im darauf folgenden Jahr kommt der Finanzvorstand wieder im Dezember vorbei und sagt zum IT-Vorstand: »Das haben Sie toll gemacht letztes Jahr. Dieses Jahr müssen wir aber leider wieder 10 Prozent aus dem IT-Budget streichen.« Pflichtschuldig und mit einigen harten Entscheidungen gelingt es dem IT-Vorstand auch dieses Mal wieder, die 10 Prozent zu schaffen. Sie dürfen raten, was der Finanzvorstand am Ende des nächsten Jahres verlangt. »Jetzt brauchen wir noch mal 10 Prozent – und raten Sie mal, was ich nächstes Jahr gerne von Ihnen hätte?«
>
> Der IT-Vorstand atmet tief durch. Es war schon letztes Jahr ohne Leistungseinbußen schwer geworden, noch mehr Einsparungen aus der IT herauszupressen. Er fragt sich, wie oft man dieselbe Orange noch auspressen kann und immer noch trinkbaren Saft erhält. Für den Finanzvorstand war die Informatik eine bequeme »magische Orange«. Man konnte jedes Jahr wiederkommen, sie erneut auspressen und auf wundersame Weise funktionierte sie immer noch irgendwie, und es kam sogar weiterhin brauchbarer Saft heraus.
>
> Quelle: [Lutchen04]; Originaltitel: »Squeezing the Magic Orange«: zugeschrieben Stephen Norman, CIO Merill Lynch, MIT CIO Summit, 22. Mai 2003.

IT als die »magische Orange«

Es wurde schon gesagt, dass man IT sowohl als Commodity betreiben kann als auch als Enabler für das Business oder noch besser als Innovationsmotor im Wettbewerb. Eine Konzentration des IT-Managements auf reines Kostensparen wird auf die Dauer nicht nur für die IT schädlich sein, sondern auch für das Unternehmen, das seine IT so auf Commodity-Status reduziert. Was mit dieser IT dann passiert, schildert Carr in seinem bekannten Artikel »Does IT matter?« [Carr04] recht eindringlich. Sie wird im Unternehmen marginalisiert. Es gibt Unternehmen speziell aus der Old Economy – z. B. klassische Handelsbetriebe –, bei denen dies »problemadäquat« ist, weil sie keine aufwendige IT benötigen und sich auf das Kostensparen konzentrieren können. Doch auch in solchen Betrieben gibt es Innovation durch IT und Prozessinnovationen, wie z. B. die ausgeklügelte Warenwirtschaft der WalMart-Kette.

Commodity-IT versus IT als Enabler

Does IT matter?

3.3 Optimierung mit Sourcing-Strategien

Langfristige Sourcing-Strategien haben meist nur vordergründig Kosteneffekte im Fokus. Hintergründig geht es um langfristigere Effekte, die die Wettbewerbsposition des Unternehmens verbessern können. Sourcing-Strategien gehören damit zum Werkzeugkasten des IT-Unternehmensarchitekten. Dieser kann sie z. B. auf folgende Bereiche anwenden:

Sourcing der Infrastruktur

Infrastruktur: Dieser Punkt wurde bereits unter Kostensenkungsprogrammen angerissen. Kostensenkung ist hierbei oft nicht einmal das primäre Ziel, sondern es geht darum, Wertschöpfung, die nicht primär dem eigenen Kerngeschäft dient, an Partner oder in die Cloud auszulagern und dadurch auch Dienstleistungen besserer Qualität zu erhalten. Beim Partner oder einem Cloud-Provider gehört die Dienstleistung zum Kerngeschäft und wird daher im Regelfall deutlich professioneller erbracht als im auslagernden Unternehmen.

Sourcing von Anwendungen

Anwendungsportfolio: In Abschnitt 4.3 wird ausführlich geschildert, wie man die Teile eines Anwendungsportfolios identifiziert, die nicht zum Kerngeschäft gehören und daher besser von Dritten eingekauft und/oder betrieben werden sollten. Auch hier stehen nicht nur Kostenüberlegungen im Vordergrund. Ein gut ausgewählter externer Anbieter kann auf lange Sicht deutlich bessere Dienstleistungen zu günstigeren Preisen liefern als das eigene Unternehmen, das beispielsweise auch Buchhaltung betreiben muss, diese aber nicht als Kernkompetenz oder erstrebenswertes Geschäftsfeld sieht.

Infrastruktur und Anwendungsportfolio sind die wesentlichen Felder, die man mittels Sourcing-Strategien normalerweise angeht. In beiden Feldern sind IT-Unternehmensarchitekten mit dabei, wenn es darum geht, eine Sourcing-Strategie festzulegen.

3.4 Verbesserung Time-to-Market

Unter Time-to-Market wird in der Regel die Zeitspanne verstanden, die von einer Produktidee bis zur Einführung im Markt vergeht. Häufig kritisieren dabei Senior Manager die IT und behaupten pauschal, dass die Time-to-Market im Unternehmen schlecht sei, weil die IT neue Produktideen nicht schnell und flexibel unterstützen könne.

Zunächst muss man sich vor Augen führen, in welchen Branchen dies überhaupt relevant ist. Das ist besonders dort der Fall, wo das Produkt mehr oder weniger reine Information ist, also z. B. in Banken und Versicherungen. Stark informationslastige Produkte sind auch

Tarife von Versorgern oder Telekommunikationsanbietern. Dann sollte man bedenken, dass es nicht immer die IT sein muss, die Produkteinführungen vorgeblich langsam macht. In vielen oft internationalen Unternehmen bestehen heute Genehmigungsprozesse für neue Produkte, bei denen schnell einmal ein knappes Jahr ins Land gehen kann. Analysiert man dann die Klagen der Senior Manager genauer, stellt man fest, dass die IT-Implementierung vielleicht sechs Monate gedauert hat und das Genehmigungsverfahren unter Einbeziehung einer Konzernzentrale auf einem anderen Kontinent vielleicht neun Monate. Trotzdem werden die Manager nicht müde, der IT die Schuld zu geben.

IT ist nicht immer schuld, wenn die Time-to-Market zu lang ist.

Des Weiteren ist oft zu beobachten, dass das Business teilweise unrealistische Forderungen an die Zeit stellt, in der neue Produkte auf den Markt kommen sollen. In Banken und Versicherungen wird man oft Wünsche z.B. des Vertriebs hören, wonach neue Produkte binnen sechs oder acht Wochen im Verkauf sein sollen. Fragt man genauer nach, wird man häufig feststellen, dass solche schnellen Einführungen schon deshalb nicht sinnvoll sind, weil die Verkaufskräfte im Feld gar nicht in der Lage sind, einer solchen Änderungsfrequenz zu folgen. Es gibt große und erfolgreiche Vertriebsbereiche, die nicht häufiger als zweimal pro Jahr überhaupt neue Produkte einführen möchten. Ihnen ist wichtig, dass die Vertriebsmitarbeiter mit den vorhandenen Produkten gut umgehen können, diese gut verstanden haben und demzufolge auch gut verkaufen können.

Schneller muss nicht immer besser sein.

Trotz aller Argumente kann es auch sinnvoll sein, Programme zur Strukturverbesserung der IT aufzulegen, die eine bessere IT-Unterstützung der Time-to-Market zum Ziel haben. Im Gegensatz zu reinen Kostenreduktionen bleiben Verbesserungen, die auf Time-to-Market zielen, relativ häufig stecken. Im Folgenden wird kurz erläutert, warum das so ist und welche Managementprozessmuster zumindest gewisse Lösungsansätze bieten.

Verbesserung der Time-to-Market

Quantifizierung des Effekts: Wenn man ein Kostenreduktionsprogramm durchgeführt hat, kann man hinterher die positiven Effekte bzw. Ergebnisverbesserungen meist gut zuordnen. Im Falle von Time-to-Market ist dies deutlich schwieriger. Man kann vielleicht nachweisen, wie viel ein neues Produkt zum Ergebnis beiträgt. Es ist aber oft schwierig zu belegen, welcher Teil davon darauf zurückgeht, dass die IT beispielsweise solche Anforderungen in sechs statt in neun Monaten ermöglicht. Die Kosten für solche Strukturverbesserungsprogramme sind einfach zu berechnen, die Erträge werden aber in vielen Fällen nicht klar zuordenbar sein. Es ist oft eine Glaubensfrage, ob ein Programm zur Verbesserung von Time-to-Market wirklich einen positiven ROI gebracht hat oder nicht.

Quantifizierung des Ergebnisbeitrags von Time-to-Market

Grundlegende Strukturverbesserungen einer Anwendungslandschaft sind teuer: Die Tatsache, dass es nicht möglich ist, neue Produkte schnell in der vorhandenen IT-Anwendungslandschaft zu implementieren, hat häufig damit zu tun, dass die betrachteten Systeme ein Alter von deutlich über zehn Jahren haben und dass schon in der Vergangenheit zu wenig in diese Systeme investiert wurde – sodass sie erstarrt sind. Diese Phänomene werden im Zusammenhang mit dem Managementprozessmuster Managed Evolution (siehe Abschnitt 4.9) noch ausgiebiger diskutiert. Häufig wird man feststellen, dass Strukturverbesserungen deshalb extrem teuer sind, weil zunächst die Sünden der Vergangenheit aufgearbeitet werden müssen.

Produktflexibilisierung

Zudem bedeuten Maßnahmen zur Produktflexibilisierung einer Anwendungslandschaft häufig tiefe Eingriffe in existierenden Code. Normalerweise versucht man, solche Eingriffe zu vermeiden. Muss man sie doch durchführen, sind sie in vielen Fällen teuer. Ein Fallbeispiel hierzu findet sich im Makromuster »Facharchitektur einer Versicherung« (Abschnitt 9.2). Wurde eine Anwendungslandschaft nicht von Anfang an produktorientiert aufgebaut, sind nachträgliche Anpassungen der Architektur teuer. Analog hierzu könnten Sie z.B. einen Gebäudearchitekten fragen, was es kosten würde, nachträglich ein Treppenhaus in einem Gebäude zu versetzen. Die Kosten können an die eines Neubaus heranreichen. Grundlegende Flexibilisierung einer Architektur im Nachhinein kann ähnliche Dimensionen erreichen und kommt deshalb nicht infrage. Die Manager klagen dann weiter über die unflexible IT, sind aber nicht bereit, die nötigen Mittel zu bewilligen; sie können dies letztlich auch nicht, wenn sich eine nachträgliche Änderung nicht rechnet.

Produktflexible Anwendungslandschaft

Messbarkeit der Flexibilität: Dieser und der nächste Absatz gelten vor allem für Branchen, deren Produkte mehr oder weniger »Information« sind, wie es in Banken und Versicherungen der Fall ist. Dort ist es – ähnlich wie beim Grad des IT-Alignments – bei der Flexibilität einer IT-Anwendungslandschaft schwierig, sie mit konkreten Metriken zu belegen und genau zu definieren, was Flexibilität meint. Es ist klar, dass nicht jede Änderung eines Bank- oder Versicherungsprodukts gleich lange dauern muss. Kleinere Variationen von Produkten können vielleicht binnen sechs oder acht Wochen auf den Markt gebracht werden, eventuell auch binnen Stunden, wenn die Anwendungslandschaft im Vorhinein auf diesen Fall ausgelegt war. Eine völlig neue Klasse von Produkten passt vielleicht überhaupt nicht in eine existierende Anwendungslandschaft oder erfordert z.B. ein neues System oder völlig neue Schnittstellen zu externen Dienstleistern. In solchen Fällen kann die Implementierung eines neuen Produkts auch ein Jahr dauern. Will man also Flexibilität von Produkteinführungen messen, sollte man zunächst versuchen, Änderungsklassen zu definieren und alle Aussagen auf diese Klassen zu beziehen. Ohne eine gewisse Präzision läuft man schnell Gefahr, in unsachliche Diskussionen zu geraten.

Unrealistische Anforderungen an Produktflexibilität: Dieser Punkt wurde schon erwähnt. Nicht jeder Vertriebsbereich verträgt jede Menge an Produktinnovationen, die sich eine Führungskraft z.B. aus dem Produktmanagement in lockerer Runde an der Bar nach einem Management-Meeting vorstellen kann. Bevor man also Wünsche zu revolutionär verkürzten Produktentwicklungszeiten ernst nimmt, sollte man sie zunächst auf den wirtschaftlichen Prüfstand stellen. Häufig verbergen sich dahinter auch Schuldzuweisungen aus dem Vertrieb, für den es einfacher ist, auf eine angeblich unflexible IT zu schimpfen, als diejenigen Produkte zu verkaufen, die im Portfolio bereits vorhanden sind.

Die Summe der oben genannten Punkte führt dazu, dass Programme zur Verbesserung von Time-to-Market häufig euphorisch gestartet werden, danach aber versanden.

Managementmethoden, die die Flexibilisierung einer Anwendungslandschaft unterstützen, sind z.B. Managed Evolution (Abschnitt 4.9) oder auch das Etablieren einer Architektur-Governance (Abschnitt 4.11), ebenfalls dazu gehört Projektbegleitung (Abschnitt 4.11.4).

3.5 Verbesserung Kundenzufriedenheit

Unter Kundenzufriedenheit wird hier die Zufriedenheit der internen IT-Anwender und des Business mit der IT-Anwendungslandschaft verstanden. Wenn Sie sich an die zehn Top-Prioritäten von IT-Entscheidern für 2016 aus Abbildung 3–1 (S. 40) erinnern, dann stellen Sie leider fest, dass dieses Ziel dort im Gegensatz zu 2010 überhaupt nicht mehr auftaucht. Interne Benutzer erwarten von ihrer IT meistens mindestens zwei Dinge: dass die Anwendungen überhaupt verfügbar sind und dass man mit den Oberflächen effizient arbeiten kann. Leider scheint die Arbeitszufriedenheit, die auch von einer gut zu bedienenden IT-Anwendungslandschaft positiv beeinflusst werden würde, das Topmanagement nicht mit hoher Priorität zu interessieren. Sonst wäre das entsprechende Ziel nicht aus der Liste verschwunden. Oder aber das Ziel versteckt sich in einem anderen Ziel, wie Prozesseffizienz. Trotzdem soll dieses Zielmuster aus diesem Buch nicht verschwinden.

Als Managementprozessmuster für die Verfolgung eines solchen Ziels bieten sich die in den Abschnitten 4.3 bis 4.5 beschriebenen

Zufriedenheit der IT-Anwender

Methoden des Anwendungsportfoliomanagements an, speziell die Implementierung eines Dashboards für eine Anwendungslandschaft, wo pro Anwendung u.a. auch die Ergebnisse von Kundenzufriedenheitsumfragen festgehalten werden.

3.6 Reduktion von Heterogenität

Reduktion von Heterogenität ist zunächst einmal eine Form von Kostenmanagement. Wenn man in einem Unternehmen mehr als eine technische Implementierung für ein und dasselbe Problem hat, produziert man meist unnötige Kosten. Solche Heterogenität entsteht aus den verschiedensten Ursachen:

Fusionen
- Durch **Fusionen** wird zunächst Heterogenität erzeugt, weil zwei Unternehmen mit inhaltlich ähnlichen Geschäftsprozessen verschmolzen werden und damit redundante Implementierungen vorliegen.

Dezentrale IT-Governance
- Heterogenität kann auch durch eine **lockere, dezentrale IT-Governance** verursacht sein. Wenn jeder Unternehmensbereich arbeiten darf, wie er will, wird man selten zu einheitlichen Lösungen kommen. Wahrscheinlicher ist, dass man viele redundante Ausprägungen ähnlicher Komponenten erhält. Dies gilt sowohl für technische Komponenten als auch für ganze Anwendungssysteme.

Heterogenität wird in Kauf genommen
- Außerdem kann Heterogenität dadurch entstehen, dass z.B. **Time-to-Market** in den Prioritäten des Unternehmens deutlich vor Homogenität rangiert. In solchen Fällen werden dann oft taktische Lösungen mit Redundanzen zu bereits vorhandenen gebaut.

Management von Heterogenität gibt es also in diversen Ausprägungen:

Technologiemanagement
- Technologiemanagement für die Infrastruktur eines Unternehmens wird sich immer auch bemühen, ein Portfolio mit möglichst wenigen Komponententypen zu produzieren. Die Verwendung von Cloud Computing kann dabei helfen, Heterogenität zu reduzieren, wenn nämlich der Serviceprovider oder die interne IT nur bestimmte Software-Stacks zur Benutzung zulassen. Diese sind heute auch in Gestalt von Open-Source-Stacks meist so mächtig, dass sie die meisten technischen Wünsche mehr als erfüllen können, sodass Heterogenität und teure proprietäre Produkte nur noch in wenigen Fällen nötig sind und folglich abgebaut werden können. Zur Sicherheit sei erwähnt, dass Cloud-Provider wie z.B. Microsoft mit Azure derart viele Technologien zulassen, dass man auch dort ein unnötig großes Portfolio zusammenbauen kann.

- Das Management des Anwendungsportfolios (Abschnitte 4.3 bis 4.5) wird im Regelfall dafür sorgen, dass es für eine Problemklasse im Unternehmen möglichst wenige verschiedene Lösungen gibt.
- Eine globale strategische Bebauungsplanung bildet eine Variante. Die betrachteten Unternehmenseinheiten sind dann meist regionale Gesellschaften, deren Portfolios man auf internationaler Ebene vergleicht und einheitlich plant.

Management des Anwendungsportfolios

Bebauungsplanung

3.7 Bewältigung von Fusionen

Die Bewältigung von Fusionen ist ein umfangreiches Aufgabengebiet, das weit über den IT-Bereich hinausgeht. Noch schwieriger als die Vereinheitlichung von Anwendungslandschaften ist in den meisten Fällen die Schaffung einer gemeinsamen Kultur und Identität. Schäden, die durch Reibungsverluste im Rahmen von Fusionen entstehen können, liegen meist deutlich über den Volumina der IT-Budgets. Nachdem dieses Buch sich vor allem mit IT beschäftigt und nicht mit Business-Change-Management, ist dies nicht unser primäres Thema.

Zum Management von Fusionen gibt es unter den Managementprozessen einen eigenen Abschnitt (Abschnitt 4.13), der Ansätze zur Bewältigung der Fusion von IT-Bereichen beschreibt.

3.8 Compliance, Sicherheit und Risikomanagement

Die Tabelle der CIO-Prioritäten für 2016 (Tab. 3–1, S. 40) enthält vor allem eine bemerkenswerte neue Entwicklung: Das Thema IT-Sicherheit und Datenschutz ist auf der Prioritätenliste hinter Business-IT-Alignment »ganz oben angekommen«. Man kann mit den Themen IT-Sicherheit und Datenschutz zwar zugegebenermaßen am Markt direkt nichts gewinnen, es lassen sich aber durch eine kompetente Besetzung dieser Themen unnötig hohe Risiken für das eigene Unternehmen verhindern, die aus unbeabsichtigten Gesetzesverstößen, Problemen mit der IT-Sicherheit und dem Datenschutz oder generell mangelndem Risikobewusstsein entstehen könnten. Jedem dieser Themen ist daher ein eigenes Kapitel gewidmet (Kap. 6 »Compliance«, Kap. 7 »IT-Sicherheit«, Kap. 8 »IT-Risikomanagement«), das Ihnen einen ersten Einstieg vermittelt und Hinweise darauf gibt, wie Sie sich vor unnötigen Problemen und Risiken schützen können.

4 Managementprozessmuster

Die erste Auflage dieses Buches war noch so gegliedert, dass sämtliche Prozesse für das Management der IT-Unternehmensarchitektur (EAM) in Prozesscluster auf einer Prozesslandkarte abgebildet waren. Abbildung 4–1 zeigt diese Prozesslandkarte.

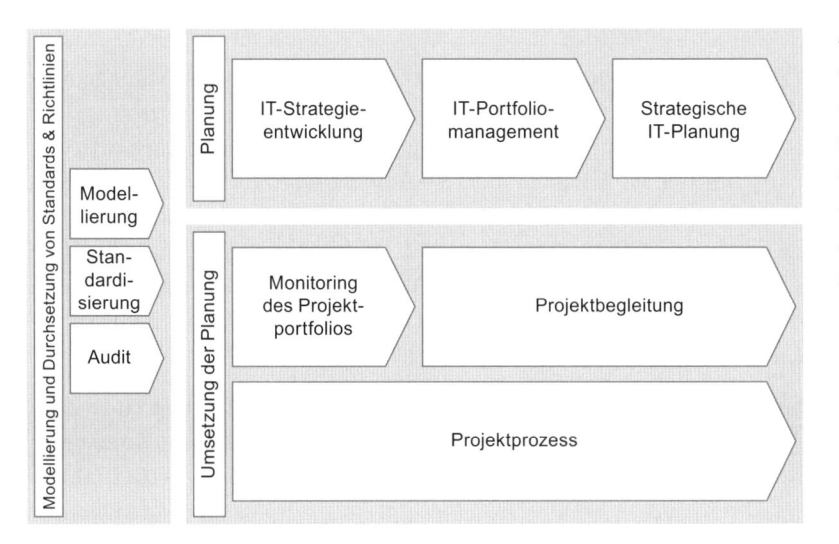

Abb. 4–1
Prozesslandkarte IT-Unternehmensarchitektur nach [Dern+08] (redundant zu Abb. 2–7 – um Ihnen als Leser mühsames Blättern zu ersparen)

Diese Prozesslandkarte ist nach wie vor noch gültig und wird im Folgenden kurz erläutert. Über die Jahre und mit der Erfahrung aus vielen Projekten zur Einführung des Managements der IT-Unternehmensarchitektur hat sich herausgestellt, dass die konkreten Ausprägungen von EAM in Unternehmen oft stark voneinander abweichen. Während eine Organisation z. B. auf Kostenmanagement fokussiert, wird sich eine andere auf Innovationen oder Time-to-Market konzentrieren. Dementsprechend legt sie den Schwerpunkt in ihrem Management der IT-Unternehmensarchitektur auf andere Aspekte. Der Ansatz, mit einer Art von IT-Unternehmensarchitektur-Management alle Organisationen zufriedenzustellen, wird mit hoher Wahrscheinlichkeit nicht funktionieren. Daher wurde ab der zweiten Auflage der musterbasierte An-

Rolle der Prozesslandkarte versus Rolle der EAM-Patterns

satz zur Konfiguration einer IT-Unternehmensarchitektur verwendet (siehe Abschnitt 2.3). Nicht ganz unähnlich dazu ist Lean EAM oder Agile EAM (siehe Kap. 13). Beide Ansätze betonen ebenfalls, dass IT-Unternehmensarchitektur nur die Artefakte erzeugen und verwenden sollte, die benötigt werden, um den Informationsbedarf der Stakeholder zu erfüllen. Die beiden Ansätze ergänzen sich gut mit dem grundsätzlich musterbasierten Ansatz dieses Buches.

Abbildung der Prozesslandkarte

Um Ihnen die Vorstellung zu erleichtern, wie sich die Prozesscluster auf einzelne Managementprozessmuster abbilden lassen, wird zunächst kurz die klassische Prozesslandkarte (Abb. 4–1) beschrieben und dabei erläutert, welche Managementprozessmuster einem Prozesscluster zuzuordnen sind:

IT-Strategieentwicklung: Dieser Prozess beschreibt, wie Sie aus den Unternehmenszielen eine IT-Strategie ableiten können. Eine Beschreibung finden Sie in Abschnitt 4.1. Hier entspricht ein Prozessmuster im Wesentlichen einem Prozesscluster.

IT-Portfoliomanagement: Hierunter fallen sowohl das Management Ihres Anwendungsportfolios als auch Ihres Technologieportfolios. Dieses Thema wird aufgeteilt in Management des Anwendungsportfolios (Abschnitt 4.3), Erfassen der Ist-Anwendungslandschaft (Abschnitt 4.4), Auswertungen des Anwendungsportfolios (Abschnitt 4.5), Anwendungslandschaft, Metriken und Dashboards (Abschnitt 4.6) und strategische Bebauungsplanung (Abschnitt 4.7). Beim Management des Anwendungsportfolios kann das Prinzip der sogenannten Managed Evolution angewendet werden (Abschnitt 4.9).

Strategische IT-Planung: Darunter werden die Erarbeitung einer Ziel-Anwendungslandschaft und die zugehörige Maßnahmenplanung verstanden mit einem Zeithorizont von normalerweise drei bis fünf Jahren.

Monitoring des Projektportfolios (Abschnitt 4.11.3): Mit diesem permanenten Prozess werden die ca. 10 Prozent Projekte herausgefiltert, die eine wesentliche, architekturverändernde Wirkung haben. Im Normalfall kann beobachtet werden, dass die meisten Projekte bekannte Architekturen weiterverwenden oder bestehende Anwendungen modifizieren. Die überwiegende Mehrheit der Projekte hat wenig bis keine strategische architekturverändernde Wirkung. Es reicht daher im Regelfall aus, wenn sich Unternehmensarchitekten auf die Projekte konzentrieren, die die Architektur des Unternehmens langfristig und nachhaltig verändern.

Projektbegleitung: Hat die Unternehmensarchitektur die relevanten Projekte identifiziert, so ist sicherzustellen, dass Lösungen gebaut werden, die die Gesamtunternehmensarchitektur weiter in Richtung auf die vereinbarten Ziele steuern. Dies wird durch Projektbegleitung erreicht: Sie ist Teil eines Systems von Architektur-Governance (Abschnitt 4.11). Managed Evolution (Abschnitt 4.9) ist ein Prinzip, das häufig im Rahmen von Architektur-Governance zur Anwendung kommt.

Projektprozess: Der Projektprozess beschreibt das Prozessmodell, das für Entwicklungen zum Einsatz kommt. Dies kann ein agiles Prozessmodell oder aber ein Wasserfallprozessmodell sein oder auch projektabhängig eine Mischung aus beiden. Der Inhalt dieses Buches ist in diesem Punkt neutral, der Projektprozess wird hier nicht weiter beschrieben.

Modellierung: In der Prozesslandkarte (Abb. 4–1) steht auf der linken Seite noch ein Cluster mit Hilfsfunktionen. Eine davon ist Modellierung. Dieses Thema wird in Kapitel 5 über Sichten und Informationsmodelle abgehandelt. Die Idee dabei ist, dass man als Metamodell genau das etabliert, was im Rahmen der vereinbarten Zielmuster und der dafür benötigten Managementprozessmuster als Informationsbedarf entsteht, nicht mehr und nicht weniger.

Standardisierung: Sie kann man auch bezeichnen als Reduzierung von Heterogenität. Ganz exakt ist die Übereinstimmung nicht. Standards werden gesetzt, um zukünftige Heterogenität zu vermeiden. Explizites Management von Heterogenität geht gegen Heterogenität an, die in der Vergangenheit entstanden ist und abgebaut werden soll (Abschnitt 4.14). Hier lässt sich mit relativ einfachen Methoden viel erreichen.

Audit: Dieser Prozess unterzieht z.B. bestehende Ist-Architekturen einem Audit, d.h. einer Überprüfung durch neutrale Dritte.

Ihnen wird aufgefallen sein, dass es in der Gliederung des Kapitels 4 noch weitere Managementprozessmuster gibt, die in der Prozesslandkarte nicht angesprochen sind. Dies ist einer der Gründe, eher Managementprozessmuster zu verwenden als obige Prozesslandkarte. Diese zusätzlichen Muster sind:

Business-IT-Alignment herstellen mit Capabilities (Abschnitt 4.2): Es haben sich heute Methoden etabliert, mit denen man die strategische Ausrichtung der IT an den Geschäftszielen mithilfe von Capabilities relativ einfach herstellen kann. Das Vorgehen entspricht nicht direkt dem Erarbeiten einer IT-Strategie, unterstützt diese aber. Der Einsatz von Capabilities für die strategische IT-Planung wird in Abschnitt 4.2 beschrieben.

Capabilities verwenden

Etablieren eines IT-Governance-Systems (Abschnitt 4.10): Dieses legt Teile der Aufbau- und Ablauforganisation im IT-Bereich und in den Bereichen des Business fest, die die IT steuern. Je nach Ausprägung im

IT-Governance

Unternehmen kann das IT-Governance-System verschieden aussehen. Abschnitt 4.10 erläutert, welche Kriterien es gibt, um ein passendes IT-Governance-System zu bestimmen.

Architektur-Governance

Architektur-Governance (Abschnitt 4.11): Sie beschreibt diejenigen Elemente der Aufbau- und Ablauforganisation einer IT, die benötigt werden, um Architekturentscheidungen zu treffen und diese Entscheidungen durchzusetzen.

Fusionen

Management von Fusionen (Abschnitt 4.13): Fusionen von Unternehmen sind heute an der Tagesordnung. Abhängig davon, welche Überschneidungen es in den Arbeitsgebieten der fusionierten Unternehmen gibt, bestehen standardisierte Wege, wie man damit umgehen kann. Im Falle redundanter Funktionalität wird das Ziel meist Bereinigung der Redundanz sein, um Kosten zu sparen und gleichzeitig mit einem kleineren Portfolio agiler zu werden.

Welche Zielmuster durch welche Managementprozessmuster unterstützt werden, stellt Tabelle 4–1 dar.

Tab. 4–1 Zusammenhang zwischen Zielmustern und unterstützenden Managementprozessmustern

		Business-IT-Alignment	Verbesserung Ertragskraft und Kostenmanagement	Optimierung mit Sourcing-Strategien	Verbesserung Time-to-Market	Verbesserung Kundenzufriedenheit	Reduktion von Heterogenität	Bewältigung von Fusionen	Compliance, Sicherheit und Risikomanagement
+	starke Unterstützung								
o	Unterstützung bei Bedarf								
	keine spezifische Unterstützung	3.1	3.2	3.3	3.4	3.5	3.6	3.7	3.8
4.1	Erarbeiten einer IT-Strategie	+	+	+	+	+	+	+	+
4.2	Business-IT-Alignment herstellen mit Capabilities	+	+	+	+	+	+		
4.3–4.6	Management des Anwendungsportfolios	+	+	+	o	o	+	+	+
4.7	Strategische Bebauungsplanung	o	o	+	+	o	+	+	
4.8	Management des Serviceportfolios	+	o			o	+	o	
4.9	Managed Evolution	+	o		+		o	o	
4.10	Etablieren eines IT-Governance-Systems	+	+	o	o	o	o	o	+
4.11	Architektur-Governance	o	o	o	o	o	o	o	
4.12	SOA-Governance	+	+		o		+	o	
4.13	Management von Fusionen		o	o			+	+	
4.14	Reduktion von Heterogenität		+		+		+	+	

Dabei fällt auf, dass grundlegende Managementmuster wie IT-Strategieentwicklung, Verwendung von Capabilities, das Management des Anwendungsportfolios oder die strategische Bebauungsplanung jeweils für ein breites Spektrum von Zielen verwendet werden können. Das Gleiche gilt für die Installation eines IT-Governance-Systems, das auch eine Grundvoraussetzung bildet. Andere Managementmuster wie z. B. SOA-Governance (Service-oriented Architecture) oder Fusionen sind deutlich spezialisierter, sie werden auch nicht in jedem Unternehmen eingesetzt.

Grundlegende Managementprozessmuster

4.1 IT-Strategieentwicklung

Eine wesentliche Voraussetzung dafür, dass die IT-Funktion eines Unternehmens die Geschäftsstrategie optimal unterstützt, ist, dass überhaupt eine Strategie existiert, am besten sowohl eine Geschäfts- als auch eine IT-Strategie. Das ist nicht selbstverständlich. Damit Sie das, was in Ihrem Unternehmen vorhanden ist, beurteilen können, wird in Abschnitt 4.1.1 zunächst der Begriff Strategie definiert und gezeigt, welche Elemente und Aussagen typischerweise in einer IT-Strategie zu finden sein sollten.

Existenz einer Geschäftsstrategie

Bei der Erstellung einer IT-Strategie gibt es eine größere Menge typischer Hindernisse. Zum Glück gibt es Umwege, wie man trotzdem zu brauchbaren strategischen Aussagen kommt. Die dazugehörigen Diagnosen und Gegenmittel stellt Abschnitt 4.1.4 vor. Zur Erarbeitung von Geschäftsstrategien gibt es eine breite betriebswirtschaftliche Literaturbasis. Für IT-Strategien ist diese Basis wesentlich schmaler. Die meisten Quellen führen direkt oder auf Umwegen zur Gartner Group.

Erarbeiten der IT-Strategie

4.1.1 Was ist eine Strategie?

Nach Gartner [Gartner03a][1] wird der Begriff Strategie im Zusammenhang mit Unternehmensplanung häufig missbräuchlich verwendet. Gartner hat 2003 geschätzt, dass 95 Prozent der Unternehmen gar keine oder keine echte IT-Strategie haben. Leider gibt es dazu keine

---

1. Von Gartner wurden zu diesem Thema drei Papiere veröffentlicht, die aufeinander aufbauen und die eine wesentliche Hilfe bei der Erarbeitung einer IT-Strategie darstellen können: [Gartner03a] Six Building Blocks for Creating Real IT Strategies, [Gartner03b] Real IT Strategies: Steps 1 to 4 – Laying a Foundation, [Gartner03c] Real IT Strategies: Steps 5 to 8 – Creating the Strategy. Kürzere Beiträge zum Thema IT-Strategie finden Sie bei [Buchta+04] und [Bernhard+03]. Diese Bücher kommen bezüglich empirischer Basis und Tiefe an die Gartner-Arbeiten aber nicht heran. Auch neuere Veröffentlichungen sind qualitativ nicht besser als diese hier zitierte Serie von Gartner-Papieren.

aktualisierten Untersuchungen. Zumindest bei Großunternehmen und größeren börsennotierten Mittelständlern dürfte sich die Situation gebessert haben, weil das Aktien- und Gesellschaftsrecht inzwischen in vielen Ländern verlangt, dass ein Governance-System nach State of the art verwendet wird. Als Nachweis eines solchen dient meist die Verwendung von COBIT. Und COBIT schreibt die Erarbeitung einer IT-Strategie vor (siehe dazu auch Abschnitt 11.1).

Für die Mehrzahl kleinerer Mittelständler dürfte sich an der Situation aber nicht grundsätzlich etwas geändert haben. Um beurteilen zu können, ob Ihr Unternehmen zu diesen 95 Prozent gehört, hier die Gartner-Definition von Strategie:

> **Definition: Strategie**
> A strategy takes a vision or objective and bounds the options for attaining it.
> Quelle: [Gartner03a]

Wenn man eine solche Definition verwendet, sollte man sie noch gegen Klassiker des Strategiethemas prüfen.

> **Definition: Strategie (Clausewitz)**
> Die Strategie ... muss ... ein Ziel setzen ..., d.h., sie entwirft den (Kriegs-)Plan und an dieses Ziel knüpft sie eine Reihe von Handlungen an, die zu demselben führen sollen.
> Quelle: [Clausewitz98]

Beide Strategiedefinitionen sind ähnlich. Wesentlicher Bestandteil der Definition ist immer das Vorhandensein eines Ziels. Wenn also keine definierte Vision und kein definiertes Ziel vorhanden sind, kann es per Definition keine Strategie geben, sondern nur ins Ungewisse zielende Maßnahmen und Wege.

Trivialstrategien Eine weitere Falle sind Trivialstrategien. Dazu gibt es einen eingängigen, wenn auch nicht immer einfach anzuwendenden Test. Wenn das Gegenteil des vorgeschlagenen Wegs offensichtlich sinnlos ist, dann hat man keine »echte Strategie« vor sich, weil es nur darum gehen kann, zwischen sinnvollen Wegen der Zielerreichung einen auszuwählen, und nicht darum, »Gemeinplätze« in ein Strategiedokument zu schreiben. Zum Beispiel kann »Kundenorientierung« für einen Markenartikelhersteller in einer harten Wettbewerbssituation kein sinnvolles Strategieelement sein, weil das Gegenteil (nämlich nicht auf die Kunden einzugehen) zwangsweise zur Zerstörung des Unternehmens führt. Damit ist dieses Element »trivial«. Bei einem Monopolisten sähe die Situation anders aus. Dort ist das Gegenteil von Kundenorientierung eine mögliche Verhaltensweise, Kundenorientierung wäre hier nicht trivial.

4.1.2 Ein kurzer Blick auf den Strategieprozess

Die IT-Strategie kann man als Endprodukt eines Prozesses (Abb. 4–2) sehen. Im Folgenden bekommen Sie einen Überblick darüber, was in einer ausformulierten IT-Strategie stehen sollte. Dafür benötigen Sie Grundlagen in Form einer Geschäftsstrategie. Was Sie in der Praxis an Unterlagen vorfinden (oder auch nicht), beschreibt Abschnitt 4.1.4. Wenn Sie nicht genug finden, müssen Sie sich das Nötige im Unternehmen erarbeiten. Dazu dient der sogenannte Maxime-Prozess[2], der in Abschnitt 4.1.5 beschrieben wird.

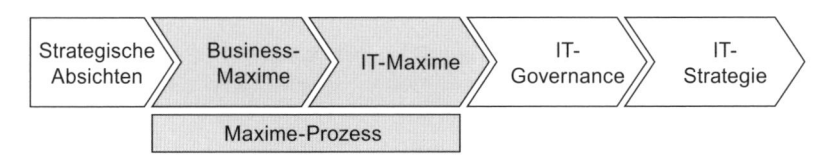

Abb. 4–2
Einordnung des Maxime-Prozesses in den IT-Strategieprozess. Die Erarbeitung von Business- und IT-Maximen ermöglicht die sinnvolle Definition der IT-Governance-Strukturen und die Erarbeitung und Ausformulierung einer IT-Strategie.

Strategische Absichten → Business-Maxime → IT-Maxime → IT-Governance → IT-Strategie

Maxime-Prozess

4.1.3 Wozu sollte eine IT-Strategie Aussagen machen?

Einige Analysten der Gartner Group empfehlen für die Erarbeitung von IT-Strategien das in Tabelle 4–2 gezeigte Raster. Dabei wird davon ausgegangen, dass eine IT-Funktion, um ihre Strategie zu beschreiben, Aussagen zu den fünf Säulen Anwendungen, Integration, Infrastruktur, Service und Beschaffung (strategische Beschaffung einschließlich Human Resources) machen muss.

Säulen einer IT-Strategie

---

2. Statt »die Maxime« kann man auch das deutsche Wort »der Grundsatz« verwenden. In den englischen Originalen wird der Prozess »Maxim Process« genannt. Daher die Übersetzung, die ähnlich klingt wie das Original.

		IT-Strategie				
		Anwendungen	Integration	Infrastruktur	Service	Beschaffung
Informationen aus Geschäftsstrategie	Geografische Verteilung	■ Regionen? ■ Sprachen? ■ Gesetze?	■ nur in Geschäftseinheit? ■ extern? ■ über Unternehmensgrenzen?	■ Netz? ■ Ausbreitung? ■ Datenschutzgesetze?	■ Grad der Zentralisierung? ■ Sprachen?	■ Regionen? ■ Kulturen? ■ Prozesse?
	IT-Governance	■ Strategie? ■ Fokussierung? ■ Mögliche Änderungen?	■ funktionale Silos? ■ Integrationsarchitektur?	■ Zentral oder dezentral? ■ Je BU oder gemeinsam?	■ Wer entscheidet?	■ Strategie?
	Zukunftsbezug	■ Architektur? ■ Ablösung der Legacies? ■ SaaS verfügbar?	■ Unternehmensarchitektur?	■ Plan? ■ Trends? ■ Grids? ■ On demand? ■ Cloud?	■ Wie soll der Service aussehen?	■ Eigene Kompetenzen in der Zukunft?
	Legacy-Anwendungen	■ Änderungshäufigkeit? ■ Wartung?	■ Umbau?	■ Kosten? ■ Änderungsrate?	■ SLAs für Legacies?	■ Intern oder extern betreiben?
	Virtualisierung	■ Innen oder außen? ■ Priorität?	■ Architektur?	■ Architektur? ■ Koordination?	■ Welche Services werden virtualisiert?	■ Strategie?
	Kundensicht	■ Änderungen der Interaktion? ■ Priorität?	■ Sicht für den Kunden? ■ Anpassung?	■ Grenzen der Infrastruktur? ■ Was wird gebraucht?	■ SLAs? ■ Kundenmanagement?	■ Wer kontrolliert die IT-Beschaffung?
	Budget und Finanzierung	■ Finanzierung von Veränderungen?	■ Finanzierung der Integrationsinfrastruktur? ■ Managementunterstützung?	■ Finanzierung des laufenden Betriebs?	■ SLAs? ■ Prioritäten?	■ Kosten vs. Werte? ■ Training? ■ Einstellungspolitik?

Tab. 4–2 Strategieraster der Gartner Group (aus [Gartner03b] und [Gartner03c] ins Deutsche übersetzt). Die Matrix zeigt exemplarische Fragen, die man sich stellen kann, um zu einer Strategie zu kommen. In den Zeilen sind typische Dimensionen einer Unternehmensstrategie abgetragen. Die Spalten sind jeweils Felder, zu denen eine IT-Strategie Aussagen enthalten sollte.

Aus der Geschäftsstrategie des Gesamtunternehmens können Sie Vorgaben für die Zeilen der obigen Matrix (Tab. 4–2) ableiten bezüglich:

- **Geografische Verteilung** der IT-Funktion
  Wo sind die Dienstleistungen zu erbringen? Es macht einen erheblichen Unterschied, ob Sie IT-Dienstleistungen nur in Deutschland erbringen müssen oder unter Einbeziehung von Schwellenländern (Netzprobleme, Infrastrukturprobleme) oder z.B. in der russischen Föderation (so viele Zeitzonen, dass Sie fast in jedem Fall einen Betrieb nahe 7×24 benötigen). Bei der geografischen Verteilung sind außerdem Datenschutzaspekte zu berücksichtigen. Personenbezogene Daten aus EU-Ländern dürfen generell nicht in Nicht-EU-Staaten gehostet werden. Auch innerhalb der EU sind Datenschutzvorschriften noch nicht harmonisch, weil entsprechende EU-Datenschutzrichtlinien erst noch überall in nationales Recht umgesetzt werden müssen. Hier ist also Vorsicht geboten und es sind Recherchen der jeweiligen aktuellen Situation erforderlich.

- **IT-Governance**
  Wer hat welche Entscheidungsrechte bei der Ausgestaltung der IT-Funktionen? Wie in Abschnitt 4.10.3 (ab S. 122) gezeigt wird, hat die organisatorische Gestaltung eines Unternehmens Auswirkungen auf die Ausprägung der Entscheidungsrechte, und diese haben wiederum Auswirkungen auf die Aufbauorganisation der IT-Funktion und die Organisation der IT-Funktion insgesamt.

- **Zukunftsbezug**
  Zukünftige Ausrichtung der IT-Funktion; wenn z.B. absehbar ist, dass Ihr Unternehmen ähnliche Unternehmen zukaufen wird, werden Sie als IT eher Konsolidierungsdruck haben, als wenn das nicht zu erwarten ist. Das wirkt sich auch auf die anderen Spalten von Tabelle 4–2 aus.

- Umgang mit existierenden **Legacy-Anwendungen** und existierender Infrastruktur
  Abhängig von den Planungen Ihres Managements und der Kosten- und Liquiditätssituation können Sie modernisieren oder eher bewahren. Sie müssen dies aber bewusst entscheiden und sollten es auch so festschreiben, dass es jeder Mitarbeiter Ihrer IT-Funktion nachvollziehen kann.

- **Virtualisierung**
  Hier geht es darum, inwieweit ein Unternehmen durch Auslagerung von Geschäftsprozessen virtualisiert werden soll. Die Outsourcing-Strategie Ihres Unternehmens hat erhebliche Auswirkungen auf die Strategie Ihrer IT-Funktion, weil die Auslagerung ganzer Geschäfts-

prozesse je nach Art der IT-Unterstützung entweder unkompliziert oder kurzfristig unmöglich sein kann. Mit Cloud Computing und SaaS (Software as a Service) gibt es hier inzwischen Möglichkeiten, weitgehend auf eigene Rechenzentren zu verzichten.

- **Kundensicht**
  Es bedeutet für Ihre IT-Funktion einen erheblichen Unterschied, wer die Kunden Ihres Unternehmens sind und wie diese mit Ihrem Unternehmen kommunizieren wollen. Ebenso wichtig ist, wie viele Kunden in Form verbundener Unternehmen Sie bedienen müssen.

- **Budget und Finanzierung** der IT-Funktion
  Abhängig auch von der IT-Governance-Struktur und der Unternehmensstruktur kann es pro Spalte diverse sinnvolle Optionen der Finanzierung geben. Auch hier gilt, dass man sich im Rahmen einer IT-Strategie bewusst für eine Auswahl entscheiden und diese auch festschreiben muss.

Leitfragen

Zu jedem Feld der Matrix kann man typische Fragen stellen, die man mit der Geschäftsseite durchdiskutieren kann, wenn die Strategie nicht schon klar definiert ist. Die Fragen in der obigen Matrix sind dabei nur exemplarisch zu sehen. Bei den meisten Unternehmen ist viel Strategieinhalt bereits festgelegt, nur nicht in jedem Fall voll dokumentiert. Bei der Dokumentation kann man sich an das Raster von Gartner halten. Dann können Sie sich auch einfacher mit anderen IT-Funktionen vergleichen, die dasselbe oder ein ähnliches Raster verwenden. Die Artikelserie von Gartner aus dem Jahre 2003 mag vielleicht auf den ersten Blick etwas »angegraut« erscheinen. Neuere Werke [High14] sind aber oft weniger systematisch. Aspekte wie Cloud Computing oder SaaS (Software as a Service) können bei dem Gartner-Modell leicht passend ergänzt werden. Und dann sind die Gartner-Modelle erstaunlich aktuell.

Abb. 4–3
Bausteine für IT-Strategie
[Gartner03b]

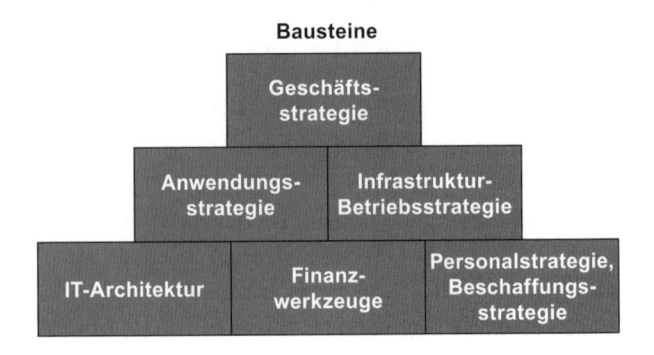

Bausteine

- Geschäftsstrategie
- Anwendungsstrategie
- Infrastruktur-Betriebsstrategie
- IT-Architektur
- Finanzwerkzeuge
- Personalstrategie, Beschaffungsstrategie

| Erarbeiten einer Anwendungsstrategie | Erarbeiten einer Infrastruktur-Betriebsstrategie | Erarbeiten einer Personal- und Einkaufsstrategie | Durchsetzen der IT-Strategie |

Aus den Antworten zu den in Tabelle 4–2 enthaltenen Matrixfeldern müssen sich die Strategieblöcke von Abbildung 4–3 ergeben, die in Form von Strategiedokumenten und zugehörigen Plänen zusammengestellt werden können:

- Die **Geschäftsstrategie** (Business Strategy) wird idealerweise von der Geschäftsseite definiert und vorgegeben. Oft muss man diese seinem Gegenüber aber erst noch entlocken (siehe dazu Abschnitt 4.1.5 zum Maxime-Prozess).
- Die **Anwendungsstrategie** (Application Change und IT-Architecture) wird vor allem über das Management des Anwendungsportfolios festgelegt. Dabei sollte man Themen wie SaaS und PaaS (Platform as a Service) intensiv prüfen.
- Die **Infrastrukturstrategie** (Infrastructure Operations und IT-Architecture) legt fest, auf welchen Plattformen mit welchen Netzen die Firma arbeiten wird. Hier ist heute speziell zu prüfen, wie weit man überhaupt noch eigene Infrastruktur benötigt oder ob es nicht zu besseren Kosten führt, wenn man Cloud-Services verwendet.
- Unter **Finanzwerkzeugen** (Financial Tools) werden die Governance-Mechanismen zusammengefasst, die unter den Begriffen Planung (Investitionen, Kosten, Projektprogramm), Leistungsverrechnung und Maßnahmenplanung geführt werden.
- Die **Beschaffungsstrategie** (Sourcing oder Procurement Strategy) umfasst nicht, wie man zunächst vermuten könnte, nur den Einkauf von Waren und Dienstleistungen, sondern enthält auch Aussagen dazu, welche Art von Mitarbeitern beschäftigt werden sollen (People Strategy).

Im Folgenden wird erläutert, auf welche praktischen Probleme Sie stoßen können, wenn Sie eine solche Strategie ausformulieren wollen. Es wird ein Prozess beschrieben, mit dem man auch dann zu brauchbaren strategischen Aussagen kommen kann – der Maxime-Prozess –, wenn im Gesamtunternehmen kein vollwertiger Strategieprozess gelebt wird.

4.1.4 Herausforderungen bei der Umsetzung in der Praxis

Wenn immer noch viele Unternehmen gar keine oder nur eine unzureichende Strategie für ihre IT-Funktion haben, dann treffen Sie bei dem Versuch, eine IT-Strategie zu erarbeiten, schnell auf Hindernisse. Die daraus folgenden Herausforderungen werden exemplarisch dargestellt. Mit dem Maxime-Prozess lernen Sie im nächsten Abschnitt 4.1.5 eine Methode kennen, die in brauchbarer Zeit zu ausreichend guten strategischen Aussagen verhilft. Tabelle 4–2 und Abbildung 4–3 haben Ihnen

Viele Unternehmen haben keine ausformulierte Geschäftsstrategie.

gezeigt, welche Aussagen benötigt werden, um ausreichende strategische Vorgaben für eine IT zu haben. Vieles davon werden Sie in der Praxis aus vorhandenen, verstreuten Dokumenten »reengineeren« müssen, eine Gestaltung »auf der grünen Wiese« ist nur selten möglich.

Geschäftsstrategie ist nicht dokumentiert

Sie werden nur in den wenigsten Unternehmen eine schriftlich niedergelegte Unternehmensstrategie vorfinden. Sollten Sie Dokumente finden, die diesen Titel tragen, werden diese in der Mehrzahl der Fälle keine echte Strategie enthalten, weil es sich um Aussagen handelt, die den o.a. Trivialitätstest nicht bestehen würden. Oder es sind nur die Ziele genannt, nicht aber ein Weg dahin. Werfen Sie die Flinte nicht ins Korn, sondern verwenden Sie den Maxime-Prozess (Abschnitt 4.1.5).

Geschäftsstrategie ist nicht fokussiert

Mangelnde Fokussierung — Dieses Thema wurde bereits unter Kommunikationsproblemen angerissen: Es gibt viele Unternehmen, die alle möglichen Werttreiber gleichzeitig bedienen wollen und sich dabei so verzetteln, dass ihre Leistung unterdurchschnittlich bleibt. Nachdem auch die Budgets meist zu begrenzt sind, um alle strategischen Aussagen gleichermaßen mit Aufmerksamkeit, Handlungen und Software zu bedienen, müssen Sie versuchen, eine Priorisierung herbeizuführen, um damit eine Fokussierung auf wenige Werttreiber zu erreichen. Auch hierbei hilft der Maxime-Prozess.

Geschäftsstrategie ist in sich widersprüchlich

Widersprüchliche Strategie — In sich widersprüchliche Strategieaussagen sind nur eine Spielart von nicht fokussierten Strategieaussagen. Wenn Sie strategische Dokumente oder Aussagen von verschiedenen Top-Führungskräften finden, die sich widersprechen, sollten Sie das kritisch beurteilen. Solche Zustände bewirken, ähnlich wie mangelnde Fokussierung, Resignation und Inaktivität auf den untergeordneten Ebenen. Auch hier hilft eine Bereinigung und Fokussierung der strategischen Aussagen.

Das Management kümmert sich nicht ausreichend um das Thema

Maxime-Prozess als pragmatische Abhilfe — Alle bisher geschilderten Probleme lassen sich mit dem Maxime-Prozess lösen. Für das Problem mangelnden Interesses im Management für strategische Themen oder Strategieprozesse gibt es leider keine Gegenmittel, die man »von unten« aus der Position eines IT-Unternehmensarchitekten gefahrlos anwenden kann. Sie haben dann »Pech gehabt« und können nur versuchen, durch Analyse von vorhandenen Dokumenten, Aussagen und Vorträgen von Top-Führungskräften eine mögliche Strategie herauszuarbeiten.

Infrastruktur-Betriebsstrategie spielt eine Nebenrolle

Über die Rolle und Wichtigkeit einer Infrastruktur-Betriebsstrategie wird gerne gestritten. Softwarearchitekten und viele IT-Manager befassen sich nicht gerne mit Betriebsaspekten, sondern meist lieber mit der Struktur von Anwendungen. Wenn man das Thema Betrieb der Anwendungen vergisst, wird man aber durch Ausfälle oder zu hohe Betriebskosten schnell eines Besseren belehrt. Und oft lassen sich durch eine Optimierung der Infrastruktur relativ schnell eine Menge Kosten sparen. Durch das Aufkommen von Cloud Computing sind die Einsparmöglichkeiten noch einmal deutlich gestiegen.

Optimierung der Infrastruktur

4.1.5 Der Maxime-Prozess

Der Maxime-Prozess wird von Broadbent und Kitzis [Broadbent+05] als pragmatisches Mittel für die Mehrzahl der Fälle beschrieben, in denen Sie und Ihr IT-Vorstand keine niedergelegte Geschäftsstrategie vorfinden und wo auch keine Bereitschaft seitens Ihres Vorstands besteht, dafür wesentlich mehr als einen Tag zu investieren. Dann kann der IT-Vorstand einen Workshop organisieren, in dem Business-Maxime und IT-Maxime definiert werden.

Maxime-Prozess für die Strategiefindung

Maxime sind wenige prägnante Leitsätze, die die strategische Richtung eines Unternehmens beschreiben. Dadurch, dass man die Anzahl der Business-Maxime z.B. auf ca. fünf beschränkt, kann man Fokussierung und Priorisierung fördern. Aus diesen Business-Maximen kann die IT dann ca. 20–25 Leitsätze für sich selbst ableiten und den oben gezeigten strategischen Rahmen füllen.

Leitsätze für die IT

An einem maximal eintägigen Workshop sollte der Gesamtvorstand eines Unternehmens teilnehmen, für das die Strategie erarbeitet werden soll. Die Zeit wird in etwa halb und halb aufgeteilt zwischen Formulierung der Geschäftsmaxime und Ableitung der IT-Maxime.

Vorstandsworkshop

Es wird eine externe Moderation empfohlen, was jeder, der solche Workshops kennt, aus eigener Erfahrung weiß. Die Vorstandsmitglieder werden durch einen solchen Workshop gezwungen, ihre Strategien auf den Tisch zu legen, zu priorisieren und ihre unterschiedlichen Standpunkte auszudiskutieren. Als unternehmensinterner Mitarbeiter, der nicht dem Vorstand angehört, werden Sie normalerweise zu einem solchen Workshop keinen Zutritt haben.

Moderation

Beispiel für eine Geschäftsmaxime und die daraus abgeleitete IT-Maxime

Ableitung der IT-Maxime

Eine Aussage zur Geschäftsmaxime eines Finanzdienstleistungskonzerns lautet z. B.:

»*Die Erzeugung von Synergien im Backoffice-Bereich wird überall dort vorgenommen, wo die Markenidentität dadurch nicht eingeschränkt wird.*«

Ein solches Ziel ist typisch für die »Old Economy«, d.h. für Unternehmen in reifen Märkten, die mit Kostenführerschaft punkten müssen. Für die IT-Funktion kann das z. B. heißen:

- Definition von Standardarchitekturen und Plattformen und rigide Durchsetzung dieser Architekturen und Standards
- Vereinheitlichung von operativen Systemen, wo immer das wirtschaftlich machbar ist
- Unterstützung des Business bei der Vereinheitlichung von Geschäftsprozessen

Welche der drei möglichen IT-Maxime für ein Unternehmen relevant sind, wäre genau in einem Workshop mit dem Vorstand festzulegen.

Maxime haben Folgen für das System der IT-Governance. Abbildung 4–2 ließ das schon erkennen. Und in Abschnitt 4.10.3 wird es noch deutlicher. Der Unternehmenstyp und die Unternehmenssituation beeinflussen die Geschäftsmaxime und damit das System der IT-Governance, das zu installieren ist.

4.2 Business-IT-Alignment herstellen mit Capabilities

Capabilities

Business-IT-Alignment ist ein Thema, das sich lange sehr weit oben auf der Prioritätenliste von CIOs gehalten hat (siehe Abb. 3–2). Die Frage ist nun, wie man mit überschaubarem Aufwand für strategisches Business-IT-Alignment sorgen kann.

Microsoft Motion

Wer nach einer Antwort sucht, wird früher oder später auf Capabilities stoßen. In der IT wurden sie um das Jahr 2000 von einem Microsoft-Forschungsinstitut entwickelt und verwendet, um verschiedene ERP-Pakete funktional miteinander abzugleichen. Später wurde daraus ein Consulting-Produkt unter dem Namen Microsoft Motion [Kumar06], [Merrifield+06]. Fünf Jahre später waren Capabilities unter Unternehmensarchitekten noch nicht weit verbreitet. Erst ab 2009/2010 wurden sie auch in EAM-Werkzeugen implementiert, was eine zügige Verbreitung zur Folge hatte.

4.2.1 Was sind Capabilities?

Lexika liefern zu Capabilities u. a. die folgenden Definitionen:

> **Definition: Capabilities**
>
> Main Entry: ca·pa·bil·i·ty
> 1: the quality or state of being capable; also : ability
> 2: a feature or faculty capable of development : potenziality
> 3: the facility or potential for an indicated use or deployment
>   <the capability of a metal to be fused> <nuclear capability>
>
> Quelle: Merriam Webster's Dictionary
>
> A **capability** is the ability to perform or achieve certain actions or outcomes. As it applies to human capital, capability represents the intersection of capacity and ability.
>
> Quelle: Wikipedia (aufgerufen am 17.02.2017)

Beide Definitionen klingen, wenn man sie relativ wörtlich ins Deutsche übersetzt, etwas holprig.

Die übliche deutsche Übersetzung für Capabilities ist »Fähigkeiten«. Man nähert sich dem Thema schneller, wenn man die Definition von Microsoft aus dem Kontext der Methode MSBA (Microsoft Services Business Architecture – früher Microsoft Motion) verwendet:

> **Definition: Capability; Microsoft 2006**
>
> - A capability is an abstract statement of »what« work is being done in a certain area, such as »pay employees«
> - and »how« that is done in terms of people, process, and technology, are implementations of that capability.
> - How it gets done, changes often in most companies, but what is getting done is comparatively far more stable
> - So because »what« is getting done at a company in an industry is very similar for all companies in that industry.
> - How it gets done, and where the value is in the business, is unique in every business, and having a stable view of the capabilities provides a lens on the business that allows us to isolate where the value is and where the real performance drivers are.
>
> Quelle: [HeatMap06]

Eine neuere Definition findet sich bei Forrester Research:

> **Definition: Capability; Forrester 2009**
> A business capability defines the organization's capacity to successfully perform a unique business activity. Capabilities:
> - Are the building blocks of the business,
> - represent stable business functions,
> - are unique and independent from each other,
> - are abstracted from the organizational model,
> - capture the business interests.
>
> Quelle: [Cameron+09]

Abb. 4–4
Capabilities können mit IT implementiert werden, sie lassen sich aber auch rein manuell implementieren.

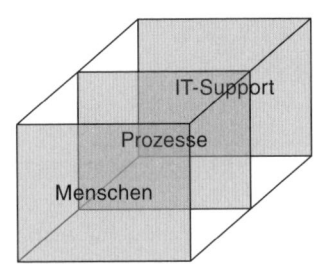

Eine Geschäftsfähigkeit, die in einem Unternehmen häufig benötigt wird, wird vielleicht in einem anderen selten eingesetzt. In diesem Fall würde man sie im zweiten Unternehmen überhaupt nicht oder weniger stark automatisieren als im zuerst aufgeführten. Im ersten Fall »rechnet« sich die Automatisierung, im zweiten Fall nicht. Ob und inwieweit IT für Capabilities nötig ist, wird erst in einem späteren Schritt entschieden.

4.2.2 Investitionssteuerung mit Capabilities

Heat Mapping

Um zu zeigen, wie man mit Capabilities Investitionen steuern kann, wird häufig das Beispiel der Thermografie bemüht. Ein Hausbesitzer möchte sich überlegen, wo es sinnvoll ist, in die Isolierung seines Hauses zu investieren. Er lässt dafür eine Thermografie seines Hauses anfertigen (siehe Abb. 4–5).

Diese Thermografien heißen auf Englisch »Heat Maps«. Sie zeigen dem Hausbesitzer, wo sein Haus kritische Punkte hat und wo er folglich investieren könnte. Wenn man sich nun das Haus gerastert vorstellt und für jede Fläche eine Geschäftsfähigkeit annimmt, hat man das Analogon einer Thermografie für sein Unternehmen. Abbildung 4–6 zeigt eine solche Heat Map. Die in unterschiedlichen Schattierungen markierten Rechtecke stellen elementare Geschäftsfähigkeiten dar.

4.2 Business-IT-Alignment herstellen mit Capabilities

Abb. 4–5
Thermografie als Beispiel für Heat Maps[3]

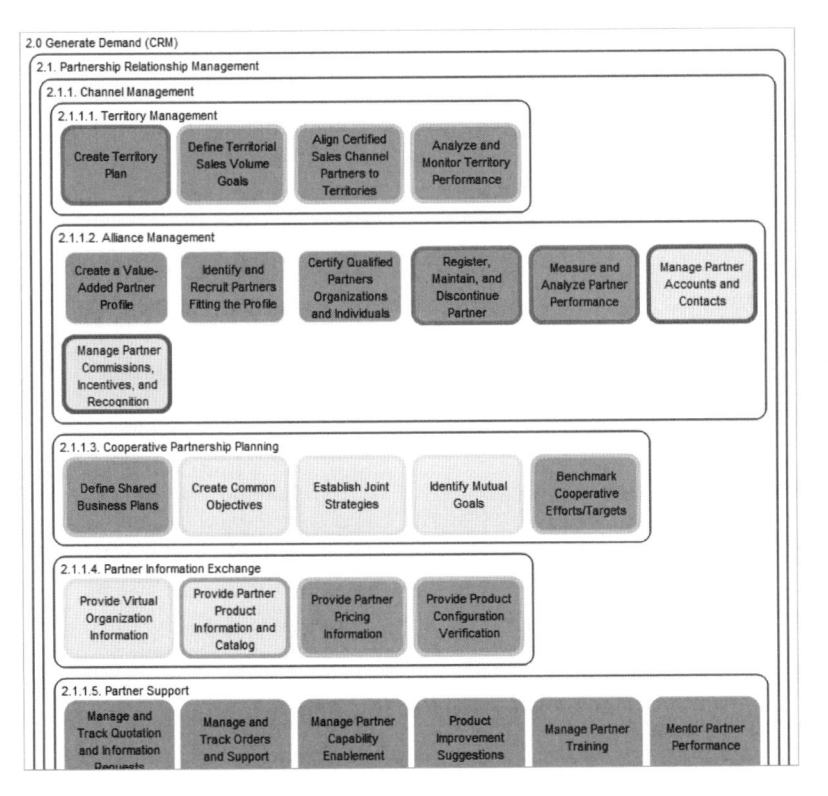

Abb. 4–6
Beispiel für eine Heat Map in einem Unternehmen [HeatMap06]: Hier interessiert zunächst nur der »oberflächliche optische Eindruck« – die Farbcodierung kann beliebig gewählt werden, je nachdem welche Aspekte der Geschäftsfähigkeiten eines Unternehmens dargestellt werden sollen.

---

3. Bildquelle: Verband Privater Bauherren e. V.;
   http://www.private-bauherren.de/pressebilder.htm

Interviews mit dem Management

Die Einfärbungen werden durch Interviews vorgenommen. Die Kriterien dafür, was eingefärbt wird, kann das Management nach seinen eigenen Prioritäten beliebig vorgeben. Es gibt Kataloge von Standardkriterien, über die die Berater, die die Methode begleiten, im Allgemeinen verfügen. Bevor noch erläutert wird, wie das Bewerten der Geschäftsfähigkeiten durchgeführt werden kann, muss zunächst erklärt werden, wie man als Unternehmen an einen Katalog von Geschäftsfähigkeiten kommen kann, anhand dessen sich die Methode anwenden lässt.

4.2.3 Wie kommt man zu einem sinnvollen Katalog von Capabilities?

Capability-Kataloge

Normalerweise ist ein Katalog von Capabilities im Unternehmen nicht vorrätig. Um an einen solchen Katalog zu kommen, können Sie sich an ein Beratungsunternehmen wenden, das über einen passenden Katalog für Ihre Branche verfügt. Der Umfang solcher Kataloge kann recht unterschiedlich sein. Für eine strategische Planung werden Sie mit einem Katalog von ca. 100 relativ grob granularen Geschäftsfähigkeiten arbeiten. Es gibt aber auch Kataloge mit einer vierstelligen Anzahl von Capabilities, doch für die praktische Planung sind sie meist zu detailliert.

Branchenübergreifende Kataloge

Begonnen hatte Microsoft damit, einen allgemeingültigen Katalog zur Verfügung zu stellen. Abbildung 4–7 zeigt seine oberste Ebene. Es fällt auf, dass man diesen Katalog tatsächlich für so gut wie jede Branche nutzen kann. Lediglich das Gewicht einzelner Felder variiert je nach Branche. Eine Versicherung würde z. B. die Capabilities aus dem Block D so gut wie nicht benötigen, da sie immaterielle Güter produziert.

Abb. 4–7
Capability-Landkarte (oberste Ebene)
[Merrifield+06]

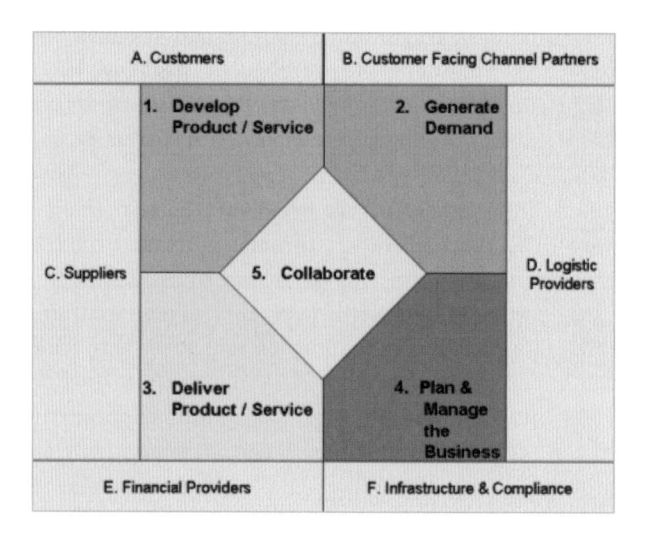

4.2 Business-IT-Alignment herstellen mit Capabilities

Beratungsunternehmen schaffen dadurch Mehrwert und Umsatz, dass sie für bestimmte Branchen spezialisierte Modelle erstellen. Und Unternehmen passen ihre eigenen Modelle ihren Bedürfnissen und Prioritäten an.

Branchenspezifische Kataloge

Um zu zeigen, wie unterschiedlich Capability-Modelle aussehen können, ist in Abbildung 4–8 die oberste Ebene eines zweiten Modells eines stark vertriebsorientierten Finanzdienstleisters dargestellt.

	Consumer Experience	
Customer Segmentation	Distributor Experience	Risk & Financial Management
Product Management	Sales & Distribution Management	
	Processing & Operations	
	Enterprise Activities	

Abb. 4–8
Oberste Ebene des Capability-Modells eines stark vertriebsorientierten Finanzdienstleisters[4]

Hier ist zu erkennen, dass die zentralen Begriffe des Vertriebs im Mittelpunkt stehen. Produktentwicklung (Block 1 in Abb. 4–7) ist wenig prominent dargestellt, und das auch nur implizit als Teil des Produktmanagements. Unternehmen werden also schon bei der Entwicklung ihres Capability-Modells implizit Prioritäten einfließen lassen. Was dem Unternehmen strategisch wichtig ist, wird zentral gezeigt, eher Unwichtiges rückt an den Rand. Es gibt also nicht *das* eine richtige Modell der Fähigkeiten eines Unternehmens! In Abbildung 4–9 wird dies noch einmal illustriert. Hier werden elementare Fähigkeiten vergleichend dargestellt, die zu tieferen Modellebenen gehören als in den Abbildungen 4–7 und 4–8 gezeigt.

---

4. Begriffe wie »Consumer Experience« oder »Distributor Experience« wurden hier absichtlich nicht ins Deutsche übersetzt. Übersetzungen würden oft ganze Sätze für einen Begriff erfordern. Nachdem solche Begriffe in beruflichen Umfeldern heute geläufig verwendet werden, wurde nicht der Versuch unternommen, hier eine nicht idiomatische und »komisch klingende« Übersetzung vorzunehmen.

Abb. 4–9
Beispiel für elementare Geschäftsfähigkeiten in Ausschnitten aus zwei verschiedenen Modellen (links bzw. rechts)

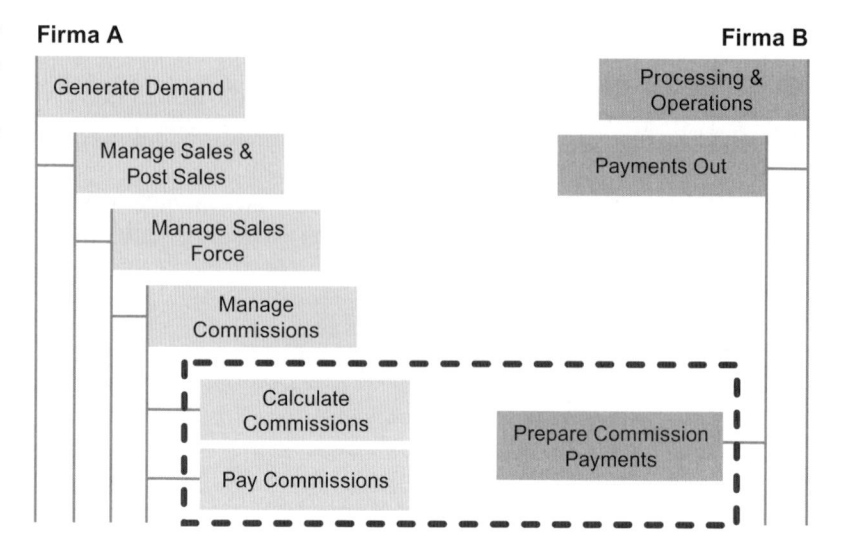

Firma A
- Generate Demand
- Manage Sales & Post Sales
  - Manage Sales Force
    - Manage Commissions
      - Calculate Commissions
      - Pay Commissions

Firma B
- Processing & Operations
- Payments Out
  - Prepare Commission Payments

Der »richtige« Katalog

Hier wird deutlich, dass eine elementare Geschäftsfähigkeit in unterschiedlichen Modellen sowohl auf einer unterschiedlichen Tiefe im Modell abgebildet als auch in einem anderen Modell noch einmal anders aufgeteilt sein kann.

Theoretiker könnten sich daran stören, dass es nicht genau ein richtiges Modell entweder für die komplette Wirtschaft oder für ein Unternehmen gibt. Praktiker werden die Vorgehensweise trotzdem geeignet finden. Es kommt lediglich darauf an, dass in einem Unternehmen genau ein Katalog von Geschäftsfähigkeiten verwendet wird. Wie viele andere Kataloge denkbar wären, spielt keine Rolle.

4.2.4 Wie kommt man zu den Bewertungen der Capabilities?

Bewertung von Capabilities

Ein Katalog von Capabilities für ein Unternehmen stellt noch keinen Wert dar. Zur Planungsgrundlage wird der Katalog erst dann, wenn man Bewertungen vornimmt – z.B. Soll-Ist-Vergleiche, die dem Management verdeutlichen, in welchen Bereichen Handlungsbedarf besteht. Abbildung 4–10 illustriert die prinzipielle Vorgehensweise. Bei der Bewertung ist man im Prinzip frei, die hier dargestellten Bewertungen sind aber repräsentativ.

Bei der dargestellten Geschäftsfähigkeit, der Aufteilung von Provisionen auf mehrere Vermittler (Split Commissions), zeigte die Bewertung in Interviews, dass diese Fähigkeit vom Management als strategisch wichtig eingestuft wird. Die Qualität der heutigen Implementierung wird als schlecht eingestuft, ebenso die Kostensituation. Bei einer solchen Geschäftsfähigkeit gäbe es einen klaren Handlungsbedarf, sie müsste als kritisch markiert werden. Verbesserungsmaßnahmen wären

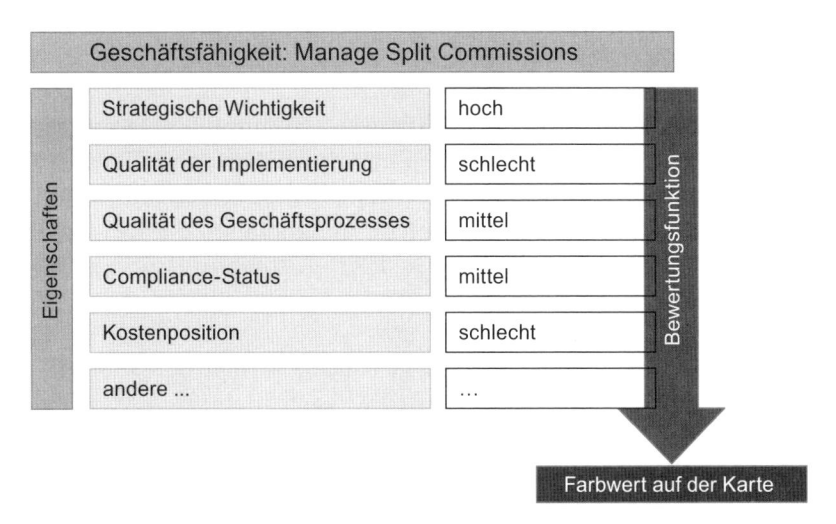

Abb. 4–10
Festlegen der Bewertungsfunktionen für Heat Maps

Geschäftsfähigkeit: Manage Split Commissions

Eigenschaften:
- Strategische Wichtigkeit — hoch
- Qualität der Implementierung — schlecht
- Qualität des Geschäftsprozesses — mittel
- Compliance-Status — mittel
- Kostenposition — schlecht
- andere ... — ...

→ Bewertungsfunktion → Farbwert auf der Karte

anzustoßen! Die Methode an sich sagt nichts über die Bewertungskriterien aus. Diese kann jedes Unternehmen frei festlegen. Es empfiehlt sich, dabei auf die Erfahrungen anderer Unternehmen zurückzugreifen.

4.2.5 Zwischenbilanz: Warum helfen Capabilities bei der strategischen Ausrichtung einer Anwendungslandschaft?

Ziel ist es, die strategische Ausrichtung eines Anwendungsportfolios zu verbessern. Der Einstieg über Capabilities hat den Vorteil, dass die Interviewer mit den Business-Managern zunächst nur über Geschäftsfähigkeiten reden – und noch nicht über Informationstechnologie. Anschließend kann man sich ansehen, ob die IT die Geschäftsfähigkeiten, für die ein IT-Einsatz sinnvoll ist, auch wirklich gut unterstützt. Dabei wird man fast immer mehr oder weniger drastische Abweichungen finden, also Fähigkeiten, die gut unterstützt sein sollten – es aber nicht sind. Und Sie werden auch Überinvestitionen finden, also Geschäftsfähigkeiten, die eigentlich strategisch unwichtig sind, aber aufwendig von der IT unterstützt werden.

»Das Richtige tun« mithilfe von Capabilities

Im ersten Fall wird z. B. Geld verschwendet, das man durch IT-Einsatz sparen könnte. Im zweiten Fall wird Geld genau umgekehrt dadurch verschwendet, dass zu hohe Investitionen dort getätigt wurden, wo sie keinen ausreichenden Nutzen stiften. Capabilities und Heat Maps sind Werkzeuge, die solche Handlungsfelder im Unternehmen aufdecken und bei der Behebung von Problemen helfen.

4.2.6 Optimierung des Sourcings einer Anwendungslandschaft mit Capabilities

Capabilities und Sourcing

In den Abschnitten über das Management des Anwendungsportfolios werden Sie Methoden kennenlernen, mit denen man ganze Portfolios in strategische und nicht strategische Anwendungen unterteilt. Sie werden erfahren, wann man für komplette Anwendungen darüber nachdenken kann, sie eventuell als fertige Dienstleistung zu beziehen oder ihre Weiterentwicklung außerhalb des eigenen Unternehmens erledigen zu lassen.

Oft kann man solche Überlegungen auch unterhalb der Granularitätsebene ganzer Anwendungen anstellen. Auch hierbei helfen Capabilities. Abbildung 4–11 zeigt in vereinfachter Form das Prinzip, wie Sie dabei vorgehen können.

Abb. 4–11
Zerlegen einer Anwendung in strategische und nicht strategische Teile mithilfe einer Analyse von Capabilities

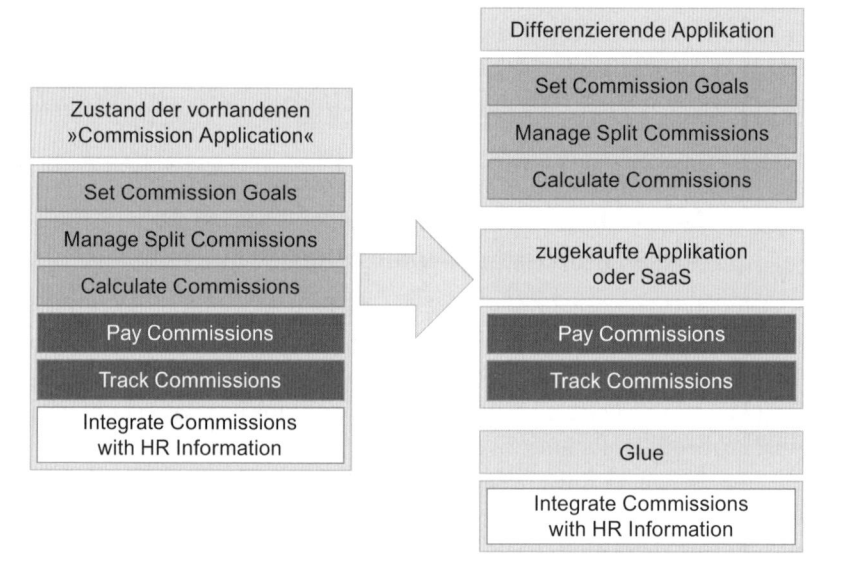

Wenn Sie zunächst die Geschäftsfähigkeiten Ihres Unternehmens danach bewerten, ob sie strategisch oder nicht strategisch sind, können Sie diese Bewertung später auf die Abbildungen der Anwendungen auf Mengen von Geschäftsfähigkeiten (sog. Footprints) übertragen. Bei einer solchen Analyse werden Sie oft feststellen, dass Teile Ihrer Anwendungen nicht sauber nach strategischen und nicht strategischen Geschäftsfähigkeiten unterteilt sind [Ritzenhöfer08]. Dies ist ein erster Ansatzpunkt dafür, die Anwendungen zu zerlegen: Die nicht strategischen Teile wären Kandidaten für eine Beschaffung außerhalb des eigenen Unternehmens, die strategischen, z. B. wettbewerbsrelevanten Teile würden weiter von der eigenen IT betreut.

Theoretisch ist diese Idee ansprechend. In der Praxis stößt man jedoch auf Widerstände. Dies hat etwas mit der goldenen Regel »Keep the data – toss the code« zu tun. Das Zerlegen von Anwendungen in Teile aufgrund der Granularität von Geschäftsfähigkeiten kann aufwendig werden. Es handelt sich dabei im Regelfall um Code-Level-Reengineering. Zum Beispiel weiß man, dass es bis zu zehn Jahre dauern kann, um die beiden Anwendungslandschaften fusionierter Versicherungen zu konsolidieren. Davon kann man ableiten, wie aufwendig es sein wird, flächendeckend mehrere Anwendungen in die Teile zu zerlegen, die einzelne Geschäftsfähigkeiten unterstützen. Wenn es also darum geht, auf der Ebene von Code Zerlegungen vorzunehmen, verlaufen solche Programme leicht im Sande, weil das schlicht zu teuer ist. Idee und Muster zu kennen, ist trotzdem wertvoll. Vielleicht finden Sie Anwendungen, die sich glücklicherweise relativ leicht zerlegen lassen. Mit zunehmender Serviceorientierung sollte es auch einfacher werden, strategische und nicht strategische Services auseinanderzuhalten und die nicht strategischen zuzukaufen. Bei älteren, noch monolithischen Anwendungen wird dieser Ansatz meist nicht funktionieren. Eine Anwendungslandschaft auf der Basis von Capabilities zu zerlegen, sollte also vorsichtig und differenziert angegangen werden.

Keep the data – toss the code.

4.2.7 Vergleich von Anwendungen mit Footprints

Zum Schluss dieses Abschnitts wird hier noch kurz vorgestellt, wofür Capabilities im Kontext mit IT ursprünglich entwickelt worden sind. Man kann IT-Anwendungen mithilfe von Capabilities vergleichen, wenn man auf einer Landkarte von Capabilities markiert, welche davon die Anwendung in welcher Qualität unterstützen. Dadurch entsteht ein sogenannter Footprint der Anwendung, bezogen auf einen Ausschnitt der gesamten Geschäftsfähigkeiten eines Unternehmens.

Abbildung 4–12 zeigt exemplarisch, wie man dies für Vergleiche von Anwendungen verwenden kann. Die Capabilities selbst werden im Beispiel danach eingeteilt, ob sie zukünftig strategisch wichtig sein werden, neutral oder eindeutig nicht strategisch eingeschätzt werden. Für die Anwendungen A bis D wird jeweils markiert, ob sie die entsprechende Geschäftsfähigkeit unterstützen oder nicht.

Vergleich der Funktionalität von Anwendungen

Diese Darstellung macht z.B. klar, dass Softwarepaket B kaum geeignet sein wird, den Anforderungen ohne Änderungen gerecht zu werden, da es zwei strategisch wichtige Geschäftsfähigkeiten nicht unterstützt. Die einzige geeignete Anwendung in der Abbildung wäre A – hier sind alle zukünftig wichtigen Geschäftsfähigkeiten berücksichtigt.

Abb. 4–12 Bewertungen von Anwendungen mithilfe von Capabilities

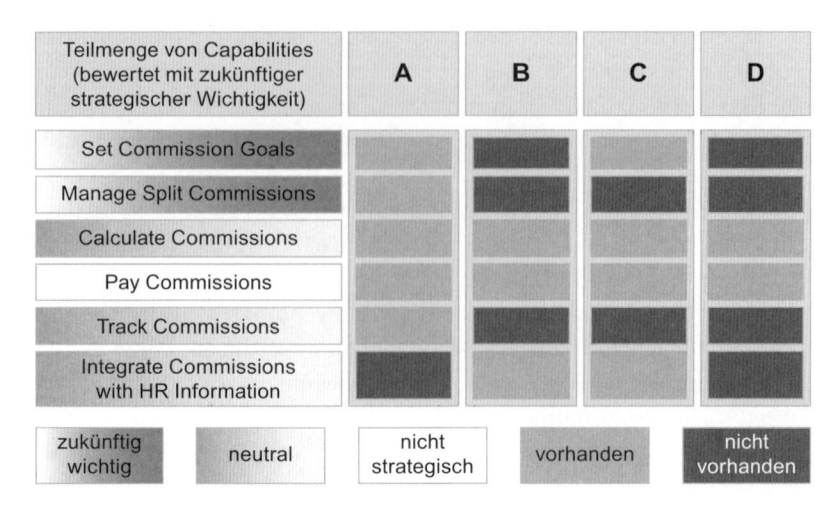

Teilmenge von Capabilities (bewertet mit zukünftiger strategischer Wichtigkeit)	A	B	C	D
Set Commission Goals	zukünftig wichtig	nicht strategisch	vorhanden	nicht vorhanden
Manage Split Commissions				
Calculate Commissions				
Pay Commissions				
Track Commissions				
Integrate Commissions with HR Information				

Legende: zukünftig wichtig | neutral | nicht strategisch | vorhanden | nicht vorhanden

In der Praxis werden solche Vergleiche natürlich deutlich mehr Geschäftsfähigkeiten berücksichtigen müssen. Auch kann man die Abdeckung je Geschäftsfähigkeit noch differenzierter darstellen. Hier genügt aber ein knapper Überblick über die bestehenden Möglichkeiten.

Kritiker der Methode werden anmerken, dass es sich um nichts anderes handelt als einen Vergleich anhand von Muss- und Kann-Kriterien. Dies mag im Prinzip richtig sein – wenn man allerdings in einem Unternehmen im Rahmen der Unternehmensarchitektur sämtliche Anwendungen auf immer wieder dieselben Geschäftsfähigkeiten abbildet, bekommt man schneller ein wesentlich konsistenteres Bild, als wenn sich jeder Bereich für jede Evaluierung immer wieder neue Kriterien ausdenkt. Von daher bietet ein zentraler Katalog von Geschäftsfähigkeiten einen hohen Nutzen im Rahmen der Arbeit von IT-Unternehmensarchitekten.

4.3 Management des Anwendungsportfolios

Ein Portfolio ist eine Menge von Besitztümern. Über den Begriff einer Anwendung kann man diskutieren, das wird nachfolgend auch noch getan. Management des Anwendungsportfolios heißt kurz und prägnant: die Menge aller Anwendungen eines Unternehmens so gestalten, dass es für das Unternehmen wirtschaftlich optimal ist. Was dazu im Einzelnen gehört, wird in vier Abschnitten erläutert.

- Hier in Abschnitt 4.3 werden die **Grundlagen** vorgestellt, und Anwendungsportfoliomanagement wird als ein zyklischer Prozess eingeführt, der sich periodisch wiederholt. Sie erfahren hier auch etwas über Portfolioanalysen. Die folgenden Überlegungen lassen sich aufeinander aufbauend einsetzen.

- Häufig werden Unternehmen ihre Anwendungslandschaft einfach nur **katalogisieren und erfassen** und daran kein Qualitätsmanagement dieser Anwendungslandschaft anschließen. Abschnitt 4.4 beschreibt, wie eine Erfassung der Anwendungslandschaft üblicherweise vorgenommen wird.
- Wenn Sie die **Qualität der Anwendungslandschaft verbessern** möchten, brauchen Sie ein System von Metriken, mit deren Hilfe Sie erkennen, ob Ihre Anwendungslandschaft im Sinne der von Ihnen definierten Ziele besser oder schlechter geworden ist. Damit befassen sich die Abschnitte 4.5 und 4.6.
- In Abschnitt 4.7, Strategische Bebauungsplanung, wird erläutert, wie man eine Soll-Anwendungslandschaft definiert.

Man könnte argumentieren, dass in »modernen« Unternehmen eigentlich überhaupt kein Anwendungsportfolio mehr betrachtet werden muss, weil dort Software serviceorientiert organisiert und End-to-End-Geschäftsprozesse betrachtet werden. Diese Unternehmen managen keine Anwendungen mehr, sondern Services (manche auch schon Microservices), die ihre Geschäftsprozesse unterstützen. Auch diese Sicht wird in Abschnitt 4.8 separat behandelt. Und Abschnitt 4.12 zur SOA-Governance erläutert, was Sie in Ihrer Architektur-Governance zusätzlich installieren müssen, wenn Sie mit SOA arbeiten wollen.

Serviceportfolio statt Anwendungsportfolio

SOA

SOA-Governance

Die Frage, ob Sie entweder ein Serviceportfolio oder ein Anwendungsportfolio führen müssen, lässt sich derzeit leider nur mit *und* beantworten. Es gibt noch kein Unternehmen, das ausschließlich in Services, Composite Applications und Geschäftsprozessen denkt und handelt. Sie werden also beides, Vorgehensweisen für Ihr Anwendungsportfolio ebenso wie für den SOA-Betrieb, parallel vorsehen müssen.

4.3.1 Grundlegende Begriffe zum Management des Anwendungsportfolios

Portfoliomanagement in verschiedenen Ausprägungen ist ein weitverbreitetes Werkzeug in der Unternehmensführung. Die vielleicht ältesten Portfolios waren die sogenannten Boston Squares (auch bekannt als BCG-Matrix), mit denen die Boston Consulting Group schon Ende der 1960er-Jahre Produktportfolios von Unternehmen analysierte, um herauszufinden, in welche Produkte ein Unternehmen investieren soll und in welche nicht [Fink03]. Die Übertragung dieser Methode auf IT-Anwendungen zeigt Abschnitt 4.5.

> **Definition: Portfolio**
>
> Das Finanzwesen versteht unter Portfolio ein Bündel von Vermögenswerten, das im Besitz einer Institution oder eines Individuums ist. Dem Aufbau eines Portfolios geht in der Regel eine umfangreiche Analyse voraus. Ein Portfolio zu besitzen ist in der Regel Teil einer Strategie, die Risiken finanzieller Investitionen durch Streuung zu senken.
>
> Quelle: wikipedia.de (aufgerufen am 07.07.2016)

Dieser Begriff ist also nicht komplex. Schwieriger wird es, wenn Sie versuchen, eine eindeutige Definition dafür zu finden, was unter einer »Anwendung« zu verstehen ist. Die Credit Suisse, die eine ausgewiesene Geschichte in der Entwicklung von Methoden zum Management von Anwendungen hat, definiert sie wie folgt:

> **Definition: Anwendung (Application)**
>
> Set of versioned program modules, data structures, tables (including the corresponding documentation) implementing a defined functionality. The program modules, data structures, tables belonging to an application are inventarized in the configuration management tool. Applications are the basic entities of the application landscape and are inventarized and documented in the application portfolio.
>
> Applications are historically grown from business requirements and project activities and differ both in size of implemented functionality and in granularity.
>
> Quelle: Dr. Heinrich Krause (Credit Suisse), Messbares Management der Applikationslandschaft: Vortrag auf der Tagung »IT-Architektur«, Frankfurt/Main, Februar 2007

Abgrenzung von Anwendungen

Als Nächstes wird ein Informatiker fragen, wie man denn die Funktionalität einer Anwendung genau abgrenzen kann. In Architekturgruppen gab es dazu immer wieder Diskussionen, die mehr als ein Jahr gedauert haben, ohne ein Ergebnis zu liefern.

Um das Problem zu lösen, kann man Anleihen bei der Lebensmitteltechnologie machen. Dort gibt es Beispiele für zyklische Definitionen, die zwar wissenschaftlich zweifelhaft sind, aber in der Praxis gut funktionieren. Als Beispiel hier eine Definition für Fleischverderb: »Fleisch gilt dann als verdorben, wenn es vom Verbraucher als verdorben wahrgenommen wird.« Eine solche Definition ist zwar wissenschaftlich vielfach angreifbar, aber in der Praxis ist sie brauchbar.

Auf Anwendungen übertragen würde das heißen: Eine Anwendung ist das, was von der Mehrzahl der Architekten und Anwender als eine Anwendung wahrgenommen wird. Meistens wissen Ihre Entwickler gut, was noch zu einer Anwendung gehört und was nicht. Es ist nur schwer, das absolut allgemeingültig zu definieren, sodass nicht irgendjemand eine 0,01-prozentige Ausnahme konstruieren kann. Also spart man sich in der Praxis häufig die Mühe für eine solche mathematisch präzise Definition.

Dass der Begriff »Anwendung« aufgeweicht wird, wenn man eine SOA oder eine Microservice-Architektur betreibt, wurde bereits erwähnt. Daher folgen in Abschnitt 4.8 Ausführungen zu Service Portfolio Management.

Unterschiede zu Finanzanlagen

Die Analogie eines Anwendungsportfolios zum Management eines Portfolios von Finanzanlagen trägt nicht weit. Wenn man sich näher mit der Materie beschäftigt, wird man einige bedeutende Unterschiede feststellen:

Grenzen der Portfolioanalogie

- Der Ertrag einer Anwendung kann im Gegensatz zu einer Finanzanlage nur schwer gemessen werden. Dasselbe Problem hat man bekanntermaßen, wenn man den Wertbeitrag der IT insgesamt messen und darstellen will. Zum Beispiel lässt sich nicht trennen, welcher Anteil des erzeugten Werts auf das unterstützende IT-System zurückgeht und welcher auf die Arbeit der Menschen, die es benutzen. Die Messgröße Ertrag pro Kosten (in Prozent pro Jahr) lässt sich nicht einfach ermitteln.

  Messung des Ertrags

- Posten in einem Portfolio von Finanzanlagen kann man normalerweise über die Börse schnell kaufen und auch wieder verkaufen. IT-Anwendungen sind oft überhaupt nicht verkäuflich. Man stelle sich z. B. vor, man wolle die deutschen Anwendungen für das Führen von Grundbüchern nach China verkaufen. Das ginge nur über einen jahrelangen Prozess, in dem China zunächst einmal die deutsche Grundbuchführung übernehmen müsste. Darüber hinaus haben IT-Anwendungen eine Eigenschaft, die als hohe Kovarianz bezeichnet wird. IT-Anwendungen haben typischerweise sehr viele Schnittstellen zu anderen Anwendungen im Unternehmen. Wenn also nicht in einem anderen Unternehmen zufällig ein ähnliches Anwendungsportfolio installiert ist, kann man eine Anwendung nicht einfach in einem anderen Unternehmen einsetzen. Es sind umfangreiche Anpassungen erforderlich.

  Austausch von Anwendungen

Dies alles macht es schwierig, ein Anwendungsportfolio schnell neu zu gliedern. Man muss damit rechnen, dass größere Umbauten 2–3 Jahre dauern. Dies ist mit der Neuordnung eines Finanzportfolios absolut nicht zu vergleichen. Es ist also nicht anzuraten, Forschungsergebnisse

Umbauten dauern Jahre.

aus dem Management von Finanzportfolios auf das Management von Anwendungsportfolios zu übertragen. Die Diskussion ist trotzdem nützlich, weil man sich auf diese Weise über einige Eigenschaften eines Anwendungsportfolios erst klar wird, z.B. die extreme Trägheit.

4.3.2 Management des Anwendungsportfolios als zyklischer Prozess

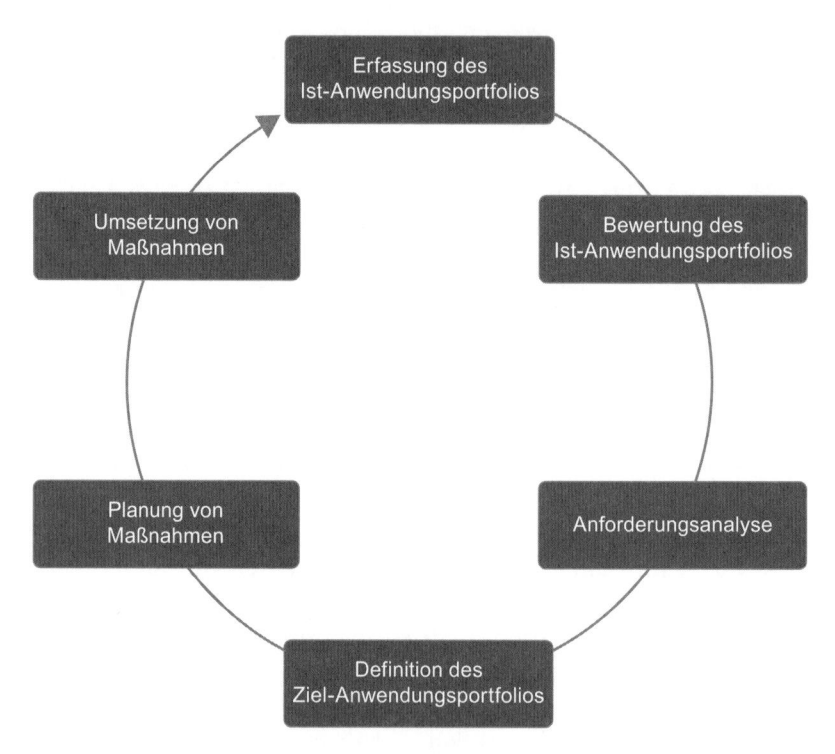

Jedes Portfoliomanagement ist ein zyklischer Prozess, der einem Plan-Act-Control-Zyklus unterliegt. So auch das Management eines Anwendungsportfolios. Abbildung 4–13 verdeutlicht das.

*Abb. 4–13
Management des Anwendungsportfolios als zyklischer Prozess*

Erfassung des Ist-Anwendungsportfolios: Zunächst werden Sie sich einen Überblick über den Istzustand Ihrer Anwendungslandschaft verschaffen. Auch wenn Sie nicht vorhaben, tiefer gehende Veränderungen vorzunehmen, brauchen Sie einen solchen Überblick meist schon aus Gründen der Compliance (siehe Kap. 6). Für das Vorgehen bei der Erfassung einer Anwendungslandschaft gibt es praktische Hilfestellungen (siehe Abschnitt 4.4).

Bewertung des Ist-Anwendungsportfolios: Bewertungen können Sie mit diversen Analysemethoden vornehmen. Ein Vorgehen, das auf Capabilities basiert, wurde bereits vorgestellt. Es gibt auch Methoden, die auf allgemeiner Portfolioanalyse basieren (Abschnitt 4.5). Als schneller Überblick für das Senior Management haben sich sogenannte Dashboards bewährt (Abschnitt 4.6).

Anforderungsanalyse und Definition des Ziel-Anwendungsportfolios: Sobald Sie wissen, an welchen Stellen Ihrer Anwendungslandschaft es Handlungsbedarf gibt, müssen Sie Zielvisionen entwickeln. Dazu benötigen Sie Geschäftstreiber, die Sie einer Geschäftsstrategie entnehmen können. Sie werden dann noch tiefer gehende Anforderungsanalysen aufsetzen. Hilfestellungen dazu und Checklisten finden Sie z. B. in TOGAF (Abschnitt 10.2). Das gesamte Vorgehen für die Erstellung einer Vision der Ziel-Anwendungslandschaft fällt unter den Begriff »strategische Bebauungsplanung« und wird in Abschnitt 4.7 näher beschrieben.

Planung von Maßnahmen: Sie werden aus der Differenz zwischen Zielzustand und Istzustand Maßnahmen ableiten müssen. In der Regel werden Sie als IT-Unternehmensarchitekt solche Maßnahmen vorschlagen. Wie Sie diese dann in Projekte aufteilen, ist nicht Gegenstand dieses Buches; dazu gibt es einschlägige Werke zum Projektmanagement. Sie werden dabei in Konkurrenz treten zu Maßnahmen, die die Geschäftsseite aus eigener Initiative anregt. Alle akzeptierten Maßnahmen werden üblicherweise in eine rollierende Jahresplanung (evtl. auch in kürzeren Intervallen) eingebracht. Die Planung von Projektportfolios ganzer Unternehmen wird in Büchern zum Thema Projektportfoliomanagement (z. B. [Hirzel+12]) beschrieben. Hier wird dieses Thema nicht weiter vertieft.

Umsetzung von Maßnahmen: Die Durchführung von Maßnahmen erfolgt im Projektprozess. Die IT-Unternehmensarchitekten sind normalerweise nicht die Eigentümer des Projektprozesses. Meist gibt es jedoch in den Projektprozessen großer Unternehmen Checkpoints, an denen die Architekturkonformität von Projekten überprüft wird. Nähere Informationen dazu finden Sie in Abschnitt 4.11.4. Ist im Laufe eines Zyklus von einem Jahr eine Reihe von Maßnahmen durchgeführt worden, liegt ein neuer Istzustand vor und der komplette Prozess beginnt von vorne. In der Zwischenzeit kann sich die Strategie geändert haben, die Bewertung der Wichtigkeit von Capabilities kann eine andere sein, es können neue Gesetze gelten (siehe Kap. 6) oder auch der Umfang des kompletten Unternehmens kann sich geändert haben, z. B. durch eine Fusion. Das alles erfordert Maßnahmen und Umbauten in der Anwendungslandschaft. Es ist völlig normal, dass Sie Ihre strategische Planung in regelmäßigen Abständen überarbeiten müssen, meist in einem jährlichen Zyklus. Diese Überarbeitung gilt analog auch für Projektprogramme, deren Umsetzung mehr als einen solchen Zyklus erfordert.

4.4 Erfassung der Ist-Anwendungslandschaft

Die Erfassung der Ist-Anwendungslandschaft war nicht selten der Anlass, um überhaupt IT-Unternehmensarchitektur einzuführen.

Inventarisierung: Eine Inventarisierung kann z. B. von einem CIO ausgelöst worden sein, der wissen wollte, welche Anwendungen die IT im Unternehmen betreibt, nicht zuletzt auch, um unangenehme Überraschungen zu vermeiden. Daraus entstanden in den 1990er-Jahren häufig sogenannte Anwendungshandbücher.

Compliance und Haftung: Seit dem Erscheinen von SOX (siehe Abschnitt 6.3.3) müssen Unternehmen, die dieser gesetzlichen Grundlage verpflichtet sind, wissen, welche Anwendungen sie betreiben. Ähnliches gilt für das in Deutschland geltende KonTraG-Gesetz. Ein CIO, der heute noch kein Anwendungshandbuch besitzt und kein dazugehöriges Risikoregister führt, riskiert im Falle von Problemen, persönlich haftbar gemacht zu werden.

Business-IT-Alignment

Alignment und strategische Planung: Um das Anwendungsportfolio an der Strategie des Unternehmens ausrichten zu können, muss man zunächst wissen, welche Anwendungen man betreibt. Man sollte auch deren Lebenszyklusstatus und Qualität kennen. Dies alles kann man in Attributen eines Anwendungshandbuches erfassen.

Es gibt also mehr als genug gute Gründe, eine Liste oder Datenbank aller bestehenden Anwendungen zu erheben und laufend zu pflegen.

4.4.1 Umfang

Der typische Umfang für ein Anwendungshandbuch ist pro Anwendung eine Beschreibung von ca. 2½ Seiten. Damit kann zwar ein Entwickler die Anwendung nicht warten, aber einem Planer vermittelt es einen Überblick darüber, was das Unternehmen im Portfolio hat.

Je nach Unternehmensgröße hat man es mit mehreren Hundert (typische nationale Versicherung) oder auch 5000 Anwendungen (typischer internationaler Automobilhersteller) zu tun. Dazu zählen aber nur zentral installierte Serveranwendungen. Die weiteren 500–2000 PC-Anwendungspakete, die man bei einer Lizenzinventur in einem Großunternehmen typischerweise auch noch findet, sind damit noch nicht erfasst. Sie werden meist nicht in einem Anwendungshandbuch beschrieben.

Als Unternehmensarchitekt eines Unternehmens, das eine Größenordnung von vielleicht 200–300 Anwendungen verwaltet, kann man sich gut mit Excel-Listen oder Textdokumenten behelfen. Allerdings kann das wegen der Pflege der Daten auch schnell kritisch werden. In großen, internationalen Unternehmen mit mehreren Tausend Anwendungen kommt man rasch an den Punkt, an dem man das Anwendungshandbuch in einem EAM-Tool ablegen muss (zu Umfang und Auswahl solcher Werkzeuge siehe Kap. 12).

4.4.2 Typische Attribute für eine minimale Befüllung

Wenn Sie sich vor Augen führen, dass es für IT-Unternehmensarchitektur Metamodelle mit 400 oder mehr Entitäten gibt, dann können Sie, wenn Sie ein solches Metamodell unüberlegt einsetzen, schnell einen Zustand erreichen, in dem Sie mit der Erfassung Ihres Ist-Anwendungsportfolios kaum jemals fertig werden. Daher ist es wichtig, ein Anwendungshandbuch klein zu starten. Zusätzliche Attribute können Sie hinzufügen, wenn Sie diese für Auswertungen und Anforderungen Ihres Managements benötigen. Für den Anfang müssten in den meisten Fällen rund 50 beschreibende Attribute für Anwendungen genügen. Schon der folgende Kern an Attributen reicht zunächst aus:

Attribute für ein Anwendungshandbuch

- Name der Anwendung
- Eindeutige ID (Anwendungsnummer)
- Funktionalität/Abgrenzung der Anwendung
  - Was ist Inhalt der Anwendung und was nicht
- Personen, die zur Anwendung Auskunft geben können
  - Fachliche Verantwortliche
  - Verantwortliche Entwickler und Wartungsmitarbeiter
  - Verantwortliche für den operativen Betrieb der Anwendung
- Wichtige Schnittstellen zu anderen Anwendungen
- Beziehung zur Facharchitektur (was deckt die Anwendung ab)
- Beziehungen zu Geschäftsprozessen und Aktivitäten

Bei vielen der hier genannten Attribute handelt es sich um Freitextfelder. Die Funktionalität und Abgrenzung einer Anwendung würde man typisch auf ca. einer halben Seite Freitext beschreiben.

Weiteren Input für Attributlisten finden Sie z.B. bei ([Hanschke13], S. 203 ff.) oder auch im TOGAF Content Metamodel ([TOGAF9.1], Abschnitt 34.6). Auf TOGAF haben Sie freien Zugriff über das Web.

4.4.3 Erfassung von Schnittstellen: Ja oder Nein?

Eine erste methodische Diskussion wird meist dann erfolgen, wenn man zu der Frage gelangt, ob man die Schnittstellenbeziehungen zwischen sämtlichen Anwendungen detailliert erfassen möchte. Hier gehen die Meinungen in den meisten Fällen auseinander:

- Architekten, die schnelle Resultate haben wollen, werden Schnittstellen nur in Ausnahmefällen vollständig erfassen. Wer diese Philosophie verfolgt, wird lediglich manuell ausgewählte Schnittstellen erfassen lassen.
- Andere Architekten finden es unbedingt notwendig, sämtliche Schnittstellen zwischen den Anwendungen zu dokumentieren, weil Entwickler damit in die Lage versetzt würden, Impact-Analysen durchzuführen, wenn sie z. B. Projekte planen müssen.
- Für Managed Evolution (siehe Abschnitt 4.9) benötigt man Metriken u. a. zur Kopplung von Komponenten. In einem solchen Fall muss man Schnittstellen zunächst erfassen, wenn man sich auf die Agenda setzt, die Agilität einer Anwendungslandschaft durch Management der Schnittstellenkomplexität zu erhöhen.

Managed Evolution

Mile Wide/Inch Deep

Beiden Standpunkten kann man etwas abgewinnen. Der Autor vertritt die Meinung, dass man Schnittstellen nur dann vollständig erfassen sollte, wenn der Aktualisierungsprozess für die Information über Schnittstellen automatisiert ist. Ansonsten ist der Autor ein Anhänger des Grundsatzes »Mile Wide/Inch Deep«, der besagt, dass man im Regelfall mit einer flachen Dokumentation auskommen kann und sollte – und dass man tiefer gehende Analysen erst dann vornimmt, wenn man sie wirklich benötigt. Diese Sicht passt auch für Architekturmodelle. Es werden große Zusammenhänge in der Breite beschrieben, allerdings im Regelfall nur flach.

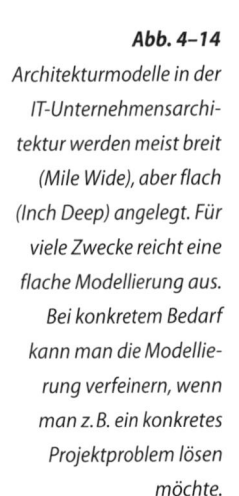

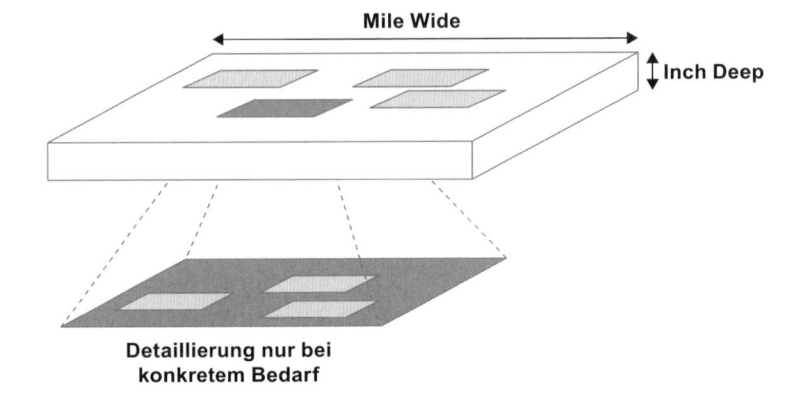

Abb. 4–14
Architekturmodelle in der IT-Unternehmensarchitektur werden meist breit (Mile Wide), aber flach (Inch Deep) angelegt. Für viele Zwecke reicht eine flache Modellierung aus. Bei konkretem Bedarf kann man die Modellierung verfeinern, wenn man z. B. ein konkretes Projektproblem lösen möchte.

Man erstellt also ein flaches Übersichtsmodell, an dem man die normalen Entscheidungen z. B. über ein Anwendungsportfolio ausreichend gut treffen kann. Tiefbohrungen nimmt man nur dann vor, wenn man ein konkretes Problem hat, z. B. ein Performance-Problem oder ein immer wieder auftretendes Betriebsproblem. Dieses pragmatische Vorgehen ist deutlich preiswerter, als das komplette Unternehmen mit detaillierten Modellen zu überziehen. Wenn detaillierte Modelle sich automatisch erzeugen lassen, ist der Aufwand dafür kein Problem. Wenn sie manuell erzeugt werden müssen, sollte man sie nur erstellen, wenn man sie wirklich benötigt. Der Autor hatte in der Praxis nie ein Problem damit, auch mehr Daten vorzuhalten, solange diese automatisch in das Architektur-Repository eingepflegt wurden. Manuelle Pflege bei mehreren Tausend Schnittstellen schon für eine Anwendungslandschaft von vielleicht 300 Applikationen ist nach den Erfahrung des Autors nicht zuverlässig.

Tiefe Modellierung nur bei Bedarf

Wenn Sie Schnittstellen standardmäßig beschreiben wollen, dann finden Sie Beispiel-Attributdefinitionen für die Beschreibung von Schnittstellen z. B. bei ([Hanschke13], S. 203–235) oder auch im TOGAF Content Metamodel ([TOGAF9.1], Abschnitt 34.6).

4.4.4 Key Visual für die Anwendungslandschaft

Erfolgreiche IT-Unternehmensarchitekten erarbeiten häufig eine Darstellung der Anwendungslandschaft etwa in Größe einer einzelnen PowerPoint-Folie. Dies ist vor allem deshalb sinnvoll, weil man nicht mit DIN-A0-Postern in Vorstandssitzungen erscheinen kann. Es ist dort wesentlich effektiver, mit Darstellungen anzutreten, die auf eine einzelne DIN-A4-Seite passen.

Marchitecture

Daher wählen viele Gruppen für IT-Unternehmensarchitektur eine kompakte Darstellung der kompletten Anwendungslandschaft. Abbildung 4–15 zeigt dies am Beispiel der Credit Suisse. Die Anwendungslandschaft einer solchen Großbank umfasst eine vierstellige Zahl von Applikationen. Die Darstellung der obersten Ebene sieht trotzdem aufgeräumt aus und enthält nur ca. 20 Elemente. Die Architekturgruppe hat dafür gesorgt, dass die Darstellung über Jahre stabil bleibt und in der ganzen Bank großflächig bekannt ist. Man fängt dann nicht mehr bei jeder Diskussion an, zunächst einmal die grundsätzlichen Konstruktionsprinzipien der Anwendungslandschaft zu erläutern, sondern dieses Wissen ist im Idealfall allen Beteiligten geläufig.

Als Architekturgruppe tun Sie gut daran, sich eine sogenannte Marchitecture (zusammengesetzt aus Marketing und Architecture) zu schaffen, die Sie wie Ihr Markenzeichen immer und überall wieder einsetzen.

4 Managementprozessmuster

APPLIKATIONSLANDSCHAFTS-ARCHITEKTUR: WIESO UND WIE?

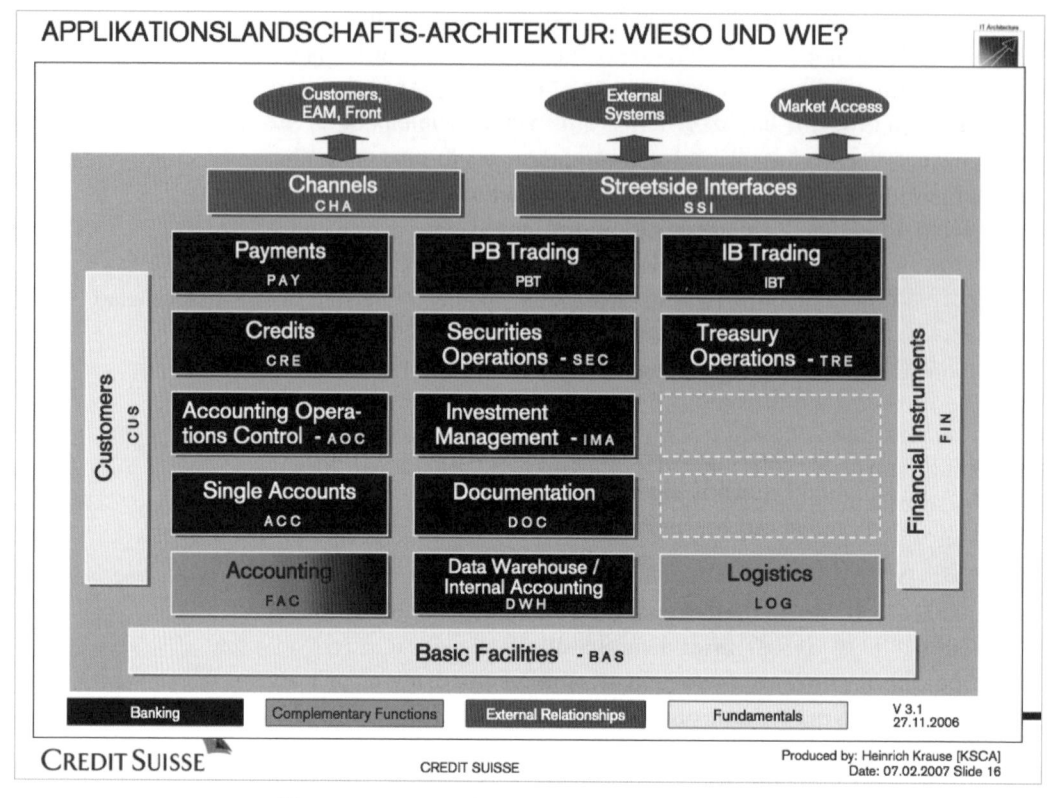

[Diagramm der Bank-Anwendungslandschaft mit folgenden Elementen:

Obere Schnittstellen: Customers, EAM, Front — External Systems — Market Access

Channels (CHA) | Streetside Interfaces (SSI)

Customers (CUS) | Financial Instruments (FIN)

- Payments (PAY) | PB Trading (PBT) | IB Trading (IBT)
- Credits (CRE) | Securities Operations (SEC) | Treasury Operations (TRE)
- Accounting Operations Control (AOC) | Investment Management (IMA) |
- Single Accounts (ACC) | Documentation (DOC) |
- Accounting (FAC) | Data Warehouse / Internal Accounting (DWH) | Logistics (LOG)

Basic Facilities (BAS)

Legende: Banking | Complementary Functions | External Relationships | Fundamentals

V 3.1 27.11.2006
CREDIT SUISSE
Produced by: Heinrich Krause [KSCA]
Date: 07.02.2007 Slide 16]

Abb. 4–15 *Beispiel für eine komplette Bank-Anwendungslandschaft. Sie werden dieses Bild in vielen Vorträgen der Credit Suisse immer wieder in fast identischer Form vorfinden.* [5]

4.4.5 Tipps und Tricks

Auf der Basis häufig gemachter Fehler folgen hier ein paar Tipps, die Ihnen dabei helfen sollen, Ihr Anwendungshandbuch aktuell zu halten.

Erfassen Sie Attribute sparsam!

Wenige Elemente: Dass Sie für eine initiale Erfassung mit eher wenigen Attributen starten sollten, wurde bereits betont. Wenn Ihre Unternehmensarchitektur etabliert ist und neue Stakeholder neue Fragen haben, können Sie die Informationsbasis schrittweise ausbauen. Das ist deutlich effektiver, als in einem Big Bang sofort zu viel anzugehen und die Informationsbasis dafür dann nicht gefüllt zu bekommen.

---

5. Quelle: Dr. Heinrich Krause (Credit Suisse), Messbares Management der Applikationslandschaft: Vortrag auf der Tagung »IT-Architektur«, Frankfurt/Main, Februar 2007.

Dezentrale Pflege: Fangen Sie so früh wie möglich an, die Verantwortung für die Aktualität der Anwendungsbeschreibungen an die Personen abzugeben, die für die Anwendungen verantwortlich sind (Anwendungsverantwortliche). Sie vermeiden damit vor allem auch, dass Sie selbst oder die Gruppe für IT-Unternehmensarchitektur zum Flaschenhals bei der Pflege des Anwendungshandbuches werden.

Zentrale Pflege ist ein Flaschenhals.

Belohnungssystem: Installieren Sie ein positives oder negatives Belohnungssystem dafür, dass die Angaben zu Anwendungen jederzeit aktuell und gepflegt sind. Die meisten Belohnungssysteme umfassen eher Sanktionen: Häufig benutzt werden Sperren für Budgets. Wenn die Informationen im Anwendungshandbuch nicht gepflegt sind, werden z. B. Wartungs- oder Projektbudgets für diese Anwendung blockiert. Dies lässt sich durch Checkpoints im Softwareentwicklungsprozess einfach sicherstellen. Eine positive Motivation wie z. B. »Anwendungsverantwortlicher des Monats« wäre auch denkbar und vielleicht sogar erfolgreicher. Sie kommt in der Praxis aber deutlich seltener vor. Am häufigsten verwendet werden Checkpoints in Verbindung mit Budgetsperren.

Belohnungssysteme helfen bei der dezentralen Pflege.

4.5 Auswertungen des Anwendungsportfolios

Bisher haben Sie gelesen, wie Sie zu einem Anwendungshandbuch kommen – der Liste aller Anwendungen eines Unternehmens zusammen mit einer für Ihre Zwecke ausreichenden Beschreibung. Als Motivation für solche Mühen ist es sinnvoll, Ihnen nun auch zu zeigen, welche Arten von Analysen Sie durchführen können, sobald Sie die Basisdaten beschafft haben.

Sie werden die Modellierung und Beschreibung eines kompletten Anwendungsportfolios kaum als Selbstzweck betreiben wollen, sondern Sie werden damit bessere Entscheidungen über das Schicksal der Anwendungen treffen wollen. Vor ähnlichen Problemen stehen auch Produktmanager in der Konsumgüterindustrie oder Asset-Manager in der Finanzindustrie. Egal ob Sie ein Portfolio von Konsumprodukten managen, ein Wertpapierportfolio oder ein Immobilienportfolio, die reine Aufzählung der Besitztümer aus der Buchhaltung ist noch nicht hilfreich. Hilfreich werden die Unterlagen erst dann, wenn man sie weiteren Analyseschritten unterzieht.

Man könnte nun auf die Idee kommen, dass man Portfolios von IT-Anwendungen ähnlich behandelt wie Portfolios von Wertpapieren: Man versucht, den Ertragswert bei einem akzeptablen Risikoniveau zu maximieren. Solche Versuche sind über das Stadium von Ideen noch nicht hinausgekommen. Dazu fehlt es u. a. auch an den Kennzahlen für

Dashboards

den Ertragswert: Schon bei Wertpapieren ist es nicht immer einfach, einen Erwartungswert für den Ertrag zu berechnen. Bei IT-Systemen, z. B. für die Verwaltung und Abwicklung von Kundenaufträgen, ist das nochmals deutlich schwieriger.

Quantifizierung der Eigenschaften von Anwendungen

- Wenn Sie kein solches System haben, wird Ihr Unternehmen entweder gar kein Geschäft machen oder aber alle Aufträge werden von Hand abgewickelt. Zumindest bei Massengeschäften ist das heute kaum noch vorstellbar.
- Ob Sie ein besseres oder schlechteres Auftragssystem haben, kann sich auf die Kundenzufriedenheit auswirken. Diese Auswirkungen sind ex ante schwer zu messen und abzuschätzen. Und erst recht sind die daraus resultierenden Umsatz- und Gewinnschwankungen noch schwerer zu schätzen und schon gar nicht exakt zu berechnen.

Trotzdem sind Portfolioanalysen auch für Portfolios von IT-Anwendungen nützlich.

Grundmodell Marktwachstum-Marktanteil-Portfolio der BCG

Boston Squares

Unternehmen stehen vor dem Problem, dass sie entscheiden müssen, in welche Produktlinien investiert werden soll und aus welchen Produktlinien eher Geld abgezogen werden soll. Dazu hat die Boston Consulting Group (BCG) einen Ansatz zur Klassifizierung von Produkten entwickelt, die sogenannte Marktwachstum-Marktanteil-Matrix[6]. Der Ansatz ist nicht neu, er wurde bereits Anfang der 1980er-Jahre verwendet. Ähnliche Vier-Felder-Matrizen gibt es in der Beratung zuhauf: Sie werden auch unter dem Begriff »Boston Squares« geführt. Der Ansatz wird hier nur deshalb kurz erläutert, weil Sie dann besser sehen können, dass sich Portfolioanalysemethoden für Anwendungsportfolios auf ähnliche Argumentationslinien abstützen wie die Marktwachstums-Marktanteil-Matrix der BCG.

---

6. Eine Erläuterung der Methode finden Sie in [Fink03]. Die Originalliteratur dazu ist älter. Für die Zwecke dieses Buches ist der Verweis auf eine kompakte, summarische Darstellung aber besser geeignet.

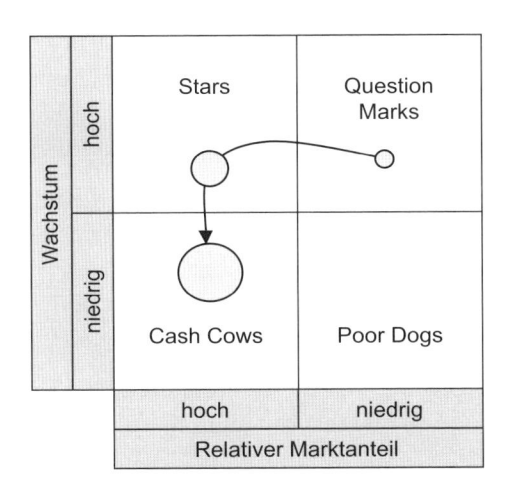

Abb. 4–16
Beispiel für eine Marktwachstum-Marktanteil-Matrix. Die Fläche der Kreise symbolisiert den Umsatz eines Geschäftsfelds. In einer solchen Matrix kann das komplette Produktportfolio einer Firma eingetragen werden.

Für jedes Feld gibt es Standardstrategien. Die Bezeichnungen der einzelnen Felder sind inzwischen fast »legendär«.

Question Marks sind Produkte am Anfang eines Lebenszyklus. Das Wachstum in diesem Segment ist hoch. Der relative Marktanteil der eigenen Firma ist gering. Wenn es gelingt, bei solchen Produkten Marktanteile dazuzugewinnen, kann man damit auf die Dauer ein gewinnträchtiges Produkt positionieren (über Stars zu Cash Cows). Wenn dies nicht gelingt, hat man ein Produkt mit geringem Marktanteil, geringem Wachstum und demzufolge einer schlechten Gewinnsituation (**Poor Dogs**) vor sich, bei dem man nachdenken sollte, ob man es nicht besser aus dem Produktportfolio entfernt.

Question Marks

Poor Dogs

Stars sind Produkte, bei denen es gelungen ist, in der Phase des Marktwachstums eine gute Marktposition zu erobern. Oft kann schon eine solche Situation profitabel sein. Besser wird die Situation oft noch in der Phase der **Cash Cow**, einer Situation mit hohen Volumina und einer guten Marktposition, die es u. U. erlaubt, trotz hohem Wachstum hohe Profite zu erzielen.

Stars

Cash Cow

Diese Darstellung ist zugegeben verkürzt, und es wäre noch einiges an Theorie notwendig, um sie betriebswirtschaftlich abzurunden. Nachdem dies hier ein IT-Buch ist, unterlassen wir das an dieser Stelle und wenden uns der Nutzung ähnlicher Modelle für das Management von Anwendungsportfolios zu.

Anwendungsportfoliomanagement nach Ward/Griffiths/Peppard

Vermutlich inspiriert von den Boston Squares hat John Ward zusammen mit den Koautoren Pat Griffiths [Ward+97] und Joe Peppard [Ward+02] ein System von Standardstrategien für Anwendungen ent-

Standardstrategien für das Management von Anwendungen

wickelt. Dieses Schema behalten die Autoren auch in der neuesten Auflage ihres Werkes bei, in dem sie sich explizit auf Digitalisierung beziehen [Peppard+16]. Das Grundprinzip ist stabil. Die Anwendungen werden nach vier Kategorien in Felder einer 2×2-Matrix eingeteilt:

- Die horizontale Achse gibt die Einschätzung wieder, inwieweit eine Anwendung wichtig für den aktuellen kommerziellen Unternehmenserfolg eines Anwenderunternehmens ist.
- Die vertikale Achse gibt die Einschätzung wieder, wie wichtig eine Anwendung mittelfristig für den Unternehmenserfolg sein wird.

Die Bezeichnungen der Felder aus Abbildung 4–17 sind analog zu denen der Boston Squares aus Abbildung 4–16.

Abb. 4–17 Boston-Square-Produktportfoliomatrix übertragen auf ein Anwendungsportfolio ([Ward+02], S. 299 ff.)

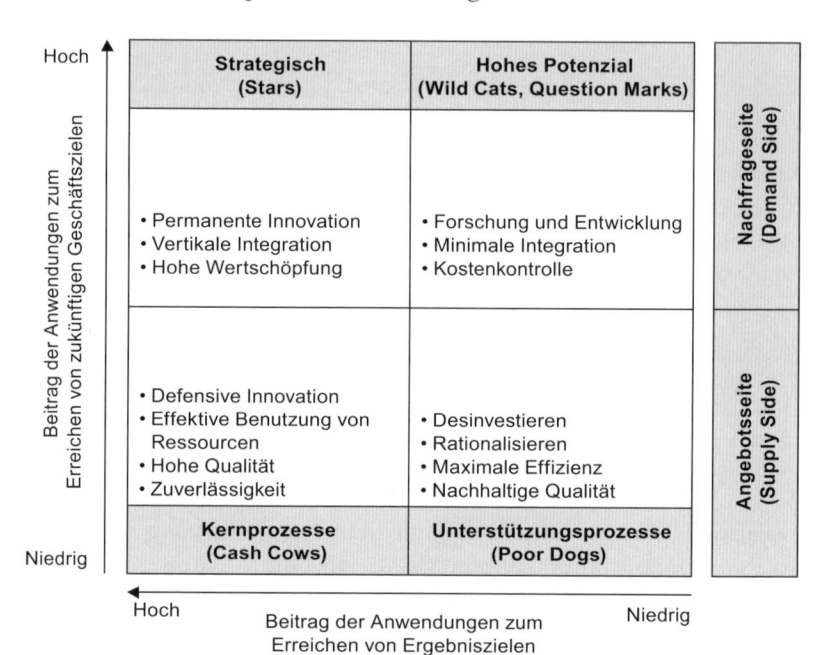

	Beitrag der Anwendungen zum Erreichen von Ergebniszielen Hoch	Niedrig	
Hoch Beitrag der Anwendungen zum Erreichen von zukünftigen Geschäftszielen	**Strategisch (Stars)** • Permanente Innovation • Vertikale Integration • Hohe Wertschöpfung	**Hohes Potenzial (Wild Cats, Question Marks)** • Forschung und Entwicklung • Minimale Integration • Kostenkontrolle	Nachfrageseite (Demand Side)
	• Defensive Innovation • Effektive Benutzung von Ressourcen • Hohe Qualität • Zuverlässigkeit	• Desinvestieren • Rationalisieren • Maximale Effizienz • Nachhaltige Qualität	Angebotsseite (Supply Side)
Niedrig	**Kernprozesse (Cash Cows)**	**Unterstützungsprozesse (Poor Dogs)**	

Unterstützungsprozesse (Poor Dogs) sind die Systeme, die weder heute noch in wenigen Jahren kritisch für den Unternehmenserfolg sind. Typischer Kandidat ist das immer wieder zitierte Buchhaltungssystem in einem Industriebetrieb. Man muss es haben, aber man erarbeitet sich damit keine Wettbewerbsvorteile. Also wird man versuchen, ein solches System so preiswert wie möglich einzukaufen und eventuell sogar nach außen zu vergeben.

Kernprozesse (Cash Cows) sind Systeme, die aktuell das Rückgrat der Verarbeitung für die Kernprozesse bilden, z. B. das Buchungssystem einer Transaktionsbank oder die Vertragsverwaltung einer Lebensversicherung. Wenn diese Systeme ausfallen, kann das Unternehmen schnell ein schweres existenzielles Problem bekommen. Wichtig sind hier also Zuverlässigkeit und bewährte Qualität. Da das Unternehmen, um im Wettbewerb zu bestehen, auf niedrige Kosten achten muss, ist hoher Wert auf eine gute Kostensituation zu legen. Bezüglich Innovationen wird man sich meist defensiv verhalten, da hier Sicherheit der höhere Wert ist.

Strategische Anwendungen (Stars) sind solche IT-Anwendungen, die z.B. neue Produkte unterstützen, die von den Kernprozessen und -systemen noch nicht abgedeckt werden. Beispiel wäre in einer Versicherung eine neue Art von Lebensversicherungsprodukt, von dem man sich aufgrund gesetzlicher Regelungen hohe Volumina erwartet, das aber in den existierenden Systemen nicht abgebildet werden kann. In einem solchen Fall würde man eher ein neues System neben die existierenden Lebensversicherungsvertragssysteme setzen, als das neue Produkt von Anfang an perfekt zu integrieren. Es ist wichtiger, agil einen Markt zu besetzen, als die Kostenvorteile perfekter Integration zu nutzen. Das kann man später tun, wenn man das »provisorische System« integriert.

Systeme für das Kerngeschäft von Morgen

Hohes Potenzial (Question Marks) haben IT-Systeme, die »echte Innovationen« unterstützen, also z.B. Produkte mit F&E-Charakter. Solche Systeme haben Experimentalcharakter. Sie in den Rest der Anwendungslandschaft perfekt zu integrieren, würde nur bedeuten, die Innovation zu verlangsamen. Wichtig ist jedoch, die Kosten solcher Projekte im Auge zu behalten und Projekte abzubrechen, wenn die Kosten nicht mehr kalkulierbar sind und der Erfolg fern zu sein scheint.

Anwendungen mit hohem Potenzial

Bezug zum Management des Softwareentwicklungsprozesses

Sie haben sich sicher schon einmal über die »Methoden, Verfahren und Tools«-Abteilung geärgert, die Ihnen in einem Projekt der Kategorie »Question Mark« mit endlosen Mengen von Vorschriften das Leben zur Hölle gemacht hat. Vermutlich haben die Kollegen die obige Darstellung nicht gekannt und haben das komplette Portfolio mit einer einzigen Methode bearbeitet. Nämlich mit einer Methode, die für die Kernprozesse angemessen ist. Man kann gut begründen, warum man für jede der vier Kategorien eigentlich einen eigenen Softwareentwicklungsprozess benötigt. Zumindest sollte man seinen Prozess durch Tayloring anpassen. Der jeweilige Softwareentwicklungsprozess kann im Falle der Poor Dogs (Unterstützungsprozesse) beispielsweise vor allem ein Prozess sein, der den Kauf von Fremdlösungen, Outsourcing und Integration unterstützt. Im Falle der Questions Marks kann es ein

Prozess sein, der außer Budgetkontrolle möglichst wenig Vorschriften macht, um nicht beim Ausprobieren neuer Ideen zu behindern.

Einheitliche Prozesse für alles müssen nicht immer gut sein.

In vielen Unternehmen werden diese Unterschiede der Applikationstypen im Tagesgeschäft und bei der Gestaltung der Organisation nicht beachtet. Daraus resultieren die bekannte Frustration vieler Entwickler aus innovativen Bereichen und die Frustration des Managements über zu langsame Ergebnisse in den oberen Quadranten. Das Buch von Ward und Griffiths [Ward+97] enthält detaillierte Darstellungen über völlig verschiedene Wertesysteme, die Verantwortliche in den einzelnen Quadranten haben müssen. Diese Prinzipien gelten auch knapp 20 Jahre später in der neuesten Auflage des Buches [Peppard+16] noch.

Kostendruck und der Chefmechaniker

Wenn Sie beobachten, dass sich ein IT-Anwenderunternehmen vor allem mit Kernprozessen und Unterstützungsprozessen beschäftigt, haben Sie es oft mit einem Typ IT-Vorstand zu tun, der von Gartner [Broadbent+05] auch als der »Chefmechaniker« bezeichnet wird. Ein dominantes Thema in diesem Unternehmen wird Kostendruck sein. Innovation werden Sie nur wenig finden und wenn, dann sind die beteiligten Entwickler wahrscheinlich frustriert, weil sie regelmäßig von Methodengurus ausgebremst werden, die aus Kostengründen »*einen* Entwicklungsprozess *für egal was*« durchsetzen wollen. Oft geschieht das auch noch mit dem Mandat des IT-Vorstands.

Bessere Unternehmen sind sich darüber im Klaren, welche Systeme sie in welchem Quadranten des Portfolios haben, managen die Entwicklungsmethoden entsprechend und sorgen auch dafür, dass die Kosten und Risiken in den beiden oberen Quadranten in einem kontrollierbaren Bereich bleiben. Diese Quadranten sind dann typische Einsatzfelder für agile Entwicklungsmethoden.

4.6 Anwendungslandschaft, Metriken und Dashboards

Umgang mit Kennzahlen

Viele Manager werden Ihnen sagen, dass es für sie relativ uninteressant ist, eine einzelne Kennzahl zu einem einzelnen Zeitpunkt zu bekommen. Interessanter ist, wie sich Kennzahlen über die Zeit entwickeln und wie die Kennzahlen verschiedener Untersuchungsobjekte in Relation zueinander stehen.

In diesem Abschnitt werden Ihnen Ideen dazu präsentiert, was Sie erreichen können, wenn Sie parallel zum Anwendungshandbuch zu jeder Anwendung eine von Ihnen festzulegende Menge von Kennzahlen permanent erheben und periodisch auswerten. Wenn es allerdings schon ein Problem darstellt, auch nur ein Anwendungshandbuch aktuell zu halten, wird es schwierig bis unmöglich sein, laufend je Anwendung 20–30 Kennzahlen (der übliche Umfang einer Balanced Scorecard) zu erheben. Hierfür benötigt man massive Unterstützung eines Senior Manager, der bereit ist, ein solches Programm zu finanzieren und es dann auch gegen Widerstände durchzusetzen. Dies ist teilweise ein schwieriges Unterfangen, da Transparenz nicht immer wirklich gewünscht ist.

Stellen Sie sich vor, Sie würden über jede Anwendung in Ihrem Portfolio Folgendes wissen:

Applikations-Dashboard

- Zufriedenheit der internen Kunden (gemessen mit einem einheitlichen Index und ermittelt über jährliche Kundenbefragungen)
- Größe (gemessen in Function Points)
- Wartungskosten der Anwendung p.a. und akkumuliert
- Anzahl von Wartungsfällen (Incidents, Problems, Changes) und Kosten je Wartungsfall.
- Maße für die Wartbarkeit: Dazu kann man z.B. die Anzahl bestimmter Arten von Architekturverletzungen im Code heranziehen. Mit Werkzeugen sind diese heute gut automatisch messbar [Lilienthal16].
- Resistance to Change: ein Maß dafür, wie viel es kostet, einen Function Point in der Anwendung neu zu implementieren (gemessen in Euro/Function Point)
- CPU-Verbrauch der Anwendung
- Verfügbarkeit der Anwendung
- Strategische Wichtigkeit der Anwendung (z.B. ausgedrückt in den Capabilities, die von ihr implementiert werden)

In den meisten Unternehmen werden Sie nicht einmal die Anwendungsgröße in Function Points vorfinden. Auch eine detaillierte Betrachtung von Architekturverletzungen mit Codemetriktools werden Sie eher nur für einzelne kritische Systeme antreffen, weil sie sehr aufwendig zu erzeugen sind. Wartungskosten werden eher bekannt sein, weil diese einfacher zu erheben sind. Wenn Sie solche Zahlen vorliegen haben, können Sie eine ganze Menge Dinge tun.

Sie können in Form eines Dashboards Kennzahlen auf ein Bild Ihrer Anwendungslandschaft projizieren. Sie bekommen dann einen schnellen Überblick darüber, wo bestimmte Werte außerhalb definierter Vorgaben liegen. Abbildung 4–18 zeigt ein exemplarisches, abstrahiertes und anonymisiertes Dashboard.

Sie können die Entwicklung der Kennzahlen über die Zeit je Anwendung in Charts darstellen. Sie bekommen dadurch einen schnellen Überblick darüber, wo sich Dinge verbessert haben und wo sie schlechter geworden sind. Wenn Sie Maßnahmen für eine Verbesserung der Wartbarkeit aufgesetzt haben, werden Sie spätestens ein bis

Entwicklung von Kennzahlen über die Zeit

4 Managementprozessmuster

Abb. 4–18
Beispiel für ein einfaches Dashboard[7]

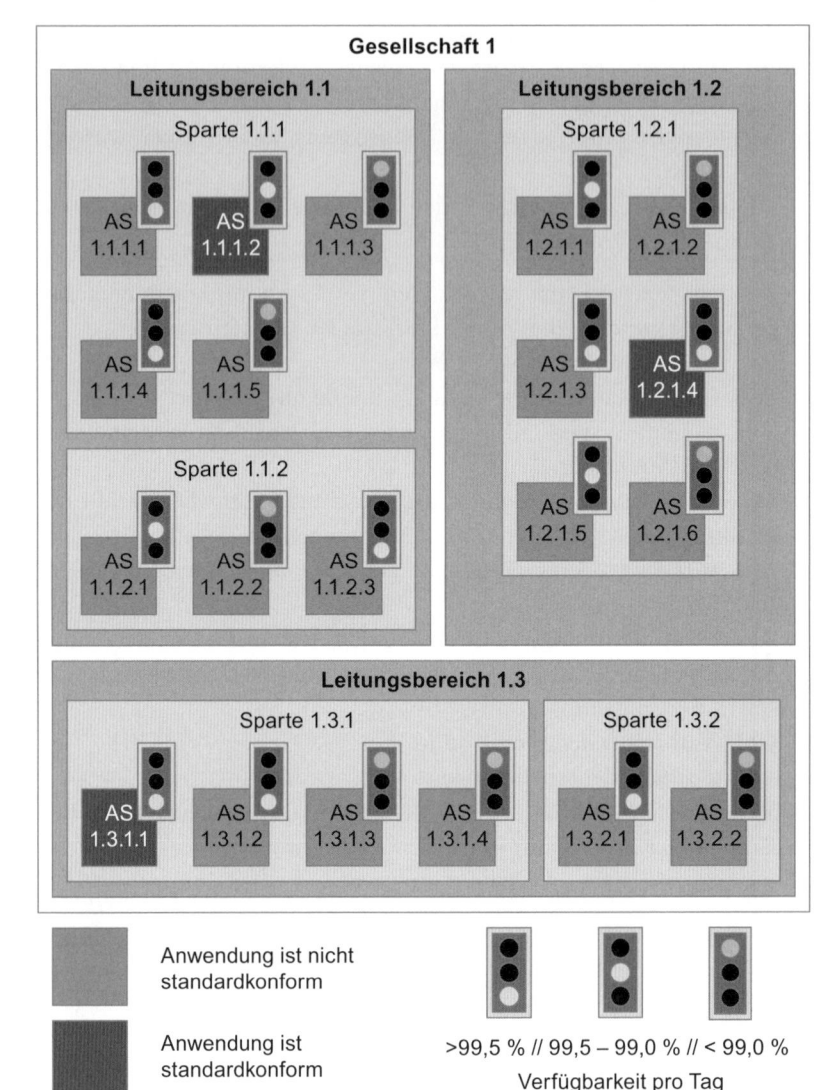

Gesellschaft 1

Leitungsbereich 1.1
- Sparte 1.1.1: AS 1.1.1.1, AS 1.1.1.2, AS 1.1.1.3, AS 1.1.1.4, AS 1.1.1.5
- Sparte 1.1.2: AS 1.1.2.1, AS 1.1.2.2, AS 1.1.2.3

Leitungsbereich 1.2
- Sparte 1.2.1: AS 1.2.1.1, AS 1.2.1.2, AS 1.2.1.3, AS 1.2.1.4, AS 1.2.1.5, AS 1.2.1.6

Leitungsbereich 1.3
- Sparte 1.3.1: AS 1.3.1.1, AS 1.3.1.2, AS 1.3.1.3, AS 1.3.1.4
- Sparte 1.3.2: AS 1.3.2.1, AS 1.3.2.2

Anwendung ist nicht standardkonform
Anwendung ist standardkonform

>99,5 % // 99,5 – 99,0 % // < 99,0 %
Verfügbarkeit pro Tag

Jährliche »Konferenz« zur Beurteilung von Anwendungen

zwei Jahre danach die Rückmeldung bekommen, ob diese Maßnahmen auch wirklich gegriffen haben. Wenn Sie Maßnahmen zur Reduktion des CPU-Verbrauchs aufgesetzt haben, bekommen Sie diese Rückmeldung binnen weniger Wochen. Quantifizierung ist also sinnvoll.

Sie können eine jährliche »Notenkonferenz« für Anwendungen aufsetzen, auf der Sie in einem Managementkreis (z. B. unter Teilnahme des CIO) Anwendungen diskutieren, deren Kennzahlen deutlich

---

7. Quelle: Vorlesung »Software Engineering für betriebliche Anwendungen«; Veranstaltung Softwarekartographie, André Wittenburg, Technische Universität München, 2006.

neben guten Werten liegen. Sie können solche Anwendungen betrachten, bei denen sich Werte deutlich verschlechtert haben, und auf einer solchen Konferenz Maßnahmenvorschläge erarbeiten, um die Situation zu verbessern. Beachten Sie hier jedoch, dass alle solchen Maßnahmenvorschläge wieder zunächst einmal in das Projektportfoliomanagement Ihres Unternehmens einlaufen werden. Dort werden sie normalerweise gegen Maßnahmen der Geschäftsseite und langfristige strategische Programme priorisiert.

Ein konsequentes Kennzahlenprogramm für Anwendungen werden Sie in der Praxis selten vorfinden. Was Sie eher finden werden, sind sogenannte Risikoregister (siehe dazu Abschnitt 8.3).

4.7 Strategische Bebauungsplanung

Sie haben den Istzustand beschrieben. Sie kennen die Schwächen der Ist-Anwendungslandschaft und die Verbesserungspotenziale in Bezug auf den allgemeinen Verbesserungsbedarf (z.B. weniger CPU-Verbrauch, bessere Usability, Verringerung der Resistance to Change). Sie haben von Ihrem Management Vorgaben für konkrete Projektprogramme bekommen und sollen die Planungen dafür erstellen, wie Ihre bisherigen Fat-Client-Außendienstanwendungen durch ein Internetverkaufsportal abgelöst werden können. Außerdem leben Sie mit einer unbewältigten Fusion, die im Anwendungsportfolio Spuren hinterlassen hat. Was Sie erarbeiten werden, ist ein strategischer Anwendungsplan, der diese Tatsachen berücksichtigt:

- Sie erstellen eine Vision, wie Ihre Anwendungslandschaft z.B. in drei Jahren aussehen soll. Diese werden Sie in Form von Softwarekarten (für ein Beispiel siehe Kap. 5) dokumentieren und damit kommunizierbar machen.
- Sie erarbeiten Vorschläge, welche Projektbündel aufgesetzt werden müssen.
- Sie machen Projektionen, welche finanziellen Mittel dafür grob erforderlich sein werden.

Parallel dazu haben Sie Budgets für kleine und mittlere Projekte, bei denen Sie allerdings als IT-Unternehmensarchitekt nicht viel planen müssen, weil die diesen Budgets zugewiesenen Projekte die Gesamtarchitektur nicht wesentlich verändern, sondern nur lokale Auswirkungen auf bestehende IT-Systeme oder Services haben.

Gernot Dern hat das zu folgender Definition zusammengefasst:

> **Definition: Strategische IT-Planung**
> Systematische Aufstellung eines Maßnahmenplans und eines Regelwerks (Teil der IT-Governance) zur Weiterentwicklung der IT-Landschaft auf Grundlage einer aus der Geschäftsplanung abgeleiteten Zielsituation für die IT-Landschaft.
>
> Quelle: Gernot Dern: Vorlesung IT Enterprise Architecture/Strategische IT-Planung, Hasso-Plattner-Institut, Potsdam 2008, *http://www.hpi.uni-potsdam.de/hirschfeld/ teaching/past/ itua08/index.html* (aufgerufen am 07.07.2016)

4.7.1 Grundsätzliches Vorgehen

Planungsprozess   Über das grundsätzliche Vorgehen bei der Erstellung einer strategischen Anwendungsplanung sind sich die meisten Autoren relativ einig. Der Ablauf entspricht gewöhnlichen IT-Vorhaben:

- **Scoping**
  Umfang des Vorhabens definieren
- **Analysis**
  Analyse und Bewertung des Istzustands
- **Design**
  Erarbeitung von Lösungsvorschlägen und Abstimmung
- **Plan Implementation**
  Einen Plan für die Umsetzung erstellen in Form von Maßnahmenvorschlägen

Abbildung 4–19 stellt diese Schritte als Workflow dar. Zu beachten ist, dass es sich dabei nie um einen reinen Wasserfall handelt. Es ist normal, dass man in einer Phase neue Erkenntnisse gewinnt, die einen dazu zwingen, auch mehr als eine Phase teilweise zu wiederholen und zu ergänzen.

Gegenüber dem üblichen Softwareproduktionswasserfall gibt es hier auch noch zwei weitere Besonderheiten:

- Solche Planungsvorschläge betreffen meist weite Teile des Unternehmens: Die Stakeholder sind typischerweise in der Hierarchie hoch angesiedelt. Es ist sinnvoll, dem Thema Abstimmung viel Aufmerksamkeit und Zeit einzuräumen. Es wurde daher in Abbildung 4–19 als eigene Phase dargestellt. Nach dieser Abstimmung ist es wahrscheinlich, dass Teile der Lösungsvorschläge aus der Designphase noch einmal überarbeitet werden müssen.

4.7 Strategische Bebauungsplanung

- Generell sind in dem Workflow beliebige Rücksprünge eingezeichnet. Es ist normal, dass während des Prozesses der Jahresplanung relativ grundlegende Annahmen geändert werden. In diesem Fall würden auch IT-Unternehmensarchitekten im Prozess einige Schritte zurückgehen.

| Erfassung der Anforderungen (Scoping) | Analyse und Bewertung (Analysis) | Erarbeiten der Zielbebauung (Design) | Abstimmung (Design) | Maßnahmenplanung (Plan Implementation) |

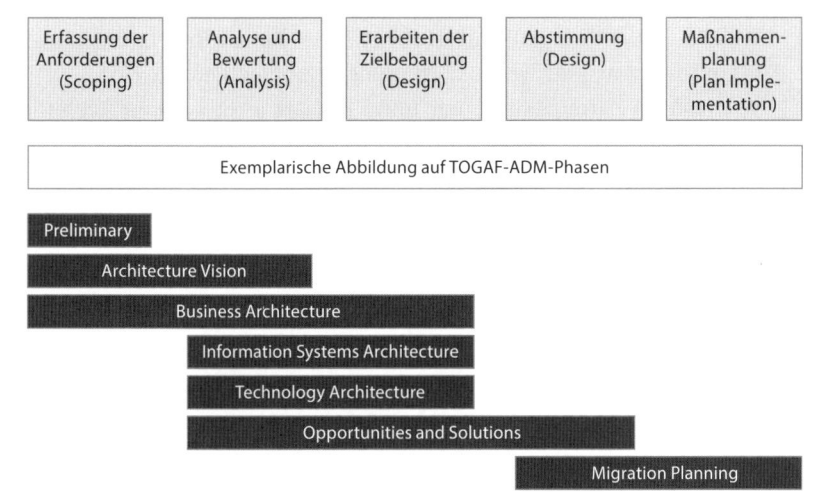

Exemplarische Abbildung auf TOGAF-ADM-Phasen

- Preliminary
- Architecture Vision
- Business Architecture
- Information Systems Architecture
- Technology Architecture
- Opportunities and Solutions
- Migration Planning

Abb. 4–19
Workflow für die Erstellung einer strategischen Anwendungsplanung

In Abbildung 4–19 wurden die Phasen mit Aktivitäten aus der TOGAF ADM (Architecture Development Method) unterlegt. Die TOGAF ADM eignet sich u.a. auch zum Entwurf großer Lösungsarchitekturen. Wenn man das Problem der Erstellung der Ziel-Anwendungslandschaft erst einmal in mehrere Cluster aufgeteilt hat, kann die TOGAF ADM als Hilfsmittel herangezogen werden. Die Abbildung von TOGAF auf die Inhalte dieses Buches geschieht noch ausführlich in Abschnitt 10.2. Interessant zu sehen ist in diesem Zusammenhang noch Folgendes: Abbildung 10–6 (S. 312) zeigt die TOGAF ADM als zyklische, aber sequenzielle Abfolge von Schritten. Wenn man sich die einzelnen Aktivitätsblöcke der TOGAF ADM ansieht und auf die üblichen Phasen der Erstellung einer strategischen Sollbebauungsplanung abbildet, dann kommt man zu dem Schluss, dass einige dieser Phasen parallel ablaufen werden. Man kann z.B. an der Geschäftsarchitektur, der Informationssystemarchitektur und der Technologiearchitektur parallel arbeiten.

Planungsprozess und TOGAF

Nachfolgend werden die in Abbildung 4–19 dargestellten Phasen noch näher erläutert.

4.7.2 Erfassen der Anforderungen (Scoping)

Beim Einstieg in die Erarbeitung einer Ziel-Anwendungslandschaft kann man sich u.a. folgende Fragen stellen [Dern+08]:

- Welche Leistungsmerkmale soll die IT-Landschaft bereitstellen, um eine Weiterentwicklung der Geschäftsfelder zu unterstützen?
- Welche Anwendungen und Technologien stehen im Planungszeitraum im Fokus und welche Bebauung ergibt sich daraus?
- Wie sollen Leistungsmerkmale unter Einsatz ausgewählter Technologien und Bezug von Leistungen innerhalb und außerhalb des Unternehmens (Sourcing) erfolgen?
- Welche IT-Prinzipien sollen für die IT-Landschaft beim Übergang von Ist nach Soll gelten?
- Welche Finanzplanung ist nötig (z.B. wie viel fließt in Projekte, Releases und Wartung)?
- Welche Investitionsstrategien sollen berücksichtigt werden
- (z.B. Baseline für Freeze/Sunset-Anwendungen)?
- Wie steht es um den Zustand der IT-Assets?

Verfeinerung der IT-Strategie

Wenn Sie sich an die Diskussion zur Erarbeitung einer IT-Strategie erinnern, werden Ihnen diese Fragen bekannt vorkommen. Eine strategische Bebauungsplanung kann man auch als eine Verfeinerung der IT-Strategien sehen. Hier wird das konkretisiert, was auf einer hohen Ebene in einer IT-Strategie als Ziel festgelegt wurde. Bestimmte Aspekte, wie das Management von Kennzahlen, spielen bei der strategischen Planung der Anwendungslandschaft dann keine Rolle. Sie werden ausgeblendet.

Als Input oder Quellen für diese Phase kommen u.a. in Betracht:

- IT-Strategie
- Zielmuster (die Auswahl Ihres Unternehmens aus möglichen Zielmustern, siehe Kap. 3)
- Ergebnisse einer auf Capabilities basierenden Analyse Ihrer Anwendungslandschaft
- Ergebnisse Ihrer Portfolioanalysen
- Zusammengefasste Anforderungen der Geschäftsbereiche
- Analysen von Dritten (Marktforschungsunternehmen wie Gartner oder Forrester) zu technologischen und fachlichen Trends

Nutzen von TOGAF

Weiteren möglichen Input können Sie auch noch in TOGAF finden: Die jeweiligen dort gelisteten Eingabeparameter der Phasen Preliminary, Architecture Vision und Business Architecture eignen sich ebenfalls als Basis für Ihre Überlegungen.

Probleme machen nicht zu wenig Informationen. Meist ist es ein Problem, die wichtigen Informationen zu identifizieren, zu clustern und zu priorisieren.

Wenn Sie Sicherheit in diese Phase bringen wollen, können Sie an ihrem Ende ein Scope-Dokument erstellen und mit Ihrem Management abstimmen. Sie könnten auch in einer solchen Phase schon anfangen, Stakeholder tiefer einzubinden – z. B. über eine sogenannte IT-Kommission eines Unternehmens. Der Vorteil wäre, dass Sie früh Rückmeldungen bekämen, ob Sie die Anforderungen Ihres Geschäfts richtig verstanden haben und richtig priorisieren.

4.7.3 Analyse und Bewertung (Analysis)

Anhand der oben definierten Anforderungen und weil Sie im Regelfall als IT-Unternehmensarchitekt Ihre Anwendungslandschaft sehr wohl kennen, werden Sie relativ früh Cluster bilden können, aus denen später Maßnahmenbündel werden und die nach Möglichkeit voneinander so unabhängig sind, dass man sie einigermaßen getrennt voneinander planen kann.

Wenn Sie z. B. wissen, dass Sie sowohl Handlungsbedarf haben, was Ihre Außendienstsysteme anbelangt, als auch noch eine unbewältigte Fusion von Bestandssystemen vor sich haben, liegt es nahe, beides getrennt zu betrachten und zu planen. Dass es Schnittstellen geben wird, ist natürlich auch klar. Angenommen Sie würden nicht schon früh Cluster bilden, wären Sie wohl kaum in der Lage, die Komplexität Ihrer sämtlichen Anforderungen gleichzeitig auf z. B. 1000 Anwendungen abbilden zu können. Von daher ist es extrem wichtig, dass Sie relativ früh Vorstellungen darüber entwickeln, wie sich die Gesamtmenge Ihrer Anforderungen auf z. B. maximal 10–30 strategische Programme aufteilen lässt. Weniger ist dabei besser. Bei einer globalen Unternehmung mit einem globalen IT-Management kommt man allerdings schnell zu solchen Zahlen – einfach schon deshalb, weil man möglicherweise auf jedem Kontinent 4–5 größere Projektcluster laufen hat und weltweit aktiv ist.

Planung mit Clustern

An dieser Stelle werden Sie für die einzelnen Cluster schon grobe Lösungsideen haben sowie ungefähre Vorstellungen darüber, was Ihre Lösungsideen kosten könnten – und welche Nutzenpotenziale Sie damit erzielen können. Sie werden also unter Umständen schon eine Priorisierung herbeiführen, noch bevor Sie für jeden Cluster ein detailliertes Lösungsdesign erarbeitet haben. Hypothesen über mögliche Lösungen, die Sie in dieser Phase treffen, werden Sie ebenfalls früh mit Ihrem Senior Management diskutieren.

4.7.4 Erarbeiten der Zielbebauung

In dieser Phase werden Sie je Cluster einen präsentierbaren Lösungsvorschlag erarbeiten. Dokumentieren werden Sie solche Lösungsvorschläge z.B. mittels eines Zielbebauungsplans oder mit Zielarchitekturdokumenten.

Ideen für solche Dokumente finden Sie in Form der Ergebnisse der TOGAF-Phasen Business Architecture, Information Systems Architecture, Technology Architecture oder aber auch Opportunities and Solutions.

Planungsunterlagen je Cluster

Sie werden in dieser Phase auch Ihre Vorstellungen über Kosten und Nutzen weiter verfeinern. Verlassen werden Sie die Phase also mit Unterlagen zu jedem Cluster, in denen ausgeführt wird:

- was die Probleme und Anforderungen sind, die Sie mit der Lösung für den Cluster abarbeiten wollen,
- wie Ihre Lösung aussieht
- und welche Konsequenzen die Lösung in Bezug auf Kosten, Nutzen und weitere für Ihr Unternehmen wichtige nicht funktionale Anforderungen hat.

Wenn Sie alleine bestimmen könnten und es keine unternehmensübergreifende Priorisierung gegen andere Maßnahmenbündel gäbe, dann hätten Sie jetzt einen fertigen Plan. In großen Unternehmen funktionieren Planungsprozesse allerdings deutlich schwerfälliger. Daher haben Sie noch zwei Phasen vor sich.

4.7.5 Abstimmung (Design)

Auseinandersetzung mit Stakeholdern

Ein Design ist nicht fertig, bevor es nicht mit den wichtigsten Stakeholdern abgestimmt ist. Je nach Umfang der Maßnahmen, die Sie planen, müssen Sie sich mit zwei Gruppen von Stakeholder-Vertretungen auseinandersetzen:

- Solange es sich »nur« um Routine handelt, sollte es ausreichen, wenn Sie Ihre Pläne vor den Gremien präsentieren und verabschieden lassen, die im Unternehmen für IT-Governance verantwortlich zeichnen. Ein Beispiel für ein solches Gremium ist eine IT-Kommission. Weitere Beispiele für IT-Governance-Strukturen finden Sie u.a. in Abschnitt 4.10.
- In dem Moment, in dem absehbar ist, dass Sie Veränderungen initiieren müssen, die weit über das normale Maß einer Jahresplanung hinausgehen, werden Sie in Abstimmung mit dem Senior Management weitere Maßnahmen vereinbaren, um Stakeholder frühzeitig ins Boot zu holen.

Dass Sie aus einer solchen Phase noch einmal mit deutlichen Überarbeitungswünschen Ihrer Planung herauskommen, ist völlig normal. Sie werden also in jedem Fall Zeit einplanen müssen, um die Ergebnisse der Abstimmungen einzuarbeiten.

Zyklen sind normal.

4.7.6 Maßnahmenplanung (Plan Implementation)

Wenn Sie ein normales Projekt vor sich hätten, würde auf die Phase des Designs eine Phase der Implementierung folgen. Hier sind Sie allerdings noch nicht so weit. Sie werden die von Ihnen ausgearbeiteten Maßnahmen zunächst in der Gesamtprojektportfolio-Planung Ihres Unternehmens einbringen und dort vertreten müssen.

Die Unterlagen, die Sie dazu für jeden Cluster benötigen, sind von Unternehmen zu Unternehmen stark verschieden: Manche Unternehmen verlangen lediglich Projektsteckbriefe. Andere fordern pro Projektcluster (mit einem Wert z.B. im Bereich von 20 Millionen US-Dollar oder Euro) eine umfangreiche Planungsunterlage von vielleicht 20 oder mehr Seiten, die eine detaillierte Wirtschaftlichkeitsrechnung enthält.

Sie können sich sicher vorstellen, dass Ihre Kapazitätsgrenze schnell erreicht wäre, wenn Sie als Architekturgruppe für 25 Projektcluster solche Unterlagen erarbeiten und einreichen müssten. Je nach Arbeitsaufwand ist es ab einem gewissen Zeitpunkt also sinnvoll, die zukünftig verantwortlichen Bereiche in die Planungen mit einzubeziehen und die Planung für einen Cluster eventuell sogar an einen designierten, zukünftigen Projektleiter zu delegieren.

4.7.7 Zusammenfassung der strategischen Bebauungsplanung

Wenn Sie den Prozess der strategischen Bebauungsplanung durchlaufen haben, werden Sie also folgende Ergebnisse vorliegen haben:

- Die Dokumentation der Ist-Anwendungslandschaft: Sie liegt Ihnen mindestens schon aus vorhergehenden Analysen vor oder aber Sie haben sie noch einmal im Rahmen der strategischen Bebauungsplanung aktualisiert.
- Eine Dokumentation der angestrebten Soll-Anwendungslandschaft: In ihr haben Sie mit den gleichen Ausdrucksmitteln wie für die Ist-Anwendungslandschaft das Zielbild Ihrer Anwendungslandschaft am Ende der Planungsperiode dargestellt.
- Eine Menge von Maßnahmenclustern, die jeder für sich beschrieben sind wie ein grober Projektplan. Insbesondere sind Kosten und Nutzen so ausgeführt, dass eine Unternehmensprojektplanung hier den nötigen Input für die Gesamtplanung des Maßnahmenportfolios Ihres Unternehmens findet.

Da viele Konzerne heute hierarchisch geclustert sind und sich darin unterscheiden, inwieweit dezentrale Einheiten autonome Entscheidungsbefugnisse haben – oder eben auch nicht –, sind die Unterlagen, die man einreichen würde, relativ verschieden und hängen von der Arbeitsweise der Institutionen ab, die entscheiden werden, ob Ihre Projektvorschläge umgesetzt oder zurückpriorisiert werden.

Informationen und Hinweise zu passenden Ergebnistypen für Ihre Planungsunterlagen (z. B. diverse Arten von sogenannten Softwarekarten) finden Sie in Kapitel 5.

4.8 Management eines Serviceportfolios

SOA erfordert Management des Serviceportfolios.

Die oben vorgestellten Methoden für das Management von Anwendungsportfolios funktionieren dann nicht mehr optimal, wenn ein Unternehmen auf SOA setzt. Abbildung 4–20 zeigt, wie die Einführung einer serviceorientierten Architektur (SOA) die Sicht auf das Management der Softwarekomponenten eines Unternehmens verändern muss.

Abb. 4–20 Anwendungssicht mutiert zu SOA-Sicht [Slama+11].

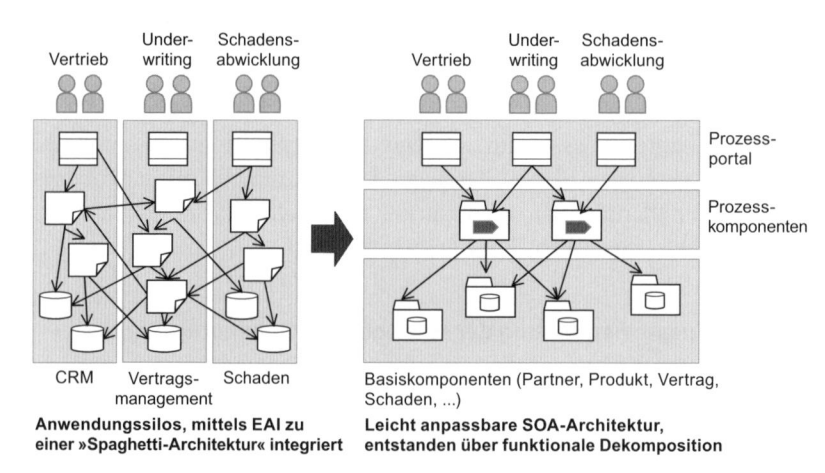

Anwendungssilos, mittels EAI zu einer »Spaghetti-Architektur« integriert

Leicht anpassbare SOA-Architektur, entstanden über funktionale Dekomposition

An die Stelle der Anwendungssilos treten die einzelnen Komponenten und Schichten einer SOA. Falls Ihnen die einzelnen Komponenten, in die die Anwendungen dabei zerlegt werden (Frontends, Prozessservices, Orchestrierungsservices und Basisservices), nicht geläufig sind, schauen Sie bitte in Abschnitt 9.3.1 nach, wo sie erläutert werden. Anhand von Abbildung 4–20 wird schon deutlich, dass Anwendungen bei der Einführung von SOA in wesentlich feingranularere Komponenten zerfallen, die ebenfalls auf der Ebene des Gesamtunternehmens einem Managementprozess unterworfen werden müssen. Wenn man also SOA einführt, benötigt man zum Management des Anwendungsportfolios weitere Methoden und Prozesse, um zusätzlich zu einem

Portfolio von Legacy-Anwendungen, das so schnell nicht »spurlos« verschwindet, auch noch das Portfolio der Services des Unternehmens zu managen. Man benötigt ein Service Portfolio Management.

> **Definition: Service Portfolio Management**
> Service Portfolio Management ist derjenige Managementprozess, der sicherstellt, dass das Unternehmen die optimale Menge an implementierten Services besitzt, um seine Aufgaben zu erfüllen. Dies erfolgt unter Berücksichtigung von Zeit, Geschäftswert, Kosten und Qualität: also der richtige Service, der eine optimale Wertgenerierung des Geschäfts unterstützt, zu optimalen Kosten, zur richtigen Zeit und in der richtigen Qualität.

Die Frage ist dann: Mit welchem Planungsansatz könnte man das unterstützen? Wenn Sie nach dem Begriff »Service Portfolio Management« suchen, werden Sie vor allem Literatur bis ca. 2010 finden. Danach scheint SOA etwas »aus der Mode gekommen« zu sein, auch wenn einige große Unternehmen jetzt, 2016, erst Pläne machen, eine SOA einzuführen. Wenn Sie einschlägige Werke zur SOA-Governance ([Bieberstein+05], [Bieberstein+08]) gezielt durchsuchen, werden Sie zwar den Begriff »Service Lifecycle Management« finden, d.h., wie ein einzelner Service geplant, implementiert, in Betrieb gesetzt und auch aus dem Betrieb genommen wird, ein solcher Ansatz sagt jedoch nichts über die Priorisierung und Investitionsplanung für Services aus. Auch neuere Literatur [Sweeney10] bietet hier noch keine runden Lösungen an. Hier ist lediglich der berechtigte Hinweis zu finden, dass eine umfassende Planung des Serviceportfolios nicht mehr »divisional« geschehen kann, sondern nur top-down möglich ist: Die Notwendigkeit einer übergreifenden Planung entsteht durch die Verknüpfungen von Projekten, die eine gemeinsame Serviceebene auf der Ebene des Gesamtunternehmens benutzen. Die Verknüpfung entsteht zumindest für den Teil der Vorhaben, die von einer SOA mit Diensten versorgt werden. Wenn Sie an dieser Stelle eine Einführung in die in diesem Abschnitt verwendete SOA-Terminologie benötigen sollten, schlagen Sie bitte kurz in Abschnitt 9.3.1 nach.

Literatur ist noch nicht sehr umfangreich.

Um den Einstieg in die Planung des Serviceportfolios zu finden, sollte man zunächst auch noch einmal die Fragen ein wenig präzisieren, die man mit dem Ansatz beantworten möchte. Aus der obigen Definition kann man z.B. folgende Fragen ableiten:

Leitfragen für das Management des Serviceportfolios

- Welche Services müssen noch gebaut werden, um strategisch wichtige Initiativen zu unterstützen?
- Welche Services sind unter Umständen »überflüssig« oder zu teuer, weil sie keine strategisch wichtigen Aspekte der Firma unterstützen?

Abb. 4–21
Capabilities benötigen Prozesse. Die IT-unterstützten Prozesse benötigen IT-Support in Form von Services.

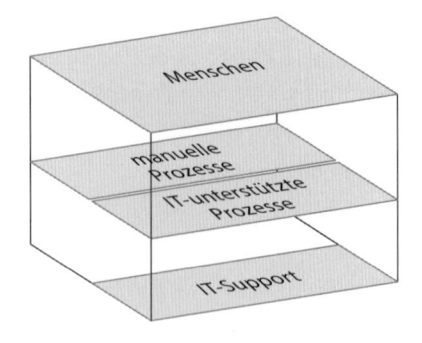

Rolle von Capabilities

Bei der Frage nach dem, was wichtig ist, können Sie sich an die Capability-basierte Planung erinnern, die in Abschnitt 4.2 bereits vorgestellt wurde. Abbildung 4–21 zeigt noch einmal die wichtigen Aspekte einer Capability – der Planungseinheit der Capability-basierten Planung. Dabei wurde hier noch Wert auf den Aspekt gelegt, dass es zur Implementierung einer Capability sowohl Geschäftsprozesse geben kann, die keine IT-Unterstützung brauchen und rein manuell ausführbar sind, als auch solche (im Regelfall die deutliche Mehrheit), die IT-Unterstützung benötigen. Wenn Sie nun dieses Bild einer Capability mit dem Schichtenmodell einer SOA abgleichen, wie sie in Abschnitt 9.3.1 beschrieben und in Abbildung 4–22 gezeigt wird, dann entdecken Sie starke strukturelle Ähnlichkeiten. Die Geschäftsprozesse der Capability lassen sich den Geschäftsprozessen zuordnen, die in einer SOA abgebildet werden. Die IT-Unterstützung besteht u. a. aus Composite-Services und Basisservices.

Abb. 4–22
SOA bildet u. a. Geschäftsprozesse auf Services ab, es besteht eine Beziehung zu Capabilities.

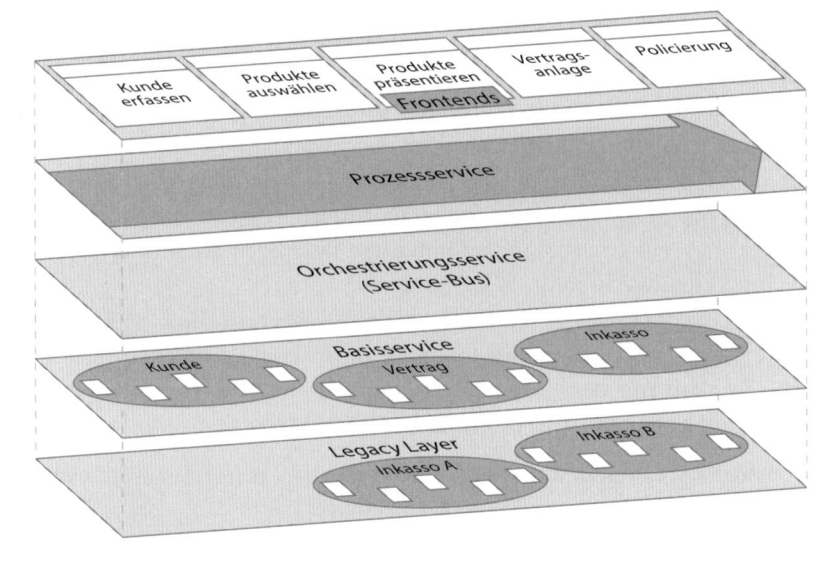

Damit liegt ein passendes Planungsvorgehen relativ klar auf der Hand. Man kann es an dem Metamodellausschnitt aus Abbildung 4–23 quasi ableiten.

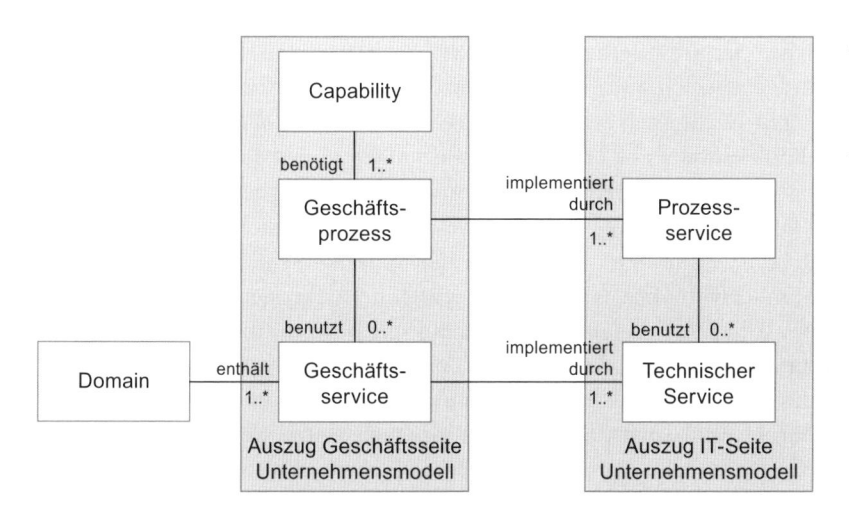

Abb. 4–23

Von der Capability über Geschäftsprozesse zum Service

Im Einzelnen sind folgende Schritte notwendig:

1. **Bewertung der Capabilities**: Wie in Abschnitt 4.2 beschrieben, werden die Capabilities priorisiert und die Stellen, an denen investiert werden soll, werden z. B. über Heat Maps identifiziert.
2. Daraus kann man in einer Planungsrunde zusammen mit dem Business festlegen, in welche **Geschäftsprozesse** investiert werden soll.
3. Mittels eines groben Geschäftsprozessmodells kann man die **Geschäftsservices** oder **Geschäftsservice-Kandidaten** ermitteln, die benötigt werden, um die Geschäftsprozesse zu implementieren. Vorhandene Services müssen logischerweise nicht mehr implementiert werden, sondern können wiederverwendet werden. Neu zu erstellende Services müssen zusammen mit dem Geschäftsprozess, für den sie benötigt werden, einem Scoring unterworfen werden. Dabei werden auch Querbezüge zwischen den Projekten auftauchen und dokumentiert, die gemeinsame Services benutzen.
4. Am Ende des Prozesses hat sich das Business dafür entschieden, welche Geschäftsprozesse es implementieren oder verbessern möchte. Daraus folgt die Menge der Geschäftsservices, die dafür neu implementiert werden müssen.
5. In einem weiteren Schritt werden dann auf der technischen Seite die dafür benötigten **Prozessservices** und **technischen Services** abgeleitet.

Die Frage nach den neu zu bauenden Services ergibt sich also aus dem obigen Planungsprozess. Die Frage nach Services, die »weniger wichtig sind«, kann man dadurch beantworten, dass man sich den Verwendungsnachweis in der umgekehrten Richtung ansieht: Welche technischen Services werden in welchen Geschäftsprozessen wie oft verwendet? Zu welcher Capability gehören solche Prozesse und wie ist es um deren Wichtigkeit bestellt? Ein passendes Scoring-Modell zu definieren (Punktemodell) ist vergleichsweise einfach.

Redundante Services

Fragen nach redundanter Funktionalität werden schon durch die konventionelle SOA-Governance beantwortet (siehe dazu Abschnitt 4.12 bzw. die oben bereits zitierten umfangreichen Spezialwerke zur SOA-Governance wie [Bieberstein+05], [Bieberstein+08] und [Sweeney10]). Die Erkenntnis, dass technische Bottom-up-Governance nicht dazu führen wird, dass sich SOA ordentlich ausbreitet und zum Besten des Unternehmens eingesetzt wird, zieht sich sowohl teilweise auch durch Werke wie [Sweeney10] als auch durch den noch folgenden Abschnitt 4.12 über SOA-Governance und auch das Buch, das dem Ansatz der Managed Evolution zugrunde liegt [Murer+11] (und Abschnitt 4.9). Auch Managed Evolution muss sich mit dem Management von Serviceportfolios befassen, da SOA im Rahmen von Managed Evolution häufig als Flexibilisierungsmittel eingesetzt wird. Von daher passen Service Portfolio Management und Managed Evolution in ihrer wesentlichen Ausrichtung hervorragend zusammen.

Abb. 4–24
Service Portfolio Management benötigt u.a. auch Capability-basierte Planung, Business Process Management und SOA-Governance für ein sinnvolles Funktionieren.

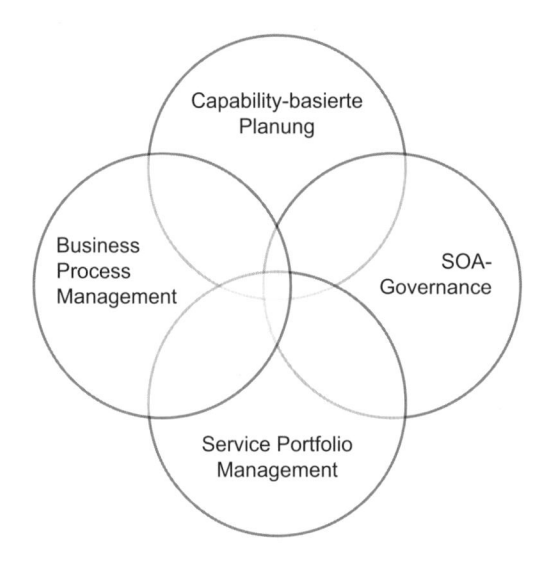

Eine Erkenntnis sollte noch sein, dass man ein Serviceportfolio nur dann sinnvoll beplanen kann, wenn man den kompletten strategischen Oberbau, nämlich Capabilities und Geschäftsprozesse, ebenfalls passend beplant (siehe Abb. 4–24). Das Ganze kann und muss dann in den kompletten IT-Planungsprozess nahtlos integriert werden.

Überbau ist essenziel für Management des Serviceportfolios.

4.9 Managed Evolution

Managed Evolution ist ein Vorgehen, das beim langfristigen Einsatz großer Informationssysteme verhindern kann, dass die Systeme durch opportunistische Weiterentwicklung so weit an Agilität einbüßen, dass eine Weiterentwicklung an irgendeinem Punkt nicht mehr mit vernünftigen Kosten zu machen ist. Dieser Abschnitt fasst Managed Evolution nur kurz zusammen und vermittelt die dahinter liegende Idee. Jedem IT-Unternehmensarchitekten kann die direkte Lektüre des Originalwerkes [Murer+11] nur dringend empfohlen werden. Das Buch, das von drei Autoren geschrieben wurde, die jahrelange Praxis im Management eines Anwendungsportfolios mit einem jährlichen Projektvolumen von ca. 1 Mrd. CHF haben, ist wirklich wertvoll, wenn Sie sich beruflich mit dem Management ähnlich großer Portfolios beschäftigen.

Managed Evolution beruht auf den Erfahrungen, die die Autoren seit ca. 1998 in der Credit Suisse – einer weltweit operierenden Großbank – gemacht haben. Teile davon wurden auch immer wieder veröffentlicht. Das aktuelle Buch ist nur eine gute Zusammenfassung von Ergebnissen, die über die letzten zwölf Jahre immer wieder publiziert wurden.

Erfahrungen bei der Credit Suisse

Auslöser für die Entwicklung von Managed Evolution war die Beobachtung, dass sehr große Anwendungssysteme (man kann auch von einem großen Anwendungsportfolio sprechen) über die Zeit unwartbar werden, wenn man lediglich bei jedem Projekt nur den maximalen Geschäftsnutzen im Auge hat und nichts gegen die wachsende Komplexität tut, die aus opportunistischen Eingriffen in ein vielleicht früher einmal gut durchdesigntes System entstehen. Abbildung 4–25 zeigt diese Beobachtungen der Credit Suisse. Es wird ein Koordinatensystem verwendet, in dem auf der x-Achse der Geschäftswert der Anwendungslandschaft aufgetragen ist. Je weiter man das Anwendungsportfolio nach rechts entwickelt, desto größer ist die Funktionalität für das Business.

Große Systeme können über die Zeit unwartbar werden.

Auf der y-Achse wird die Agilität angegeben, die ein Maß dafür darstellt, wie einfach es ist, neue Anforderungen in ein bestehendes Portfolio einzubauen. Hohe Agilität heißt also geringe Kosten für einen neuen Function Point oder aber auch Use Case Point, der neu in eine Anwendung eingebaut werden muss.

Agilität von Anwendungen

Abb. 4–25 *Schrittweise Verschlechterung eines »sehr großen Softwaresystems« durch opportunistische Projekte ([Murer+11], S. 16)*

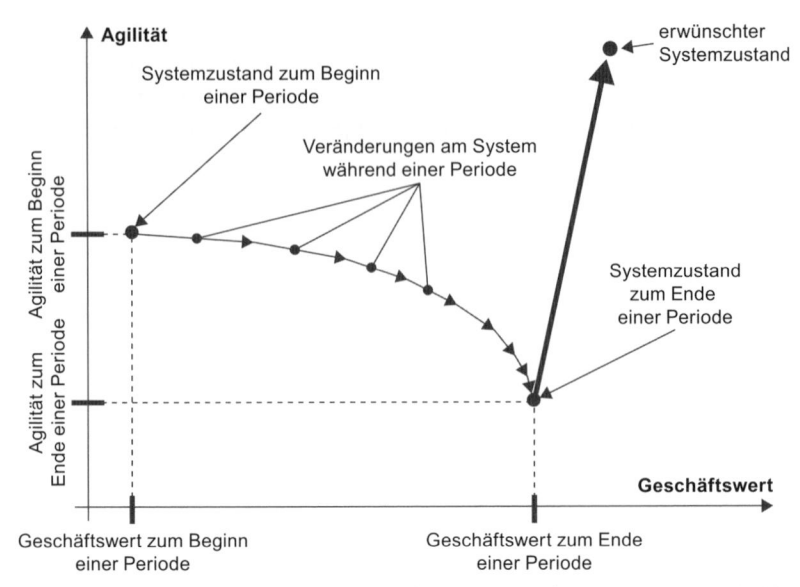

© Murer et al.: Managed Evolution. Springer-Verlag 2011. ISBN 978-3-642-01632-5

Die Kurve zeigt, wie sich die Agilität eines Portfolios über die Zeit verschlechtern kann. Die Credit Suisse hat vor 1998 die Beobachtung gemacht, dass man an einen Punkt kommen kann, an dem der Geschäftswert jedes neuen Projektes immer kleiner wird – dies ist auch durch die immer kürzeren Pfeile symbolisiert. Der Geschäftswert gleich großer Projekte sinkt, weil mit den häufigen Änderungen des Portfolios die Kosten für einen neu zu erzeugenden Function Point über die Zeit sogar exponentiell ansteigen können. Irgendwann kommt man an einen Punkt, an dem das Unternehmen den Zustand als nicht mehr haltbar empfindet, weil es nicht mehr möglich ist, die anstehenden Veränderungen mit erträglichem Budgetrahmen in den Systemen des Unternehmens zu implementieren.

Kosten pro Function Point

Der Punkt, an dem man sich dann befindet, wird als »Systemzustand zum Ende einer Periode« in Abbildung 4–25 angezeigt. Die Strecke von diesem Punkt zum »erwünschten Systemzustand« ausgedrückt in Geldeinheiten kann man auch als die »technische Schuld« [Sterling10] bezeichnen. Das ist die Investition, die benötigt würde, um das System wieder in einen »erwünschten« Korridor zu heben. Sterling spricht in seinem Buch über »Technische Schulden« zwar nicht über Managed Evolution – beide Ansätze lassen sich jedoch hervorragend kombinieren.

Technische Schulden

Die Autoren von »Managed Evolution« diskutieren dann, welche Optionen man an solch einem Tiefpunkt wie in Abbildung 4–25 dargestellt überhaupt noch hat. Ernst zu nehmende Optionen sind dann lediglich noch die Fusion mit einem anderen, ähnlichen Unternehmen, das über ein besseres IT-System verfügt und in das man sein eigenes Geschäft hineinmigrieren kann, oder ein kompletter Neubau aller Systeme. Die Autoren weisen plastisch nach, warum letzterer Ansatz in den meisten Fällen scheitern wird. Als die Credit Suisse beschlossen hat, Managed Evolution zu verwenden, hatte sie mehr als einen Versuch hinter sich, die Situation über Neubau »auf der grünen Wiese« zu bereinigen und wieder ausreichend agil zu werden. Wenn Sie jemals in die Lage kommen, eine Entscheidungsvorlage vorzubereiten, in der über einen Neubau eines Systems auf der grünen Wiese entschieden werden soll, sollten Sie das Buch zu Managed Evolution gründlich gelesen haben. Es könnte Ihrem Unternehmen unter Umständen Millionen oder sogar Milliarden an Kosten und Jahre an Frustration ersparen.

Neubau ist oft keine mögliche Option.

Nachdem sich die Credit Suisse also darüber klar geworden war, dass ein Neubau von Systemen »auf der grünen Wiese« mit hoher Wahrscheinlichkeit nicht funktionieren wird, und nachdem eine Systemmigration mittels Fusion ebenfalls nicht infrage kam, wurde die Strategie der Managed Evolution beschlossen und über die Jahre immer weiter verfeinert. Abbildung 4–26 zeigt die Grundidee. Danach werden Projekte so gesteuert, dass sie nicht nur einen opportunistischen Wert für das Business liefern, sondern mindestens auch die Agilität stabil halten. Wenn dies einmal nicht möglich sein sollte, werden Maßnahmen im Nachlauf vereinbart, sodass die Agilität durch ein daran anschließendes Projekt mit eher technikzentriertem Fokus wieder verbessert werden kann.

Kanal der gesteuerten Weiterentwicklung

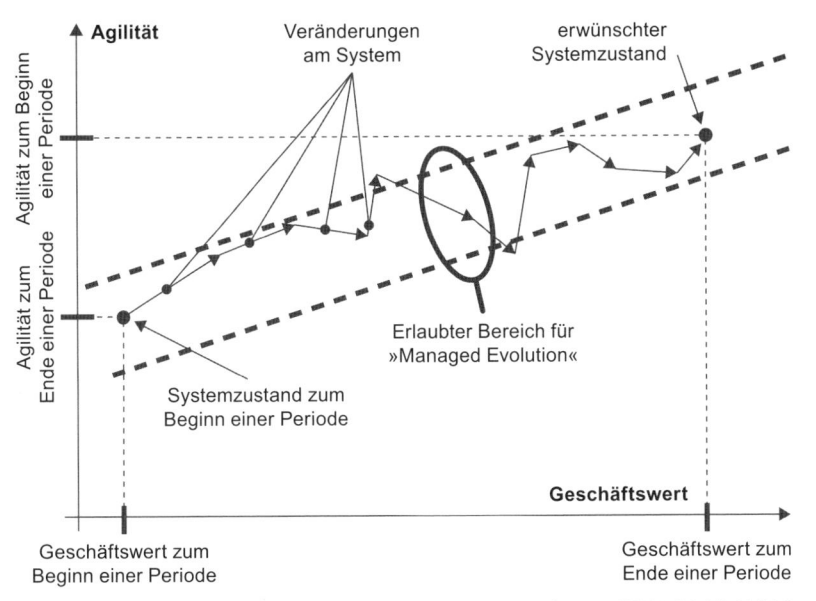

Abb. 4–26

Vorgehen bei Managed Evolution. Projekte werden so gesteuert, dass das Gesamtsystem in einem festgelegten Zielkorridor aus Agilität und Geschäftswert bleibt. Verschlechterung wird verhindert ([Murer+11], S. 24).

© Murer et al.: Managed Evolution. Springer-Verlag 2011. ISBN 978-3-642-01632-5

Managed Evolution muss im Topmanagement solide verankert sein.

Es ist offensichtlich, dass ein solches Vorgehen massive Unterstützung durch das Topmanagement bis zum CEO benötigt: Die Geschäftsseite wird sonst immer wieder und auch berechtigt in Versuchung kommen, aus kurzfristigen Ergebnisgründen opportunistische Änderungen durchzusetzen und damit die Agilität über die Zeit zu verschlechtern. Wenn eine Architektur hier gegensteuern möchte, benötigt sie wirklich massiven Rückhalt auch im Management des Business, das verstanden haben muss, dass solches Verhalten lediglich kurzfristig positiv auf ihre Ergebnisse wirkt – langfristig aber extreme Nachteile bis zur Existenzgefährdung des Unternehmens produziert.

Metriken

Damit die Diskussionen sachlich und zielorientiert ablaufen können, erfordert Managed Evolution einen starken Satz an Metriken. Das heißt, beide Achsen, nämlich Agilität und Geschäftswert, müssen so messbar gemacht werden, dass sich IT und Business fair über den Grad der Zielerreichung und über die aktuelle Position des Unternehmens unterhalten können. Wenn solche Metriken nicht vorhanden sind, besteht die Gefahr, dass sich im Zweifelsfall das Business einseitig durchsetzen wird – was wieder zu einer Verschlechterung der Agilität führt.

Des Weiteren werden für Managed Evolution Mechanismen benötigt, die zum großen Teil auch in diesem Buch beschrieben sind:

Management des Projektportfolios

- Managed Evolution erfordert ein starkes Management des Projektportfolios. Ein solches ist in diesem Buch zwar nicht explizit beschrieben. Die Abschnitte über Monitoring des Projektportfolios und Projektbegleitung decken aber einen Teil ab. Einen anderen Teil würde ein unternehmensweites Multiprojektmanagement übernehmen.

Architektur-Governance

- Managed Evolution erfordert außerdem eine starke Architektur-Governance: Es müssen sowohl Blueprints für den Zielzustand der Anwendungslandschaft vorhanden sein als auch Richtlinien dafür, was gute Software im Sinne der Managed Evolution ist.

Metriken

- Managed Evolution erfordert – wie schon erwähnt – einen starken Satz an gut operationalisierbaren Metriken, die auch wirklich angewendet werden.

Vereinfachung der Anwendungslandschaft

- Und last, but not least ist Managed Evolution vor allem dann besonders erfolgreich, wenn es gelingt, die Komplexität einer Anwendungslandschaft zu reduzieren. Das heißt, Managed Evolution betrachtet insbesondere Schnittstellen zwischen Systemen in einem Portfolio und misst die Gesamtkomplexität des Systems. Dabei hat die Credit Suisse gute Erfahrungen mit einer flächendeckenden SOA gemacht. Hier wird die Komplexität über die Zeit durch lose Kopplung reduziert.

Insgesamt werden also bei Managed Evolution keine revolutionären neuen Bausteine eingesetzt. Den Unterschied machen die klare Unterstützung des Topmanagements, der konsequente Einsatz von Metriken zur Beurteilung des Zustands der Anwendungslandschaft und ein langfristiges Denken, das sowohl von der IT, aber wichtiger auch vom Business mitgetragen wird. Ein großflächiger Einsatz von SOA kann die IT-Strategie dann abrunden.

Disziplinierte Anwendung bekannter Bausteine

4.10 Etablieren eines IT-Governance-Systems

Mit IT-Governance werden die Steuerungsmechanismen für die IT-Funktion eines Unternehmens bezeichnet. Dies wird unten noch näher definiert. Sie bettet sich in die Gesamtsteuerung des Unternehmens ein – die auch als Corporate Governance bezeichnet wird. Die Etablierung von umfangreichen Steuerungssystemen, wie IT-Governance, geschieht normalerweise nicht einmalig in einem geregelten Prozess, sondern wächst in den meisten Fällen evolutionär. Das Modell speziell für IT-Governance, das nachfolgend vorgestellt wird, kann man als »Normal Practice« bezeichnen. Ähnliche Aufbau- und Ablauforganisationsvorschläge wie in diesem Buch werden Sie z.B. auch bei TOGAF [TOGAF9.1] oder Hanschke [Hanschke13] finden – jeweils mit etwas anderen Beschreibungsschwerpunkten und auch leicht anderen Bezeichnungen. Sie waren auch in der ersten Auflage dieses Buches schon enthalten und sind seit 5–10 Jahren relativ stabil.

Bevor Sie einen Überblick über die verschiedenen Governance-Begriffe auf unterschiedlichen Hierarchiestufen bekommen, wird hier zunächst wieder kurz der Begriff geklärt:

> **Definition: Governance**
>
> gov·ern·ance /vnns; NAmE vrn/ noun [U] (technical) the activity of governing a country or controlling a company or an organization; the way in which a country is governed or a company or institution is controlled
>
> Quelle: Oxford Advanced Learner's Dictionary, http://www.oxfordlearnersdictionaries.com/definition/english/governance?q=governance (aufgerufen am 08.07.2016)

Corporate Governance ist also das System, mit dem ein komplettes Unternehmen gesteuert werden kann. In diesem Buch werden Gesamtsteuerungssysteme für Unternehmen nur so weit vorgestellt, wie sie eine direkte Bedeutung oder eine Schnittstelle zur IT-Governance – der Steuerung der IT-Funktion – haben.

Corporate Governance

4.10.1 Was ist IT-Governance?

Wörtlich übersetzt bedeutet IT-Governance »Regierung« oder »Steuerung« der IT-Funktion eines Unternehmens. Zu IT-Governance gibt es mehrere Definitionen. Hier wird die des ITGI[8] verwendet.

> **Definition: IT-Governance (ITGI)**
> IT Governance is the responsibility of the board of directors and executive management. It is an integral part of enterprise governance and consists of the leadership and organisational structures and processes that ensure that the organisation's IT sustains and extends the organisation's strategies and objectives
> Quelle: ITGI: Board Briefing on IT Governance, 2nd Edition, IT Governance Institute, Download unter *http://www.isaca.org/restricted/Documents/26904_Board_Briefing_final.pdf* (aufgerufen am 08.07.2016)

Auf der Seite des IT-Managements ist eine der Voraussetzungen für eine wirkungsvolle IT-Governance u.a., dass die in Abbildung 4–27 dargestellten Regelkreise beherrscht werden.

Abb. 4–27
IT-Regelkreise der Meta Group [Meta02]

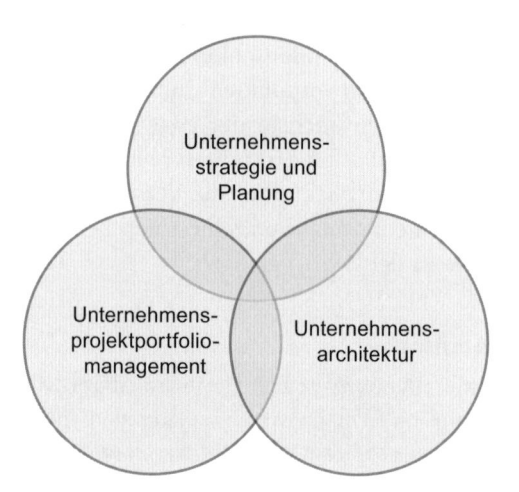

- Unternehmensstrategie und Planung
- Unternehmensprojektportfoliomanagement
- Unternehmensarchitektur

---

8. ITGI = IT Governance Institute. Zu finden unter *http://www.isaca.org/about-isaca/it-governance-institute/pages/default.aspx* (aufgerufen am 27.06.2016). Das IT-Governance Institute ist heute Teil von ISACA, der Organisation, die unter anderem COBIT pflegt ([COBIT12a], [COBIT12b], [COBIT12c]), hat also einen Wirtschaftsprüfungshintergrund. Zu ITGovernance existiert allerdings noch sehr viel Literatur, die eher auf die Verteilung von Entscheidungsrechten in der Steuerung der IT abzielt. Exemplarisch seien hier die Arbeiten von Broadbent und Weill ([Broadbent03], [Weill04]) genannt, die man dringend lesen sollte, wenn man sich näher mit IT-Governance beschäftigen möchte.

4.10 Etablieren eines IT-Governance-Systems

Mit allen diesen Regelkreisen hatten Sie hier im Buch schon Kontakt:

- Der Regelkreis »Unternehmensstrategie und Planung« umfasst die Geschäftsplanung. Die IT-Strategie kann man als Produkt in diesem Regelkreise sehen.
- Der Regelkreis »Unternehmensarchitektur« beeinflusst die Strukturen des Unternehmens (Geschäfts- und IT-Architekturen) so, dass sie (theoretisch) wirtschaftlich optimal sind.
- Und der Regelkreis »Unternehmensprojektportfolio-Management« sorgt dafür, dass die Mittel für Veränderungen, die das Unternehmen bereitstellt, wirtschaftlich optimal zur Erreichung der Unternehmensziele eingesetzt werden.

Im Folgenden werden eine Aufbau- und teilweise eine Ablauforganisation für IT-Governance beschrieben. Nicht jedes Unternehmen wird dies gleich implementieren. Die Einflussfaktoren werden Sie ebenfalls kennenlernen – z.B. in Abschnitt 4.10.3 zu Stilen von IT-Governance.

4.10.2 Hierarchie von Governance-Systemen

Dass IT-Governance ein Teil der Corporate Governance ist, wurde bereits ausreichend begründet. In Abbildung 4–28 ist dieser Zusammenhang wiedergegeben. Die Abschnitte 4.10.3 und 4.10.4 befassen sich speziell mit Ausprägungen und Einflussfaktoren darauf, in welche Richtungen sich ein System der IT-Governance üblicherweise in Unternehmen entwickelt.

Einbettung IT-Governance

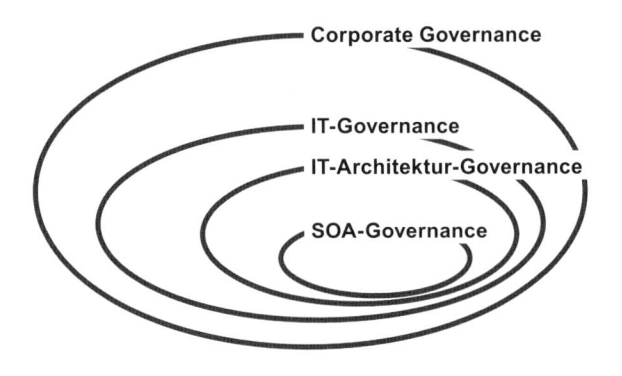

Abb. 4–28
Hierarchie von Governance-Systemen

(Diagramm: konzentrische Ellipsen mit Beschriftungen – Corporate Governance, IT-Governance, IT-Architektur-Governance, SOA-Governance)

IT-Architektur-Governance ist ein wesentlicher Teil der IT-Governance: So wie IT-Unternehmensarchitektur ein wesentlicher Teil des IT-Managements ist. Architektur-Governance wird in Abschnitt 4.11 eingehender beschrieben. Die Beschreibung der Aufbauorganisation dazu überschneidet sich auch mit der Aufbauorganisation für die komplette IT-Governance (siehe Abschnitt 4.11.1). Beides vollkommen getrennt zu betrachten, ist wenig sinnvoll.

IT-Architektur-Governance

SOA-Governance Ferner wird noch SOA-Governance beschrieben (siehe Abschnitt 4.12). Dies ist analog zum Management von Serviceportfolios heute Stand der Technik, da man davon ausgehen muss, dass sich viele Unternehmen serviceorientiert ausgerichtet haben oder noch ausrichten werden – von daher ist eine spezialisierte Beschäftigung mit diesem Thema erforderlich.

4.10.3 Stile von IT-Governance

IT-Governance definiert u.a., welche Mitwirkungspflichten und Entscheidungsrechte es bei der Steuerung der IT-Funktion eines Unternehmens typischerweise gibt. Man kann beobachten, dass zwei IT-Funktionen verschiedener Unternehmen mit einer sehr ähnlichen Organisationsform einmal recht effektiv funktionieren können und ein andermal den Eindruck machen, als ob sie überhaupt nicht funktionierten. Die Lösung der Frage, woran das liegt, hat vor allem etwas mit Kommunikation, Glaubwürdigkeit, guter Verankerung von Entscheidungen und Verteilung der Entscheidungsrechte zu tun.

Eine weitere interessante Frage wäre dann z.B., warum manche IT-Funktionen von Anwenderunternehmen stark auf Synergien orientiert sind, während andere Unternehmen wenig Wert darauf legen und nur einen kleinen IT-Apparat haben, aber nicht weiter darunter zu leiden scheinen. Beide Fragen scheinen auf den ersten Blick wenig miteinander zu tun zu haben. Die Antworten darauf findet man aber in denselben Quellen: dort wo Stile von IT-Governance untersucht werden. Zentrale Frage dabei ist, welche Arten von IT-Governance ein Unternehmen erfolgreich machen und welche nicht. Die entsprechenden Untersuchungen wurden von Peter Weill am MIT Sloan Institute for Information Systems Research durchgeführt [Weill+04].

Archetypen von IT-Governance Weill definiert dazu zunächst sogenannte Archetypen von IT-Governance, also »reine Stile«, die in der Praxis so nicht in Reinform zu finden sein werden. Aber eine Typisierung und Kategorisierung ermöglicht erst eine Diskussion. Weill hat dann eine breit angelegte empirische Untersuchung durchgeführt und festgestellt, welche Stile in der Praxis wirklich verbreitet sind.

Die Stile sind in Tabelle 4–3 gelistet. Die meisten Stile enthalten Aussagen darüber, wer im Hinblick auf die IT entscheidet. Dies können die Geschäftsseite, die IT-Seite oder beide zusammen sein. Darüber hinaus machen die Stile Aussagen darüber, welche Hierarchieebenen eingebunden werden (nur Zentralvorstände oder auch Leiter von Geschäftseinheiten). Am effizientesten diskutiert man die Stile zusammen mit ihrem Auftreten. Welcher Stil in welchem Entscheidungsfeld

4.10 Etablieren eines IT-Governance-Systems

Typen von IT-Governance	
Entscheidungsrechte oder Mitwirkungsrechte für ein bestimmtes Entscheidungsfeld für die IT-Funktion werden …	
Business-Monarchie	ausgeübt durch eine Gruppe von Vorständen oder einen einzelnen Vorstand der Geschäftsfunktionen ohne die IT
IT-Monarchie	ausgeübt durch einzelne oder Gruppen von IT-Managern ohne die Manager der Geschäftsseite
Feudal	ausgeübt durch Manager von Geschäftseinheiten, Manager von Schlüsselprozessen oder ihre Delegierten
Föderal	ausgeübt durch Manager von Geschäftsseite und IT – auch aus verschiedenen Ebenen
IT-Duopol	ausgeübt durch IT-Manager und eine Gruppe Manager der Geschäftsseite (Vorstandsebene oder Manager von Geschäftseinheiten)
Anarchie	ausgeübt durch jeden Benutzer selbst. Jeder Benutzer entscheidet für sich selbst

Tab. 4–3
Governance-Archetypen nach Weill [Weill+04]

wie häufig angewandt wird, hat Weill empirisch untersucht. Die Ergebnisse enthält Tabelle 4–4. Ohne Erläuterung der Stile und der Ergebnisse kann das Bild allerdings nicht verstanden werden.

	Strategie		Technik				Geschäftsunterstützung			
	IT-Prinzipien		IT-Architektur		IT-Infrastrukturstrategie		Fachliche Anforderungen		Budgets	
	Input	Entscheidung	Input	Entscheidung	Input	Entscheidung	Input	Entscheidung	Input	Entscheidung
Business-Monarchie	0	27	0	6	0	7	1	12	1	30
IT-Monarchie	1	18	20	73	10	59	0	8	0	9
Feudal	0	3	0	0	1	2	1	18	0	3
Föderal	83	14	46	4	59	6	81	30	93	27
IT-Duopol	15	36	34	15	30	23	17	27	6	30
Anarchie	0	0	0	1	0	1	0	3	0	1
Keine Daten	1	2	0	1	0	2	0	2	0	0

Tab. 4–4
Häufigste Verteilungen der Entscheidungs- und Mitwirkungsrechte je Entscheidungsfeld eines IT-Governance-Systems [Weill+04]. Stark umrandete graue Felder sind die am häufigsten genannten Verteilungen der Entscheidungsrechte je Entscheidungsfeld (in Prozent).

Tabelle 4–4 ist wie folgt zu lesen: Um mit dem Einfachsten anzufangen: Anarchie, d. h., jeder Benutzer trifft seine eigenen Entscheidungen bezüglich der IT, ist in großen Organisationen wenig sinnvoll. Was sich auch in den Ergebnissen der zugehörigen Zeile in Tabelle 4–4 (Werte zwischen 0 bis 3 Prozent) widerspiegelt.

Business-Monarchie

Eine Business-Monarchie – also Alleinbestimmung durch die Geschäftsfunktionen – wird vor allem bei den Budgets praktiziert. Dort kann sie auch sinnvoll sein, weil im Endeffekt die Geschäftsfunktion auch die Ergebnisverantwortung hat und damit bestimmen kann, wie viel Geld sie für IT ausgeben möchte. Einen hohen Wert für die Business-Monarchie findet man noch bei den IT-Prinzipien. Dort ist sie allerdings eher fragwürdig – was man auch daran sieht, dass andere Verteilungen der Entscheidungsrechte (IT-Duopol) noch höhere Werte haben.

IT-Monarchie

Eine IT-Monarchie ist ein verbreitetes und erfolgreiches Prinzip bei den Entscheidungsfeldern, bei denen es wirklich um jene Kernkompetenzen einer IT-Funktion geht, von denen die Geschäftsseite oft auch »gar nichts wissen möchte«, nämlich IT-Architektur und IT-Infrastrukturstrategie.

IT-Duopol

Bleiben noch die Felder IT-Strategie und fachliche Anforderungen. Eine IT-Strategie benötigt die Übereinstimmung und Unterstützung der Fachseite und der IT-Seite. Von daher ist dort das IT-Duopol zur Entscheidungsfindung verbreitet. Das IT-Duopol bedeutet, dass gemeinsam auf Initiative der IT hin entschieden wird. Bei fachlichen Anforderungen ist dann der Stil »Föderal« noch stärker vertreten, d. h., IT und Fachbereiche entscheiden gemeinsam, aber tendenziell eher auf Initiative der Fachbereiche hin.

Entscheidungsfelder

Die Untersuchung von Weill hat folgenden Nutzen: Zum Ersten werden die wesentlichen Entscheidungsfelder identifiziert, in denen Unternehmen ihre Entscheidungsrechte definieren müssen (siehe die fünf Bereiche in Tab. 4–4). Damit hat man ein Raster, in dem man Entscheidungsrechte bewusst festlegen kann. Das Modell macht auch klar, dass nicht für alle fünf Felder dieselben Verteilungen der Entscheidungsrechte sinnvoll sein können. Der zweite Nutzen liegt in der Identifikation von Stilen. Man hat damit ein Begriffssystem, mit dem man über die Verteilung der Entscheidungsbefugnisse reden und sie bewusst festlegen kann. Viele Unternehmen leben einfach »irgendeinen Stil«, ohne jeweils wirklich darüber nachgedacht zu haben. Oft ist es sogar der »richtige«, aber es ist allemal besser, wenn man die eigenen Entscheidungen und Handlungen auch erklären und damit nachvollziehen kann. Dann kann man sie auch optimieren.

Als Kritik an dem Modell ist anzubringen, dass Stile wie »Feudal«, »Föderal« und »IT-Duopol« nicht wirklich scharf gegeneinander abgegrenzt sind. Aus der Diskussion oben ist die Abgrenzung zwar einigermaßen klar geworden (also kooperativ mit jeweils anderer Initiative), aber aus den Kurzdefinitionen ist das spontan nicht nachzuvollziehen.

4.10.4 Hinzunahme des Unternehmenstyps

In Abschnitt 4.1 über das Erarbeiten von IT-Strategien wurde bereits diskutiert, warum es für das Finden der richtigen IT-Strategie wichtig ist, in welcher Art von Industrie und in welcher Art von Wettbewerbsumfeld man sich bewegt. Diese Einflussfaktoren sind jedoch auch schon bei der Definition eines adäquaten Systems der IT-Governance wichtig. Die Auswertung in Tabelle 4–4 berücksichtigt noch keine weiteren Einflussfaktoren, wie z. B.

IT-Governance und Unternehmenstyp

- Reife von Industrien, Grad an Föderalismus,
- Werttreiber,
- Wettbewerbsstrategien,
- aktuelle Unternehmenssituation.

Alle diese Faktoren beeinflussen, was »gute IT-Governance« ist, und damit auch, wie ein IT-Unternehmensarchitekt in seinem Feld agieren soll und kann. Sie sind nicht klar orthogonal abzugrenzen, aber trotzdem nützlich zu betrachten. Nachfolgend werden diese Faktoren daher jeweils kurz vorgestellt.

Reife von Industrien, Grad an Föderalismus

Dass Old-Economy-Unternehmen vermutlich andere IT-Governance-Strategien verfolgen als New-Economy-Unternehmen, wird intuitiv klar sein. Die Frage ist dann, welche? Ältere Geschäftsmodelle zeichnen sich meist dadurch aus, dass die Geschäftsmodelle allgemein bekannt sind, dass das Wachstum eher in ruhigen Bahnen verläuft und dass die verwendeten Unternehmensstrategien, zumindest in den Hauptmärkten, daher meist Kostenstrategien sind.

- **Synergistisch**
  Der sinnvolle IT-Governance-Stil in Old-Economy-Unternehmen, die auf Kostenvorteile achten müssen, wird meist als **synergistischer Stil** bezeichnet. Solche Unternehmen versuchen also, Kostenführerschaft [Porter89] zu erringen, und tun das oft durch den Versuch, **Skaleneffekte** zu erreichen, also die Stückpreise durch Konzentration großer Mengen zu senken. Dazu gehört auch, dass die IT-Governance und das IT-Architekturmanagement darauf achten, dass die IT-Landschaft möglichst einfach und kostengünstig

arbeitet. Die IT eines solchen Unternehmens wird also typisch stark zentralistisch geführt. Dies sind die Unternehmen, bei denen die Rolle eines IT-Portfoliomanagements, das auf Synergien zielt, meist am ausgeprägtesten vorhanden ist.

- **Agil**
  Der nächste Stil ist der sogenannte **agile Stil**. Er ist vor allem dort anzutreffen, wo Unternehmen in sich entwickelnden Märkten schnell agieren müssen. In einem Markt, der mit 100 Prozent oder mehr pro Jahr wächst, sind IT-Kosten kein vordringliches Thema für das Management. Dort geht es eher darum, das Unternehmen dabei zu unterstützen, seinen Marktanteil zu halten oder auszubauen. Die IT-Governance wird dann lediglich für einen Austausch von Methoden und Best Practices sorgen, aber nicht konkret in Entscheidungen eingreifen und z.B. lange Diskussionen darüber antreiben, in welcher Unternehmenseinheit welches ERP-System eingesetzt werden soll und ob es einheitlich sein muss.

- **Autonom**
  Bleibt noch der sogenannte **autonome Stil,** bei dem die Business-Einheiten vorgeben, welche Art IT-Unterstützung sie gerne hätten. Ein solcher Stil ist typisch bei Unternehmenskonglomeraten anzutreffen, wo die Geschäfte der einzelnen Einheiten inhaltlich wenig miteinander zu tun haben. Die Übergänge zwischen autonom und agil sind dabei oft fließend.

Werttreiber

Werttreiber werden im Englischen auch »Value Disciplines« genannt [Treacy+97]. Der Begriff wird schnell klar, wenn man die drei typischen Werttreiber nennt:

- **Operational Excellence** steht übersetzt für optimale Betriebsprozesse,
- **Customer Intimacy** steht für Konzentration auf den Kunden und
- **Product Leadership** steht für Wettbewerbsvorteile durch Produkte, die besser sind als die der Mitbewerber.

Hier findet man wieder eine Überschneidung mit den generischen Porter'schen Wettbewerbsstrategien[9]. Operational Excellence geht meist eng einher mit Kostenführerschaft. Product Leadership ist die Strategie der Produktdifferenzierung. Customer Intimacy ist die Differenzierung

---

9. Zu Porter'schen Wettbewerbsstrategien siehe [Porter89] und in Kurzform Abbildung 4–29. Auch wenn es als unwissenschaftlich verpönt gilt, aber es ist allemal schneller, als ein Buch zu kaufen. Wenn Ihnen der Begriff nicht vertraut ist, finden Sie ihn schnell unter *http://de.wikipedia.org/wiki/Wettbewerbsmatrix*.

beim Kundenservice. Alle diese Strategien lassen sich recht flüssig in Handlungsanweisungen für IT-Unternehmensarchitekten umsetzen.

- **Operational Excellence**
  Achten Sie z.B. auf hohe Automatisierung, Synergien in der IT, Vermeidung von Medienbrüchen.
- **Customer Intimacy**
  Achten Sie z.B. auf eine einheitliche Kundendatenbank und darauf, dass Ihre Kollegen, die mit den Kunden interagieren, die Daten haben, die sie brauchen. Sorgen Sie dafür, dass Sie über Business Intelligence Informationen über Ihre Kunden auswerten.
- **Product Leadership**
  Unterstützen Sie Ihre Produktentwicklung mit der optimalen IT. Egal, ob es etwas mehr kostet oder nicht.

Im Zusammenhang mit Werttreibern muss noch erwähnt werden, dass sich effektive Unternehmen auf einen davon konzentrieren, maximal auf zwei. Wenn sich Unternehmen verzetteln, hat das auch Auswirkungen darauf, wie gut die IT-Funktion die Unternehmensziele unterstützen kann. Sie müsste sich dann ebenfalls verzetteln und kann nicht optimal wirksam sein, weil sie ihr limitiertes Budget und ihre Ressourcen auf viel zu viele Initiativen verteilen muss.

Generische Wettbewerbsstrategien nach Porter

Auch aus der Wettbewerbsstrategie, die ein Unternehmen verfolgt, ergeben sich Rückwirkungen auf die grobe Richtung der IT-Strategie und natürlich auch auf die Ausrichtung der IT-Governance.

- **Kostenführerschaft**
  Deckt sich weitgehend mit »Operational Excellence« (siehe oben). Der IT-Vorstand wird gezielt Skaleneffekte angehen und Informatikkosten strikt managen.
- **Differenzierung**
  Kann unterschiedliche Aspekte haben, z.B. die Werttreiber »Customer Intimacy« oder »Product Leadership«.
- **Nischenstrategien**
  Beziehen sich auf engere Märkte, haben aber genauso einen Fokus auf Kosten oder Differenzierung. Lediglich Skaleneffekte sind begrenzt.

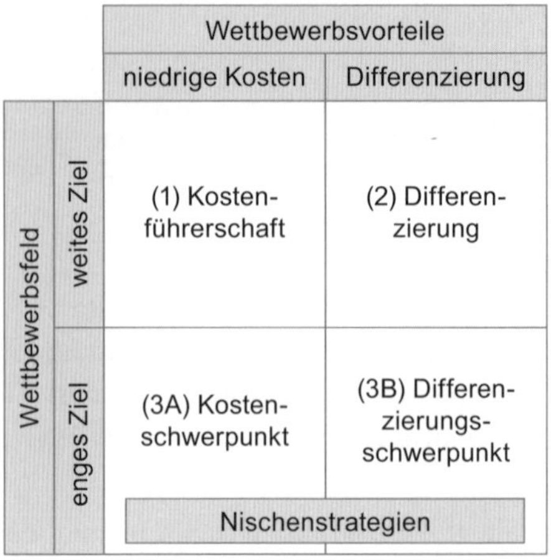

Abb. 4–29
Generische Wettbewerbsstrategien nach Porter [Porter89]

	Wettbewerbsvorteile	
	niedrige Kosten	Differenzierung
Wettbewerbsfeld weites Ziel	(1) Kostenführerschaft	(2) Differenzierung
Wettbewerbsfeld enges Ziel	(3A) Kostenschwerpunkt	(3B) Differenzierungsschwerpunkt
	Nischenstrategien	

Einfluss der Situation Ihres Unternehmens auf die Strategie

Broadbent und Kitzis [Broadbent+05] verwenden als Klassifikationsmittel für die Situation eines Unternehmens z. B. die folgenden Situationsbeschreibungen:

Unternehmenssituation und Einfluss auf die IT-Strategie

- **Überlebenskampf**
  Das Unternehmen kämpft darum, am Markt zu bleiben. IT-Vorstände müssen in solchen Unternehmen meist Kosten managen. Große Investitionen stehen selten auf dem Programm.

- **Erhaltung und Ausbau der Wettbewerbssituation**
  Das Überleben des Unternehmens ist mittelfristig gesichert und man kann darangehen, die eigene Position auszubauen. Also wird man in seine Kostenposition oder in seine Differenzierungsstrategie investieren oder versuchen, die Position bezüglich anderer Werttreiber auszubauen.

- **Gewinner (Breaking Away)**
  Das Unternehmen liegt deutlich vor dem Wettbewerb. Der IT-Vorstand kann helfen, eine solche Position auszubauen. Die IT wird nicht als »magische Orange« betrachtet. Stattdessen sind Innovation oder Wachstum ein Thema.

Der Abschnitt 4.10.4 sollte demonstrieren, dass die Situation eines Unternehmens und speziell die Geschäftsstrategie eines Unternehmens in Bezug auf den Markt und die Wettbewerbsposition erheblichen Einfluss auf die Agenda eines IT-Vorstands und damit auch auf die inhaltlichen Schwerpunkte von IT-Unternehmensarchitekten haben. Dies wird sich auch in der Ausrichtung der IT-Governance niederschlagen. Ihr Verhalten als Unternehmensarchitekt bezüglich des Zulassens von funktionaler Redundanz von Softwaresystemen wird sich im Falle eines synergistisch ausgerichteten Unternehmens diametral von dem Verhalten im Falle einer agilen Unternehmensgruppe in einem schnell wachsenden Markt unterscheiden. Es ist dann die Aufgabe der IT-Unternehmensarchitekten, ihr eigenes Verhalten vor solchen Hintergründen befriedigend zu erklären. Man ist daher gut beraten, sich über die aktuelle »strategische Lage« gründlich zu informieren und solche Diskussionen anzustoßen, falls sie nicht auf der Vorstandsebene schon stattfinden.

Typisiert und dann? Anwendung der Merkmalsraster

Wie man die oben gezeigten Raster anwendet, ist dann eine Frage von Best Practices und »gesundem Menschenverstand«.

Nutzen der Klassifikationen

Zunächst schaffen die **Klassifikationen** ein Vokabular und eine gemeinsame Sprache. Das heißt, wenn alle, die am strategischen Dialog beteiligt sind, die entsprechenden Raster kennen, kann man sich schneller über die vorliegende Situation verständigen. Oft scheitert ein Dialog ja schon daran, dass die Teilnehmer aneinander vorbeireden.

Dann gibt es auch immer wieder **Standardstrategien**: Ein synergistisch orientiertes Unternehmen in einem etablierten, gesättigten Markt, das für dieselbe Aufgabe je Niederlassung ein komplett anderes IT-System betreibt, macht wahrscheinlich etwas falsch. Ein agiles Unternehmen, das 60 Prozent des IT-Budgets darauf konzentriert, Einsparungen zu suchen und umzusetzen, handelt ebenfalls falsch. Ähnliche Muster und Standardvorgehen findet man für Werttreiber wie z. B. Kundenorientierung. Wenn ein Unternehmen, das sich diesen Werttreiber auf die Fahne geschrieben hat, Projekte für Data Mining und CRM über Jahre immer wieder aus der Planung wirft, macht es auch relativ sicher etwas falsch. Die Reihe der Beispiele lässt sich noch fortsetzen. Die obigen Klassifikationen in Form von Raster haben den Vorteil, dass es dazu meist recht einsichtige Standardstrategien gibt.

Standardstrategien

Standardstrategien sind natürlich auch immer inhärent gefährlich. Dadurch, dass man das tut, was alle im Markt in ähnlichen Situationen machen, erringt man keine Vorteile im Wettbewerb. Man vermeidet im besten Fall Nachteile. Von daher kann es nicht schaden, neben den hier in Kürze vorgestellten Standardstrategien auch **Kreativitätstechniken** einzusetzen, um mit einem begrenzten Zeitbudget nach komplett neuen und innovativen Lösungen zu suchen – z. B. nach radikalen Vereinfachungen.

Gefahr von Standardstrategien

Damit müssen wir es an dieser Stelle bewenden lassen, auch wenn die geringe Tiefe der Beschreibung jetzt einen »technisch orientierten Informatiker«, der wenig über BWL gelesen hat, noch nicht zum Strategieberater machen kann. Umgekehrt würde eine detaillierte Darstellung aber »betriebswirtschaftlich orientierte Informatiker« oder Leser aus der Unternehmensberatung langweilen, weil sie deren Grundlagenausbildung wiederholt. Von daher kann man den eher technisch orientierten Lesern empfehlen, ihren betriebswirtschaftlichen Hintergrund auszubauen, wenn sie in diesem Feld erfolgreiche Spieler sein wollen.

4.11 Architektur-Governance

Architektur-Governance dient dem Durchsetzen beschlossener Architekturen. Sie hat eine Aufbau- und eine Ablauforganisation. Bevor diese jeweils tiefer diskutiert werden, wird Architektur-Governance jedoch kurz über eine Definition eingeführt:

> **Definition: Architektur-Governance (Architecture Governance)**
>
> Architecture governance is the practice and orientation by which enterprise architectures and other architectures are managed and controlled at an enterprise-wide level.
>
> Architecture governance typically does not operate in isolation, but within a hierarchy of governance structures, which, particularly in the larger enterprise, can include all of the following as distinct domains with their own disciplines and processes:
>
> - Corporate governance
> - Technology governance
> - IT governance
> - Architecture governance
>
> Each of these domains of governance may exist at multiple geographic levels – global, regional, and local – within the overall enterprise.
>
> Quelle: [TOGAF9.1], Kapitel 50

Diese Definition ist nicht unbedingt die »beste«, die in TOGAF insgesamt enthalten ist. Folgende Eigenschaften charakterisieren »gute« Architektur-Governance noch näher:

Aufbauorganisation — Architektur-Governance muss eine Aufbauorganisation haben, die die nötigen Gremien schafft, damit Architekturen sich an den Unternehmenszielen ausrichten können und gut kommuniziert werden können (die Aufbauorganisation muss also kognitives Alignment fördern).

Ablauforganisation — Die Prozesse für das Erarbeiten der Architekturen müssen so ausgelegt werden, dass es ebenfalls der Normalfall und nicht die Ausnahme ist, dass Architekturen auf die Geschäfts- und IT-Strategie ausgerichtet (mit ihnen »alignert«) sind.

- Und die Architektur-Governance muss dafür Sorge tragen, dass einmal getroffene Architekturentscheidungen konsequent umgesetzt werden.

Des Weiteren ist noch anzumerken, dass nicht nur geografische Gliederungen, sondern jedes andere Ordnungskriterium für die Strukturierung eines Unternehmens verwendet werden kann. Aufbau- und Ablauforganisation werden dann an dieses Strukturkriterium entsprechend angepasst: Wenn sich ein Unternehmen weltweit nach Produktgruppen aufstellt, kann es sinnvoll sein, dass z. B. auch die Architekturen und damit auch die Architektur-Governance in erster Linie nach Produktgruppen und dann erst nach geografischen Merkmalen organisiert sind. Speziell bei Organisationsänderungen (Beispiel: Produktsparten werden weltweit organisatorisch über Länderorganisationen gestellt) kann dies zu unangenehmen Effekten führen. Die IT-Architekturen lassen sich meist nur deutlich langsamer anpassen als eine globale Organisation – das heißt, man bekommt es dann mit IT-Portfolios zu tun, die nicht mehr zur implementierten Organisationsform passen, und es gibt dann z. B. schlicht keinen Architekten mehr, der sich um die Konsistenz der Anwendungslandschaft in einem Land kümmern wird, weil für die Anwendungslandschaft eines Landes z. B. keine Organisationseinheit mehr gesamthaft zuständig ist. Stattdessen gibt es z. B. jeweils globale Architekten für die Produktgruppen A, B und C, aber niemanden mehr, der sich in einem Land um eine Gesamtkundensicht und die übergreifenden Vertriebssysteme kümmert. Dies ist ein prägnantes Beispiel für fehlendes organisatorisches Alignment. Die Alignment-Begriffe wurden in Abschnitt 3.1 unter der Überschrift »Business-IT-Alignment« ausführlich diskutiert.

Einfluss weiterer Faktoren

4.11.1 Aufbauorganisation der IT-Governance und Architektur-Governance

Nachdem Sie jetzt einen Überblick über die Prozesse haben, die IT-Unternehmensarchitektur ausmachen, ist es nun an der Zeit zu erklären, mit welchen Organisationseinheiten ein IT-Governance-System und die IT-Unternehmensarchitektur Hand in Hand zusammenwirken.

Einbettung in die Organisation des Gesamtunternehmens

Es gibt natürlich deutlich mehr als ein Organisationsmuster für große Unternehmen. Hier alle zu diskutieren und zu zeigen, wie man dort sinnvoll IT-Governance und Architektur-Governance unterbringen könnte, würde zu einer umfangreichen und dazu recht langweiligen Ausarbeitung führen. Daher konzentrieren wir uns hier auf eine weitverbreitete Form von schematisierter Unternehmensorganisation. Abbildung 4–30 zeigt eine relativ typische Organisation für ein größeres Unternehmen mit mehreren Geschäftseinheiten. Die Tatsache, dass die IT-Funktion zentral ist und die Geschäftseinheiten hier keine eigene IT-Funktion haben, deutet auf ein eher synergistisch ausgerichtetes Unternehmen hin.

Abb. 4–30
Exemplarische Darstellung – Einbettung einer zentralen IT in ein Unternehmen mit mehreren Geschäftseinheiten

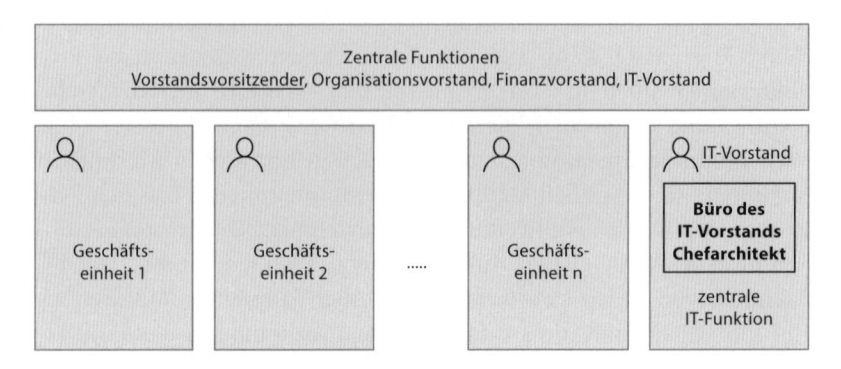

```
┌─────────────────────────────────────────────────────────────┐
│              Zentrale Funktionen                             │
│  Vorstandsvorsitzender, Organisationsvorstand,               │
│              Finanzvorstand, IT-Vorstand                     │
├──────────┬──────────┬─────────┬────────────────────────────┤
│          │          │         │              IT-Vorstand    │
│          │          │         │         ┌──────────────┐   │
│          │          │         │         │ Büro des     │   │
│          │          │         │         │ IT-Vorstands │   │
│ Geschäfts│ Geschäfts│ .....   │ Geschäfts│ Chefarchitekt│   │
│ einheit 1│ einheit 2│         │ einheit n│              │   │
│          │          │         │         │   zentrale   │   │
│          │          │         │         │ IT-Funktion  │   │
└──────────┴──────────┴─────────┴─────────┴──────────────┘
```

Position des IT-Gesamtverantwortlichen

Ob man das Büro des IT-Vorstands innerhalb der IT-Funktion oder bei den zentralen Funktionen ansiedeln möchte, ist im Wesentlichen eine Frage, wie viel Status man dem Büro des IT-Vorstands oder Betriebsvorstands (COO) geben möchte. Der Querbalken mit den zentralen Funktionen ist nicht an eine bestimmte Rechtsform gebunden. Es könnte sich um eine Holding handeln oder um eine sonstige Konzernmutter oder aber auch schlicht um den Zentralbereich eines größeren Unternehmens. Ebenfalls unerheblich ist, ob die Verantwortlichen für die Geschäftseinheit selbst wieder Vorstände sind oder Geschäftsführer oder leitende Angestellte, wenn das ganze Organigramm in einer einzigen juristischen Einheit untergebracht ist.

Gremien

In Unternehmen dieser Art wird man meist zwei Arten von Gremien finden, die sich mit der Steuerung der IT befassen:

1. **IT-Komitees**
   Dabei handelt es sich um Gremien, denen z. B. der Vorstandsvorsitzende oder IT-Vorstand vorsitzt. Diese Gremien verantworten den fachlichen und monetären Teil der Steuerung. Typischerweise findet man dort Vertreter aus den zentralen Funktionen und Vertreter der Geschäftseinheiten. Das muss nicht der Gesamtverantwortliche der Geschäftseinheit sein. Es kann auch ein sonstiger Delegierter sein, z. B. ein Organisationsverantwortlicher der Geschäftseinheit.

2. **IT-Architekturboards**
   Diese verantworten die technische Steuerung der IT eines Unternehmens. Sie sind häufig mit Vertretern aus Linien- und Projekteinheiten einer IT-Funktion besetzt. Oft sind dort auch noch Repräsentanten aus den Geschäftseinheiten vertreten. Der Vorsitzende kann entweder der IT-Vorstand selbst oder der Chefarchitekt sein. Ein Architekturboard (oder mehrere in der Unternehmensorganisation verteilte Architekturboards für bestimmte Teilbereiche) ist ein Schlüsselelement für eine erfolgreiche IT-Governance und auch Architektur-Governance. Architekturboards überwachen mit, dass die IT-Strategie in Bezug auf die beschlossenen Zielstrukturen auch umgesetzt wird.

Abbildung 4–31 zeigt eine typische Berichtsstruktur. Wenn man sich noch einmal die drei großen Regelkreise aus (Abb. 4–27, S. 120) ins Gedächtnis ruft, dann wird sich ein IT-Komitee mit seinen meist hierarchisch hochrangigen Vertretern aus den Geschäftseinheiten vor allem mit Strategiefragen und Fragen der Unternehmensprojektportfolio-Steuerung beschäftigen. Ein Architekturboard befasst sich dagegen schwerpunktmäßig mit Fragen der technischen Ausrichtung und technischen Strategie.

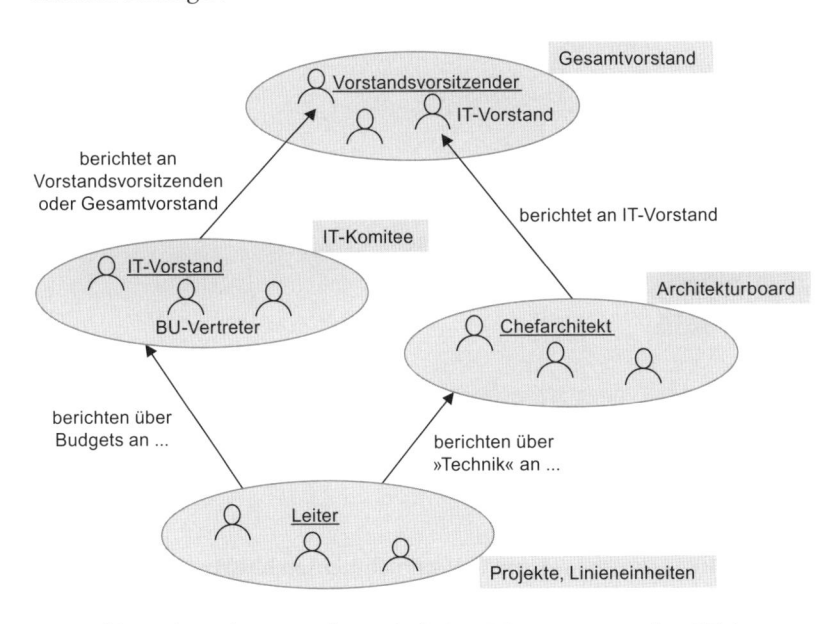

Abb. 4–31
Typische Berichtswege für IT-Komitee und IT-Architekturboard

Abgrenzung Komitee versus Architekturboard

Eine Überschneidung ergibt sich beim Management des IT-Anwendungsportfolios und bei den Vorgaben für die Facharchitektur. Im IT-Komitee werden schwerpunktmäßig fachliche Anforderungen und Budgets diskutiert. Das Architekturboard könnte notwendige Maßnahmen zur Portfoliopflege (Konsolidierungen, technische Weiterentwicklungen) einbringen.

Hanschke [Hanschke13] und TOGAF [TOGAF9.1] verwenden hier noch teilweise andere Granularitäten und Bezeichnungen. Bei Hanschke wird noch ein Projektportfolioboard erwähnt. Dieses ist Bestandteil des in Abbildung 4–27 gezeigten Regelkreises »Unternehmensprojektportfolio-Management«. Außerdem gibt es bei Hanschke noch ein separates »Blueprint Board« ([Hanschke13], S. 533), das bei den meisten anderen Quellen einfach im Architekturboard integriert wäre. TOGAF beschreibt nicht einmal ein IT-Board, sondern nur das Architekturboard.

Typische Entscheidungs- und Vorschlagsrechte

Wenn man sich ansieht, wie Vorschlags- und Entscheidungsrechte in einer solchen Organisation typisch verteilt sind, dann findet man in Tabelle 4–5 wieder die oben schon erwähnte Unterteilung in eher technische und eher betriebswirtschaftliche Fragestellungen.

Tab. 4–5
Typische Verteilung von Vorschlags- und Entscheidungsrechten in einem großen IT-Anwenderunternehmen

	Strategie		Technik				Geschäftsunterstützung			
	IT-Prinzipien		IT-Architektur		IT-Infrastrukturstrategie		Fachliche Anforderungen		Budgets	
	Input	Entscheidung	Input	Entscheidung	Input	Entscheidung	Input	Entscheidung	Input	Entscheidung
IT-Komitee		X						X		X
Architekturboard	X			X	X			X		
Linieneinheiten			X		X		X		X	

Ein IT-Komitee (oder Steuerungskreis Informatik) wird typischerweise die Fragen entscheiden, die mit der Priorisierung fachlicher Projekte und dem Budget zu tun haben. Das Architekturboard kümmert sich um die Technik.

Mehr zu Architekturboard und IT-Unternehmensarchitekturgruppe

Für die Aufgabenverteilung bezüglich wesentlicher Prozesse der IT-Unternehmensarchitektur kann man eine ähnliche Matrix zeichnen, die in Tabelle 4–6 dargestellt ist.

4.11 Architektur-Governance

	IT-Strategie		Anwendungs-portfolio-management		Richtlinien		Projekt-begleitung	
	Input	Entscheidung	Durchführung	Entscheidung	Input	Entscheidung	Input	Entscheidung
IT-Komitee		×		×				×
Architekturboard	×			×		×		×
Architekturgruppe	×		×		×		×	×

Tab. 4–6
Typische Aufgabenverteilung für die Prozesse der IT-Unternehmensarchitektur

Die Entscheidungs- und Vorschlagsrechte sind meist wie folgt verteilt:

- Über die IT-Strategie entscheidet nicht etwa ein Architekturboard und auch nicht die Architekturgruppe selbst – beide arbeiten nur zu. Fragen der IT-Strategie werden von einem IT-Komitee entschieden.
- Das Anwendungsportfoliomanagement ist typischerweise Linienaufgabe einer IT-Unternehmensarchitekturgruppe. Da die Ergebnisse aber wesentliche und wichtige Pläne des Unternehmens sind, werden solche Pläne den Managementboards zur Entscheidung vorgelegt werden. Dabei wird das IT-Komitee neben dem Bebauungsplan immer auch die Kosten- und Zeitplanung sehen wollen, mit der die Planer an ihr Ziel gelangen wollen.
- Richtlinien sind oft technischer Art zur Begrenzung von Komplexität und zur Durchsetzung solider Entwürfe. Folglich ist für das Absegnen solcher Richtlinien ein Architekturboard zuständig. Die meisten dieser Richtlinien könnte auch eine IT-Unternehmensarchitekturgruppe »locker« selbst verantworten, aber gemeinsame Entscheidungen und Partizipation haben auch etwas mit leichterer Durchsetzbarkeit zu tun. Wenn der Vorgesetzte eines Projektleiters einer Richtlinie im Architekturboard zugestimmt hat, wird er schwierig argumentieren können, warum diese Richtlinie ausgerechnet sein Mitarbeiter nicht einhalten möchte.

  Zu Richtlinien gehört auch ein Ausnahmeverfahren. Bei wichtigen Ausnahmen wird wieder z. B. das Architekturboard mit einbezogen. Auch hier wieder eher, um die politische Akzeptanz der Entscheidungen zu sichern.
- Die Entscheidungsrechte in der Projektbegleitung muten etwas merkwürdig an. Die drei Kreuze heißen aber nicht, dass alle immer alles gemeinsam entscheiden sollen, sondern sie bedeuten, dass es hier eine Eskalationsleiter geben kann und muss. Kleine Vorgänge kann und wird eine Architekturgruppe selbst entscheiden und ent-

sprechende Korrekturen einleiten. Vorgänge mit größerer Reichweite oder Bedeutung werden eher dem Architekturboard oder dem IT-Komitee vorgelegt. Dies geschieht weniger, weil man glaubt, dass deren Entscheidung stark von der Entscheidung der Architekturgruppe abweichen würde, sondern eher, um Entscheidungen, die in größere Projekte eingreifen, wieder das notwendige politische Gewicht zu geben, damit sie auch umgesetzt werden.

- »Monitoring des Projektportfolios« ist eine reine Linienaufgabe der Architekturgruppe. Mit diesen Aufgaben kommen die beiden Managementboards nicht in Berührung.

Wie man also sieht, gibt es diverse Prozesse, bei denen die IT-Unternehmensarchitekturgruppe Entscheidungen für Managementgremien vorbereitet.

Beispielhafte Aufgaben eines Architekturboards

Aufgaben eines Architekturboards

TOGAF 9.1 ([TOGAF9.1], Kap. 47) enthält eine relativ umfangreiche Beschreibung der Aufgaben und Organisation eines Architekturboards. Als Verantwortlichkeiten für ein solches Board werden dort u. a. genannt:

- Verantwortung für die Konsistenz von Teilarchitekturen
- Verantwortung für die Identifikation wiederverwendbarer Komponenten
- Verantwortung dafür, dass die Unternehmensarchitektur eine ausreichende Flexibilität aufweist (siehe dazu auch Managed Evolution):
  - sodass neue Geschäftsanforderungen zügig eingebaut werden können
  - und neue Technologien zum Nutzen des Unternehmens passend eingesetzt werden können.
- Verantwortung dafür, dass die Architekturregeln und Grundsätze flächendeckend eingehalten werden
- Verantwortung dafür, dass der Reifegrad des Architekturmanagements sich ständig verbessert
- Verantwortung dafür, dass Architektur in den Projekten einen ausreichenden Raum einnimmt
- Eskalationsinstanz für erforderliche Regelabweichungen

Man kann die meisten dieser Verantwortlichkeiten auch direkt einer Architekturgruppe zuweisen. Oft ist es jedoch besser, verantwortliche Manager in einem Architekturboard mit einzubeziehen und dem Board eine wesentliche Mitverantwortung zuzuweisen – wenn der Vorgesetzte in einem Architekturboard eingebunden ist, ist es für ihn und die

Mitarbeiter deutlich schwieriger, Regeln einfach zu ignorieren. Von daher ist ein Architekturboard auch ein gutes Mittel, um flächendeckende Akzeptanz von Architekturen und Architekturentscheidungen zu erreichen.

4.11.2 Entwicklung und Durchsetzung von Richtlinien

Die Ziele und Pläne aus der IT-Strategie und der strategischen Anwendungsplanung müssen auch kommuniziert und durchgesetzt werden. Außerdem müssen einmal verabschiedete Architektur-Blueprints in Form von Richtlinien kommunizierbar sein und ebenfalls umgesetzt werden. Dazu dient das Managementprozessmuster »Entwicklung und Durchsetzung von Richtlinien«. Wer hier eine detaillierte Anleitung dazu erwartet, wie man Richtlinien schreibt, muss enttäuscht werden. Unternehmensrichtlinien aus dem Architekturbereich können so unterschiedliche Felder abdecken, dass es ziemlich schwer bis unmöglich wäre, dazu eine Metarichtlinie zu schreiben.

Umgang mit Architekturrichtlinien

```
Regelungs-     Richtlinie    Richtlinie    Richtlinie       Richtlinie
bedarf    →    entwerfen  →  abstimmen  →  kommunizieren →  durchsetzen
erkennen
                        Richtlinien aktualisieren
```

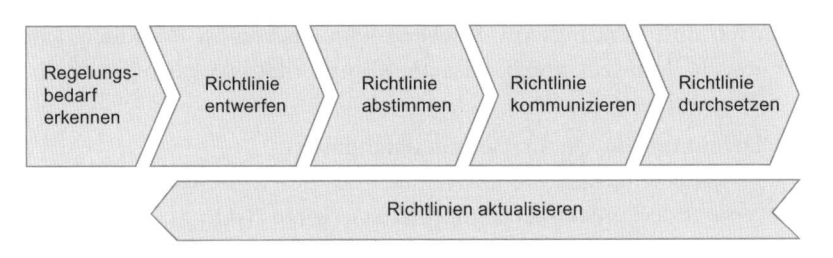

Abb. 4–32
Schritte bei der Entwicklung und Durchsetzung von Richtlinien

Es geht hier vielmehr darum, Ihnen ein paar pragmatische Tipps zu geben, die es Ihnen erleichtern, dass Ihre Regelungen als sinnvoll akzeptiert werden und damit leichter durchsetzbar sind. Der in Abbildung 4–32 dargestellte Arbeitsablauf ist in einzelne Schritte aufgeteilt, weniger damit Sie ihn minutiös einhalten, sondern mehr, damit diese Beschreibung einen roten Faden hat. Die Arbeitsschritte aus Abbildung 4–32 werden im Folgenden einzeln erläutert.

Regelungsbedarf erkennen

Die beste Richtlinie ist immer noch gar keine Richtlinie. Am besten ist es, wenn Ihre Kollegen die Ziele, die Sie sonst mittels einer Architekturrichtlinie kommunizieren müssen, schon so gut verinnerlicht haben, dass es gar nicht notwendig ist, darüber etwas Schriftliches in die Welt zu setzen. Denn jede Richtlinie muss erstellt, abgestimmt, kommuniziert und später auch permanent aktualisiert werden. Jede Richtlinie bedeutet also Kosten, die man dann vermeidet, wenn sich alle Mitspieler wie gewünscht verhalten. Das Erste, was man also bei jeder Richt-

Wofür werden Richtlinien benötigt?

linie bedenken sollte, ist, ob man nicht auch ohne sie leben kann. Richtlinien aus der Feder von IT-Unternehmensarchitekten dienen oft folgenden Zwecken. Die Aufzählung erhebt keinen Anspruch auf Vollständigkeit:

- **Vermeidung von Komplexitätszuwachs (vulgo Anarchie)**
  Oft werden Sie die Menge erlaubter Produkte einschränken, um zu verhindern, dass Ihre Kollegen durch die Implementierung lokal optimaler Lösungen die Gesamtkomplexität der Infrastruktur- und Softwarelandschaft so steigern, dass eine insgesamt nur noch teuer zu beherrschende Gesamtlandschaft entsteht. Sie werden also die Verwendung von Plattformen, Programmierumgebungen und Softwarefamilien einschränken und das u. U. in einer Richtlinie festlegen.

- **Gezielte Eindämmung von Komplexität**
  Wenn die Komplexität schon einmal Einzug gehalten hat, können Sie auch versuchen, zu große Mengen von bereits existierenden Komponenten nachträglich wieder zu konsolidieren und zu reduzieren. Abschnitt 14.2.1 enthält Hinweise, wie man dabei pragmatisch und wirkungsvoll vorgehen kann. Besser ist es jedoch, mit Regeln dafür zu sorgen, dass die Komplexität erst gar nicht explosiv anwächst.

- **Definition von Qualitätsmindeststandards**
  Es kann sein, dass Sie im Rahmen des Softwareentwicklungsprozesses oder anderer Leistungsprozesse Ihrer IT-Organisation Mindeststandards für Qualität festlegen wollen. Dies geschieht ebenfalls oft über schriftliche Richtlinien. Besonders gebräuchlich sind solche Mindeststandards heute im Bereich der IT-Sicherheit. Hier gibt es oft klare Kataloge, welche Sicherheitsmaßnahmen eine Anwendung mindestens implementiert haben muss, um überhaupt für den Betrieb zugelassen zu werden.

- **Erläuterung von Vorgehensweisen und Prozessen**
  Oft werden Sie darauf angewiesen sein, dass Ihre Kollegen einmal definierte Prozesse nicht immer wieder infrage stellen. Wenn Sie z. B. die Prozesse, nach denen Sie selbst mit den Kollegen zusammenarbeiten, einmal aufschreiben und abstimmen, haben Sie später weniger Kommunikationsaufwand dabei, die Hausordnung zu kommunizieren und durchzusetzen, und Sie haben es leichter in Fällen, in denen die Hausordnung missachtet wird.

Die obigen vier Anwendungszwecke sind wirklich nur Beispiele. Mit der Größe einer Organisation steigt meist auch der Bedarf an schriftlicher Kommunikation, und außerdem gibt es Kulturunterschiede zwischen Organisationen: In den einen werden vernünftige Regelungen nur dann befolgt, wenn sie schriftlich dokumentiert sind. In anderen mag es einen hohen Grad an professioneller Zusammenarbeit und gemeinsamer Qualitätskultur geben. Dann ist oft weniger schriftliche Kommunikation erforderlich und die Ergebnisse sind trotzdem besser. Zum Abschluss aber noch einmal die Erinnerung daran: Die besten Richtlinien sind diejenigen, die man gar nicht aufschreiben muss.

Richtlinien entwerfen

Manchmal gibt es auch Fälle, in denen sich Kollegen Richtlinien oder Handlungsanweisungen sogar wünschen. Das kann schnell zu einem zweischneidigen Schwert werden. Dann nämlich, wenn Ihre Kollegen damit bewusst oder unbewusst versuchen, Verantwortung an Sie zurückzudelegieren.

- **Lassen Sie Ihre Kollegen nicht aus ihrer Verantwortung** *Rückdelegation vermeiden*
  Viele Aufgabenstellungen in Projekten und damit auch bei der Softwarearchitektur von Projekten haben etwas mit Forschung und Entwicklung zu tun. Forschungs- und Entwicklungsaufgaben haben gemeinsam, dass der Ausgang oft ungewiss und ex ante schlecht abzuschätzen ist. Sie werden öfter auf Kollegen treffen, die sich für solche Aufgaben detaillierte Anweisungen und Kontrolllisten zum Abhaken wünschen, um sich abzusichern. Diesen Kollegen müssen Sie leider Folgendes entgegenhalten:

  > **Das perfekte »Design Manual«, mit dem man aus dem Stand aus Berufsanfängern erfahrene Softwaredesigner machen kann, gibt es nicht.**

  Es gibt keine Richtlinien, die aus einem verängstigten Softwarebürokraten einen guten Softwaredesigner machen. Es gibt Checklisten, Entwurfsmuster und Best Practices und Sie können alles das verfügbar machen. Aber es gibt keine Richtlinien, die das leisten. Sie werden jedoch immer wieder Kollegen begegnen, die das einfordern, um damit ihre eigene Aufgabe, mit der sie u. U. überfordert sind, an Sie zurückzudelegieren. Lassen Sie das nicht mit sich machen.

- **Schreiben Sie kundenorientiert** *Kundenorientierter Stil*
  Wenn Sie Richtlinien schreiben, dann schreiben Sie sie »kundenorientiert«. Dies hat viele Facetten:
  - Wenn sich Ihre Leser damit schnell zurechtfinden, verbrauchen Sie weniger Zeit, und Ihr Unternehmen spart Zeit und Geld.
  - Wenn Ihre Leser die Richtlinien als sinnvoll begreifen, werden sie sie einhalten. Das spart Ihrer Firma wieder Zeit und Geld für

die Vermeidung von Abwehrverhalten gegen die Richtlinien und bei dem Controlling.

Im Anhang finden Sie eine kleine Kontrollliste, was man beim Schreiben von Konzepten und Richtlinien aller Art beachten kann (siehe Anhang A, S. 431). Sie können diese Checkliste z. B. verwenden, um sich damit selbst auf kundenfreundliches Schreiben hin zu überprüfen. Sie finden dort außerdem Literaturhinweise auf Bücher nur zu diesem Thema.

Ergebnisorientierung: WAS nicht WIE

Formulieren Sie Richtlinien ergebnisorientiert
Viele Richtlinien schreiben vor, **WIE** etwas zu passieren hat. Das kann bei manchen Prozessbeschreibungen adäquat sein. Wenn Sie allerdings z. B. Ergebnistypen in einer Richtlinie näher beschreiben wollen oder Qualitätskriterien oder die Inhalte von Prozessen, dann kommen Sie in den meisten Fällen zu kompakteren Richtlinien mit höherer Akzeptanz, wenn Sie Ihren Kollegen lediglich kommunizieren, **WAS** zu tun ist, also wie das Ergebnis aussehen soll und nicht wie es zu erarbeiten ist.

Selbst die ITIL-Dokumente (z. B. [ITIL11]), die ja eigentlich als Prozessbeschreibungen verstanden werden, beschränken sich darauf, zu beschreiben, **WAS** man tun muss, um seine IT-Infrastruktur zu betreiben. Sie sagen nicht, wie man das tun soll.

Metriken

Denken Sie beim Entwurf von Richtlinien an die Kontrolle
Mit Ihren Richtlinien wollen Sie bestimmte Ziele für Ihr Unternehmen verfolgen. Sie können dann beim Entwurf der Richtlinien auch über das Kontroll- und Feedbacksystem nachdenken. z. B. darüber, mit welcher Art von Kennzahl oder Metrik Sie messen können, ob Sie das Ziel für das Unternehmen durch Einsatz der Richtlinien erreichen oder nicht. Kontrollen sind immer ein Abwägen zwischen Aufwand für die Kontrollen und Nutzen der Information, die man durch Messpunkte erhält. Von daher tun Sie Ihrem Unternehmen einen Gefallen, wenn Sie einfach zu ermittelnde Metriken definieren, die man möglichst automatisiert per Knopfdruck erhält, ohne wesentlichen Aufwand zu betreiben.

Richtlinien abstimmen

Abstimmung mit Stakeholdern

Eine Richtlinie ist nur dann wirkungsvoll, wenn sie auch durchsetzbar ist. Sie ist dann gut, wenn sie auch akzeptiert wird, wenn Sie nicht die formale Autorität haben, um sie durchzusetzen. Wenn Ihre Kollegen eine Richtlinie als sinnvoll erkennen und darum freiwillig umsetzen, werden Sie mehr erreichen als mit Zwang. Wenn es Ihnen gelingt, vorher einen breiten Konsens darüber herzustellen, dass die Richtlinie inhaltlich sinnvoll und für das Unternehmen nutzbringend ist, werden sich die meisten Kollegen daran halten. Breite Akzeptanz erreichen Sie u.a. durch die folgenden drei Schritte:

- **Richtlinien im Vorfeld abstimmen**
  Sie werden die Richtlinien sinnvollerweise schon bei der Erstellung mit betroffenen Schlüsselpersonen in der Hierarchie Ihres Unternehmens besprechen und abstimmen.
- **Richtlinien reviewen lassen**
  Sie werden Richtlinienkandidaten von einem ähnlichen Personenkreis reviewen lassen. Zweck dieser Übung ist es, weiteren inhaltlichen Input zu bekommen. Mindestens genauso wichtig ist es aber, dadurch die Unterstützung Ihrer Kollegen für die Inhalte zu bekommen, damit diese Sie später bei der Durchsetzung unterstützen.
- **Richtlinien formell verabschieden**
  Sie werden Ihre Richtlinien in einem formalen Gremium beschließen lassen, und zwar entweder von der Geschäftsleitung oder von einem dazu autorisierten Board, z.B. einem Architekturboard.

Richtlinien kommunizieren und durchsetzen

Ihre Richtlinie ist jetzt also dem Kreis der Reviewer und den Managern bekannt, die ihr zugestimmt haben und mit denen Sie sich im Vorfeld abgestimmt haben. Damit ist sie aber in der Organisation noch nicht bekannt.

Kommunikation von Richtlinien

- **Richtlinien kommunizieren**
  Sie müssen jetzt je nach Inhalt und Zielgruppe noch darüber beschließen, wie Sie die Richtlinien kommunizieren wollen, und ihren Kommunikationsplan umsetzen. Das Spektrum von der Veröffentlichung im Intranet bis zu Schulungen von Kollegen soll hier nicht näher erläutert werden. Wie man Planungen kommuniziert, ist ein eigenes Thema und wird oft genug falsch gemacht.
- **Richtlinien durchsetzen**
  Hören heißt nicht verstehen und verstehen heißt noch lange nicht tun und umsetzen. Wenn Sie erreichen wollen, dass Ihre Richtlinien wirklich umgesetzt werden, müssen Sie prüfen, was davon in der Wirklichkeit angekommen ist. Dazu können Sie den Kontrollmechanismus (z.B. eine Statistik oder Reviews oder andere Mittel – siehe oben) entweder gleich mit in den Richtlinien verankern oder erst nach der Einführung. In jedem Fall ist eine Handlung – hier Ihre Richtlinie – nur schwer einzuschätzen, wenn man sich kein Feedback dazu einholt in Form von Messungen der Wirksamkeit.

Richtlinien aktualisieren

Richtlinien aktuell halten Sie sollten Ihre vorhandene Menge an Richtlinien periodisch immer wieder durchgehen und auf Aktualität prüfen. Ein paar mögliche Gründe, warum das sinnvoll ist, finden Sie hier:

- **Richtlinien können überflüssig werden**
  Wenn z. B. das Produkt wegfällt, zu dem Sie Regelungen getroffen haben, kann man logischerweise auch die Richtlinien aus dem Verkehr ziehen.

- **Richtlinien können inhaltlich veralten**
  In den 1980er-Jahren waren z. B. Richtlinien zur Unternehmensdatenmodellierung stark in den Unternehmen vertreten. Ihnen lag der Gedanke zugrunde, dass ein Unternehmen seine Software auf einer einheitlichen Modellbasis komplett selbst entwickelt. Dieses Denken hat sich gewandelt. Anwenderunternehmen versuchen derzeit, möglichst ihre Fertigungstiefe zu reduzieren und die Aufgaben durch Pakete, meist verschiedener Hersteller, erledigen zu lassen. Die inhaltliche Voraussetzung dafür, dass Richtlinien zur Unternehmensdatenmodellierung gebraucht werden, entfällt damit. Oft ist es aber so, dass Regelungen weiter gültig bleiben, weil sich niemand damit beschäftigt, was der Management-Professor Fredmund Malik als »systematische Müllabfuhr« [Malik95] bezeichnet. Wenn man sie nicht anwendet, läuft man Gefahr, unnötigen und aufwendigen bürokratischen Ballast mit sich herumzuschleppen. Richtlinien gehören also periodisch auf den Prüfstand.

- **Richtlinien können sich als unwirksam herausstellen**
  Wie schon oben erwähnt, ist eine gut designte Richtlinie mit einem Kontroll- und Feedbacksystem hinterlegt. Wenn Sie dadurch feststellen, dass die Richtlinie ihren Zweck nicht erfüllt hat, müssen Sie analysieren, warum das so war. Das kann am Sinn oder Unsinn der Richtlinie selbst liegen, an den Messungen des Kontrollsystems oder auch daran, dass es psychologische oder Managementprobleme bei der Umsetzung gab. Wenn sich eine Richtlinie als unwirksam herausstellt, das Ziel aber noch valide ist, müssen Sie darüber nachdenken, wie man das Ziel erreicht – entweder durch Modifikation der Richtlinie oder andere Maßnahmen.

4.11.3 Monitoring des Projektportfolios

Das Monitoring des Projektportfolios ist eine Aufgabe, die schnell und kurz beschrieben ist, jedoch in der Praxis eine Menge Tagesarbeit verursacht. Eine IT-Funktion mit um die 1000 Mitarbeitern bringt es pro Jahr gut und gerne auf mehr als 500 verschiedene Projekte mit mehr als 50 Personentagen, die eine Abrechnungsnummer haben und alle entweder in einem Projektplanungswerkzeug oder in einer Excel-Liste auftauchen. Meist finden Sie in der Planung nur eine einzeilige Beschreibung des Vorhabens und Ihnen muss nicht immer sofort klar sein, was da eigentlich getan werden soll. Wenn Sie alle diese Projekte und Vorhaben mit der gleichen Energie detailliert untersuchen wollen, haben Sie viel zu tun. Es ist daher sinnvoll, kurz über die Ziele des Monitorings im Projektportfolio nachzudenken, bevor man angibt, wie man diese Aufgabe sinnvoll angehen kann.

Ziel des Monitorings

Die erste Frage, die Sie sich stellen werden, ist also, ob die Tätigkeit, sich als IT-Unternehmensarchitekt alle Projekte anzusehen, nicht vermeidbar ist, und wenn sie denn nicht vermeidbar ist, was das Unternehmen davon hat, wenn Sie oder Ihre Mitarbeiter diese Zeit investieren. Gründe, um sich die Projekte anzusehen, sind:

- **Kontrolle der Strategiekonformität**
  Als IT-Unternehmensarchitekt kennen Sie den aktuellen Stand der IT-Strategie, falls Sie sie nicht sogar selbst ausgearbeitet haben. Daher ist es sinnvoll, sich Projekte daraufhin anzusehen, ob sie der Strategie entgegenlaufen. Wenn Sie den Verdacht haben, dass das der Fall sein könnte, müssen Sie sich das Projekt näher anschauen.

- **Management von Komplexität**
  Die Komplexität niedrig zu halten, liefert so gut wie immer einen positiven Ergebnisbeitrag. Wenn man etwas auch einfacher und billiger tun kann, gibt es nur in wenigen Fällen einen Grund, es lieber komplex und teuer durchzuführen. Sie können sich Projekte also daraufhin ansehen, ob man sie entweder komplett einsparen kann oder ob es für dasselbe Problem auch einfachere und billigere Lösungen gibt. Oft werden Sie das nicht spontan herausfinden. Sie werden in einem solchen Fall das Projekt in die Menge der Projekte aufnehmen, die Sie qualifiziert begleiten.

- **Projektrisiken**
  Projekte können aus vielen Gründen gefährdet sein. Meistens liegen die Gründe im Managementbereich. In seltenen Fällen kann aber auch eine mangelhafte technische Architektur Projektrisiken verursachen. Als IT-Unternehmensarchitekt nehmen Sie auch eine Qualitätssicherungsfunktion für diejenigen Architekten wahr, die die Lösungen in den Projekten erarbeiten (Projektarchitekten oder Lösungsarchitekten genannt). Sie werden also im Projektmonitoring die Kandidaten identifizieren, die Sie sich später bei der Projektbegleitung genauer ansehen wollen, weil Sie sie für besonders kritisch halten.

- **Vermeidung funktionaler Redundanz**
  Eine der naheliegenden Kernaufgaben von IT-Architekten ist es, dafür zu sorgen, dass jede Funktion nur so oft implementiert wird wie unbedingt nötig. Bei betrieblichen Informationssystemen ohne besondere Sicherheitsanforderungen ist das üblicherweise genau ein Mal der Fall[10]. Je früher Sie also unnötige Mehrfachentwicklungen abfangen können, desto besser ist das für Ihr Unternehmen. Sie sollten versuchen, solche Redundanz schon in der Planungsphase beim Projektmonitoring zu verhindern.

- **Vermeidung von Mehrfachaufwänden**
  Es gibt auch Mehrfachaufwände, die sich nicht zwangsweise in der Redundanz von fachlichen Komponenten zeigen. Zum Beispiel, wenn Entwickler ihre eigene, natürlich »viel schönere« Entwicklungs- oder Betriebsumgebung aufbauen wollen – an allen Standards vorbei. Oder wenn Sie feststellen, dass mehrere Projekte ähnliche Basiskomponenten projektieren.

- **Einhaltung von Standards und Richtlinien**
  Des Weiteren können Sie bei Ihrem Screening grob prüfen, ob Richtlinien oder Standards durch einen Projektvorschlag verletzt werden. Bei einem Screening werden Sie allerdings nur wirklich offensichtliche Fälle finden, wie z. B. die geplante Verwendung einer nicht zugelassenen Plattform oder eines Softwareproduktes, das eigentlich auf einer Negativliste steht.

---

10. Sicherheitsrelevante Systeme, z. B. Steuerungssysteme für Passagierflugzeuge, werden teilweise mehrfach mit verschiedenen technischen Umgebungen implementiert und die erzeugten Steuerbefehle werden in einem Voting-Verfahren abgeglichen. In solchen Fällen ist Redundanz sogar durch die Zulassungsbehörden vorgeschrieben.

Durchführung des Monitorings

Wie man ein Monitoring des Projektportfolios durchführt, lässt sich sehr einfach beschreiben:

- **Einbinden in den Planungsprozess**
  Sie müssen dafür sorgen, dass Sie über jedes Projekt eine Nachricht erhalten. Sie müssen sich also so in den Planungsprozess einbinden, dass niemand ein Projekt starten kann, ohne dass Sie darüber im Vorfeld informiert sind. Am besten ist es, ein Kollege des IT-Unternehmensarchitekturteams bekommt alle Projektanträge oder alle neuen Einträge in Projektdatenbanken automatisch auf den Tisch und muss sie explizit abzeichnen und genehmigen. Wenn Ihr Unternehmen also z.B. seine Projekte in einem Werkzeug für Multiprojektmanagement verwaltet, benötigen Sie darauf Zugriff und müssen dafür sorgen, dass ein Sign-off durch die Funktion IT-Unternehmensarchitektur fest im Projektprozess verankert wird.

  Monitoring im Planungsprozess

- **Negativsortierung**
  Zur ersten Sichtung der Vorschläge sind nicht Ihre teuersten Mitarbeiter erforderlich. Oft ist es besser, dort Kollegen einzusetzen, die sich einarbeiten. Auch deshalb, weil sie auf diese Weise mit vielen Themen konfrontiert werden und viel lernen. Diese Kollegen haben dann die Aufgabe, die Fälle herauszufiltern, die zweifelsfrei keine Intervention brauchen. Die Erfahrung zeigt, dass ca. 80 bis 90 Prozent der Fälle Routine sind, also Erweiterungen bestehender Lösungen ohne wesentliche technische Veränderungen, die keine explizite Begutachtung benötigen. Diese Fälle sollten Sie aussortieren.

  Schnelles Finden der relevanten Projekte

- **Nur die interessanten Projekte ansehen**
  Sie sollten sich nur die Fälle ansehen, die aus folgenden Gründen interessant sind:
  - Projekte, die besonders groß sind. Diese sollten Sie sich schon aus Prinzip ansehen, weil es dabei um viel Geld geht.
  - Projekte, die besonders »neu« sind, also sich mit Themen befassen, die nicht tägliche Routine sind, für die es u.U. bisher weder Standards noch Richtlinien gibt und bei denen die Projektarchitekten Neuland betreten müssen.

  Diese beiden Arten von Projekten sind Kandidaten für das Thema »Projektbegleitung«.

4.11.4 Projektbegleitung

Projektbegleitung kümmert sich um die großen und architektonisch neuen Projekte und sorgt in Zusammenarbeit mit dem Team dafür, dass das Projekt architektonisch in die richtige Richtung läuft. Die Ziele sind dabei dieselben wie die schon in Abschnitt 4.11.3 genannten Ziele eines Monitorings des Projektportfolios. Nur handelt es sich hier um die ausführliche Form der Betreuung für die wenigen besonders kritischen Projekte.

Permanente Prozessbegleitung

Man kann sich leicht vorstellen, dass das Thema der architektonischen Ausrichtung bei einem typischen größeren Projekt nicht mit einem einzigen Gespräch zwischen IT-Unternehmensarchitekten und Projektarchitekten erledigt sein wird. Als Beispiel betrachte man ein Projekt mit einem geschätzten Aufwand von 2.000 Personentagen (PT) allein für die Vorstudie und geschätzten 20.000 PT Gesamtaufwand. Wenn ein solches Projekt in 2 oder 3 Jahren erledigt sein soll, heißt das, dass um die 50–70 Projektbeteiligte daran in Vollzeit arbeiten werden. Sie werden also dort ein Kernteam von ca. 2–3 Projektarchitekten antreffen, die sich um die technische Integrität eines solchen Vorhabens kümmern.

Ihre Reviews sollten dabei als willkommene Dienstleistung empfunden werden und keinesfalls als störende Eingriffe einer hoheitlichen Instanz. Was man bei Reviews beachten kann, damit sie als positiv empfunden werden und produktiv sind, wird in Abschnitt 4.11.5 näher beschrieben. Dabei geht es zunächst um den Ablauf und die wichtigsten Zwischenziele bei Ihrer Tätigkeit.

Kontinuierliche Begleitung

Begleitung über die komplette Projektlaufzeit

Wie schon erwähnt, ist es bei einem Vorhaben, das sich über 1–3 Jahre erstreckt, nicht mit einem einzelnen Gespräch getan. Stattdessen sollte es während der Begleitung eines solchen Projektes regelmäßige Gespräche zwischen den strategischen IT-Unternehmensarchitekten und den operativen Projektarchitekten geben.

Um wieder einen roten Faden in den Prozess zu bringen, sind diese Gespräche hier wie in Abbildung 4–33 gezeigt aufgeteilt. Pro Block gibt es einen entsprechenden Abschnitt im folgenden Text.

Abb. 4–33 Phasen der Projektbegleitung

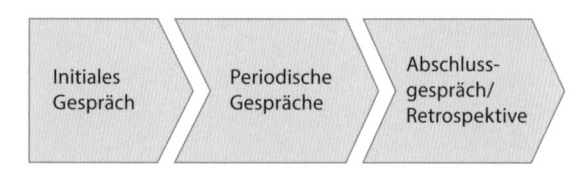

Initiales Gespräch → Periodische Gespräche → Abschlussgespräch/Retrospektive

Initiales Gespräch

Im Erstgespräch kommt es vor allem darauf an, eine solide Vertrauensbasis zwischen den Beteiligten herzustellen, die sich über das Projekt immer wieder austauschen, also zwischen den IT-Unternehmensarchitekten und den Projektarchitekten.

- **Vertrauen aufbauen**
  Es kommt also darauf an, eine vertrauensvolle Zusammenarbeit zu initiieren und ein gemeinsames Verständnis über Sinn und Zweck der Projektbegleitung herzustellen. Das erreicht man am besten dadurch, dass man sich über Ziele und Vorgehen ausführlich austauscht und glaubhaft klarmacht, dass man nicht dafür da ist, das Projekt bei »passender Gelegenheit« bei höheren Vorgesetzten »anzuprangern«, sondern dafür, dass man dem Projekt im Rahmen der eigenen Aufgabe professionell beisteht. Den Begriff »Hilfe« habe ich hier bewusst nicht verwendet, weil das auch einer Entmündigung und Abgabe von Verantwortung gleichkommen kann. Es ist vielmehr wichtig zu kommunizieren, dass der Dialog symmetrisch und auf gleicher Augenhöhe ablaufen wird.

Vertrauensvolle Zusammenarbeit

> **Als Beispiel dafür, wie man Vertrauen *nicht* aufbauen kann, möge folgende Geschichte dienen:**
>
> Ein jüngerer, in politischen Dingen noch etwas unerfahrener Projektreviewer stellte beim Erstgespräch fest, dass die Aufgabe überhaupt nicht ordentlich schriftlich beschrieben sei, forderte dies mehrmals schriftlich an und eskalierte das Problem dann entschieden bei höheren Managementebenen. Damit war die Gesprächsbasis von Anfang an gestört, und der Kollege hatte in der Folge extreme Probleme, seine Aufgabe noch durchzuführen, weil eigentlich keiner mehr mit ihm reden wollte.
>
> Solche Fälle stellen sicher eine Gratwanderung dar. Vor der Eskalation ist allerdings ein gemeinsames Gespräch in 99,9 Prozent aller Fälle besser. Wenn das Gespräch gut läuft, hat man hinterher die Aufgabenbeschreibung *und* eine gute Gesprächsbasis.

- **Aufgabe verstehen**
  Ein weiterer wichtiger Punkt für ein gemeinsames erstes Gespräch ist es, ein gemeinsames Verständnis über die Aufgabe des Projektes herzustellen. Das kann gleich die erste Hilfestellung sein, weil Sie in Unternehmen mehr als ein Projekt finden werden, dessen Ziele nicht wirklich klar sind oder das seinen Weg zwischen politischen Mühlsteinen erst noch finden muss. Wenn Sie hier Probleme für das Projekt sehen, kann das Ihr erster Beitrag zur Klärung sein, weil Sie als

Gemeinsames Verständnis der Aufgabe eines Projekts

IT-Unternehmensarchitekt unter Umständen bessere politische Verbindungen haben als Projektleiter und Projektarchitekten.

Risiken identifizieren

- **Kritische Punkte erkennen und verfolgbar machen**
  Dann sollten Sie zusammen die zu erwartenden kritischen Punkte anhand der Kontrollziele der IT-Unternehmensarchitekten durchgehen. Dazu kommen noch weitere Richtlinien, über die Sie als IT-Unternehmensarchitekt einen guten Überblick haben sollten, weil Sie in den meisten Fällen deren Owner sind.

Schnittstellen abklären

- **Schnittstellen durchgehen**
  Ebenfalls wichtig ist es, mit den Projektbeteiligten die schon beachteten und eventuell auch noch nicht beachteten Schnittstellen zu anderen Vorhaben durchzugehen. Als IT-Unternehmensarchitekt sollten Sie aus dem Projektmonitoring und aus der Bebauungsplanung einen guten Überblick über laufende und geplante Vorhaben besitzen und sollten mit Ihren Kollegen klären, wo es zu Kollisionen und Konflikten kommen könnte.

Ergebnis eines ersten Gesprächs sollte ein Protokoll sein, in dem (falls nicht schon geschehen) die Projektaufgabe klar definiert ist und zu kritischen Punkten eine To-do-Liste zu deren Monitoring und Eindämmung dokumentiert ist.

Periodische Gespräche

Wenn Sie das Protokoll des ersten Gesprächs fortschreiben, haben Sie automatisch eine Basis für weitere Gespräche:

Ergebnisse fortschreiben

- **Fortschreibung der gemeinsamen Arbeitsliste**
  Der Abstand der folgenden Gespräche hängt von der Art der zu verfolgenden Punkte ab. Sie können die obige Standardagenda bei jedem Gespräch wieder durchgehen. Dabei werden auch neue Punkte auftreten, bei denen das Projekt Regelungen benötigt oder Sie Informationen über Nachbarprojekte einbringen können oder neue Projektrisiken in Ihre gemeinsame Liste aufnehmen.

Verbesserungsvorschläge

- **Reviews von Phasenergebnissen**
  Sie können weiter phasenbezogen anfallende Ergebnistypen (z. B. Architekturdokumente) reviewen und Verbesserungsvorschläge machen.

Überprüfung der Projektziele

- **Positionsprüfung**
  Und Sie können bei jedem Gespräch kurz nachhaken, ob Projektziele und Schnittstellen zur Projektumwelt noch aktuell sind, die Managementunterstützung stimmt, die Versorgung mit Ressourcen klappt oder ob andere Faktoren korrekt vorliegen, die das Projekt zum erfolgreichen Arbeiten benötigt.

Retrospektive

Im Sinne organisatorischen Lernens ist es sinnvoll, nach Abschluss eines gemeinsamen Projektes eine sogenannte Retrospektive durchzuführen und dabei folgende Fragen zu stellen:

- Was war gut?
- Was hat uns geholfen?
- Was hat uns bei der Arbeit behindert?
- Was sollte man wieder so machen?
- Was sollte man ändern?
- Wie groß ist der Bedarf an Arbeit, die im Nachgang noch erledigt werden muss, weil sie bei der Erreichung des Termins liegen geblieben ist?

Zu Retrospektiven gibt es ausführliche Werke (z.B. [Kerth03]), die gut begründen, warum man sich die Zeit dafür nehmen sollte.

Nachdem oben der Begriff »Review« immer wieder vorkam, ist es an der Zeit, ein paar Worte darüber zu verlieren, wie man »gute Reviews« machen kann, die von allen Beteiligten als hilfreich empfunden werden.

4.11.5 Über Reviews im Rahmen der Projektbegleitung

Reviews haben auch etwas mit Führung zu tun. Und Führung hat eine Menge mit Vertrauen zu tun.

> Sie finden nur in ganz seltenen Fällen Leute vor, die morgens in die Firma gehen und sich vornehmen, heute einen richtig miesen Job zu machen.
> Quelle: Frei nach Fredmund Malik: Managerial Effectiveness Program, besucht vom Autor 1995

Anders ausgedrückt: Wenn Sie an Reviews mit der inneren Einstellung herangehen, dass Sie »diesen Tölpeln ihre Fehler nachweisen« wollen, verhalten Sie sich unternehmensschädlich. Auf das *Warum* werden wir noch eingehen. Außerdem gibt es das alte Sprichwort:

> **Wie man in den Wald hineinruft, so schallt es hinaus.**

Wenn Sie also mit einer inneren Einstellung an ein Review herangehen, dass Sie sowieso der bessere Spezialist sind und anderen zeigen wollen, wie gut Sie sind und wie schlecht die anderen, dann werden die

Gespräche für das Unternehmen, das alle bezahlt und deshalb von allen einen professionellen Job erwarten kann, nicht optimal ablaufen.

Gegenseitige Wertschätzung

Umgekehrt haben oft Vorgesetzte Erfolg, die ihren Kollegen vertrauen und das auch kommunizieren. Wer dem anderen gegenüber Wertschätzung ausdrückt, erreicht auch, dass der andere (der Kollege, der das Review bekommt) eher bereit ist, konstruktives Feedback anzunehmen und etwas zu ändern. Ein Review hat nämlich in jedem Fall das Arbeitsergebnis eines Ihrer Kollegen zum Gegenstand. Den meisten Menschen fällt es schwer, es nicht als Kritik an der eigenen Person zu werten, wenn das eigene Arbeitsergebnis kritisiert wird. Sie haben sicher schon mal Review-Meetings erlebt, die nur aus »Angriff« und »stundenlanger Verteidigung« bestanden haben. Sie werden hier lesen, wie man das deutlich produktiver gestalten kann.

Ziel von Reviews, Vorgehen bei Reviews

Reviews sollen das Arbeitsergebnis besser machen.

- **Das Ziel eines jeden Reviews ist es zunächst, das vorgelegte Arbeitsergebnis besser zu machen, als es derzeit ist**

Es ist also nicht primär derjenige ein guter Reviewer, der anderen viele »Fehler« nachweist, sondern derjenige, der den Autor dazu bringt, das Projektergebnis, das einem Review unterzogen wird, an vielen Stellen »besser« zu machen, sodass am Ende ein möglichst gutes Arbeitsergebnis steht.

Wertschätzende Kommunikation

- **Treten Sie wertschätzend auf**

Dazu hilft es zunächst einmal, den Autor in jeder Phase des Vorgehens ehrlich wertschätzend zu behandeln.

> **Der Fall des vorgeblichen »Vollidioten«:**
>
> Sie werden sich jetzt vielleicht fragen, wie Sie das damals hätten machen sollen, als Ihnen dieser echte Idiot mit dem absoluten Nullergebnis gegenübersaß. Hätten Sie diesem Trottel gegenüber auch noch Wertschätzung ausdrücken sollen? Wertschätzung? In der Situation? Wie bitte?
>
> Wenn Sie so denken, dann halten Sie sich bitte das obige Zitat von Malik vor Augen und fragen Sie sich, ob der Kollege Ihnen das, was er geliefert hat, bewusst und aus bösem Willen geliefert hat. In meiner Berufspraxis ist mir das noch nicht passiert. Wenn Sie dann für sich festgestellt haben, dass der Kollege nicht böswillig und absichtlich gehandelt hat, dann können Sie sich weiter fragen, wie man gemeinsam dahin kommen kann, das Ergebnis zu verbessern. Mehr dazu erfahren Sie nach ein paar Erläuterungen zu »positivem Formulieren«.

- **Machen Sie es noch besser, als es jetzt schon ist**
  Hilfreich ist es, an ein Ergebnis mit der Einstellung heranzugehen, dass Ihr Arbeitgeber Sie dafür bezahlt, dass das, was den Reviewprozess verlässt, besser werden soll, als das, was in ihn hineingegangen ist.

  Wie kann man es »noch besser« machen?

  Vielleicht haben Sie sich schon einmal über Amerikaner amüsiert, die für jedes Problem noch einen positiven Euphemismus finden. Sie können aber einmal für sich selbst bewerten, welche Aussage eines Reviewers Ihnen mehr hilft:

  1. »Die Aussage X ist falsch« oder:
  2. »Denken Sie mal über die Aussage X nach! Könnte nicht auch Y richtig sein?«

  Positives Formulieren

  In (2) ist (1) implizit enthalten, aber (2) ist wesentlich hilfreicher für Sie, weil Sie unter Umständen vom Reviewer den Vorschlag für die »richtige Lösung« bekommen. Umgekehrt zwingt das den Reviewer, darüber nachzudenken, was er für den Autor tun kann und was eine bessere Lösung wäre.

  Sie können das ganz leicht für sich überprüfen: Nehmen Sie sich ein Dokument von 15 Seiten und schreiben Sie zunächst frei von der Leber weg, was Ihnen daran nicht passt. Meist werden Sie in Ihrer ersten Fassung nur negative Aussagen haben. Formulieren Sie dann alle diese Aussagen bewusst um: Also beginnen Sie jede Aussage damit, dass Sie schreiben »Der Autor kann dieses Papier besser machen, wenn er ....«. Sie erleben dann zwei Dinge:

  Negative Aussagen sind weniger hilfreich als positive.

  1. Dieses Vorgehen ist für Sie als Reviewer leider erheblich mühsamer, als einfach eine Folge negativer Aussagen runterzuschreiben und es »locker rauszulassen«.
  2. Aber der Autor wird mehr davon haben, weil Sie Ihr Wissen in den Prozess einbringen.

Und das ist auch genau das, worauf Ihr Auftraggeber bei einem Review ein gutes Recht hat: Dass sich nämlich jeder Teilnehmer positiv einbringt.

> **Der Fall des vorgeblichen »Vollidioten« (Fortsetzung):**
>
> Sie werden jetzt vielleicht sagen: »Warum soll ich bitte meine Zeit damit verschwenden, die Arbeit von jemand zu machen, der schlicht nicht in den Job gehört?« Diese Frage ist in seltenen Fällen vordergründig nicht unberechtigt. Sie können als Reviewer in eine Situation kommen, in der Sie feststellen, dass der Bearbeiter mit der Aufgabe überfordert war.
>
> →

> Die Frage ist dann aber, was ein guter Vorgesetzter macht, der feststellt, dass jemand mit einer Aufgabe überfordert war. Zunächst fragt er sich wieder, ob der obige Ausspruch von Malik in diesem Fall zutraf, und er wird in den meisten Fällen feststellen, dass kein böser Wille des Kollegen vorlag, sondern eher eine Fehleinschätzung desjenigen, der dem Kollegen die Aufgabe gegeben hatte.
> Sie können nun so lange positive Vorschläge machen, bis der Kollege Ihnen von sich aus sagt, dass er mit der Aufgabe wohl überfordert war. Sie haben dann eher die Bereitschaft des Kollegen, daran mitzuwirken, dass jemand die Aufgabe übernimmt, der sie inhaltlich gut beherrscht. Aber Sie wahren dabei die Integrität des Kollegen besser, als wenn Sie ihn frontal angreifen und ihm Unfähigkeit vorwerfen. Er wird sich dann nur mit allen Waffen verteidigen, über die er verfügt, um Ihnen seinerseits nachzuweisen, dass Sie ein Vollidiot sind.
> Wenn Sie sich an das Ritual der positiven Aussagen halten, bewahren Sie Ihre gemeinsame Gesprächsbasis und das Unternehmen hat eine größere Chance, schneller zu einem ordentlichen Ergebnis zu kommen.

Sie können jetzt immer noch sagen, dass das bei einem Totalausfall zu mühsam und langwierig ist. Wenn Sie aber wollen, dass Ihre gesamte Organisation wirklich besser wird und es das nächste Mal nicht wieder passiert, dass jemand eine Aufgabe bekommt, die er nicht bewältigen kann, dann sollten Sie sich ein paar unbezahlte Überstunden gönnen und sich die Zeit nehmen, das Review ordentlich zu machen.

Noch zwei Tricks

Pattern-Reviews Wer schon einmal eine Pattern-Konferenz[11] besucht hat, weiß, dass die obigen Ratschläge keinesfalls der Autor dieses Buches erfunden hat, sondern dass diese Vorgehensweise von sogenannten Writers' Workshops inspiriert ist. Diese Konferenzen kennen mindestens noch zwei weitere nützliche Rituale, die Reviews produktiver machen können, indem sie das Gefühl, angegriffen zu werden, vermeiden und damit die Aufnahmefähigkeit des Autors für positive Vorschläge erhöhen.

- **Was war gut?**
  Bei Reviews ist man immer darauf konditioniert, gezielt nur das zu suchen, was verbesserungsfähig ist. Man ist normalerweise nicht auf der Suche nach Dingen, die wirklich gut gemacht oder geschrieben sind, obwohl es nicht verboten wäre. Sie können das auch ritu-

---

11. Eine Liste solcher Konferenzen finden Sie unter *http://www.hillside.net/patters*.

alisieren, indem Sie z.B. als Moderator eines Reviews gezielt am Anfang der Sitzung dazu auffordern, dass jeder Reviewer äußert, was ihm an dem Projektergebnis gefallen hat.

- **Sandwich**
  Die Aufmunterung am Anfang hat den Nachteil, dass danach ein Konzert von Verbesserungsvorschlägen einsetzt. Dem Autor bleibt dann als letzter Eindruck, dass alle immer nur gesagt haben, was er noch besser hätte machen sollen. Dagegen wirkt die sogenannte Sandwich-Technik, am Ende der Sitzung noch einmal zu positivem Feedback aufzufordern. Man geht dann mit einem besseren Gefühl aus der Sitzung heraus.

Für Fortgeschrittene: Fly on the Wall und Writers' Workshops

Für »Fortgeschrittene« hat die Pattern-Community noch zwei weitere nützliche Rituale zu bieten:

Die Tricks der Pattern-Community

- **Fly on the Wall**
  Der Moderator eines Reviews kann den Autor dazu veranlassen, eine halbe Stunde nichts zu sagen, sondern nur den Reviewern zuzuhören, die sich über sein Papier unterhalten. Dabei achtet der Moderator strikt darauf, dass jeder Kommentar positiv formuliert ist, dass also *nur* gesagt wird, was der Autor tun kann, um sein Arbeitsergebnis *noch besser* zu machen.

  Der Effekt davon ist, dass zeitraubende Diskussionen unterbleiben, in denen sich der Autor rechtfertigt. Ferner ist es für den Autor eines Papiers oder Konzeptes wertvoll zu erfahren, was andere Leute verstehen, wenn sie sein Papier lesen. Das muss nicht das (und wird auch meist nicht exakt das) sein, was der Autor glaubt, geschrieben zu haben.

  Speziell dieses »Ritual« erweist sich als produktiv, wenn man es einmal für sich entdeckt hat.

- **Writers' Workshops**
  Die Pattern-Community hat Reviews zu einer Art ritualisierten Form entwickelt, den Writers' Workshops. Mehr zu Writers' Workshops erfahren Sie z.B. in den Büchern [Quibeldey-Cirkel99] und [Rising00] oder Sie besuchen einmal eine sogenannte PLoP-Konferenz und überzeugen sich vor Ort von der Produktivität solcher Reviewformen.

Keine Rückdelegation zulassen

Vermeiden von Rückdelegation

Eine beliebte Verhaltensweise im Falle nicht optimaler Lieferungen besteht darin, dass die Autoren z. B. bei den IT-Unternehmensarchitekten das Argument anbringen, sie hätten ja gar nicht liefern können, weil es keine entsprechende Richtlinie gäbe, die beschreibt, wie genau diese Aufgabe zu lösen sei. Wie schon in Abschnitt 4.11.2 beschrieben, handelt es sich bei solchem Verhalten oft schlicht um den Versuch, durch Rückdelegation Arbeit und/oder schwierigen Themen aus dem Weg zu gehen. Sie werden solchen Verhaltensweisen vor allem bei unsicheren Kollegen mit hohem Rückversicherungsbedürfnis begegnen und sollten solches Verhalten nicht akzeptieren, sondern z. B. durch Anwendung von Coaching-Fragen den Kollegen demonstrieren, dass sie in der Lage sind, die Themen selbst anzugehen und zu lösen.

4.12 SOA-Governance

Ohne jetzt schon den Begriff SOA-Governance genau zu definieren, gibt es eine recht prägnante und kurze Beschreibung dafür:

> SOA-Governance heißt Bedingungen schaffen, unter denen die SOA im Unternehmen wachsen kann.

Dies muss natürlich zum Nutzen des Unternehmens geschehen, denn IT-Governance beschäftigt sich damit, die IT so zu steuern, dass sie Nutzen für das Unternehmen schafft, indem sie in das Zielsystem des Unternehmens eingebettet ist. Gute IT-Governance betrachtet IT nicht als Selbstzweck.

Ziele von SOA-Governance

Das Ziel dieses Abschnitts ist es, zu zeigen, wie Sie eine »gute« SOA-Governance aufbauen können. Wenn Architektur-Governance als die Durchsetzung der im Unternehmen als verbindlich festgelegten Architekturen gesehen wird und wenn eine SOA einfach eine von mehreren im Unternehmen vorhandenen Technologien ist, dann ist SOA-Governance nichts anderes als Architektur-Governance, jedoch spezialisiert auf das Thema SOA. Wenn auch mit deutlich weitreichenderen Folgen als für die meisten anderen technischen Architekturmuster und Konstruktionsprinzipien – diese wurden in Abschnitt 4.8 bereits diskutiert. Analog zur Architektur-Governance kommt es darauf an, einheitliche Plattformen durchzusetzen. Sie müssen verhindern, dass technologische und prozessuale Inseln entstehen, und Sie müssen ein Portfolio von Services verwalten, so wie man sonst ein Portfolio von Technologien, Projekten oder Anwendungen managen würde.

4.12.1 Schichten

SOA-Governance kann man, wie in Tabelle 4–7 dargestellt, in mehrere Schichten aufteilen:

- **Die strategische Schicht** sorgt dafür, dass die IT in die großen Themen des Unternehmens eingebunden ist, die Herausforderungen kennt und sie zusammen mit der Geschäftsseite angeht. Die IT kann dann dafür sorgen, dass der SOA-Anteil davon umgesetzt wird. Für die strategische Schicht ist eine enge Zusammenarbeit mit dem Topmanagement erforderlich.

Ebene der SOA-Governance	Beispiele für Vorhaben	Typisch initiiert durch
Strategische Schicht, Makro-Governance	Business Process Outsourcing, Zerlegen von Wertketten, Sourcing	Topmanagement: COO, CIO, CxO
Operationale Schicht	Optimierung einzelner Geschäftsprozesse	Business-Bereichsleiter, Mittleres Management
Technische Schicht, Mikro-Governance	Optimierung der IT, Verwaltung von Services und Assets	IT-Management

Tab. 4–7
Klassifikation von SOA-Initiativen

- **Die operationale Schicht** bündelt die Aktivitäten, bei denen es darum geht, Geschäftsprozesse und Abläufe zu optimieren, nicht jedoch das komplette Unternehmen grundlegend umzubauen. Optimierungen auf der operationalen Schicht erfolgen in Zusammenarbeit zwischen Bereichsleitern der Geschäftsseite und der IT. Die dort zu bearbeitenden Fragen werden in Abschnitt 4.12.2 noch vertieft.
- **Die technische Schicht** leistet das, was viele Toolhersteller unter SOA-Governance verstehen, sorgt also für die technische Integrität. Leitbegriffe sind hier: Repository, Deployment, Betrieb oder Versionierung von Services.

Die strategische Schicht der SOA-Governance unterscheidet sich daher nicht von anderen Architektur-Governance-Themen. Einige Autoren reduzieren SOA-Governance fast nur auf die technische und auf Anteile der operationalen Schicht. Man findet z.B. die folgende Definition:

> **Definition: SOA-Governance**
> Process of enforcing organizational policies and standards and tracking the life cycle of each service within an SOA deployment.
> Quelle: *http://www.bitpipe.com/tlist/SOA-Governance.html* (aufgerufen am 17.02.2011)

Diese eher technische Form der SOA-Governance hat keinen wesentlichen Einfluss darauf, ob für SOA Budgets vorhanden sind und ob sich die SOA-Installation im Unternehmen weiter ausbreiten kann, weil die SOA im Einklang mit dem Geschäftsnutzen steht. Selbst die operationale Schicht führt noch nicht dazu, dass eine flächendeckende SOA entsteht. Die Definition von SOA-Governance auf der Webseite derselben Organisation fünf Jahre später deckt schon deutlich mehr ab:

> **Definition: SOA-Governance**
>
> **Also called**: Service-Oriented Architecture Governance, Service Oriented Architecture Governance
>
> **Definition**: SOA governance refers to the processes used to oversee and control the adoption and implementation of service-oriented architecture (SOA) in accordance with recognized practices, principles and government regulations. SOA governance provides optimum service quality, consistency, predictability and performance, ensures that personnel follow prescribed policies and corrects system problems or policy infractions as they occur.
>
> SOA governance consists of three major components: a registry, a policy and a testing procedure: SOA registry is an evolving catalog of information about the available services in the SOA implementation. The registry allows businesses to efficiently discover and communicate with each other. SOA policy is a set of behavioral restrictions intended to ensure that services remain consistent and do not conflict with each other. These constraints also ensure that good engineering practices, common-sense customer relations principles and government laws are followed.
>
> Quelle: http://www.bitpipe.com/tlist/SOA-Governance.html (aufgerufen am 08.07.2016)

Die Definition befindet sich aber immer noch auf der operationalen Ebene und noch nicht auf einer strategischen Ebene, wo beispielsweise über Budgets entschieden wird oder über Business Process Outsourcing.

Mit Blick auf diesen Zusammenhang ist es interessant, dass die meiste SOA-Literatur nur die technische Schicht betrachtet oder, wenn sie von Geschäftsnutzen redet, meist nur bis zur operationalen Schicht kommt. Die strategische Schicht wird selten intensiv behandelt, obwohl rein aus Gründen der Budgetdimensionen nur hier der Schlüssel zu einer wirklich umfänglichen SOA liegen kann. Das gilt auch und besonders für neuere Literatur, wie z. B. [Dirksen13]. In den Jahren 2006–2008 sind vergleichsweise mehr Bücher über SOA-Governance erschienen. Seitdem ist SOA als Thema nicht mehr so präsent wie damals auf dem Gipfel des SOA-Hypes. Was aber nicht heißt, dass alle Unternehmen, die davon profitieren könnten, SOA heute, in 2016, schon implementiert und richtig verstanden haben.

4.12.2 Operationale und technische SOA-Governance

Trotzdem sollen die eher operationalen und technischen Aspekte hier nicht komplett ausgeblendet werden. Wenn man die strategischen Fragen geklärt hat, ist es vergleichsweise einfacher, auf der operationalen und der technischen Schicht Governance-Mechanismen zu installieren, die dafür sorgen, dass SOA in einem Unternehmen zu dessen Nutzen wachsen kann. Diverse Autoren [Holley+06], [Malinverno06a], [Malinverno06b], [Mitra05] und [Windley06], listen dabei exemplarisch die folgenden Entscheidungsfelder auf, zu denen Regelungen zu treffen sind:

- Welche Organisationseinheit managt die SOA?
  Ähnlich wie für ein Projektportfolio wird eine zentrale Einheit benötigt, die alle Anträge für neue Services im Blick hat und diese priorisieren und managen kann. Dazu gehört auch, dass der Einsatz der SOA im laufenden Betrieb durch Monitoring von Service Level Agreements überwacht wird.
- Was soll als Service implementiert werden?
  Um entscheiden zu können, welche Services man implementieren möchte, wird man zunächst prüfen, ob Services schon vorhanden sind. Dafür hat man ein Repository von Services und Listen von Servicekandidaten. Die Kandidaten können zunächst auf Sinnhaftigkeit überprüft werden. Dabei wird auch ermittelt, ob ein Service das Potenzial für Wiederverwendung haben kann und ob er z.B. von mehreren Organisationseinheiten gemeinsam oder von einer exklusiv genutzt wird.
- Welche Services werden als erste implementiert?
  Analog zu Projekten in Projektportfolios muss auch die Implementierung von Services priorisiert werden.
- Wer finanziert den Service?
  Und ebenfalls analog zu Projekten muss für jeden Service klar sein, wie seine Implementierung und spätere Wartung finanziert wird.
- Wer wird Eigentümer des Service?
  Für die Wartung und Weiterentwicklung müssen Verantwortlichkeiten je Service festgelegt werden. Die Betriebsverantwortung muss geklärt sein.
- Welche nicht funktionalen Anforderungen muss ein Service erfüllen?
  Für Services müssen Vereinbarungen über die Einhaltung von nicht funktionalen Eigenschaften wie Verfügbarkeit und Performance getroffen werden.

Es ist leicht zu erkennen, dass man hier statt des Begriffs »Service« auch den Begriff »Projekt« oder »Softwaresystem« setzen könnte. Man erhält dann die Fragen, die man für Projekt-Governance oder das Management des Anwendungsportfolios analog stellen würde. Die Services einer SOA sind Betriebsmittel wie viele andere, die einer analogen Verwaltung (Governance) unterliegen. Wenn man zu all den obigen Fragen Verfahren zur Klärung gefunden hat, kann man sich dazu noch Werkzeuge beschaffen, die einen bei der Abarbeitung der Fragen unterstützen. Wie so oft sollten aber die Werkzeuge (als Ausprägung des WIE) nach den Entscheidungen über Geschäftsstrategien, operationales Vorgehen und Budgets kommen (als Ausprägung des WAS).

4.12.3 Business-Motivation für SOA

SOA im Business verankern

Um SOA wirklich im Unternehmen zu verankern, sind die obigen taktischen Fragen zwar wichtig im Sinne von »gutem Handwerkszeug« – wirklich bedeutend ist es jedoch, die SOA im Business zu verankern und dauerhaft mit den dafür benötigten Mitteln zu versorgen. Dafür ist es notwendig, SOA nicht aus einer rein technischen Motivation und aus der IT zu treiben. Vielmehr sollte SOA vom Geschäft als unbedingt notwendig für die Erreichung der eigenen Ziele wahrgenommen werden.

Bausteine für innovative Geschäftsmodelle

In ihrem Buch über Geschäftsmodelle 2010 [Kagermann+06] beschreiben Kagermann und Österle u.a. folgende Bausteine für innovative Geschäftsmodelle, durch deren Anwendung Unternehmen an Wettbewerbsfähigkeit und Ertragskraft gewinnen können: Integration von Wertketten, Kundenselbstbedienung, Senkung von Transaktionskosten, Verknüpfung von Unternehmen zu sogenannten EcoSystems, Dunkelverarbeitung und weitgehend automatisierte Geschäftsprozesse für Standardfälle, Outsourcing von Teilprozessen (BPO), Nutzung von Internet-Handelsplattformen, ebay-artige Geschäftsmodelle sowie Komplexitätsreduktion in der IT-Landschaft.

Die Liste ist bewusst weder vollständig noch sortiert. Teile davon wurden auch schon in Abschnitt 3.2.1 zur Verbesserung der Ertragskraft des Business diskutiert. Sie können sich nun fragen, was alle diese Teile von Geschäftsmodellen miteinander zu tun haben. Zunächst einmal kommt das Wort SOA darin nicht vor. Und dann sind alle mithilfe einer SOA deutlich leichter implementierbar. Die Frage, wie Sie eine SOA umsetzen können, führt also automatisch zu der Frage, wie Sie die IT-Funktion wirksam an den Geschäftserfordernissen ausrichten können. Wenn daraus resultiert, dass SOA als das geeignete Umsetzungsmittel erkannt wird, führt es automatisch auch zur Notwendigkeit und zum Entstehen einer SOA-Governance. Aber eben nicht umgekehrt.

Die hier vertretene These lautet also: Mit technischer SOA-Governance werden Sie alleine nicht dafür sorgen, dass Ihre SOA im Unternehmen wächst. Wenn Sie es allerdings über Ziele des Business erreichen, dass solche Business-Initiativen gestartet werden, die »zufällig« eine SOA brauchen, um Erfolg zu haben, stehen Ihre Chancen deutlich besser, eine flächendeckende SOA zu implementieren. Das heißt: Wirklich entscheidend ist die oberste Schicht des Modells aus Tabelle 4–7.

Business-Initiativen für SOA

4.13 Management von Fusionen

Ein wesentlicher Fall, für den eine Anwendungsportfolioplanung von zentraler Bedeutung ist, wurde hier noch nicht diskutiert. Bisher sind wir implizit davon ausgegangen, dass Sie das Portfolio einer einzigen Firma quasi »in Ruhe« weiterentwickeln können. Wenn Ihr Unternehmen allerdings ein anderes kauft bzw. von einem anderen Unternehmen gekauft wird, das ähnliche Geschäfte betreibt, dann haben Sie es von einem Tag auf den anderen mit zwei Anwendungsportfolios zu tun, die in den meisten Fällen hochgradig funktional redundant sein werden. Sie müssen sich dann mit mindestens zwei Rechenzentren, mindestens zwei WANs, zwei PC-LAN-Infrastrukturen und zwei Anwendungslandschaften befassen, die ähnliche Aufgaben ausführen. Wenn die beiden Unternehmen moderner sind, dann kann es sein, dass Ihre Aufgabe deutlich einfacher wird: Beide haben ihre Infrastruktur in der Cloud – beide betreiben keine individuellen Softwareanwendungen, sondern nutzen Software as a Service. Es kann Ihnen in einem positiven Fall also heute sogar passieren, dass Sie »nur« Daten migrieren müssen. Wenn wir hier im Folgenden den »Maximalfall« diskutieren und wenn Sie mit einer solchen Situation konfrontiert werden sollten, dann schauen Sie sich bitte an, inwieweit die Cloud Ihre Aufgaben u.U. schon deutlich vereinfacht hat.

Fangen Sie überhaupt an, die Situation zu bereinigen?

Zunächst können Sie hinterfragen, ob es geschäftlich sinnvoll ist, Energie in die Bereinigung einer solchen Situation zu investieren. Sie erinnern sich, dass es unter den in Abschnitt 4.10.4 beschriebenen IT-Governance-Grundmustern solche gab, in denen man eine derartige Situation nicht unbedingt bereinigen würde: nämlich der agile und der autonome Stil. Im Endeffekt wird allerdings nicht eine Stilaussage zählen. Es sollte immer eine fundierte betriebswirtschaftliche Rechnung vorliegen. Dass es auch Fälle gibt, in denen eher persönliche Machtinteressen von Beteiligten den Ausschlag geben, wird durch diesen Abschnitt ebenfalls noch transparent.

Fragen Sie sich, ob »Aufräumen« geschäftlich sinnvoll ist.

4.13.1 Die Leiter der Integration

Gehen wir also davon aus, Ihr Unternehmen verfolgt einen synergistischen Stil. Die nächste Frage, die Sie sich stellen können, ist, mit welchem Konsolidierungsfeld man sinnvollerweise anfängt. Ein Muster, das in solchen Fällen häufig zu finden ist, ist die sogenannte Leiter der Integration. Man wird sich zunächst auf Dinge konzentrieren, die schnell umzusetzen sind und einen hohen relativen ROI (Return on Investment) bringen. Später wird man Dinge angehen, die höhere Startinvestitionen benötigen, schwieriger umzusetzen sind und zu einem geringeren relativen ROI führen. Am wahrscheinlichsten werden Sie sogenannte Quick Wins rund um die Konsolidierung von Infrastrukturen finden.

Abb. 4–34
Die Leiter der Integration: Je weiter Sie auf dem Weg der Integration fortschreiten, desto höher werden die Stufen und desto geringer wird der relative Ertrag. Gleichzeitig steigen auch die Projektrisiken an.

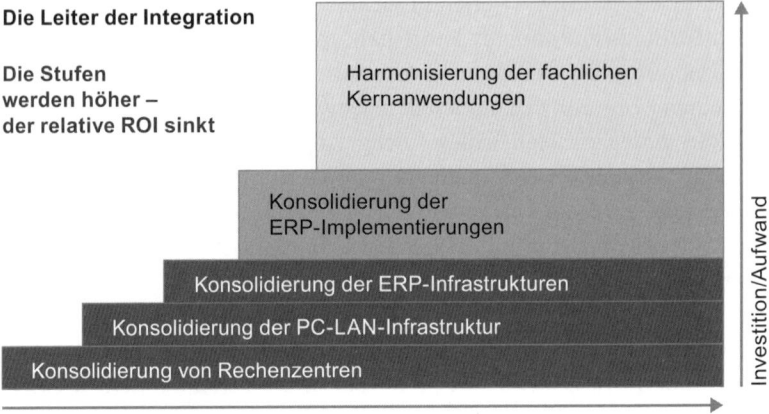

Die Leiter der Integration

Die Stufen werden höher – der relative ROI sinkt

- Harmonisierung der fachlichen Kernanwendungen
- Konsolidierung der ERP-Implementierungen
- Konsolidierung der ERP-Infrastrukturen
- Konsolidierung der PC-LAN-Infrastruktur
- Konsolidierung von Rechenzentren

Investition/Aufwand

sinkender relativer ROI

Konsolidierung der IT-Infrastruktur

Die Konsolidierung von Rechenzentren ist meist relativ einfach zu managen und zahlt sich in den meisten Fällen finanziell aus. Ein Großteil der Anwenderunternehmen hat die Anzahl der Rechenzentren in den letzten Jahren drastisch reduziert und ihre Infrastruktur konsolidiert. Einige haben ihre Infrastruktur auch in die Cloud ausgelagert. Wenn zufällig beide Fusionskandidaten denselben Cloud-Provider benutzen, sind Sie relativ »schnell fertig« – respektive mit der Stufe der Infrastruktur-Konsolidierung ist dann nicht mehr viel Geld zu verdienen. Wenn Sie Infrastrukturen überhaupt noch konsolidieren können, dann investiert man dabei eher in die WAN-Infrastruktur und reduziert dadurch die Anzahl der Orte, an denen man Infrastruktur wie Server, Drucker o. Ä. vorhält – das kann auch heißen, dass man die Anzahl der »selbst verantworteten Orte« durch den Einsatz von Cloud Computing auf null reduziert. Als Nächstes erfolgt oftmals die Zusammenlegung der Servicefunktionen für die PC- und LAN-Infrastrukturen. Ein weiterer Schritt ist dann häufig die Konsolidierung von ERP-Systemen – zumindest der Basisinstallationen.

Sie haben sicher bemerkt, dass bis hier noch nicht die Rede von Anwendungssoftware für Kernprozesse war. Die Zusammenlegung der geschäftlichen Kern-IT-Systeme ist die aufwendigste und schwierigste Teilaufgabe. Auch dann, wenn sie maßgeschneidert als SaaS oder PaaS betrieben werden. Sie müssen in einem solchen Fall Daten und Geschäftsprozesse zusammenführen, was meist mit einer aufwendigen Migration verbunden ist.

4.13.2 Grundmuster von Anwendungskonsolidierungen

Vor den drei Grundmustern für die Konsolidierung von Anwendungslandschaften müssen noch die Einflussfaktoren diskutiert werden, die man berücksichtigen muss, wenn man sich für eines der Muster entscheiden möchte. Vordergründig sind das vor allem die **Funktionalität** und die **Qualität** der Systeme. Über Qualität und Funktionalität ihrer jeweiligen Systeme können zwei ehemalige IT-Abteilungen, die beide um ihren Einfluss und um ihre Arbeitsplätze Angst haben, trefflich und lange streiten. Deshalb ist auch das Thema **Markt- und IT-Strategie** zu berücksichtigen. Wenn einer der Fusionskandidaten ein System hat, das eine wirtschaftlich attraktive Produktnische unterstützt, sollte man dies vermerken und das entsprechende System nicht einfach so wegkonsolidieren. Weitere Einflussfaktoren sind die **technische Qualität** der Systeme, die jeweilige geschätzte **Durchlaufzeit**, die eine Konsolidierung benötigt, und die **Wartungskosten**, die für Anwendungen anfallen. Weitere zu berücksichtigende Faktoren sind z.B. geschätzte **Migrationskosten** und Annahmen über zu erwartende **Projektrisiken** bei einer Konsolidierung. Solche Überlegungen gelten sowohl für selbst betriebene Individualsoftware als auch für PaaS- und SaaS-basierte Systeme. Sie gelten nur dann nicht, wenn sich die Daten fast identischer PaaS- und SaaS-Systeme zufällig einfach ineinander migrieren lassen.

Unter der Oberfläche werden Sie es mit den Faktoren **Angst um den Arbeitsplatz** und **Ego der beteiligten Personen** zu tun haben. Über diese Dinge wird selten gerne gesprochen. Aber sie spielen in Merger-Prozessen eine erhebliche Rolle, und manche Entscheidung wird erst dadurch erklärbar. Die Entscheidungen, die auf der Basis solcher Einflussfaktoren getroffen werden, lassen sich so gut wie immer durch die folgenden drei Muster erklären:

Kompletter Neubau

Bei der Analyse wird vordergründig festgestellt, dass man eigentlich alle bestehenden Anwendungen nicht »so richtig schön« findet. Man möchte auch dem Streit aus dem Weg gehen, den eine Entscheidung für die Systeme eines der Fusionspartner bedeuten würde. Also beschließt man – unter der Voraussetzung, dass Geld und Zeit vorhanden sind –, die komplette Anwendungslandschaft neu zu bauen bzw. in maßgeschneiderte PaaS- und SaaS-Systeme zu migrieren, die bisher noch nicht im kombinierten Unternehmen verwendet wurden. Unter dieses Szenario fällt nicht der Zukauf von außen, sondern wirklich Eigenbau. Es muss nicht extra erwähnt werden, dass ein Neubau teuer und riskant ist und bei großen Portfolios lange dauert. Diese Strategie ist eigentlich nur selten wirklich vorteilhaft, nämlich nur dann, wenn zufällig beide Fusionspartner Systeme haben, die am Ende ihrer Lebensdauer stehen. Meist sind die Motive jedoch politisch motiviert. In vielen Fällen, in denen ein kompletter Neubau beschlossen wird, geht es um das Vermeiden von Auseinandersetzungen. Differenzen werden dann mit viel Geld überdeckt.

Das Thema Neubau birgt neben den normalen Projektrisiken noch ein weiteres: Wenn sich Vertreter von zwei oder mehr Fusionspartnern zusammensetzen, um Anforderungen zu definieren, haben selten alle Seiten dieselben Anforderungen. Sonst hätte man ja problemlos eines der vorhandenen Systeme einsetzen können. Die Auseinandersetzung über den zukünftig richtigen Weg wurde also nur vertagt. Wenn dies noch ein weiteres Mal geschieht, hat man am Ende des Tages neu gebaute Systeme, die die Ist-Anforderungen beider Fusionspartner abdecken. Man hat also unnötig viel Funktionalität zu realisieren, weil keiner der Partner Abstriche machen will, jedenfalls selten freiwillig und vorauseilend. Das System wird also meist unnötig »fett«. Der Anforderungsmarathon kann sich sogar zu einem tödlichen Projektrisiko verwandeln: nämlich dann, wenn sich die Partner nicht einigen und insgeheim auch ganz froh sind, dass das neue Projekt nicht funktioniert, weil sie dann ihr altes System behalten können. Solche Projekte gab es in den 1990er-Jahren häufig. Nach dem Börsencrash findet man sie aber nur noch selten.

Cherry Picking

Der Begriff bedeutet so viel wie »*die Rosinen herauspicken*«. Das Muster findet man meist dann, wenn man die Protagonisten der zusammenzuführenden Bereiche eine Lösung erarbeiten lässt. Die Kollegen werden sich zu Meetings treffen und versuchen, die jeweils andere Seite von den Vorzügen ihrer Systeme zu überzeugen. Daher nennt man solche Meetings auch »Schönheitswettbewerbe«. Nachdem eine Gruppe entscheidet, die aus beiden Lagern zusammengesetzt ist, werden im besten Fall wirklich die jeweils besten Einzelsysteme für das Zielportfolio ausgewählt. Im schlechtesten Fall werden politische Kompromisse geschlossen, die mit der Qualität der Systeme wenig zu tun haben. Außerdem kann man damit rechnen, dass in den Schönheitswettbewerben Dinge logischerweise »schön« dargestellt werden. Man darf nicht davon ausgehen, dass dort die Nachteile von Systemen offen auf den Tisch gelegt werden.

Schon der Auswahlprozess bei Cherry Picking kann leicht 1–2 Jahre dauern, wenn das Management keinen Druck macht. Das teure Erwachen kommt aber dann, wenn die Portfolios integriert werden müssen. In zwei Anwendungsportfolios haben Sie nämlich mindestens zwei Sätze von Berechtigungssystemen, Drucksystemen, Geschäftsvorfall-Managementsystemen und weiterer Basisfunktionalität, die für das gemischte Portfolio vereinheitlicht werden sollten. Das ist meist unerschwinglich teuer, und es gibt Beispiele von Prozessen, in denen die Vereinheitlichung über den Weg von Cherry Picking mehr als sieben Jahre gedauert hat, am Ende aber genau die Basissysteme immer noch nicht vereinheitlicht waren, was zu einer dauerhaft nachteiligen Kostenposition geführt hat. Außerdem ist eine derart lange Periode, in der sich eine IT-Funktion mit Konsolidierung beschäftigt, per se nachteilig, weil in diesen Zeiten Dinge wie Produktentwicklung meist behindert und verzögert werden. Nachdem heute kaum noch ein Management auch nur ansatzweise sieben Jahre Geduld mit einer IT hat, ist Cherry Picking selten geworden. Es wird zwar noch manchmal von »unteren Managementebenen« versucht. Meistens verliert aber einer der höheren Manager recht schnell die Geduld und beendet solche Aktivitäten.

Dampfwalze

Es bleibt also als dritter und meist auch vernünftiger Weg die sogenannte Dampfwalze. In diesem Szenario entscheidet das Management sich nach einer kurzen Evaluierungsphase für eine der beiden Anwendungslandschaften, und die Bestände der anderen werden in die Ziel-Anwendungslandschaft hineinmigriert. Eine der Anwendungslandschaften wird komplett eliminiert. Dieses Szenario ist auch dann gemeint, wenn in eine PaaS-/SaaS-Landschaft einer der Fusionsteilnehmer migriert wird. Dieser Vorgehensweise liegt die Erfahrung zugrunde, dass existierende Systeme meist um die 80 Prozent der denkbaren, wünschenswerten Funktionalität implementiert haben. Es sind zwar meist »andere 80 Prozent«, aber es ist im Prinzip in den meisten Fällen egal, welche Anwendungslandschaft man als Ziel definiert. Schönheitswettbewerbe drehen sich immer um die restlichen 20 Prozent – ein Vorgehen, das angesichts des Pareto-Prinzips (80/20-Regel) sowieso fragwürdig ist. In einer Due-Diligence-Phase wird man nur abprüfen, ob die Ziel-Anwendungslandschaft, die man im Auge hat, wesentliche Risiken aufweist. Dann wird entschieden. Es wird in keinem Fall Reengineering auf Codeebene benötigt. Es finden Bestandsmigrationen statt. Das aufnehmende System muss eventuell nur noch leicht funktional erweitert werden.

Die Methode heißt auch deshalb Dampfwalze, weil es dabei klare Verlierer gibt, auf deren Emotionen und Systeme keine Rücksicht genommen wird. Die Vorteile überwiegen jedoch deutlich die Nachteile: Die Methode ist schnell, sie ist vergleichsweise preiswert und die Projektrisiken sind deutlich niedriger als bei allen anderen Methoden. Allerdings besteht das Risiko, dass man profitable Nischenprodukte mit der Dampfwalze überfährt, weil man sie nicht migriert, und dass man gute Mitarbeiter verliert bzw. diese schon so früh gehen, dass man Probleme bei der Datenmigration bekommt. Beide Themen muss man im Auge behalten. Die Methode erfordert erhebliche politische Macht. In Fällen asymmetrischer Übernahmen wird der Stärkere auch meist seine Systeme mit durchsetzen. Egal, ob sie besser oder schlechter sind.

Auch Zukauf kann Dampfwalze sein

Im obigen Szenario wurde nicht unterschieden, ob wirklich selbst erstellte Individualsoftware benötigt wird oder ob nicht beide Anwendungslandschaften sich schon an einem Punkt befinden, an dem sich ein Umstieg auf Standardsoftware gelohnt hätte. In solchen Fällen hat man es wieder mit einer Art Dampfwalze zu tun, nur, dass das Zielportfolio aus zugekaufter Standardsoftware besteht und man zwei Migrationen benötigt statt einer.

Um zu vermeiden, dass das zugekaufte System am Ende so stark angepasst wird, dass es einem Individualsystem gleicht und seine Releasefähigkeit verliert, sollte man im Zweifel eher versuchen, den Fachbereichen vorzuschlagen, sich mit dem in der Software vorhandenen Prozess anzufreunden, statt das zugekaufte System anzupassen. Dadurch kann man in einem Fusionsfall auch Prozessvereinheitlichung erreichen.

Die Regeln bezüglich Evaluierung und Schönheitswettbewerben sollten ähnlich sein wie bei der Anwendung des Musters Dampfwalze: Es empfiehlt sich in jedem Fall, Druck auf das Verfahren auszuüben. Je länger diskutiert wird, desto mehr teure Features kommen auf die Wunschlisten und desto teurer wird die Anpassung.

Infrastrukturkonsolidierung kann sich auch für agile oder autonome IT-Governance-Muster lohnen. Anwendungskonsolidierung wird in den meisten Fällen nur bei synergistisch aufgestellten Unternehmen sinnvoll sein. Anwendungskonsolidierung ist die teuerste, langwierigste und riskanteste Stufe einer IT-Konsolidierung. Wenn man sie schon angeht, wird man in den meisten Fällen feststellen, dass das Grundmuster Dampfwalze am schnellsten, preiswertesten und sichersten zu den gewünschten Resultaten führt.

4.14 Reduktion von Heterogenität

Das Managementprozessmuster für die Reduktion von Heterogenität ist relativ trivial. Es besteht aus einem simplen Prozess mit wenigen Schritten:

1. **Heterogenität identifizieren und sichtbar machen:**
   Typischerweise werden Sie dazu eine Software- oder Infrastrukturlandkarte erstellen. Hinweise auf Muster dafür finden Sie z.B. in großen Mengen in [Buckl+07] und auf folgender Webseite:

   http://wwwmatthes.in.tum.de/wikis/eam-pattern-catalog/home (aufgerufen am 26.07.2016)

Heterogenität zu beseitigen, muss sich rechnen.

2. **Wirtschaftlichkeitsrechnung für die Beseitigung der Heterogenität anfertigen:**
   Nicht in jedem Fall wird es auch wirtschaftlich sein, redundante Funktionalität oder Infrastrukturkomponenten zu beseitigen. Es kommt häufig vor, dass die Kosten für das Aufräumen die Lebenszykluskosten des Unterhalts für zwei Lösungen übersteigen. Von daher werden Sie alle Aktionen zur Beseitigung von Heterogenität sorgfältig durchrechnen.

3. **Bereinigung planen und umsetzen:**
   Wenn Sie einen Plan erstellt haben, welche redundanten Komponenten Sie zu welchen Kosten bis wann beseitigt haben wollen, können Sie darangehen, diesen Plan umsetzen zu lassen. Sie müssen dann nur noch im Rahmen der Architektur-Governance (siehe Abschnitt 4.11) dessen Umsetzung verfolgen.

Viel mehr gibt es dazu eigentlich nicht zu sagen. Häufig wird eine Bereinigung von Heterogenität auch deshalb nicht angegangen, weil der Leidensdruck zu niedrig zu sein scheint. Oft ist dieser Leidensdruck auch wirklich nicht hoch genug, um zu rechtfertigen, dass z. B. Features für das Business zeitweilig nicht mehr unterstützt werden. In diesem Fall hilft es auch hier, die Abwägungen mittels Managed Evolution (siehe Abschnitt 4.9) sichtbar zu machen.

5 Sichten und Informationsmodelle

Ein Buch über Enterprise Architecture Management (EAM) beginnt oft mit Beispielen von Bebauungsplänen und anderen Softwarekarten, auf denen Anwendungslandschaften dargestellt sind. In der Praxis findet man meist eine mindestens zweistellige Anzahl auf den ersten Blick völlig verschiedener Darstellungen von Softwarelandschaften. Abbildung 5–1 illustriert dies.

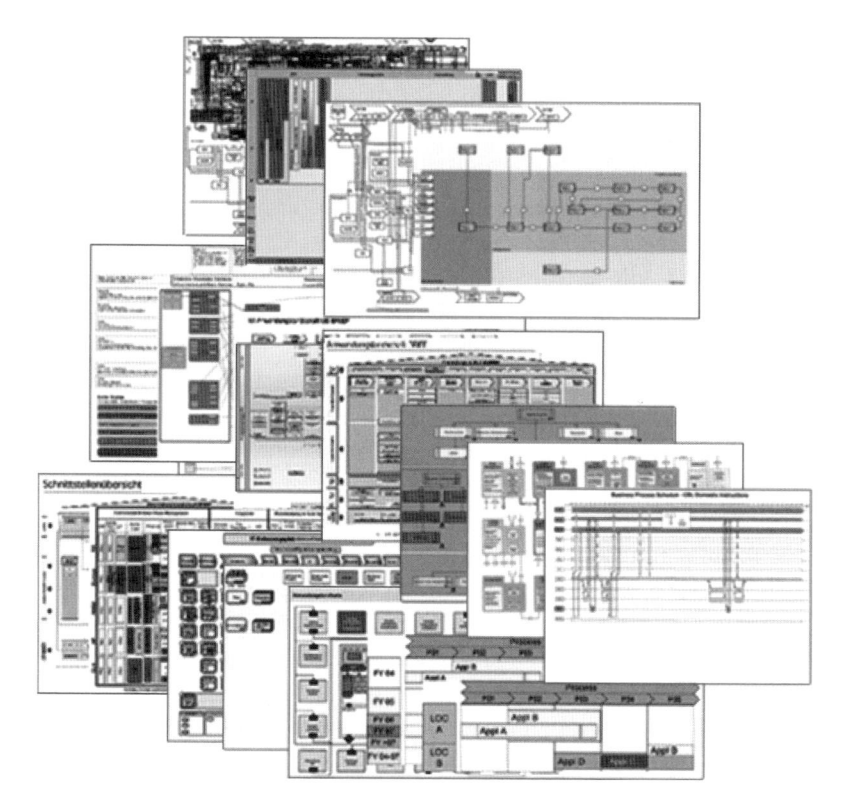

Abb. 5–1
Auf den ersten Blick erscheint die Menge verschiedener Diagramme zur Beschreibung von Anwendungslandschaften [Wittenburg07] schier unüberschaubar.

Solche Darstellungen leiden häufig unter ähnlichen Problemen: Die Semantik der Darstellung ist nicht immer klar. Zum Beispiel ist oftmals nicht definiert, welche Aussage hinter der Größe eines Objekts auf der Karte steht, hinter Farben, hinter Verbindungen oder hinter der Position eines Objekts auf der Darstellung einer Anwendungslandschaft. In Abschnitt 5.1 wird daher zunächst Softwarekartografie als Mittel zur Systematisierung von Darstellungen ganzer Anwendungslandschaften vorgestellt, und in Abschnitt 5.2 werden die gängigen Kartentypen beschrieben, auf die sich die allermeisten der Darstellungen aus Abbildung 5–1 reduzieren lassen.

Automatisierte Erstellung von Softwarekarten

Darüber hinaus ist eine tiefere Beschäftigung mit der automatischen Erzeugung und Systematisierung von Softwarekarten noch aus weiteren Gründen sinnvoll:

- Für die Erstellung von Softwarekarten ist ein hoher Aufwand erforderlich. Meist existiert keine zuverlässig gepflegte und aktuelle Datenbasis, die als Grundlage für eine semiautomatische Generierung entsprechender Visualisierungen dienen kann. Dieses Problem hat man allerdings bei jeder Erfassung einer Anwendungslandschaft – siehe dazu Abschnitt 4.4 über Erfassung der Ist-Anwendungslandschaft.
- Es entsteht hoher Aufwand sowohl bei der initialen Datenaufnahme als auch bei der Datenpflege. Zudem veralten die Daten über die Anwendungslandschaft ab dem Tag, an dem sie erhoben wurden, wenn es kein institutionalisiertes Pflegeverfahren für sie gibt. Dies gilt sowohl für die beschreibenden Daten über eine Anwendungslandschaft als auch für die im Idealfall aus den Daten erzeugten Softwarekarten. Manuell erzeugte Karten haben jedoch genau wegen der oft fehlenden Aktualität erhebliche Nachteile.

Viewpoints

- Bei manueller Erstellung von einzelnen Karten ist nur eine geringe Anzahl vordefinierter sogenannter Viewpoints zur Analyse von Anwendungslandschaften wirtschaftlich (zu Viewpoint-Patterns siehe Abschnitt 5.3). Jeder neu benötigte Viewpoint ist wieder mit hohem manuellem Aufwand verbunden.
- Im Bereich des Managements von Anwendungslandschaften und des Enterprise Architecture Management werden Begriffe zum Teil widersprüchlich verwendet. Teilweise sind Definitionen auch überladen.
- Malen ist kein Management! Oft entstehen die Visualisierungen manuell mittels eines Zeichenprogramms, wobei nicht immer deutlich wird, welche Bedeutung die einzelnen Zeichenelemente besitzen. Die Darstellungen nehmen somit tendenziell den Charakter von Zeichnungen und nicht von Modellen an.

Wenn Softwarekarten reale Softwarelandschaften modellhaft abbilden, dann sollte es eine Abbildung zwischen Softwarekarten und Informationsmodellen für Softwarelandschaften geben.

Hier kommt wieder der Pattern-Ansatz [Buckl+07] ins Spiel, nach dem die Kernkapitel dieses Buches gegliedert sind: Concerns (oder hier im Buch Zielmuster) werden durch Managementprozessmuster unterstützt. Um ein Managementprozessmuster abarbeiten zu können, benötigt man häufig grafisch aufbereitete Information über die Anwendungslandschaft: Dafür werden sogenannte Viewpoint-Patterns (Muster für Sichten) benutzt. Um eine solche Sicht aus den Daten zu erzeugen, die über eine Anwendungslandschaft vorhanden sind, benötigt man immer wieder dieselben Teile eines umfassenden Metamodells für die Beschreibung von Softwarelandschaften und des kompletten IT-Managements. In Abschnitt 5.3 werden Viewpoint-Patterns erläutert und in Abschnitt 5.4 wird gezeigt, wie man sie auf ein Informationsmodell wie z.B. das TOGAF Content Metamodel abbilden kann.

Rolle von EAM-Patterns

5.1 Softwarekartografie als Grundlage der Systematisierung

Die Abschnitte 5.1 bis 5.3 basieren auf einem Gastbeitrag von André Wittenburg zur ersten Auflage dieses Buches und wurden für die hier vorliegende Auflage überarbeitet.

Am Anfang der Beschäftigung mit Softwarekartografie stand das in Abbildung 5–1 gezeigte Chaos an Visualisierungsformen für die Darstellung von Softwarelandschaften. 2004 und 2005 wurden dazu an der Technischen Universität München (TUM) Forschungsarbeiten aufgesetzt ([Matthes+04], [Lankes+05b]), die dazu führten, dass eine Analogie zwischen Darstellungen von Anwendungslandschaften und Kartografie gesucht und gefunden wurde. Abbildung 5–2, die in mehreren Veröffentlichungen zum Thema auftaucht, zeigt, wie man Softwarekarten mit konventioneller Kartografie vergleichen kann.

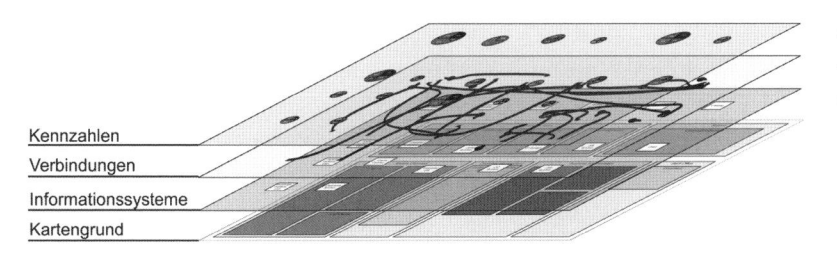

Abb. 5–2

Ebenen von Karten und Softwarekarten

Auch Landkarten haben üblicherweise einen **Kartengrund**. Dies wäre im Falle einer Landkarte die Darstellung verschiedener Geländeformen

(Wasser, Wald, Felder, Berge etc.). Darauf werden Objekte platziert. Bei Landkarten sind dies z. B. Städte, Straßen oder einzelne Häuser. Bei Darstellungen einer Anwendungslandschaft sind es z. B. **Informationssysteme**. Soll eine SOA dargestellt werden, wären auch Domains, Packages und einzelne Services vorstellbar, die auf dem Kartengrund angeordnet werden. Die **Verbindungen** sind typischerweise Kanten eines Graphen, die mit einer Semantik versehen werden sollten. Als weitere Ebene kann man sowohl bei konventionellen Landkarten als auch bei Softwarekarten noch Kennzahlen oder weitere Informationsträger auf den Elementen platzieren.

Anwendung der Kartografie auf Anwendungslandschaften

Beim Versuch, Techniken aus der Kartografie zur Erstellung von Repräsentationen einer Anwendungslandschaft zu nutzen, erweist sich eine grundsätzliche Begrenzung von klassischen Karten jedoch als hinderlich. Die Techniken der Kartografie eignen sich nur zur Abbildung von Gegebenheiten, die in einem zwei- oder dreidimensionalen Raum auftreten. Bei der Darstellung von geografischen Informationen stellt dies keine Beschränkung dar. Der Kartengrund ([Hake+02], S. 487) ist immer ein topografischer, was u. a. auch auf die zentrale Bedeutung derartiger Informationen zurückgeht: »Our desire for spatial imagery of things in our environment is as normal as breathing« ([Robinson+95], S. 9).

Anwendungssysteme als Elemente einer Anwendungslandschaft lassen sich anhand verschiedenster Merkmale beschreiben (unterstützte Geschäftsprozesse, nutzende Organisationseinheit, bearbeitende Projekte, verwendete Technologien etc.), darunter findet sich aber kein Satz von zwei oder drei Merkmalen, die als Dimensionen derartig prominent hervortreten wie die räumlichen Dimensionen in der Kartografie. Damit fehlt für Softwarekarten ein eindeutiger Kartengrund, wodurch ein gestalterischer Freiraum bei der Definition einer Softwarekarte entsteht.

5.2 Typen von Softwarekarten

Bei den Forschungsarbeiten der TUM ([Matthes+04], [Lankes+05b]) wurden vier wesentliche Kartentypen identifiziert, die in den folgenden Unterabschnitten kurz vorgestellt werden. Die ersten drei Kartentypen in den Abschnitten 5.2.1 bis 5.2.3 werden wissenschaftlich korrekt als »Softwarekarten mit Kartengrund zur Verortung« bezeichnet. Ein wichtiges Attribut eines Elements auf einer Karte in der Kartografie ist seine Position auf der Karte, die sogenannte Verortung, die sich aus der geografischen Position des Objekts ableitet. Die geografische Position legt somit die Verortung von Elementen auf der Karte fest: Erscheint ein bestimmtes Element an einer anderen Stelle der Karte, ändert sich die von ihr transportierte Botschaft. Durch den gleichartigen Aufbau und eine gleichbleibende Positionierung von Elementen auf der Softwarekarte entsteht zusätzlich ein Wiedererkennungswert, der es dem Betrachter erleichtert, sich schnell zu orientieren. Die Elemente von Softwarekarten haben a priori allerdings keine geografische Position. Eine Position bzw. Verortung muss ihnen erst durch die Anwendung von Regeln zugewiesen werden. Doch sehen wir uns besser zunächst die Arten von »Softwarekarten mit Kartengrund zur Verortung« an, die üblicherweise zu finden sind. Es sind dies:

- Clusterkarten
- Prozessunterstützungskarten
- Intervallkarten

5.2.1 Clusterkarten

Eine Clusterkarte gehört zu einem Softwarekartentyp, der sich durch die Verortung von Anwendungssystemen anhand von logischen Einheiten auszeichnet. Anwendungssysteme, die zur gleichen logischen Einheit gehören, werden in einem Cluster zusammengefasst.

Abb. 5–3
Beispiel für eine Softwarekarte vom Typ Clusterkarte

Bei diesem Kartentyp bilden logische Einheiten, die z. B. in der Organisation existieren, deren Anwendungslandschaft untersucht wird, den Kartengrund. Als logische Einheiten einsetzbar sind z. B. Funktionsbereiche, Organisationseinheiten oder auch geografische Einheiten wie Standorte, Städte oder Regionen. Eine Möglichkeit, die verschiedenen logischen Einheiten zu unterscheiden und auch Zusammenhänge darzustellen, besteht beispielsweise in der Verwendung eines Farbcodes. Das Problem der Verortung von Elementen der Karte wird in diesem Kartentyp gelöst, indem jedes Element in der logischen Einheit dargestellt wird, zu der es in Beziehung steht. Damit sind beim Erstellen einer derartigen Karte bereits grobe Regeln festgelegt, wo z. B. ein bestimmtes Anwendungssystem darzustellen ist. Wenn zwischen den logischen Einheiten, die den Kartengrund bilden, und den Anwendungssystemen im Informationsmodell eine n:m-Beziehung besteht, kann ein System auf der Karte mehrmals erscheinen.

Clusterkarten werden häufig verwendet, um Verbindungen zwischen Anwendungssystemen darzustellen. In Abbildung 5–3 werden diese Verbindungen beispielsweise durch Linien angezeigt. Hervorzuheben ist, dass dieser Kartentyp nicht spezifiziert, wie die logischen Einheiten auf der Karte platziert werden und wie sich die verschiedenen Elemente innerhalb der Darstellung einer logischen Einheit anordnen. Dies bedeutet, dass die relative Position der Cluster zueinander, wenn diese nicht ineinander geschachtelt sind, keine fest definierte Semantik besitzt.

5.2.2 Prozessunterstützungskarten

Eine Prozessunterstützungskarte ist ein Softwarekartentyp, der Anwendungssysteme anhand der von ihnen unterstützten (betrieblichen) Prozesse verortet.

Bei diesem Softwarekartentyp kommen Prozessdarstellungen auf höheren Ebenen (üblicherweise Ebenen 0 bis maximal 3) zum Einsatz, deren Darstellung, wie in Abbildung 5–4 gezeigt, als Wertschöpfungsketten erfolgt. Die Prozesse legen typischerweise die x-Achse der Softwarekarte fest. Eine horizontale Ausdehnung eines Rechtecks, das ein Anwendungssystem visualisiert, zeigt hierbei die Unterstützung eines Anwendungssystems für einen oder mehrere Prozesse an.

Da in einer Organisation meistens mehrere Prozesse existieren, die sich wie oben beschrieben für die Verwendung in einer Softwarekarte eignen, muss ein bestimmter Prozess, dies kann der gesamte Primärprozess sein, zum Einsatz für die Verortung der Kartenelemente gewählt werden. Diese Auswahl kann sich am Einsatzzweck der Karte

5.2 Typen von Softwarekarten

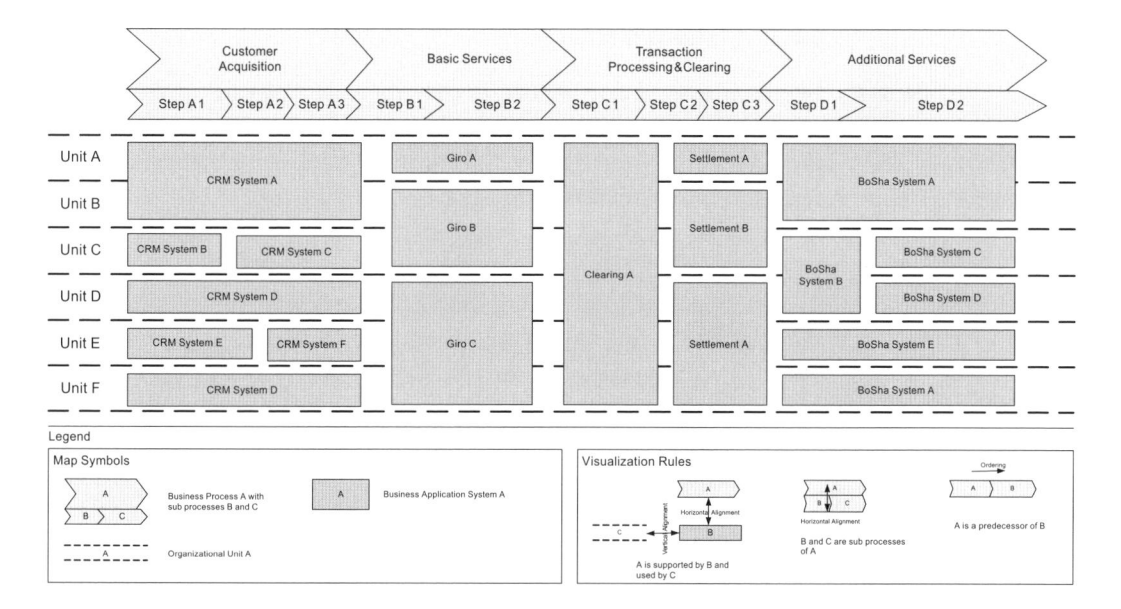

orientieren. So ist z. B. ein wesentlicher Einsatzzweck dieses Kartentyps, den Zusammenhang zwischen Prozessschritten und verwendeten Systemen zu untersuchen. Durch die gewachsene Anwendungslandschaft eines Unternehmens werden beispielsweise in gleichen Prozessschritten unterschiedliche Anwendungen mit gleicher Funktion eingesetzt, die aber selbst wiederum verschiedenste Prozessschritte bedienen können. Die Softwarekarte kann hier bei der Identifikation von Optimierungspotenzial und Redundanzen unterstützen.

Abb. 5–4
Beispiel für eine Softwarekarte vom Typ Prozessunterstützungskarte

Zur Verortung auf der y-Achse können bei diesem Kartentyp verschiedene Merkmale zum Einsatz kommen, wie z. B.:

Merkmale zur Verortung

- Ein Systemtyp, der beispielsweise nach dispositiv, operativ und administrativ unterscheidet
- Organisationseinheiten, die ein bestimmtes System nutzen
- Zeit, während der ein System besteht

Steht die Nutzung eines Anwendungssystems in einer bestimmten Organisationseinheit neben der Unterstützung im Vordergrund der Analyse, so werden die betroffenen Organisationseinheiten auf der y-Achse angeordnet. In dieser Abbildung geben die Position und die vertikale Ausdehnung eines Rechtecks die Nutzung in einer bestimmten Organisationseinheit für einen bestimmten Prozess an.

5.2.3 Intervallkarten

Abb. 5–5
Beispiel für eine Softwarekarte vom Typ Intervallkarte

Bei der Intervallkarte handelt es sich um einen Softwarekartentyp, der als charakterisierende Notationstechnik Balken einsetzt, deren Länge die Dauer von Vorgängen (z. B. Projekten) oder von Lebenszyklusphasen (z. B. eines Anwendungssystems) repräsentiert.

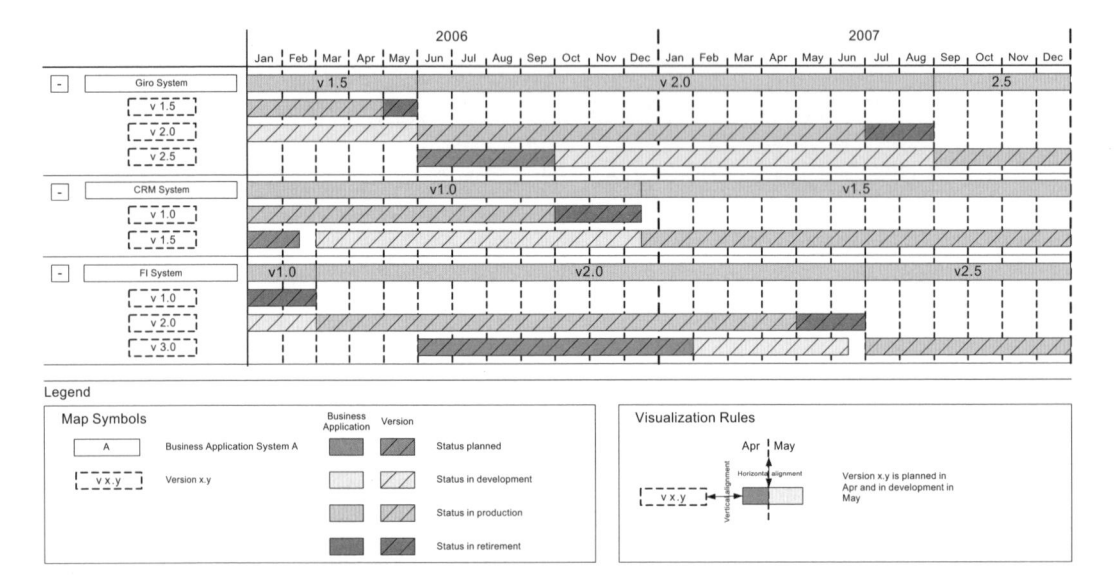

Bei der Intervallkarte tritt der Aspekt Zeit, ein intervallskaliertes Merkmal, als Dimension zur Verortung in den Mittelpunkt. Auf der y-Achse stellt dieser Kartentyp, wie in der Abbildung 5–5 gezeigt, verschiedene Systeme dar. Damit besteht hier eine Nähe zu vorgangsbezogenen Gantt-Diagrammen [Balzert98]. Die Information, die die Karte bezüglich der Entwicklung der Anwendungssysteme über die Zeit hinweg enthält, lässt sich durch die Aufnahme von Versionsinformationen in die Darstellung ergänzen. Auf dem eigentlichen Kartengrund stellt diese Karte mittels Balken dar, in welchen Zeiträumen sich die einzelnen Anwendungssysteme bzw. Versionen in einer Lebenszyklusphase befinden. Auch hier können in konkreten Instanzen dieses Kartentyps Schichten zum Einsatz kommen, um weitere Informationen in die Darstellung zu integrieren.

5.2.4 Karten ohne Kartengrund

Neben den oben genannten Typen existieren auch Karten, bei denen die Verortung der Elemente auf dem Kartengrund keine festgelegte Semantik besitzt (siehe Abb. 5–6).

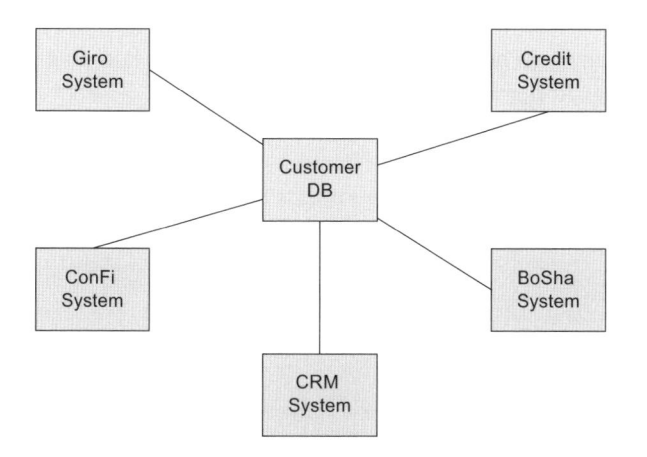

Abb. 5–6
Beispiel für eine Softwarekarte ohne Kartengrund zur Verortung

Die Entscheidungen bezüglich der Positionierung der Elemente auf dem Kartengrund bleiben hier vollständig dem Ersteller der Karte überlassen. Damit rücken derartige Karten eher in die Nähe von grafischen Darstellungen, die nicht auf Verortung basieren, wie UML-Klassendiagramme [OMG15].

5.3 Viewpoints und Viewpoint-Patterns

Softwarekarten sind nur ein – wenn auch wesentlicher – Teil von sogenannten Viewpoints, die man zur Beschreibung von IT-Architekturen und auch von IT-Unternehmensarchitektur verwenden kann.

5.3.1 Viewpoints in IEEE 1471 und TOGAF

Viewpoints werden in der Norm IEEE 1471 definiert, die sich mit Unterstützung für das Dokumentieren und Kommunizieren von Architekturen befasst. Im Gegensatz zu den verschiedenen Typen von Softwarekarten oder anderen Darstellungstechniken, wie z. B. UML, die grafische Notationen zur Beschreibung von softwareintensiven Systemen bereitstellen, adressiert der IEEE-1471-Standard insbesondere die oben beschriebenen Probleme, die der Erstellung von eindeutigen, klaren und verständlichen Architekturbeschreibungen entgegenstehen. Er liefert klare Begriffsdefinitionen im Kontext der Architekturbeschreibungen. Dabei liegen dem Standard u. a. folgende Paradigmen zugrunde:

Viewpoints und Standards wie IEEE 1471 oder TOGAF

- Jedes System hat eine Architektur, unabhängig davon, ob diese in einer Architekturbeschreibung (Architectural Description) explizit beschrieben ist oder nicht.
- Eine Architekturbeschreibung muss den Bedürfnissen von Stakeholdern folgen, um nützlich zu sein.
- Ein einzelnes Artefakt kann (in den meisten Fällen) den Bedürfnissen aller Stakeholder nicht gerecht werden. Daraus folgt die Notwendigkeit der Verwendung mehrerer Views.
- Die Spezifikation einer View (eines Viewpoints) sollte nicht für jede Architekturbeschreibung neu erfunden werden. Stattdessen ist eine Wiederverwendung von Viewpoints mittels der Library Viewpoints anzustreben.

Abb. 5–7
Konzeptuelles Modell des IEEE 1471 [IEEE00]

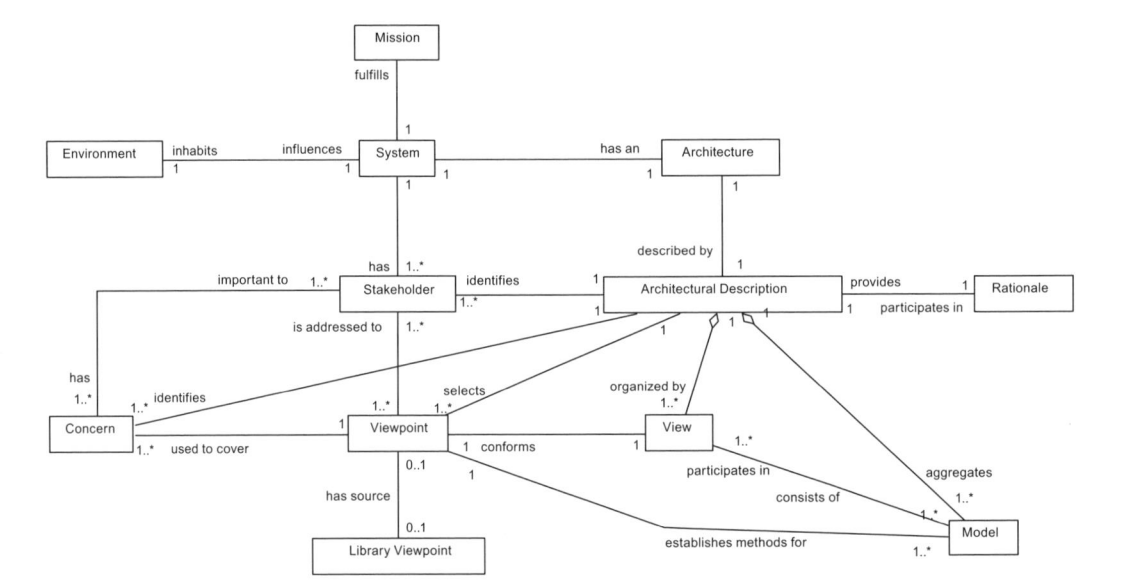

Das konzeptuelle Modell (engl.: Conceptual Model) des IEEE 1471 stellt die Zusammenhänge der Begriffe und der im Standard verwendeten Konzepte dar. Die Notation dieses Modells (siehe Abb. 5–7) ist an UML angelehnt, wobei im Gegensatz zum Originalmodell im IEEE 1471 die fehlenden Multiplizitäten ergänzt worden sind. Für die in Abbildung 5–7 gezeigten zwölf Begriffe stellt der IEEE 1471 Definitionen bereit, die für das Management von Anwendungslandschaften und die Softwarekartografie erweitert werden müssen[1].

---

1. Für eine ausführliche Diskussion der Begriffe und Konzepte im Kontext des Managements von Anwendungslandschaften und notwendigen Erweiterungen wird auf [Lankes+05a] verwiesen.

TOGAF 9.x – ein Framework, das u.a. die Entwicklung sehr großer Architekturen unterstützt – werden Sie zwar in Abschnitt 10.2 (S. 307) noch ausführlich kennenlernen, weil es heute der De-facto-Standard für EAM-Frameworks ist. An dieser Stelle passt es jedoch gut, auf einen speziellen Aspekt hinzuweisen. TOGAF 9.x enthält einen Prozessvorschlag zur Entwicklung von Architekturen – auch großen Ausschnitten von Unternehmensarchitekturen – die ADM (Architecture Development Method). Dort werden pro Phase des Prozesses Viewpoints definiert, die Architekten in genau dieser Phase einsetzen sollten, um ihre Überlegungen für die Stakeholder darzustellen. Dabei stützt sich TOGAF 9.x in weiten Teilen auf der oben in Auszügen gezeigten Norm IEEE 1471 ab. Sie können dort auch sehen, dass Viewpoints eben nicht immer nur Softwarekarten sein müssen: Viewpoints, die dort angeführt werden, sind z.B. auch schlichte Listen von Benutzerrollen oder Matrizen, wie z.B. eine »Actor/Role Matrix«, die zeigt, welche Aktoren in welchen Rollen im System erscheinen. Sämtliche in TOGAF 9.x für die ADM verwendeten Viewpoints finden Sie in ([TOGAF9.1], Kap. 35). Interessanterweise sind die Viewpoints nur verbal beschrieben und nicht z.B. mit grafischen Beispielen hinterlegt. Dies ist jedoch ausreichend.

TOGAF

Viewpoints in TOGAF

5.3.2 Viewpoint-Patterns

Viewpoint-Patterns sind nur eine von vier Arten von Mustern, die im EAM-Patternkatalog enthalten sind, um den Weg von Fragestellungen und Zielen (Concerns) über Managementprozessmuster und Viewpoints zum passenden Informationsmodell zu beschreiben. An dieser Stelle empfiehlt es sich beispielsweise, zur Illustration einen Browser zu öffnen und sich den EAM-Patternkatalog der TUM[2] einmal anzusehen.

Will man z.B. die Heterogenität seines Anwendungsportfolios (siehe Management-Pattern M-3) niedrig halten, dann ist es ratsam, auf einer Karte von Anwendungen die jeweils verwendete Technologie aufzutragen.

Dieser Viewpoint (siehe Abb. 5–8) wurde »Technology Usage Viewpoint« genannt. Das Beispiel ist relativ trivial. Es gibt allerdings im Katalog derzeit alleine um die 100 erfasste Viewpoint-Patterns. Es wurde auch deshalb hier ein einfaches Beispiel gewählt, weil man daran den (kleinen) Informationsmodellausschnitt zeigen kann, der benötigt wird, um den Aspekt der Technologienutzung bzw. bestimmter Infrastrukturkomponenten einzubringen (siehe Abb. 5–9).

---

2. *https://wwwmatthes.in.tum.de/pages/ugsyi19wmmvl/Enterprise-Architecture-Management-Pattern-Catalog-V2* (aufgerufen am 26.07.2016).

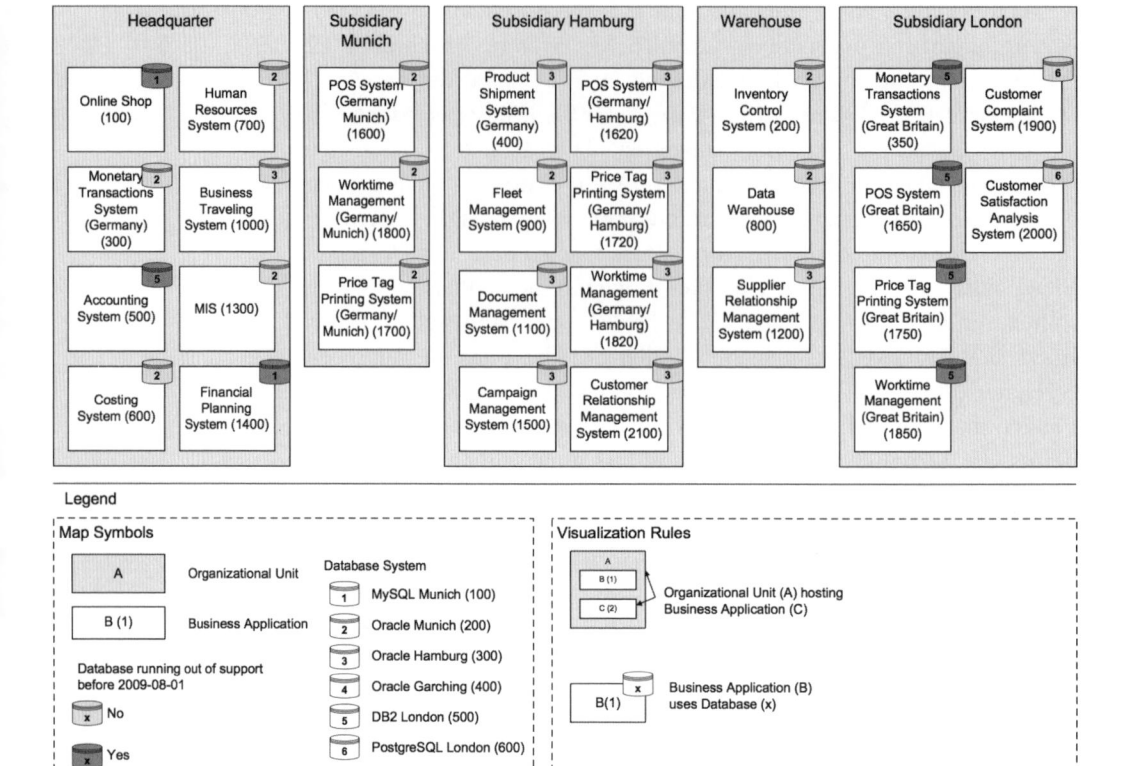

5 Sichten und Informationsmodelle

Abb. 5-8 Beispiel für die Anwendung des Viewpoint-Patterns V-76, Technology Usage Viewpoint.[3]

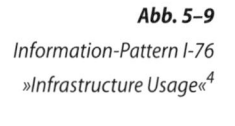

Abb. 5-9 Information-Pattern I-76 »Infrastructure Usage«[4]

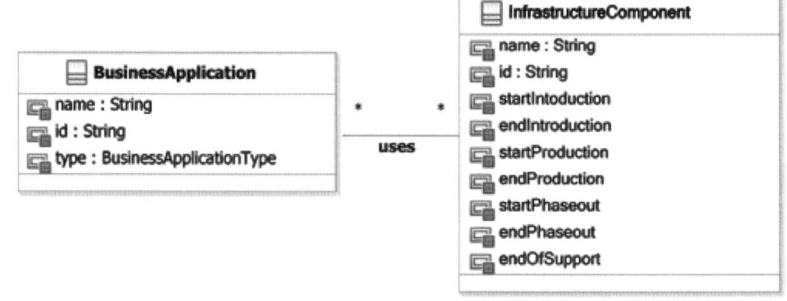

---

3. Quelle: *https://wwwmatthes.in.tum.de/pages/1bp8c23vb5e19/Technology-Usage-Viewpoint* (aufgerufen am 20.10.2016). Die Softwarekarte zeigt, dass im Unternehmen sechs Datenbanksysteme verwendet werden. Hier könnte man also als Unternehmensarchitekt sowohl die Frage nach der Vereinheitlichung der Datenbanktechnologien stellen (1 statt 4) als auch die Frage, ob es nicht günstiger wäre, aus vier Standorten für Server einen zu machen (Rechenzentrumskonsolidierung).
4. Quelle: *https://wwwmatthes.in.tum.de/pages/zdx6gapia9rn/Infrastructure-Usage* (aufgerufen am 20.10.2016).

5.3.3 Diskussion der Pattern-Qualität

In seinem jetzigen Zustand ist der Patternkatalog der TUM vor allem dafür geeignet, das Vorgehen, also den Weg von Zielen über Managementprozessmuster über Viewpoint-Patterns zu Informationsmodell-Patterns, zu zeigen. Wer einmal ausgiebig Patterns geschrieben hat, wird bei vielen der Muster Verbesserungsmöglichkeiten finden. Dies ist aus mehreren Gründen nur natürlich: Die Menge der Patterns ist mit etwas mehr als 200 Mustern groß, und die Patterns wurden vorwiegend von Universitätsassistenten geschrieben, nicht von Pattern-geschulten Praktikern, und außerdem in der Mehrzahl keinem Pattern-Workshop-Prozess (Writers' Workshops – siehe Diskussion zu Reviews, Abschnitt 4.11.5) unterzogen.

In EAM-Patterns kann noch viel investiert werden.

Der Wert des Kataloges liegt also weniger in jedem einzelnen Pattern selbst als vielmehr in der Erkenntnis, dass man sich ausgehend von seinen Zielen das für das eigene Unternehmen geeignete Informationsmodell konfigurieren kann. Dies gilt auch dann, wenn man ein EAM-Tool im Unternehmen verwendet, das im Prinzip ein umfassendes Metamodell implementiert hat. Sie können dann auch die Teile aus dem Werkzeug aussuchen, um die dringendsten Fragen Ihres Managements zu beantworten, statt das Repository des Werkzeugs komplett zu füllen – das wäre wenig wirtschaftlich.

5.4 Informationsmodelle

Früher oder später kommen Sie beim Aufbau Ihrer Funktion für IT-Unternehmensarchitektur an einen Punkt, an dem Sie die Informationen über die Objekte, die Sie managen (Anwendungen, Infrastruktur etc.), in einem Repository ablegen wollen. Dann benötigen Sie ein Metamodell für die Inhalte, die Sie festhalten wollen. Solche Metamodelle gibt es in der Praxis mit Metaentitäten im niedrigen zweistelligen Bereich bis hin zu rund 500. Letzteres ist nur dann praktikabel, wenn das Metamodell unter einem Werkzeug für EAM ausreichend versteckt ist. Ersteres wird meist nicht lange halten – reicht aber oft aus, um mit EAM-Aktivitäten zu starten.

Im Normalfall gibt es drei Wege, wie Sie zu Ihrer Lösung für ein Informationsmodell kommen:

- Eigenentwicklung
  Theoretisch können Sie natürlich ein Metamodell als Grundlage für Ihre IT-Unternehmensarchitektur komplett selbst entwickeln. Dies wird heute kaum noch jemand tun, da entsprechende Referenzmodelle vorhanden sind und Ihnen erhebliche Zeitvorteile ver-

schaffen werden. Die Diskussionen im Kollegenkreis über Begriffe sind in der Regel ermüdend – daher sollte man sie sich ersparen und besser gleich ein oder mehrere gute Referenzmodelle ansehen. Auf diese Weise ist man deutlich schneller.

- **Im Tool enthalten**
In vielen Fällen bekommen Sie ein Referenzmodell automatisch mitgeliefert, wenn Sie ein EAM-Werkzeug einkaufen. Wie Sie in Kapitel 12 über EAM-Werkzeuge erfahren werden, gibt es hier erhebliche Unterschiede beim Funktionsumfang. Sie werden also sowohl Werkzeuge mit der zweistelligen Anzahl an Metaentitäten finden als auch das Werkzeug mit um die 500 Metaentitäten, die Sie allerdings im Regelfall nicht wahrnehmen werden. Da Sie das Werkzeug über die Oberfläche benutzen, wird das Datenmodell, das darunter liegt, in vielen Fällen komplett vor Ihnen verborgen sein. Sie werden sich jedoch spätestens dann mit dem Datenmodell befassen müssen, wenn Sie Daten in das EAM-Werkzeug importieren oder exportieren wollen.

- **Leeres (Meta-)Tool plus Referenzmodell**
Es kommt heute nicht mehr häufig vor, dass Sie sich ein Metawerkzeug beschaffen und selbst mit einem Metamodell füllen. Dieses Vorgehen hat auch den Nachteil, dass das Metawerkzeug natürlich nicht ahnen kann, welche Prozesse Sie implementieren möchten. Von daher kommen zwei Aktivitäten auf Sie zu: erstens das Entwickeln und Befüllen eines Metamodells und zweitens die Definition und Programmierung der Prozesse, die Sie für Ihr Architekturmanagement ausführen möchten. Im Regelfall werden auch Metawerkzeuge direkt mit einem Referenzinhalt ausgeliefert, den man leichter anpassen kann als bei den Werkzeugen mit einem fast fixen Metamodell. Dies hat jedoch auch Nachteile, die Sie spätestens dann kennenlernen werden, wenn Sie eine neue Version des Werkzeugs vom Hersteller erhalten und Anpassungen in der Programmierung erneut vornehmen müssen.

- **Hybride Wikis**
Zu den drei bekannten Optionen gibt es in letzter Zeit als weitere Option noch sogenannte hybride Wikis. Diese sind eine relativ neue Art, um ein Informationsmodell im laufenden Betrieb zu entwickeln. Hybride Wikis werden in Abschnitt 5.4.2 näher erläutert. Die Grundidee ist relativ einfach. Die Community, die die Unternehmensarchitektur beschreibt, stellt die Objekte des Interesses zunächst formlos als freie Texte dar. Mit der Zeit werden sich

bestimmte Attribute und Standardbeziehungen einbürgern. Hybride Wikis erlauben es, sowohl formalisierte Attribute und Beziehungen als auch freie Texte zusammen in einer Ansicht zu bearbeiten und die Attribute und Standardbeziehungen nach und nach festzulegen. Auch dabei hilft natürlich ein Referenzmodell, wie z.B. das TOGAF Content Metamodel, da man dort Beispiele für entsprechende Attribute und typisierte Beziehungen finden kann.

5.4.1 Das TOGAF Content Metamodel

Als Beispiel für ein Referenzmetamodell betrachten wir jetzt das TOGAF Content Metamodel. Dieses Modell ist aus dem Capgemini Integrated Architecture Framework hervorgegangen und wurde quasi von Capgemini für TOGAF gespendet. Abbildung 5–10 zeigt die groben Inhaltsgebiete des Modells.

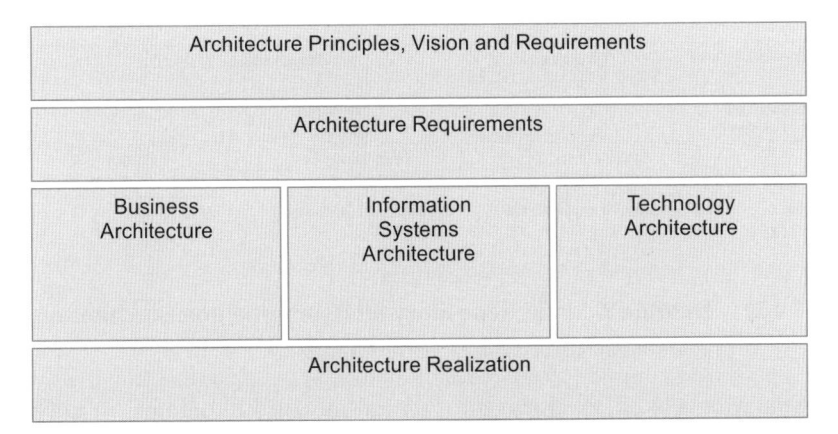

Abb. 5–10
Überblick über das TOGAF Content Metamodel (Informationsmodell): vereinfachte Form von Abbildung 2–6

Man findet darin im Wesentlichen alles, was man üblicherweise als Unternehmensarchitekt für die Modellierung seiner Landschaften benötigt. Die Darstellung ist eine Vergröberung der Originalabbildung aus Abbildung 2–6. Abbildung 5–11 zeigt noch einmal einen Zoom in das sogenannte Core Content Metamodel des TOGAF Content Metamodel.

Sowohl Lösungsarchitekten als auch IT-Unternehmensarchitekten werden in dem Metamodell aus Abbildung 5–11 bezüglich der Begriffe keine besonderen Überraschungen entdecken. Von daher sei auch für detaillierte Erklärungen auf die Originalliteratur (nämlich TOGAF 9.x) verwiesen.

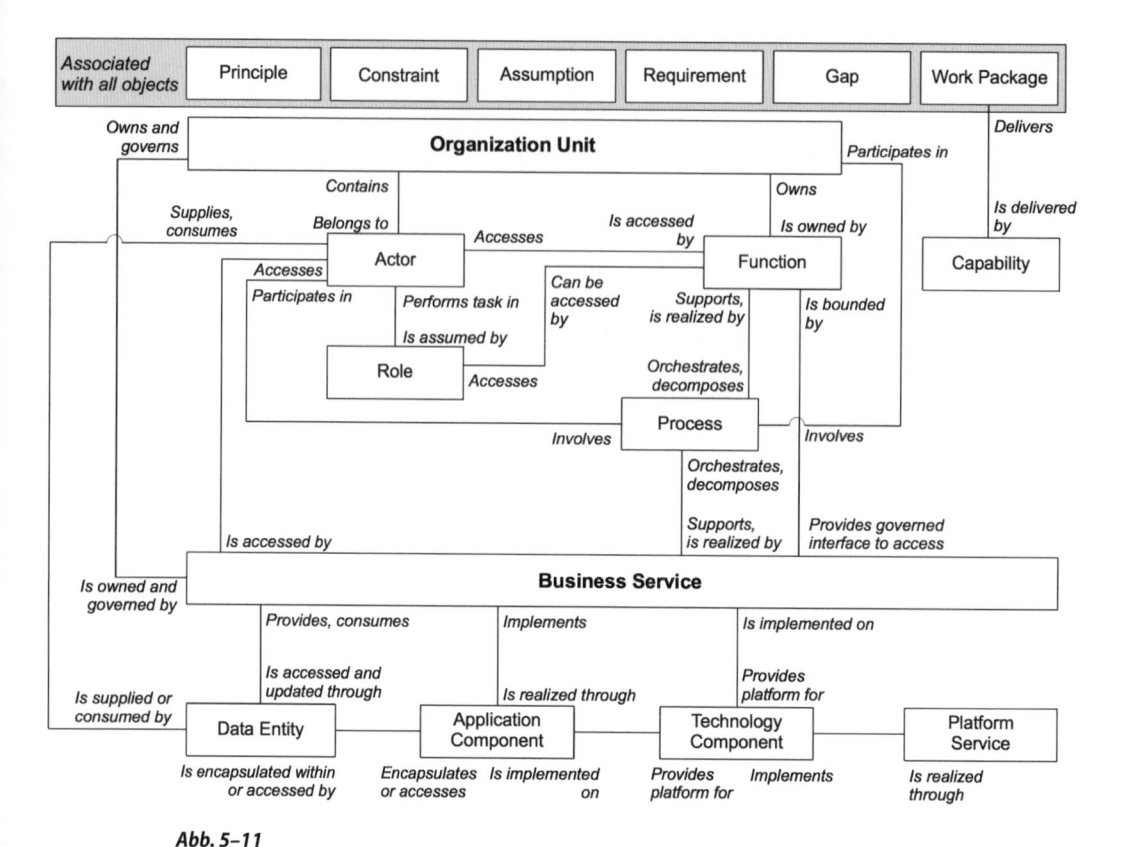

Abb. 5–11
Ausschnitt aus dem TOGAF Content Metamodel – Teil: Core Content Metamodel [TOGAF9.1]

5.4.2 Hybride Wikis als Repository für IT-Unternehmensarchitektur

Von Gloria Bondel und Prof. Dr. Florian Matthes

Eine Möglichkeit, zu einem Informationsmodell zu kommen, ist auch der kombinierte Einsatz von Wiki-Webs und Referenzmodellen. Wie man mit wenig Investition Wikis als schnell nutzbare EAM-Tools verwenden sowie das eigene Metamodell »on-the-fly« mitentwickeln kann, wird im Folgenden diskutiert.

Das wahrscheinlich prominenteste Beispiel für ein Wiki, die Website Wikipedia basierend auf der Software MediaWiki[5], lässt erkennen, dass sich Wikis hervorragend zur Sammlung und Konsolidierung von verteiltem Wissen eignen. Wie ein solches Wiki mit wenig Investition als schnell nutzbares und leichtgewichtiges EAM-Tool eingesetzt werden kann, zeigen die folgenden Abschnitte.

---

5. Siehe auch *https://www.mediawiki.org/wiki/MediaWiki/de* (aufgerufen am 29.08.2016).

Die Grundidee der Wikis

Im Kern handelt es sich bei Wikis um Software, die das Erstellen von Webseiten, auf denen Informationen zu einem Thema bzw. Wissensbereich gesammelt werden, ermöglicht. Diese Seiten sind – ähnlich dem World Wide Web (WWW) – untereinander verlinkt. Im Gegensatz zum WWW ist das Erstellen einer Wiki-Seite jedoch viel einfacher, da die Benutzer keine Vorkenntnisse, wie beispielsweise HTLM-Programmierfähigkeiten, benötigen [Geisser+07]. Stattdessen stellt die Wiki-Software ein User Interface zur Verfügung, in dem die Benutzer schnell (wiki = »schnell« (Hawaiianisch)) und einfach (ohne Schulung) ihr Wissen niederschreiben können [Cunningham+01]. Auf diese Weise können Nutzer sowohl Konsumenten als auch Autoren der gesammelten Informationen sein. Durch das Einbeziehen möglichst vieler Wissensträger ermöglichen es Wiki-Systeme, eine große Menge an dezentral vorliegenden Informationen zu sammeln, zu konsolidieren und zentral zum Abruf bereitzustellen [Buckl+10].

Funktionsweise traditioneller Wikis

In traditionellen Wikis wird das Wissen überwiegend in unstrukturierter Weise in Form von Volltexten, Bildern oder in die Seite eingebetteten multimedialen Objekten (z. B. Videos) repräsentiert. Diese unstrukturierten Elemente werden durch semistrukturierte Elemente ergänzt, wobei es sich in der Regel um Attribut-Wert-Paare handelt, die in einer Attributbox auf der jeweiligen Seite angezeigt werden [Matthes+11a].

Die einzelnen Seiten des Wikis können wiederum über Links miteinander verbunden werden. Auf diese Weise kann ein Nutzer einfach durch das entstehende komplexe Informationsnetz zwischen den verschiedenen Themen navigieren.

Ein Informationsmodell ist eine vereinfachte Darstellung von Entitäten, inklusive ihrer Attribute, und deren Relationen zueinander. Ein gepflegtes Informationsmodell erlaubt Informationen so zu strukturieren, dass differenzierte Abfragen und Analysen der vorhandenen Daten möglich sind. Die Ergebnisse solcher Abfragen und Analysen können den Nutzern eine informierte Entscheidungsfindung ermöglichen ([TOGAF9.1], Part IV: Architecture Content Framework, Content Metamodel). Es gibt zwei Ansätze für die Gewinnung eines solchen Informationsmodells: bottom-up und top-down (Abb. 5–12).

Informationsmodelle in Wikis

Abb. 5–12
Ansätze zur Generierung eines Informationsmodells

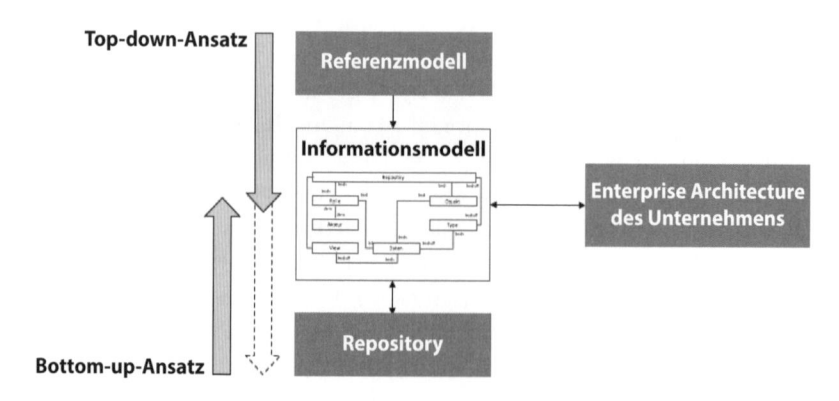

Der Bottom-up-Ansatz erlaubt es Nutzern, ihr Wissen uneingeschränkt einzubringen

Wächst das in einem Wiki gesammelte Wissen, bilden sich nach einiger Zeit emergente Strukturen (Kategorisierungen, Verzeichnisse, Vokabular, Formatierungskonventionen), Prozesse (Diskussion, Freigabe, Konsolidierung) und Rollen (Nutzergruppen mit verschiedenen Berechtigungen) heraus. Diese entsprechen den Attributen und Beziehungen in einem Informationsmodell [Matthes+11b].

Werden, wie eben beschrieben, zunächst die Informationen durch die Benutzer des Wikis gesammelt und anschließend das Informationsmodell daraus extrahiert, handelt es sich um einen sogenannten Bottom-up-Ansatz zur Generierung eines Informationsmodells. Der Vorteil dieses Ansatzes ist, dass die Nutzer zunächst ohne Einschränkungen durch ein vordefiniertes Datenmodell ihr Wissen bereitstellen können [Matthes+11b]. Erst durch sich herausbildende Gemeinsamkeiten innerhalb von Gruppen ähnlicher Entitäten wird ein Informationsmodell ersichtlich und kann beispielsweise durch den Einsatz von Templates für das Anlegen weiterer Entitäten dieses Typs fixiert werden.

Als Beispiel soll an dieser Stelle ein Wiki mit Informationen über Applikationen eines Unternehmens eingeführt werden (Abb. 5–13). In diesem Wiki wurden durch Nutzer bereits Wiki-Seiten für die Applikationen *SAP CO*, *SAP FI* und *Siebel CRM* angelegt. Ein Modelldesigner erkennt, dass es sich hierbei immer um Applikationen externer Provider handelt, und dass jeder dieser Seiten die Attribute *Provider* und *Ansprechpartner* zugeordnet wurde. Für das Erfassen von weiteren Applikationen des Typs *Applikationen externer Provider* kann er nun ein Template bereitstellen, in dem die Autoren gezwungen sind, dem Attribut *Provider* und dem Attribut *Ansprechpartner* einen Wert zuzuweisen. Templates ermöglichen es Autoren also, etablierte Strukturen von Wiki-Seiten wiederzuverwenden [Buckl+10].

5.4 Informationsmodelle

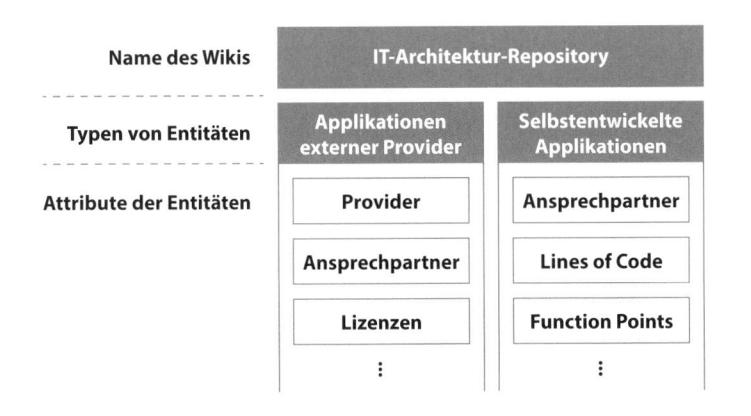

Abb. 5–13
Beispielhafte Struktur eines Wikis

Name des Wikis	IT-Architektur-Repository	
Typen von Entitäten	Applikationen externer Provider	Selbstentwickelte Applikationen
Attribute der Entitäten	Provider	Ansprechpartner
	Ansprechpartner	Lines of Code
	Lizenzen	Function Points
	⋮	⋮

Der Top-down-Ansatz erlaubt das Einbringen von erprobten Referenzmodellen.

Neben dem Bottom-up-Ansatz kann auch ein Top-down-Ansatz zur Generierung eines Informationsmodells angewendet werden. Bei einem solchen Ansatz wird das Informationsmodell vorab von einem Modelldesigner entworfen. Dabei kann sich der Modelldesigner an Referenzmodellen, wie beispielsweise dem TOGAF Content Metamodel, orientieren. Referenzmodelle konstituieren abstrakte Informationsmodelle einer Domäne – quasi implementationsunabhängige »Vorlagen« bereits erprobter Informationsmodelle [TOGAF9.1].

Ist das Informationsmodell schließlich definiert, werden vorhandene Informationen von den Nutzern in die vorgegebenen Strukturen eingepflegt [Matthes+11a].

Konkret bedeutet dies, dass sich ein Modelldesigner bereits zu Beginn überlegt, dass es sinnvoll wäre, auf Wiki-Seiten des Typs *Applikationen externer Provider* die Attribute *Provider* und *Ansprechpartner* aufzulisten. Anhand dieser Überlegungen erstellt der Modelldesigner vordefinierte Templates für diesen Typ von Entitäten, die schließlich durch die Nutzer mit den entsprechenden Informationen befüllt werden. Durch einen solchen Ansatz kann die strukturierte Erfassung von Daten und damit eine hohe Qualität der Informationen zu jedem Zeitpunkt gefördert werden.

Ein Informationsmodell, das die Struktur des gesammelten Wissens eines Wikis abbildet, kann also entweder mit dem Bottom-up- oder dem Top-down-Ansatz erzeugt werden. Um zu entscheiden, wie man vorgehen möchte, muss man sich die Vor- und Nachteile beider Ansätze ansehen.

Jeder Ansatz hat Vor- und Nachteile.

Der Vorteil des Bottom-up-Ansatzes ist, dass das sich entwickelnde Datenmodell den Konsens der Autorenschaft widerspiegelt. Darüber hinaus können Änderungen des Informationsmodells schnell und einfach umgesetzt werden. Solche Änderungen des Informationsmodells sind aufgrund kontinuierlicher Änderungen des Umfeldes und damit des Unternehmens selbst regelmäßig erforderlich [Reschenhofer+16]. Andererseits kann kaum Einfluss auf die Qualität des Informationsmodells und damit auf die Güte der Abfragemöglichkeiten der Datensammlung genommen werden.

Der Top-down-Ansatz ermöglicht dagegen das Einbringen von erprobten Referenzmodellen bei der Entwicklung des Informationsmodells und verspricht daher differenziertere Abfragemöglichkeiten. Allerdings ist es möglich, dass Autoren aufgrund der vorgegebenen Strukturen nicht wissen, wie sie bestimmte Informationen einbringen können und sie daher einfach weglassen.

Für die Pflege traditioneller Wikis sind zwei Rollen nötig.

Bei der Erstellung und Konsolidierung von Wiki-Seiten können die Nutzer zwei Rollen einnehmen. Auf der einen Seite gibt es die reinen Autoren, die ihr Wissen freiwillig und selbstbestimmt einbringen [Moskaliuk08]. Motiviert werden sie dabei dadurch, dass ihre Weltsicht und ihr Wissen veröffentlicht werden und sie positive Rückmeldungen über die erfolgten Seitenaufrufe und Verlinkungen durch Dritte erhalten [Matthes+11a].

Zusätzlich gibt es moderierende und ordnende Editoren, die für die sprachliche und strukturelle Konsistenz zwischen den Beiträgen und für deren Kategorisierung und Verlinkung verantwortlich sind [Matthes+11a].

Einschränkungen in den Abfragemöglichkeiten traditioneller Wikis

Da das Wissen in traditionellen Wikis vorwiegend un- und semistrukturiert vorliegt, kann eine Suche fast ausschließlich durch Volltextbeschreibungen erfolgen. Eine weiter gehende Interpretation der Informationen durch Programme ist kaum möglich [Schaffert06]. Eine gezielte Suche nach Applikationen von externen Providern, von denen das Unternehmen mehr als 20 Lizenzen besitzt, wäre beispielsweise nicht möglich.

Die Weiterentwicklung der traditionellen Wikis: semantische Wikis

Semantische Wikis adressieren die Problematik der eingeschränkten Suchmöglichkeiten traditioneller Wikis, indem zusätzlich strukturierte Daten zu den einzelnen Seiten hinzugefügt werden. Bei diesen strukturierten Daten handelt es sich meist um semantische Annotationen, die für die Nutzer später nicht mehr sichtbar sind, aber von Programmen ausgewertet werden können. Anhand dieser Metadaten entstehen ähnliche Abfragemöglichkeiten für den Inhalt eines Wikis wie für Datenbanken [Matthes+11b].

Auch wenn durch das Konzept der semantischen Wikis die Problematik der eingeschränkten Suchfunktionen gelöst werden konnte, hat auch dieser Ansatz Nachteile. Ein solcher Nachteil ist, dass die Autoren mit der speziellen Syntax der gewählten semantischen Annotation vertraut sein müssen, um die strukturierten Daten hinzufügen zu können [Matthes+11b]. Diese Annotationen sind oft nicht einfach zu lernen und das Konzept der semantischen Wikis steht somit im Widerspruch zu der Grundidee von Wikis, die schnell und einfach nutzbar sein sollten.

Anreicherung mit Metadaten bedeutet erheblichen Mehraufwand.

Darüber hinaus ist es schwer, die Nutzer zu motivieren, den zusätzlichen Aufwand, der durch das Hinzufügen der Metadaten entsteht, auf sich zu nehmen. Der Grund hierfür ist, dass es bislang nur wenige Nutzer gibt, die über Inferenzalgorithmen oder semantische Suchmaschinen auf die Inhalte zugreifen und die Autoren deshalb kurzfristig weder mehr Leser noch mehr Rückmeldungen oder mehr Links zu ihren Beiträgen verzeichnen können [Neubert12].

Eingesetzt werden semantische Wikis heutzutage daher vorwiegend in Spezialgebieten wie der Bioinformatik, wo sie durchaus Mehrwert schaffen [Neubert12].

Hybride Wikis vereinen die Vorteile traditioneller und semantischer Wikis

Das Konzept der hybriden Wikis wird seit 2009 unter dem Namen SocioCortex[6] (früher Tricia) an der Technischen Universität München entwickelt. Der Begriff »hybrides Wiki« wurde gewählt, da es sich um ein traditionelles Wiki handelt, in das einige Funktionalitäten von semantischen Wikis integriert wurden. Diese zusätzlichen Funktionalitäten umfassen Mechanismen zur Klassifikation, Verknüpfung und Konsistenzprüfung von Wikis und ihren Informationsmodellen [Matthes+11b].

Ziel der hybriden Wikis ist es, den Nutzern die Möglichkeit zu geben, einfach und ohne unnötigen Mehraufwand strukturierte Inhalte zu Wiki-Seiten hinzuzufügen. Die Nutzer müssen dazu keine semantischen Annotationssprachen lernen und es ist kein zweiphasiger Prozess nötig, in dem ein Experte später Annotationen oder Umstrukturierungen vornimmt. Um den Prozess besonders intuitiv zu machen, orientiert sich das User Interface dabei an gängigen Konzepten wie Formularen, Spreadsheet-Tabellen und Autovervollständigung von Werten und Links. Durch das Hinzufügen von strukturierten Informationen können die gesammelten Informationen durch die Nutzer mit erweiterten Such- und Filteroptionen abgefragt werden [Matthes+11b].

---

6. Siehe auch *https://wwwmatthes.in.tum.de/pages/13uzffgwlh8z4/SocioCortex* (aufgerufen am 29.08.2016).

Zusammenfassend können anhand des hybriden Wikis die Vorteile von traditionellen und semantischen Wikis, sprich die Nutzerfreundlichkeit und die erweiterten Abfragemöglichkeiten, ohne deren Nachteile kombiniert werden.

Funktionsweise hybrider Wikis

Im Gegensatz zu anderen Arten von Wikis unterstützt das hybride Wiki den Ansatz der Anwendung von Templates zur Strukturierung von Inhalten ausdrücklich nicht. Stattdessen werden die Konzepte der Attribute, der Entity Types, der Attributvorschläge und der Integritätsrestriktionen eingeführt [Matthes+11b]. Wie diese Konzepte funktionieren und wie dadurch der Template-Ansatz ersetzt werden kann, wird im Folgenden beleuchtet.

Entity Types: Dabei handelt es sich um Konzepte zur Definition von Typen von Wiki-Seiten. Der gewählte Entity Type wird oben in der Attributbox angezeigt (siehe Abb. 5–14, Punkt 1). Auf diese Weise kann ein Nutzer seine Wiki-Seite mit anderen Wiki-Seiten, die Entitäten des gleichen Typs beschreiben, assoziieren. Ferner sind Entity Types ein Indikator für Page Similarity, ein Konzept, auf das im Weiteren noch genauer eingegangen wird [Reschenhofer+16].

Attribute: Auch bei den Attributen der hybriden Wikis handelt es sich um Attribut-Wert-Paare, die, ähnlich den semi-strukturierten Informationen in traditionellen Wikis, zusätzlich in tabellarischer Form rechts auf einer Wiki-Seite angezeigt werden (siehe Abb. 5–14, Punkt 2). Jedes Attribut hat einen Namen und kann einen oder mehrere Textliterale oder Links zu anderen Seiten als Werte annehmen. Im Gegensatz zu den Attributen traditioneller Wikis dienen diese Attribute jedoch direkt der Darstellung von strukturierten Informationen einer Wiki-Seite [Matthes+11b]. Ferner kann ein Nutzer die Attribute während der Erstellung oder Verfeinerung einer Wiki-Seite selbst erzeugen, indem er einfach einen neuen Eintrag in der Attributbox hinzufügt (siehe Abb. 5–14, Punkt 3).

Attributvorschläge: Wenn ein Autor eine Wiki-Seite bearbeitet, werden ihm möglicherweise relevante Attribute angezeigt (siehe Abb. 5–14, Punkt 4). Diese Vorschläge basieren auf dem Konzept der Page Similarity, die wiederum auf der Zuordnung von Entity Types aufbaut. Im Klartext bedeutet das, wenn auf Wiki-Seiten mit dem gleichen Entity Type ein bestimmtes Attribut vorkommt, ist es wahrscheinlich, dass dieses Attribut auch für die aktuelle Wiki-Seite relevant ist, und wird daher vorgeschlagen. Darüber hinaus werden dem Nutzer auch bei dem Eintragen der Attributwerte Vorschläge zur Autovervollständigung von Begriffen gemacht. Zweck aller dieser Vorschläge ist es, den Nutzer dazu zu motivieren, die Wiki-Seiten mit strukturierten Informationen anzureichern und eine konsistente Nutzung von Strukturen und Begriffen zu fördern [Matthes+11b].

5.4 Informationsmodelle 189

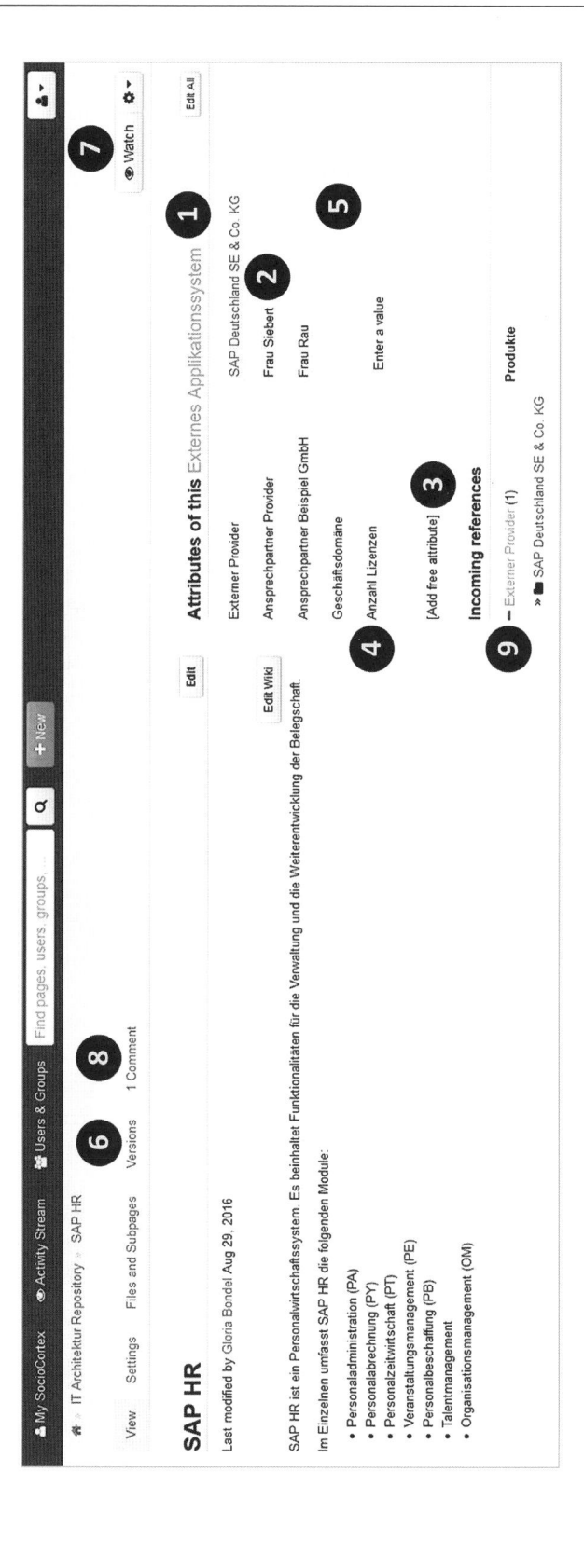

My SocioCortex | Activity Stream | Users & Groups | IT Architektur Repository » SAP HR

View | Settings | Files and Subpages | Versions | 1 Comment

Find pages, users, groups...

+ New

● Watch ✱

SAP HR

Edit All

Last modified by Gloria Bondel Aug 29, 2016

SAP HR ist ein Personalwirtschaftssystem. Es beinhaltet Funktionalitäten für die Verwaltung und die Weiterentwicklung der Belegschaft.

Im Einzelnen umfasst SAP HR die folgenden Module:

- Personaladministration (PA)
- Personalabrechnung (PY)
- Personalzeitwirtschaft (PT)
- Veranstaltungsmanagement (PE)
- Personalbeschaffung (PB)
- Talentmanagement
- Organisationsmanagement (OM)

Edit Wiki

Attributes of this Externes Applikationssystem   Edit

Externer Provider	SAP Deutschland SE & Co. KG
Ansprechpartner Provider	Frau Siebert
Ansprechpartner Beispiel GmbH	Frau Rau
Geschäftsdomäne	
Anzahl Lizenzen	Enter a value

[Add free attribute]

Incoming references

— Externer Provider (1)   Produkte

» SAP Deutschland SE & Co. KG

Abb. 5–14
User Interface des hybriden Wikis

Integritätsrestriktionen: Trotz aller Flexibilität in hybriden Wikis können durch erfahrene Nutzer Integritätsrestriktionen definiert werden. Diese Restriktionen setzen auf mehreren Ebenen an. Zunächst können einzelne Entity Types mit bestimmten Attributen assoziiert werden, für die immer ein Wert angegeben werden muss. Wird diesen Attributen kein Wert zugeordnet, werden sie farblich hervorgehoben, um den Autor auf die fehlenden Werte aufmerksam zu machen (siehe Abb. 5–14, Punkt 5). Ferner kann für ein Attribut Restriktionen in Bezug auf den Datentyp des zugehörigen Wertes und die Anzahl der eintragbaren Werte definiert werden. Diese beiden Arten von Restriktionen können in Kombination oder unabhängig voneinander eingesetzt werden [Matthes+11b].

Hybride Wiki ermöglichen eine Co-Evolution von Informationsmodellen.

Setzt man hybride Wikis ein, muss man sich nicht entscheiden, ob man einen Bottom-up- oder einen Top-down-Ansatz bei der Entwicklung eines Informationsmodells verfolgen möchte, denn beide Ansätze können parallel angewendet werden [Matthes+11b].

Der Bottom-up-Ansatz wird durch die Vorschlagsfunktion des hybriden Wikis unterstützt. Dabei können die Nutzer ihre Informationen vollkommen frei auf den Wiki-Seiten erstellen, strukturieren und verlinken. Sobald bereits Inhalte mit dem gleichen Entity Type erstellt wurden, werden den Nutzern Vorschläge für Attribute und deren Werte gemacht. Dadurch werden sie beim Erstellen oder Verbessern von Wiki-Seiten kontinuierlich in Richtung eines sich herausbildenden Datenmodells und Vokabulars gelenkt [Matthes+11b].

Nun ist es möglich, dass ein erfahrener Nutzer Muster in der Struktur bestimmter Typen von Wiki-Seiten erkennt. Solche Muster kann er anhand von Integritätsrestriktionen im Informationsmodell verankern. Daneben kann er Integritätsrestriktionen auch dazu nutzen, von Anfang an Elemente eines Referenzmodells in das Informationsmodell einzubringen. Hierbei wird also ein Top-down-Ansatz der Modellbildung verfolgt [Matthes+11b].

Zusammenfassend können Entity Types gemeinsam mit den Konzepten der Attributvorschläge und der Integritätsrestriktionen als eine flexiblere Form von Templates angesehen werden, die das Herausbilden von konsolidierten Datenstrukturen unterstützen, ohne die Autoren zur Datenpflege zu zwingen. Ferner ermöglicht diese Co-Evolution des Informationsmodells einen einfachen Übergang von unstrukturierten zu hoch strukturierten Inhalten. Dabei ist es nicht erforderlich, dass die Autoren eine spezielle Syntax zum Annotieren strukturierter Inhalte erlernen müssen.

Weitere Funktionalitäten hybrider Wikis

Über die bisher erläuterten Vorteile bei der Sammlung und Konsolidierung von verteiltem Wissen und der Modellierung von EAM-Metamodellen hinaus können Unternehmensarchitekten auch von weiteren Funktionalitäten eines hybriden Wikis profitieren:

Modellierung von (EAM-)Prozessen: Wissensintensive Prozesse, wie beispielsweise EAM-Prozesse, sind aufgrund von oft auftretenden Ausnahmen, Ad-hoc-Anfragen und nicht vordefinierten Abläufen nur schwer zu koordinieren. Durch die Erweiterung von hybriden Wikis mit den Konzepten von Tasks, Informationshierarchien, detaillierteren Rollenbeschreibungen, deklarativen Prozessmodellen – *was* getan werden muss, nicht *wie* es getan werden muss – und User Interfaces, die den Fortschritt von Aufgaben visualisieren, ist eine solche Modellierung jedoch möglich. Basierend auf dem Paradigma des Adaptive Case Management wird es Nutzern ermöglicht, die Prozessmodellierung dynamisch anzupassen, auch wenn der Prozess bereits angestoßen wurde [Hauder+14].

Modellbasierte EAM-Metriken: Eine weitere Funktionalität des hybriden Wikis ist das Definieren von EAM-Metriken auf Basis der Informationen, die in einem Wiki bereits vorhanden sind oder einfach eingebracht werden können. Ermöglicht wird diese Funktion durch die Implementierung einer Expression Language, die das Formulieren von Abfragen und Regeln basierend auf dem Informationsmodell des Wikis erlaubt [Reschenhofer+16].

Suchoptionen: Wie bereits erwähnt, unterstützt das hybride Wiki erweiterte Suchfunktionen. Konkret bedeutet das, dass Tabellen sämtlicher Entitäten eines Typs erstellt werden können. Die entstehende Tabelle wird in eine Wiki-Seite eingebettet und aktualisiert sich automatisch im Falle neuer Suchtreffer. In einem nächsten Schritt kann diese Tabelle weiter nach bestimmten Attributausprägungen gefiltert oder sortiert werden. Beispielsweise könnte eine Wiki-Seite über eine gespeicherte Suche *alle Applikationen externer Provider mit mehr als 25 gekauften Lizenzen* anzeigen. Wird eine neue Seite für eine Applikation mit mehr als 25 gekauften Lizenzen angelegt oder das Attribut Lizenzen einer bestehenden Seite erhöht oder gesenkt, führt dies dynamisch zu einer Aktualisierung der eingebetteten Tabelle.

REST API: Durch REST APIs können weitere Anwendungen einfach an das hybride Wiki angebunden werden. Eine solche Anwendung ist der SocioCortex Visualizer[7], der eine flexible Visualisierung der in dem Wiki hinterlegten Informationen (Seiten, Attribute, Beziehungen) ermöglicht (Abb. 5–15).

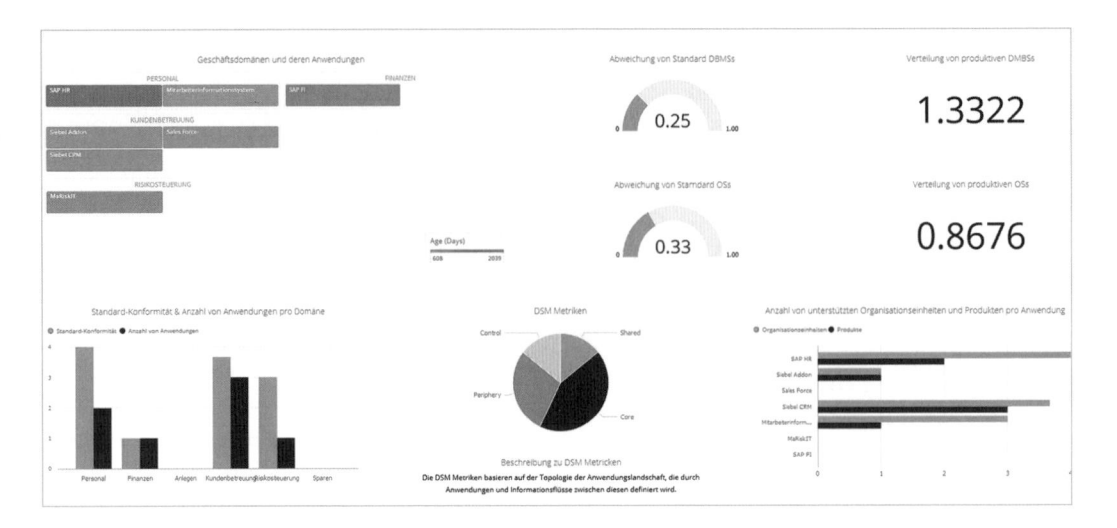

Abb. 5–15
Beispiel für ein Dashboard, das mit dem SocioCortex Visualizer erstellt wurde

Change-Logs und RSS-Feeds: Hybride Wikis bieten die Möglichkeit der Nachverfolgung von Änderungen an Wiki-Seiten oder eingebetteten Tabellen. Anhand von Change-Logs kann auf den jeweiligen Wiki-Seiten eingesehen werden, welcher Nutzer zu welchem Zeitpunkt und aus welchem Grund eine neue Version eines Objektes erstellt hat (Abb. 5–14, Punkt 6). Durch das Abonnieren eines RSS-Feed können sich Nutzer auch aktiv über solche Änderungen benachrichtigen lassen (Abb. 5–14, Punkt 7).

Flexibler Datenintegrationsansatz: Aufgrund der Anwendung von Soft Constraints können Daten aus verschiedenen Quellen einfach in das hybride Wiki importiert werden. Dabei erlauben die Soft Constraints auch den Import von Daten, die nicht mit den definierten Integritätsrestriktionen übereinstimmen, beispielsweise aus einem Excel-Sheet. Konflikte zwischen den Daten und den Restriktionen können nach dem Import systematisch gesucht und gelöst werden. Eine Möglichkeit, Konflikte zu finden, ist anhand einer Suche, die, wie bereits beschrieben, als Tabelle auf einer Wiki-Seite eingebettet werden kann. Inkonsistenzen werden in dieser Tabelle hervorgehoben und können auch direkt dort behoben werden, ohne dass die jeweiligen Seiten aufgerufen werden müssen (Abb. 5–16, Punkte 1–4). Die Anwendung von Strict Constraints ist grundsätzlich zwar auch möglich, wird aber nur für manuell eingetragene Daten durchgesetzt [Reschenhofer+16].

---

7. Siehe auch: *https://wwwmatthes.in.tum.de/pages/7hfq7554s6yv/Spreedsheet-2.0-User-oriented-tools-for-analyzing-complex-linked-data* (aufgerufen am 29.08.2016).

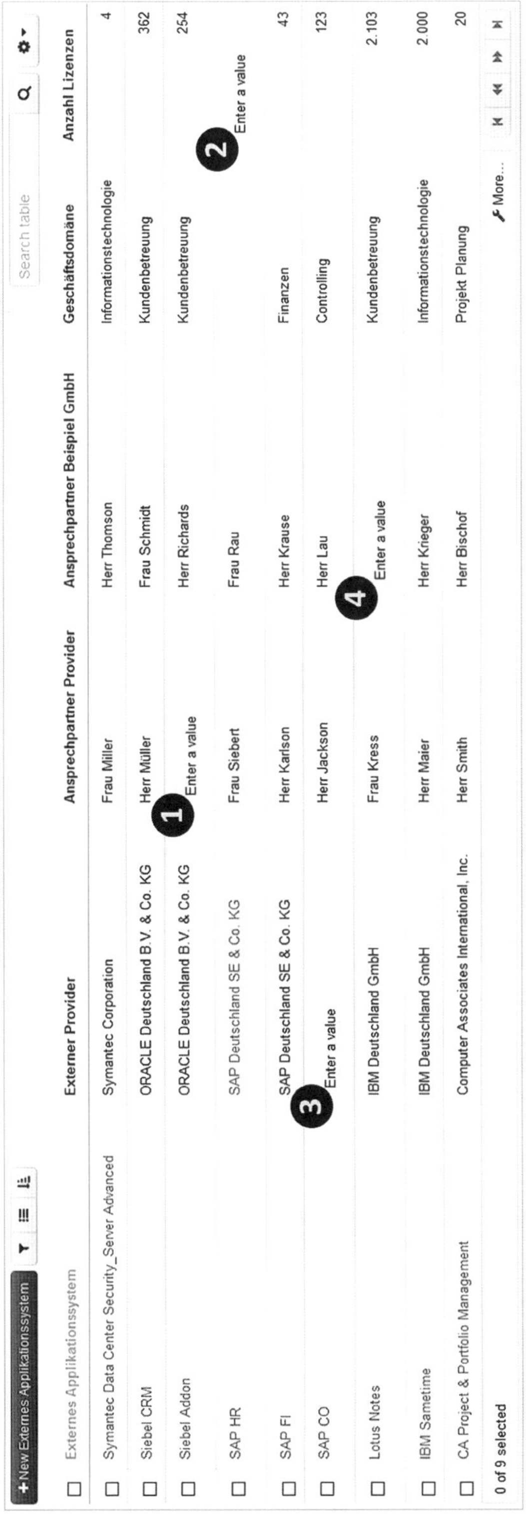

5.4 Informationsmodelle

Externes Applikationssystem	Externer Provider	Ansprechpartner Provider	Ansprechpartner Beispiel GmbH	Geschäftsdomäne	Anzahl Lizenzen
Externes Applikationssystem					4
Symantec Data Center Security_Server Advanced	Symantec Corporation	Frau Miller	Herr Thomson	Informationstechnologie	
Siebel CRM	ORACLE Deutschland B.V. & Co. KG	Herr Müller	Frau Schmidt	Kundenbetreuung	362
Siebel Addon	ORACLE Deutschland B.V. & Co. KG	Enter a value	Herr Richards	Kundenbetreuung	254
SAP HR	SAP Deutschland SE & Co. KG	Frau Siebert	Frau Rau		Enter a value
SAP FI	SAP Deutschland SE & Co. KG	Herr Karlson	Herr Krause	Finanzen	43
SAP CO	Enter a value	Herr Jackson	Herr Lau	Controlling	123
Lotus Notes	IBM Deutschland GmbH	Frau Kress	Enter a value	Kundenbetreuung	2.103
IBM Sametime	IBM Deutschland GmbH	Herr Maier	Herr Krieger	Informationstechnologie	2.000
CA Project & Portfolio Management	Computer Associates International, Inc.	Herr Smith	Herr Bischof	Projekt Planung	20

0 of 9 selected

Abb. 5–16
Anzeige von Typ-Inkonsistenzen in einem Wiki

Kommentieren von Seiten: Die einzelnen Seiten des hybriden Wikis können durch Nutzer kommentiert werden (Abb. 5–14, Punkt 8). Das unterstützt das Bilden eines Konsenses zu bestimmten Sachverhalten sowie den Aufbau von Wissens-Communitys.

Zugriffsschutz: Auch eine Funktion zum Setzen verschiedener Zugriffsrechte ist in dem hybriden Wiki vorhanden. Dabei können für einzelne Personen oder ganze Personengruppen Lese-, Schreib- und Zugriffsrechte definiert werden [Neubert12]. Auf diese Weise könnte z. B. der Ansprechpartner eines Providers einer Applikation auch Schreibzugriff auf die Wiki-Seite zu ebendieser Anwendung erhalten und zusätzliches Wissen einbringen.

Inverse Links: Um Redundanzen zu verhindern, wurde das hybride Wiki so implementiert, dass eine Verlinkung von einer Wiki-Seite auf eine andere automatisch auf beiden Seiten angezeigt wird (siehe Abb. 5–14, Punkt 9). Dadurch ist es nicht nötig, einen Link auf beiden Seiten zu deklarieren [Reschenhofer+16].

Einsatzpotenziale für hybride Wikis im EAM

Wie können Wikis nun im Zusammenhang mit EAM genutzt werden?

Hybride Wikis als leichtgewichtige EAM-Werkzeuge

Zunächst einmal liegen die Informationen, die für ein effizientes EAM benötigt werden, in der Regel dezentral im Unternehmen vor. Ein Wiki ermöglicht es, diese Informationen zentral zu sammeln und so beispielsweise ein Lexikon der Anwendungslandschaft des Unternehmens zu schaffen.

Darüber hinaus kann relativ einfach ein EAM-Metamodell des verwendeten Tools extrahiert werden. Durch die Co-Evolution des Informationsmodells kann dieses Datenmodell im Zuge der Bottom-up-Modellierung emergent entstehen. Gleichzeitig kann diese Entwicklung durch die Top-down-Modellierung in Richtung eines bestimmten Referenzmodells, z. B. des TOGAF Content Metamodel, gelenkt werden. Auf diese Weise wird eine hohe Flexibilität des Informationsmodells in Bezug auf die dynamische Entwicklung eines Unternehmens mit differenzierten Abfragemöglichkeiten als Ausgangspunkt für informierte Entscheidungen kombiniert.

Erweiterungen des Konzeptes der hybriden Wikis um Ansätze wie die flexible Modellierung von EAM-Prozessen oder die Möglichkeit, basierend auf den vorhandenen Daten EAM-Metriken zu definieren, tragen weiter zu der Attraktivität hybrider Wikis für den Einsatz im Enterprise Architecture Management bei.

Des Weiteren steht dem weitreichenden Nutzen, den hybride Wikis stiften, ein relativ kleiner finanzieller und zeitlicher Aufwand gegenüber. Diese Tatsache wird zusätzlich dadurch verstärkt, dass erste Plattformen, wie das hier betrachtete SocioCortex, auch als SaaS (Software as a Service) angeboten werden.

Allgemein handelt es sich bei hybriden Wikis also um leichtgewichtige Tools, von denen man in der Arena der EAM-Werkzeuge noch einiges erwarten kann.

6 Compliance

Compliance ist ein Begriff, der heute immer öfter im Zusammenhang mit IT-Management und auch IT-Architektur genannt wird. Compliance ist für IT-Unternehmensarchitekten und sonstige IT-Planer ein wichtiges Thema, das häufig das Potenzial besitzt, hohe Zusatzkosten zu verursachen, die durch die Erfüllung gesetzlicher Auflagen erforderlich werden. Die Umsetzung von Compliance-Maßnahmen berührt regelmäßig auch den IT-Bereich. In einigen Fällen (SOX) sind die Regelungen auch mit einer ziemlich scharfen Vorstandshaftung hinterlegt, was dazu führt, dass die zugehörigen Maßnahmen mit entsprechendem Druck im Unternehmen umgesetzt werden. Also sollte man als IT-Unternehmensarchitekt unbedingt wissen, was hinter den Begriffen und Themen steckt, die im Zusammenhang mit Compliance immer wieder genannt werden.

> **Haftungsausschluss**
> Da es in diesem Kapitel teilweise »juristisch« wird, ist hier auch ein formeller Hinweis angebracht. Dieses Buch hat nicht den Anspruch (und kann ihn auch nicht haben), alle für Ihr Unternehmen relevanten gesetzlichen Regelungen aufzulisten und zu behandeln, um damit in jeder Beziehung Compliance zu erreichen. Das trifft auch für jedes der im Folgenden beschriebenen Gebiete wie SOX oder Basel III zu. Weder der Verlag noch der Autor haften also für die Vollständigkeit oder Richtigkeit dieses Materials.

6.1 Was ist »Compliance«?

Wie fast immer lohnt es sich, auch für den Begriff »Compliance« erst einmal die Definition anzusehen, bevor man sich weiter mit ihm beschäftigt.

> **Definition: Compliance**
> com·pli·ance /kmplaIns/ noun [U] ~ (with sth) the practice of obeying rules or requests made by people in authority: procedures that must be followed to ensure full compliance with the law
> Quelle: Oxford Advanced Learners' Dictionary

Compliance bedeutet also erst einmal völlig unspezifisch, dass man sich an Gesetze und Regeln hält. Das hat vordergründig wenig mit IT-Unternehmensarchitektur oder IT-Management zu tun. Außer, dass man sich selbstverständlich auch dort an Gesetze und Regeln halten muss.

Beispiele für Compliance-Begriffe, die den meisten IT-Unternehmensarchitekten im Job wenig sagen werden, sind z.B.:

Beispiele für Compliance-Gebiete

- **FDA-Compliance**
  Das Beachten der Vorschriften der US Food and Drug Administration (FDA), z.B. für eine prozessbegleitende Dokumentation, wenn Arzneimittel entwickelt werden, oder für medizinische Geräte, für die eine Zulassung in den USA erforderlich ist. FDA-Compliance kann also sowohl die Entwicklung von Software betreffen, die sich in medizinischen Geräten befindet, als auch die Funktionalität von Software, die zur Dokumentation von Entwicklungsprozessen verwendet wird.
- **Lebensmittelrechts-Compliance**
  Das Beachten lebensmittelrechtlicher Vorschriften, z.B. die Pflicht, das Herkunftsland von Fleisch nachweisen zu können.
- **Kartellrechts-Compliance**
  Das Beachten von Kartellvorschriften: Das hat in der Tat mit IT direkt selten etwas zu tun.

Einfluss von Compliance-Vorschriften auf Softwarearchitekturen

Wenn Sie nicht aus der entsprechenden Branche kommen, werden Sie vielleicht spontan sagen, dass das keine Themen sind, die die IT-Architektur wesentlich beeinflussen. Wenn Sie aber z.B. in einer Firma für Medizintechnik Steuerungen für Herz-Lungen-Maschinen, Herzschrittmacher, Röntgenapparate oder Ähnliches entwickeln sollten, dann werden Sie stundenlange Vorträge darüber halten können, inwieweit Vorschriften der FDA die Softwarearchitektur und den Entwicklungsprozess für die Steuerungsprogramme beeinflussen. Oder wenn Sie IT-Vorstand eines Pharmaunternehmens sind, werden Sie darüber berichten können, dass die Nachweispflichten bei der Zulassung von Arzneimitteln Sie zwingen, speziell dafür geeignete Dokumentenmanagementsysteme anzuschaffen, die weit über das hinausgehen, was ein normales elektronisches Archiv z.B. einer Bank oder Versicherung leistet. Aber es gibt auch eine Menge Themen, die unter dem Oberbegriff Compliance immer wieder genannt werden, die für die IT vieler Branchen direkt von Bedeutung sind.

Es wäre unmöglich, ein inhaltlich vollständiges Kapitel über Compliance auch nur für eine Branche und ein Land zu schreiben, das nicht in kurzer Zeit wieder veraltet wäre. Von daher wird im Folgenden lediglich an Beispielen demonstriert, welche Auswirkungen Compliance-Themen auf IT-Unternehmensarchitekturen haben können, sodass Sie ein Gefühl für den damit verbundenen Aufwand bekommen. Die Auswahl dieser Beispiele ist relativ willkürlich. Jeder Leser könnte kritisieren, dass die speziell für seine Branche wichtigen Vorschriften hier nicht erläutert werden. So hat z.B. einer der Reviewer kritisiert, warum hier SOX und nicht MaRisk – eine Vorschrift für das Risikomanagement in Banken – behandelt wird. Der Grund war in diesem Fall, dass das US-amerikanische SOX mit Strafen bis zu Gefängnisstrafen bewehrt ist. Von daher sollte hier einmal eine wirklich »harsche Vorschrift« gezeigt werden. Auch umfangreiche Compliance-Bücher können also immer nur mit Beispielen arbeiten oder ein paar wenige Richtlinien eingehender diskutieren. Die Menge aller denkbaren Vorschriften ist einfach viel zu umfangreich, um sie in einem Buch über Compliance oder gar in einem Buchkapitel mit den Grundlagen zu Compliance abzuarbeiten. Daher sind alle hier genannten Vorschriften lediglich als Beispiele zu verstehen, um vor allem auch zu zeigen, wie viel Geld teilweise für das Einhalten von Auflagen verwendet werden muss und welche Haftungsrisiken Manager in Kauf nehmen würden, wenn sie dies unterlassen.

Compliance ist branchenspezifisch.

Das Kapitel ist daher nicht prinzipiell anders aufgebaut als in früheren Auflagen des Buches. Das Einzige, was sich in den letzten Jahren immer weiter verändert hat, ist die Wahrnehmung von Compliance. Durch zahlreiche Skandale und auch durch die Bankenkrise 2008/2009 ist die Toleranzschwelle für Nachlässigkeiten jeder Art beim Compliance- und Risikomanagement weiter deutlich gesunken. Zur Bankenkrise kamen zahlreiche prominente Bestechungsskandale und diverse Datenschutzskandale hinzu. Diese Skandale betrafen zum Teil große, prominente Unternehmen. Sie haben in Einzelfällen zu Anklagen geführt mit der Auswirkung, dass das Thema Compliance jetzt stärker im Bewusstsein von Vorständen verankert ist. In der Konsequenz heißt das, dass Sie als IT-Architekt oder IT-Unternehmensarchitekt heute oft deutlich mehr Zeit in Risikomanagement, Datenschutz und eben auch Compliance-Themen investieren müssen.

Stellenwert des Themas Compliance ist stark angestiegen.

6.2 IT-Compliance im Kontext von Enterprise Compliance

Normalerweise wäre zu erwarten, dass man für das unternehmensweite Management von Compliance schon ähnliche Frameworks findet wie z.B. für das IT-Risikomanagement (Risk IT und COBIT for Risk – siehe Kap. 8) oder für IT-Governance und IT-Audits (siehe COBIT, Abschnitt 6.6 und 11.1). Die Bücher über umfassende Compliance-Ansätze für ein komplettes Unternehmen (Enterprise Compliance bzw. Corporate Compliance) [Behringer13] und [Keuper+10] sind größtenteils neueren Datums und Sammelwerke.

Für Corporate Compliance werden bei [Behringer13] u.a. die in Abbildung 6–1 gezeigten Arbeitsgebiete genannt.

Abb. 6–1
Aufteilung von Corporate Compliance in einzelne Arbeitsgebiete [Behringer13]

| Legal Compliance & Haftung |
| Accounting Compliance |
| Insolvency Compliance |
| Tax Compliance |
| Regulatory Compliance |
| Health, Safety & Environmental Compliance |
| IT-Compliance |
| SOX Compliance |

Darüber hinaus findet man noch wenige schematische Bilder für Corporate Compliance. IT-Compliance wird häufig als Würfel dargestellt, der recht gut die Systematik zeigt, nach der Compliance-Fachleute arbeiten (siehe Abb. 6–2).

Compliance-Fachleute lassen sich dabei vor allem von Rechtsquellen und deren Gültigkeitsbereichen leiten sowie von Schutzzielen. Architekten würden eher darüber nachdenken, welche Systeme oder Systemgruppen sie wie wogegen schützen müssten.

Bezüglich der Chance, ein allumfassendes Buch zum Thema IT-Compliance zu schreiben, sind sich die Fachleute jedoch einig: Dies wird angesichts unterschiedlicher Branchen und der Vielzahl an Rechtsnormen, die weltweit existieren, als relativ unmöglich angesehen. Daher wird in diesem Buch nur anhand von ein paar Beispielen gezeigt, welche teils erheblichen Auswirkungen ein scheinbar unscheinbares Compliance-Thema auf die Architektur und IT-Kosten haben kann.

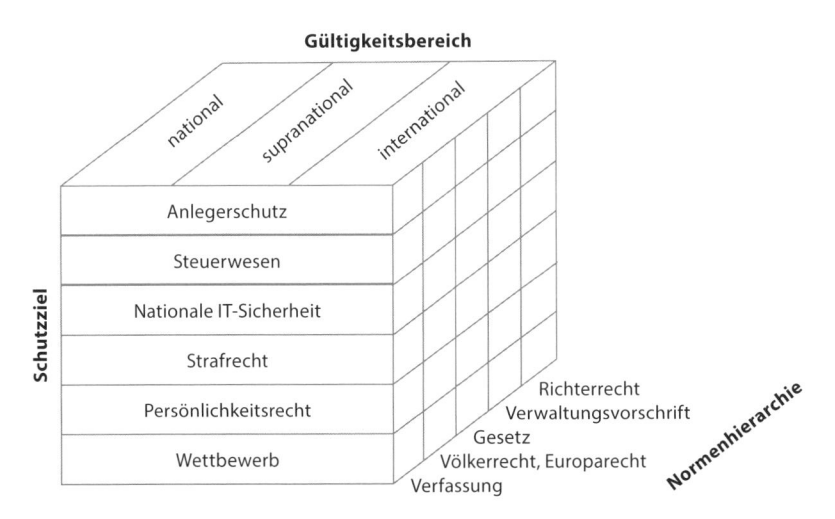

Abb. 6–2
Compliance-Würfel für IT-Compliance ([Behringer13], S. 293)

Gültigkeitsbereich: national, supranational, international

Schutzziel: Anlegerschutz, Steuerwesen, Nationale IT-Sicherheit, Strafrecht, Persönlichkeitsrecht, Wettbewerb

Normenhierarchie: Richterrecht, Verwaltungsvorschrift, Gesetz, Völkerrecht, Europarecht, Verfassung

Wenn Sie ein Gefühl dafür entwickeln möchten, wie viele Regelungen sich im Rahmen von IT-Compliance auf wie viele Punkte auswirken, können Sie sich die Seiten des Unified Compliance Framework auf *www.unifiedcompliance.com* ansehen. Alleine die dort enthaltene Liste von rund 400 potenziell relevanten Dokumenten, die erforderlich sind, wenn man ein Geschäft in den USA betreibt, ist beeindruckend.

Flut an Regelungen

6.3 Exemplarische Compliance-Themen für die IT

Beispiele für Begriffe, die unter IT-Architekten und IT-Managern unter dem Oberbegriff Compliance häufiger diskutiert werden, sind z. B.:

- Basel II und Basel III
- Solvency II
- Sarbanes-Oxley Act (SOX)
- Neuere Vorschriften für elektronische Buchhaltung und Archivierung von Geschäftsunterlagen

Abgesehen von Solvency II, das im Wesentlichen nur Versicherungen angeht, betreffen die restlichen Themen potenziell die IT-Funktionen aller Branchen. Als IT-Unternehmensarchitekt sollte man also etwas mehr als eine diffuse Vorstellung davon haben, was diese Regelungen für das eigene Tagesgeschäft bedeuten, damit man besser abschätzen kann, wie viel Zeit und Kapazität dafür bereitzustellen sind.

6.3.1 Basel II und III

Das Grundthema von Basel II und III[1] ist, dass in bedeutenden Wirtschaftsnationen die nationale Bankenaufsicht den Banken Auflagen macht, wie viel Eigenkapital sie vorhalten müssen, wenn sie ein bestimmtes Volumen an Krediten mit einem bestimmten Risiko vergeben wollen. Es kann vorkommen, dass Schuldner ihren Zahlungsverpflichtungen nicht mehr nachkommen können. Damit stellt jeder vergebene Kredit auch ein Risiko für die Banken dar. Das Vorhandensein einer angemessenen Eigenkapitalbasis bedeutet, dass eine Bank nicht zusammenbricht, wenn eine bestimmte, als realistisch angenommene Zahl von Schuldnern ihren Zahlungsverpflichtungen nicht mehr nachkommt und dadurch das Ergebnis der Bank belastet. Das internationale Bankensystem soll dagegen abgesichert werden, dass einzelne größere Pleiten in einem Dominoeffekt die komplette Weltwirtschaft aus dem Gleichgewicht werfen. Oder anders ausgedrückt: Die Regierungen wollen nicht, dass bei jedem Konjunkturloch große Banken zusammenbrechen können und damit die gesamte international verflochtene Weltwirtschaft ins Wanken gerät. Insofern gibt es bei Basel II und III gewisse Parallelen zum Sarbanes-Oxley Act (siehe Abschnitt 6.3.3). Dort will, in einfachen Worten gesagt, der amerikanische Staat nicht, dass seine Bürger das Geld verlieren, das sie für ihre Altersversorgung in Fonds und Aktiengesellschaften investieren müssen, weil in solchen Fällen der Staat für die ausgefallene Rente in Form von Sozialhilfe einstehen müsste.

Regeln für die Eigenkapitalausstattung

Gerade die jüngere Vergangenheit hat gezeigt, was auf den Steuerzahler zukommen kann, wenn mehr als eine große Bank gleichzeitig durch hohen Wertberichtigungsbedarf für Kredite wirklich ins Schleudern gerät. Ein Beispiel in Deutschland in den frühen 2000er-Jahren war die gemeinsame Geschichte der Bayerischen Vereinsbank und der Bayerischen Hypotheken- und Wechselbank. Beide Institute sind in ihrer fusionierten Form als HVB heute von Unicredito übernommen worden. Die Risiken schlummern zum Teil noch in der HypoReal Estate, die hinreichend bekannt sein dürfte. Gerade Sparkassen und öffentlichen Banken in Deutschland wird immer wieder von ihren pri-

---

1. Zum Begriff: Basel II ist ein Bericht über die »Internationale Konvergenz der Eigenkapitalmessung und der Eigenkapitalanforderungen« für international tätige Banken [BIZ04]. Eine Idee über Sinn und Zweck gibt der folgende Auszug aus der Einleitung: Der »Bericht präsentiert die Ergebnisse der Arbeit des Basler Ausschusses für Bankenaufsicht ... in den letzten Jahren: Die aufsichtlichen Regelungen zur angemessenen Eigenkapitalausstattung international tätiger Banken wurden überarbeitet, und dabei sollte internationale Konvergenz sichergestellt werden.« Basel III ist eine überarbeitete Nachfolgeregelung für Basel II, die 2014 in Kraft gesetzt wurde und bei der unter anderem die Bankenkrise 2007/2008 berücksichtigt wurde.

vatwirtschaftlichen oder ausländischen Mitbewerbern vorgehalten, dass sie es mit der Risikomessung und der Eigenkapitalausstattung nicht so genau nehmen, weil sie vom Staat rückgedeckt sind und daher günstigere Konditionen anbieten. Hier wird der Vorwurf versteckter Subventionen erhoben, da eine angemessene Eigenkapitalausstattung vor allem einmal »Geld kostet«. Am Beispiel der Kirch-Gruppe konnte man verfolgen, dass dies selbst für eine Landesbank keinesfalls nur ein theoretisches Szenario darstellt.

Die daraus resultierende Idee ist also, die benötigte Eigenkapitalausstattung international zu reglementieren, damit freier Wettbewerb entsteht, Bankenzusammenbrüche nicht die Gesamtwirtschaft beeinträchtigen und keine versteckten Subventionen über verbesserte Konditionen durch staatliche Rückdeckung entstehen. Diese Idee zu realisieren, setzt mehrere Dinge voraus:

- Die Banken müssen in der Lage sein, das Risiko ihres Kreditportfolios nach einheitlichen, reproduzierbaren und überprüfbaren Grundsätzen zu quantifizieren.
- Es muss Regeln geben, wie aus dem mit Risiken bewerteten Kreditportfolio der Eigenkapitalbedarf berechnet werden kann.

Es werden also umfangreiche, funktionale Ergänzungen in den IT-Systemen der Banken fällig.

Basel II und Basel III sind ein schönes Beispiel für ein Compliance-Thema, weil es wirklich viele Unternehmen betrifft, nämlich zunächst alle Banken und – wichtig – auch ihre Kreditkunden. Außerdem ist es ein gutes Beispiel für ein Compliance-Thema für dieses Buch, weil der Informationsstand über das, was aus Basel II und III für welches Unternehmen folgt, oft nebulös ist. Die Banken sind von Basel II und III anders betroffen als ihre Kunden.

Wo und wann gelten Basel II und III?

Es ist leicht zu sehen, dass die »Internationale Bank für Zahlungsausgleich«, die die Berichte »Basel II« und »Basel III« herausgibt, keine gesetzgebende Institution ist. Der Bericht musste also noch in die Form eines Gesetzes gebracht werden und damit Rechtskraft erlangen. Im Falle von Basel II wurde das zugehörige europäische Gesetz Ende 2005 vom Europäischen Parlament verabschiedet. Basel II wurde dann später auch deutsches Recht und weitgehend umgesetzt. An den nächsten Vorschriften wurde unter dem Eindruck der Bankenkrise 2007/2008 dann zeitnah gearbeitet. Im Falle von »Basel III« hieß das für die Umsetzung Folgendes:

Verbindlichkeit der Basel-Vorschriften

> Basel III bezeichnet Vorschriften des Basler Ausschusses der Bank für Internationalen Zahlungsausgleich (BIZ) zur Regulierung von Banken. Seit 2013 löst Basel III schrittweise die Basel II genannten Vorläuferregeln ab. Grund der Reform waren Schwächen der bisherigen Bankenregulierung, die durch die Finanzkrise ab 2007 offengelegt wurden.
>
> Im Dezember 2010 wurde die vorläufige Endfassung von Basel III veröffentlicht, danach wurden noch einzelne Aspekte diskutiert. Die Umsetzung in der Europäischen Union erfolgte über eine Neufassung der Capital Requirements Directive (CRD), die am 1. Januar 2014 mit umfassenden Übergangsbestimmungen in Kraft trat. In der Schweiz erfolgte die Umsetzung ab 2013, dort sind insbesondere die Kapitalquoten strenger.
>
> Quelle: *http://de.wikipedia.org/wiki/Basel_III* (aufgerufen am 12.07.2016)

Was heißt das für IT-Unternehmensarchitekten von Banken?

Folgen für die Architektur der Anwendungslandschaften von Banken

Dies soll an einem Beispiel noch aus Basel II exemplarisch gezeigt werden: Für die IT-Unternehmensarchitekten von Banken bzw. für Basel-Einführungsprojekte von Banken hieß Basel II, dass man sich Gedanken darüber machen muss, wie man die ca. 240 Seiten des Dokumentes [BIZ04] umsetzen kann. Ähnlich wie bei SOX (siehe Abschnitt 6.3.3) enthält die Grundlage weder detaillierte Handlungsanweisungen noch detaillierte fachliche Spezifikationen für das, was zu tun ist, sondern relativ frei interpretierbare fachliche Texte. Um ein Gefühl für einen solchen Text zu bekommen, hier eine zufällig ausgewählte Kostprobe:

> 804. Banken sollten Techniken wie Analyse der Geldzuflüsse anhand einer statischen Poolbetrachtung und Stresstests einsetzen, um die Wertentwicklung des Forderungspools besser zu verstehen. Diese Verfahren können nachteilige Trends oder mögliche nachteilige Effekte beleuchten. Die Banken sollten über Strategien verfügen, mit denen sie zügig auf nachteilige und unerwartete Veränderungen reagieren können. Die Aufsichtsinstanzen werden angemessene Maßnahmen ergreifen, wenn sie diese Strategien als nicht ausreichend erachten. Eine solche Maßnahme kann u.a. die Anweisung an eine Bank sein, eigens für einen bestimmten Fall eine Liquiditätsfazilität zu beschaffen, oder die Erhöhung des Kreditumrechnungsfaktors für die vorzeitige Rückzahlung, d.h. eine Anhebung der Kapitalanforderungen für die Bank.
>
> Quelle: ([BIZ04], S. 170)

Als Nichtbanker, aber immerhin IT-Unternehmensarchitekt in der Versicherungsbranche kann man schon grob abschätzen, welcher Aufwand sich dahinter verbirgt. Zumindest werden dafür folgende Maßnahmen benötigt:

Kosten der Umsetzung von Compliance

- Ein Data Warehouse oder Data Mart ist zu implementieren, in dem eingehende Zahlungen zur Kreditbedienung erfasst werden.
- Ein statistisches Finanzmodellierungstool muss angeschafft werden, mit dem man Veränderungen der Geldzugänge statistisch simulieren kann. Versicherungen verwenden ähnliche Werkzeuge für ihr sogenanntes Asset Liability Management, also für den Abgleich der Fristigkeiten von Geldeingängen und Geldausgängen oder aber Assets (Anlagen) und Liabilities (Verpflichtungen).

Hinter ca. 20 Prozent einer einzigen von ca. 240 Seiten verbirgt sich also hier eine potenzielle IT-Investition im sechsstelligen Euro-Bereich, wenn entsprechende Anwendungen nicht schon vorhanden sind. Die IT-Funktionen der Banken und damit auch die IT-Unternehmensarchitekten haben also »jede Menge zu tun«.

Was bedeuten Basel II und III für IT-Manager von Kundenunternehmen?

Wer sich als Unternehmen über Bankkredite finanzieren möchte, benötigt dafür ein sogenanntes Rating, d. h., eine Einschätzung darüber, wie hoch sein Ausfallrisiko ist. Ein hohes Ausfallrisiko wird zu hohen Zinsen und damit zu hohen Kosten für das Unternehmen führen und stellt damit ein Problem im Wettbewerb dar.

Basel II und III betreffen auch Bankkunden.

Die Unternehmen müssen sich also einem Audit durch ihre Bank oder eine unabhängige dritte Stelle unterziehen. Der Audit führt am Ende zu einer Risikobeurteilung. Der dafür zu investierende Aufwand hängt von der Unternehmensgröße und dem Kreditbedarf ab. Für die IT-Funktion eines betroffenen Bank-Kundenunternehmens bedeutet dies, dass auch ihr Risikopotenzial auditiert wird. Dieser Audit kann z. B. unter Anwendung von COBIT (siehe Abschnitt 6.6) geschehen. Für den IT-Verantwortlichen heißt das aber, dass er seinen Bereich möglichst positiv darstellen muss, da schlechte Ergebnisse des Audits zu einer negativen Risikobeurteilung und damit zu höheren Finanzierungskosten seines Unternehmens führen.

Mehr dazu, welche IT-Risiken bei einem Unternehmen üblicherweise betrachtet werden, finden Sie in Abschnitt 6.3.3, in dem COBIT angewendet wird, um SOX-Compliance der IT zu überprüfen.

6.3.2 Solvency II

Solvency II ist zunächst das Analogon von Basel II für Versicherungen. Hier geht es darum, dass die Versicherungsaufsicht feststellen kann, ob für die vom Versicherer akzeptierten Risiken genügend Eigenkapital vorhanden ist. Dem Rating des Kunden bei einer Bank entspricht bei Versicherungsverträgen die Risikoprüfung für die zu akzeptierenden Risiken.

- So muss sich ein Kunde bei Versicherungen schon immer unter Umständen einer ärztlichen Untersuchung unterziehen, wenn er eine Risikolebensversicherung kaufen möchte, die bestimmte Merkmale aufweist. Das kann einfach nur eine auffällig hohe Versicherungssumme sein.
- Oder Gewerbebetriebe werden von einem Sachverständigen besucht, bevor eine Gewerbeversicherung akzeptiert wird.

Ähnlichkeiten zu Themen im Bankbereich

Das Vorgehen und die Probleme bei Versicherungen sind denen im Bankbereich nicht unähnlich. Und auch hier will der Gesetzgeber durch Regulierungen verhindern, dass Versicherungen »unkontrolliert« und unvermittelt zusammenbrechen und dass dadurch volkswirtschaftlicher Schaden entsteht.

Wo und wann gilt Solvency II?

In Deutschland Gesetz ab dem 1.1.2016

Im Gegensatz zu Basel II und III wurde Solvency II später gesetzlich umgesetzt. Das entsprechende Gesetz für die Bundesrepublik Deutschland ist erst am 1. Januar 2016 in Kraft getreten. Um die Geschwindigkeit der Prozesse zu zeigen: Solvency II wurde am 22. April 2009 vom EU-Parlament und am 10. November 2009 von den EU-Finanzministern verabschiedet.

Was bedeutet Solvency II für IT-Unternehmensarchitekten von Versicherungen?

IT-Unternehmensarchitekten von Versicherungen werden künftig mit ähnlichen Forderungskatalogen konfrontiert wie ihre Kollegen in Banken im Rahmen von Basel II und III. Auch sind größere und nicht ganz preiswerte IT-Projekte entstanden, die rechtzeitig einzuplanen waren.

6.3.3 Der Sarbanes-Oxley Act (SOX)

Um den Sarbanes-Oxley Act (SOX) zu verstehen, ist es am einfachsten, sich den Originaltext aus dem Web herunterzuladen und durchzulesen. Dort findet man quasi in der Überschrift den Zweck des Gesetzes:

> An act to protect investors by improving the accuracy and reliability of corporate disclosures made pursuant to the securities laws, and for other purposes.
> Quelle: ([SOX02], S. 1)

Was ist SOX?

Man kann das auch etwas einfacher ausdrücken: Der amerikanische Gesetzgeber wollte verhindern, dass sich Debakel wie die Betrügereien bei Enron, WorldCom, Tyco oder Arthur Andersen wiederholen[2].

Das Ziel ist also, wie auch bei Basel II und Solvency II, die Sicherheit des Finanzsystems zu erhöhen. Auch wenn die Mittel in diesem Fall andere sind, nämlich Druck darauf zu machen, dass das Berichtswesen von öffentlich gehandelten Gesellschaften nicht manipuliert wird und Ergebnisse liefert, die möglichst nahe an den gesetzlich definierten Anforderungen liegen.

Gültigkeitsbereich

Das Gesetz gilt für Firmen, die in den USA als »Public Companies« bezeichnet werden. Das sind z.B. börsennotierte Aktiengesellschaften, deren Aktien öffentlich gehandelt werden. Sie können jetzt als Europäer fragen, was Sie das angeht.

- Sie sind von SOX betroffen, wenn die Papiere Ihrer Gesellschaft z.B. an der New Yorker Börse (NYSE – New York Stock Exchange) oder an der NASDAQ gehandelt werden. Zu Zeiten der New Economy war das quasi der Ritterschlag für viele Firmen und galt als äußerst erstrebenswert. Seit SOX denken viele europäische Firmen darüber nach, ob es nicht besser wäre, amerikanische Börsen zu verlassen, um den durch SOX verursachten Aufwand zu vermeiden.
- Sie sind ferner von SOX betroffen, wenn Sie in einer Niederlassung oder Tochterfirma einer Firma arbeiten, deren Aktien in den USA öffentlich gehandelt werden.

---

2. Dass sich Probleme wie mit Enron auch mit SOX noch ereignen können, dürfte jedem klar sein. Die Täter werden dann etwas mehr kriminelle Energie benötigen und ihr Tun wird etwas mühsamer werden. Angesichts der Summen, die zu verdienen waren und sind, dürften sich allerdings immer wieder ähnliche Betrüger finden.

Wesentliche Stellen für den IT-Verantwortlichen

Folgen von SOX für IT-Manager

Das Gesetz hat insgesamt 11 Kapitel. Darunter gibt es z. B. auch ein Kapitel über die Unabhängigkeitsanforderungen für Analysten oder Wirtschaftsprüfer (Audit Companies). Das wird Sie als IT-Manager weniger tangieren.

Die Inhalte, die immer wieder fast ehrfürchtig von IT-Leuten zitiert werden, sind in Kapitel 3 »Corporate Responsibility« und Kapitel 4 »Enhanced Financial Disclosures« zu finden und dort speziell in den Abschnitten 302 »Corporate Responsibility for Financial Reports« und 404 »Management Assessment of Internal Controls«. Diese beiden kritischen Abschnitte sind in Anhang B.1 dieses Buches abgedruckt. Die immer wieder zitierten Ausschnitte sind:

Aus Section 302

(4) the signing officers –

(A) are responsible for establishing and maintaining internal controls;

(B) have designed such internal controls to ensure that material information relating to the issuer and its consolidated subsidiaries is made known to such officers by others within those entities, particularly during the period in which the periodic reports are being prepared;

Aus Section 404

(a) RULES REQUIRED. – The Commission shall prescribe rules requiring each annual report required by section 13(a) or 15(d) of the Securities Exchange Act of 1934 (15 U.S.C. 78m or 78o(d)) to contain an internal control report, which shall –

(1) ....

(2) contain an assessment, as of the end of the most recent fiscal year of the issuer, of the effectiveness of the internal control structure and procedures of the issuer for financial reporting.

Sie können jetzt anmerken, dass das alles vordergründig nichts mit IT zu tun hat und hier IT nicht erwähnt wird. Es wird jedoch plausibel werden, dass SOX doch etwas mit IT zu tun hat. Aber werfen wir schnell noch einen Blick auf die negativen Konsequenzen, die Verstöße gegen SOX haben.

Konsequenzen der Nichtbefolgung von SOX

Für eine Firma, die die Einhaltung von SOX nicht garantieren kann, und ihre Vorstände gibt es zwei mögliche Formen von Konsequenzen:

Nichtbefolgung von SOX hat drastische Konsequenzen.

- Die harmlose Konsequenz zunächst ist negatives Auffallen in der Öffentlichkeit. Professionelle Investoren werden die Firma meiden und dort nicht mehr investieren, weil sie sich selbst nicht vorwerfen lassen dürfen, dass sie in eine »undurchsichtige« Firma investiert haben. Ein Pensionsfondmanager, der in eine solche Firma investiert, könnte im Falle von Kursverlusten oder sonstigen Problemen von seinen eigenen Investoren verklagt werden.
- Die härtere Konsequenz wäre, dass die Firma aus dem öffentlichen Handel gestrichen (delisted) wird. Das würde kein Vorstand lange im Amt überleben, außer der Hauptaktionär hat ihm die Anweisung dafür gegeben, um die Kosten für SOX zu sparen. Dies würde dann wieder zu Problemen mit den sonstigen Aktionären führen. Der Berufsstand der Rechtsanwälte würde daran vermutlich gut verdienen.

Gehen wir also davon aus, dass ein Vorstand Probleme hat, akkurate Berichte zu liefern, und versucht sich »durchzumogeln«, weil er weder ein Delisting riskieren noch in der Folge von seinen Aktionären aus dem Amt entfernt werden möchte.

Für den Fall, dass dieser Vorstand fahrlässig attestiert, dass seine Finanzberichte in Ordnung sind, und ihm danach nachgewiesen wird, dass sie es nicht waren, liegt die Strafandrohung bei max. 1 Mio. US-Dollar und bis zu 10 Jahren Gefängnisstrafe. Für den Fall, dass dem Vorstand Vorsatz nachgewiesen wird, liegt die Strafandrohung bei 5 Mio. US-Dollar und 20 Jahren Gefängnis.

> Ein amerikanischer Finanzvorstand soll SOX seinen Mitarbeitern recht einfach und drastisch so erklärt haben:
>
> *SOX heißt, dass ich ins Gefängnis wandere, wenn Sie Mist bauen.*

Angesichts dieser Perspektiven werden die meisten Vorstände viel daran setzen, die Auflagen von SOX peinlich genau zu erfüllen. Bei denen, die ihre Angestellten dazu gezwungen haben, Fälschungen vorzunehmen, heißt es dann, dass sie länger ins Gefängnis gehen müssen.

Konsequenzen für den IT-Bereich

Folgen von SOX für die IT-Funktion

Der Vorstand muss also sicherstellen, dass seine Berichterstattung (Quartalsberichte, Jahresbilanzen, Ad-hoc-Meldungen, Umsatzmeldungen) zu 100 Prozent akkurat sind. Da die Strafandrohung auch dann gilt, wenn der Vorstand von betrügerischen Angestellten selbst überlistet wurde oder z.B. durch IT-Fehler Zahlen schlicht falsch berechnet wurden, wird er sein internes Kontrollsystem so stärken müssen, dass ein Betrug, der Auswirkungen auf die finanziellen Berichte der Gesellschaft hat, zumindest schwierig wird.

Darüber, was das konkret heißt und was man tun muss, um SOX-compliant zu sein, haben sich die Wirtschaftsprüfer lange gestritten. Da dies hier kein Buch über Wirtschaftsprüfung ist, konzentrieren wir uns auf die Konsequenzen für IT-Verantwortliche.

Risikomanagement gewinnt an Bedeutung.

Wenn einer Firma nachgewiesen wird, dass sie

- allgemeine Sicherheitslücken in der IT, also Löcher im Zugriffsschutz hat und anfällig für Hacker ist,
- ihre Daten nicht ordentlich sichert und dadurch wirtschaftliche Schäden entstehen können,
- Projekte nicht ordentlich plant und damit nicht ausgewiesene finanzielle Risiken hat,
- ihre Software nicht ordentlich testet und damit das Risiko teurer Produktionsfehler eingeht,

dann kann dies der Firma gegenüber immer als Verstoß gegen einen ordnungsgemäßen Risikobericht bewertet werden. Das heißt also, dass man in einem Unternehmen, das von SOX berührt wird, die IT-Funktion abdichten muss und sich keine der üblichen Nachlässigkeiten mehr erlauben kann. Die Liste lässt sich noch stark verlängern. Man sollte im Regelfall mindestens COBIT implementiert haben.

COBIT

Für die IT-Funktion hat sich als De-facto-Standard für die Überprüfung, ob die IT-Funktion dem Stand der professionellen Praxis entspricht, ein erfolgreich bestandener COBIT-Audit durchgesetzt [Lahti+05]. COBIT wird in diesem Buch als umfassendes Referenzmodell für IT-Prozesse beschrieben (siehe Abschnitt 11.1). In Abschnitt 6.6 werden wir Ihnen nur einen Auszug vorstellen: die Prozessziele für den IT-Strategie- und EAM-Prozess. Sie werden erkennen, dass im Zusammenhang mit SOX eine ordentliche IT-Unternehmensarchitektur kein verzichtbarer Luxus mehr ist, obwohl sie von deutschen Vorständen derzeit oft noch so behandelt wird.

SOX kann Unternehmensarchitektur unterstützen.

Wenn Sie für eine große amerikanische Aktiengesellschaft arbeiten, kann SOX für Sie als IT-Unternehmensarchitekt sogar Vorteile haben, weil die Firma gezwungen wird, einiges an Planungen nachzuweisen, die sonst gerne aus Kostengründen fallen gelassen werden, die aber zugleich etwas mit ordentlicher Architekturplanung oder Projektportfolioplanung zu tun haben.

> SOX kann man also nicht nur als Last empfinden, sondern auch als Chance, vom Management Unterstützung dafür zu bekommen, ordentliche Arbeit machen zu dürfen.

Und außerdem werden Sie folgende Erfahrung machen: Wenn Vorstände privat haften, wird Unordnung oft blitzartig und konsequent beseitigt.

Was tun kleine Firmen?

Wenn Sie als Europäer etwas mit SOX zu tun bekommen, werden Sie in den meisten Fällen für eine große Firma arbeiten. Entweder weil nur wirklich große europäische Firmen sich in den USA handeln lassen oder weil nur die wenigsten kleineren US-Gesellschaften Niederlassungen in Europa unterhalten. Trotzdem ist aber der Fall kleinerer US »Public Companies« auch für europäische IT-Manager von einem gewissen Interesse.

SOX und kleine Firmen

Befragungen von Beratungshäusern haben ergeben, dass größere Unternehmen in den USA für SOX-Compliance initial Durchschnittsbeträge in einer Größenordnung von 5 Mio. US-Dollar ausgeben. Wenn man COBIT unreflektiert anwendet, skaliert es nicht nach unten. Das heißt, eine kleine Firma benötigt dieselbe Menge an schriftlich dokumentierten Prozessen, Prozeduren und Nachweisen wie ein Großkonzern.

Kleine Gesellschaften, sogenannte Small Caps, haben eine Börsenkapitalisierung von z.B. 30 bis 60 Mio. Euro bzw. US-Dollar. Es ist leicht auszurechnen, was 5 Mio. Euro/US-Dollar als einmalige Zusatzkosten für eine solche Gesellschaft bedeuten. Ein solcher Kostenblock kann ein florierendes mittelgroßes Unternehmen komplett unwirtschaftlich machen.

Das Management hat dann u.a. folgende Optionen:

- Falls sich das Unternehmen nicht im Streubesitz befindet, kann es sich »delisten« lassen, also von der Börse gehen. Damit ist man außerhalb des Geltungsbereichs von SOX und dieses Problem los. Dass man sich damit das Problem einhandelt, schwerer an Kapital oder Kredite zu kommen, steht auf einem anderen Blatt.

Delisting

Outsourcing
- Das Unternehmen kann Prozesse komplett nach außen vergeben (outsourcen), z. B. Teile der IT. Für die ausgelagerten Prozesse lässt man sich von seinem Lieferanten nachweisen, dass dieser COBIT implementiert hat. Der Outsourcer kann dann meist Skaleneffekte nutzen, das heißt z. b., wenn man für 150 Kunden ein Rechenzentrum betreibt, benötigt man die Prozeduren für den physischen Zugangsschutz nur ein Mal für seine 150 Kunden, und die Kunden müssen sich darüber keine Gedanken machen. Dasselbe würde auch für die Datensicherung oder andere »Commodities« gelten.

COBIT verwenden
- Das Unternehmen kann versuchen nachzuweisen, dass bestimmte Aspekte von COBIT nicht relevant sind, z. B. nach einem Outsourcing.

SOX wird also dazu führen, dass Rechenzentrumsdienstleister und z. B. Application Service Provider für viele Unternehmen schon alleine dadurch interessanter werden, weil man damit den Kontrollaufwand auf den Dienstleister abwälzen kann und sich die Kosten mit allen anderen Kunden des Dienstleisters teilt.

6.4 KonTraG

Auch in Deutschland ist Vorsorge gegen Unternehmenszusammenbrüche ein Thema. Das Stichwort für deutsche Gesellschaften heißt KonTraG (Gesetz zur Kontrolle und Transparenz im Unternehmensbereich). Auch hier ist die Originalquelle wieder aufschlussreich. Das Gesetz ist »relativ kurz«, weil es als sogenanntes Artikelgesetz einfach bestehende Gesetze ändert. Zu Risikomanagement findet sich dort die folgende Passage:

> Das Aktiengesetz vom 6. September 1965 (BGBl. I S. 1089), zuletzt geändert durch ..., wird wie folgt geändert: <....>
>
> 9. § 91 wird wie folgt geändert: <...>
>
> c) Folgender Absatz wird angefügt: »(2) Der Vorstand hat geeignete Maßnahmen zu treffen, insbesondere ein Überwachungssystem einzurichten, damit den Fortbestand der Gesellschaft gefährdende Entwicklungen früh erkannt werden.«
>
> Quelle: Gesetz zur Kontrolle und Transparenz im Unternehmensbereich (KonTraG) (Deutscher Bundestag in 2./3. Lesung am 5. März 1998)

Für IT-Abteilungen heißt dies, dass sie auf der sicheren Seite sind, wenn sie ihre IT-Risiken ordentlich managen. Dafür ist wieder COBIT eine allgemein anerkannte Referenz. Nachdem SOX wesentlich schärfer ist, und die IT-Komponente ebenfalls durch COBIT abgedeckt werden kann, muss das hier nicht tiefer diskutiert werden.

6.5 Aufbewahrungsfristen

Weit weniger spektakulär und viel banaler als die oben vorgestellten Richtlinien und Gesetze wie Basel II und III, Solvency II, SOX und KonTraG sind die Aufbewahrungsvorschriften, die sich im Umfeld der Steuergesetzgebung finden. Die »Bibel« dort ist in Deutschland die sogenannte AO (Abgabenordnung). Dort sind in § 147 die Aufbewahrungspflichten geregelt. Den Originaltext finden Sie in Anhang B.2 dieses Buches.

Abgabenordnung und teure Archivierungspflichten

Dieser vermeintlich unscheinbare Paragraph kann erhebliche Kostenwirkungen entfalten und muss auch beim Design und bei der Planung von IT-Anwendungslandschaften berücksichtigt werden. Hier folgen nur zwei Beispiele, die jedes für sich erhebliche Kosten verursachen können.

6.5.1 E-Mails sind archivierungspflichtig

§ 147 AO legt fest, dass die empfangenen und abgesandten Handels- und Geschäftsbriefe sechs Jahre zu archivieren sind. Da E-Mails auch Willenserklärungen enthalten können oder einfach nur Informationen, wie z.B. Angebote, Preisinformationen, heißt das, dass auch sie mindestens sechs Jahre archiviert werden müssen.

Große Teile der E-Mails müssen archiviert werden.

Wenn Sie sich also jemals darüber geärgert haben, dass Ihre Firma private E-Mails am Arbeitsplatz nicht duldet, werden Sie nach Lektüre dieser Vorschrift vielleicht froh darüber sein, dass diese E-Mails nicht in eine sechsjährige automatische Archivierung gelangen. Dazu fallen E-Mails auch noch unter das Fernmeldegesetz[3]. Ihr Arbeitgeber darf

---

3. Wird die private Nutzung von Internet und E-Mail vom Arbeitgeber ausdrücklich erlaubt, gilt das Fernmeldegesetz. Private Mails müssen dann wie private Post behandelt werden. Auch das Surfen findet dann vertraulich statt. Daher verbieten Arbeitgeber ihren Mitarbeitern das private Empfangen und Versenden von E-Mails, um nicht zum E-Mail-Provider zu werden und damit alle Auflagen des Fernmeldegesetzes erfüllen zu müssen. Realistisch wird wohl niemand erwarten, dass solche Verbote auch eingehalten werden. Aber ein Arbeitgeber, der sich eigentlich vernünftig verhält und seinen Mitarbeitern die Nutzung im Rahmen bestimmter Grenzen erlaubt, handelt sich damit nur Probleme ein. Also werden die meisten Arbeitgeber das Problem lieber auf ihre Mitarbeiter verschieben.

sie also eigentlich nicht lesen. Er wird aber wohl kaum zwischen privaten und solchen E-Mails unterscheiden können, die als Handels- und Geschäftsbriefe archivierungspflichtig sind. Willkommen im Dschungel von Vorschriften, die nicht auf die Zeiten des Internets ausgelegt sind! Das Thema soll hier weder vertieft noch gelöst werden.

6.5.2 Stilllegung von DV-Systemen

Bereithalten alter IT-Systeme

§147 Absatz (6) der AO hält auch noch eine Regelung bereit, an die man denken muss, wenn man IT-Systeme stilllegen möchte:

> (6) Sind die Unterlagen nach Absatz 1 mit Hilfe eines Datenverarbeitungssystems erstellt worden, hat die Finanzbehörde im Rahmen einer Außenprüfung das Recht, Einsicht in die gespeicherten Daten zu nehmen und das Datenverarbeitungssystem zur Prüfung dieser Unterlagen zu nutzen. Sie kann im Rahmen einer Außenprüfung auch verlangen, dass die Daten nach ihren Vorgaben maschinell ausgewertet oder ihr die gespeicherten Unterlagen und Aufzeichnungen auf einem maschinell verwertbaren Datenträger zur Verfügung gestellt werden. Die Kosten trägt der Steuerpflichtige.

Stellen Sie sich also vor, Sie wollen in einer Versicherung ein System für die Verwaltung von Lebensversicherungsverträgen abschalten, weil z. B. der Hersteller für die Systemsoftware die Wartung der Produkte einstellt. Sie sind dann aber trotzdem verpflichtet, das System noch zehn Jahre betriebsfähig zu halten, sodass zumindest Auskünfte und Auswertungen nach Ermessen der Finanzbehörden möglich sind.

Diese Vorschrift zu erfüllen, kann teuer werden. Es reicht ausdrücklich NICHT aus, z. B. alle Verträge aus dem System auszudrucken und optisch zu archivieren. Die AO verlangt nach zehn Jahren noch ein lauffähiges System. Was Sie daraus im Prüfungsfall praktisch machen, wird wohl Verhandlungssache werden, weil es in vielen Fällen technisch unmöglich oder mindestens ruinös teuer ist, diese Vorschrift zu erfüllen.

Weitere Hinweise zur Aufbewahrung z. B. auch von Architektur- und Verfahrensdokumentationen finden Sie in [Philip96].

6.6 COBIT und Compliance

COBIT wird hier im Rahmen der Prüfung von Compliance behandelt. Zum COBIT-Prozessmodell, finden Sie weitere Informationen in Abschnitt 11.1.

COBIT und Sicherstellung von Compliance

COBIT wird in der Praxis häufig für Compliance-Prüfungen z.B. im Rahmen eines SOX- oder Basel-III-Audits (Ratings der Kreditkunden einer Bank) verwendet. Dabei wird eine COBIT-Prüfung als Beweis dafür gewertet, dass die IT-Funktion eines Unternehmens grundsätzlich den Ansprüchen von SOX oder Basel III genügt.

Um zu demonstrieren, was bei einem SOX-Audit oder einem Basel III-Audit eines Kreditnehmers z.B. als ordentliche IT-Planung betrachtet würde, werden hier Auszüge aus den sogenannten Prozesszielen für den Prozesscluster »APO Anpassen, Planen und Organisieren« wiedergegeben.

In diesem Cluster befinden sich z.B. die beiden Prozesse
- APO02 Managen der Strategie
- APO03 Managen der Unternehmensarchitektur
- und weitere – siehe Tabelle 11–2, S. 332.

Exemplarisch soll nun an einigen der Prozessziele von COBIT 5 gezeigt werden, was COBIT vorschlägt und inwieweit man dies als IT-Unternehmensarchitekt verwenden kann, um einigermaßen ordentliche Zustände herzustellen und die dafür erforderlichen Budgets durchzusetzen.

6.6.1 Beispiel aus APO02 – Managen der Strategie

Prozessziele und Metriken	
Prozessziel	**Zugehörige Metriken**
1. Alle Aspekte der IT-Strategie sind an der Unternehmensstrategie ausgerichtet.	▪ Anteil der Zielvorgaben innerhalb der IT-Strategie, die die Unternehmensstrategie unterstützen ▪ Anteil der Unternehmenszielvorgaben, die in der IT-Strategie erfasst sind
2. Die IT-Strategie ist kosteneffektiv, angemessen, realistisch, erreichbar, auf das Unternehmen fokussiert und ausgewogen.	▪ Anteil der Initiativen innerhalb der IT-Strategie, die sich selbst finanzieren (finanzieller Nutzen ist höher als Kosten) ▪ ROI-Trends bei den in der IT-Strategie enthaltenen Initiativen ▪ Grad der Zufriedenheit von Anspruchsgruppen des Unternehmens gemäß Umfrage zur IT-Strategie

Tab. 6–1
Prozessziele des COBIT-5-Prozesses APO02 – Managen der Strategie [COBIT12b]

→

Prozessziele und Metriken	
Prozessziel	Zugehörige Metriken
3. Klare und konkrete Ziele können von spezifischen, langfristigen Initiativen abgeleitet und zu diesen zurückverfolgt und anschließend in operative Pläne umgesetzt werden.	▪ Anteil der Projekte im IT-Projektportfolio, die direkt auf die IT-Strategie zurückgeführt werden können.
4. Die IT stellt einen Werttreiber für das Unternehmen dar.	▪ Anteil der strategischen Unternehmenszielvorgaben, die aufgrund von strategischen IT-Initiativen erreicht wurden ▪ Anzahl der neuen Unternehmenschancen, deren Realisierung direkt auf IT-Entwicklungen zurückzuführen ist ▪ Anteil der IT-Initiativen bzw. -Projekte, die von Geschäftsverantwortlichen vorangetrieben werden
5. Die IT-Strategie ist bekannt und die Verantwortlichkeit für die Leistungsbereitstellung ist eindeutig zugewiesen.	▪ Erreichung messbarer IT-Strategieergebnisse ist Bestandteil der Leistungsziele der Mitarbeiter ▪ Häufigkeit, in der Aktualisierungen am IT-Strategie-Kommunikationsplan vorgenommen werden ▪ Anteil der strategischen Initiativen mit zugewiesener Verantwortlichkeit

Die in Tabelle 6–1 genannten Ziele sind mehr als vernünftig. Daran wird allerdings deutlich, dass ein Unternehmen ohne Strategie es schwer haben wird, einen COBIT-5-Audit seiner IT-Funktion zu bestehen. Es wird unter Ziffer 1 gefordert, dass jeder Aspekt der IT-Strategie auf die Unternehmensstrategie ausgerichtet sein muss. Börsennotierte Großunternehmen kommen kaum jemals um einen COBIT-Audit »herum«. Und Mittelständler können mit dem Nachweis der ordentlichen Verwendung von COBIT zumindest ihr Rating verbessern.

Damit man bei einem COBIT-Audit gut abschneidet, muss (siehe Tab. 6–1) eine Unternehmensstrategie vorhanden sein. Wir haben es hier also mit folgender Wirkungskette zu tun: Das Unternehmen möchte oder muss einen COBIT-5-Audit positiv bestehen → der Audit wird Auffälligkeiten ergeben, wenn keine Unternehmensstrategie und keine IT-Strategie vorhanden sind. Dort aber, wo ein solcher Audit nicht verpflichtend ist, kann man auch nicht durch eine gute Unternehmensstrategie und IT-Strategie positiv punkten.

6.6.2 Beispiel aus APO03 – Managen der Unternehmensarchitektur

Prozessziele und Metriken	
Prozessziel	**Zugehörige Metriken**
1. Die Architektur und die Standards unterstützen das Unternehmen effektiv.	■ Anzahl der beantragten und bewilligten Ausnahmen von Architekturstandards und Referenzen ■ Einstufung der Kunden-Rückmeldungen zur Architektur ■ Realisierte Projektvorteile, die auf die Einbeziehung der Architektur zurückzuführen sind (z.B. Kosteneinsparungen durch Wiederverwendung)
2. Ein Portfolio aus Unternehmensarchitekturservices unterstützt agile Änderungen im Unternehmen.	■ Anteil der Projekte, die Unternehmensarchitekturservices nutzen ■ Einstufung der Kunden-Rückmeldungen zur Architektur
3. Es bestehen geeignete und aktuelle Domänenarchitekturen und/oder föderale Architekturen, die zuverlässige Architekturinformationen ermöglichen.	■ Datum der letzten Aktualisierung von Domänenarchitekturen oder föderalen Architekturen ■ Anzahl der identifizierten Lücken in Modellen der Architekturdomänen, Unternehmen, Informationen, Daten, Anwendungen und Technologie ■ Einstufung der Rückmeldungen von Architekturkunden zur gelieferten Informationsqualität
4. Ein allgemeines Unternehmensarchitektur-Rahmenwerk, eine entsprechende Methodologie sowie ein integriertes Architektur-Repository ermöglichen die Wiederverwendung effizienter Komponenten innerhalb des Unternehmens.	■ Anteil der Projekte, die auf das Rahmenwerk und die Methodologie zugreifen, um definierte Komponenten wiederzuverwenden ■ Anzahl der Mitarbeiter, die in Bezug auf die Methodologie und die Tools geschult werden ■ Anzahl der beantragten und bewilligten Ausnahmen von Architekturstandards und Referenzen

Tab. 6–2
Prozessziele des COBIT-5-Prozesses APO03 – Managen der Unternehmensarchitektur [COBIT12b]

Die in Tabelle 6–2 genannten Ziele sind noch anspruchsvoller als die oben in Tabelle 6–1 diskutierten. Man betrachte dazu das Prozessziel 2: »Ein Portfolio aus Unternehmensarchitekturservices unterstützt agile Änderungen im Unternehmen.«

Nicht viele große Unternehmen können von sich behaupten, ihre Anpassungen der IT größteils agil vorzunehmen.

Die COBIT-5-Prozessziele sind also eher anspruchsvoll und werden sicher nicht von jedem Unternehmen ohne weitere Anstrengungen erreicht.

6.7 Der Clinger-Cohen Act

EAM in der öffentlichen Verwaltung in den USA

Zum Schluss des Kapitels über Compliance soll noch ein Regelwerk erwähnt werden, das Ihnen in Europa kurios erscheinen mag. Für eine Reihe von öffentlichen Verwaltungsorganisationen in den USA wurden durch den Clinger-Cohen Act von 1996 die Aufgaben eines IT-Vorstands solcher Einheiten gesetzlich geregelt. Hier ein Auszug:

> b) GENERAL RESPONSIBILITIES- The Chief Information Officer of an executive agency shall be responsible for-- < ... >
>
> (2) developing, maintaining, and facilitating the implementation of a sound and integrated information technology architecture for the executive agency; and < ... >
>
> Quelle: Clinger-Cohen Act von 1996

IT-Architektur ist also in Teilen der öffentlichen Verwaltung der USA gesetzlich vorgeschrieben. Durch SOX und die daraus resultierende Prüfung der Privatwirtschaft mit COBIT ist auch in den »Public Companies« eine ordnungsgemäße IT-Planung und damit IT-Unternehmensarchitektur wesentlich besser verankert als in den meisten europäischen Firmen, in denen das Thema oft als »im Notfall zu vernachlässigender Hausputz« betrachtet wird.

Es ist aber zu erwarten, dass sich auch in Europa mit einer gewissen Zeitverzögerung das Bewusstsein wandeln wird.

7   IT-Sicherheit
Von Florian Oelmaier

Informationsbeschaffung, Know-how und Wissensvermittlung spielen heutzutage in den Unternehmen eine immer wichtigere Rolle. Die Computersysteme eines Unternehmens enthalten oft alle wichtigen Betriebsgeheimnisse und großteils auch schutzwürdige Daten von Kunden und Geschäftspartnern. Der unbefugte Zugriff auf solche Daten kann ein Unternehmen auf vielfache Weise ruinieren. Dem Schutz dieser Informationen muss daher hohe Priorität eingeräumt werden. Die Risiko-Nutzen-Abwägungen dabei werden auch in Kapitel 8 zu IT-Risikomanagement erläutert.

Zunehmende Wichtigkeit von IT-Sicherheit

In diesem Kapitel geht es um Maßnahmen, die Sie als IT-Unternehmensarchitekt zusammen mit Ihrer IT-Sicherheitsgruppe ergreifen können, um Schadenswahrscheinlichkeiten bei einem Missbrauch und Kollaps des Systems deutlich zu verringern.

Rolle des IT-Unternehmensarchitekten bei der Gewährleistung von IT-Sicherheit

Dass dies kein »theoretisches Problem« ist, sollte durch zahlreiche Datenschutz- und Hacking-Skandale hinreichend bekannt geworden sein. Und das Bedrohungsniveau steigt weiter an. Waren vor zehn Jahren noch die »Skript-Kiddies« und die 16-jährigen »Virenautoren« das Hauptproblem der IT-Sicherheitsanstrengungen, so handelt es sich heute um perfekt geplante Massenangriffe der organisierten Kriminalität und von »Flashmobs« aus dem Internet sowie um Industriespionage vonseiten der Konkurrenten oder von sogenannten »state sponsored actors«, d.h. Geheimdiensten und staatlich finanzierten Hackergruppen – teilweise aus befreundeten Staaten. Zunehmend rücken auch militärisch gesteuerte Aktionen in den Fokus. Nahezu jede Armee der Welt baut offensive Kräfte für Cyberangriffe auf.

Entsprechend geht eine überwiegende Mehrheit von ca. 70 Prozent eines Panels befragter Unternehmen in Deutschland davon aus, dass die Bedrohungslage sich weiter verschärfen wird (siehe auch Abb. 7–1).

Wahrnehmung der Bedrohungslage

Abb. 7–1
Entwicklung von Sicherheitsrisiken (Quelle: Umfrage Corporate Trust 2014)

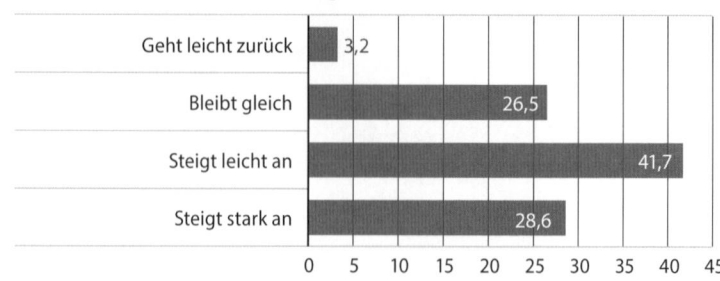

Wie ist Ihre Einschätzung für die künftige Entwicklung von Industriespionage? (Angaben in %)

- Geht leicht zurück: 3,2
- Bleibt gleich: 26,5
- Steigt leicht an: 41,7
- Steigt stark an: 28,6

Hinzu kommen die unvermeidliche Erhöhung der Komplexität der unternehmensweiten Anwendungen, die steigende Anzahl der Schnittstellen und die Öffnung in fremde, nicht kontrollierbare Netzwerkumgebungen (Internet, Partnernetzwerke), die immer neue Angriffsmöglichkeiten bieten.

Dementsprechend nehmen Aufgaben, die etwas mit Sicherheit, Risikomanagement und Compliance zu tun haben, in Projekten heute einen immer breiteren Raum ein. So mancher Projektleiter oder Architekt muss für diese Themen mehr als die Hälfte seiner Zeit aufwenden.

IT-Lösungsarchitekten und IT-Unternehmensarchitekten sollten hier über Grundkenntnisse verfügen, um z.B. in großen Konzernen ihre Lösungen überhaupt an den internen Kontrollinstanzen vorbeibringen und künftige Sicherheitsprobleme einschätzen zu können.

Aufgrund der Wichtigkeit und des Umfanges des Gebietes IT-Sicherheit ist dieses Kapitel eines der umfangreichsten des Buches. Es ist in 3 große Blöcke unterteilt

- **Motivation, Begriffe und Organisation der IT-Sicherheit im Unternehmen**
  In den Abschnitten 7.1 bis 7.3 bekommen Sie einen Überblick darüber, was durch IT-Sicherheit alles abgedeckt werden muss und welche Organisationseinheiten in einem Unternehmen typischerweise an dem Thema arbeiten. Das gibt Ihnen eine Vorstellung davon, wie sich IT-Unternehmensarchitektur hier einfügt.

- **Management der IT-Sicherheit**
  Sie bekommen in den Abschnitten 7.4 bis 7.8 einen Überblick darüber, wie IT-Sicherheit gemanaged werden kann und wie sich der komplette Lebenslauf der IT-Sicherheit darstellt, von der Strategiedefinition über die Strategieumsetzung durch Prävention bis zur Reaktion auf Vorfälle und Dokumentation der Vorkehrungen und Maßnahmen.

- Aufgabenfelder für Unternehmensarchitekten im Zusammenhang mit IT-Sicherheit
  Unternehmensarchitekten können das Thema IT-Sicherheit in ihrer Arbeit umfassend berücksichtigen. Sie erfahren in den Abschnitten 7.9 bis 7.12, was man mit sicherheitsgerechter Bebauung erreichen kann sowie welche typischen funktionalen und nicht funktionalen Sicherheitselemente ein IT-Unternehmensarchitekt kennen sollte.

7.1 Bedarfsgerechte Sicherheit

Trotz aller Bedrohungen darf das Ziel der IT-Sicherheit nicht die theoretisch maximal denkbare Sicherheit sein. Die Anstrengungen aller Beteiligten im Sicherheitsbereich müssen dem Ringen um das richtige Maß an Sicherheit gelten. Diese Kompromisssuche erfolgt auf zwei Ebenen:

- Zum einen ist zu wenig IT-Sicherheit gefährlich und erhöht das Risiko wirtschaftlicher Schäden, während zu viel Sicherheit teuer und unwirtschaftlich ist. Für alle Sicherheitsmaßnahmen müssen also unternehmerisches Risiko und Gesamtkosten gegeneinander abgewogen werden.
- Zum anderen bewegt sich die IT-Sicherheit in einem Spannungsfeld mit anderen Anforderungen an die Systeme: Betreibbarkeit, Datenschutz, Benutzerkomfort und Interoperabilität, um nur einige zu nennen.

Sicherheit muss angemessen sein.

Das Designziel im Bereich der IT-Sicherheit ist also eine »bedarfsgerechte Sicherheit«. Auf dieses Ziel muss auch die IT-Unternehmensarchitektur hinarbeiten – wie sie das tun kann, wird im Folgenden noch näher erläutert.

7.2 Dimensionen von IT-Sicherheit

Sicherheitstechnisch besteht ein riesiger Unterschied, ob Software und Programme für die Verwaltung der eigenen Firma eingesetzt werden oder ob sie Teil der eigenen Dienstleistung sind. Im Rahmen von Industrie 4.0 und »Internet of Things«-Strategien bauen heute viele Firmen Software in ihre Produkte ein. Waschmaschinen, Autos, Heizungsanlagen und Industriemaschinen werden heute mit Software ausgerüstet und über Cloud-Strukturen gesteuert. Aus architektonischer Sicht heißt das, dass eine ganze Menge unterschiedlichster Clients über diverse Netze mit den Zentralsystemen verbunden werden. Aus sicherheitstechnischer Sicht bedeutet das, dass eine sehr umfassende Betrachtung notwendig ist. Falls Sie die im Folgenden beschriebenen Begriffe und Dimensionen zu IT-Sicherheit kennen, können Sie diesen Abschnitt schnell diagonal lesen. Ansonsten bekommen Sie hier einen Überblick über Begriffe und Dimensionen, die zu betrachten sind.

7.2.1 Sicherheit: Security & Safety

Zunächst kann der deutsche Begriff Sicherheit noch in zwei Dimensionen aufgespalten werden:

Security und Safety können unterschieden werden.

- Security (Sicherheit in Bezug auf Schutz gegen Angriffe)
- Safety (Sicherheit in Bezug auf Schutz gegen menschliche Fehler und zufällige Ereignisse)

Beide unterscheiden zu können ist besonders für den Entwurf von Präventionsstrategien wichtig.

7.2.2 Grundwerte der Sicherheit

Sicherheit hat Grundwerte.

Um analysieren zu können, wie Sicherheit gefährdet werden kann, ist es des Weiteren nützlich, im Bereich der IT-Sicherheit drei Grundwerte zu unterscheiden: Vertraulichkeit, Integrität und Verfügbarkeit:

- Die Vertraulichkeit ist verletzt, wenn Daten oder Code unberechtigt zur Kenntnis genommen oder weitergegeben werden.
- Die Integrität von Daten ist verletzt, wenn die Korrektheit der Daten oder der Funktionsweise von Systemen nicht mehr gegeben ist.
- Die Verfügbarkeit von Daten ist verletzt, wenn autorisierte Benutzer am Zugriff auf Daten und Systeme behindert werden.

7.2.3 Daten versus System/Verarbeitungslogik/Code

Grundsätzlich ist die Sicherheit von zwei verschiedenen Artefakten zu betrachten: Zum einen müssen die Vertraulichkeit, Integrität und Verfügbarkeit von gespeicherten und zu verarbeitenden Daten angemessen geschützt werden, zum anderen ist auch die Verarbeitungslogik bzw. der ausgeführte Programmcode zu schützen.

In heutigen, komplexen IT-Systemen sind die Grenzen oft fließend, was für eine Schicht Daten sind, mag für die darüber liegende Schicht ausführbarer Code sein.

7.2.4 Kategorien von Sicherheitsanforderungen

Bei der Betrachtung von Sicherheit gibt es zwei verschiedene Kategorien von Anforderungen zu unterscheiden:

Sicherheit erfordert Anforderungsanalyse.

- Funktionale Anforderungen sind für den Anwender sichtbare Funktionen, die direkt vom Programmierer implementierbar sind. Es wird beschrieben, »Was« die Software leisten soll (Beispiele: Logging, Authentifizierung, Autorisierung).
- Nicht funktionale Anforderungen sind Anforderungen an die Umstände, unter denen die geforderte Funktionalität zu erbringen ist. Im Sicherheitsbereich ist das im Wesentlichen die »Hackerresistenz«.

7.2.5 Anforderungsquellen

Sicherheitsanforderungen können aus verschiedenen Quellen stammen. Im Wesentlichen sind dabei vier Kategorien zu unterscheiden:

- Dokumentierte oder überlieferte Sicherheitsanforderungen aus dem Business
- Sicherheitsanforderungen aus gesetzlichen und rechtlichen Vorgaben (ggf. aus allen Märkten bzw. weltweit) und den daraus resultierenden Regulatorien:
  - Datenschutzrecht
  - Produktsicherheit/Produkthaftpflicht
  - Direkte Sicherheitsgesetzgebung (IT-Sicherheitsgesetz, KRITIS etc.)
- Sicherheitsanforderungen von relevanten Organisationen (z.B. Versicherungswirtschaft, Industrieverbände etc.)
- Anforderungen, die aus freiwilligen Selbstverpflichtungen, der Unternehmensphilosophie bzw. dem Markenimage oder einem generellen Moralkodex stammen.

Im Idealfall werden sehr früh im Sicherheitsprozess Anforderungen aus allen Quellen konsolidiert und dokumentiert. Solange dies nicht der Fall ist, müssen in allen folgenden Stufen alle Anforderungsquellen betrachtet werden.

7.2.6 Technologie – Organisation – Prozesse

Sicherheit muss immer in drei Dimensionen betrachtet werden:

- Zum einen muss Sicherheit in der Technologie bzw. in den Produkten verankert werden.
- Andererseits sind die notwendigen Sicherheitsprozesse zu schaffen bzw. notwendige sicherheitsrelevante Prozessschritte an geeigneter Stelle zu verankern (Beispiele: Rolloutprozesse, Notfallprozesse, Meldeprozesse).
- Am Ende ist aber sowohl für die Implementierung von Technologien als auch für den Betrieb von Prozessen ein Mensch bzw. eine Organisation verantwortlich. Das heißt, auch die Verteilung der Sicherheitsverantwortung innerhalb der Organisation ist im Rahmen der Sicherheit zu betrachten.

7.2.7 Gesamtes Netzwerk

Netzwerke verdienen hohe Aufmerksamkeit.

In modernen »Internet of Things«- oder Industrie-4.0-Strukturen werden Netzwerke mit bis zu Tausenden Geräten aufgebaut. Grundsätzlich ist die Sicherheit eines Systemverbunds so stark wie sein schwächstes Glied. Das Thema Sicherheit betrifft damit mehr oder weniger direkt alle diese Geräte. Es gibt zwei Strategien der Verteidigung im Systemverbund:

- **Segmentierung/Filter/Gateway-Prinzip**
  Ein vorgelagertes System filtert alle Kommunikation und garantiert einen bestimmten (klar definierten) Schutzlevel für die dahinterliegenden Systeme.
- Jedes System schützt sich und seine Daten.

Im Rahmen einer gestaffelten Verteidigung (defense in depth) ist auch eine Kombination beider Strategien möglich.

7.2.8 Gehäuse, Hardware und Software

Hardware ist angreifbar.

Oft werden Geräte als sicher angesehen. Dass das nicht immer zutrifft, dafür gab es spektakuläre Beispiele von Geräten, die spionieren und »nach Hause Daten versenden«. Darüber hinaus ist Software, die in Geräten verbaut ist, auf verschiedenen Ebenen angreifbar:

- Sicherheit der mechanischen Komponenten (dinglich, Non-IT): Gehäuse, Schrauben etc.
- Sicherheit der elektronischen Komponenten (dinglich, IT): DIP-Schalter, Jumper, Auslöten von Chips etc.

- Sicherheit der Softwarekomponenten auf vier Ebenen (nicht-dinglich, IT):
  - Firmware/Bootloader/BIOS
  - Betriebssystem: z. B. Windows CE, Linux
  - Framework/Middleware
  - Applikationsebene

Nur weil Sie also ein Gerät vor sich haben, an dem ein Laie vielleicht nichts ändern kann, ist das Gerät nicht ansatzweise sicher. Sehr oft ist es auch sehr aufwendig bis unmöglich, festzustellen, ob ein gekauftes Gerät nicht voll unerwünschter Funktionen ist, die die Sicherheit Ihres kompletten Unternehmens kompromittieren.

7.2.9 Lebenszyklen einzelner Komponenten

Im Bereich von Internet of Things stellen die deutlich unterschiedlichen Lebenszyklen einzelner Komponenten einen wesentlichen Faktor für die Komplexität dar. Im Mittelpunkt steht der aggregierte Lebenszyklus des physischen Geräts (der Waschmaschine, Heizungsanlage oder des Autos). Demgegenüber stehen die Lebenszyklen einer enormen Bandbreite einzelner Komponenten, die von der verbauten Hardware/Elektronik, bei Zulieferern und im Backend, deren Software (Betriebssysteme, Anwendungssoftware) über Standards bei Schnittstellen und Kommunikationsprotokollen bis hin zu Programmiersprachen und eingesetzter Technologie reicht. So ist z. B. nicht davon auszugehen, dass in 20 Jahren das GSM-Netz noch existiert. Aus sicherheitstechnischer Sicht ergeben sich hieraus enorme Herausforderungen im Bereich der Koordination und Gewährleistung einer fließenden Kompatibilität, ohne dabei Angriffspunkte auf die Systeme zu eröffnen. Ein maximaler Betrachtungszeitraum vom Start der Entwicklung über den Produktionszeitraum bis zum Ende des Supports von 45 Jahren ist sicher keine Seltenheit.

Veralten von Hardware macht Probleme.

Nachdem im Sicherheitsbereich bei den Sicherheitsstandards und beim Wissen über Lücken schon Zeiträume von Wochen und Monaten eine wesentliche Rolle spielen können, dürfte klar sein, dass man das Thema Sicherheit und Alter von Geräten im Netz kritisch im Auge behalten muss.

7.2.10 Wiederverwendung & Konfigurierbarkeit

Oft wird eine Basissoftware in mehreren Konfigurationen in verschiedenen Produkten unter verschiedenen Umständen eingesetzt. Natürlich müssen die Sicherheitsmaßnahmen in allen Konfigurationen und bei allen Wiederverwendungen greifen.

Insbesondere muss darauf geachtet werden, dass sich auch wirklich alle Implementierungen bzw. Instanzen auf einem aktuellen Stand befinden, was die Sicherheit anbelangt.

7.2.11 Betrachtung der Wertschöpfungskette

Für die durchgehende Gewährleistung eines angemessenen Risikoniveaus ergeben sich im Verlauf der gesamten Wertschöpfungskette unterschiedliche Anforderungen an die Sicherheit. So sind in den Phasen der Entwicklung, Vorserie, Produktion und Sales bzw. After Sales verschiedene Aspekte der Informationssicherheit jeweils in unterschiedlichem Ausmaß von höherer oder niederer Relevanz. So gilt es nicht nur das Produkt abzusichern, sondern insbesondere auch ein angemessenes Sicherheitsniveau an den Schnittstellen der einzelnen Phasen zu gewährleisten, woraus beispielsweise entsprechende Anforderungen an die Sicherheit der Entwicklungs-, Produktions- und Betriebsumgebungen sowie deren Prozesse und Organisation resultieren.

7.2.12 Dienstleisterketten und Geschäftspartner, Berater

Vorgeblich billige Dienstleister können teuer werden.

IT-Sicherheitsaspekte betreffen nicht nur das eigene Unternehmen. Dienstleister und Geschäftspartner, angefangen bei den Softwareentwicklern für die Backend- und Frontend-Systeme (Steuereinheiten, Apps etc.) über Hersteller von Bauteilen bis hin zu Werkstätten und Tunern, haben umfangreiche Zugänge und Möglichkeiten, die Sicherheit zu gefährden (Verbauen kompromittierter Komponenten, Komponentenintegrität, Zugang zu sensiblen Daten, Technik und Wissen). Alleine die Menge der Dienstleister mit deren vielfältigen Zugängen und Möglichkeiten erfordert das gleiche Sicherheitsniveau beim Dienstleister, dessen Prozessen, Produkten, Organisation und Mitarbeitern. Bei dieser Betrachtung dürfen aber auch die Sub- und Sub-Sub-Unternehmen sowie Freelancer nicht außer Acht gelassen werden.

7.2.13 End-to-End-Kommunikationswege

Bei »Internet of Things«-Strukturen ist eine Vernetzung zwischen Geräten und einem Backend mittels einer Infrastruktur üblich. Das Backend wiederum kann von verschiedenen Services genutzt werden (z. B. Mobiltelefone und PC des Benutzers) und nutzt selbst externe Services.

7.2.14 Multinationaler Einsatz

Oft sind die Geräte mobil und können grenzübergreifend eingesetzt werden. Es müssen unterschiedliche staatliche Vorgaben (z. B. zum Thema Verschlüsselung) und unterschiedliche Sicherheitsaspekte in der lokalen Infrastruktur betrachtet werden. Gleiches gilt für die Dienste, die eventuell lokal nicht zur Verfügung stehen.

7.2.15 End-to-End in der Softwareentwicklung

Betrachtet man die Software als Artefakt, dann durchläuft diese von der Idee des Programmierers bis hin zur Installation im Gerät mehrere Stationen (Software – Entwicklerarbeitsplätze – Code-Repository – Buildmanagement – Testumgebung – QS-Umgebung – Rollout/Updateserver – Produktion/Kunde). Auf jeder dieser Stationen muss die Software und ihre Integrität durch geeignete Technologien, Prozesse und Organisationen sowie personelle Maßnahmen abgesichert werden.

7.2.16 End-to-End im Betrieb

Sicherheit in der IT muss den ganzen arbeitsteiligen Weg der Wertschöpfung umfassen: von der Konzeption & Planung über Installation & Inbetriebnahme bis hin zum standardisierten Betrieb mit entsprechender Überwachung und dem Incident Management, den regelmäßigen Checks bis hin zum Problemmanagement. Dies umfasst sowohl die Phasen Plan – Build – Run als auch im »Run« den »Plan – Do – Check – Act«-Zyklus der IT-Sicherheit.

7.2.17 Zwischenfazit

Die lange Aufzählung von Dimensionen und möglichen Angriffspunkten sollte gezeigt haben, dass das Thema »bedarfsgerechte Sicherheit« extrem wichtig ist. Es muss also zwischen Kosten und Nutzen von Schutzmaßnahmen abgewogen werden und diese müssen in Relation zum Schutzbedarf des Unternehmens stehen.

Dazu benötigt man passende Prozesse und eine passende Organisation. Hierzu gibt der nächste Abschnitt einen Einstieg.

7.3 Organisation zur IT-Sicherheit

Mehr als andere Themen in der Informationstechnologie unterliegt die IT-Sicherheit einem ständigen Wandel. Dies beruht vorrangig auf der Tatsache, dass sie sich nicht nur mit der Fortentwicklung der Computertechnologie, sondern auch mit der Weiterentwicklung menschlicher Angreifer befassen muss. Die Zielmarke einer »bedarfsgerechten Sicherheit« befindet sich also in ständiger Bewegung.

7.3.1 Sicherheit als Prozess

IT-Sicherheit als Querschnittsthema

Sicherheit muss daher als Prozess und nicht als einmalige Anstrengung betrachtet werden. Diese Forderung muss auch im Kontext der Unternehmensarchitektur gebührend berücksichtigt werden. Das wichtigste Thema in der IT-Sicherheit ist damit – wie bei jedem Prozess – die Verantwortung für das Prozessergebnis. IT-Sicherheit ist als Querschnittsthema ein breites Feld, das fast alle Bereiche der IT berührt. Um dem Thema ganzheitlich Rechnung tragen zu können und gute Kompromisse zu finden, sind daher Experten aus vielen Themengebieten notwendig. Dies macht die Festlegung der Verantwortlichkeiten zusätzlich schwierig. Es ist daher für alle Beteiligten wichtig, die Verantwortlichkeiten zu verstehen und zu beachten sowie zu prüfen, ob eigene und fremde Verantwortlichkeiten mit dem notwendigen internen oder externen Know-how hinterlegt sind. Verantwortungsstreitigkeiten, lückenhafte Verteilung der Verantwortung, fehlendes Wissen oder nicht ausreichende Kompetenzen führen unausweichlich zu Sicherheitslücken und zu (erfolgreichen) Angriffen.

7.3.2 Ebenen der IT-Sicherheit

Früher war die stringente Kontrolle von Netzwerkverkehr an möglichst wenig Eingangspunkten in die internen Systeme ausreichend, und die Gefahr durch Angriffe von innen war – dank abgeschlossener Sicherheitszonen – relativ gering. Heute kontrolliert ein komplexes Gebilde aus Firewalls mit demilitarisierten Bereichen, Eindringlingsalarmen, Virenfilter und möglichst gut abgesicherten Betriebssystemen den Schutz der Daten.

Die Unterscheidung von erlaubten Zugriffen und Angriffsversuchen wird dabei für diese netzwerkbasierten und von der Anwendungslogik unabhängigen Schutzsysteme immer schwieriger. Entsprechend steigt die Anzahl der erfolgreichen Attacken auf die Applikationslogik. Böswillige Eingaben (Sonderzeichen in Formularfeldern, manipulierte URL-Adresszeilen) erlauben SQL-Injection-Attacken (unberechtigte Datenbankabfragen), Cross-Site-Scripting (Umlenken von Website-Daten auf andere Systeme) und andere komplexere Angriffe. Um Angriffe dieser Art abzuwehren, muss die Anwendung selbst sicher sein.

IT-Sicherheit ist seit jeher in der Architektur der technischen Infrastruktur verankert, seit etwa 15 Jahren beschäftigt sich das Teilgebiet der Applikationssicherheit auch mit der Informationssystemarchitektur.

7.3.3 Andere Akteure der IT-Sicherheit

Die IT-Sicherheit muss ein breites Feld von Bedrohungen abdecken (siehe Abb. 7–2)

Daher sind typischerweise verschiedene Akteure mit den einzelnen Themen betraut. Die Sicherheitsstrukturen verschiedener Unternehmen sind unterschiedlich definiert. Selbst bei ähnlicher Ausprägung ist die betriebliche Praxis bzw. die Art, wie die Strukturen und Prozesse gelebt werden, unterschiedlich. Um die Aufgaben der Unternehmensarchitektur im Bezug auf IT-Sicherheit zu definieren, werden nachfolgend kurz typische Organisationsstrukturen im Bereich der Sicherheit skizziert:

- **Unternehmensebene**
  Beauftragter/Abteilung für Sicherheit oder Informationsschutz, Chief Information Security Officer (CISO)
  Diese Abteilung ist meist gesamtheitlich für die Sicherheit im Unternehmen verantwortlich. Dies beginnt oft bei Kampagnen zur Steigerung des Sicherheitsbewusstseins, der Konzeption der Objektsicherheit, der Zutrittskontrollsysteme und der Reisesicherheit, beinhaltet aber grundsätzlich alle Sicherheitsthemen. Typischerweise werden interne Ermittlungen und die Kommunikation zu Polizei, Staatsanwaltschaft und Verfassungsschutz hier koordiniert. Schnittstellen zur IT sind z. B. Themen wie die Vertrauenswürdigkeit von IT- und Outsourcing-Partnern, Zugriffsrechte von Auslandsniederlassungen, Einordnung und Klassifizierungssysteme von Informationen, Anforderungen an Logs (für evtl. notwendige forensische Ermittlungen) etc.

Organisation auf Unternehmensebene

7 IT-Sicherheit

Welche Entwicklungen sehen Sie als zunehmende Risiken für Ihr Know-how?
(Angaben in %, Mehrfachnennungen möglich)

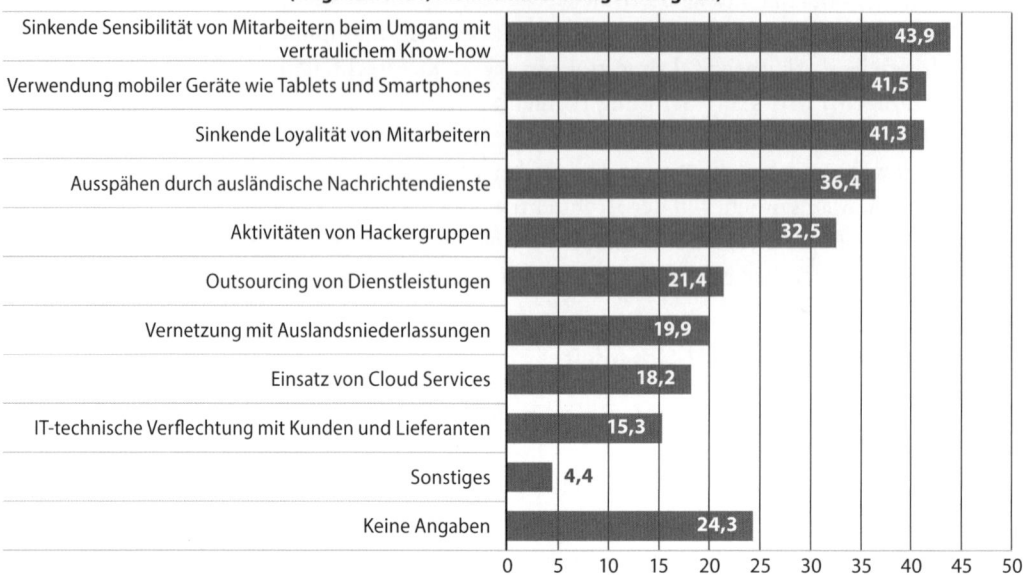

Entwicklung	%
Sinkende Sensibilität von Mitarbeitern beim Umgang mit vertraulichem Know-how	43,9
Verwendung mobiler Geräte wie Tablets und Smartphones	41,5
Sinkende Loyalität von Mitarbeitern	41,3
Ausspähen durch ausländische Nachrichtendienste	36,4
Aktivitäten von Hackergruppen	32,5
Outsourcing von Dienstleistungen	21,4
Vernetzung mit Auslandsniederlassungen	19,9
Einsatz von Cloud Services	18,2
IT-technische Verflechtung mit Kunden und Lieferanten	15,3
Sonstiges	4,4
Keine Angaben	24,3

Gibt es Bedrohungen, für die Sie die Schutzmaßnamen Ihres Unternehmens für nicht ausreichend halten?
(Angaben in %, Mehrfachnennungen möglich)

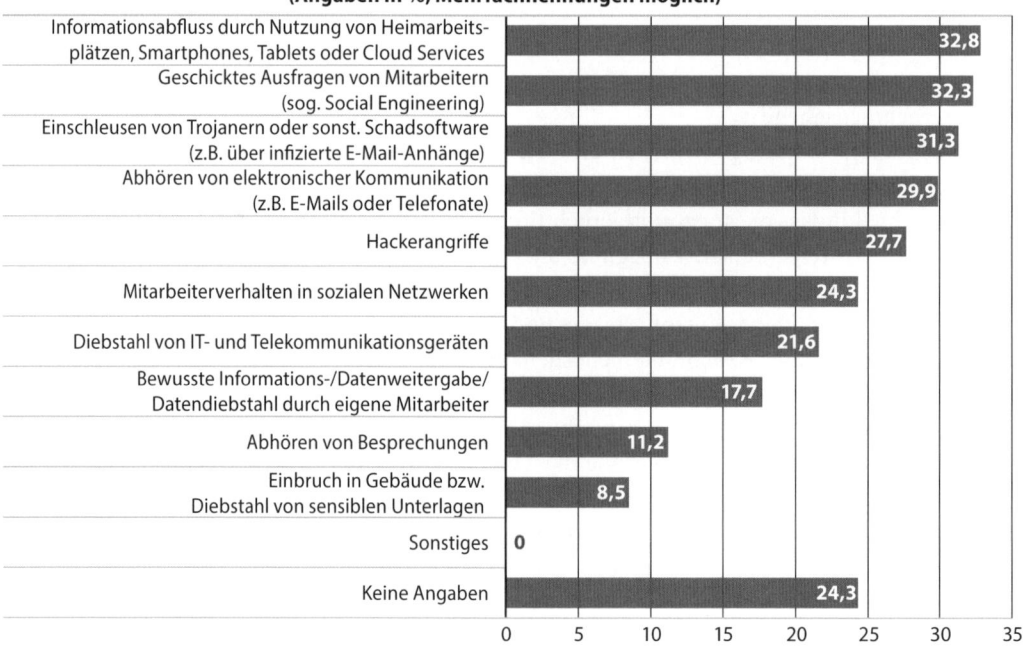

Bedrohung	%
Informationsabfluss durch Nutzung von Heimarbeitsplätzen, Smartphones, Tablets oder Cloud Services	32,8
Geschicktes Ausfragen von Mitarbeitern (sog. Social Engineering)	32,3
Einschleusen von Trojanern oder sonst. Schadsoftware (z.B. über infizierte E-Mail-Anhänge)	31,3
Abhören von elektronischer Kommunikation (z.B. E-Mails oder Telefonate)	29,9
Hackerangriffe	27,7
Mitarbeiterverhalten in sozialen Netzwerken	24,3
Diebstahl von IT- und Telekommunikationsgeräten	21,6
Bewusste Informations-/Datenweitergabe/Datendiebstahl durch eigene Mitarbeiter	17,7
Abhören von Besprechungen	11,2
Einbruch in Gebäude bzw. Diebstahl von sensiblen Unterlagen	8,5
Sonstiges	0
Keine Angaben	24,3

Abb. 7–2 Bedrohungen in der IT-Sicherheit (Quelle: Umfrage Corporate Trust 2014)

- **IT-Funktion**
  Beauftragter/Abteilung für Sicherheit in der Informationstechnologie
  Diese Abteilung ist für die IT-Sicherheit im Unternehmen verantwortlich. Häufig liegt dabei der Fokus auf dem IT-Betrieb. Typischerweise wird eine IT-Security-Policy erstellt, aus der sich dann Verfahrens- und Handlungsanweisungen für die Mitarbeiter ableiten. Typische Schnittstellen zur Unternehmensarchitektur sind Vorgaben und Anforderungen an die IT-Sicherheit, Organisation und Durchführung von Audits und Penetrationstests sowie der Entwurf und Betrieb von Sicherheitssystemen wie zentrale Authentifizierung, Virenschutz und Netzwerksicherheitssysteme (Firewalls & VPN).

  Organisation in der IT-Funktion

- **Projekt**
  Sicherheitsverantwortlicher im Projekt
  Der IT-Sicherheitsverantwortliche sorgt für eine angemessene IT-Sicherheit im kompletten Softwareentwicklungsprozess. Er identifiziert die Sicherheitsanforderungen, konzipiert und initiiert die vorgesehenen Sicherheitsmaßnahmen im Projekt und prüft, ob die entsprechenden Maßnahmen wirksam umgesetzt wurden. Zusätzlich sorgt er für eine angemessene Sensibilisierung der Projektmitarbeiter für das Thema IT-Sicherheit.

  Organisation auf Projektebene

7.3.4 Aufgaben der Unternehmensarchitektur

Welche Rolle spielt nun der Unternehmensarchitekt im Zusammenhang mit IT-Sicherheit? Primäre Aufgabe des Unternehmensarchitekten ist es, auch auf der Ebene der technischen und der Anwendungsinfrastruktur rechtzeitig die Voraussetzungen dafür zu planen und umsetzen zu lassen, damit IT-Sicherheit ausreichend berücksichtigt werden kann. Projektmitarbeiter sollten auf bewährte Lösungen zurückgreifen können und nicht für jedes Projekt neue Lösungen erfinden müssen. IT-Unternehmensarchitektur kann hier also Voraussetzungen für Wiederverwendung und ein hohes Qualitätsniveau von Lösungen schaffen.

Die Sicherheit eines Softwaresystems muss so hoch sein, dass sie für die schutzwürdigsten Daten und die sensibelsten Prozesse, die dort verarbeitet werden, angemessen ist. Der Einbau von Sicherheitsmaßnahmen in Software kostet Geld. Auf der Ebene der Unternehmensarchitektur muss darauf geachtet werden, dass nicht in sicherheitstechnisch unkritische Software ein einzelner Hochsicherheits-Geschäftsfall integriert wird, sodass die komplette Anwendung ein viel zu hohes und damit viel zu teures Sicherheitsniveau haben muss. Ein anderer typischer Fehler ist es, eine für ein sicherheitsunkritisches Umfeld (z. B.

Angemessene Sicherheit

Intranet) entworfene Software im Rahmen einer Reorganisation in ein sicherheitskritisches Umfeld (z. B. Internet) zu verlegen.

Design von Sicherheitsmaßnahmen

Aufgabe der IT-Unternehmensarchitekten in Zusammenarbeit mit den für Sicherheit verantwortlichen Stellen ist das frühzeitige Etablieren von projektübergreifenden Sicherheitsstrukturen. Eine solche Verantwortung reklamiert aber eventuell auch die IT-Sicherheitsabteilung für sich. Typische zentrale Infrastrukturen sind:

- Authentifizierungsinfrastruktur mit Passwortverwaltung, Zuteilung (Provisioning) und Entzug von Rechten (Deprovisioning)
- Unternehmensweite Rollen- und Rechteverwaltung mit Anschlussframeworks für verschiedene Projektinfrastrukturen
- Portalinfrastruktur für interne und externe Webanwendungen
- Zertifikatsinfrastrukturen (PKI) mit Anschlussframeworks für Webservices, Verschlüsselungssoftware und E-Mail
- Projekt- und serverübergreifende Loginfrastruktur
- Segmentierung und Abgrenzung von Netzwerkschutzzonen

Eine weitere Aufgabe der Unternehmensarchitekten im Bereich IT-Sicherheit ist die Moderation. Sicherheitsexperten kommen häufig aus dem Bereich der Administration und besitzen oft keine ausgeprägten Programmierkenntnisse. Programmierer hingegen achten viel mehr auf die Möglichkeit, einem Benutzer Funktionen zur Verfügung zu stellen, als darauf, die Möglichkeiten für einen Angreifer einzuschränken. Der Unternehmensarchitekt kann hier eine vermittelnde Rolle einnehmen.

In den folgenden Abschnitten 7.4 bis 7.7 werden zunächst allgemeine Vorgehensweisen und Verfahren zum Thema Informationssicherheit beschrieben.

Daraus leiten sich dann spezifische Tätigkeitsfelder für Unternehmensarchitekten ab: Diese werden in den Abschnitten 7.8 bis 7.12 dargestellt.

7.4 Management der Informationssicherheit

Wenn man gemeinhin von IT-Sicherheit spricht, denkt man vor allem an Hackerangriffe und deren Abwehr; auch Computerviren kommen einem in den Sinn. IT-Unternehmensarchitekten denken dann häufig an demilitarisierte Zonen, Firewalls und beschränkte Kommunikationskanäle, oder auch an verschlüsselte Kommunikationsstrecken. Fachleute für Computer- oder Informationssicherheit haben allerdings einen deutlich weiteren Blick auf das Thema: Sie denken zunächst einmal eher in Begriffen wie Informationssicherheit, und nicht nur eingeschränkt an IT-Sicherheit.

7.4 Management der Informationssicherheit

Das Ziel von Informationssicherheit ist es, für ein Unternehmen (oder eine sonstige definierte Einheit) Informationen aller Art und aus allen Quellen wirkungsvoll und angemessen zu schützen. Solche Informationen müssen nicht zwangsläufig in Computersystemen gespeichert sein oder elektronisch übertragen werden. Sie können auch als Ausdrucke, in handschriftlich oder diversen anderen physischen Formen von Informationsträgern vorliegen und auf alle erdenklichen Arten übertragen werden.

Information in vielen Formen muss geschützt werden.

Die damit verbundenen wesentlichen Begriffe der Informationssicherheit – wie Vertraulichkeit, Integrität und Verfügbarkeit – bilden die Grundlage für den Schutz von Informationen. Weitere wichtige Dinge, die garantiert werden müssen, sind z. B. Fälschungssicherheit von Nachrichten (Authenticity, Validity), Zuverlässigkeit der Kommunikation (Reliability) und Nichtabstreitbarkeit der Kommunikation (Non-deniability).

Eine Gefahr für Informationssicherheit im Unternehmen geht jedoch nicht nur von Hackern und professionellen Angreifern auf Kommunikationsstrecken aus, ebenso wie die Zerstörung von Informationen im Unternehmen bei Weitem nicht nur durch Computerviren geschieht. Die Begriffe machen schon klar, mit welcher Art von Gefahren Sicherheitsprofis auch umgehen, zum Beispiel:

Banale Gefahren für die Informationssicherheit

- Ganz banale Gefahren durch Wasser oder Feuer, die sowohl IT-Hardware als auch Materialien wie Papier vernichten bzw. unbrauchbar machen können
- Gefahren durch physischen Diebstahl von Informationsträgern, entweder durch Mitarbeiter des Unternehmens oder Eindringlinge von außerhalb
- Und natürlich auch Gefahren wie Hacking und Computerviren

Die bekanntesten IT-spezifischen Gefährdungen sind also gewiss nicht die einzigen Gefahren, mit denen sich ein Profi für Informationssicherheit auseinandersetzen muss. IT-Sicherheit ist also ein deutlich größeres Feld, das auch sehr viel mit ganz allgemeinem Risikomanagement zu tun hat.

Dies führt zu der Frage, wie solche Profis die scheinbar unmögliche Aufgabe angehen, sämtliche Informationen eines Unternehmens angemessen zu schützen. Ein Teil der Antwort sind Normen, Risikomanagement und intelligente Aufteilung des Gesamtproblems in kleinere, handhabbare Teilprobleme. Mittlerweile sind in vielen Unternehmen sogenannte Informationssicherheits-Managementsysteme (ISMS) eingeführt worden oder werden gerade geplant.

Lassen Sie uns zunächst mit einem Überblick über relevante Normen beginnen. International gibt es für Informationssicherheitssysteme die Normenreihe ISO 27000 bis 27005 [ISO2700x]. Tabelle 7–1 gibt einen Überblick über diese Serie von ISO-Normen und deren Inhalte:

Tab. 7–1 Normenserie ISO 2700x und ihre Inhalte

Norm	Jahr	Inhalt
ISO 27000	Okt. 2005	Grundlegende Definitionen und Glossar
ISO 27001	Okt. 2005	Enthält Anforderungen an ein zertifiziertes Informationssicherheits-Managementsystem (ISMS). Stellt die Verbindung zur Vorgängernorm ISO 17799 her.
ISO 27002	2007	Leitfaden für die Implementierung eines ISMS. Enthält ca. 130 Kontrollziele. Ersetzt die ISO 17799.
ISO 27003	n/a	Detaillierterer Implementierungsleitfaden
ISO 27004	2006	Definiert KPIs und Metriken für ISMS
ISO 27005	n/a	Definiert Modelle für IT-Risikomanagement

Bemerkenswert ist, dass es sich bei dieser Normenserie um Richtlinien handelt, die sich mit dem Feld Informationssicherheits-Managementsysteme in Abbildung 7–3 befassen. Für einzelne Technologien gibt es jeweils eine größere Anzahl weiterer Normen. Die Normenserie ISO 2700x ist also nur die Norm für das Management des Sicherheitssystems. Die einzelnen technischen Elemente stellen noch einmal ein sehr umfangreiches Wissensgebiet dar.

Abb. 7–3 Einordnung von Arbeitsfeldern zur Informationssicherheit [BITKOM14]

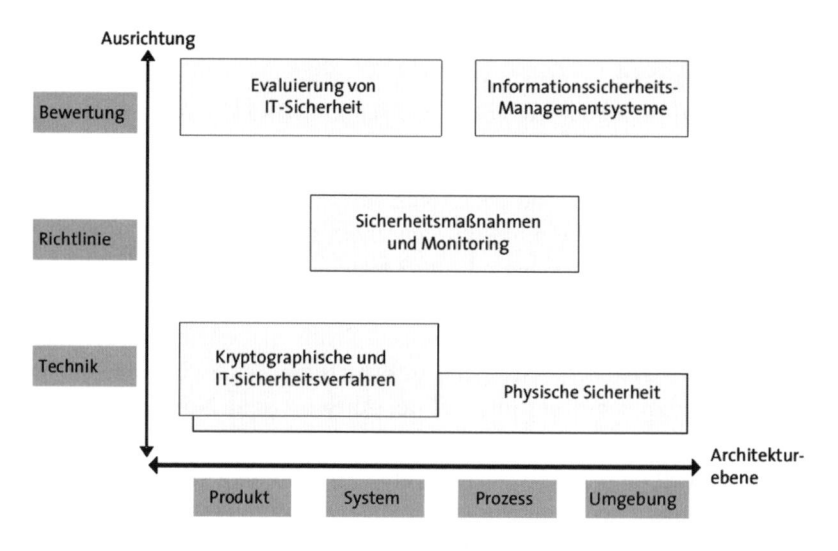

Ausrichtung

Bewertung	Evaluierung von IT-Sicherheit	Informationssicherheits-Managementsysteme
Richtlinie	Sicherheitsmaßnahmen und Monitoring	
Technik	Kryptographische und IT-Sicherheitsverfahren	Physische Sicherheit

Produkt · System · Prozess · Umgebung → Architekturebene

Der Kompass der IT-Sicherheitsstandards des deutschen IT-Branchenverbandes BITKOM [BITKOM14] gibt auf ca. 80 Seiten einen sehr guten Überblick über Normen auf dem Gebiet der Informationssicherheit. Nützlich ist vor allem auch der in Abbildung 7–3 dargestellte Ordnungsrahmen für diese Normen.

Dabei wird einerseits hinsichtlich der Absicht der Norm unterschieden, d. h., ob es sich um eine Norm für Technologien, Vorgehensweisen oder das komplette Managementsystem für Informationssicherheit (ISMS) handelt. Andererseits wird der Bereich beschrieben, in dem eine Norm wirksam ist – etwa nur in einem Produkt oder in einem System, das aus vielen gekauften Produkten plus selbst gebauter Integration bestehen kann; die Norm kann sich aber auch auf die Absicherung kompletter Prozesse bzw. eines kompletten Unternehmens oder sogar auf einen noch größeren Rahmen beziehen.

Um Ihnen ein Gefühl für die Vielfalt der Normen zu geben, seien als Beispiel die ISO-Normen genannt, die sich nur mit Verschlüsselung beschäftigen:

Vielfalt an Normen

- ISO/IEC 7064,
- ISO/IEC 18033,
- ISO/IEC 10116,
- ISO/IEC 19772.

Neben den ISO-Normen gibt es auch die sogenannten BSI IT-Grundschutz-Kataloge [BSIGrundschutz16], die insgesamt noch umfangreicher sind.

Vorgehen bei der Einführung eines ISMS

Das Vorgehen bei der Einführung eines Informationssicherheits-Managementsystems (ISMS) wird Leser, die schon eine Qualitätsnorm aus der Serie ISO 9000 kennen, wenig überraschen. Abbildung 7–4 zeigt kurz die wesentlichen Schritte.

Noch vor dem Beginn des Prozesses steht zunächst ein formaler Schritt, in dem bei allen ähnlichen Managementnormen die Verantwortung der (Unternehmens-)Leitung festgelegt wird. Wenn das System also vom obersten Management eines Unternehmens nicht gewollt und unterstützt wird, sind alle folgenden Schritte häufig zwecklos.

Abb. 7–4
Prozessschritte bei der Einführung eines ISMS

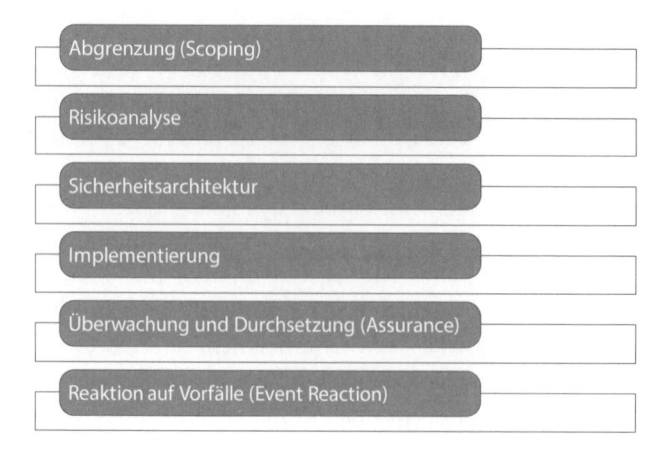

- Abgrenzung (Scoping)
- Risikoanalyse
- Sicherheitsarchitektur
- Implementierung
- Überwachung und Durchsetzung (Assurance)
- Reaktion auf Vorfälle (Event Reaction)

Abgrenzung (Scoping): Als Nächstes wird dann die Reichweite der Sicherheitsbemühungen abgegrenzt. Bei Qualitätsnormen war es immer ein »beliebter Trick«, nur einen kleinen Bereich eines Unternehmens zu zertifizieren, dies allerdings in der Werbung nicht deutlich zu machen. Für den Kunden sah es dann oft so aus, als besäße das komplette Unternehmen eine ISO-9000-Zertifizierung, was in Wirklichkeit allerdings nur auf einen Teilbereich zutraf. Das ist natürlich speziell im Falle von Informationssicherheit ziemlich sinnlos und führt überhaupt zu der Frage, ob man sich nur nach ISO 27000 zertifizieren lassen möchte, um »die Plakette an der Wand zu haben« und damit zu werben, oder ob das Unternehmen sich und seine Kunden und Geldgeber ernsthaft schützen möchte.

Risikoanalyse

Risikoanalyse: An die Festlegung des Umfanges schließt sich eine Risikoanalyse an. Hier wird anhand von Gefahrenkatalogen untersucht, welche Gefahren bestehen und welche Risiken daraus möglicherweise entstehen können. Eine Gefahr wird erst dadurch zu einem Risiko, dass sie mit einer Eintrittswahrscheinlichkeit verbunden werden kann und dass der Gefahreneintritt auch Schaden verursacht, der die Zielsetzungen des Unternehmens behindert.

Werden z. B. die für die nächste Woche gedruckten Speisepläne eines Krankenhauses durch eine kaputte Sprinkleranlage unbrauchbar gemacht, dann ist das zwar ärgerlich, wird aber keine wesentlichen Störungen oder Kosten verursachen. Werden hingegen im größeren Umfang Diagnosedaten von Patienten entwendet und vielleicht sogar öffentlich gemacht, kann das den Ruin des Unternehmens nach sich ziehen und strafrechtliche Konsequenzen für die Verantwortlichen haben, die solche besonders sensiblen Daten unter Umständen nicht ausreichend geschützt haben. Weiteres zur Risikoanalyse erfahren Sie in Abschnitt 7.6.

Sicherheitsarchitektur und Implementierung: Sind die Risiken und Bedrohungen bekannt, dann kann mit der Festlegung von Maßnahmen begonnen werden, um die Informationen zu schützen. Aus Kostengründen werden dabei zunächst einmal die Informationen in Schutzklassen eingeteilt. Nicht alles muss mit hohem Aufwand geschützt werden – aber sensible Informationen müssen erkannt und adäquat geschützt werden. Die erarbeiteten Maßnahmen müssen dann umgesetzt werden; damit ist das Sicherheitssystem zunächst implementiert. Hier endet auch der erste Arbeitsschritt von IT-Unternehmensarchitekten, die an der Erstellung einer Sicherheitsarchitektur oder spätestens an deren Umsetzung beteiligt gewesen sind. Mehr Information dazu finden Sie in den Abschnitten 7.9 bis 7.12.

Überwachung und Durchsetzung (Assurance): Die Wirksamkeit der einmal festgelegten Sicherheitspolitik und -architektur muss natürlich ständig überwacht und gesichert werden. Hierfür existieren in der Norm beschriebene Verfahren, die Sicherheitsexperten anwenden können. Unternehmensarchitekten müssen dies im Rahmen von nicht funktionalen Anforderungen berücksichtigen, wenn die Sicherheitsexperten z.B. laufend Informationen benötigen, deren Lieferung eingeplant werden muss. Hinweise zur Implementierung finden Sie in den Abschnitten 7.7 und 7.8.

Assurance

Reaktion auf Vorfälle: Sollte es doch einmal zu einem sicherheitsrelevanten Vorfall gekommen sein, dann müssen die Sicherheitsexperten und andere Mitarbeiter im Unternehmen zwei Dinge tun: erstens den Schaden begrenzen – beispielsweise durch entsprechende Öffentlichkeitsarbeit oder erforderliche Meldungen an Aufsichtsbehörden; zweitens durch eine Analyse und Anpassungen am Sicherheitssystem verhindern, dass dieses Problem ein zweites Mal auftritt – wobei es auch sein kann, dass der Vorfall im Risikokatalog beschrieben war, allerdings der Schaden als akzeptabel eingestuft wurde. In diesem Fall würde man die Risikoeinschätzung überprüfen, aber das System nicht zwangsläufig anpassen, sofern man feststellt, dass Risikoeinschätzung und Gegenmaßnahmen korrekt waren. Detailliertere Hinweise zur Implementierung finden Sie speziell in Abschnitt 7.7.

Reaktion

Eine wesentliche Tätigkeit im Rahmen der Erstellung eines ISMS ist das Risikomanagement, d.h. die Erfassung und Klassifizierung aller möglichen Risiken für die Informationssicherheit in Form eines bewerteten Risikoregisters.

Abb. 7–5
Schematisches Beispiel für eine Risikomatrix

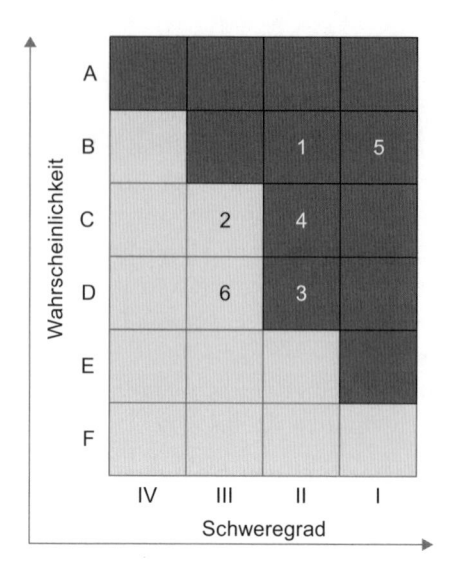

Dabei werden Risiken nach den zwei Kriterien »Wahrscheinlichkeit des Eintretens« und »Schaden beim Eintritt« (Schweregrad) bewertet. Für Kombinationen von Wertebereichen werden jeweils akzeptable Niveaus festgelegt. In Abbildung 7–5 werden Felder, die ein nicht akzeptables Risikoniveau darstellen, rot bzw. dunkelgrau markiert. Wenn im Rahmen eines Audits ein nicht akzeptables Risiko festgestellt wird (also eines, das sich nach der ersten Klassifikation in einem der roten Felder bewegt), dann müssen geeignete Gegenmaßnahmen vereinbart werden, durch die entweder der potenzielle Schaden verringert oder aber die Wahrscheinlichkeit des Risikoeintritts gesenkt werden kann oder beides, sodass sich das Risiko in seiner Bewertung nach Anwendung der Maßnahme in einem der akzeptierten Felder befindet.

7.5 Sicherheitsstrategie

Im vorangegangenen Abschnitt 7.4 haben Sie einen Überblick darüber bekommen, wie man das Management von Informationssicherheit systematisch und nach einer Normenserie organisieren kann. Wenn Sie dies praktisch umsetzen wollen, dann ist der erste und gleichzeitig wichtigste Schritt bei einer strategischen Herangehensweise an ein beliebiges Thema die Entscheidung, welche grundlegende Strategie konkret verfolgt werden soll. Dies ist eine Entscheidung des jeweiligen Managements. Als Unternehmensarchitekt sind sowohl die grundlegende Sicherheitsstrategie der Firma als auch die Sicherheitsstrategien der wichtigsten Projekte bzw. Programme im Unternehmen von Bedeutung. Im Folgenden finden Sie eine exemplarische Liste typischer

Sicherheitsstrategien, die Sie in verschiedenen Unternehmen vorfinden könnten:

- **Beispielstrategie 1**
  »Wir glauben, dass die Vorgaben vonseiten unserer Kunden und des Gesetzgebers ausreichend für unsere Sicherheit sind, und versuchen, diese möglichst kostengünstig umzusetzen.«
- **Beispielstrategie 2**
  »Wir wollen einen innovativen Weg in der IT-Sicherheit gehen und uns von unseren Konkurrenten/Marktbegleitern durch Effizienz und Effektivität abheben.«
- **Beispielstrategie 3**
  »Die Verantwortung für die IT-Sicherheit ist bei uns innerhalb der Organisation verteilt und wird von den einzelnen Fach- und IT-Abteilungen aufgabenspezifisch wahrgenommen.«
- **Beispielstrategie 4**
  »Wir haben eine Sicherheitsorganisation, die von oben nach unten gut durchstrukturiert ist und ständig volle Transparenz (=*Messbarkeit!*) über den Zustand unserer IT-Sicherheit gewährleistet.«
- **Beispielstrategie 5**
  »Wir wissen, wo unsere Kronjuwelen liegen. Diese werden gezielt geschützt, alles andere nur auf Basis einer Grundsicherung.«
- **Beispielstrategie 6**
  »Wir machen ISO 27001 und lassen uns alle zwei Jahre rezertifizieren.«
- **Beispielstrategie 7**
  »Wir achten darauf, dass IT-Sicherheit unseren Geschäftsbetrieb möglichst wenig stört und möglichst keine zusätzlichen Kosten erzeugt. Natürlich achten wir dabei darauf, den essenziell notwendigen Teil der für uns geltenden Compliance-Vorgaben einzuhalten.«
- **Beispielstrategie 8**
  »Unser IT-Betrieb ist komplett ausgelagert, die IT-Sicherheitsverantwortung ist dem zuständigen Dienstleister übertragen. Wir führen regelmäßige Kontrollen durch.«
- **Beispielstrategie 9**
  »Wir haben uns einen Full-Service-IT-Sicherheitsdienstleister eingekauft, der die Verantwortung trägt. Wir führen regelmäßige Kontrollen durch.«

Verschiedene Ausprägungen einer Sicherheitsstrategie

Es sollte klar sein, dass die Beispiele jeweils zu komplett anderen Kosten- und Risikosituationen führen würden. In Abschnitt 4.1.1 wurde erläutert, dass hinter eine Strategie immer Ziele stehen sollten. Die

Ziele hinter der Sicherheitsstrategie sollten zu den Zielen Ihres Unternehmens und zur Gesamtstrategie des Unternehmens passen. Es ist offensichtlich, dass hinter den oben exemplarisch aufgelisteten Strategien für das Sicherheitsmanagement jeweils unterschiedliche Ziele und Unternehmenskontexte stehen – z. B. unterschiedliche Sourcing-Strategien für den kompletten IT-Betrieb.

Als Unternehmensarchitekt sollten Sie daher zunächst hinterfragen, ob eine explizite Sicherheitsstrategie und Ziele dahinter existieren. Wenn eine Sicherheitsstrategie existiert und sinnvoll ist, können Sie sich daran machen, die dazu erforderlichen Maßnahmen zu planen bzw. zu verifizieren. Falls keine Sicherheitsstrategie existiert, drängen Sie auf die Verabschiedung einer solchen und legen Sie für sich und Ihre Arbeit eine Arbeitsthese fest. Dokumentieren und kommunizieren Sie diese, um spätere Missverständnisse zu vermeiden.

7.6 Schutzbedarfs- oder Bedrohungsanalyse

Wenn Sie die Sicherheitsstrategie Ihres Unternehmens zumindest in Ansätzen kennen, können Sie und die sonstigen für Sicherheit verantwortlichen Kollegen sich an eine Bedrohungsanalyse machen. Falls Sie jetzt sagen sollten, dass man erst die Bedrohungen kennen muss, um die Sicherheitsstrategie festzulegen, dann ist das insofern richtig, als dass natürlich die Bedrohungsanalyse zu einer Rückkopplung zur Sicherheitsstrategie führen kann. Das heißt, Sie müssen natürlich neue Erkenntnisse, die Sie im Rahmen der Bedrohungsanalyse bekommen, in Ihrer Sicherheitsstrategie verarbeiten.

Anforderungen sind Grundlage für wirksamen Schutz.

Um einen angemessenen Schutz eines Unternehmens oder einer großen Applikation sicherzustellen, muss die Anforderung an die IT-Sicherheit klar definiert werden. Heute gibt es zwei Wege, um dieses Ziel zu erreichen. In der klassischen Sicherheitsliteratur wird zur Bestimmung der IT-Sicherheitsanforderungen eine Schutzbedarfsanalyse empfohlen. Zunehmend häufiger wird heute auch eine Bedrohungsanalyse für diese Zwecke eingesetzt. Während sich die Bestimmung des Schutzbedarfs mit der Frage beschäftigt, wie wichtig die Daten für die eigene Firma sind, geht eine Bedrohungsanalyse der Frage nach, wie wertvoll die Daten für einen Angreifer wären. Der größte Vorteil einer Schutzbedarfsanalyse ist ihre generelle Gültigkeit – unabhängig von einer bestimmten Bedrohung gilt der festgestellte Schutzbedarf auch für Ausfälle durch zufällige Ereignisse (Naturkatastrophen, Brand, Stromausfall). Der größte Vorteil einer Bedrohungsanalyse hingegen ist, dass die Ergebnisse eine wesentlich effektivere und effizientere Verteidigung gegen die festgestellten Angriffsszenarien erlauben. Beide Werkzeuge sind valide, ein gleichzeitiger Einsatz unterbleibt jedoch in vielen Fällen aus Kostengründen.

7.6.1 Schutzbedarfsanalyse

Das Gesamtrisiko einer Anwendung wird von drei Faktoren bestimmt:
1. Dem Schaden, der dem Unternehmen durch einen Angriff auf die Anwendung entstehen kann
2. Der Eintrittswahrscheinlichkeit eines solchen Schadens, die sich wiederum aus zwei Faktoren zusammensetzt, nämlich:
   a) der Exponiertheit des Systems sowie
   b) der Schwierigkeit eines Angriffs (»Hackerresistenz«)

Dabei ist zuerst zu klären, welcher Schaden in einer Anwendung entstehen kann, wenn die Grundwerte der Informationssicherheit verletzt werden: *Risikoanalyse*

- Die **Vertraulichkeit** ist verletzt, wenn Daten unberechtigt zur Kenntnis genommen oder weitergegeben werden.
- Die **Integrität** von Daten ist verletzt, wenn die Korrektheit der Daten oder die korrekte Funktionsweise von Prozessen nicht mehr gegeben ist.
- Die **Verfügbarkeit** von Daten ist verletzt, wenn autorisierte Benutzer am Zugriff auf Daten und Prozesse gehindert werden.

Die Schadenshöhe kann entweder in unternehmensweit definierte Schadensklassen eingeordnet oder monetär bemessen werden. *Schadenshöhe*

Es ist nur selten möglich, die Schadenshöhe mit Sicherheitsmaßnahmen zu reduzieren, ohne die Funktionalität der Anwendung zu verändern. Zur Reduktion der Schadenshöhe müssten sicherheitskritische Daten oder Prozesse aus dem Projekt entfernt werden.

Wie oben beschrieben, reicht die Schadenshöhe allein nicht aus, um das Gesamtrisiko zu bestimmen, sondern sie muss mit der Eintrittswahrscheinlichkeit des jeweiligen Schadens korreliert werden. Diese Eintrittswahrscheinlichkeit eines Angriffs setzt sich aus der Schwierigkeit des Angriffs und der Exponiertheit des Systems zusammen. *Eintrittswahrscheinlichkeit*

Die Exponiertheit des Systems wird durch die Frage bestimmt, wer grundsätzlich Zugang zum System hat: *Exponiertheit eines IT-Systems*

- Wer erreicht die Passwortabfrage (nur Mitarbeiter, alle Internetbenutzer)?
- Wer hat einen gültigen Account (Mitarbeiter, Externe, Lieferanten etc.)?
- Wer muss welche Funktionen nutzen?
- Wie wird sich dies in Zukunft entwickeln?

- Wie bekannt ist das System?
- Wie »attraktiv« ist das System für einen Angreifer (Imagegewinn, wie gut sind die erhaltenen Informationen verkäuflich etc.)?

Begrenzung der Exponiertheit

Die Exponiertheit eines Systems kann mit netzwerktechnischen Mitteln (Firewall, VPN, siehe Abschnitt 7.12.2) und einer klaren Rollen- und Rechteverwaltung (siehe Abschnitt 7.11.1) auf das notwendige Minimum beschränkt werden. Zusätzlich kann eine Modellierung der Applikation in Schutzzonen die Exponiertheit reduzieren (siehe Abschnitt 7.12.1). Weitere Verbesserungen können dann nur noch durch Veränderung der Funktionalität erreicht werden.

Ableitung von Schutzmaßnahmen

Auf Basis der festgestellten möglichen Schadenshöhe und der definierten Exponiertheit kann für jeden Grundwert (Vertraulichkeit, Integrität, Verfügbarkeit) angegeben werden, wie wichtig der Schutz dieses Grundwerts innerhalb der Applikation ist. Je wichtiger der Schutz ist, umso schwieriger muss ein Angriff sein, um das Gesamtrisiko innerhalb akzeptabler Grenzen zu halten.

Die Schwierigkeit eines Angriffs (»Hackerresistenz«) kann durch geeignete Sicherheitsmaßnahmen (siehe Abschnitt 7.12) deutlich erhöht werden. Das Ergebnis einer Schutzbedarfsanalyse gibt damit vor, welche und wie viele Sicherheitsmaßnahmen ergriffen werden müssen.

IT-Grundschutz-Kataloge

Detaillierte Beschreibungen zur Erstellung von Schutzbedarfsanalysen finden sich

- in den IT-Grundschutz-Katalogen des BSI [BSIGrundschutz16] und
- in den ISO-2700x-Standards.

7.6.2 Bedrohungsanalyse

Komponenten einer Bedrohung

Eine Bedrohung besteht immer aus drei Komponenten: einem Täter, einem Angriffsvektor/-methodik und einer Motivation. Erst wenn alle drei Komponenten zusammenkommen, entsteht eine echte Bedrohungssituation. Eine Verteidigung ist damit auf drei Arten möglich:

- Reduktion der Angriffsmöglichkeiten durch technische, organisatorische oder personelle Gegenmaßnahmen
- Reduktion der Täterkreise durch Verfolgungsdruck und Abschreckung (z. B. durch Zusammenarbeit mit den Behörden oder die Erhöhung der Entdeckungsmöglichkeiten)
- Reduktion der Motivation durch Einbindung (z. B. durch Bug-Bounty-Programme)

Im Rahmen einer Bedrohungsanalyse sollen nun die möglichen Kombinationen aus Täter, Motivation und Angriffsvektor konkret zusammengetragen werden. Danach erfolgt ein Rating der Bedrohungen,

7.6 Schutzbedarfs- oder Bedrohungsanalyse

indem die einzelnen Bedrohungsszenarien gemäß ihrer Priorität geordnet werden.

Typischerweise werden als Erstes Listen relevanter Täter bzw. Tätergruppen, Motivationen und Angriffsmöglichkeiten getrennt aufgestellt. Diese werden im Anschluss zu konkreten Bedrohungsszenarien verknüpft. Eine Bedrohungsanalyse könnte dann wie folgt aussehen (hier am Beispiel einer Bank, siehe Tab. 7–2).

Analyse möglicher Tätergruppen

Im nächsten Schritt werden die Bedrohungen priorisiert. Der Vorteil dabei ist, dass die Bedrohungen auch von Kollegen verstanden werden, die sich mit IT-Sicherheit noch nie beschäftigt haben. Dementsprechend kann die Priorisierung leicht auf eine breite Basis gestellt werden. Die Priorisierung geschieht entweder im Umlaufverfahren (»in eine Reihenfolge der Gefährlichkeit bringen«) oder im Team (z. B. mittels Planning-Poker-Karten).

Im letzten Schritt werden die Szenarien anhand der Einschätzung in drei Kategorien eingeteilt:

- **akut** (Szenarien, bei denen es wahrscheinlich ist, dass sie aktuell passieren können),
- **aufstrebend** (Szenarien, die aktuell im Feld beobachtet werden, die aber aufgrund der Situation derzeit eher unwahrscheinlich sind),
- **Außenseiter** (Szenarien, die aktuell noch nicht »in the wild« vorkommen oder derzeit nicht relevant sind, es aber zukünftig werden können).

Beispiel für eine Bedrohungsanalyse (Rohform)

Täter bzw. Tätergruppe	Motivation	Angriffsmöglichkeit bzw. Schwachstelle
Ehemaliger Insider	Vergeltung/Rache	Von außen nutzbare Zugänge und Schwachpunkte in Geschäftsprozessen
Ermittlungsbehörden: - Staatsanwaltschaft - Polizei - Steuerfahndung	Auftrag	- Observation - Verdeckte Ermittlungen (Social Engineering) - Telefonüberwachung - Wanzen - Lauschangriff
Hacker	- Spielen mit Systemen - Aufdecken von Schwachstellen	Extern erreichbare Dienste/Systeme
Insider	Finanzieller Vorteil	Weitergabe vertraulicher Informationen an Behörden

Tab. 7–2
Bedrohungsanalyse am Beispiel einer Bank

→

Beispiel für eine Bedrohungsanalyse (Rohform)

Täter bzw. Tätergruppe	Motivation	Angriffsmöglichkeit bzw. Schwachstelle
Insider	■ Vergeltung/Rache ■ Finanzieller Vorteil	Legitime Zugriffsmöglichkeit auf Systeme oder Daten
Medien & Investigative Journalistik	Schlagzeilen	Social Engineering
Mitarbeiter	Finanzieller Vorteil	■ Geldüberweisungen tätigen bzw. umschreiben ■ Kredit ohne Vorprüfung anlegen und Überweisung tätigen
■ Mitarbeiter ■ Dienstleister	Unabsichtliche Fahrlässigkeit	Fehlbedienung von Systemen/Applikationen
Mitarbeiter/ehem. Mitarbeiter	■ Karrierevorteil ■ Finanzieller Vorteil	Missbrauch von externen Diensten
■ Mitarbeiter/ehem. Mitarbeiter ■ Organisierte Kriminalität ■ Terroristen	■ Erpressung ■ Rufschädigung ■ finanzieller Vorteil	■ Ausspähen von Zugangsdaten ■ Manipulationen im Zahlungsverkehr
Mitbewerber	Wettbewerbsvorteil	Abwerben von Schlüssel-Mitarbeitern
Organisierte Kriminalität	Finanzieller Vorteil	■ Fake President o.Ä. ■ Social Engineering auf Firmenebene
Organisierte Kriminalität	Finanzieller Vorteil	■ Manuelle Prozessanpassung der Dauerüberweisungen (Login bekannt, erbeutet), um kleine Beträge abzuzweigen ■ SWIFT-Nachrichten (meist Text- bzw. XML-Dateien) anpassen (Geldtransfersysteme, Übertragungsweg) ■ Kredit ohne Vorprüfung anlegen und Überweisung tätigen (geht das?)
Organisierte Kriminalität	Finanzieller Vorteil	Androhung/Durchführung eines DoS-Angriffs
Organisierte Kriminalität	Geld erpressen	Ausspähen von vertraulichen Informationen
Unzufriedener Mitarbeiter/Ex-Mitarbeiter	Rufschädigung	Datenschutzverletzungen öffentlich machen
Whistleblower	Ethisch-moralische Beweggründe	Weitergabe vertraulicher Informationen an Behörden oder Journalisten

7.7 Prävention für Forensik & Notfallprozesse

Trotz aller oben diskutierten und dann implementierten Schutzmaßnahmen müssen Sie sich auch darauf vorbereiten, dass es Angreifer trotzdem schaffen werden, Ihre Schutzmaßnahmen zu überwinden oder Lücken zu finden.

Unerwünschte und kriminelle Handlungen an Ihren Informationssystemen hinterlassen typischerweise Spuren. Solche Spuren können dann bei einer IT-forensischen Untersuchung genutzt werden, um systematisch kriminelle Handlungen im Zusammenhang mit IT-Systemen zu analysieren, zu rekonstruieren oder auch auszuschließen. Eine IT-forensische Untersuchung kann sich auf ganze Netzwerke, einzelne IT-Systeme oder mobile Geräte beziehen. Dabei sind die Untersuchungsmöglichkeiten weitreichend und werden fallbezogen auf die jeweiligen Fragestellungen abgestimmt.

IT-Forensik

Damit bei Verdacht auf einen IT-Sicherheitsvorfall eine erfolgreiche und schnelle Ermittlungsarbeit möglich ist, sollten Sie im Vorfeld dafür sorgen, einige grundlegende präventive Maßnahmen zur Untersuchung von IT-Sicherheitsvorfällen (auch: IT Security Incidents) umzusetzen.

7.7.1 Entdeckung von Sicherheitsvorfällen

Im Gegensatz zum klassischen Krisenmanagement spielt im Bereich des Krisenmanagements von IT-Sicherheitsvorfällen die Entdeckung und richtige Klassifizierung eines Vorfalls eine außerordentlich wichtige Rolle. Ein Grund dafür ist, dass bei einem IT-Sicherheitsvorfall keine offensichlichen Symptome vorhanden sein müssen. Als Konsequenz gilt der Grundsatz, dass effektives IT-Security-Krisenmanagement schon vor Eintritt eines IT-Sicherheitsvorfalls mit der Suche nach Symptomen beginnt.

Entdeckung

Sorgen Sie dafür, effektive Prozesse zu etablieren und ständig zu verbessern, die aktiv nach IT-Sicherheitsvorfällen suchen, um die Zahl der unentdeckten Fälle zu minimieren.

Beispiele für Maßnahmen sind:

- Sensibilisierung der (IT-)Mitarbeiter
- Regelmäßige Auswertung der Sicherheitsprotokolle von wichtigen IT-Systemen/-Komponenten
- Awareness-Schulungen für Führungskräfte und Mitarbeiter
- Aufbau und laufendes Monitoring eines Security-Information- und Event-Management-Systems
- Aktive Suche im Internet nach Hinweisen auf IT-Sicherheitsvorfälle bei Ihrem Unternehmen (z. B. verdächtige Foreneinträge, Zugriff auf unternehmensinterne Dokumente mit Vertraulichkeitsklassifizierung »vertraulich« bzw. »streng vertraulich«)
- Regelmäßige IT-forensische Untersuchung von zufällig ausgewählten IT-Systemen nach unbekannter Schadsoftware

Vorfälle gibt es nicht nur in IT-Systemen.

Denken Sie dabei nicht nur an die Informationstechnologie: Alle sensiblen Geschäftsbereiche – wie Forschung und Entwicklung, Vertrieb oder der Werksschutz – sollten in die Abläufe miteinbezogen werden, damit Auffälligkeiten (z. B. Angebotssummen werden vorab bekannt) oder Entdeckungen mit möglichen Sicherheitsauswirkungen an die richtigen Stellen im Unternehmen gemeldet werden (siehe nächster Abschnitt). Diese müssen die Ereignisse anschließend auf Sicherheitsrelevanz und möglichen Bezug zur Informationstechnologie prüfen und gegebenenfalls an die IT weitermelden.

Ziel: Sicherheitsvorfälle in sensiblen Geschäftsbereichen und in der IT werden erkannt und gegebenenfalls miteinander verknüpft.

Meldung

Sicherheitsrelevante Vorfälle melden

Sorgen Sie trotz mehrfach vorhandener Melde- und Eingangswege für Sicherheitsvorfälle für eine einheitliche Behandlung jedes Vorfalls.

Mögliche Melde- und Eingangswege sind:

- Unternehmenseigene Sicherheitsstellen, IT bzw. Helpdesk erhalten Meldung von internen Mitarbeitern oder externen Entitäten (z. B. Kunden).
- IT-Abteilung erhält Hinweise durch aktive Suche (siehe oben).
- IT-Administratoren entdecken Anomalie.
- IT-Abteilung erhält Hinweise aus technischen Systemen (wie SIEM).

Ziel: Egal wo ein Vorfall oder Verdacht detektiert bzw. gemeldet wird, die Behandlung ist einheitlich. Es darf keine doppelten Taskforces oder parallel arbeitenden Gremien geben!

Behandlung

Sorgen Sie dafür, dass unternehmensintern die Abläufe zur Behandlung von IT-Sicherheitsvorfällen etabliert und bekannt sind.

Zu einer minimalen Vorbereitung der Behandlung von IT-Sicherheitsvorfällen gehören beispielsweise:

- Prozess zur Behandlung von Vorfällen (siehe auch Abschnitt 7.7.4)
    1. Was muss bei einer Ersteinschätzung beachtet werden?
    2. Wie kann ein Verdacht konkretisiert werden?
    3. Wer kontaktiert bei welchen Ereignissen die Krisenhotline?
    4. Wer koordiniert unternehmensintern die Unterstützungsmaßnahmen, die gegebenenfalls durch Spezialisten der Krisenhotline durchgeführt werden?
    5. Bei welchen Ereignissen müssen Mitarbeiter einen IT-Sicherheitsvorfall ausrufen?
    6. Wer darf dies tun? Was passiert bei Eintritt?
- Dokumentation der wichtigen Kontaktdaten, wie Krisenhotline und unternehmensinterne Entscheidungsträger

Ziel: Das Unternehmen ist in der Lage, bei plötzlich auftretenden bedeutenden Sicherheitsvorfällen selbstbestimmt und angemessen zu reagieren:

Voraussetzungen für angemessene Reaktionen

- Verantwortlichkeiten sind definiert.
- Aufgaben sind klar geregelt.
- Berichtswege sind bekannt.
- Entscheidungswege sind bekannt.
- Die Krisenhotline wird zielgerichtet angesprochen und eingebunden.
- Etablierte Hierarchieebenen können im Krisenfall übersprungen werden.

7.7.2 Technische Vorbereitungen

Sorgen Sie dafür, dass die Protokollierungseinstellungen aller wichtigen IT-Infrastrukturkomponenten und IT-Systeme eine effektive IT-forensische Untersuchung ermöglichen.

Zu einer minimalen Vorbereitung gehören beispielsweise:

- Es wurden vorab sinnvolle Einstellungen für die folgenden drei Arten der Protokollierung getroffen:
    - **Operatives Logging:**
    Die operative Protokollierung soll die Behandlung akuter Fehler, d.h. das Incident Handling, unterstützen. Die Aufbewahrungszeit für dieses Log sollte sich an den vereinbarten Wiederherstellungszeiten des Betriebs orientieren. Auch der Inhalt sollte

von den technischen Erfordernissen des Betriebs vorgegeben werden.

- **Forensisches Logging:**
Primäres Ziel des forensischen Loggings ist es, die Grundlagen für eine IT-forensische Nachvollziehbarkeit von IT-Sicherheitsvorfällen bzw. Cyber-Angriffen zu schaffen. Sekundäres Ziel ist die Erkennung von IT-Sicherheitsvorfällen und deren effektive Verfolgung. Bei der Erkennung kann auch das operative Logging unterstützen. Beim forensischen Logging ist die Aufbewahrungsdauer von Wichtigkeit: Je öfter und intensiver in einem Unternehmen die Logdateien kontrolliert werden, desto kürzer ist die nötige Zeitspanne der Protokolleinträge. Generell sollten Logdateien nie ungesehen gelöscht werden, deshalb stellt eine Aufbewahrungsfrist von 90 Tagen in den meisten Unternehmen das Minimum dar.

- **Intensives Logging:**
Das intensive Logging dient zur Verdachtsaufklärung und wird von der Administration im Bedarfsfall manuell aktiviert. Ziel ist es, eine sinnvolle Einstellung für ein intensives Log bereits vorbereitet zu haben.

- **Es ist sichergestellt, dass die Zeitstempel in den Protokollen synchron sind:**
Eine wichtige Voraussetzung für eine sinnvolle Logauswertung ist die Zeitsynchronität aller beteiligten IT-Systeme. Idealerweise sollten die Logs immer mit UTC-Zeitstempeln (Universal Time Coordinated) erstellt werden. Ist dies nicht möglich, muss für jedes System genau notiert werden, in welcher Zeitzone das System die Logzeitstempel erzeugt.

- **Die oben genannten Einstellungen werden in regelmäßigen Abständen geprüft:**
Die IT-Infrastruktur ändert sich stetig. Lassen Sie in regelmäßigen Abständen prüfen, ob alle wichtigen Daten erfasst werden können, anhand derer sich im Ernstfall Ermittlungen anstellen lassen. Dazu zählen unter anderem Zugangslogs zu wichtigen Servern (E-Mail-Server, Dateiserver usw.), interne DHCP-Logs (Welche IP-Adressen gehörten zum Zeitpunkt des Vorfalls wem?) und Firewall-Logs (Welche Regeln werden geloggt? Werden ausgehende Verbindungsversuche geloggt?).

Ziel: Die Grundlagen für eine IT-forensische Nachvollziehbarkeit von Angriffen sind in Ihrem Unternehmen geschaffen.

7.7.3 Rechtliche Vorbereitungen

Sorgen Sie dafür, dass unternehmensintern rechtliche Regelungen getroffen werden, die eine IT-forensische Untersuchung ermöglichen.

Dies beinhaltet die Prüfung und Erstellung von passenden rechtlichen Regelungen (z. B. durch Betriebsvereinbarungen). Hier ist auch ein besonderes Augenmerk auf Datenschutz und Mitbestimmungsrechte zu legen.

Beispiele hierzu sind:
- Regelung des Umfangs der Privatnutzung von Systemen, E-Mail und Internet
- Regelung der Auswertung von Daten bei IT-Sicherheitsvorfällen oder dem Verdacht auf schwere Pflichtverletzungen/strafbare Handlungen
- Regelung der Auswertung von System-Backups zur Aufklärung von IT-Sicherheitsvorfällen
- Regelung der Entscheidungsbefugnisse, Zustimmungs- und Informationspflichten, auch bei Vorfällen außerhalb der regulären Betriebszeiten
- Regelung der Bereitstellung relevanter Daten durch den IT-Dienstleister bzw. Cloud-Anbieter
- Prüfung der Relevanz weiterer gesetzlicher Regelungen im IT-Betrieb (z. B. Fernmeldegeheimnis § 88 TKG)

Ziel: Die rechtlichen Rahmenbedingungen in Ihrem Unternehmen wurden auch im Hinblick auf eine erfolgreiche und schnelle Ermittlungsarbeit bei Verdacht auf einen IT-Sicherheitsvorfall gestaltet und sind bekannt.

7.7.4 Vorgehensweise bei einem IT-Sicherheitsvorfall

Wird ein möglicher IT-Sicherheitsvorfall erkannt, ist es hilfreich, wenn allen Beteiligten die ersten Schritte und wichtige Hilfsmittel wie die Ersthelferliste (siehe unten) bekannt sind. Des Weiteren benötigen Sie einen definierten Prozess, der von den Beteiligten schematisch abgearbeitet werden kann.

7.7.5 Prozedur für Ersthelfer

Vorgehen bei Sicherheitsvorfällen

Routinemäßig sollte eine Prozedur für Ersthelfer erstellt und regelmäßig aktualisiert werden. Ziel ist es, eine konkrete Handlungsanweisung für eine Erstanalyse durch Systemadministratoren zu haben. So kann sichergestellt werden, dass zu Beginn einer Untersuchung (z. B. einer Anomalie auf einem Server) keine eventuell später relevanten Informationen vernichtet werden. Jeder Administrator im Unternehmen sollte diese Anweisung kennen.

Ziel einer Erstuntersuchung ist unter anderem die Einstufung einer entdeckten Anomalie in die Kategorien »sicherheitsrelevant« oder »nicht sicherheitsrelevant«. Diese Einstufung muss jeder Administrator aus seiner eigenen Erfahrung beurteilen. Im Folgenden finden Sie ein Beispiel für typische Regeln und Schritte in einer solchen Prozedur:

Regel 1
Alle eigenen Tätigkeiten während der Untersuchung einer Anomalie nachvollziehbar (!) protokollieren
Wer? Wie? Wann? Wo? Warum? Ein kurzer Stichpunktzettel reicht.

Regel 2
Alle gewonnenen Erkenntnisse während der Untersuchung (Fakten und Interpretationen) protokollieren
Wer? Wie? Wann? Wo? Warum? Ein kurzer Stichpunktzettel reicht.

Regel 3
Wenn irgendwie möglich, den aktuellen Systemzustand frühzeitig vor dessen Veränderung (!) für eine spätere Analyse konservieren
- Snapshot (bei virtuellen Maschinen bzw. SAN-Speicher)
- Backup (Idealumfang: gesamte Installation; minimal: alle Logdateien)
- Anderes etabliertes und abgestimmtes Verfahren

Regel 4
Datenlöschungsverfahren außer Kraft setzen
Wenn sich der Verdacht auf einen Sicherheitsvorfall erhärtet, sollten alle aktiven Verfahren zur Datenlöschung (Logrotation, Expiration von Backups und SAN-Snapshots etc.) außer Kraft gesetzt werden – zumindest lokal, im Idealfall auf allen Kernsystemen (Firewalls, Logarchiv, Backup-System, Monitoring-Stationen etc.)

Regel 5
So wenig »Trial and Error« wie möglich

Credo: »Nur analysieren, dann umkonfigurieren!« Im Idealfall werden keine Veränderungen am System vorgenommen, bevor die Problemursache nicht zweifelsfrei ermittelt und dokumentiert ist oder eine vollständige und konsistente Sicherungskopie der betroffenen Systeme erstellt wurde.

Anmerkung: Der Neustart eines Systems ist eine Veränderung.

Regel 6
Management frühzeitig involvieren

Wenn sich der Verdacht auf einen Sicherheitsvorfall erhärtet, keine (!) weiteren Veränderungen an Systemen und/oder Applikationen durchführen, sondern so schnell wie möglich das Management (Rolle »Sicherheitsverantwortlicher« zuständig für IT, z. B. CISO) verständigen.

7.8 Dokumentation, Test und Verifikation

Alle Sicherheitsmaßnahmen von der Strategie über das Design bis zu den Prozessen der Reaktion auf Vorfälle müssen dokumentiert werden. Dies sollte verteilt in den verschiedenen Konzepten (Fach- und IT-Konzept) und Handbüchern (Coding Styles, Betriebshandbuch) geschehen, um die richtigen Leserkreise zu erreichen. Dennoch sollte in einem IT-Sicherheitskonzept das Gesamtkonstrukt der Sicherheitsmaßnahmen inklusive deren Herleitung aus der Schutzbedarfsanalyse kurz beschrieben werden und es sollte auf die jeweiligen sicherheitsrelevanten Kapitel in den anderen Dokumenten verwiesen werden. Eine solche zusammengefasste Dokumentation ist die Voraussetzung für spätere Prüfungen und die notwendige Weiterentwicklung der IT-Sicherheitsmaßnahmen.

Die eingebauten IT-Sicherheitsmaßnahmen müssen getestet werden. Für die funktionalen Maßnahmen aus Abschnitt 7.11 müssen dazu die entsprechenden Testfälle und Testdrehbücher erstellt werden. Obwohl die Tests einfach sind, werden sie oft vergessen. So wird für den Test meist die Benutzeranmeldung deaktiviert und mit einem Benutzer mit umfangreichen Rechten getestet. Dabei bietet es sich natürlich an, die Tests mit verschiedenen Benutzerrollen durchzuführen, um festzustellen, ob bestimmte Funktionen auch wirklich nur für die Benutzer mit den entsprechenden Rechten erreichbar sind. Auch eine Logauswertung während des Tests, um zu sehen, ob die Logs für eine Angriffsverfolgung aussagekräftig genug sind, ist eigentlich nicht schwierig, wird aber häufig vergessen.

Test der Sicherheitsmaßnahmen

Penetrationstests

Die nicht funktionalen Maßnahmen aus Abschnitt 7.12 dienen dazu, die Schwierigkeit von Angriffen (»Hackerresistenz«) zu erhöhen. Dies kann und muss durch einen Penetrationstest überprüft werden. Viele Sicherheitsabteilungen und externe Sicherheitsberatungsfirmen bieten solche Penetrationstests standardisiert an. Die Vorgaben für einen Penetrationstest orientieren sich an der Schutzbedarfsanalyse. Die Penetrationstester müssen testen, ob die Schwierigkeit eines Angriffs dem in der Schutzbedarfsanalyse geforderten Niveau entspricht. Orientierung für die Beauftragung von Penetrationstests bietet eine Studie des Bundesamts für Sicherheit in der Informationstechnologie (BSI[1]), in der z.B. eine klare Parametrisierung des Penetrationstests vorgeschlagen wird. Abbildung 7-6 zeigt diese Klassifizierung von Penetrationstests.

Abb. 7-6 *Klassifizierung von Penetrationstests nach BSI*

Kriterium:					
			Penetrationstest		
1. Informationsbasis		Black-Box		White-Box	
2. Aggressivität	passiv scannend	vorsichtig	abwägend	aggressiv	
3. Umfang		vollständig	begrenzt	fokussiert	
4. Vorgehensweise			verdeckt	offensichtlich	
5. Technik	Netzwerkzugang	sonstige Kommunikation	physischer Zugang	Social-Engineering	
6. Ausgangspunkt			von außen	von innen	

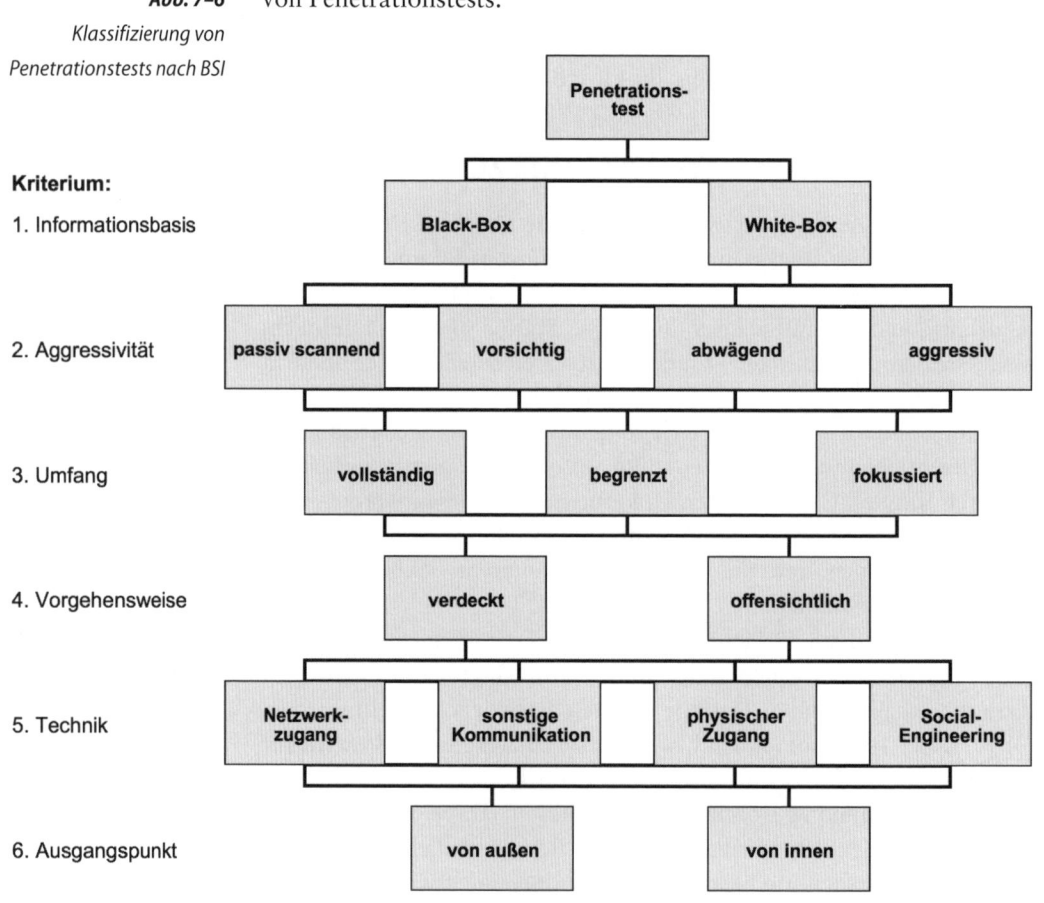

1. https://www.allianz-fuer-ITsicherheit.de/ACS/DE/_/downloads/Leitfaden_IS_Pentest.html (aufgerufen am 04.10.2016).

Eine tiefer gehende Abhandlung über Penetrationstests und deren Methodik findet sich beim Institute for Security and Open Methodologies (ISECOM) im Open Source Security Testing Methodology Manual[2] (OSSTMM).

Da sich die Sicherheitsanforderungen durch die Weiterentwicklung der Technologie (neue Versionen), der Organisation (neue Nutzerkreise, Aus- und Eintritt von Mitarbeitern) und der Angreifer (neue Angriffswege und -methoden) ständig ändern, kann die IT-Sicherheit nicht als einmalige Aktion betrachtet werden. Es ist also eine betriebliche Notwendigkeit, die Sicherheit einer Anwendung regelmäßig zu prüfen. Dazu müssen entsprechende Verantwortungen und regelmäßige Prüfungen definiert werden. Typische Regeltätigkeiten sind:

Fortschreiben der Maßnahmen zur IT-Sicherheit

Permanente Suche nach Auffälligkeiten

- Logauswertung (täglich – monatlich)
- Überprüfung auf Updates (wöchentlich – monatlich)
- Wechsel des Schlüsselmaterials und der technischen Passwörter (monatlich – zweijährlich)
- Penetrationstests bzw. Audits (halbjährlich – zweijährlich)
- Überprüfung der Korrektheit und Notwendigkeit der vergebenen Rollen und Rechte (halbjährlich – zweijährlich)
- Überprüfung der Firewallregeln (jährlich – zweijährlich)
- Überprüfung, ob die eingesetzten Verschlüsselungsstärken noch ausreichend sind (jährlich – zweijährlich)
- Überprüfung der Schutzbedarfsanalyse (jährlich – fünfjährlich)

Diese Regeltätigkeiten müssen festgeschrieben und in der Organisation verankert werden. Die Durchführung der Tätigkeiten muss vom Sicherheitsverantwortlichen kontrolliert werden. Auch solche Maßnahmen können Eingang in Richtlinien zu Design und Betrieb von Anwendungen finden und können – wenn nicht von anderen Organisationseinheiten veranlasst – von IT-Unternehmensarchitektur und IT-Sicherheit zusammen in das Unternehmen getragen werden.

7.9 Aufgaben für IT-Unternehmensarchitekten

Eine typische Funktion der IT-Unternehmensarchitektur ist die Verantwortung für die Gesamtbebauung eines Unternehmens. Da angemessene Sicherheit ein integraler Bestandteil einer Unternehmensarchitektur ist, gibt es hier zahlreiche Felder der Zusammenarbeit mit den IT-Sicherheitsexperten:

---

2. *http://www.isecom.org/research/osstmm.html* (aufgerufen am 27.06.2016).

7 IT-Sicherheit

Unternehmensarchitekten müssen die Sicherheitsstrategie kennen.

Kenntnis des ISMS: Die IT-Unternehmensarchitektur kann ihre Verantwortung nicht sinnvoll wahrnehmen, wenn sie das Informationssicherheits-Managementsystem des Unternehmens nicht kennt.

Kenntnis des Risikoregisters: Wenn konkret Systeme in die Gesamtbebauung eingefügt werden sollen, ist es wichtig und sinnvoll, das Risikoregister zu kennen. Man kann die dort dokumentierten Risiken auch als Quelle für nicht funktionale Schutzanforderungen sehen. Beziehungsweise: Falls es zu teuer sein sollte, die Anforderungen zu erfüllen, kann dies auch zu einer wirtschaftlichen Neubewertung der Risiken führen.

Erstellung und Fortschreibung des Risikoregisters: Oft wird es sinnvoll sein, das Risikoregister fortzuschreiben, wenn die Verantwortlichen für die IT-Bebauung auch bei der Erstellung des Risikoregisters für die IT mitarbeiten und helfen.

Mitarbeit bei der Konstruktion von Sicherheitsmaßnahmen: Im Rahmen der Erstellung (großer) Lösungsarchitekturen oder aber auch der grundlegenden Sicherheitsarchitektur sollten IT-Unternehmensarchitekten und IT-Sicherheitsfachleute Hand in Hand zusammenarbeiten. Dabei kann man durch die Anwendung intelligenter Muster mit gleichem Aufwand einen erheblich verbesserten Schutz erzielen. Mit solchen Mustern für sicherheitsgerechte Bebauung können IT-Unternehmensarchitekten wesentlich zur Erreichung der Sicherheitsziele und zum wirtschaftlichen Risikoschutz beitragen. Der Rest dieses Abschnitts befasst sich mit genau solchen grundlegenden Mustern.

Tab. 7–3 Security-Patterns

TOP-7-Security-Patterns für Unternehmensarchitekten	
Pattern 1	**Sicherheitsorientierte Segmentierung:** Verwalten Sie Daten mit unterschiedlichem Schutzbedarf in unterschiedlichen Systemen.
Pattern 2	**Sichere Modellierung der fachlichen Schnittstellen:** Finden Sie gute Kompromisse zwischen dem Schutz der Daten in jedem Projekt und den Architekturprinzipien.
Pattern 3	**Zentrale Sicherheitssysteme in die Bebauung:** Integrieren, promoten und modellieren Sie die Nutzung zentraler Sicherheitsstrukturen in der Unternehmensarchitektur.
Pattern 4	**Applikationsinternes Software Lifecycle Management:** Führen Sie Buch über alle eingesetzten Softwaretools und -libraries und lassen Sie die Updateprozesse üben.
Pattern 5	**Sicherheitstechnisch korrekte Konfiguration:** Härten Sie Ihre Installationen mit allen verfügbaren Bordmitteln. Nutzen Sie alle Sicherheitsinnovationen.

→

TOP-7-Security-Patterns für Unternehmensarchitekten	
Pattern 6	**Defense in Depth:** Realisieren Sie Schutzfunktionen lieber doppelt in zwei unterschiedlichen Schichten. Sie erhalten dadurch ein gegen Sicherheitslücken widerstandsfähigeres System.
Pattern 7	**Vernetzung und Kommunikation:** Suchen Sie den Kontakt zu Kollegen, die ähnliche Sicherheitsprobleme haben. Nutzen Sie regelmäßig Informationsangebote zur IT-Sicherheit.

Wie oben erwähnt, gehört es zum Pflichtprogramm, die einschlägigen Sicherheitsstandards und Datenschutzvorschriften einzuhalten. Darüber hinaus kann ein proaktiv handelnder Unternehmensarchitekt einen wesentlichen Beitrag zur kostengünstigen Realisierung des notwendigen Informationsschutzes leisten. Grundsätzlich ist der Einbau von Sicherheit im Nachhinein teuer – es ist wesentlich günstiger und auch sicherheitstechnisch vorteilhafter, die entsprechenden Maßnahmen von Anfang an zu berücksichtigen. Hier spielt der Unternehmensarchitekt eine entscheidende Rolle.

- **Pattern 1: Sicherheitsorientierte Segmentierung**
  Das wichtigste Pattern ist die **sicherheitsorientierte Segmentierung**. Unternehmensarchitekten sind damit vertraut, Software in richtige Cluster zu schneiden. In der Sicherheit gilt das sogenannte Maximalprinzip: Der Schutzbedarf einer Software oder eines Systems ist so hoch wie derjenige der schutzbedürftigsten Daten, die darin verwaltet werden. Wenn also in einem System Daten mit unterschiedlichem Schutzbedarf verwaltet werden, dann muss dieses System so geschützt werden, wie dies die schutzbedürftigsten Daten verlangen. Für die weniger schutzbedürftigen Daten ist das unnötig teuer und oft auch mit Einschränkungen für die Benutzer verbunden. Daten mit unterschiedlichem Schutzbedarf sollten deshalb auch in unterschiedlichen Systemen verwaltet werden. Ein häufiger Verstoß gegen dieses Pattern ist die Implementierung der Administrations-GUI für ein Softwareprodukt. Oft wird die Administration (inklusive Rechtevergabe) in die Applikation integriert und ist dann ebenso von Heimarbeitsplätzen oder über das Internet erreichbar.

- **Pattern 2: Sichere Modellierung der fachlichen Schnittstellen**
  Das zweite wichtige Muster für Unternehmensarchitekten steht in unmittelbarem Zusammenhang mit der Segmentierung: die **sichere Modellierung der fachlichen Schnittstellen** zwischen Applikationen. Die Grundregel der IT-Sicherheit lautet: »Jedes Projekt schützt sich selbst.« Die Verarbeitung und Speicherung von Daten und die Verfügbarkeit von Prozessen müssen also den projektspezifischen

Sicherheitsanforderungen genügen. Das bedeutet aber auch, dass alle vom Benutzer oder von Schnittstellensystemen hereinkommenden und ausgehenden Daten projektspezifisch geprüft und gefiltert werden müssen. Diese Regel schafft zwar klare Verantwortungen, führt aber häufig dazu, dass projektspezifische Schutzmechanismen immer wieder implementiert werden, und untergräbt damit das Prinzip der Wiederverwendung. Klare und gut dokumentierte Entscheidungen, wie Projekte sich ihre Sicherheitsverantwortung über Schnittstellen hinweg teilen können, sind Aufgabe des Unternehmensarchitekten. Dies funktioniert natürlich nur zwischen Applikationen mit gleichem Schutzbedarf.

- **Pattern 3: Zentrale Infrastrukturen**
Viele Sicherheitsaufgaben wiederholen sich in jeder Applikation. Es muss also eine Möglichkeit geben, wie ein Projekt Sicherheitsverantwortung in definierter Weise an **zentrale Infrastrukturen** abgeben kann. Diesen Weg zu organisieren, die richtigen Zentralsysteme auszuwählen und die entsprechenden High-Level-Konfigurationen festzulegen, ist Aufgabe der Unternehmensarchitektur. Diese Anbindung dann im Detail zu organisieren, ist Aufgabe des Projekts. Typische zentrale Sicherheitsstrukturen, die in vielen Unternehmen existieren und dafür genutzt werden können:

  - Authentifizierungsinfrastruktur mit Passwortverwaltung, Zuteilung (Provisioning) und Entzug von Rechten (Deprovisioning)
  - Unternehmensweite Rollen- und Rechteverwaltung mit Anschlussframework für verschiedene Projektinfrastrukturen
  - Portalinfrastruktur für interne und externe Webanwendungen
  - Zertifikatsinfrastrukturen (PKI) mit Anschlussframeworks für Webservices, Verschlüsselungssoftware und E-Mail
  - Projekt- und serverübergreifende Log-Infrastruktur
  - Segmentierung und Abgrenzung von Netzwerkschutzzonen

  Solche Infrastrukturen müssen in die Unternehmensbebauung integriert werden und die Nutzung dieser Services durch die einzelnen Applikationen muss modelliert werden. Dies gilt natürlich umso mehr, wenn einzelne Applikationen oder Services von externen Einheiten wie einem Cloud-Dienstleister oder der Konzernmutter bereitgestellt werden.

- **Pattern 4: Applikationsinternes Software Lifecycle Management**
Ein weiteres, wichtiges Muster ist das **applikationsinterne Software Lifecycle Management**. Oft wird im Rahmen von größeren Softwareprojekten nicht nur ein Softwareprodukt verbaut, sondern eine ganze Landschaft aus Tools, Libraries, Individual- und Stan-

dardsoftware. Da es keine hundertprozentige Sicherheit gibt, werden sich in jedem dieser Produkte Sicherheitslücken finden. Die Gefahr, die von einer solchen Lücke ausgeht, steigt sprunghaft an, wenn sie bekannt wird. Meist werden solche Lücken dann vom Hersteller schnell behoben. Zu diesem Zeitpunkt muss einem Unternehmen klar sein, dass es eine bestimmte Software in einer bestimmten Version einsetzt. Selbst wenn die Identifikation funktioniert, muss nun – eventuell Jahre nach dem Go-Live des Projektteams – z.B. das entsprechende Framework ausgetauscht werden. Solche Prozesse sollten bereits während der Entwicklung geübt werden. Dies gilt insbesondere für Open-Source-Software.

- **Pattern 5: Sicherheitstechnisch korrekte Konfiguration**
  Das fünfte Muster ist die **sicherheitstechnisch korrekte Konfiguration** aller eingesetzten Bausteine. Für alle Betriebssysteme und viele Softwareprodukte gibt es Härtungsanleitungen des Herstellers. Für IT-Systeme in sensiblen Bereichen ist die Umsetzung dieser Härtungen eine Notwendigkeit. In neue Frameworks und moderne Produkte werden oft grundlegende und innovative Sicherheitsmaßnahmen eingebaut – nutzen Sie diese! Dazu gehört im Übrigen auch die korrekte Einstellung der Logfunktionen. Im Falle eines Sicherheitsproblems müssen diese ausreichen, um den Hergang nachstellen zu können.

- **Pattern 6: Defense in Depth**
  In diesem Kontext muss ein weiteres IT-Sicherheitsparadigma berücksichtigt werden: »**Defense in Depth**«. Sicherheit sollte in dedizierten Schichten eingebaut werden. Da eine hundertprozentige Sicherheit nicht existiert, muss davon ausgegangen werden, dass in einer solchen Schicht Lücken existieren. Um Schäden durch Lücken in einer einzelnen Schicht zu vermeiden, sollten dabei mehrere Schichten hintereinander eingebaut werden. Ziel ist es, den Schaden, den ein Angreifer anrichten kann, zu minimieren. Dabei ist zu beachten, dass Sicherheitsfunktionen ausschließlich in der Serverinfrastruktur eingebaut werden dürfen. Nur dort sind sie vor Hackern sicher, die mit einem eigenen Client alle Client-Schutzmaßnahmen aushebeln können.

- **Pattern 7: Vernetzung und Kommunikation**
  Das siebte und letzte Muster beschäftigt sich weniger mit der Technologie als mit der **Vernetzung und der Kommunikation**. Typischerweise gibt es Kollegen in anderen Unternehmen oder anderen Abteilungen, die sich mit denselben Sicherheitsproblemen herumschlagen. Zudem widmen sich immer mehr Symposien, Konferenzen und Verbände dem Thema IT-Sicherheit. Vernetzen Sie sich. Im

Speziellen sollten Sie als IT-Unternehmensarchitekt regelmäßig die Informationsangebote der Allianz für IT-Sicherheit des Bundesamts für Sicherheit in der Informationstechnologie (BSI) konsultieren.

7.10 Sicherheitsbebauung

Funktionale Anforderungen sagen, was eine Software tun soll. Nicht funktionale Anforderungen beschreiben die Umstände, unter denen die geforderte Funktionalität zu erbringen ist. Die Forderung nach IT-Sicherheit führt sowohl zu funktionalen als auch nicht funktionalen Anforderungen. Leider wird dies in Diskussionen oft vergessen und die IT-Sicherheit auf einen der beiden Aspekte reduziert.

Funktionale Sicherheitsanforderungen

Funktionale Anforderungen können im Gespräch mit der Fachabteilung oder den anderen Stellen (Revision, Sicherheitsabteilung) geklärt werden. Typische funktionale IT-Sicherheitsanforderungen sind:

- Authentisierung und Autorisierung (Rollen- und Rechtekonzept), Registrierung von Benutzern, Vergabe von Rechten (siehe Abschnitt 7.11.1)
- Logging, Nachvollziehbarkeit administrativer Tätigkeiten, Revisionsanforderungen (siehe Abschnitt 7.11.2)

Nicht funktionale Sicherheitsanforderungen

Nicht funktionale Anforderungen sind generell wesentlich schwieriger zu erheben, da direktes Fragen selten sinnvolle Ergebnisse produziert. In der IT-Sicherheit ist die Frage zu beantworten: Wie viel Sicherheit muss eine Software gegen Hackerangriffe bieten? Was ist das richtige Maß, wie hoch ist die bedarfsgerechte Sicherheit für diese Software? Dazu wurde in der IT-Sicherheit die Methodik einer Schutzbedarfsanalyse entwickelt, um solche nicht funktionalen IT-Sicherheitsanforderungen stringent und ohne zu übertreiben umzusetzen. Aus einer solchen Schutzbedarfserstellung werden z. B. Notwendigkeit und Konzeption folgender Themen abgeleitet (siehe Abschnitt 7.12):

- Modellierung der Applikation mit Schutzzonen und potenziellen Angriffsflächen
- Konzeption der Verschlüsselung auf Netzwerkebene (Point-to-Point oder End-to-End)
- Einbindung in die Netzwerk-Sicherheitsinfrastruktur (Firewalls, DMZs, Trusted Domains, VPN-Konzepte etc.)
- Einbindung in Infrastruktur- und Betriebssicherheit
- Sicherheitsbewusstes Codedesign (Abwehr bekannter Angriffe, Validierung)

Wenn die funktionalen und nicht funktionalen Sicherheitsanforderungen an die Projekte geklärt sind, stellt man häufig fest, dass die daraus resultierenden Sicherheitsmaßnahmen in vielen Projekten gleich sind. Solche Sicherheitsmaßnahmen können dann oft durch eine zentrale Infrastruktur unterstützt bzw. umgesetzt werden. Das beste Beispiel ist hier der Aufbau und Betrieb einer Internet-Firewallumgebung, die normalerweise zentral und nicht durch jedes Projekt einzeln erfolgt. Dies ist nicht nur kosteneffizienter, sondern erleichtert durch die Zentralisierung auch den Betrieb der Sicherheitsmaßnahmen. Damit wird zeitgleich auch die Sicherheit erhöht. Nachteilig ist allerdings die Tatsache, dass damit ein projektübergreifendes Zentralbudget für solche IT-Sicherheitsmaßnahmen auszuweisen ist, das gegen Kürzungen verteidigt werden muss. Es ist also ein wichtiger Punkt, die Nutzung durch die Projekte bzw. die entstehenden Einsparungen durch die zentralen Systeme nachzuweisen. Dies kann z.B. durch geeignete interne Verrechnungsmethoden geschehen, indem etwa der Anschluss eines Projekts an eine interne Infrastrukturkomponente (Firewall, zentrales LDAP) mit Kosten versehen wird. Hier muss natürlich vorsichtig vorgegangen werden, damit die Akzeptanz der Infrastrukturen nicht gestört wird.

Bebauungsplanung für IT-Sicherheit

Anwendungen, die die gleichen Nutzerkreise haben (siehe Exponiertheit) und mit vergleichbaren Schadenshöhen in den drei Kategorien Verfügbarkeit, Vertraulichkeit und Integrität eingeordnet sind, sollten in der Unternehmensarchitektur zusammengefasst werden. Dies erleichtert mit einer einheitlichen Bebauung und Projektierung die Konzeption adäquater Sicherheitsmaßnahmen. Anwendungen, deren Nutzerkreise und Schadenshöhe disjunkt sind, sollten auch in der Unternehmensarchitektur getrennt werden.

Clusterung von Anwendungen

Dabei muss speziell auf die Schnittstellen zwischen den Applikationen geachtet werden. Anwendungen mit geringen Sicherheitsanforderungen dürfen sicherere Anwendungen nicht gefährden. Dementsprechend müssen Schnittstellen funktional eingeschränkt (Filterung auf Datenebene) und mit Verschlüsselung und Authentisierung geschützt werden.

Prüfung von Schnittstellen

7.11 Typische funktionale Sicherheitsmaßnahmen

Wie bereits angesprochen, können viele funktionale Sicherheitsanforderungen projektübergreifend im Rahmen einer Unternehmensbebauung komplett oder teilweise gelöst werden. Es ist daher sinnvoll, sich kurz typische Anforderungen anzusehen.

7.11.1 Rollen und Rechte

Rollenbasierte Berechtigungssysteme

In den meisten Anwendungen im Unternehmen gibt es eine Einschränkung der Funktionalität, basierend auf den Berechtigungen eines Benutzers. Dazu muss ein Benutzer zuerst identifiziert werden. Die deutsche Sprache kennt für diesen Vorgang zwei Begriffe: Ein Benutzer authentisiert sich am Computer (Authentisierung), der Computer authentifiziert den Benutzer (Authentifizierung). Im englischen Sprachraum wird die Perspektive nicht unterschieden, der Vorgang nennt sich »authentication«.

Bei der Authentisierung unterscheidet man drei Möglichkeiten:

- **Wissen**
  Ein Benutzer kennt ein Geheimnis, das der Computer verifizieren kann (z. B. Passwort, PIN).
- **Besitz**
  Ein Benutzer besitzt etwas, das der Computer erkennen kann (z. B. EC-Karte, Codegenerator für Einmal-Passwort).
- **Biometrie**
  Ein Benutzer wird über ein körperliches Merkmal identifiziert (z. B. Fingerabdruck, Stimme).

Jede dieser Möglichkeiten hat Vor- und Nachteile (z. B. Weitergabemöglichkeit, Veränderlichkeit, Verlust). Wenn mindestens zwei Möglichkeiten kombiniert werden, spricht man von einer Zwei-Faktor-Authentisierung bzw. einer starken Authentisierung.

Im IT-System authentisierbare Identitäten (Benutzer, oft aber auch andere IT-Systeme) werden meist in einem zentralen IT-System verwaltet, vorwiegend in einem unternehmensweiten Directory, auf das u. a. per LDAP zugegriffen werden kann. Aus Sicht der Unternehmensarchitektur sollte – ebenso wie aus Sicherheitssicht – eine Benutzerverwaltung im einzelnen Softwaresystem vermieden werden. Wenn ein Softwaresystem keine Schnittstelle zu einer zentralen Benutzerverwaltung bietet, kann ein Identity-Management-System Abhilfe schaffen. In diesen Systemen werden Benutzer zentral verwaltet und Veränderungen in den Rollen und Rechten mittels Agenten in die angeschlossenen

Softwaresysteme propagiert. Solche Systeme ermöglichen es auch, dass sich ein Benutzer in allen Systemen mit dem gleichen Passwort anmelden kann (»Password-Synchronisation«).

Single Sign-on (SSO)

Heute werden oft zentrale Systeme zur Authentisierung eingesetzt, die es dem Benutzer ermöglichen, sich nur ein Mal anzumelden und dann mehrere Anwendungen zu nutzen (engl.: Single Sign-on). Eine Anwendung muss dann statt einer eigenen Authentifizierung eine Anbindung an diese Systeme vorsehen (z. B. Portalsystem, Windows-Login). Die Funktionsweisen solcher Systeme sind heute bekannt genug. Sie werden hier nicht im Detail diskutiert. Falls Sie hierzu tiefer gehende Informationen benötigen, gibt es ausreichende Literatur (z. B. [Roebuck11]) zu Themen wie SSO (Single Sign-on) und den damit verbundenen Infrastrukturen. Dabei ist aus Sicherheitssicht wichtig, dass die dazu verwendeten Tickets (z. B. in Form von Cookies) fast genauso sicherheitskritisch sind wie Passwörter.

Rollenbasierter Zugriffsschutz

Basierend auf einer Authentisierung werden einem Benutzer bestimmte Funktionen erlaubt bzw. verboten. Typischerweise wird dazu eine rollenbasierte Zugriffskontrolle (RBAC[3] – Role Based Access Control) eingesetzt. Häufig werden Rollen und Rechte nicht an einzelne Benutzer vergeben, sondern an Benutzergruppen. Auch diese Benutzergruppen sollten unternehmensweit auf Basis von Organisationseinheiten definiert und in einem zentralen System verwaltet werden.

Rollen können im RBAC-Modell in Hierarchien angeordnet sein. Im Sinne einer einheitlichen Unternehmensarchitektur wird ein zweistufiges Rollenmodell empfohlen:

- Rollen (= Rechtegruppen) beschreiben jeweils eine Aufgabe eines Benutzers im konkreten IT-System (z. B. »Sachbearbeiter für xy«, »Administrator«). Welche Rollen welche Rechte haben, sollte jeweils individuell angepasst werden können. *Rollen*
- Einzelrechte bestimmen die Berechtigung, eine bestimmte Funktion im IT-System ausführen zu dürfen (z. B. »Schreibrechte in der Maske xy«). Im Code sollten nur Rechte geprüft werden, keine Rollen. *Rechte*

---

3. Erstmalig beschrieben in *http://csrc.nist.gov/rbac/ferraiolo-kuhn-92.pdf*.

Unternehmensweit definierte Rollen — Rollen können projektübergreifend für mehrere fachlich ähnliche Projekte definiert werden. Eine unternehmensweit einheitliche Rollendefinition ist jedoch meist zu unflexibel. Dennoch können natürlich auch projektspezifische Rollen in einem Zentralsystem verwaltet werden, um ihre Verwaltung und Administration zu verbessern. Rechte sind immer spezifisch im jeweiligen IT-System.

Die Autorisierung muss in einer durchgängigen Schicht abgebildet werden. Ein entsprechendes unternehmensweites Framework ist oft sinnvoll.

7.11.2 Logging

Aus Sicherheitssicht muss das Logging sicherheitsrelevanter Vorfälle gut genug sein, um Missbrauch und Angriffe nachvollziehen zu können – dies gilt im Speziellen für »mächtige« Funktionen wie z. B. administrative Tätigkeiten. Selbstverständlich darf ein Log keine sensiblen Informationen wie Passwörter oder Schlüsselmaterial enthalten. Oft muss sichergestellt sein, dass auch ein Administrator die Logs nicht manipulieren kann bzw. die Manipulationen bemerkt werden.

IT-Forensik — Anforderungen zum Logging kommen aus der IT-Forensik und können bei der Revision oder dem Sicherheitsbeauftragten bzw. dem Chief Information Security Officer (CISO) erfragt werden. Bei allen Logoperationen ist auch der neu gefasste § 32[4] des Bundesdatenschutzgesetzes zum Arbeitnehmerdatenschutz zu beachten. Die Einschränkungen, die dadurch gelten, sind beim Datenschutzbeauftragten oder der Rechtsabteilung erfragbar.

Auswertung von Logdateien — Oft sind Logdateien nur nützlich, wenn sie maschinell auswertbar sind. Struktur und Format sollten dieser Anforderung Rechnung tragen. Aus Sicht des Gesamtunternehmens ist es meist sinnvoll, einen zentralen Logserver aufzusetzen, in dem alle Logdateien zusammenlaufen. Dies verhindert im Speziellen die Manipulierbarkeit der Logs durch die Benutzer mit Administratorrechten auf den jeweiligen Projektrechnern.

7.11.3 Privacy by Design, Privacy by Default

Durch die Diskussion um die neue europäische Datenschutzrichtlinie ist das Design von Software in den Fokus gerückt. Ziel der Datenschützer ist es, dass sämtliche datenschutzrelevanten Funktionen jeglichen Geräts und jeglicher Software vom Benutzer ausgeschaltet wer-

---

4. *http://norm.bverwg.de/jur.php?bdsg_1990,32* (aufgerufen am 27.06.2016).

den können, ohne dass er dadurch Gerätefunktionen verliert (»Privacy by Design«). Weiteres Ziel ist es, dass diese Einstellungen standardmäßig so gesetzt sind, dass alle aus Datenschutzsicht kritischen Funktionen deaktiviert sind (»Privacy by Default«).

7.11.4 Updates, Apps, Sandboxing

Durch die zunehmende Verwendung von HTML5 als Clienttechnologie ist im PC-Bereich der Einsatz von dedizierten Clientprogrammen eher ungewöhnlich geworden. Im Bereich der mobilen Geräte ist die Entwicklung einer nativen »App« für das jeweilige Gerät noch weitaus üblicher. Im Bereich der »Internet of Things«-Geräte hingegen werden die vollständigen Clientsysteme (oft vom Betriebssystem an) nativ programmiert und konfiguriert.

In solchen Umgebungen müssen etliche sicherheitskritische Funktionen definiert werden:

- Das (automatische) Ausrollen von Updates und Softwareaktualisierungen *Software-Updates*
- Der Schutz gegen das Wiedereinspielen alter, fehlerbehafteter Softwareversionen (»Downgrade«-Schutz)
- Die Infrastruktur für die Installation von Zusatzkomponenten oder Zusatzfunktionen, ggf. gegen Bezahlung (»Appstore«)
- Die Sicherung gegen Software, die nicht vom Hersteller freigegeben wurde (Software-Whitelisting, Softwaresignaturen, Walled Garden)

7.12 Typische nicht funktionale Sicherheitsmaßnahmen

Auch für viele der typischen nicht funktionalen Sicherheitsanforderungen können im Rahmen einer Unternehmensbebauung projektübergreifende Maßnahmen gefunden werden. Schutzzonen, Netzwerkinfrastruktur und z. B. Verschlüsselungsinfrastrukturen sind in den meisten Unternehmen übergreifend entworfen und werden in der Regel nicht nur für ein einzelnes Projekt oder System installiert. Dementsprechend müssen sie auch übergreifend geplant werden.

7.12.1 Modellierung von Schutzzonen

Beim Zuschnitt und der Vergabe eines Softwareprojekts wird üblicherweise versucht, einen möglichst großen, fachlich zusammenhängenden Teil vom selben Team programmieren zu lassen. Verschiedene Applikationsteile haben dabei oft unterschiedlichen Schutzbedarf, unterschiedliche Schutzzonen und Angriffsflächen.

Ein Beispiel: Bei der Programmierung einer Webanwendung gibt es häufig auch einen Administrationsteil. Dieser wird oft mit der gleichen Architektur als weiteres Formular implementiert. Aus Sicherheitssicht ist das meist falsch. Der Administrationsteil hat aufgrund der mächtigen Funktionalität typischerweise einen höheren Schutzbedarf. Da die Administratoren auch die Möglichkeit haben, im Unternehmensnetzwerk zu arbeiten, läuft idealerweise also die Administrationsoberfläche als eigene Anwendung auf einem Server, der nur aus dem Unternehmensnetzwerk erreichbar ist und nicht im Internet steht.

Schutzzonen

Das obige Beispiel zeigt, wie mit einer sinnvollen Teilung der Applikation in unterschiedliche Schutzzonen der Aufwand für die Sicherheit reduziert und gleichzeitig die Sicherheit erhöht werden kann. Eine solche Teilung muss allerdings beim Zuschnitt der Projekte bereits angedacht werden und liegt damit zumindest teilweise im Verantwortungsbereich der Unternehmensarchitektur.

7.12.2 Risikobewusste Einbindung von Anwendungen in die Netzwerkinfrastruktur

Reduzierung der Exponiertheit

Eine Möglichkeit, den Schutzbedarf einer Applikation zu reduzieren, ist es, die Exponiertheit zu minimieren. Dies kann effektiv auf Netzwerkebene mittels passend gesetzter Firewalls geschehen. Man spricht dann von Reduktion des Risikos durch passende Einbindung in die Netzwerkinfrastruktur.

Firewalls: Eine Firewall filtert Verbindungen auf TCP/IP-Ebene. Heutige Firewalls sind sogenannte »stateful packet filter«, d. h., sie können alle Pakete einer Kommunikationsverbindung zuordnen. Wenn damit eine ausgehende Verbindung zugelassen wird, werden alle eingehenden Antwortpakete ebenfalls erlaubt. Firewalls werden heute nicht mehr nur an der Grenze zu einem nicht vertrauenswürdigen Netzwerk (Internet, Partnernetzwerke), sondern auch innerhalb des eigenen Netzwerks eingesetzt. Damit werden innerhalb des eigenen Netzwerks Schutzzonen errichtet, auf die nur bestimmte Benutzergruppen (z. B. Administratoren) Zugriff haben. Dementsprechend muss eine Anwendung in dieser Schutzzone keine weiter gehenden Abwehrmaßnahmen für die Gesamtheit der Mitarbeiter implementieren. Solche Konzepte nennen sich »Secure Segments« oder schlicht Netzwerksegmentierung.

Demilitarisierte Zonen: Sollen sichere von sehr unsicheren Netzwerken getrennt werden (z. B. der Perimeter hin zum Internet), werden häufig zwei Firewalls eingesetzt. Zwischen den Firewalls befinden sich dann eine oder mehrere sogenannte demilitarisierte Zonen (DMZ).

Eine direkte Verbindung zwischen einem Server im unsicheren Netzwerk (Internet) und einem Server im sicheren Netzwerk (Intranet) ist in solchen Fällen nicht möglich. Es muss gemäß Firewallregelwerk ein Server in der DMZ als »Zwischenstation« für die Kommunikation verwendet werden. Da z. B. aus dem Internet ständig mehrere Angriffe auf ein Firewallsystem erfolgen, ist es kaum sinnvoll, an der externen Firewall das Logging zu aktivieren. Da ein Angreifer die Zwischenstation zuerst angreifen muss, können die Logs an der zweiten Firewall für Alarmzwecke verwendet werden. Um das »Durchtunneln« eines Angreifers zu verhindern, muss an der Zwischenstation ein Protokollbruch erfolgen. Die Kommunikation muss also bis auf Applikationsebene geprüft und idealerweise in einem anderen Protokoll weitergeschickt werden. Aufgrund der Exponiertheit der Zwischenstation sollte dort nur temporäre Datenhaltung stattfinden. In einer Drei-Schichten-Architektur könnte z. B. die Präsentationsschicht als Zwischenstation dienen.

Virtual Private Networks (VPN): Zu guter Letzt erlauben sogenannte virtuelle private Netzwerke (VPN) die Verbindung von Netzwerken gleicher Vertrauensstufe über ein nicht vertrauenswürdiges Drittnetzwerk (z. B. Internet). Da solche Strukturen transparent für die Anwendungen sind, werden sie gerne für die Anbindung von Außenstellen benutzt.

Virtual Private Networks

Planungsunterlagen: Die wichtigsten Hilfsmittel zur Einbindung in die Netzwerkarchitektur und Kommunikationsstruktur sind:

- ein Kommunikationsplan, aus dem klar hervorgeht, welche Komponenten mit welchen Protokollen (inklusive Portnummern und Verschlüsselungsstärke) kommunizieren,
- und ein Netzplan, in dem dokumentiert ist, welche Komponenten wo im Netzwerk stehen (inklusive IP-Adressen und aller Test- und Entwicklungssysteme).

Die Planung des Unternehmensnetzwerks und seiner Strukturen ist eine komplexe Aufgabe, die meist von spezialisierten Experten im Unternehmen durchgeführt wird. Die Unternehmensarchitektur sollte die dahinterliegenden Überlegungen und die daraus resultierenden Gestaltungsmöglichkeiten im Detail kennen. Es empfiehlt sich also, eine enge Zusammenarbeit mit den jeweiligen Kollegen anzustreben.

7.12.3 Verschlüsselung auf Applikationsebene

Einsatz von Kryptografie

Eine Verschlüsselung (Sicherstellung der Vertraulichkeit) oder Signatur (Sicherstellung der Integrität) von Daten auf Applikationsebene macht eine Anwendung unabhängig von den Sicherheitselementen der Infrastruktur bzw. schafft zusätzliche Sicherheit bei besonders schutzwürdigen Inhalten. Dies ist für Hochsicherheitsanwendungen als weitere Verteidigungslinie ebenso sinnvoll wie für Anwendungen, die in verschiedensten Infrastrukturen eingesetzt werden (»Commercial off-the-shelf«-Software (COTS) oder Anwendungen für den Einsatz in Partnernetzwerken oder beim Endkunden).

Auch hier können IT-Unternehmensarchitektur und IT-Sicherheit durch gemeinsames Setzen von Standards und Bereitstellen von Mustern und Infrastruktur zu einem einheitlich hohen Sicherheitsniveau bei vergleichbar günstiger Kostenstruktur beitragen.

Eine gute Konfigurationsanleitung für Kryptografie findet sich unter *www.bettercrypto.org* im Papier »Applied Crypto Hardening«.

7.12.4 Verschlüsselung auf Netzwerkebene

Daten, die über ein Netzwerk transferiert werden, können abgehört werden. Um das zu vermeiden, muss eine Verschlüsselungstechnologie eingesetzt werden. Diese kann auf der Applikationsebene integriert werden (z. B. mittels XML-Verschlüsselung) und ist dann typischerweise eine Ende-zu-Ende-Verschlüsselung vom Ursprungssystem bis zum Zielsystem (siehe Abschnitt 7.12.3).

Alternativ können auf Netzwerkebene einzelne oder alle Verbindungssegmente verschlüsselt werden. Diese Option ist dann interessant, wenn z. B.

- EAI-Systeme auf dem Weg Daten umformen müssen,
- Ursprungs- und Zielsystem zu lose gekoppelt sind, um einen Schlüsselaustausch sicherstellen zu können, oder
- der Programmieraufwand für eine Lösung auf Applikationsebene zu hoch ist.

Planung des Einsatzes von Verschlüsselungstechnologie

Spezifische Technologien für Verschlüsselungen auf Netzwerkebene sind TLS (früher SSL), VPN (IPSec) oder SSH-Tunnel. Der Einsatz von Verschlüsselungstechnologie muss sorgfältig geplant werden. Typische Sicherheitsprobleme sind:

- Umleiten auf einen falschen Empfänger der Kommunikation,
- dem Empfänger einen anderen Sender vorgaukeln,
- frühere verschlüsselte Kommunikationen oder Kommunikationssegmente mitschneiden und nochmals abspielen sowie
- Aushandlung der Verschlüsselungsparameter stören.

Auch für den Einsatz von Verschlüsselungstechniken sollte es daher für ein Corporate Network eine übergreifende Planung, Entwurfsmuster und Standards geben, die in Zusammenarbeit von Unternehmensarchitektur und/oder IT-Sicherheit entstehen können.

7.12.5 Einbindung in Infrastruktur- und Betriebssicherheit

Sicherheitskritische Entscheidungen finden sich auch in der Wahl der Infrastruktur. Dabei handelt es sich um Planungsaufgaben für die Architektur der Infrastruktur. Die wichtigste Frage dabei ist, welche Programme bzw. Anwendungen auf einer Betriebssysteminstallation laufen. Grundsätzlich gilt, dass in einem Applikationsserver bzw. auf einem Betriebssystem keine Programme mit unterschiedlichem Schutzbedarf laufen sollten. Ähnliches gilt analog für die Datenbanksysteme.

Sichere Plattformen

Des Weiteren müssen die Updateprozesse klar geregelt sein. Wenn eine zugekaufte Komponente (z. B. Betriebssystem, Applikationsserver, Framework, Library) aktualisiert wird (z. B. wegen eines Sicherheitsproblems), müssen die Prozesse und Verantwortlichkeiten rund um Test und Inbetriebnahme geklärt sein.

Und last, but not least muss für sensible Dateien wie z. B. Konfigurationsdateien mit sicherheitsrelevanten Parametern, Schlüsselmaterial oder Logdateien der Schutz des Betriebssystems korrekt eingestellt werden (Einschränkung des lesenden oder schreibenden Zugriffs). Dazu müssen die sensiblen Dateien dem Betrieb bekannt sein. Eventuell kann ein sogenanntes Host-based Intrusion Detection/Prevention System (IDS bzw. IPS) benutzt werden, um den Schutz solcher Daten weiter zu erhöhen.

7.12.6 Sicherheitsbewusstes Codedesign

Grundsätzlich gilt: Code der nicht wartbar ist, ist nicht absicherbar. Systeme die nicht stabil betreibbar sind, sind nicht absicherbar. Je höher die Qualität eines Sourcecodes, desto besser die Sicherheit, auf jeden Fall aber: desto besser die Absicherbarkeit. Dementsprechend sind Wartbarkeit und Betreibbarkeit auch aus Sicherheitssicht essenziell.

Sichere Codierung

Die meisten Sicherheitslücken entstehen durch Programmierfehler. Natürlich lassen sich Programmierfehler nie ganz vermeiden. Dennoch steckt hinter sicherheitskritischen Fehlern meist ein systemimmanentes Problem: Die meisten Projekte werden über die Funktionalität gesteuert. Der Projektfortschritt wird über die bereits implementierten Funktionen gemessen. Dementsprechend denken die Programmierer vorrangig daran, Funktionalität einzubauen. Im Test wird dann überprüft, ob bestimmte Anwendungsfälle funktionieren. In der IT-Sicherheit geht es aber darum, dass Angriffe *nicht* funktionieren. Es geht also darum, zu testen, dass *nur* die spezifizierte Funktionalität implementiert wurde und falsche Eingaben, Parameter oder Randbedingungen abgewiesen werden. Durch die Steuerung der Projekte auf fertige Funktionalität und die Historie der IT ist Sicherheitsdenken bei Programmierern nicht weit verbreitet. Dieses systemimmanente Problem kann nur durch ständige Awareness-Maßnahmen bei den Programmierern und Testern bekämpft werden. Oft hilft dabei die Benennung eines Sicherheitsverantwortlichen für ein Projekt, der die Sicherheitsbelange während der Projektphase im Blick behält. Auch IT-Unternehmensarchitektur kann durch Einbau entsprechender Hinweise in Richtlinien und Berücksichtigung solcher Themen in Projektaudits zu einer Erhöhung des Sicherheitsbewusstseins beitragen.

Eine Auswahl wichtiger Grundregeln, die bei der Aufstellung von Projektvorgaben berücksichtigt werden können, ist z.B.:

Einige Daumenregeln für die Codierung

- Man sollte keine Sicherheitsfunktionen am Client einbauen. Der Client (Webbrowser, Fat Client, Rich Client oder App) ist potenziell in Feindeshand.
- Jede externe Schnittstelle zur Anwendung sollte so minimal wie möglich und nötig sein. Einfache und klare Methoden mit voneinander abgegrenzten Aufgaben ohne unnötige Flexibilität fördern die Übersichtlichkeit und vermeiden Missbrauchsmöglichkeiten. Schnittstellen nach außen müssen gut dokumentiert sein.
- Alle Daten von außen (vom Client, aus Konfigurationsdateien, vom Betriebssystem oder Datenbanken) müssen überprüft werden (z.B. durch Einbau einer Validierungsschicht). Die meisten Verwundbarkeiten beruhen auf unsauberem Parsing der übergebenen oder zurückkommenden Werte.
- Sicheres Programmieren erfordert Sorgfalt und Know-how. Die genaue Klärung der Aufgabenstellung und Nachfragen bei Unsicherheiten erhöhen die Qualität der Arbeit und die Sicherheit der Anwendung. Schnelle, unter Zeitdruck programmierte Lösungen sind meist ebenso unsicher wie Quellcode, bei dem immer wieder dazu- oder rumgestrickt wurde.

- Passwörter und sensible Daten (inkl. Debug-Output) dürfen nicht in temporäre Dateien, Logfiles oder auf die Konsole geschrieben oder als Aufrufparameter für Drittsoftware benutzt werden. Es darf keine Passwörter im Quellcode geben. Passwörter sind nach Benutzung im Hauptspeicher zu überschreiben.
- Test- und Democode muss klar gekennzeichnet werden und darf nicht über das ganze Projekt verstreut, sondern muss in einzelnen Modulen zusammengefasst werden. Wenn ein Fehler gefunden wurde, muss Debugcode wieder aus dem Programm entfernt werden. Alter, unbenutzter und nicht mehr benötigter Code muss regelmäßig entsorgt werden.
- Wenn möglich, sollte während der Entwicklungsphase der Code immer mal wieder nach Sicherheitsgesichtspunkten überprüft werden.

Weitere Coding Styles rund um Themen wie Konfigurationsparameter, Aufruf von Drittsoftware und -bibliotheken, böswillige Veränderung von Programmcode, »Time to check to time of use«-Fehler, Nebenläufigkeit, Exception Handling etc. würden den Umfang dieses Kapitels sprengen – sind aber nichtsdestotrotz notwendig und wichtig. Eine guter Startpunkt bietet die Top-10-Liste von OWASP [OWASP10] mit den am häufigsten ausgenutzten Implementierungsfehlern.

OWASP

8 IT-Risikomanagement

Sie werden sich vielleicht fragen, warum wir in dieses Buch ein Kapitel zu IT-Risikomanagement aufgenommen haben. Der Titel des Buches lautet schließlich »IT-Unternehmensarchitektur« und nicht »Kompendium für IT-Risikomanager«. Wenn Sie in einem großen Unternehmen tätig sind, werden Sie jedoch schnell merken, welche wichtige Rolle Risikomanagement, Compliance und IT-Sicherheit spielen und wie diese eng ineinandergreifen (siehe Abb. 8–1). Aus der Erfahrung des Autors tritt der technische Inhalt von Projekten inzwischen, was den Zeitaufwand anbelangt, fast in den Hintergrund. Der Aufwand für Risikomanagement, Compliance und IT-Sicherheit steigt hingegen stetig – auch und gerade für Stelleninhaber in Architekturfunktionen. Damit Sie wissen, was z. B. IT-Risikomanager, Compliance-Manager und Verantwortliche für IT-Sicherheit von Ihnen in Ihrer Position als Unternehmensarchitekt erwarten, sollten Sie über deren Arbeitsgebiete gut informiert sein.

Zunehmende Bedeutung von IT-Risikomanagement

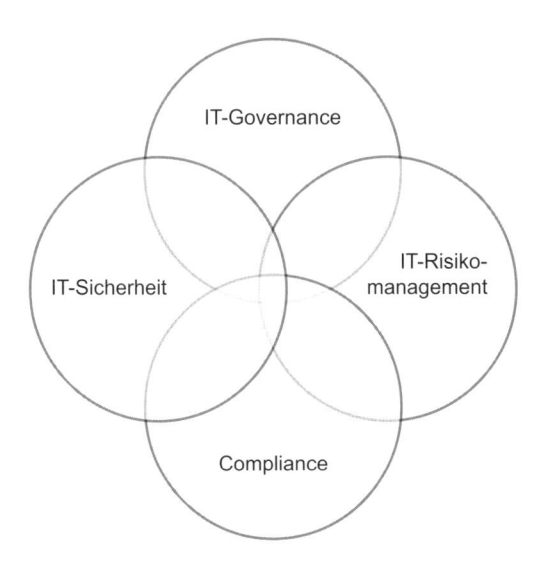

Abb. 8–1
IT-Governance, IT-Risikomanagement, Compliance und IT-Sicherheit greifen eng ineinander.

Am Beispiel des Zugriffsschutzes für personenbezogene Daten soll dies kurz erläutert werden:

- **Bezug zu Compliance**
  Das Bundesdatenschutzgesetz (bzw. analoge Gesetze in anderen Ländern) legt fest, wie mit personenbezogenen Daten umgegangen werden muss und dass diese gegen unberechtigte Zugriffe geschützt werden müssen.
- **Bezug zur IT-Sicherheit**
  Die Maßnahmen gegen unberechtigte Zugriffe fallen in das Gebiet IT-Sicherheit. Als Architekt müssen Sie die Anforderungen kennen, um Lösungen bauen zu können, die den Zugriffsschutz sicherstellen.
- **Bezug zum IT-Risikomanagement**
  Im schlimmsten Fall gelingt es Hackern, auf schutzwürdige Daten zuzugreifen – der Schaden, der dann entsteht, kann diverse Ausprägungen haben: Strafzahlungen, Imageverlust, der sich in Umsatzeinbrüchen niederschlägt, oder auch direkt der Verlust von Kunden, die Ihrem Unternehmen nicht mehr vertrauen. Die Abschätzung der Folgen solcher Ereignisse ist u. a. Sache des IT-Risikomanagements.
- **Bezug zu Corporate Governance bzw. IT-Governance**
  Die Prozesse des Unternehmens müssen so gestaltet sein, dass garantiert ist, dass mit den Risiken proaktiv umgegangen wird und sie im Sinne der IT-Governance gemanagt werden.

Assurance

Eine in den Unternehmen ebenfalls vorhandene Funktion fehlt in Abbildung 8–1 noch: die sogenannte Assurance. Hierunter sind die Maßnahmen zu verstehen, die sicherstellen, dass die beschlossenen Regeln und Verfahren für das Management von Risiken auch wirklich eingehalten werden. Darauf wird in diesem Buch allerdings nicht näher eingegangen, da Assurance ausschließlich ins Aufgabengebiet von IT-Risikomanagern und auch Auditoren fällt. Zu diesem Thema sei auf spezielle Werke zu IT-Risikomanagement verwiesen wie z. B. [Knoll14].

IT-Risikomanagement in IT-Management-Frameworks

Die Tatsache, dass die Themen IT-Governance, IT-Risikomanagement, Compliance, IT-Sicherheit und Assurance immer mehr als eine Einheit gesehen werden, können Sie auch daran ablesen, dass die entsprechenden Frameworks der ISACA, nämlich COBIT 4.1, Risk IT und Val IT, beginnend mit 2012 in einem einzigen Framework, COBIT 5 ([COBIT12a], [COBIT12b], [COBIT12c]), zusammengelegt wurden. Risikomanagement wird dabei in COBIT 5 im Wesentlichen durch zwei Prozesse abgedeckt (abgekürzt EDM03 und APO12[1]). Die Summe aller

---

1. Die Verwendung von Vorwärtsverweisen bittet der Autor hier zu entschuldigen.

37 COBIT-5-Referenzprozesse wird in Abschnitt 11.1 überblicksweise erläutert. Der Standard »COBIT for Risk« [COBIT4RISK13] ist kein Standard neben COBIT 5, sondern ein ergänzender Implementierungsleitfaden. Auf den ersten Blick ist es merkwürdig, dass von derselben Organisation, ISACA, immer noch das Framework Risk IT [RiskIT09] existiert. In »COBIT for Risk« gibt es allerdings einen Abgleich beider Frameworks ([COBIT4RISK13], Anhang E) und auf den Seiten der ISACA wird auch darauf verwiesen, dass man Risk IT nach wie vor ergänzend verwenden kann, wenn man der Auffassung ist, dass einem »COBIT 5 for Risk« noch nicht ausreicht.

Wenn man sich insbesondere mit IT-Risikomanagement befassen möchte, dann ist eine weitere interessante Frage, welche Stellung eigentlich das Management speziell von IT-Risiken im gesamten Management des Unternehmensrisikos einnimmt. Abbildung 8–2 zeigt exemplarisch, in welche Gebiete das Gesamtunternehmensrisiko aufgeteilt werden kann, wenn man ein unternehmensweites Risikomanagementsystem aufsetzen möchte.

Die üblichen Frameworks für IT-Risikomanagement sehen IT-Risiken als eine Klasse von Risiken an, die in sämtlichen Gebieten des Managements des Unternehmensrisikos auftritt. Dabei wird im Allgemeinen zwischen drei großen Blöcken unterschieden:

Abb. 8–2
IT-Risiko tritt heute querschnittsmäßig in allen Disziplinen des Risikomanagements auf (nach [RiskIT09]).

- **Das Risiko, dass der Wertbeitrag der IT nicht geliefert wird**
  Hier geht es um alle Faktoren, die verhindern können, dass der geplante Wertbeitrag der IT-Funktion geliefert werden kann. Etwas verständlicher wird dies noch, wenn Sie im nächsten Abschnitt eine formale Definition des Begriffs Risiko erhalten haben.

Risikokategorien

- **IT-Programm- und Projektrisiko**
  Diese Klasse von Risiken dürfte Projektleitern und IT-Architekten ausreichend gut vertraut sein. Hier geht es schlicht um die normalen Risiken, wie z.B. unerwartete Kosten oder auch nur ganz banale Performance-Probleme, die den Projekterfolg negativ beeinflussen können.

▮ **IT-Betriebs- und Serviceerbringungsrisiko**
Unter diesem Cluster werden alle Ereignisse zusammengefasst, die im Tagesbetrieb der IT-Funktion auftreten und dem Unternehmen Schaden zufügen können. Dies können sowohl Systemstillstände sein als auch Einbrüche oder Softwarefehler im laufenden Betrieb.

Nachdem jetzt die Begriffe Risiko und IT-Risikomanagement immer wieder verwendet wurden, ohne dass sie wirklich definiert worden wären, soll dies im Folgenden nachgeholt werden. Aus dieser Definition leitet sich schließlich ein Vorgehen für das Management von Risiken ab – das so oder ähnlich in den meisten Frameworks für Risikomanagement enthalten ist.

8.1 Was ist Risikomanagement?

Das verbreitetste Framework für unternehmensweites Risikomanagement, COSO[2] [COSO04], definiert Risiko wie folgt:

> **Definition: Risiko**
> Risiko ist die Wahrscheinlichkeit, dass ein Ereignis eintritt und die Erreichung von Zielen negativ beeinflusst.
> Quelle: [COSO04]

Die wesentliche Aussage dabei ist »die Erreichung von Zielen negativ beeinflusst«. Damit ist an sich schon viel über ein sinnvolles Vorgehen für das Risikomanagement gesagt. Die entsprechenden Schritte wie Abklärung des internen Umfeldes oder Zielfestlegung findet man u.a. auf der Vorderseite des sogenannten Risikowürfels von COSO (siehe Abb. 8–3).

Die einzelnen Schritte werden nachfolgend kurz erläutert:

Die Abklärung des **internen Umfeldes** ist ein Schritt, der im Vorfeld der Aktivitäten zum Risikomanagement erfolgt, um z.B. in Erfahrung zu bringen, über welche Risikokultur ein Unternehmen verfügt und wie folglich Risiken zu betrachten und zu behandeln sind.

---

2. Zum Zeitpunkt der finalen inhaltlichen Überarbeitung dieses Werkes befand sich eine neuere Version von COSO im Review. Es ist also damit zu rechnen, dass in 2017 eine überarbeitete Version von COSO erscheinen wird. Siehe *http://www.coso.org/ermupdate.html* (aufgerufen am 13.02.2017).

8.1 Was ist Risikomanagement?

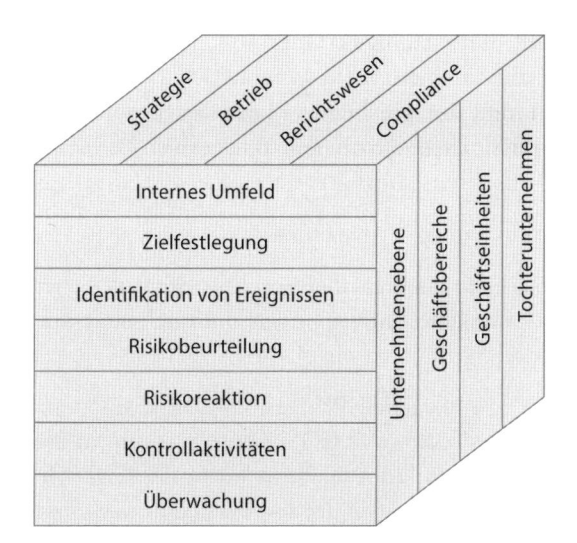

Abb. 8–3
Risikowürfel [COSO04]

Zielfestlegung: Aus der Definition eines Risikos wird klar, dass eine Dokumentation all der Ziele wesentlich ist, deren Erreichung durch negative Ereignisse beeinflusst werden könnte. Hier unterstützt eine Systematik wie in Abbildung 6–2 gezeigt, weil es z. B. bei Compliance-Risiken nicht darauf ankommt, welche Ziele das Unternehmen hat. Die in jedem Kontext gültigen Gesetze sind von den sonstigen Unternehmenszielen unabhängig.

Identifikation von Ereignissen: Der Risikomanager identifiziert zusammen mit den betroffenen Fachbereichen mögliche Ereignisse, die das Erreichen von Zielen beeinträchtigen könnten. Zunächst werden diese nur aufgeführt und beschrieben.

Risikobeurteilung: In einem weiteren Schritt muss beurteilt werden, ob es überhaupt nötig ist, für die jeweiligen Risiken auch Gegenmaßnahmen vorzusehen. Wenn z. B. ein Risiko lediglich einen Schaden von potenziell 100.000 Euro verursachen könnte, die Gegenmaßnahmen aber 500.000 Euro kosten würden, wird man ein solches Risiko schlicht akzeptieren. Im Allgemeinen werden in den Unternehmen Risikoklassen definiert, wobei pro Risikoklasse festgelegt wird, ob sie für das Unternehmen tragbar ist oder ob Gegenmaßnahmen definiert werden müssen.

Risikoreaktion: Hier erfolgt die erste Bewertung, ob Maßnahmen eingeleitet werden müssen, um die Wahrscheinlichkeit zu verringern, dass das Risiko eintritt (engl.: Risk Mitigation Actions, avoid), ob das Risiko schlicht als akzeptabel angenommen wird (accept) oder ob man es mit anderen teilen kann (z. B. durch eine Versicherung, share). Am Ende der Festlegung der Risikoreaktionen sollten keine Risiken mehr vorhanden sein, die in einem nicht akzeptablen Bereich liegen – bzw. es müssen zumindest entsprechende Maßnahmen definiert werden, um das Risiko in definierter Zeit in den akzeptablen Bereich zu bringen.

Kontrollaktivitäten: Diese befassen sich damit, ob die Risikoreaktionen auch wirklich umgesetzt werden.

Überwachung: Es muss permanent stichprobenartig sichergestellt werden, dass das Risikomanagement des Unternehmens auch wie beabsichtigt arbeitet.

Damit ist der grundlegende Prozess für das Risikomanagement beschrieben. Dieser Prozess aus COSO wird uns nun in zwei Varianten noch einmal beggenen: zum einen in Form der TRP-Methode (siehe Abschnitt 8.2), die von einem großen Versicherungskonzern nicht nur für das eigene Risikomanagement angewendet wird – sie wird auch auf dem Markt als Beratungsleistung angeboten. Daher kann sie hier zur Erläuterung verwendet werden. Zum anderen werden Sie die analogen Aktivitäten nur leicht anders geclustert auch im Risk-IT-Framework der ISACA [RiskIT09] wiederfinden.

8.2 Management von Risiken mit Total Risk Profiling

Das obige Vorgehen, das durch den COSO-Risikowürfel (siehe Abb. 8–3) dargestellt wurde, wird nun am praktischen Beispiel einer Risikomanagementmethode (Total Risk Profiling – TRP) kurz erläutert. Die Terminologie ist eine leicht andere als die in Abschnitt 8.1 beschriebene. Den Prozess werden Sie allerdings klar wiedererkennen.

Abb. 8–4
Vorgehen TRP-Methode
[TRP10]

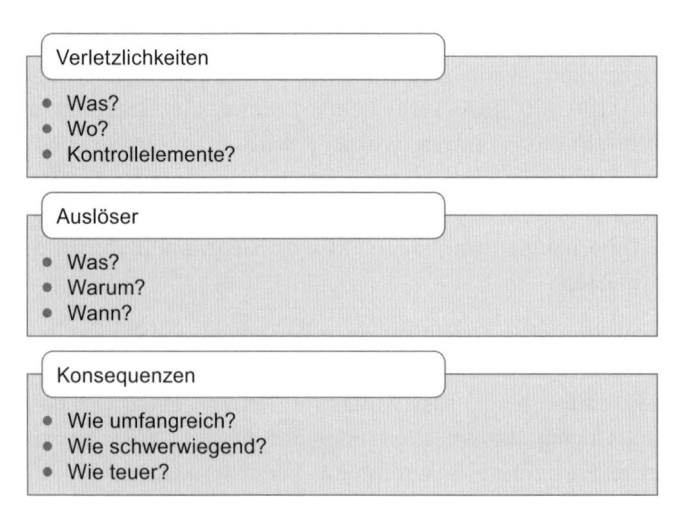

Verletzlichkeiten
- Was?
- Wo?
- Kontrollelemente?

Auslöser
- Was?
- Warum?
- Wann?

Konsequenzen
- Wie umfangreich?
- Wie schwerwiegend?
- Wie teuer?

8.2 Management von Risiken mit Total Risk Profiling

Das grundsätzliche Vorgehen im Rahmen der TRP-Methode zeigt Abbildung 8–4. Die Identifikation der Ziele und auch die Abklärung des internen Umfeldes sind hier allerdings nicht enthalten. Wenn die Methode z.B. für einen Projektrisikoaudit eingesetzt wird, kann man die im Projekthandbuch festgeschriebenen Ziele als Ausgangspunkt verwenden – zusätzlich auch Compliance-Auflagen, die ebenfalls im Projekthandbuch festgehalten sein sollten.

Vorgehen beim Einsatz des TRP

- Das Vorgehen beginnt mit der Identifikation von **Verletzlichkeiten** (engl.: Vulnerabilities). Diese sind mit den Schadensereignissen zu vergleichen. Es werden zusätzlich noch Kontrollelemente definiert, mit denen erkannt werden kann, ob das Ereignis eingetreten ist.
- Um das Risiko zu managen, werden dann die **Auslöser** (Trigger) für das Risiko dokumentiert. Man beachte, dass es zu einer Verletzlichkeit eine beliebige Menge von Auslösern geben kann.
- Der Block der **Konsequenzen** entspricht der Risikobeurteilung nach COSO.

Das Ergebnis des Durchlaufs wird in einer Matrix, wie in Abbildung 8–5 gezeigt, dargestellt.

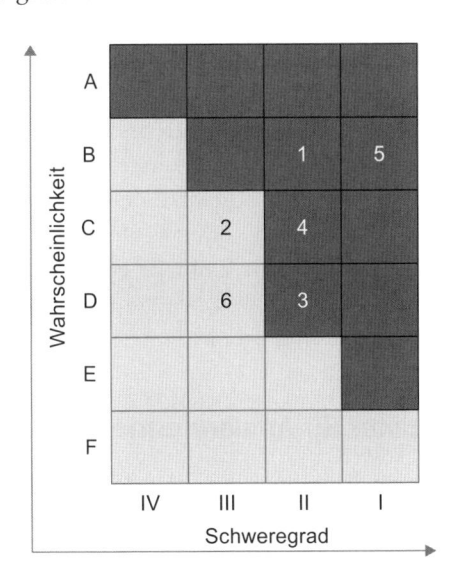

Abb. 8–5

TRP-Matrix zum Management einer Menge von Risiken (nach [TRP10])

Interessant an dieser Methode ist vor allem das in Abbildung 8–5 dargestellte Raster. Unternehmen können Risiken in Wahrscheinlichkeitsklassen (A – F) einteilen und ebenso die möglichen Schäden in Klassen von Schweregraden (I – IV).

Nicht akzeptable Risiken

Die schlimmsten Risiken finden Sie nach der Konvention des Modells oben rechts: Das sind diejenigen Risiken, die eine hohe Eintrittswahrscheinlichkeit haben (Klasse A) und einen hohen Schaden verursachen können. Ein Unternehmen kann festlegen, welche Felder es als nicht mehr akzeptabel betrachtet – im Beispiel sind dies die dunklen Felder oben rechts – und welche Felder es noch als akzeptabel ansieht – im Beispiel sind dies die hellen Felder unten links. Nicht mehr akzeptabel sind z. B. solche Risiken, die den Fortbestand des Unternehmens nachhaltig gefährden.

Gegenmaßnahmen

Solange sich alle Risiken nur in den hellen Feldern bewegen, müssen keine größeren Gegenmaßnahmen definiert werden. Im Beispiel aus Abbildung 8–5 ist dies allerdings leider deutlich anders. Vier Risiken liegen im nicht akzeptablen Bereich. Der Risikomanager müsste jetzt mit den Verantwortlichen des Fachbereichs festlegen, welche Maßnahmen getroffen werden, um die Risiken in den Bereich der hellen Felder zu bringen. Bei den Risiken (3) und (4) aus dem Beispiel sollte das relativ einfach zu machen sein. Im Falle von Risiko (3) ist zu überlegen, wie man den Schweregrad oder die Eintrittswahrscheinlichkeit senken kann. Im Falle von Risiko (1) müsste man beides schaffen, um das Risiko z. B. in das Feld (C III) zu bringen. Das Risiko (5) ist sicherlich deutlich unangenehmer. Hier muss die Eintrittswahrscheinlichkeit und der Schweregrad gesenkt werden – und zwar beides erheblich –, um das Risiko in ein helles Feld zu bewegen.

Diese TRP-Methode ist einfach zu verstehen, anzuwenden und zu kontrollieren: Bei jedem Risikoaudit wird definiert, wohin der verantwortliche Manager die von ihm verantworteten Risiken zu bewegen hat. Nach einer definierten Zeit kann in einem weiteren Gespräch überprüft werden, ob das auch wirklich gelungen ist. Typische Intervalle für solche Gespräche sind drei Monate.

8.3 Risikoregister für Anwendungen

In der Erläuterung zu Abbildung 8–2 wurden bereits die zwei Arten von IT-Risiken, IT-Programm- und Projektrisiko sowie IT-Betriebs- und Serviceerbringungsrisiko, genannt, die man operativ am häufigsten vorfindet. Die dritte Art, das Risiko, dass die IT ihren Wertbeitrag nicht liefert, wird in der Praxis eher selten anzutreffen sein.

Betriebsrisiken werden typischerweise in Form eines Risikoregisters (engl.: Risk Register) erfasst und gemanagt. Darunter müssen Sie sich pro Anwendung z. B. eine Liste von Risiken vorstellen, die ebenfalls wieder in einer Matrix ähnlich zu Abbildung 8–5 aufbereitet werden kann. Die Methode und der Umgang mit solchen Risiken entspricht genau dem in Abschnitt 8.2 vorgestellten Vorgehen.

Das Register kann auf zwei Arten gefüllt werden:
- Wenn das Register noch nicht vorhanden ist, müssen sämtliche Anwendungen flächendeckend untersucht werden. Die Befunde werden dann z. B. jährlich in einem Risikogespräch fortgeschrieben.
- Wenn bereits ein Risikoregister existiert, werden z. B. nach jedem Projekt die Risiken, die das Projekt ungelöst hinterlassen hat, in den Betrieb übernommen. Dies geschieht ebenfalls wieder in Form eines Gesprächs. Dabei werden die Risiken vom Projektleiter an den Betriebsverantwortlichen übergeben. Ebenfalls anwesend ist ein Vertreter des Risikomanagements. Das Gespräch wird protokolliert und die darin vereinbarten Aktionen werden nachgehalten.

Das Risikoregister für den Betrieb unterscheidet sich also, was die Methodik angeht, nicht grundlegend von der Risikoliste eines Projekts. Lediglich der Bezug ist ein anderer.

8.4 IT-Risikomanagement-Framework Risk IT

Als Zusammenfassung können wir nun noch einmal die Überblicksdarstellung des Frameworks Risk IT betrachten. Es treten dort dieselben Begriffe nur leicht anders angeordnet wieder auf. Rechts unten finden Sie die Schritte, die im Zusammenhang mit der TRP-Methode (siehe Abschnitt 8.2) diskutiert wurden. Auch die Elemente links unten lassen sich gut auf den Risikowürfel [COSO04] abbilden.

Abb. 8–6
Überblick Risk IT [RiskIT09]

Die Elemente an der Spitze der Pyramide (Risk Governance) zeigen den Zusammenhang mit der Governance des Gesamtunternehmens auf: Ihr IT-Risikomanagementsystem sollte mit dem Unternehmensrisikomanagement abgestimmt sein. Die Risiken, die im IT-Risikomanagement gefunden und behandelt werden, sollten dort ebenfalls erscheinen. Der letzte Punkt (»Make Risk-aware Business Decisions«) entspricht eher einer Erinnerung: Es wird gefordert, dass Sie Ihre geschäftlichen Entscheidungen im Bewusstsein treffen, dass es Risiken gibt. Auch Geschäftsziele und Kommunikation – hier in der Mitte dargestellt –, die Sie schon aus dem Risikowürfel kennen, tauchen in diesem Bild wieder auf.

Nachdem das Risk-IT-Framework [RiskIT09] es auf deutlich über 100 Seiten Dokumentation bringt, sei an dieser Stelle auf genau diese Unterlage [RiskIT09] sowie für Details auf die hier zitierte spezialisierte Literatur ([COBIT4RISK13], [Gaulke14]) verwiesen.

9 Makro-Architekturmuster

Um Vorgaben für die Entwicklung von Anwendungslandschaften machen zu können, verwenden Architekten häufig Makro-Architekturmuster. Im Gegensatz zu Design-Patterns, die häufig die Beziehungen einiger weniger Klassen untereinander regeln (Beispiele: Bridge, Visitor, Factory aus [Gamma+95]), werden durch Makro-Architekturmuster Konstruktionsprinzipien bis auf die Ebene einer kompletten Anwendungslandschaft beschrieben. Prominentestes technisches Beispiel ist dafür SOA (Service-Oriented Architecture).

Abgrenzung zu Design-Patterns

Makro-Architekturmuster gibt es sowohl in der Ausprägung als fachliche als auch als technische Architekturmuster. In den meisten Fällen wird man von beiden Ausprägungen mehrere Muster verwenden. Parallel zu einer SOA findet man in den meisten Unternehmen auch einen sogenannten Web Application Blueprint (falls der Begriff nicht geläufig ist – siehe Abschnitt 9.3.2). Für die Zwecke dieses Buches soll es genügen, ein Muster mit fachlicher Prägung im Detail zu betrachten und auf ein paar wenige Muster mit technischer Prägung zu verweisen. Die ausführliche Behandlung des Frameworks eTOM [eTOM16] für den fachlichen Aufbau von Anwendungslandschaften von Telekommunikationsunternehmen würde beispielsweise den Rahmen dieses Buches sprengen.

Fachliche und technische Makro-Architekturmuster

Die Verwendung eines technischen Musters wie SOA – oder sogar im Falle von eTOM eines fachlichen Musters – kann tiefe Auswirkungen und Konsequenzen bis hinein in die Prozesse der Softwareerstellung und des Betriebs der Software haben. Daher ist z.B. das Management des Serviceportfolios, das beim flächendeckenden Einsatz einer SOA irgendwann einmal das Management des Anwendungsportfolios komplett ersetzen sollte, in Abschnitt 4.8 neben dem klassischen Anwendungsportfoliomanagement separat beschrieben.

SOA

In diesem Kapitel erfahren Sie zunächst allgemein etwas über Blueprints (Abschnitt 9.1). Anschließend bekommen Sie eine exemplarische Facharchitektur für Versicherungen vorgestellt (Abschnitt 9.2)

Blueprints

sowie einige prominente Beispiele für technische Architekturmuster (Abschnitt 9.3).

9.1 Blueprints und Architekturrichtlinien

Das Wort Blueprint rührt ursprünglich von einer Kopiertechnik (sog. Cyanotypie) her, die im 19. Jahrhundert z. B. im Schiffbau verwendet wurde, um technische Zeichnungen günstig zu kopieren, ohne sie von Hand abzeichnen zu müssen. Wenn Sie sich Abbildung 9–1 ansehen, wird Ihnen dies intuitiv klar werden.

Abb. 9–1
Blueprint aus dem 19. Jahrhundert – technischer Plan aus dem Schiffbau[1]

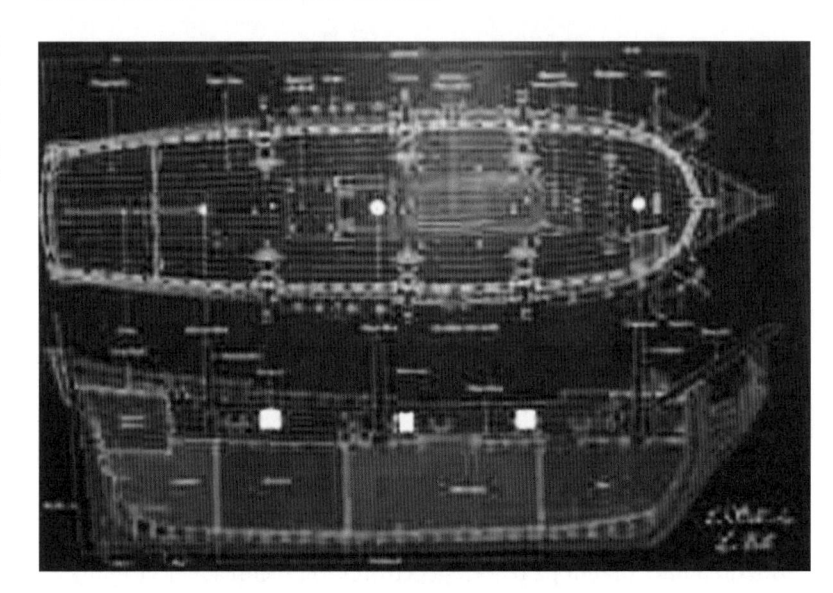

Blueprints als Pläne

Der Begriff Blueprint wird heute für ziemlich jede Art von »positiv belegtem Plan« benutzt. So sind bei der Recherche im Internet z. B. »ABCD – der Australian Blueprint for Career Development« oder »Berkshire Blueprint« für die Entwicklung der entsprechenden Region zu finden. Beides würde durch die Definition unten noch abgedeckt, hat aber mit IT überhaupt nichts zu tun.

> **Definition: Blueprint**
> A blueprint is a type of paper based reproduction usually of a technical drawing documenting an architecture or an engineering design. More generally, the term »blueprint« has come to be used to refer to any detailed plan.
> Quelle: http://en.wikipedia.org/wiki/Blueprint

---

1. Quelle: *http://en.wikipedia.org/wiki/File:LaBelle_Blueprint.jpg*.

Auch die Blueprints, die nicht aus der IT stammen, haben mit denen aus der IT meist folgende Punkte gemeinsam:

Blueprints als Kommunikationsmittel

- Sie definieren einen Zielzustand.
- In vielen Fällen transportieren sie damit eine »positive Vision«.
- Sie gehen nicht in das »letzte Detail« der Umsetzung.
- Sie sind ein Kommunikationsmittel, um Mitglieder von Organisationen in eine bestimmte Richtung zu bewegen.
- Sie beinhalten und beziehen sich oft auf Standards, den State of the Art und Best Practice, und
- werden oft mehr als ein Mal implementiert.

IT-Unternehmensarchitekten werden einen Blueprint z. B. für Webapplikationen erstellen, wenn sie wissen, dass in ihrem Unternehmen deutlich mehr als eine Webapplikation entwickelt werden muss. In solchen Fällen bietet sich eine Wiederverwendung des Designs an. Man kann den Plan dann Blueprint oder Referenzarchitektur nennen.

9.1.1 Abstützen auf Standards

Weitere Eigenschaften von Blueprints im Sinne von Referenzarchitekturen sind häufig:

Blueprints sollten Standards einbinden.

- Blueprints stützen sich typischerweise noch auf Standards ab, z. B. komplette Technologiestacks wie .NET oder Java.
- Blueprints verwenden komplette State-of-the-Art-Architekturelemente und basieren in vielen Fällen auf Patterns. Als Beispiel ist der Katalog der IBM eBusiness-Patterns [IBM11] zu nennen.

9.1.2 Beschreibungsmittel

Man kann Blueprints dokumentieren wie eine »normale Lösungsarchitektur«. Das heißt, übliche Templates für die Dokumentation von Lösungsarchitekturen (z. B. das Architekturtemplate aus dem Rational Unified Process oder ARC42[2], um nur zwei zu nennen) eignen sich hervorragend auch für die Beschreibung von Blueprints. Einen systematischen Unterschied gibt es hier nicht. Mit ganz gewöhnlichen Softwarearchitekturbeschreibungen haben die Blueprints dann noch Folgendes gemeinsam:

---

2. *http://www.arc42.de* (aufgerufen am 27.06.2016).

- Sie definieren eine Menge von Komponenten, die zusammen die Referenzarchitektur bilden (den Blueprint ausmachen),
- sowie die statischen und dynamischen Beziehungen dieser Komponenten untereinander. Dies zusammen haben Sie als Definition von Architektur ganz allgemein schon einmal gelesen in Form der IEEE-Norm 1471-2000 (siehe Abschnitt 2.1).
- Oft werden verschiedene Sichten (engl.: Viewpoints) dargestellt – ebenfalls bekannt aus der Norm IEEE 1471-2000. Dabei werden unterschiedliche Zielgruppen angesprochen, wie z.B. Entwickler, Mitarbeiter des Betriebs, Auditoren.

9.1.3 Marchitecture: der Marketingaspekt

Ein von Technikern gerne vernachlässigter Aspekt ist der des Marketings von Blueprints. Es hat sich bewährt, wenn Blueprints ein »Key Visual« haben, das nicht nur bei den Technikern, sondern auch im Business bekannt ist. Ein schönes Beispiel für ein solches Key Visual ist die oberste Ebene der Darstellung der SAP NetWeaver-Architektur (siehe Abb. 9–2).

Abb. 9–2
SAP NetWeaver: Darstellung der obersten Ebene als Beispiel für eine gut eingeführte »Marchitecture«

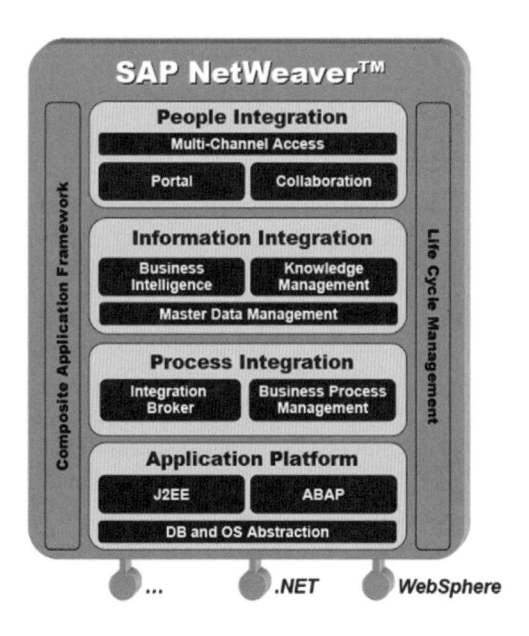

Eine solche »Marchitecture« muss nicht technisch fundiert und semantisch korrekt sein – sie sollte schlicht gut aussehen, positive Assoziationen hervorrufen und doch wesentliche Information transportieren, um z.B. zu einer kurzen Verkaufsgeschichte – einem sogenannten Elevator Pitch – zu passen. Für die technisch korrekten Details sind dann andere Ebenen der Darstellung zuständig.

9.2 Beispiel: Facharchitektur für Versicherungen

Eine Facharchitektur wird verwendet, um Entscheidern und Entwicklern ein fachliches Referenzmodell an die Hand zu geben, damit Anwendungen nach einheitlichen Grundsätzen entwickelt werden und heterogene Anwendungen zu einem sinnvollen, in der Architektur definierten Ganzen zusammengefügt werden können.

Die Facharchitektur beschreibt die komplette spezifische Fachlichkeit einer Branche, ohne dabei Details über die technischen Implementierungen festzulegen. Auf der Ebene der Facharchitektur sollen also Begriffe wie Host, Client/Server, n-Tier oder ähnliche technische Konzepte nicht auftauchen. Da die Facharchitektur branchenspezifische Funktionalität beschreiben soll, wird darin nicht jedes potenziell vorhandene System eines Unternehmens erläutert, das in anderen Branchen ohne Änderungen verwendet werden könnte. Zum Beispiel:

Facharchitektur blendet Technik und Commodities aus.

- Buchhaltungssysteme werden in der Facharchitektur vieler Branchen nicht näher beschrieben, sondern nur als notwendig erwähnt.
- Fachliche Kernsysteme, wie z. B. die Vertragsverwaltung einer Versicherung, werden dagegen eher detailliert beschrieben, da hier nicht zuletzt auch die Fachlichkeit dargestellt wird, mit der ein Unternehmen überhaupt Wettbewerbsvorteile erringen kann.

Die Facharchitektur stellt einen »fachlichen Generalbebauungsplan« auf, in dem die Systeme einer idealisierten Anwendungslandschaft festgelegt und gegeneinander abgegrenzt werden. Ferner werden die wichtigsten fachlichen Dienstleistungen (Services) der Systeme beschrieben und die wechselseitigen Beziehungen in Form von Schnittstellenbeschreibungen festgelegt. Die Facharchitektur ist zwar frei von Vorgaben für eine technische Umsetzung, aber dennoch so weit durchdacht, dass eine technische Umsetzung problemlos möglich ist. Sie bedient sich der Hilfsmittel der jeweils eingesetzten Anwendungsentwicklungsumgebung, damit ihre Ergebnisse für Projekte zur Entwicklung neuer Anwendungen unmittelbar zu nutzen sind.

Fachliche Bebauungsplanung

Als verbindlicher Rahmen für die Projektarbeit zur Entwicklung neuartiger Anwendungssysteme, den Zukauf von Komponenten, die Planung und die Migration wird die Facharchitektur auf langfristige Stabilität hin ausgelegt. In vielen Branchen kann beobachtet werden, dass Facharchitekturen über Dekaden recht stabil geblieben sind.

Ein besonders schönes Beispiel für eine aufwendig und sorgfältig ausgearbeitete Facharchitektur stellt das Buch »IT-Systeme für Verkehrsunternehmen« [Scholz12] dar. Dieses spezielle Beispiel einer Facharchitektur erfüllt mehrere Zwecke. Einmal die obigen Zwecke einer Facharchitektur und dann kann das Buch zugleich noch als Art

Lehrbuch für die Einarbeitung neuer Softwareingenieure in eine Fachdomäne benutzt werden, die in der von dem Unternehmen des Autors benötigten Form wohl so an keiner Universität oder sonstigen Lehranstalt gelehrt wird.

9.2.1 Beispiel zur Beschreibungstiefe einer Facharchitektur

Um zu zeigen, wie die Beschreibungstiefe einer Facharchitektur in der Praxis aussieht, verwenden wir das Beispiel einer Versicherungsgruppe.

Abb. 9–3
Beispiel für die Darstellung der obersten Ebene der Facharchitektur einer Versicherung. Das Bild wurde anonymisiert. Ähnliche Abbildungen in verschiedenen Versicherungen unterscheiden sich nur marginal.

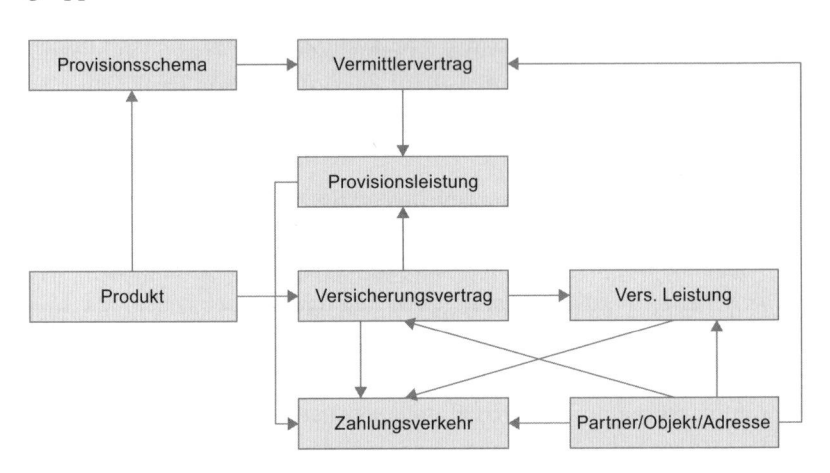

Umfang einer Facharchitektur

Die oberste Ebene in Abbildung 9–3 zeigt die fachlichen Kernsysteme und einige der Servicesysteme (Zahlungsverkehr, Partner/Objekt/Adresse). Nicht branchenspezifische Systeme für Hilfsfunktionen wie z.B. die Buchhaltung oder ein HR-System[3] (SAP-HR) und auch die Berechtigung oder der Dokumentendruck sind auf dieser Ebene nicht dargestellt.

Die Gesamtbeschreibung hierzu umfasst üblicherweise etwa 100 Seiten, in denen wichtige Daten und Funktionen in einer z.B. an Objektorientierung angelehnten, semiformalen Sprache beschrieben sind. Um Ihnen ein Gefühl zu geben: Die Beschreibung des Geschäftssystems »Versicherungsvertrag« umfasst z.B. ca. 12 Seiten. Sie bleibt also hinter der sicher mehrere Hundert Seiten umfassenden Detailspezifikation eines vergleichbaren Systems deutlich zurück. Das Modell soll schließlich noch handhabbar bleiben.

---

3. HR steht für Human Resources. SAP-HR ist ein System für die Personalwirtschaft. Darunter fällt nicht nur die Lohn- und Gehaltsabrechnung, sondern z.B. auch das Skill-Management oder die Verwaltung von Fortbildungsmaßnahmen.

9.2.2 Einsatz und Nutzen einer Facharchitektur

Eine Facharchitektur ist z.B. in folgenden Szenarien nutzbringend einsetzbar:

- Sie kann als *Referenzmodell für die Neuentwicklung* von Anwendungen verwendet werden. Mithilfe der Facharchitektur lässt sich auch der *Anpassungs- und Migrationsaufwand* beim Austausch von Anwendungen oder Anwendungsteilen *leichter abschätzen.* Der Übereinstimmungsgrad einer Anwendung mit der Facharchitektur kann gemessen werden. Die Facharchitektur ist *fachliches Sollmodell für den Zukauf und die Erweiterung von Anwendungen.* Sie ist die Basis für eine einheitliche fachliche Bewertung von COTS-Software. *— Referenzmodell*

- Durch die klare fachliche Gliederung der Facharchitektur werden die personellen Verantwortlichkeiten der (Teil-)Projekte festgelegt. Dies erleichtert die *klare Definition von Projektaufträgen* und reduziert den Abstimmungsaufwand zwischen Projekten. Insbesondere wird damit oft vermieden, dass Teilprojektleiter versuchen, Aufwände über Systemgrenzen zu verschieben. Oft wird eine Aufwandsverschiebung aus einem Projekt in ein anderes damit begründet, dass dieses oder jenes Modul doch Bestandteil eines anderen Teilsystems eines Unternehmens sei. Ohne eine Facharchitektur sind solche Diskussionen »Meinungssache« und können lange dauern. Wenn eine gute Facharchitektur vorhanden ist, sind die Systemgrenzen klar definiert, und solche Diskussionen können schnell verhindert werden. *— Abgrenzung von Verantwortlichkeiten*

- Eine Facharchitektur kann als *fachliches Sollmodell im Rahmen des Anwendungsportfoliomanagements* (siehe Abschnitte 4.3 bis 4.7) verwendet werden. Eine Facharchitektur liefert damit eine abgestimmte, unternehmensweite oder konzernweite gültige fachliche Messlatte, die eine einheitliche Bewertung aller Anwendungen eines Konzerns ermöglicht. Durch ständige Fortschreibung und Verbesserung der Facharchitektur ist sie die Planungsgrundlage für die systematische Weiterentwicklung einer Anwendungslandschaft in einem Unternehmen oder Konzern. *— Definition der Soll-Funktionalität*

- Das Vorliegen einer generalisierten, fachlichen Beschreibung für eine Branche nach klaren Modellierungsprinzipien und Analysemustern in einer einheitlichen, verständlichen Dokumentationsform vermindert den Analyseaufwand der Projekte. Die Phase der Grobanalyse kann so entfallen oder verkürzt sich stark. Dies hat auch Auswirkungen auf die Entwicklungsdauer. *— Verringerter Analyseaufwand für Projekte*

In einem Unternehmen oder einem Konzern kann es für eine Branche sinnvollerweise jeweils nur eine Facharchitektur geben. Facharchitekturen sind vor allem dann wichtig, wenn ein Konzern mehrere Unternehmen aus der gleichen Branche besitzt und bei ihnen Einsparungen durch Konsolidierungen erzielen möchte. Eine Diskussion dazu, wann es sinnvoll oder weniger sinnvoll ist, nach Synergien in der IT zu streben, finden Sie in Abschnitt 4.10.3.

9.2.3 Abgrenzung zu Informationsarchitekturen

Informationsarchitekturen sind (ebenso wie Facharchitekturen) nicht wirklich scharf definiert. Sie haben sich eher aus der Welt der Unternehmensdatenmodellierung entwickelt, und die oberste Ebene wird dort oft als »Informationsobjekt« bezeichnet.

Damit haben solche Darstellungen eine hohe Ähnlichkeit zu dem, was oben als Facharchitektur bezeichnet wird. Oft findet man allerdings Informationsobjekte vor, bei denen keine fachlichen Funktionen benannt sind. Im Sinne der Wiederverwendbarkeit ist es eigentlich immer sinnvoll, die Daten nur mit den fachlichen Funktionen zu betrachten, die auf diesen Daten arbeiten und sie auch kapseln.

9.2.4 Verwendung der Facharchitektur für die Bebauungsplanung

Eine Facharchitektur ist noch kein Bebauungsplan. Vielmehr kann sie für die Bebauungsplanung verwendet werden. Hier soll kurz die Idee vermittelt werden, warum die Abstraktionsebene einer Facharchitektur sinnvoll ist. Dafür wird ein fiktiver *Obstia*-Versicherungskonzern verwendet, der drei selbstständige Tochtergesellschaften besitzt, die er durch Zukauf erworben hat: die *Zitronia*, *Pfefferminzia* und *Orangia*.

Wie in solchen Fällen zu erwarten ist, hatte jedes Tochterunternehmen eine komplett andere Softwareausstattung, bevor es von der *Obstia* übernommen wurde. Abbildung 9–4 zeigt eine sogenannte Intervallkarte. Eine Intervallkarte gibt an, in welchem Zeitintervall welche Version eines Softwaresystems produktiv ist. Normalerweise zeichnet man solche Karten für je einen Mandanten, wobei viele Geschäftsobjekte dargestellt werden.

In unserem Beispiel interessierten sich die IT-Unternehmensarchitekten der *Obstia dafür*, mit welchem Softwaresystem das Geschäftsobjekt (Geschäftssystem) Partner bei welchem Mandanten wann abgedeckt ist. Dies sind die (fiktiven) Softwarepakete *SAX-BP*, *Sieben* und *PA*. Auch ein Konsolidierungsschritt ist zu erkennen. Das Paket *Sieben* der *Orangia* wird mit einem gewissen zeitlichen Nachlauf auch bei der *Pfefferminzia* eingesetzt. *SAX-BP* geht außer Betrieb.

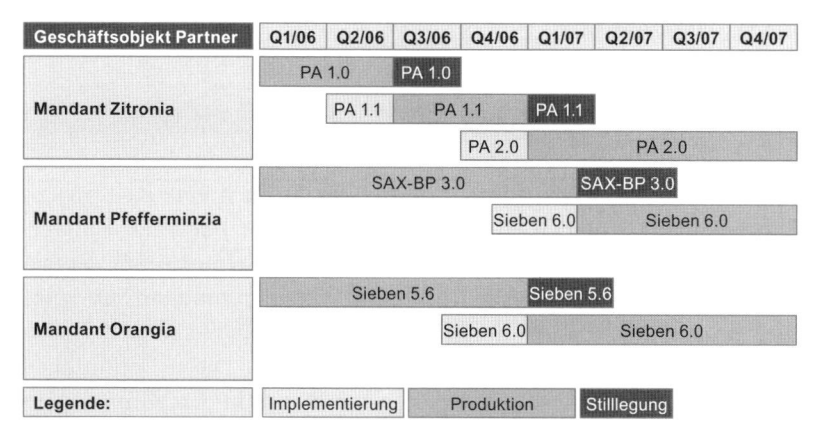

Abb. 9-4
Intervallkarte zu den Mandanten des Obstia-Versicherungskonzerns mit der Abdeckung des Geschäftsobjekts (Geschäftssystems) Partner durch verschiedene Standardprodukte und deren Versionen

Intervallkarten können gut für die Darstellung von Planungen eingesetzt werden. Wenn man nicht über den abstrakten Begriff des Geschäftsobjekts verfügt, fehlt solchen und auch anderen Karten der Aufhänger oder Begriff, anhand dessen man konsolidieren kann. Es gibt noch andere Karten, die ebenfalls zuerst den Begriff des Geschäftsobjekts verwenden, das dann konkret durch ein Softwarepaket implementiert wird. Ohne die zusätzliche Abstraktionsebene einer Facharchitektur fällt eine Planung mit mehreren Softwarepaketen, die ähnliche Funktionalitäten haben, also schwer. Und dass Sie es heute in Konzernen mit deutlich mehr als einem Paket für ähnliche Funktionalität zu tun haben, ist nicht die Ausnahme, sondern die Norm. Dass Sie dann Konsolidierungsplanungen aufstellen werden, ist ebenfalls die Regel. Dabei sind Facharchitekturen nützlich.

Intervallkarten für die Planung

9.3 Beispiele für technische Architekturmuster

Im Folgenden werden zwei Beispiele für technische Blueprints gezeigt. Hier wird jeweils nur die oberste Ebene dargestellt – die komplette Dokumentation zu jedem der beiden technischen Blueprints (oder Architekturmuster) wird im Rahmen dieses Buches nicht benötigt. Als erfahrener Lösungsarchitekt werden Sie hier nichts wirklich Neues finden und können den Abschnitt 9.3 im Prinzip überlesen. Die Darstellung von SOA in Abschnitt 9.3.1 wird als Grundlage für das Management eines SOA-Serviceportfolios benötigt, um dort eine Menge von Begriffen für Composite Applications verwenden zu können. Der Abschnitt 9.3.2 zu Blueprints für Internetanwendungen dient lediglich zur Illustration der Granularität einer größeren Musterarchitektur.

Technische Blueprints

9.3.1 Beispiel: SOA

Von Dirk Slama und Ralph Nelius [Slama+11]

SOA – serviceorientierte Architektur – dürfte der Zielgruppe dieses Buches weitgehend bekannt sein. Dennoch soll hier das Makro-Architekturmuster SOA eingeführt werden, um im Buch eine Referenz zu haben, auf die aus den Abschnitten über Service Portfolio Management (Abschnitt 4.8) und SOA-Governance (Abschnitt 4.12) verwiesen werden kann. Als Basis für die Begrifflichkeiten rund um SOA wird hier ein entsprechendes Kapitel aus dem Buch von Slama und Nelius über »Enterprise BPM« [Slama+11] verwendet. Diese Definitionen spiegeln den State of the Art wider und sind auch in dem Grundlagenwerk zu Enterprise SOA [Krafzig+04] zu finden.

Abb. 9–5
Vier Schichten von SOA
[Slama+11]

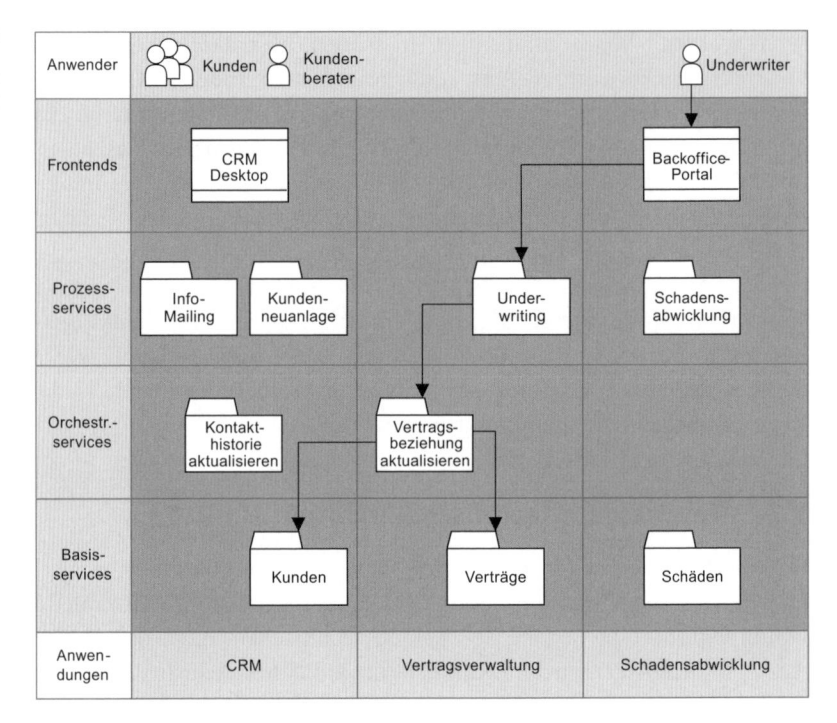

Anwender	Kunden	Kundenberater		Underwriter
Frontends	CRM Desktop			Backoffice-Portal
Prozess-services	Info-Mailing	Kundenneuanlage	Underwriting	Schadensabwicklung
Orchestr.-services	Kontakthistorie aktualisieren	Vertragsbeziehung aktualisieren		
Basis-services		Kunden	Verträge	Schäden
Anwendungen	CRM	Vertragsverwaltung		Schadensabwicklung

SOA-Schichten

Für die Zwecke dieses Buches ist vor allem der Begriff der sogenannten Composite Applications von Bedeutung. SOA teilt die Software eines Unternehmens in vier Schichten auf (siehe Abb. 9–5). Heute sind folgende Schichten in einer SOA weitgehend etabliert:

Frontends: Von dieser Ebene aus werden die Interaktionen mit den Elementen der SOA initiiert. Dies umfasst insbesondere die grafischen Benutzeroberflächen (GUI) und Portale.

Prozesskomponenten: Die Komponenten und deren Services in dieser Schicht steuern den Prozessablauf. Diese Abläufe sind häufig langandauernd und involvieren Interaktionen mit Menschen. Eine Prozesskomponente kann entweder mittels BPM Engine realisiert werden oder auch in einer Programmiersprache wie Java oder C#. Die eindeutige Identifizierung von Prozessinstanzen über eine Prozess-ID (PID) ist ein wesentliches Merkmal von beiden Ansätzen.

Orchestrierungskomponenten: Auf dieser Ebene können entweder Mehrwertfunktionen durch die Kombination mehrerer Basisservices geschaffen oder technische Integrationsprobleme gelöst werden. Ersteres betrifft z. B. einen Service für Geschäftsregeln, der Daten aus mehreren Basisservices zusammenführt und dann auf Grundlage dieser Daten eine Entscheidung trifft (die dann wiederum von der aufrufenden Prozesskomponente zur weiteren Prozessablaufsteuerung verwendet wird). Bei der technischen Integration dient die Orchestrierungskomponente häufig als »Fassade«, die zwar technische Transformationen oder Dienste wie Logging und Zugriffskontrolle durchführt, aber keine fachliche Logik beinhaltet.

Basiskomponenten: Die fundamentalen Basisservices der SOA sind häufig datenzentrisch. Sie verwalten den Lebenszyklus der ihnen zugeordneten Business-Objekte. Das heißt, die Erzeugung, Suche, Änderung oder Löschung bzw. Kommissionierung eines Business-Objekts erfolgt über den Basisservice. Der Basisservice ist für die Validierung der Business-Objekte zuständig. Basisservices zeichnen sich dadurch aus, dass sie in der Regel relativ wenigen Änderungen unterliegen.

In Abbildung 9–5 wird eine sogenannte SOA-Map verwendet, die zusätzlich noch Informationen über die Anwendungen gibt, in denen die Komponenten bzw. Frontends beheimatet sind. Außerdem sind die Nutzer der Frontends eingetragen. Wichtig ist noch zu erwähnen, dass sowohl die SOA-Komponenten als auch die SOA-Schichten komplett technologieunabhängig sind. Die vier SOA-Schichten haben beispielsweise keinen direkten Bezug zu einer technischen 3-Tier-Architektur, auch wenn serviceorientierte Lösungen auf Basis einer solchen umgesetzt werden können. Jede Komponente ist eine Blackbox, nur die Schnittstellen sind verbindlich. Nicht nur Basisservices können Daten in einer Datenbank dauerhaft abspeichern – auch eine Prozesskomponente kann beispielsweise den Prozessstatus in einer eigenen Datenbank abspeichern (auch wenn es sich hier idealerweise nicht um Business-Objekte handeln sollte). Auch die Tatsache, dass eine Komponente logisch in der Prozessschicht der SOA angeordnet ist, setzt noch nicht zwingend voraus, dass diese auf Basis eines BPMS implementiert wird.

SOA-Komponenten

Nachdem die Schichten einer SOA eingeführt sind, kann der Aufbau der einzelnen SOA-Komponenten näher betrachtet werden. Der Aufbau einer fachlichen SOA-Komponente ist heute relativ gut verstanden und kann technologieunabhängig definiert werden. Eine SOA-Komponente bietet nach außen eine Menge von öffentlichen Schnittstellen an (sie fungiert damit als Servicegeber). Diese Schnittstellen bieten fachliche Funktionen (»Services«) wie beispielsweise »Kunde anlegen« oder »Kunde suchen« an. Wir reden allgemein von SOA-Komponenten, obwohl inhaltlich eigentlich der Begriff SOA-Service-Komponente angebracht wäre, der aber zu unhandlich ist. Technisch können die Schnittstellen z.B. in Form von RPC (Remote Procedure Call), CORBA IDL, WSDL (Web Services Description Language), REST (REpresentational State Transfer) oder XML-RPC implementiert sein. SOA geht normalerweise von einer Request/Response-Kommunikation (Anfrage/Antwort) aus. Das Format der Nachrichten kann beispielsweise in IIOP (binär), SOAP (oder anderen XML-Dialekten) oder einfach als CSV (kommaseparierte Daten) definiert sein (siehe Abb. 9–6).

Abb. 9–6
Aufbau einer SOA-Service-Komponente [Slama+11]

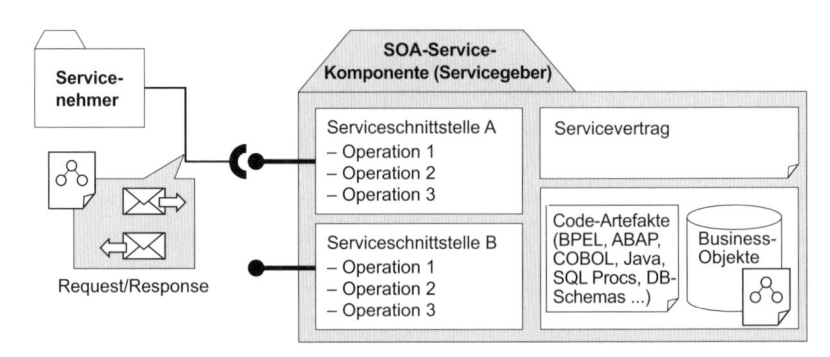

Eigenschaften der SOA-Komponente

Die öffentlichen Eigenschaften der SOA-Komponente inklusive der von ihr angebotenen SOA-Services werden in Form eines sogenannten Servicevertrags definiert. Dies ist normalerweise kein Vertrag mit einem individuellen Servicenehmer, sondern er beschreibt allgemein die Eigenschaften bzw. die Metadaten der Komponente. Der Servicevertrag kann folgende Informationen beinhalten:

- **Basisdaten**
  Name, aktuelle Version
- **Ownership**
  Wer ist verantwortlich für Nutzungsanfragen, Betriebsfragen, Weiterentwicklung, Kosten?

- **Fachliche Schnittstellendefinition**
  Die fachliche Beschreibung der Schnittstellen enthält sowohl die Input- und Output-Argumente (z.B. in Form von UML-Diagrammen) als auch mögliche Pre- und Post-Conditions.
- **Technische Schnittstellendefinition**
  Die formale technische Schnittstellendefinition erfolgt z.B. in Form von WSDL, XML-Schema und enthält Beispiele für Input-/Output-Nachrichten.
- **Business-Objekt-Ownership**
  Hiermit wird definiert, für welche Business-Objekte (BO) die Komponente die Lifecycle-Ownership innehat, d.h., welche Business-Objekte über die Komponente erzeugt, gesucht, geändert und dekommissioniert bzw. gelöscht werden können.
- **Policy-Definitionen**
  Informationen z.B. über das Verhalten der Schnittstellen im Kontext von Transaktionen, Security, Access Control etc.
- **SLAs (Service Level Agreements)**
  Angaben zu Verfügbarkeit, Wartungsfenster, Ausfallsicherheit, durchschnittlichen Antwortzeiten etc.
- **Informationen zur Enterprise Architecture (EA)**
  Zu welcher Domäne gehört die Komponente, welche Prozesse unterstützt sie, auf welcher Applikation und welchen Infrastrukturkomponenten setzt sie auf, welche Projekte haben derzeit Auswirkungen auf sie, wie sieht die Release-Roadmap aus?

Implementierung der Komponenten

Die eigentlichen Implementierungsdetails der Komponenten sollten nach außen hin nicht sichtbar sein. Allerdings kann es gerade zur Beherrschung großer Systeme hilfreich sein, wenn der logischen Komponente auch die eigentlichen Implementierungsartefakte zugeordnet werden können. Dies können beispielsweise Programmdateien, Java Interfaces, COBOL Copybooks, SQL-Prozeduren oder Datenbank-Schemadefinitionen sein. Diese Zuordnung hilft, Abhängigkeiten auf Komponentenebene in den Griff zu bekommen. Gerade in heterogenen Umfeldern ist es sonst nahezu unmöglich, die Kontrolle über die Abhängigkeiten zwischen den einzelnen Teilsystemen zu behalten. Innerhalb einer Programmiersprache lassen sich z.B. Aufrufabhängigkeiten relativ gut analysieren. Ruft aber beispielsweise ein Java-Frontend ein COBOL-Backend über einen Webservice auf, dann ist diese Aufrufabhängigkeit nur dann nachvollziehbar, wenn ein übergreifendes Modell existiert. Das Gleiche gilt übrigens, wenn zwei Java-Komponenten beispielsweise remote gekoppelt sind oder eine implizite Abhängigkeit dadurch existiert, dass sie auf das gleiche Datenbankschema zugreifen. Ein SOA-Modell hilft hier, unabhängig von Technologie und technischen Schichten eine übergreifende, logische Sicht auf die Systemlandschaft zu gewinnen, die die wesentlichen Nutzungsbeziehungen einer Anwendung aus fachlicher Perspektive darstellt.

Auch wenn es keine feststehende Definition einer SOA gibt, so fasst Abbildung 9–7 die Elemente noch einmal gut zusammen.

Abb. 9–7
Elemente einer SOA
[Slama+11]

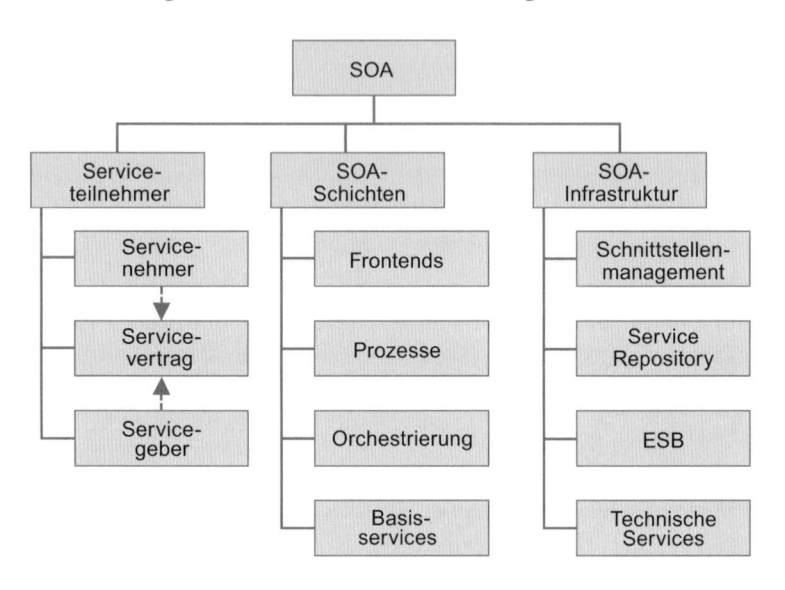

Serviceteilnehmer Zunächst einmal haben wir in einer SOA die **Serviceteilnehmer**. Die Servicenehmer (Consumer) rufen über – idealerweise – wohldefinierte Schnittstellen die vom Servicegeber (Provider) angebotenen Dienste auf. Der Servicevertrag (Service Contract) regelt das Zusammenspiel zwischen Servicegeber und Servicenehmern.

Schichten Die Anordnung der Komponenten in vier klar definierten, fachlichen **SOA-Schichten** ist das zweite wichtige Ordnungskriterium in einer SOA, das wesentlich zur **Entflechtung** komplexer Anwendungslandschaften beiträgt.

Infrastruktur Als Drittes haben wir das Thema **SOA-Infrastruktur**. Die Kopplung von Servicenehmer und Servicegeber kann wahlweise über direkte Schnittstellen (Punkt-zu-Punkt) oder – entkoppelt – über einen **Enter-**

ESB **prise Service Bus** (**ESB**) erfolgen. In jedem Fall ist es notwendig, dass die richtige Technologie zum Management der Schnittstellen bereitsteht, z.B. in Form von SOAP-Stacks, XML-Parsern für REST-Schnittstellen oder proprietären Technologien zum Erzeugen und Verarbeiten von Nachrichtenformaten. Ein **ESB** kann die Kommunikation zwischen lose gekoppelten SOA-Komponenten sicher und transaktional umsetzen. Allerdings sollte man die Kosten für das Aufsetzen eines

ESB nicht unterschätzen! Ein **Service Repository** kann helfen, die Services und ihre Serviceverträge sowie die Nutzungsbeziehungen zwischen den Services zu verwalten und die Einhaltung von SOA Policies sicherzustellen. Genau wie beim ESB ist das Aufsetzen eines Service Repository in der Regel mit signifikanten Kosten verbunden. In manchen Fällen kann daher die Dokumentation der Schnittstellen auf Basis eines einfachen Wikis dem Einsatz eines umfangreichen Metadaten-Repository vorgezogen werden, dies hängt ganz von der jeweiligen Situation ab. Wichtig ist, dass für die Umsetzung einer SOA, wie sie in dem Buch von Slama und Nelius [Slama+11] verstanden wird, lediglich die Bereitstellung der Schnittstellentechnologie zwingend vorausgesetzt wird, nicht aber die Nutzung eines ESB oder eines Service Repository.

Service Repository

9.3.2 Beispiel: Blueprint für Internetanwendungen

Ein Beispiel für einen Anwendungstyp, für den Unternehmen üblicherweise einen umfangreichen Blueprint erstellen, sind Webanwendungen. Die Muster für solche Webanwendungen waren in den letzten ca. 15 Jahren einigermaßen stabil. Auch wenn wir im nächsten Abschnitt über Microservices und REST sehen werden, dass es bei der individuellen Ausgestaltung große Design- und Entscheidungsspielräume gibt. Bei Details, wie z. B. Dialogeigenschaften, waren sicher Anpassungen im Bereich von Frameworks für RIAs (Rich Internet Applications) notwendig. Auch mit Cloud bzw. Utility Computing sind Anpassungen zu erwarten, weil dann die Unternehmen im Idealfall den Blueprint nur noch in den Ausschnitten kennen müssen, die benötigt werden, um Anwendungen auf der Zielumgebung zu installieren. Aber auch in diesem Fall muss der Unternehmensarchitekt nicht jedes Detail z. B. von Firewalls oder aus dem Betrieb von Applikationsservern kennen. Über das Anwendungsmodell der Cloud ist zukünftig nur das Wissen im Unternehmen erforderlich, das durch die Cloud nicht abgedeckt werden kann.

Einigermaßen moderne Webarchitekturen bauen auf großen Mengen von dedizierten Standardkomponenten und größeren Mengen von (teils Open-Source-)Frameworks auf. Jede dieser Komponenten könnte für sich wieder mit einem weiteren Blueprint beschrieben sein – bzw. wird auch sicher mit einem Architekturdokument beschrieben. Abbildung 9–8 zeigt als Beispiel einen einstmals weltweit gültigen Blueprint für die Webarchitekturen eines großen Versicherungskonzerns. Fachexperten werden erkennen, dass dieser Blueprint hohe strukturelle Ähnlichkeiten mit vergleichbaren Darstellungen von IBM oder Gartner

Aufbau auf Standardkomponenten

eBusiness-Patterns

oder auch beliebigen anderen Unternehmen aufweist. Dies ist nicht verwunderlich, da sich für Webanwendungen bestimmte Best Practices und Patterns allgemein durchgesetzt haben (siehe dazu als öffentlich zugängliche Quelle u. a. die schon oben erwähnten eBusiness-Patterns von IBM [IBM11]).

Es gibt also z. B. auf weltweiter Konzernebene Architekturbeschreibungen, die sich noch nicht in jedem Detail auf Produkte und schon gar nicht auf Programmierrichtlinien festlegen. Die Beschreibung des in Abbildung 9–8 gezeigten Blueprints umfasst ca. 50 Seiten. Wichtig für das Verständnis der Tiefe einer solchen Abbildung ist noch die Art der Begrifflichkeit und der Detaillierungsgrad. Ein solches Bild macht selbstverständlich noch nicht den Blueprint aus. Dazu ist auch noch eine umfangreiche textuelle Beschreibung erforderlich, in der vor allem die Verantwortlichkeiten der einzelnen Komponenten festgelegt sind. Wenn man daraus eine umsetzbare Anwendungsarchitektur realisieren wollte, kommt leicht eine Dokumentation im vierstelligen Seitenbereich zustande: Beispielsweise müsste beschrieben werden, welches Produkt für ein Web-Content-Management-System eingesetzt werden kann, wie dieses Produkt über Schnittstellen in die Gesamt-

Abb. 9–8
Blueprint für Internetanwendungen
[Generali02]
(Abkürzungen siehe Fußnote)[4]

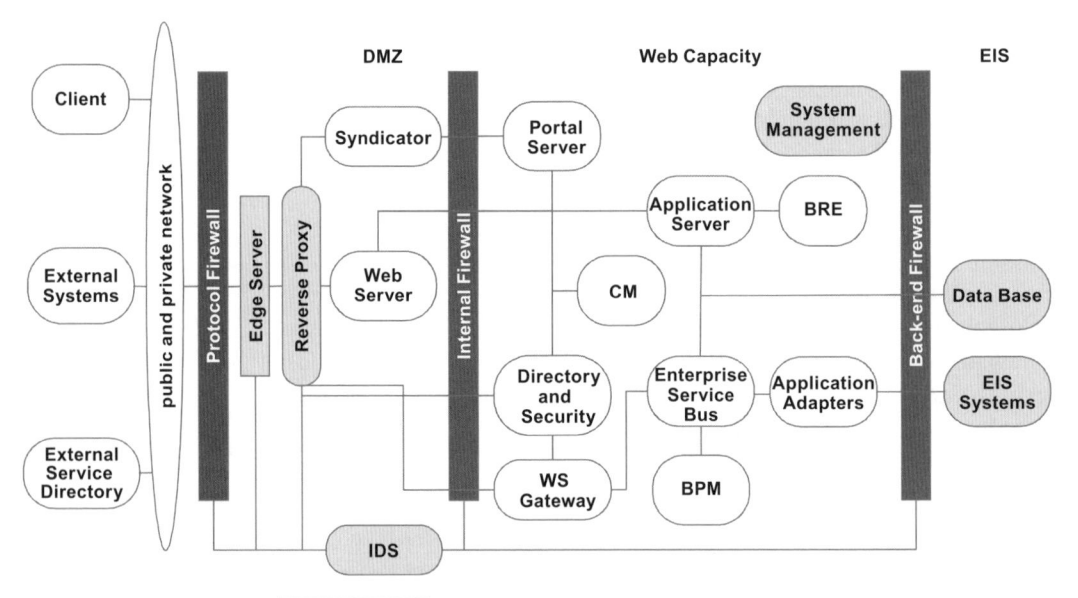

4. DMZ = Demilitarisierte Zone; EIS = Enterprise Information System = Unternehmensinformationssystem; CM = Content Management = System zur Verwaltung großer Mengen textueller Inhalte, die einer Versionierung und Nachweispflicht unterliegen; BRE = Business Rule Engine = Regelinterpreter; BPM = Business Process Management = Ausführung und Überwachung von Geschäftsprozessen; IDS = Intrusion Detection System = System zur Entdeckung von unbefugtem Eindringen in das Netz.

landschaft eingebunden ist und wie es benutzt werden soll. Es empfiehlt sich in diesem Fall, möglichst weitgehend die Dokumentation der Hersteller der Komponenten zu verwenden und nur die nötigsten Integrationsaspekte selbst zu beschreiben.

Es gibt heute durch die Zunahme an Funktionalität und Standardpaketen eine Beschreibungsebene deutlich über dem Beschreibungslevel von Anwendungsarchitekturen, in die sich die Anwendungsarchitekturen z. B. eines Web-Content-Management-Systems oder eines Webportals wieder einfügen.

9.3.3 Beispiel: Microservices und REST

Unternehmen können sich auch in bestimmten Bereichen auf Architekturstile festlegen. Als Beispiele für modernere Webarchitekturen, die häufig auch zusammen mit agilen Prozessen eingesetzt werden, sollen hier kurz Microservices ([Fowler+14], [Newman15]) und REST ([Fielding00], [Tilkov+15], [Pautasso09]) angeschnitten werden.

Die Idee hinter Microservices ist die, monolithische Anwendungen, die viele Services in einem Prozess realisieren, in kleinere Einheiten aufzubrechen, bei denen jeweils nur Bereiche einer Anwendung in einem Prozess realisiert werden. Dieser Stil wurde zuerst von Internetunternehmen wie Amazon oder NetFlix praktiziert. Hinter manchen Webseiten von Amazon »arbeiten« beispielsweise ca. 100 Microservices [Fowler+14].

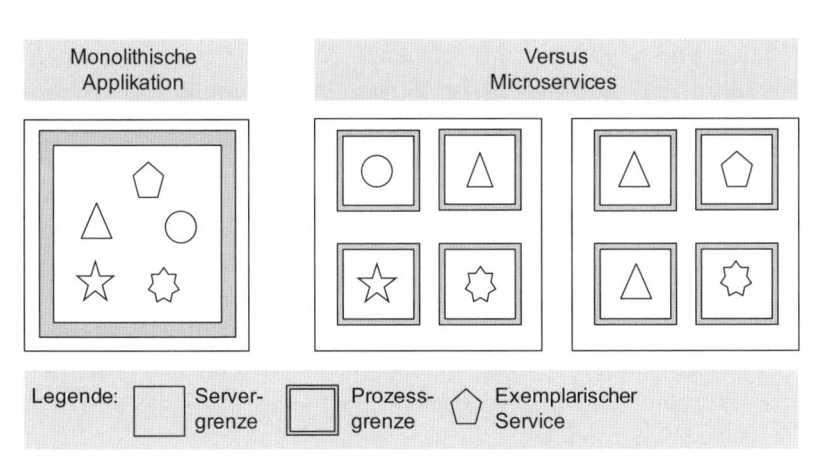

Abb. 9–9
Aufbrechen von Monolithen in Microservices – Abbildung angelehnt an [Fowler+14]

Das Prinzip diskutieren wir hier kurz an der Schadenanwendung einer Versicherung. Zu jedem Schaden gibt es ein sogenanntes Ereignis. Darunter gibt es auch sehr große Schadenereignisse (z. B. Überschwemmungen), für die eine Versicherung schon dann eine Schadenreserve anlegt, wenn sie auch nur aus den Nachrichten davon erfährt. Für jeden Schaden eines Versicherten wird eine sogenannte Schadenakte angelegt. Der Kunde bzw. Versicherungsnehmer wird dabei auch Partner genannt. Falls es die Möglichkeit gibt, als Versicherer einen Dritten in Regress zu nehmen, dann entsteht ein Regress. Zu einer Schadenakte, einem Ereignis oder einem Großereignis sollte man in der Lage sein, eine Schadensumme abzufragen. Es ist kein Zufall, dass Sie alle diese fachlichen Objekte in Abbildung 9–10 wiederfinden. Doch dazu kommen wir später.

Eine konventionelle Schadenanwendung einer Versicherung würde alle Services zu den genannten fachlichen Objekten in einem einzigen Prozesskontext anlegen – als sogenannten Monolithen (siehe dazu auch die linke Seite von Abb. 9–9). Bei Microservices wird je fachlichem Objekt (oder einer Gruppierung fachlicher Objekte) ein Service geschaffen, der in einem eigenen Prozesskontext laufen kann. Zum Thema Wiederverwendung und Schichtenarchitekturen haben Softwareingenieure seit den 1980er-Jahren gelernt, dass man Software in Schichten realisiert, um z. B. ein Framework für Datenbankzugriff wiederverwenden zu können. Teams waren dort meist auch nach diesen Schichten organisiert. Conways Law wurde also meist angewendet.

Microservices verfolgen hier einen anderen Ansatz. Dort ist es vor allem wichtig, dass die einzelnen kleineren Services schnell implementierbar und häufig auslieferbar sind, um häufige Änderungen von Software möglich zu machen. Conways Law wird auch hier verwendet: Allerdings gruppieren sich die Teams dann eher um die fachlichen Objekte und nicht mehr um Schichten. Abbildung 9–9 zeigt, wohin das führt. Hier sind zwei Server dargestellt, die jeweils mehrere Prozesskontexte hosten. Dabei können Microservices in kleineren Einheiten und feingranularer skaliert werden, als wenn jedes Mal der komplette Monolith repliziert, also horizontal skaliert wird. Nehmen wir an, das Dreieck steht für die Schadenakte, dann kann es von diesem Service drei Instanzen geben, während z. B. von einem Großschaden, der deutlich seltener verwendet wird, nur eine Instanz existiert.

Der Microservice-Architekturstil wird in einem Überblicksartikel von Fowler und Lewis kompakt beschrieben [Fowler+14]. Beide weisen darauf hin, dass man jedoch mehr lesen sollte – z. B. das Buch von Newman [Newman15].

Microservices haben Vor- und Nachteile. Diese komplett zu diskutieren führt hier zu weit. Als wesentlicher Nachteil sei genannt, dass Aufrufe der kleineren Services untereinander immer zu einem Aufruf über eine Prozessgrenze führen – was mit einer Performance-Einbuße verbunden ist. Wiederverwendung kann eingeschränkt sein und es können in verschiedenen Services aus Geschwindigkeitsgründen unterschiedliche Frameworks eingesetzt werden, was z. B. zu Heterogenität mit den damit verbundenen Kosten führt. Microservices werden daher umfassend diskutiert und sind nicht die eine Architektur für alles, sondern eine Lösung, wenn beispielsweise schnelle, flexible Entwicklung und differenzierte Skalierbarkeit gefragt sind.

Microservices werden sehr häufig zusammen mit dem Architekturstil REST verwendet. REST zeichnet sich dadurch aus, dass es für den Aufruf von Funktionalität den Stil des Web, also den Stil von http nachempfindet. Alle Operationen auf Objekten werden im Wesentlichen auf die http-Aufrufe POST, GET, PUT und DELETE abgebildet (siehe Tab. 9–1). Dies kann nur funktionieren, wenn alle Objekte eindeutig identifiziert sind und wenn diese Identifikation auch für den Client bekannt ist. Der Zugriff auf die Objekte ist durch die o. g. Standardmethoden stark genormt. Die Kommunikation ist statuslos – so wie das auch bei einer guten SOA der Fall ist.

CRUD	REST	Operation
Create	POST	Erzeugt eine Sub-Ressource
Read	GET	Zugriff auf den aktuellen Zustand einer Ressource
Update	PUT	Initialisiere oder Verändere (Update) den Zustand einer Ressource zu der gegebenen URI (Unique Resource Identifier)
Delete	DELETE	Entferne eine Ressource, nachdem die URI ungültig geworden ist

Tab. 9–1
REST-Protokoll –
Tabelle angelehnt an
[Pautasso09]

In dem Beispiel der Schadenanwendung einer Versicherung führt das dann zu den Operationen, die in Abbildung 9–10 dargestellt sind. Dabei ist zu beachten, dass REST nicht notwendigerweise zusammen mit Microservices implementiert werden muss. Der REST-Stil passt aber sehr gut zu Microservices und dem Anwendungsfall dort, nämlich schnell zu ändernde Webanwendungen, die mit http und Objekt-Transferprotokollen wie JSON integriert werden können.

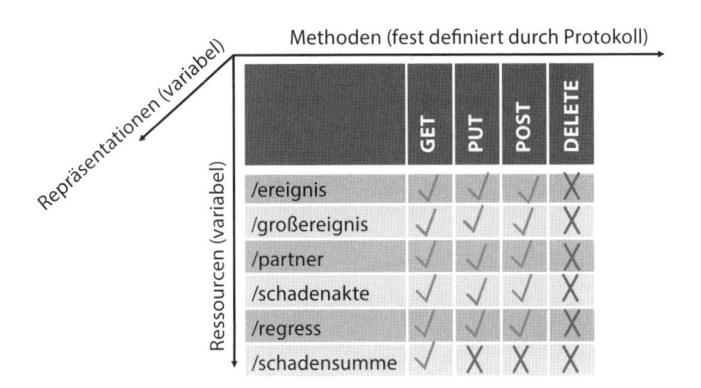

Ressourcen (variabel)	GET	PUT	POST	DELETE
/ereignis	✓	✓	✓	✗
/großereignis	✓	✓	✓	✗
/partner	✓	✓	✓	✗
/schadenakte	✓	✓	✓	✗
/regress	✓	✓	✓	✗
/schadensumme	✓	✗	✗	✗

Methoden (fest definiert durch Protokoll)
Repräsentationen (variabel)

Abb. 9–10
REST-Operationen und
Ressourcenprotokoll –
Abbildung angelehnt an
[Pautasso09]

Für Abbildung 9–10 bleibt noch zu erklären, warum bestimmte Operationen »gesperrt« sind – wie etwa die DELETE-Operationen. Das könnte man auch anders implementieren, aber in Versicherungsanwendungen wird selten bis nie etwas gelöscht, weil die meisten Unterlagen lange archiviert werden müssen[5]. Im Falle eines abgeleiteten Objektes bzw. Attributes, wie einer berechneten Schadensumme, kann diese nur gelesen werden. Alle anderen REST-Operationen können oder sollen daher nicht darauf implementiert werden.

Zum Abschluss dieses Abschnitts noch eine Warnung: Sowohl Microservices als auch REST werden in den Entwickler-Communitys umfangreich diskutiert. Selbst die oben zitierte Literatur stellt daher nur einen Einstieg dar. Man kommt nicht umhin, die Themen auch im Zusammenhang mit Praktiken, wie agiler Entwicklung, DevOps, Containern, wie Docker, und Ähnlichem zu diskutieren. Für den Zweck dieses Buches war es ausreichend, zu zeigen, dass es Architekturstile und dazu Makro-Architekturmuster gibt und dass man sie in einem Unternehmen großflächig einsetzen kann, wenn man denn den passenden Anwendungsfall dafür hat.

---

5. Dem Autor sind die Löschpflichten des Bundesdatenschutzgesetzes bekannt. Eine Diskussion würde allerdings an dieser Stelle zu weit führen.

10 Frameworks für IT-Unternehmensarchitektur

Es gibt derzeit deutlich mehr als 50 Frameworks auf dem Markt, die sich selbst als Enterprise-Architecture-(EA-)Frameworks bezeichnen. Wirklich verbreitet sind davon nur wenige, nämlich TOGAF (siehe Abschnitt 10.2) und Zachman (siehe Abschnitt 10.3) sowie z.B. DoDAF für alle Auftragnehmer des amerikanischen Verteidigungsministeriums. Dies soll der Anlass sein, hier zunächst zu diskutieren, was sich hinter dem Begriff Enterprise-Architecture-Management-(EAM-)Framework verbirgt. Wir werden einen Ordnungsrahmen für IT-Management-Frameworks generell vorstellen und exemplarisch ein paar wenige Frameworks erläutern, die ebenfalls weit im IT-Management verbreitet sind und manchmal auch als Architekturframeworks bezeichnet werden, obwohl sie eigentlich keine sind. Da IT-Unternehmensarchitektur immer einen starken Bezug zu IT-Management hat, ist es für einen IT-Unternehmensarchitekten wichtig, zumindest auch die wichtigsten Managementframeworks zu kennen (siehe Kap. 11).

Eine Flut an EAM-Frameworks

Als Grundlage für die noch folgenden Beschreibungen von EAM- und IT-Management-Frameworks wird zunächst der Begriff des EA-Frameworks definiert. Der Terminus Framework ist unter Softwareentwicklern gut bekannt und breit eingeführt.

> **Definition: Framework**
>
> A (application) framework is a set of classes that embodies an abstract design for solutions to a family of related problems, and supports reuses at a larger granularity than classes. During the early phases of a system's history, a framework makes heavier use of inheritance and the software engineer must know how a component is implemented in order to reuse it. As a framework becomes more refined, it leads to »black box« components that can be reused without knowing their implementations.
>
> Quelle: [Johnson+88]

Diese Framework-Definition hat jedoch mit dem Begriff eines EA-Frameworks im Grunde wenig zu tun. Der Unterschied der Granularität ist ähnlich wie der Unterschied zwischen Projektarchitektur (oben) und IT-Unternehmensarchitektur. Die Open Group [TOGAF8.1] definiert ein EA-Framework wie folgt:

> **Definition: Architecture Framework**
> An architecture framework is a tool which can be used for developing a broad range of different architectures. It should describe a method for designing an information system in terms of a set of building blocks, and for showing how the building blocks fit together. It should contain a set of tools and provide a common vocabulary. It should also include a list of recommended standards and compliant products that can be used to implement the building blocks.
> Quelle: [TOGAF8.1]

Ein EA-Framework stellt alle Modelle und Methoden zur Verfügung, die benötigt werden, um IT-Unternehmensarchitekturen zu entwickeln. Oder doch nicht? Denn in der Definition steht »Methode für den Entwurf eines Informationssystems beschreiben«, und das heißt nicht »Methode für die Verwaltung von Portfolios Hunderter Informationssysteme«. Wenn Sie sich also sogenannte EA-Frameworks genauer ansehen, werden Sie feststellen, dass diese eher für die Betrachtung der Softwarearchitektur einer oder maximal mehrerer Anwendungen geeignet sind (Sichten auf ein Informationssystem oder eine Gruppe technisch ähnlicher Systeme) als für die IT-Unternehmensarchitektur (Zusammenspiel aller Informationssysteme eines Unternehmens). Bei der Diskussion von TOGAF (siehe Abschnitt 10.2) wird dieser Punkt noch ausführlich diskutiert.

10.1 Ordnungsrahmen für EAM- und IT-Management-Frameworks

Über EAM- und IT-Management-Frameworks gibt es inzwischen ausführliche und umfangreiche Sekundärliteratur. In seinem Buch [Matthes11] diskutiert Matthes alleine 50 EAM-Frameworks. Wohlgemerkt nur EA-Frameworks – nicht IT-Management-Frameworks. Davon gibt es sicher noch eine Menge mehr. Seit dem Erscheinen des Buches (und eigentlich auch schon davor) sind allerdings keine wirklich bedeutenden neuen Frameworks mehr aufgetaucht. Die Zahl der 50 untersuchten Frameworks kam zustande, weil der Autor »irgendwo einmal aufhören musste«. Um einen optischen Eindruck zu vermitteln, wie viele EA-Frameworks es gibt und wie diese in Abhängigkeit zueinander hervorgegangen sind, wird immer wieder gerne folgende Grafik verwendet:

10.1 Ordnungsrahmen für EAM- und IT-Management-Frameworks

Abb. 10–1
Genealogie von EAM-Frameworks [Buckl10]

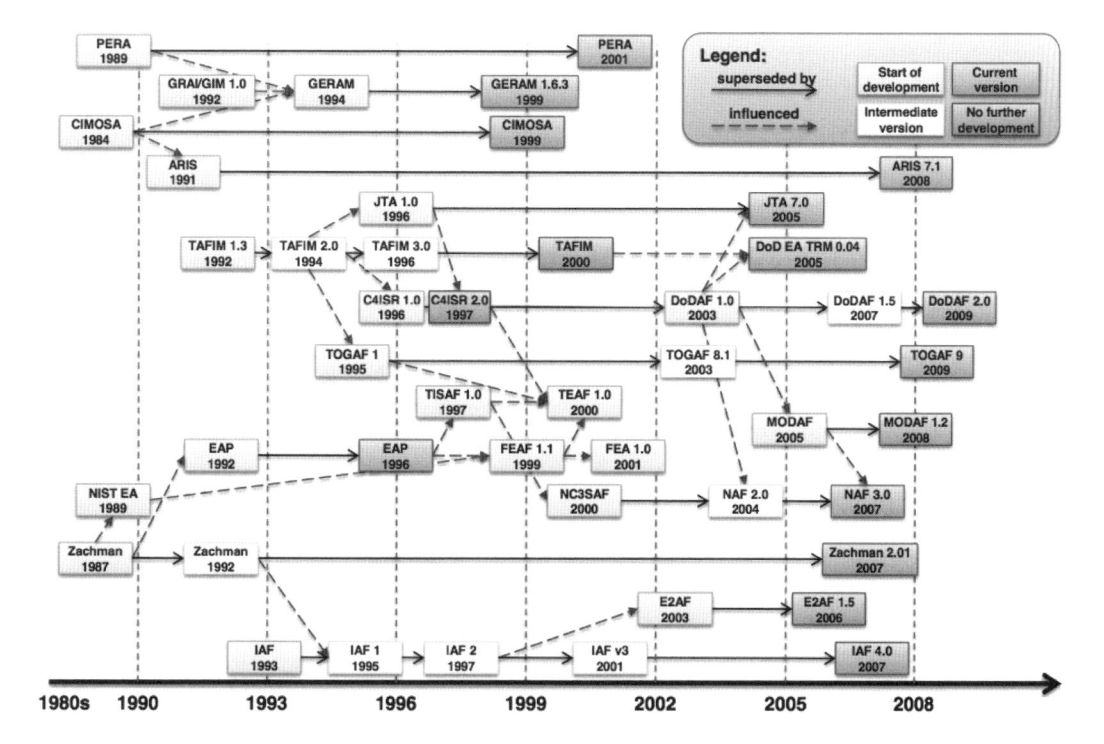

Diese Grafik stammt entweder von Schekkerman [Schekkerman03] oder in der obigen Form aktualisiert aus einer Vorlesung der TU München [Buckl10]. Seitdem hat sich auch niemand mehr die Mühe gemacht, die Grafik zu aktualisieren. Die Situation ist seit Jahren mehr oder weniger stabil.

Wenn man solche Aufstellungen und Ableitungen sieht, dann ergeben sich daraus zwei Fragen, die im Folgenden erörtert werden:

1. Gibt es Ordnungsrahmen, in denen man die IT-Management-Frameworks schnell einordnen kann?
2. Gibt es so etwas wie Marktführer unter den IT-Management-Frameworks?

Wenn es eine hohe zweistellige Anzahl alleine von EAM-Frameworks gibt, liegt die Frage nach Ordnungsrastern für solche Frameworks nahe, mit denen man sie einfach und auf einen Blick vergleichen kann. Solche Raster gibt es, sie sind aber zu diskutieren, und es hat sich kein einheitliches durchgesetzt. Trotzdem sollen hier zwei von ihnen kurz vorgestellt werden.

Rozemeijer [Rozemeijer07] verwendet in seinem »Pocket Guide« zu IT-Management-Frameworks das in Abbildung 10–2 gezeigte Raster. Als Beispiel ist dort seine Klassifikation von TOGAF dargestellt, der Vertreter von TOGAF sicher widersprechen würden, weil sie dieses Framework strategischer einstufen.

Abb. 10–2
Klassifizierungsraster für EAM-Frameworks nach [Rozemeijer07]

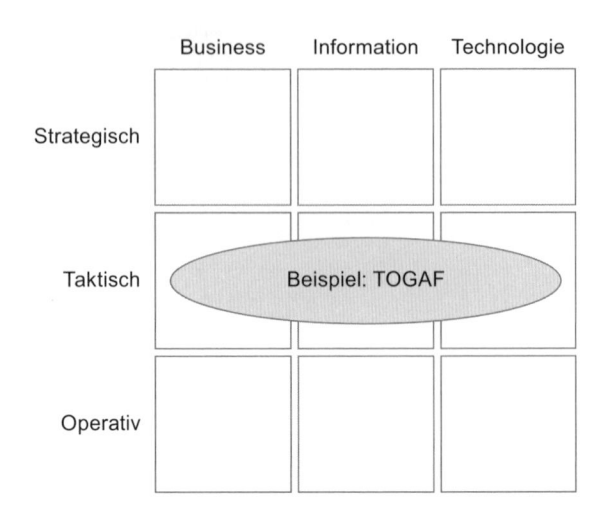

	Business	Information	Technologie
Strategisch			
Taktisch		Beispiel: TOGAF	
Operativ			

Solche Klassifizierungsraster haben meist zwei Achsen (wie klassische Beratermatrizen). Im Falle der Matrix von Rozemeijer steht die x-Achse für den Grad der Abdeckung von Business und IT. Wenn ein Framework die y-Achse voll abdecken würde, beinhaltete es alle Aufgaben von der Strategie bis zum operativen Tagesgeschäft. Anhand solcher Darstellungen sollte man also schnell ablesen können, welches Gebiet des IT-Managements ein Framework abdeckt. Ein anderes Klassifikationsschema stammt von Marten Schönherr [Schönherr04], der die Dimensionen des Prozessmanagements für die x-Achse benutzt und eine ähnliche y-Achse wie Rozemeijer verwendet.

Abb. 10–3
Alternatives Klassifikationsschema für IT-Management-Frameworks [Schönherr04]

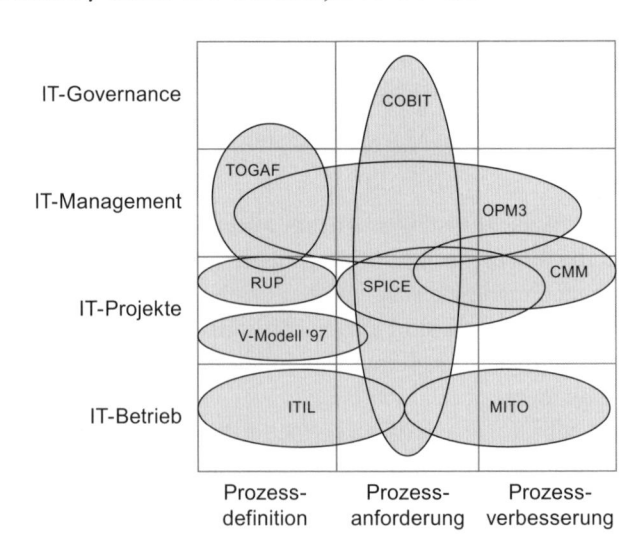

	Prozess-definition	Prozess-anforderung	Prozess-verbesserung
IT-Governance		COBIT	
IT-Management	TOGAF		OPM3
IT-Projekte	RUP / V-Modell '97	SPICE	CMM
IT-Betrieb	ITIL		MITO

In Abbildung 10–2 wird mit TOGAF nur ein einziges Architekturframework gezeigt. Die anderen fallen im weitesten Sinne unter »sonstige Frameworks« für das IT-Management. COBIT und ITIL werden uns noch in Kapitel 11 begegnen.

Klassifizierungsraster

Marktanteile von EAM-Frameworks

Es ist nicht einfach, einigermaßen aktuelle Übersichten über die Marktanteile des Einsatzes von EA-Frameworks zu finden. Dies mag daran liegen, dass mit EA-Frameworks alleine kein Geld verdient wird. Es gibt also keine Hersteller, die ein Interesse daran hätten, den Marktanteil ihres Frameworks z.B. von einem professionellen Marktforschungsinstitut mittels einer aufwendigen Analyse erheben zu lassen.

Eine der wenigen Untersuchungen wurde vom IFEAD (Institute for Enterprise Architecture Development, Amsterdam) durchgeführt und ist schon älteren Datums. Sie sehen diese Untersuchung in Abbildung 10–4.

*Abb. 10–4
Marktanteile von EA-Frameworks – Stand 2003
[Schekkerman03]*

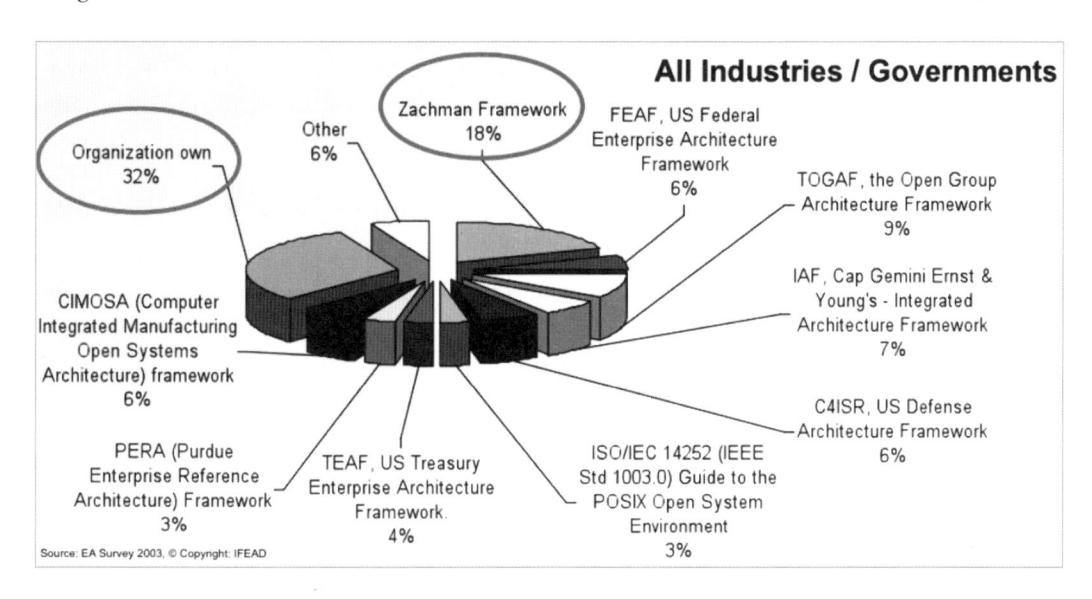

All Industries / Governments

- Organization own 32%
- Other 6%
- Zachman Framework 18%
- FEAF, US Federal Enterprise Architecture Framework 6%
- TOGAF, the Open Group Architecture Framework 9%
- IAF, Cap Gemini Ernst & Young's - Integrated Architecture Framework 7%
- C4ISR, US Defense Architecture Framework 6%
- ISO/IEC 14252 (IEEE Std 1003.0) Guide to the POSIX Open System Environment 3%
- TEAF, US Treasury Enterprise Architecture Framework 4%
- PERA (Purdue Enterprise Reference Architecture) Framework 3%
- CIMOSA (Computer Integrated Manufacturing Open Systems Architecture) framework 6%

Source: EA Survey 2003, © Copyright: IFEAD

Die angeführten Marktanteile sind nicht mehr aktuell. Neuere Untersuchungen von Infosys zeigen, dass der Anteil von TOGAF inzwischen so stark gewachsen ist, dass man das Framework in 2009 mit ca. 32 Prozent Marktanteil wohl als Marktführer bezeichnen kann [Infosys09]. Seitdem dürfte der Marktanteil von TOGAF eher noch gewachsen sein. Aus der obigen Übersicht (Abb. 10–4) kann man zusammen mit dem Wissen aus der Infosys-Studie außerdem folgende Schlüsse ziehen:

- **Zachman stagniert**
  Infosys gibt für Zachman für 2008 noch einen Anteil von ca. 25 Prozent an.

- **TOGAF ist der Quasistandard**
  TOGAF ist von 9 Prozent im Jahr 2003 auf eben 32 Prozent im Jahr 2008 gewachsen. In Abschnitt 10.2 werden Sie sehen, dass dieses Framework auch noch Potenzial für mehr Reife hat. Es ist also zu erwarten, dass eine Version größer als Version 9.x von TOGAF absoluter Marktführer auf dem Markt der EA-Frameworks werden wird. Wohl auch deshalb, weil IAF (Integrated Architecture Framework), das Framework der Capgemini-Gruppe, teilweise schon in TOGAF integriert wurde und im Jahr 2003 schon einen Anteil von 7 Prozent einnahm.

- Eigenbau-Frameworks von großen Unternehmen werden sich immer mehr auf den Rückzug begeben. Damit Großunternehmen qualifizierte Mitarbeiter einkaufen können, werden sie Wert darauf legen, selbst einen populären Standard einzusetzen.

- Es kann davon ausgegangen werden, dass der Anteil der Frameworks, die aus dem öffentlichen Sektor in den USA stammen, stabil bleiben wird. In Abbildung 10–4 sind dies z. B. TEAF (Treasury Enterprise Architecture Framework), C4ISR (ab 2003: DoDAF, Department of Defense Architecture Framework) oder FEAF (Federal Enterprise Architecture Framework).

TOGAF ist derzeit das EAM-Framework.

Marktanteil von Eigenbau geht stark zurück.

Wirklich gute Zahlen sind nicht verfügbar.

Generell muss man mit solchen Zahlen allerdings recht vorsichtig umgehen. Nur weil ein Unternehmen angibt, ein bestimmtes Framework einzusetzen, muss dies nicht heißen, dass es wirklich flächendeckend eine Unternehmensarchitekturfunktion implementiert hat. Des Weiteren muss es nicht bedeuten, dass das Unternehmen strikt nach einem Framework arbeitet, nur weil ein Befragter aus dem Unternehmen geantwortet hat, dass dieses Framework verwendet wird. Zum Vergleich: Gerade auf den Referenzlisten innovativer Hersteller finden sich oft Fortune-500-Unternehmen. Wenn man diese danach fragt, worin denn der Einsatz eines Produkts bestehe, bekommt man z. B. die Antwort, dass zwei Lizenzen davon in einer Forschungsabteilung eingesetzt würden. Für ein Unternehmen mit z. B. 100.000 Mitarbeitern ist eine solche Aussage allerdings nicht wirklich relevant.

Eine weitere interessante Tatsache ist, dass TOGAF vor allem in sehr großen Unternehmen stark verbreitet ist. Daher soll es als Marktführer im Folgenden näher beleuchtet werden.

10.2 TOGAF 9.x

Das Acronym TOGAF steht für »The Open Group Architecture Framework«. Die Open Group ist aus dem Zusammenschluss der Open Software Foundation und X/Open entstanden, um Industriestandards für das Betriebssystem Unix zu entwickeln, die unabhängig von dem von AT&T entwickelten System V sind. Später haben sich die Tätigkeitsgebiete der Open Group deutlich erweitert. TOGAF ist das zweite wesentliche Standbein der Open Group. Weitere Arbeitsfelder finden Sie auf der Webseite *http://www.opengroup.org*.

Die Version 9 von TOGAF, die im Februar 2009 erschienen ist, stellt das Ergebnis einer größeren Überarbeitung der Version 8.1.1 von TOGAF dar. Abbildung 10–2 zeigt, welche neuen Felder TOGAF 9.x im Vergleich zu früheren Versionen bieten kann.

Im Folgenden wird hier TOGAF 9, TOGAF 9.x und TOGAF 9.1 als Synonym verwendet. TOGAF 9.1 ist Ende 2011 erschienen und kann als Maintenance Release für TOGAF 9 betrachtet werden. Strukturell unterscheiden sich beide Versionen nicht. Seit 2012 warten viele auf TOGAF 10, da, wie Sie sehen werden, in TOGAF einiges strukturell zu bereinigen und auch zu ergänzen wäre, um dem vollen Anspruch an ein EAM-Framework gerecht zu werden. Momentan (Februar 2017) ist davon auszugehen, dass TOGAF 10 im 3. Quartal 2017 oder später erscheinen könnte. Dies beruht jedoch auf der persönlichen Einschätzung von Insidern. Ein offizielles Statement der Open Group gibt es dazu nicht.

Wie andere Frameworks für IT-Management und IT-Architektur kann TOGAF nicht ohne weitere Anpassungen im Unternehmen eingesetzt werden. Die TOGAF-Dokumentation hat einen Umfang von ca. 750 Seiten, und man sollte daher nicht versuchen, sie von der ersten bis zur letzten Seite durchzulesen. Vielmehr ist Sekundärliteratur zu benutzen, um die wesentlichen Teile herauszufiltern. Der Rest kann als Nachschlagewerk verwendet werden.

TOGAF hat mit anderen IT-Management-Frameworks, z. B. ITIL, gemein, dass man dort mehr Hinweise darüber findet, WAS zu tun ist, als detaillierte Vorschriften dazu, WIE etwas zu tun ist. Wenn Ihnen ein Unternehmen also sagt, dass dort mit TOGAF gearbeitet wird – und wenn Sie als Unternehmensarchitekt in anderen Unternehmen bereits mit TOGAF gearbeitet haben –, dann ist nicht sichergestellt, dass Sie sich sofort im Detail zurechtfinden werden. Sie werden in jedem Umfeld sicher noch einiges an zusätzlichen Dokumenten finden, mit denen TOGAF an die Bedürfnisse des jeweiligen Unternehmens angepasst wurde.

WAS nicht WIE

Ab und zu werden Sie auch Kritik zu TOGAF hören, weil es keine durchgehenden Beispiele und z. B. auch keine Dokumentenmuster oder andere ähnliche Hilfestellungen enthält, um mit der Arbeit schnell beginnen zu können. Solches Material zur Verfügung zu stellen, würde die ehrenamtlichen Arbeitsgruppen, die TOGAF definieren und pflegen, vermutlich deutlich überfordern. Da die TOGAF-Dokumentation einen Umfang von ca. 750 Seiten hat, kann man davon ausgehen, dass solche Hilfestellungen gut und gerne noch einmal einen Umfang von mehreren Tausend Seiten einnehmen würden. Ein solches Dokument zu warten, ist schier unmöglich. Nachdem TOGAF für unterschiedlichste Branchen und Unternehmensgrößen bestimmt ist, wäre es zudem schwer, Beispiele zu finden, die wirklich repräsentativ sind. Die Anreicherung mit Dokumentenmustern und Beispielen bleibt also derzeit (und vermutlich auch noch länger) dem Anwender von TOGAF überlassen.

10.2.1 Die Sicht von TOGAF 9.x auf IT-Unternehmensarchitektur

Lassen wir TOGAF am besten zunächst für sich selbst sprechen, wie es die Herangehensweise an IT-Unternehmensarchitektur sieht:

> **TOGAF as an EAM Framework (TOGAF 8.1 – Enterprise Edition)**
> TOGAF in its Enterprise Edition remains what it has always been, namely an architecture framework – a set of methods and tools for developing a broad range of different IT architectures. It enables IT users to design, evaluate, and build the right architecture for their organization, and reduces the costs of planning, designing, and implementing architectures based on open systems solutions.
> The key to TOGAF remains a reliable, practical method – the TOGAF Architecture Development Method (ADM) – for defining business needs and developing an architecture that meets those needs, utilizing the elements of TOGAF and other architectural assets available to the organization.
> Quelle: TOGAF 8.1 [TOGAF8.1.1] (auch gültig für TOGAF 9.x)

Schwerpunkt von TOGAF ist die Entwicklung von großen Lösungen.

Bezogen auf die Architekturaufgaben, die in diesem Buch insgesamt beschrieben werden, heißt das, dass der Schwerpunkt von TOGAF auf der Entwicklung konkreter Architekturen liegt. Sei es für ein System oder für ein Cluster von Systemen und vielleicht auch für eine unternehmensweite Zielarchitektur.

TOGAF konzentriert sich nicht auf Aufgaben wie:

- **Entwicklung einer IT-Strategie**, basierend auf einer Unternehmensstrategie

- Management des Anwendungsportfolios
  Der Umgang mit Tausenden von existierenden Anwendungen und die Beurteilung, welche davon eine Zukunft haben, welche geändert werden oder gar ersetzt werden müssen, ist nicht Kern von TOGAF.
- Architektur-Governance
  Sie wird zwar erwähnt, ist aber ebenfalls kein wesentlicher Teil von TOGAF, wobei Elemente wie z. B. ein Architekturboard näher beschrieben werden.

Abb. 10–5
Entwicklung von TOGAF von Version 7 bis Version 9

Part	Chapter	Year	TOGAF 7 Dec. 2001	TOGAF 8, 8.1, 8.1.1 Dec. 2002, Dec. 2003, 2007	TOGAF 9 2009
I	Introduction		x	x	x
II	ADM (Architecture Development Method)		x	x	x
III	ADM Guidelines and Techniques				x
	Applying Iteration to the ADM				x
	Applying the ADM at diferent Enterprise Levels				x
	Security Architecture and the ADM				x
	Using TOGAF to define and Govern SOAs				x
	Architecture Principles			see Part IV	see Part IV	x
	Stakeholder Management				x
	Architecture Patterns			see Part IV	see Part IV	x
	Business Scenarios				see Part IV	x
	Gap Analysis				x
	Migration Planning Techniques				x
	Interoperability Requirements				x
	Business Transformation Readiness				x
	Risk Management				x
	Capability Based Planning				x
IV	Architecture Content Framework				x
V	Enterprise Continuum and Tools			see Part III	x
	Introduction			see Part III	x
	Enterprise Continuum			see Part III	x
	Architecture see Partitioning				x
	Architecture Repository				x
	Tools for Architecture Development			see Part IV	see Part IV	x
VI	Reference Models				x
	Foundation Architecture (TRM)			see Part III	see Part III	x
	III-RM				see Part III	x
VII	Architecture Capability Framework				x
	Introduction				x
	Establishing an Architecture Capability				x
	Architecture Board			see Part IV	see Part IV	x
	Architecture Compliance			see Part IV	see Part IV	x
	Architecture Contracts				see Part IV	x
	Architecture Governance			see Part IV	see Part IV	x
	Architecture Maturity Models				see Part IV	x
	Architecture Skills Framework				see Part IV	x

Stellenwert der ADM   Die Methode zur Entwicklung von Architekturen (Architecture Development Method, ADM) ist auch in der Version 9 weiter der Kern von TOGAF und der wesentliche Wert, den TOGAF beinhaltet. Diese Konzentration auf die Architekturentwicklungsmethode können Sie an der Geschichte von TOGAF ablesen (siehe auch Abb. 10–5), wenn Sie sich durch die verschiedenen Versionen von Version 7 bis Version 9 arbeiten. TOGAF 8 ist dabei die erste Version, die als Enterprise Architecture Framework gilt. Sie wurde Ende 2002 veröffentlicht. Die nächste große Version, TOGAF 9, wurde Anfang 2009 eingeführt – also ca. 6 Jahre später. Das Maintenance Release TOGAF 9.1. wurde Ende 2011/Anfang 2012 eingeführt und mit einer weiter verbesserten Version TOGAF 10 wird frühestens für 2017 gerechnet. Details sind noch nicht bekannt.

Abbildung 10–5 ist so zu interpretieren, dass Teil II – »ADM (Architecture Development Method)« – über die Versionen TOGAF 7 bis 9.1 relativ stabil geblieben ist. Der wesentliche neue Teil, in dem sich TOGAF 9.x von TOGAF 8.x unterscheidet, ist das »Architecture Content Framework« (siehe Abschnitt 5.4.1). Dieser Teil IV wurde ganz wesentlich von Capgemini in die Entwicklung von TOGAF eingebracht. Weiteres neues Material findet sich in Teil III – »The ADM Guidelines and Techniques«.

Entwicklung von TOGAF   Daraus kann man in Summe ablesen, dass sich TOGAF über mehrere Versionen von einem Framework für Lösungsarchitekturen immer weiter in Richtung eines Frameworks für Unternehmensarchitekturen entwickelt hat. Es ist davon auszugehen, dass diese Entwicklung sich fortsetzen wird. Lassen Sie uns diesen Aspekt wieder in den Worten von TOGAF selbst vertiefen:

> A number of enterprise architecture frameworks already exist and are widely recognized, each of which has its particular advantages and disadvantages – and relevance – for enterprise architecture. They are discussed in Part IV (of TOGAF 8): Resource Base, Other Architectures and Frameworks.
>
> Although a number of enterprise frameworks exist, there is no accepted industry standard method for developing enterprise architecture. The goal of The Open Group with TOGAF is to work towards making the TOGAF ADM just such an industry standard method, which is neutral towards tools and technologies, and can be used for developing the products associated with any recognized enterprise framework – such as the Zachman Framework, Federal Enterprise Architecture Framework (FEAF), Treasury Enterprise Architecture Framework (TEAF), and C4ISR/DoD Framework – that the architect feels is appropriate for a particular architecture.
>
> …

→

> With the migration of TOGAF to an enterprise architecture framework, this flexibility becomes even more important. TOGAF is not intended to compete with these other frameworks; rather, it is intended to perform a unique role, in distilling what these other frameworks have to offer, and providing a generic ADM that can be adapted for use with any of these other frameworks.
>
> The Open Group's vision for TOGAF is as a vehicle and repository for practical, experience-based information on how to go about the process of enterprise architecture, providing a generic method with which specific sets of deliverables, specific reference models, and other relevant architectural assets, can be integrated.
>
> Quelle: TOGAF 8.1 [TOGAF8.1.1]

In den folgenden Abschnitten wird diskutiert, für welche Prozessmuster und Zielmuster aus diesem Buch Sie in TOGAF konkrete Unterstützung finden.

10.2.2 Der Kern von TOGAF: die »Architecture Development Method« (ADM)

Ab und zu müssen auch Unternehmensarchitekten Lösungsarchitekturen für Cluster von Anwendungen entwickeln, entweder in sehr großen Projekten oder auch als Blueprints. Solche Lösungsarchitekturen können so unterschiedlichen Umfang haben wie z. B.:

- Eine Architektur für ein einzelnes System, für dessen Erstellung lediglich wenige Personenjahre benötigt werden.
- Ein Cluster von Systemen, die einen einzigen Geschäftsprozess unterstützen, der vielleicht fünf bis sieben Anwendungssysteme überspannt. Solche Projekte benötigen typischerweise zehn bis 50 Personenjahre.
- Die Zielarchitektur für die Anwendungslandschaft einer kompletten Firma: Eine solche Zielarchitektur (To-be Architecture) wird nie in einem einzigen Projekt implementiert. Bei manch einer Zielarchitektur dauert es eine Dekade, bis sie vollständig umgesetzt ist.
- Architekturmuster (Blueprints) und Architekturen für Anwendungsframeworks: Diese Architekturen dienen als Muster für ganze Familien von Anwendungen und müssen besonders sorgfältig erstellt werden. Üblicherweise werden solche Muster fünf- bis zehnmal oder noch öfter in verschiedenen Kontexten angewendet.

Solche Aufgaben eignen sich ideal für eine Begleitung mit TOGAF. Details dazu sind in der TOGAF-Dokumentation und in Büchern, die die Entwicklung von Lösungsarchitekturen beschreiben, nachzulesen.

Falls Sie schon eine ältere TOGAF-Version wie z.B. Version 7 oder 8 kennen, können Sie den Rest dieses Abschnitts überlesen. Die ADM ist in den verschiedenen Versionen konstant geblieben. TOGAF-Version 9 hat die ADM noch verbessert: Sie wurde in zwei Teile aufgeteilt (Part II und III).

TOGAF Teil II – Überblick über die ADM

TOGAF empfiehlt einen zyklischen Prozess für die Entwicklung von Architekturen (siehe Abb. 10–6). Wenn Sie sich bereits mit der Entwicklung von Architekturen beschäftigt haben, werden Ihnen die Inhalte in Abbildung 10–6, in der die TOGAF ADM auf der obersten Ebene beschrieben wird, bekannt vorkommen.

Abb. 10-6
Der zyklische ADM-Prozess[1]

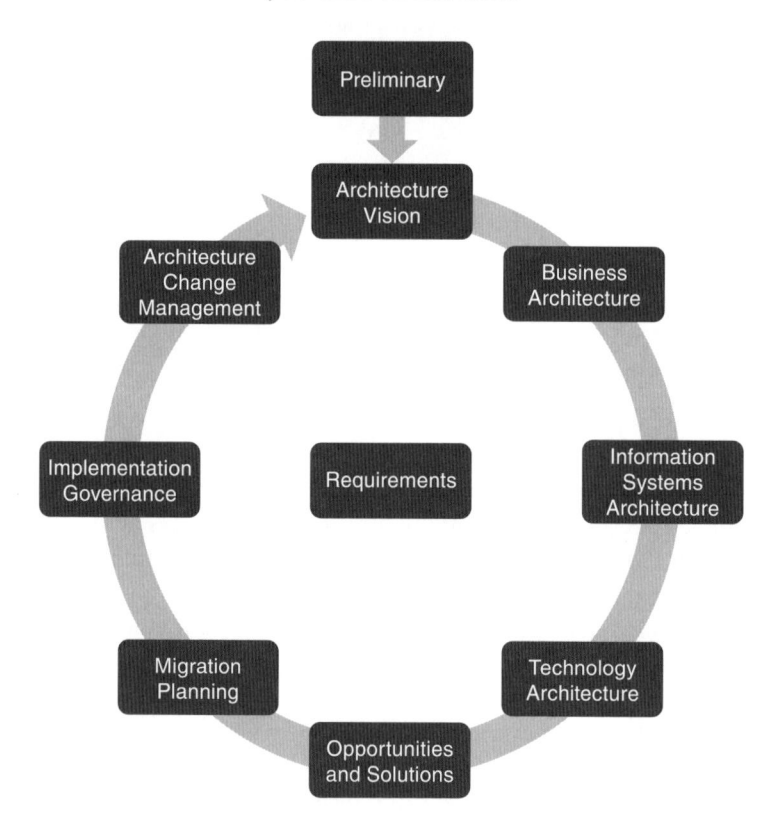

---

1. Eine analoge Abbildung finden Sie in TOGAF, Abbildung 5–1, http://pubs.opengroup.org/architecture/togaf9-doc/arch/Figures/adm.png (aufgerufen am 11.07.2016).

Die einzelnen Schritte können Sie als eine Art Checkliste betrachten. Wenn Sie z. B. kleinere Anpassungen an einem existierenden System vornehmen, werden Sie deshalb nicht die Geschäftsarchitektur (Business Architecture) ändern müssen. Sie werden allerdings bewusst an diesen Punkt herangeführt und können dann entscheiden, ob Handlungsbedarf besteht.

Hinter jedem Punkt des in Abbildung 10–6 dargestellten Zyklus liegt eine weitere Ebene (die ebenfalls als Zyklus dargestellt ist). Diese Ebene beinhaltet eine umfangreiche Checkliste für jede Phase des Modells.

TOGAF Teil III – ADM Guidelines und Techniques

Mit der TOGAF-Version 9 wurde eine große Menge des Referenzmaterials aus dem ADM-Zyklus herausfaktoriert. Teil II von TOGAF 9.x enthält noch den Kern der ADM. Das Unterstützungsmaterial wurde in Teil III ausgelagert und dort konzentriert. Es enthält:

Referenzmaterial

- eine Anleitung, wie man die ADM als zyklischen Prozess einsetzen kann (Kap. 19),
- eine Anleitung, wie die ADM für unterschiedliche Größen von Projekten anzupassen ist (Kap. 20), sowie
- Anleitungen z. B. dazu, was zu beachten ist, um die Sicherheit einer Lösung zu gewährleisten (Kap. 21) und TOGAF im Kontext einer SOA einsetzen zu können (Kap. 22). Weiter finden Sie Hinweise zum Stakeholder-Management (Kap. 24), einige ausgewählte Patterns für Lösungsarchitekturen (Kap. 25) und weitere Dinge, die für Architekten nützlich sind.

Teil III von TOGAF ist daher derzeit eine Sammlung von nützlichen Dingen, die Architekten wissen sollten. Die Checklisten für die Entwicklung einer Architektur sind in Teil II zusammengefasst.

Weiteres Material, das Sie neben TOGAF lesen sollten

TOGAF stellt eine ausführliche und nützliche Checkliste für Softwarearchitekten dar. Wenn Sie sich jedoch z. B. mit Requirements Management befassen müssen (siehe Mitte von Abb. 10–6), dann müssen Sie, um dies ordentlich aufzusetzen, über noch deutlich mehr Wissen verfügen, als Sie es in TOGAF unmittelbar finden werden. Bücher zu Requirements Management haben alleine einen Umfang von um die 500 Seiten. Dies soll deutlich machen, dass TOGAF Sie nicht davon entbindet, als Architekt noch über eine umfangreiche Bibliothek parallel zu TOGAF zu verfügen.

Checklisten

Architektur-Patterns   Oder nehmen Sie als Beispiel das Kapitel 25 aus TOGAF über Architektur-Patterns. Sie werden dort ein paar Querverweise z.B. auf die IBM eBusiness-Patterns und weitere Pattern-Literatur finden. Sie bekommen eine Vorstellung davon, was ein Design-Pattern ist und wofür man es verwenden kann. Aber Sie können nicht erwarten, einen kompletten Katalog aller Patterns vorzufinden, die ein Architekt kennen sollte. Der Umfang der entsprechenden Literatur beträgt ein Mehrfaches der TOGAF-Dokumentation.

Zum Glück finden Sie in TOGAF ein ausführliches Literaturverzeichnis, das hier nicht redundant wiedergegeben werden muss. TOGAF ist im Web jederzeit einsehbar. Sie sollten also neben TOGAF noch weitere Architekturbücher hinzuziehen. TOGAF ADM ist kein Einführungstext. Um die TOGAF ADM benutzen zu können, sind fundierte Kenntnisse als Softwarearchitekt vonnöten.

10.2.3 Abgleich von TOGAF mit Prozessclustern der IT-Unternehmensarchitektur

TOGAF und IT-Strategie

Die älteren Versionen von TOGAF definieren Unternehmensstrategie und damit auch IT-Strategie nicht als Interessenschwerpunkt von TOGAF. Erst ab TOGAF 9 werden Sie zu diesen Themen Handlungsanweisungen vorfinden.

In Phase A (Architekturvision) der ADM ([TOGAF9.1], Kap. 7) finden Sie den Hinweis, dass Sie sich als Unternehmensarchitekt über die Geschäftstreiber (und damit die IT- und Unternehmensstrategie) informieren sollten, bevor Sie anfangen, eine Architektur zu entwerfen. TOGAF empfiehlt auch eine Analyse von Capabilities. Die Kombination von Geschäftsstrategie, IT-Strategie und Capabilities als Mittel zur Analyse und Ausrichtung des Anwendungsportfolios auf die Strategie wird allerdings in TOGAF nicht näher behandelt. Dies ist konsistent zu den obigen Aussagen und zu der Einschätzung von Rozemeijer über TOGAF in seiner Systematik zur Einteilung von IT-Management- und Architekturframeworks (siehe Abb. 10–2).

TOGAF und Anwendungsportfoliomanagement

Entsprechend werden Sie auch über das Thema Anwendungsportfoliomanagement in TOGAF 9.x keine wirklich tiefen Informationen finden. Wie oben bereits erwähnt, besteht der Kern von TOGAF nicht aus Beschreibungen strategischer Planungsprozesse, sondern Kern ist die ADM. Man kann dies auch durch eine Textsuche feststellen: Dem

Begriff Application Portfolio Management werden Sie in TOGAF insgesamt nur sparsam begegnen.

TOGAF und Management des Infrastrukturportfolios

Wie das Anwendungsportfolio ist auch das Portfolio der in einem Unternehmen vorhandenen Technologien für Infrastruktur zu managen. Dabei beschäftigt man sich mit:

- der Netzwerkinfrastruktur, die aus WANs, LANs und anderen Netzwerkkomponenten besteht,
- den Serverstrukturen (von PCs, Clustern, Midrange-Servern bis zu Host-Computern und neuerdings der Verwendung von Cloud Computing) und
- den Infrastrukturdiensten, wie z.B. Betriebssystemen (als virtuelle oder reale Instanzen) sowie Archivierung oder Drucken.

Hierbei kann man mindestens zwei Unterschiede zum Management des Anwendungsportfolios beobachten:

- In den meisten Fällen wird man Klassen und nicht einzelne Instanzen von Geräten dem Management unterziehen. Es ist nicht die Aufgabe des Technologiemanagements, die Konfigurationsmanagementdatenbank (Configuration Management Database, CMDB) zu ersetzen. Man kann daher auf einem geclusterten Extrakt einer CMDB arbeiten. Das Portfolio besteht dann aus einer Anzahl von Services und aus deren heterogenen Implementierungen. Man wird z.B. darstellen, dass bestimmte Services wie Speicherverwaltung mit deutlich mehr als einer Technologie erledigt werden können und sollte sich überlegen, ob und wie man diese Technologien vereinheitlichen kann. Infrastrukturportfolios werden meist so gemanagt, dass dabei versucht wird, die Heterogenität zu reduzieren. Eine weitere Erwägung kann z.B. Sourcing sein. Es ist weiter zu überlegen, wie man einen mehrfach vorhandenen technischen Service durch einen möglicherweise billigeren, zugekauften Service mit gleicher funktionaler Mächtigkeit ersetzen kann.
- Nachdem für viele Unternehmen Infrastrukturkomponenten zugekaufte Commodities sind, wird es in den meisten Fällen um Kostenreduzierungen gehen. Dabei muss darauf geachtet werden, dass ein wirtschaftliches Niveau der Services qualitativ gehalten werden kann. Die Anzahl der Dimensionen, die beim Management einer Infrastruktur betrachtet werden, ist daher meistens deutlich kleiner als beim Management eines Anwendungsportfolios.

Die am häufigsten verwendete Form von Berichten für das Management eines Infrastrukturportfolios sind daher relativ einfache Listen, die Ihnen zeigen, wie viele redundante Implementierungen eines Service vorhanden sind. Die Aufgabe besteht häufig darin, die Anzahl dieser redundanten Implementierungen zu reduzieren und damit Kosten zu sparen.

Technische Referenzmodelle für die Infrastruktur

Wenn Sie sich nun fragen, was Sie zum Management des Infrastrukturportfolios in TOGAF vorfinden, dann ist die Antwort: zum Management an sich wenig. Was Sie allerdings finden, ist ein sogenanntes Technical Reference Model. Es beinhaltet Erläuterungen und Taxonomien zu Begriffen rund um Infrastrukturen und auch Vorschläge für Infrastrukturservices. Abbildung 10–7 zeigt die oberste Ebene des technischen TOGAF-Referenzmodells. Falls Sie diese Abbildung für trivial halten, dann erinnern Sie sich bitte an Ihre letzte größere Diskussion, die Sie geführt haben, um in einer Gruppe von Architekten Einvernehmen über solche Begriffe zu erzielen. Erinnern Sie sich außerdem daran, wie viel Zeit Sie für diese Diskussionen investieren müssen. Dann werden Sie den Wert solcher Unterlagen zu schätzen wissen.

Abb. 10–7
Oberste Ebene des technischen TOGAF-Referenzmodells. Dazu sind tiefere Ebenen und Taxonomien abgebildet.[2]

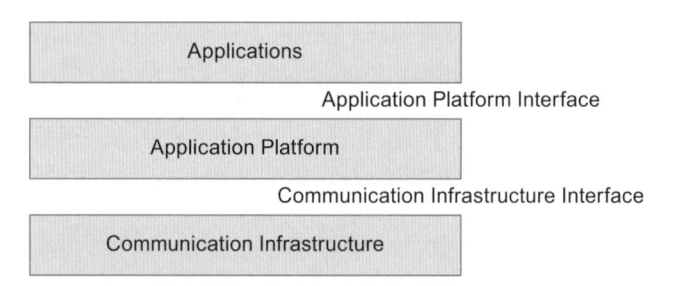

```
┌─────────────────────────────────┐
│          Applications           │
└─────────────────────────────────┘
              Application Platform Interface
┌─────────────────────────────────┐
│      Application Platform       │
└─────────────────────────────────┘
              Communication Infrastructure Interface
┌─────────────────────────────────┐
│   Communication Infrastructure  │
└─────────────────────────────────┘
```

Sie können auch das TOGAF Content Metamodel verwenden, um Ihre Infrastruktur zu modellieren. Sie werden dort Metamodellelemente finden zu Themen wie:

- Plattformservices,
- logische Technologiekomponenten und
- physische Technologiekomponenten.

Das TOGAF Content Metamodel beschreibt Entitäten zusammen mit einer ersten Auswahl an möglichen Attributen, die Sie als Basis für Ihre eigene Modellierung verwenden können. In der Regel werden Sie die Modelle dort noch ergänzen müssen.

---

2. Eine analoge Abbildung ist in TOGAF 9, Abb. 43–1 zu finden.

TOGAF und Architektur-Governance

Wenn Sie sich die Prozesslandkarte für IT-Unternehmensarchitektur aus Abbildung 2–7 in Erinnerung rufen, dann gab es dort einen Cluster von Aufgaben, der sich mit Architektur-Governance befasst. Für die Zwecke dieses Kapitels ist der Teil dieser Abbildung, der nur die wesentlichen Aufgaben der Architektur-Governance wiedergibt, in Abbildung 10–8 noch einmal dargestellt. Das entsprechende Managementprozessmuster finden Sie in Abschnitt 4.11, sodass es sich erübrigt, die Elemente hier noch einmal komplett zu beschreiben.

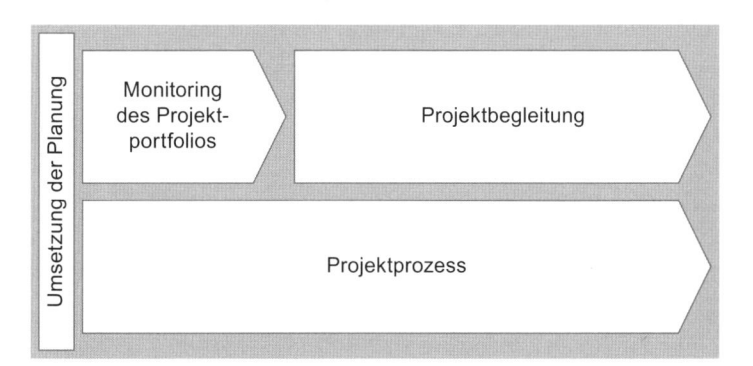

Abb. 10–8
Überblick über Architektur-Governance-Anteile der Prozesslandkarte für IT-Unternehmensarchitektur

Hier soll daher nur geschildert werden, welche Materialien und Hilfen Sie in TOGAF finden werden, die Sie beim Aufbau einer Architektur-Governance unterstützen können.

TOGAF beschreibt alle technischen Definitionen für IT- und Architektur-Governance. Pragmatische Hinweise, wie Sie z.B. mit Ihren Kollegen umgehen müssen, finden Sie in Kapitel 14 dieses Buches – in einem Nachschlagewerk wie TOGAF wären solche Dinge zugegebenermaßen fehl am Platz.

TOGAF beschäftigt sich vorwiegend in zwei Kapiteln mit Architektur-Governance:

- Kapitel 50 enthält vor allem eine Abgrenzung des Themas und Definitionen rund um die Architektur-Governance. Außerdem betrachtet TOGAF die Durchsetzung von Compliance ebenfalls als einen Aspekt der Architektur-Governance-Aktivitäten.
- Des Weiteren beschreibt die Phase G der TOGAF ADM (Kap. 15) die sogenannte Implementation Governance. Hier finden Sie Checklisten zum Durchführen von Architekturaudits.

Hinweise auf weiteres Material und Themen rund um Architektur-Governance, IT-Governance und auch SOA-Governance finden Sie im vorliegenden Buch in den Abschnitten 4.9 bis 4.12.

10.2.4 Abdeckung weiterer Aufgabenbereiche durch TOGAF

Auch zu den Nebenaufgaben der IT-Unternehmensarchitekten bietet TOGAF viel nützliches Material. Dieser Abschnitt wird einige Aspekte beleuchten.

TOGAF und Informationsmodelle für die IT-Unternehmensarchitektur

In Kapitel 5 wurde bereits geschildert, dass es nicht sinnvoll ist, ein einheitliches, riesiges Metamodell für das Architekturmanagement zu verwenden, sondern den benutzten Ausschnitt eines theoretisch maximalen Metamodells danach festzulegen, welche Fragen das Architekturmanagement in einem Unternehmen konkret beantworten soll. Teilweise wurden in Kapitel 5 auch schon Hinweise gegeben, welche Hilfen man in TOGAF dazu findet. Hier soll noch einmal erläutert werden, wie das TOGAF Content Metamodel dabei unterstützt, ein passendes Metamodell für die eigenen Zwecke zusammenzustellen. Abbildung 10–9 gibt Ihnen einen Gesamtüberblick über die Inhalte des TOGAF Content Metamodel. Wie bereits erwähnt, werden im Metamodell auch die Aspekte Strategie (in Gestalt des obersten Querbalkens) und Geschäftsarchitektur (Business Architecture) abgedeckt.

Abb. 10–9
Oberste Ebene des TOGAF Content Metamodel[3]

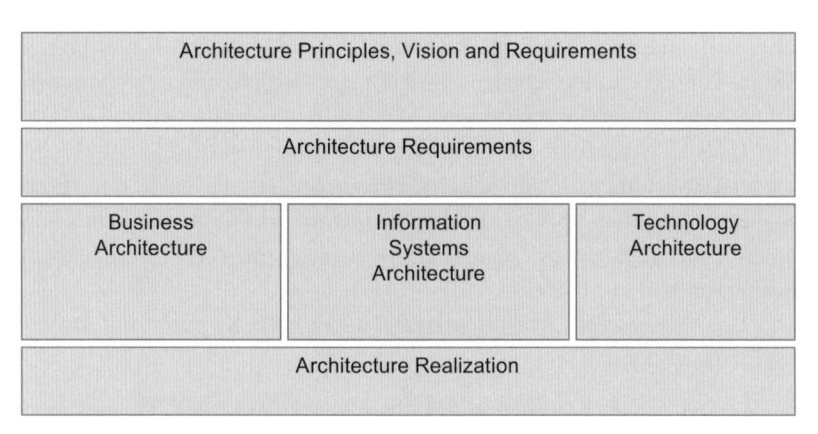

Architecture Principles, Vision and Requirements		
Architecture Requirements		
Business Architecture	Information Systems Architecture	Technology Architecture
Architecture Realization		

Dabei wurde das Content Metamodel nicht an die restlichen Teile von TOGAF angepasst. Dies soll kein Vorwurf sein: Wenn man sich vorstellt, was es bedeuten würde, ein solches Metamodell innerhalb eines Dokuments von 750 Seiten »durchzuziehen«, dann wird klar, dass dies für eine ehrenamtliche Gruppe kaum zu realisieren ist.

---

3. Detailliertere Darstellungen finden Sie in TOGAF 9.x, Abb. 33–3,
   http://pubs.opengroup.org/architecture/togaf9-doc/arch/Figures/34_contentfwk5.png
   (aufgerufen am 11.07.2016).

In den entsprechenden Kapiteln von TOGAF finden Sie tiefer gehende Beschreibungen zu den einzelnen Metaentitäten. Diese sollen hier nicht redundant wiedergegeben werden.

TOGAF und Toolunterstützung für IT-Unternehmensarchitektur

In TOGAF gibt es zwei Kapitel, die sich mit Anforderungen an Architekturwerkzeuge beschäftigen:

- Kapitel 41 (Architecture Repository): Hier erhalten Sie auf sieben Seiten einen Überblick darüber, welche Anforderungen die TOGAF-Entwickler an ein Architektur-Repository stellen. Sie finden hier auch die ADM. Wie bereits diskutiert wurde, deckt die ADM eigentlich keine strategischen Planungsaspekte ab. In der Konsequenz deckt auch das Kapitel 41 nicht die Anforderungen an ein Tool ab, das auch für strategische Planung eingesetzt werden soll.
- Kapitel 42 (Tools for Architecture Development) enthält eine vierseitige Liste von Evaluationskriterien für Architekturwerkzeuge. Wenn Sie jemals eine solche Toolauswahl selbst betreiben mussten, wissen Sie, dass die Kriterienlisten dafür in der Regel deutlich länger sind. Auch hier gilt: Die Liste deckt strategische IT-Planung nicht mit ab.

Wenn Sie also ein integriertes Architektur-Repository aussuchen wollen, benötigen Sie weitere Quellen, z. B. die Werkzeugstudie der Technischen Universität München (siehe *http://wwwmatthes.in.tum.de/wikis/sebis/eamts2008*). Sie ist funktional deutlich breiter aufgestellt als Kapitel 41 von TOGAF.

TOGAF und Einführungspfade für IT-Unternehmensarchitektur

Material, das sich mit IT-Unternehmensarchitektur beschäftigt, enthält in den meisten Fällen Hilfestellungen dazu, wie man eine IT-Unternehmensarchitektur in einem Unternehmen stufenweise aufsetzen kann. TOGAF bietet hierfür ein sogenanntes Architecture Capability Framework. Dieses Framework zählt eine Menge von Instanzen auf, die Sie für das Betreiben einer erfolgreichen IT-Unternehmensarchitektur benötigen. Auch hier gilt jedoch: Die strategische IT-Planung steht nicht im Mittelpunkt. Das heißt, Sie müssen, wenn Sie sich mit strategischem IT-Management oder IT-Portfoliomanagement befassen möchten, auf weitere Quellen zurückgreifen. TOGAF gibt Hinweise dazu, wie man die passenden Instanzen einrichtet, um mithilfe der ADM-Architekturen zu entwickeln. Sie finden konkrete Hilfestellungen zu folgenden Punkten:

- **Establishing an Architecture Capability (Kap. 46)** erläutert, wie man die ADM sowohl auf Informationssysteme als auch auf Technologiearchitekturen anwenden kann.
- **Architecture Board (Kap. 47)** beschreibt, was ein Architekturboard ist und wie man es aufsetzt (Umfang vier Seiten).
- **Architecture Compliance (Kap. 48)** enthält eine Checkliste für Architektur-Reviews, wie man sie plant und was man überprüfen sollte.
- **Architecture Contracts (Kap. 49)** gibt Hinweise dazu, wie ein Unternehmen mit seinen Lieferanten Vereinbarungen darüber treffen kann und wie Architekturvorgaben eingehalten werden können.
- **Architecture Governance (Kap. 50)** beschreibt, wie Sie als IT-Unternehmensarchitekt dafür sorgen können, dass Ihre Vorgaben auch eingehalten werden (umfangreiches Material dazu finden Sie auch in den Abschnitten 4.9 bis 4.12 dieses Buches).
- **Architecture Maturity Models (Kap. 51)** greift den Ansatz von Reifegradmodellen wie z.B. CMMI auf und wie sie sich auf Unternehmensarchitektur anwenden lassen. Das Kapitel ist noch relativ kurz und verweist auf zukünftige Versionen von TOGAF.
- **Architecture Skills Framework (Kap. 52)** beschreibt eine Menge von Rollen im Umfeld der Unternehmensarchitektur sowie Fähigkeiten, die nach Meinung der TOGAF-Autoren benötigt werden, um die Rollen effektiv auszufüllen.

Wenn Sie dieses Material durchgehen, könnten Sie zu der Schlussfolgerung gelangen, dass TOGAF derzeit noch einen relativ technologie- und modellzentrierten Blick auf Unternehmensarchitektur hat. Die Kapitel beginnen jeweils damit, wie man das richtige Werkzeug für die Unterstützung der Unternehmensarchitektur findet. Sie erhalten im weiteren Verlauf Informationen darüber, wie Architektur-Governance funktioniert. Geschäftsgetriebene Einführungspfade werden nicht vermittelt. Solche Pfade finden Sie in Kapitel 15 dieses Buches.

10.2.5 Sonstige nützliche Aspekte von TOGAF

TOGAF 9.x beinhaltet noch zahlreiche nützliche Dinge, die bisher nicht erwähnt wurden, weil sie nicht den inneren Fokus von Unternehmensarchitektur betreffen. Trotzdem handelt es sich hierbei auch um nützliches Material, das daher hier kurz vorgestellt werden soll.

Foundation Architecture/Technical Reference Model (TRM)

Um zu beschreiben, was unter einem »Foundation Architecture/Technical Reference Model (TRM)« zu verstehen ist, ist es wieder sinnvoll, TOGAF selbst sprechen zu lassen:

Technisches Referenzmodell

> The TOGAF Foundation Architecture is an architecture of generic services and functions that provides a foundation on which more specific architectures and architectural components can be built. This Foundation Architecture is embodied within the Technical Reference Model (TRM), which provides a model and taxonomy of generic platform services.
> The TRM is universally applicable and, therefore, can be used to build any system architecture.
> Quelle: [TOGAF9.1]

Bevor Sie sich viel Zeit nehmen, um das zu interpretieren, ist es schneller, sich Abbildung 10–10 anzusehen. Dort wird deutlich, was TOGAF unter »Services für eine Anwendungsplattform« versteht.

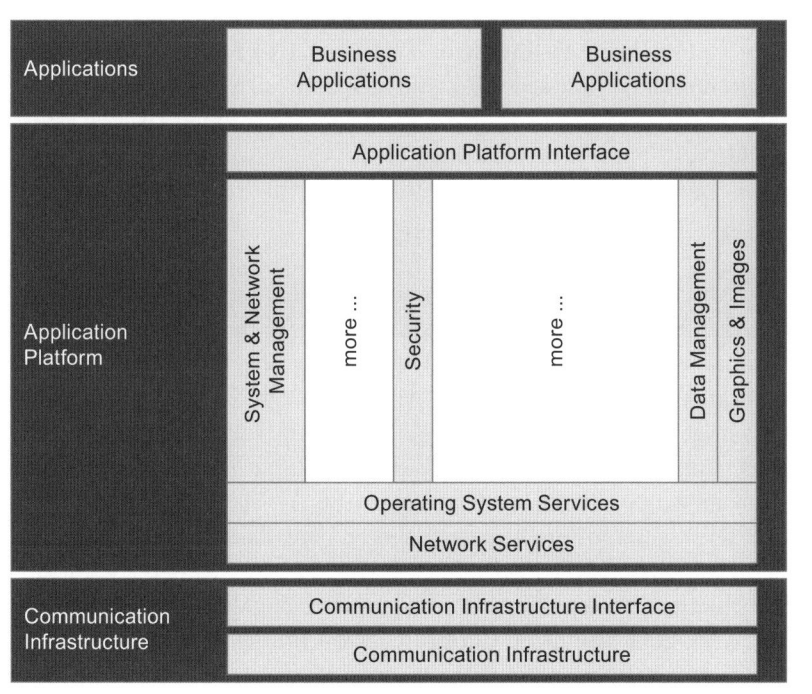

Abb. 10–10
Vereinfachte Sicht auf TOGAF TRM[4]

---

4. Eine analoge Abbildung ist in TOGAF, Abb. 43–2 zu finden unter
http://pubs.opengroup.org/architecture/togaf9-doc/arch/Figures/43_trm_detail.png
(aufgerufen am 11.07.2016).

Wie auch bei dem Information Infrastructure Reference Model, das im nächsten Abschnitt beschrieben wird, ist der Hauptnutzen eines solchen Referenzmodells, dass Sie Vorlagen für eine Terminologie bekommen, auf die Sie sich in Ihrem Unternehmen ohne lange Diskussionen einigen können. Ein weiterer Nutzen besteht darin, dass die Liste der Services für sich allein eine Checkliste darstellt, anhand derer Sie überprüfen können, ob Sie in Ihrer Architektur auch keinen Service vergessen haben. Sie können dieses allgemeine Modell außerdem dafür verwenden, Technologiestacks zu evaluieren und zu beurteilen.

Das Integrated Information Infrastructure Reference Model (III-RM)

Im Integrated Information Infrastructure Reference Model (III-RM) finden Sie auf ca. 20 Seiten eine Taxonomie für alle Arten von Anwendungssoftware in einem Unternehmen, das das Ziel hat, einen sogenannten grenzenlosen (boundaryless) Informationsfluss sicherzustellen. Dies bedeutet z.B., dass ein solches Unternehmen mit Logistikketten außerhalb seiner eigenen Grenzen verbunden sein kann oder auch mit Internetverkaufsplattformen wie eBay oder Amazon. Der Nutzen des Kapitels besteht wiederum darin, dass Sie ein Vokabular erhalten, um über Unternehmen zu sprechen, die mit ihrer Umwelt auch informationstechnisch verbunden sind. Sie ersparen sich auch hier wieder, umfangreiche eigene Begriffsfestlegungen zu treffen. III-RM ist in TOGAF, Kapitel 44 beschrieben.

10.2.6 Künftige Versionen von TOGAF

Der Abschnitt 10.2 über Inhalte und Nutzen von TOGAF 9.x sollte Ihnen in Summe gezeigt haben, dass dieses Framework eine nützliche Sammlung vieler Methoden und Werkzeuge bietet, die ein Unternehmensarchitekt für seine tägliche Arbeit benötigt. TOGAF ist in seiner derzeitigen Fassung mehr als eine Sammlung von nützlichen Dingen oder eine am Reißbrett ex ante durchgeplante Methode. Dies liegt auch in seiner Geschichte begründet. Die ADM beispielsweise ist in sich selbst geschlossen, was daran liegen mag, dass zu der Zeit, als aus dem Framework TAFIM (Technical Architecture Framework for Information Management) des amerikanischen Verteidigungsministeriums TOGAF der Open Group wurde, Unternehmensarchitektur in der heutigen Form noch nicht praktiziert wurde. Die ADM war in TAFIM in ihren wesentlichen Zügen bereits vorhanden und hatte das Ziel, den Entwurf großer Lösungsarchitekturen sicherer zu machen. Der Bezug zur Unternehmensarchitektur ist ab Version 8 in TOGAF deutlich, und es ist zu erwarten, dass künftige Versionen dieses Thema noch um einiges besser integrieren werden.

TOGAF hat sich derzeit als Quasistandard für Unternehmensarchitektur durchgesetzt. TOGAF 9.x ist allerdings noch nicht so weit, dass es wirklich alle Aspekte von IT-Unternehmensarchitektur abdeckt: Besonders bei den Themen Strategie & Management von Anwendungs- oder Serviceportfolios gibt es noch Nachholbedarf. TOGAF hat heute also immer noch einen klaren Fokus auf die Entwicklung von Lösungsarchitekturen, bei denen es sowohl für kleine Systeme als auch bevorzugt für sehr große Systeme eingesetzt werden kann.

Die nützlichen Kerninhalte von TOGAF sind die ADM – die Methode zum Entwickeln von Architekturen – und das Architecture Content Framework, das auf einer bewährten Lösung von Capgemini basiert und aus dem Sie sich die Teile eines Metamodells extrahieren können, die Sie für Ihre konkreten Architekturaufgaben benötigen.

10.3 Zachman-Framework

Der Artikel, der die Grundlagen des Zachman-Frameworks bekannt machte [Zachman87], gehört sicher zu den mit am häufigsten zitierten, wenn es um IT-Unternehmensarchitektur geht. Verständlicher wird die Darstellung mit einem Artikel aus dem Jahr 1992 [Sowa+92], der schon die »Zellen« des heutigen Frameworks in groben Zügen zeigt. Diese Darstellung (siehe Tab. 10–1) wurde ständig weiterentwickelt. Zuletzt wurde Ende 2011 eine Version 3.0 des Frameworks publiziert[5].

John Zachman – Pionier der Unternehmensarchitektur

---

5. Auf einer Seite seines Beratungsunternehmens *https://www.zachman.com/ea-articles-reference/54-the-zachman-framework-evolution* (aufgerufen am 11.07.2016) stellt der Autor selbst die Entwicklung seines Frameworks dar. Leider ist es nicht ohne Weiteres möglich, das Framework hier 1:1 abzudrucken, da die Darstellungen von Zachman International durch Copyright geschützt sind und dieses Copyright auch wahrgenommen wird. In der neuesten Ausgabe wurden die Zeilen noch einmal umbenannt – haben sich aber nicht fundamental geändert. Wikipedia-Artikel (*https://en.wikipedia.org/wiki/Zachman_Framework*, aufgerufen am 11.07.2016) sind nicht aktuell und geben einen Stand von vor 2011 wieder, sodass außer Copyright-geschütztem Schulungsmaterial der Firma des Autors nicht wirklich aktuelles und ohne rechtliche Probleme wiedergabefähiges Material vorhanden ist.

	Daten	Funktionen	Netzwerk	Menschen	Zeit	Motivation
Reichweite	Identifiziere Entitäten	Identifiziere Geschäftsprozesse	Karte des Netzwerks	Identifiziere externe und interne Aktoren	Liste signifikante Ereignisse auf	Geschäftsziele und -strategie
Geschäftsmodell	E/R-Modell	Grobes Prozessmodell	Netz der Logistik	Organisationsplan	Masterplan	Geschäftsplan
Systemmodell	Attributiertes Datenmodell	Datenflussdiagramm	Verteilte Systemarchitektur	Benutzungsschnittstelle	Verarbeitungsstruktur	Wissensarchitektur
Technologiemodell	Relationenmodell	Modulstrukturkarte	Systemarchitektur	Benutzungsschnittstelle	Kontrollstruktur	Wissensentwurf
Komponenten	Datenbankschema	Programmcode	Netzwerkarchitektur	Sicherheitsarchitektur	Definitionen für Zeitraster	Wissensdefinition
Lauffähiges System	Datenbank	Programmobjekt	Netzwerk	Organisation	Zeitplan	Strategie

Tab. 10–1 Zachman-Framework[6]

Die untersten zwei Zeilen sind für unser Thema IT-Unternehmensarchitektur nicht relevant. Die oberen vier Zeilen lassen sich problemlos auf die fünf Schichten der Architekturpyramide (siehe Abb. 2–5, S. 29) abbilden. Diesen Abgleich finden Sie in Tabelle 10–2.

Reichweite: Wenn Sie sich den Inhalt in der Zeile Reichweite genauer ansehen, werden Sie feststellen, dass das Strategieraster der Gartner Group (siehe Tab. 4–2, S. 68) deutlich detaillierter ist, aber von den Themen her auch Ähnlichkeiten aufweist.

Geschäftsmodell: Das, was hier unter Geschäftsmodell aufgeführt ist, werden Sie in der Praxis kaum jemals ähnlich ausmodelliert finden. Der Begriff einer Facharchitektur, also etwas, was man auch als Branchenreferenzmodell bezeichnen kann, kommt im Zachman-Framework nicht vor.

Systemmodell: Die Zeile Systemmodell enthält Teile, die man normalerweise in einer Spezifikation eines Einzelsystems findet (attributiertes Datenmodell, Beschreibung der Benutzungsschnittstelle), und auch Punkte, die sonst eine Ebene höher anzutreffen sind (Anwendungsarchitektur).

Technologiemodell: Es enthält Punkte, die sonst kaum unter Systemarchitektur eingereiht werden (Relationenmodell), sondern eher ebenfalls in einer sogenannten Systemkonstruktion, einer feineren Form der Spezifikation [Denert+92]. Das, was andere unter Systemarchitektur

---

6. Ins Deutsche übersetzt, das Original ist z.B. unter
http://www.intervista-institute.com/resources/zachman-poster.pdf erhältlich.

verstehen, nämlich die physischen Ressourcen, auf denen Anwendungen zum Ablauf gebracht werden, ist hier als »out-of-context« bezeichnet und nicht mehr primärer Betrachtungsgegenstand des Frameworks.

Schicht Zachman-Framework	Schicht Architektur-Modellpyramide
Reichweite In Version 3.0: Executive Perspective	IT-Strategie
Geschäftsmodell In Version 3.0: Business Mgmnt. Perspective	Geschäftsmodell, Facharchitektur, Informationsarchitektur
Systemmodell (logisches) In Version 3.0: Architect Perspective	Anwendungsarchitektur
Technologiemodell In Version 3.0: Technician Perspective	Systemarchitektur, Infrastrukturarchitektur

Tab. 10–2 Abgleich Zachman-Framework mit Architektur-Modellpyramide (Abb. 2–5)

Man findet im Zachman-Framework also gut durchgemischt Ergebnistypen aus dem Prozess »IT-Strategie« zusammen mit denen der Projektarchitektur, Systemspezifikation, Systemkonstruktion, aber so gut wie keine aus dem Prozess »IT-Anwendungsportfoliomanagement«. Daran mag es liegen, dass das Framework in der Praxis vom Autor als nicht sonderlich weit verbreitet wahrgenommen wurde. In der Praxis arbeitet man weniger modellzentriert als vielmehr prozesszentriert. Bestimmte Aufgaben sind zu erledigen, und dafür werden bestimmte Ergebnistypen und Modelle benötigt. Aber man möchte nicht ein umfangreiches Modellgebäude erstellen, um damit später »vielleicht« seine Tagesaufgaben erledigen zu können.

Mischung von Ergebnistypen

Diese Bemerkungen sollten die Bedeutung der Beiträge von John A. Zachman zur IT-Architektur nicht schmälern. Sein fundamentaler Artikel »A Framework for Information Systems Architecture« [Zachman87] über die Analogien zwischen Gebäudearchitektur und IT-Architektur ist sehr lesenswert. Man wird dort auch die eine oder andere unbeabsichtigte Parallele zu den Arbeiten von Christopher Alexander finden (siehe dazu Abschnitt 14.2.2). Die Bemerkungen zu »Enterprise Architecture: The Issue of the Century« [Zachman97] können wohl die meisten IT-Architekten unterschreiben (siehe dazu auch Abschnitt 14.1.1).

Fundamentale Beiträge

11 IT-Management-Frameworks

In diesem Kapitel erhalten Sie einen Überblick über solche Frameworks, die im Allgemeinen nicht als Architekturframeworks bezeichnet werden. Trotzdem sind viele davon für das Tagesgeschäft des IT-Managements wichtig. Als Unternehmensarchitekt sollten Sie mindestens COBIT und ITIL genau kennen. Weitere Frameworks zu kennen, kann nicht schaden – auch schon deshalb, weil Ihre Kollegen öfter damit argumentieren oder hantieren werden.

»Frameworks for IT Management – A Pocket Guide« [Rozemeijer07] unterscheidet folgende Arten von Frameworks für das IT-Management:

Frameworks für Qualitätsmanagement und Geschäftsprozessmanagement: Interessanterweise fällt darunter auch TOGAF – das einzige Architekturframework, das in dem Pocket Guide überhaupt Erwähnung findet. Andere Frameworks in dieser Kategorie kennt man zumindest von den Überschriften her, wie z.B. TQM, EFQM (European Foundation for Quality Management) oder ISO 9000. Dies sind die klassischen Frameworks für Qualitätsmanagement.

Frameworks für die Verbesserung der Qualität: Darunter fallen Frameworks, die ebenfalls von den Überschriften her den meisten in der IT Tätigen bekannt sein werden, wie z.B. CMMI oder Six Sigma, aber auch generell die Methode der IT-Balanced-Scorecard.

Frameworks für IT-Governance: Das prominenteste Framework in dieser Kategorie ist COBIT. Es wird in Abschnitt 11.1 ausführlich vorgestellt.

Frameworks für Informationsmanagement: Darunter fallen so unterschiedliche Frameworks wie ITIL (ein Framework für IT-Servicemanagement, das in Abschnitt 11.2 vorgestellt wird) oder eTOM, ein großes Prozessreferenzmodell für die Telekommunikationsindustrie. Beide haben wenig gemeinsam – außer dass sie als Frameworks etwas mit IT zu tun haben. Die Kategorie scheint also ein Sammelbecken zu sein. Man könnte auch »Informationsmanagement im weitesten Sinne« schreiben.

Frameworks für das Projektmanagement: Bekannte Frameworks bzw. Methoden sind hier PRINCE2 oder PMBoK. Man muss Frameworks für das Projektmanagement zwar nicht unbedingt unter Frameworks für das IT-Management aufführen. Es schadet allerdings auch nicht.

11.1 COBIT

COBIT[1] ist ein Referenzmodell für die Menge aller Managementprozesse einer IT. Es wird daher auch als Referenzmodell für IT-Governance und das IT-Management der Unternehmens-IT bezeichnet. COBIT kommt ursprünglich aus dem Revisions- und Auditbereich, wurde aber im Laufe der Weiterentwicklung immer mehr auf das IT-Management ausgerichtet. Aktuell steht es in einer Version 5 aus dem Jahre 2012 zur Verfügung ([COBIT12a], [COBIT12b], [COBIT12c]). COBIT 5 integriert weitere Frameworks der ISACA, z.B. Val IT 2.0 und Risk IT. Nachdem die Gesamtgeschichte von COBIT etwas komplex ist und im Laufe der Geschichte von COBIT 5 diverse Dokumente und Frameworks zu einem großen, integrierten Ganzen zusammengefügt wurden, empfiehlt es sich, wenn man wirklich mit COBIT 5 arbeiten möchte und mit der komplexen Geschichte nicht vertraut ist, als Einstieg zunächst Sekundärliteratur heranzuziehen, wie beispielsweise [Gaulke14]. Für einen ersten, kompakten Überblick ist die folgende Definition von Wikipedia recht nützlich:

---

1. Bis zur Version 4.1 von COBIT stand das Akronym COBIT für »Control Objectives for Information and Related Technology«. Dies weist auf den Ursprung als Framework für IT-Auditoren hin. Wirtschaftsprüfer und Auditoren haben Kontrollziele. Mit Version 5 von COBIT sind die expliziten Kontrollziele aus COBIT verschwunden. Es wird nur noch gesagt, welche Prozesse vorhanden sein müssen, damit ein Unternehmen seine IT optimal steuern kann und gute Praktiken befolgt.

Definition: COBIT

COBIT 5 definiert fünf grundlegende Prinzipien für die Governance und das Management der Unternehmens-IT. Eines der wesentlichen Prinzipien ist die Unterscheidung zwischen Governance (also der Vorgabe der Richtung, Priorisierung und Festlegung der Unternehmensziele) und Management (der Planung, Implementierung, Durchführung und Überwachung der dafür notwendigen Aktivitäten). Zwei wesentliche Prinzipien sind der umfassende, ganzheitliche Ansatz sowie die Abdeckung des gesamten Unternehmens. Hierfür definiert COBIT 5 sieben Enabler, welche die Erreichung der Unternehmensziele ermöglichen sollen und das gesamte Unternehmen abdecken. Treiber hinter allen Aktivitäten sind verschiedenste Anspruchsgruppen (englisch: Stakeholder) an die IT, beispielsweise Kunden, Lieferanten, Gesetzgeber oder Fachbereiche. Ziel ist es, deren Anforderungen in eine durchführbare Unternehmensstrategie umzuwandeln. Hierfür sieht COBIT 5 eine Zielkaskade vor, ein Mechanismus welcher die Anforderungen der Stakeholder in Unternehmensziele, IT-bezogene Ziele und schließlich Enabler-Ziele herunterbricht. COBIT 5 definiert 17 generische Unternehmensziele, welche über ein entsprechendes Mapping 17 generischen IT-bezogenen Zielen zugeordnet werden können. Diese wiederum können generischen sowie spezifischen Enabler-Zielen sowie den 37 in COBIT 5 definierten Prozessen zugeordnet werden.

Die fünf grundlegenden Prinzipien für die Governance und das Management der Unternehmens-IT sind:

- Erfüllung der Anforderungen der Anspruchsgruppen
- Abdeckung des gesamten Unternehmens
- Anwendung eines einheitlichen, integrierten Rahmenwerks
- Ermöglichung eines ganzheitlichen Ansatzes
- Unterscheidung zwischen Governance und Management

In COBIT 5 werden sieben Enabler-Kategorien definiert und betrachtet, jene Faktoren bzw. Unternehmensressourcen, welche die Erreichung der Unternehmensziele ermöglichen sollen:

- Prinzipien, Richtlinien und Rahmenwerke
- Prozesse
- Organisationsstrukturen
- Kultur, Ethik und Verhalten
- Informationen
- Services, Infrastruktur und Anwendungen
- Mitarbeiter, Fähigkeiten und Kompetenzen

Quelle: www.wikipedia.org (aufgerufen am 04.07.2016). Die komplette Dokumentation zu COBIT steht im Internet zur Verfügung ([COBIT12a], [COBIT12b], [COBIT12c]).

Stärken von COBIT

Der Vorteil von COBIT ist, dass hier große Teile der wesentlichen Aufgaben genannt werden, die in einer IT anfallen. Nicht auf der Ebene z.B. der Programmierung, sondern auf der Ebene der Steuerung einer IT-Funktion. Diese wird in COBIT 5 in 37 Prozesse (5 Governance-Prozesse und 32 Managementprozesse) aufgeteilt. COBIT ist kein Framework für IT-Unternehmensarchitektur – da aber doch einige Prozesse in COBIT genannt sind, die von der IT-Unternehmensarchitektur im Regelfall verantwortet werden, wird COBIT manchmal (irrtümlich) auch als Framework für IT-Unternehmensarchitektur bezeichnet. Stattdessen ist Unternehmensarchitektur lediglich einer von 37 Prozessen, die nach COBIT 5 in einer IT-Organisation vorhanden sein sollten.

11.1.1 Grobstruktur des COBIT-Prozessmodells

Die wesentlichen Blöcke des COBIT-5-Prozessmodells passen recht gut zu dem in Abbildung 14–8 (S. 392) vorgestellten Organisationsmodell Manage/Change/Run (M/C/R) für eine IT-Funktion. Tabelle 11–1 enthält die Abbildung der COBIT-Terminologie auf die Terminologie einer M/C/R-Organisation.

Tab. 11–1
Abgleich COBIT mit dem IT-Referenzorganisationsmodell (siehe Abb. 14–8)

COBIT Terminologie Version 5	Manage/Change/Run Organisationsmodell aus Abschnitt 14.3.1
Anpassen, Planen und Organisieren (APO)	Unternehmenssteuerung/Manage IT
Aufbauen, Beschaffen und Implementieren (BAI)	Systemhaus/Change the Business
Bereitstellen, Betreiben und Unterstützen (DSS)	Systembetrieb/Run the Business
Überwachen, Evaluieren und Beurteilen (MEA)	Keine direkte Entsprechung in M/C/R
Evaluieren, Vorgeben und Überwachen (EDM)	Keine direkte Entsprechung in M/C/R

Abbildung 11–1 zeigt die Prozesslandkarte von COBIT 5. Eine einfacher lesbare Form finden Sie in Tabelle 11–2.

11.1 COBIT

Prozesse für die Governance der Unternehmens-IT

Evaluieren, Vorgeben und Überwachen
- EDM01 Sicherstellen der Einrichtung und Pflege des Governance-Rahmenwerks
- EDM02 Sicherstellen der Lieferung von Wertbeiträgen
- EDM03 Sicherstellen der Risiko-Optimierung
- EDM04 Sicherstellen der Ressourcenoptimierung
- EDM05 Sicherstellen der Transparenz gegenüber Anspruchsgruppen

Anpassen, Planen und Organisieren
- APO01 Managen des IT-Management-Rahmenwerks
- APO02 Managen der Strategie
- APO03 Managen der Unternehmensarchitektur
- APO04 Managen von Innovationen
- APO05 Managen des Portfolios
- APO06 Managen von Budget und Kosten
- APO07 Managen des Personals
- APO08 Managen von Beziehungen
- APO09 Managen von Servicevereinbarungen
- APO10 Managen von Lieferanten
- APO11 Managen der Qualität
- APO12 Managen von Risiko
- APO13 Managen der Sicherheit

Aufbauen, Beschaffen und Implementieren
- BAI01 Managen von Programmen und Projekten
- BAI02 Managen der Definition von Anforderungen
- BAI03 Managen von Lösungsidentifizierung und Lösungsbau
- BAI04 Managen von Verfügbarkeit und Kapazität
- BAI05 Managen der Ermöglichung organisatorischer Veränderungen
- BAI06 Managen von Änderungen
- BAI07 Managen der Abnahme und Überführung von Änderungen
- BAI08 Managen von Wissen
- BAI09 Managen von Betriebsmitteln
- BAI10 Managen der Konfiguration

Bereitstellen, Betreiben und Unterstützen
- DSS01 Managen des Betriebs
- DSS02 Managen von Service-Anfragen und Störungen
- DSS03 Managen von Problemen
- DSS04 Managen der Kontinuität
- DSS05 Managen von Sicherheitsservices
- DSS06 Managen von Geschäftsprozesskontrollen

Überwachen, Evaluieren und Beurteilen
- MEA01 Überwachen, Evaluieren und Beurteilen von Leistung und Konformität
- MEA02 Überwachen, Evaluieren und Beurteilen des internen Kontrollsystems
- MEA03 Überwachen, Evaluieren und Beurteilen der Compliance mit externen Anforderungen

Prozesse für das Management der Unternehmens-IT

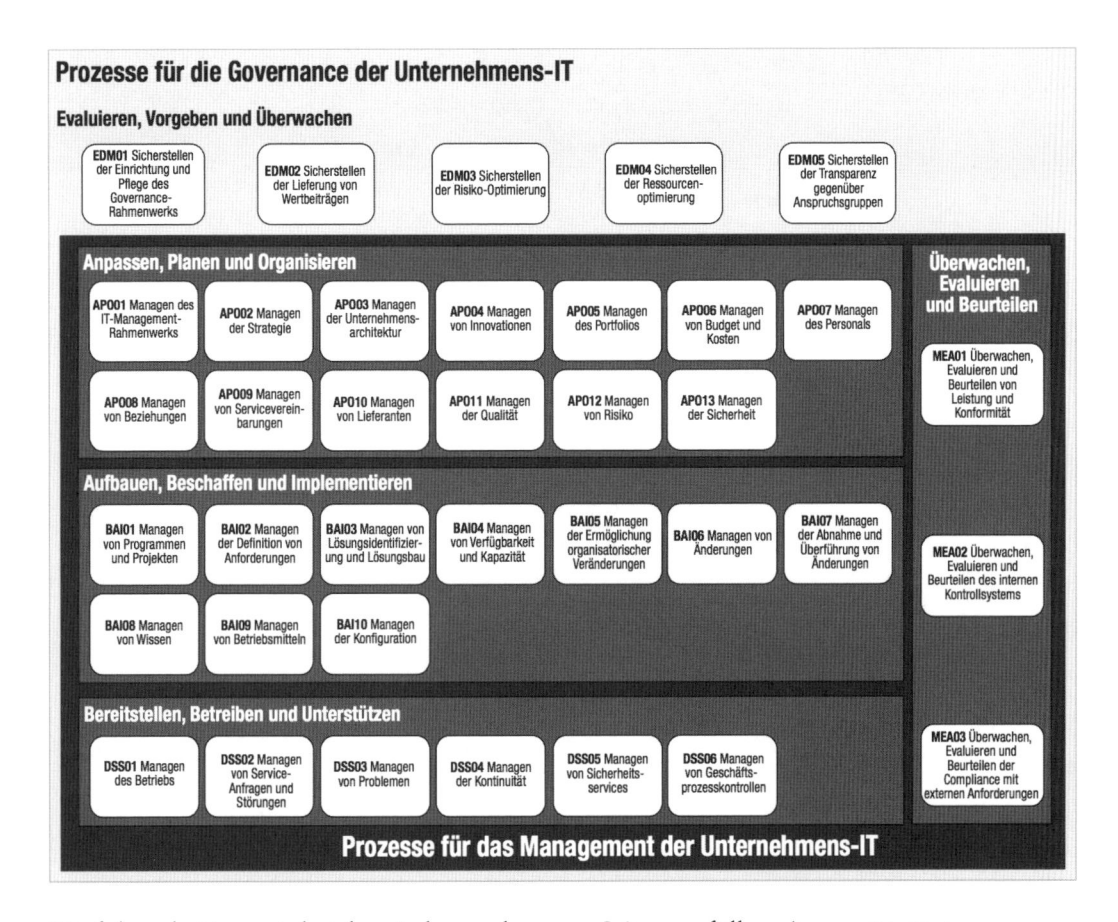

Die folgende Liste wird nicht wiedergegeben, um Seiten zu füllen. Anhand der Bezeichnungen bekommen Sie vielmehr einen guten Überblick darüber, zu welchen Themen in COBIT Aussagen gemacht werden. Übersetzungen der Prozessbezeichnungen sind überall dort beigefügt, wo der Inhalt aus der Prozessbezeichnung nicht relativ intuitiv klar ist.

Abb. 11–1
COBIT-Prozesslandkarte
[COBIT12b]

Tab. 11–2
Prozesscluster von COBIT 5

Liste der COBIT-5-Prozesse

Prozesscluster EDM: Evaluate, Direct and Monitor		
	Englische Version	**Deutsche Version**
EDM01	Ensure governance framework setting and maintenance	Sicherstellen der Einrichtung und Pflege des Governance-Rahmenwerkes
EDM02	Ensure benefits delivery	Sicherstellen der Lieferung von Wertbeiträgen
EDM03	Ensure risk optimisation	Sicherstellen der Risiko-Optimierung
EDM04	Ensure resource optimisation	Sicherstellen der Ressourcenoptimierung
EDM05	Ensure stakeholder transparency	Sicherstellen der Transparenz gegenüber Anspruchsgruppen

Prozesscluster APO: Align, Plan and Organize		
	Englische Version	**Deutsche Version**
APO01	Manage the IT management framework	Managen des IT-Management-Rahmenwerks
APO02	Manage strategy	Managen der Strategie
APO03	Manage enterprise architecture	Managen der Unternehmensarchitektur
APO04	Manage innovation	Managen von Innovationen
APO05	Manage portfolio	Managen des Portfolios
APO06	Manage budget and costs	Managen von Budget und Kosten
APO07	Manage human resources	Managen des Personals
APO08	Manage relationships	Managen von Beziehungen
APO09	Manage service agreements	Managen von Servicevereinbarungen
APO10	Manage suppliers	Managen von Lieferanten
APO11	Manage quality	Managen der Qualität
APO12	Manage risk	Managen von Risiko
APO13	Manage security	Managen der Sicherheit

Prozesscluster BAI: Build, Aquire and Implement

	Englische Version	Deutsche Version
BAI01	Manage programmes and projects	Managen von Programmen und Projekten
BAI02	Manage requirements definition	Managen der Definition von Anforderungen
BAI03	Manage solutions identification and build	Managen von Lösungsidentifizierung und Lösungsbau
BAI04	Manage availability and capacity	Managen von Verfügbarkeit und Kapazität
BAI05	Manage organisational change enablement	Managen der Ermöglichung organisatorischer Veränderung
BAI06	Manage changes	Managen von Änderungen
BAI07	Manage change acceptance and transitioning	Managen der Abnahme und Überführung von Änderungen
BAI08	Manage knowledge	Managen von Wissen
BAI09	Manage assets	Managen von Betriebsmitteln
BAI10	Manage configuration	Managen der Konfiguration

Prozesscluster DSS: Deliver, Service and Support

	Englische Version	Deutsche Version
DSS01	Manage operations	Managen des IT-Betriebs
DSS02	Manage service requests and incidents	Managen der Serviceanfragen und Störungen
DSS03	Manage problems	Managen von Problemen
DSS04	Manage continuity	Managen der Kontinuität
DSS05	Manage security services	Managen von Sicherheitsservices
DSS06	Manage business process controls	Managen von Geschäftsprozesskontrollen

Prozesscluster MEA: Monitor, Evaluate and Assess

	Englische Version	Deutsche Version
MEA01	Monitor, evaluate and assess performance and conformance	Überwachen, Evaluieren und Beurteilen von Leistung und Konformität
MEA02	Monitor, evaluate and assess the system of internal control	Überwachen, Evaluieren und Beurteilen des internen Kontrollsystems
MEA03	Monitor, evaluate and assess compliance with external requirements	Überwachen, Evaluieren und Beurteilen der Compliance mit externen Anforderungen

Auffällig ist eine Betonung der Disziplinen IT-Risikomanagement (EDM03, APO12) und Management des Wertbeitrags (EDM02) der IT für das Unternehmen (IT-Value-Management). Hier macht sich bemerkbar, dass in COBIT die Frameworks Risk IT und Val IT der ISACA eingeflossen sind.

COBIT 5 ist also von der Terminologie her deutlich stärker an modernen IT-Organisationen und der aktuellen Version von ITIL orientiert. Risikomanagement und Management des Wertbeitrages der IT wurden integriert. Die Reichweite geht weit über IT-Unternehmensarchitektur hinaus und deckt das Organisationsdesign einer IT-Organisation vollständig ab.

11.1.2 Nutzen von COBIT für IT-Unternehmensarchitekten

Als IT-Unternehmensarchitekt muss man COBIT schon alleine deshalb kennen, weil in großen Unternehmen mit Sicherheit regelmäßige IT-Audits durchgeführt werden. Dort mit Beanstandungen z.B. zum Prozess »APO03 Managen der Unternehmensarchitektur« aufzufallen, wird man als Führungskraft gerne vermeiden wollen. Nachdem die Mehrzahl der großen Unternehmen COBIT für ihre IT-Audits einsetzen, ist es einfach ein Muss, sich mit diesem Framework zu beschäftigen.

Darüber hinaus stellt COBIT eine nützliche Checkliste dafür dar, ob man sämtliche Prozesse, die etwas mit IT-Unternehmensarchitektur zu tun haben, im Unternehmen etabliert hat. COBIT kann von der Webseite der ISACA kostenpflichtig heruntergeladen werden. Dieser Download ist für jeden empfehlenswert, der IT-Management zu seinen beruflichen Aufgaben zählt. Eine Zusammenfassung, die über den Rahmen dieses Buches weit hinausgeht, finden Sie bei Gaulke [Gaulke14]. Wie schon oben erwähnt, ist es bei einem Framework der Komplexität und Größe von COBIT empfehlenswert, sich mit Sekundärliteratur einen schnellen Überblick zu verschaffen und das Original vor allem als Nachschlagwerk zu nutzen.

11.2 ITIL

Berater konzentrieren sich erfahrungsgemäß auf ein bestimmtes Framework für Organisationsaufgaben. Es besteht dann bei ihnen die Tendenz, in jeder Aufgabe »einen Nagel zu sehen, wenn man schon mal gut mit einem Hammer umgehen kann«. So werden Berater mit einer rein betriebswirtschaftlichen Ausbildung oder einem Hintergrund als IT-Auditoren schnell zu COBIT greifen. Berater mit einem stark am IT-Betrieb orientierten Hintergrund setzen dagegen häufiger auf ITIL auf.

Sie erhalten daher hier noch einen Hinweis auf ITIL (**Information Technology Infrastructure Library**) – ein weiteres Framework aus dem Umfeld IT-Management. ITIL wird manchmal für die Organisation einer kompletten IT-Funktion missbraucht. Eigentlich gedacht ist es für das IT-Servicemanagement. Wobei der Begriff Service im Falle von ITIL z.B. einen kompletten »Arbeitsplatz-Service« mit PC und diversen Anwendungen umfassen kann. Dies hat mit dem Begriff des Service, wie er in einer SOA verwendet wird und in Abschnitt 9.3.1 definiert wurde, wenig zu tun.

Sie können, wenn Sie sich ITIL angesehen haben, selbst beurteilen und argumentieren, ob es sinnvoll ist, die ganze Welt der IT jeweils mit diesem einen Framework erklären zu wollen. Schon die Definition von ITIL zeigt, dass sie nicht unbedingt als Kochbuch entworfen worden ist, um damit eine komplette IT-Funktion zu organisieren, sondern es geht, wie der Name schon aussagt, um das Thema »Infrastruktur«, also das, was auch als »Systembetrieb« bezeichnet wird. Später wurde »Infrastruktur« dann zu »Services« erweitert.

> **Was ist ITIL?**
>
> ITIL (Information Technology Infrastructure Library) ist eine herstellerunabhängige Sammlung von »Best Practices« für das IT-Servicemanagement. Ausgehend von einer Initiative der britischen Regierung Ende der 80er-Jahre wurde das Konzept kontinuierlich durch Vertreter der Praxis weiterentwickelt. Als generisches Referenzmodell für die Planung, Überwachung und Steuerung von IT-Leistungen ist ITIL mittlerweile zum internationalen De-facto-Standard für das IT-Servicemanagement geworden.
>
> ITIL umfasst die 5 Bereiche:
> - Service Strategy
> - Service Design
> - Service Transition
> - Service Operation
> - Continual Service Improvement
>
> Ziel ist es, in strategischen, taktischen und operativen Bereichen eine verbesserte Kunden- und Serviceorientierung beim IT-Dienstleister zu gewährleisten (vgl. weiter auch *https://www.axelos.com/best-practice-solutions/itil/what-is-itil*, aufgerufen am 04.07.2016).

Der aktuell gültige Stand von ITIL ist die Version V3 Edition 2011, die grundlegend aus dem Jahr 2007 stammt und zuletzt 2011 überarbeitet wurde.

Abb. 11–2
Aufbau der ITIL-Dokumentation. Dieses Bild der obersten Ebene von ITIL ist in fast jeder Publikation der ITIL-Version 3 enthalten, z.B. in [ITIL11].

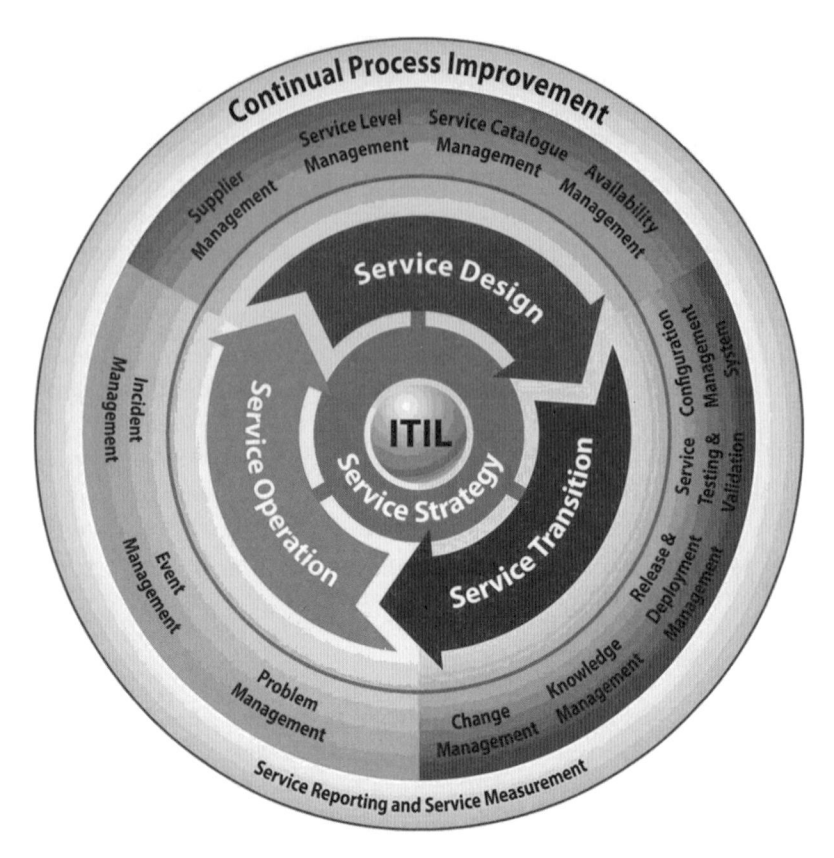

ITIL ein Framework mit Herkunft aus dem IT-Betrieb

Alleine an den Titeln kann man erkennen, dass ITIL schwerpunktmäßig dabei hilft, den Cluster DSS (Delivery, Service and Support) des COBIT-Modells abzudecken. Als IT-Architekt, egal ob IT-Unternehmens- oder Projektarchitekt, sollte man ITIL kennen und als Nachschlagewerk im Zugriff haben. Als Hilfestellung für ein Prozessmodell für IT-Unternehmensarchitekturen kann ITIL jedoch weniger dienen. ITIL ist DAS Prozessmodell für Prozesse des IT-Betriebs und für die Organisation eines IT-Betriebs heute *die* dominante Referenz. Für das Thema IT-Unternehmensarchitektur wird aber im Folgenden auf ITIL nicht tiefer eingegangen.

12 Werkzeuge für Enterprise Architecture Management

Wenn Sie sich mit Softwarewerkzeugen aller Art befasst haben, egal ob UML-Werkzeuge, MDA-Werkzeuge oder Projektmanagementwerkzeuge, dann wird Ihnen das folgende Zitat sicher vertraut sein:

> **A fool with a tool is still a fool.**

Es ist eben nicht so, wie Ihnen die Verkäufer mancher Werkzeuge suggerieren möchten. Allein mit dem Kauf eines Softwarewerkzeugs werden meistens noch keine Verbesserungen erreicht. Ähnlich bekannt ist das Sprichwort:

> **Die Kinder des Schusters haben die zerrissensten Schuhe.**

Auf die IT-Funktion von Unternehmen bezogen ist damit gemeint, dass diese IT-Funktionen zwar umfangreiche Prozessunterstützungssysteme beschaffen, wie z. B. ERP-Landschaften, die in manchen Unternehmen nur für Hilfsprozesse eingesetzt werden, sowie selbst erstellte Anwendungslandschaften für die Kernleistungsprozesse des Unternehmens. Für die eigenen Kernleistungsprozesse haben sie aber oft kein integriertes Informationssystem.

IT-Architekten arbeiten oft ohne Werkzeuge.

Dieses Kapitel beschäftigt sich damit, wie der Planungsteil eines integrierten Informationssystems für eine IT-Funktion eines Unternehmens aussehen kann, was davon heute schon unter der Überschrift »Werkzeuge für die Planungsunterstützung der IT« oder ähnlich realisiert ist und wie andere Systeme aufgebaut sind. Nachfolgend wollen wir ein solches System als Integriertes Planungswerkzeug für die IT-Funktion bezeichnen und mit IPIT abkürzen.

Um es vorwegzunehmen: Ein integriertes Informationssystem für die Unterstützung der IT-Funktionen, das den Integrationsgrad einer SAP-Komplettimplementierung in einem Handels- oder Produktions-

Integrierte Werkzeuge

unternehmen hat, werden Sie für die IT-Funktion nicht finden. Sie werden sehen, dass ein IPIT heute Schnittstellen zu einer Vielzahl anderer Systemarten hat, die es meist nur von verschiedenen Herstellern gibt. Dieses Kapitel beschäftigt sich naturgemäß mit den Funktionen, die der IT-Unternehmensarchitektur nahestehen. Das sind sogenannte Enterprise-Architecture-Werkzeuge oder aber auch komplette Planungswerkzeuge, die alle Felder der in Abbildung 4–27 (S. 120) dargestellten Regelkreise für IT-Governance abdecken.

Sie werden sich vielleicht wundern, dass der im Folgenden beschriebene Funktionsumfang über das hinausgeht, was man nur für IT-Unternehmensarchitektur benötigt. Wenn man aber für die IT-Unternehmensarchitektur eine Insel schafft, sorgt man schon beim Design für die Medienbrüche und Probleme. Daher ist es wichtig, für alle Planungsprozesse der IT-Funktion möglichst ein integriertes Werkzeug zu haben.

Der Aufbau des Kapitels wird nachfolgend kurz erläutert.

Einflussfaktoren: In Abschnitt 12.1 werden zunächst Abwägungen und Einflussfaktoren diskutiert, die man beachten wird, bevor man ein integriertes Planungswerkzeug für eine Informatikfunktion auswählt.

Anforderungen: Eine Liste möglicher Funktionalitäten, die man von einem IPIT typischerweise erwarten kann, finden Sie in Abschnitt 12.2. Dort wird auch motiviert, warum eine solche Funktionalität sinnvoll ist. Sie finden außerdem eine Liste derjenigen IT-Systeme, die eine IT-Funktion für ihre eigene Verwaltung typischerweise besitzt. Diese Systeme müssen Schnittstellen zum Planungssystem der IT haben.

Umfang: Die Menge an Funktionalität, die in Abschnitt 12.2 beschrieben ist, bewegt sich am oberen Rande dessen, was man heute am Markt als IPIT dazukaufen kann. Darunter gibt es diverse Stufen von Systemen für Teilaufgaben. Deren typischer Umfang wird in Abschnitt 12.3 beschrieben.

Herkunft: Je nach Herkunft haben die Werkzeuge einen typischen Funktionsumfang. Man weiß also schon viel über das Werkzeug und seine Vor- und Nachteile, wenn man den Markt kennt, aus dem es ursprünglich stammt. Dies wird in Abschnitt 12.4 behandelt.

Zusammenfassung: Eine zusammenfassende Sicht auf die Marktsituation von EAM-Werkzeugen zur Unterstützung von IT-Unternehmensarchitektur finden Sie in Abschnitt 12.5.

Weiterführendes Material

Dieses Kapitel kann nur einen Einstieg in das Thema vermitteln. Wenn Sie selbst wirklich ernsthaft über den Kauf eines IPIT nachdenken, gibt es auf dem Markt Studien, in denen Werkzeuge detailliert untersucht wurden. Neben den üblichen Quellen wie Gartner Magic Quadrants [Gartner16] oder die entsprechende »Forrester Wave für EAM-Tools« [Forrester15] sei hier auf eine Untersuchung der Technischen Universität München ([sebis08], [Keuntje+10]) verwiesen. Diese ist immer noch führend, was die Systematik der Evaluierung mit Szenarien anbelangt. Für die Studie wurden zunächst praktische Szenarien erarbeitet sowie eine umfangreiche Anforderungsliste. Damit wurden wesentliche »Spieler« auf dem Markt bewertet. Die Anforderungsliste wurde in Kooperation mit zehn im DAX und MDAX notierten Unternehmen entwickelt. Die Anforderungen sind also auch für wirklich große Anwendungsfälle geeignet.

Da an der Technischen Universität München aber seit 2008 kein Update der Studie erfolgt ist, hat die Firma Syracom AG in 2015 eine nicht ganz unähnliche Studie durchgeführt, die auch aktuell ist [Ehrlich+15].

12.1 Abwägungen beim Werkzeugeinsatz

Die Frage, welche Anforderungen man an ein integriertes Informationssystem für die Steuerung einer IT-Funktion stellt, hat auch etwas mit Abwägungen zu tun. Nicht in jedem Fall wird man mögliche extreme Ausprägungen von Anforderungen in seinen Pflichtenkatalog schreiben. Daher werden hier zunächst einige Abwägungen diskutiert, die Sie bei der Definition Ihrer Anforderungen vornehmen können. Diese Abwägungen können Ihnen helfen, die richtigen Anforderungen für Ihren Bedarf festzulegen.

Einflussfaktoren

Eine der wichtigsten Anforderungen an ein integriertes Planungswerkzeug für eine IT-Funktion (IPIT) ist die **Aktualität** der Inhalte. Der Gegenpol dazu sind **Kosten**. Aktuelle Informationen sind teurer, aber natürlich auch nützlicher als unvollständige oder veraltete Informationen. Wenn Sie sich Abbildung 12–1 ansehen, finden Sie dort Systeme, die jedes für sich schon einen erheblichen Umfang haben. Diese Systeme, die ein IPIT umgeben, und ihre Schnittstellen zum IPIT werden in Abschnitt 12.2.2 aufgelistet und näher beschrieben.

Aktualität versus Kosten

Abb. 12–1
Typische Schnittstellen
eines IPIT

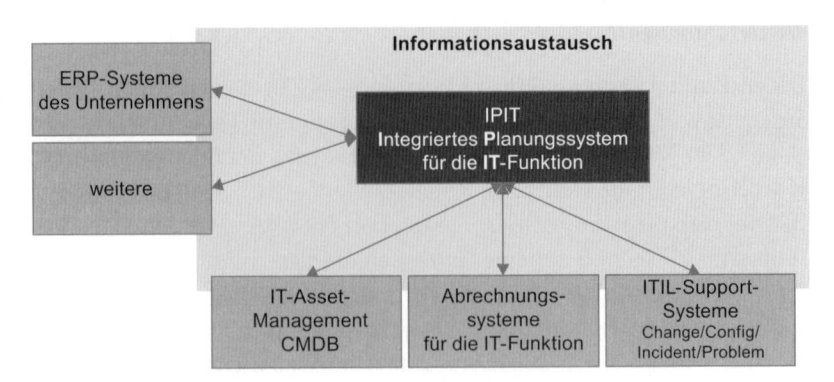

Informationsaustausch

- ERP-Systeme des Unternehmens
- weitere

IPIT – Integriertes Planungssystem für die IT-Funktion

- IT-Asset-Management CMDB
- Abrechnungssysteme für die IT-Funktion
- ITIL-Support-Systeme Change/Config/Incident/Problem

Umfang der Modelle

Die Menge der Informationssysteme, die für eine wirklich integrierte Verwaltung einer großen IT-Funktion benötigt werden, ist recht umfangreich und komplex. Ohne eine Beschreibung der Komplexität und Funktionalität einzelner Systeme vorwegzunehmen, kann man hier bereits so viel verraten: Eine Datenbank für IT-Asset-Management ist für sich alleine schon schwierig aktuell zu halten. Ein IPIT benötigt daraus einen relevanten Auszug. Dessen manuelle Erfassung wird immer zu mangelnder Aktualität führen. Schon wenn man nur ein Anwendungshandbuch erstellt (siehe Abschnitt 4.4), hat man das Problem, dass die Daten in dem Moment veraltet sind, in dem man das Handbuch druckt oder ins Intranet stellt. Dasselbe Problem stellt sich mit jedem IT-Asset-Managementsystem oder mit jeder CMDB (Configuration Management Database), wenn sie nicht automatisch durch Scannen der Systemlandschaft gefüllt werden kann. Nachdem die Technologie von IT-Infrastrukturen, die sich selbst automatisch inventarisieren, seit fast schon Jahrzehnten nicht ausreichend fortgeschritten ist, wird uns dieses Problem noch länger begleiten. Teilweise angehen kann man es durch dezentrale Pflege. Sie haben es hier also mit den Einflussfaktoren **zentrale versus dezentrale Organisation und Datenpflege** zu tun. Die entsprechende Erfahrung aus der Welt der Unternehmensdatenmodelle, SOA-Infrastrukturen und Ähnlichem ist:

Zentrale versus dezentrale Pflege

> **Systeme, die zentrale Stellen zum Funktionieren erfordern, skalieren nicht.**

Der nächste Einflussfaktor ist die ordentliche **Integration** der kompletten Datenbasis. Man kann sich eine beliebige Auswahl der Systeme aus Abbildung 12–1 ansehen. Jedes dieser Systeme für sich allein ist schwierig aktuell zu halten. Mehrere davon sind noch schwerer zu synchronisieren und es gibt derzeit (Mitte 2016) nicht einen Hersteller, der in der Lage ist, alle diese Systeme in einer voll integrierten Form zu liefern, so wie man das aus Bereichen von SAP oder anderen ERP-Herstellern gewohnt ist. Am nächsten kommt diesem Anspruch noch die Software AG, die sich zu ihrem umfangreichen Portfolio an Managementsoftware aller Art noch das marktführende EAM-Tool alfabet gekauft hat. Die Gegenkraft zu Integration sind also heute **Projektrisiken der Einführung** und **Komplexität der Gesamtlösung**.

Komplexität der Werkzeuge

Die Darstellung in Abbildung 12–1 sieht, was die Anzahl möglicher Schnittstellen anbelangt, noch relativ »harmlos« aus. Sie setzt allerdings voraus, dass das IPIT dort funktional recht mächtig ist. Wenn es selbst weniger »kann«, führt das auch dazu, dass es mit mehreren anderen Systemen integriert werden muss.

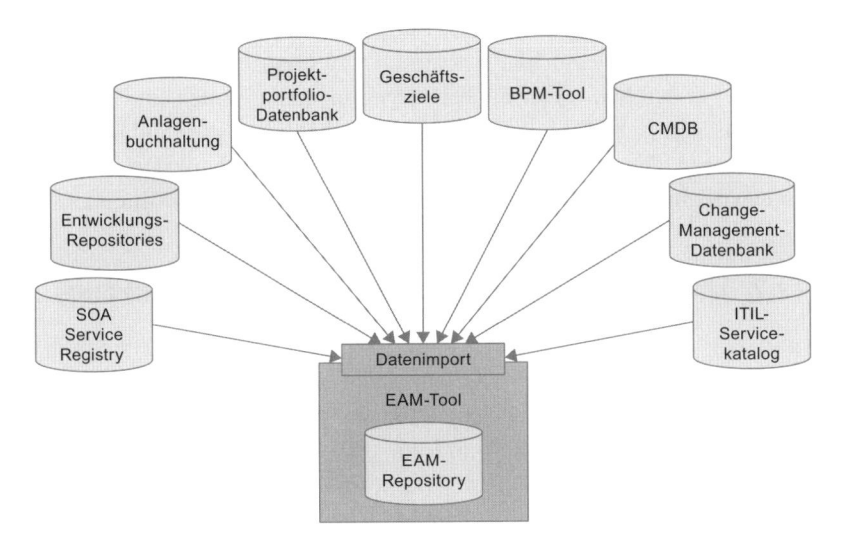

Abb. 12–2
Eine Auswahl notwendiger Schnittstellen für ein IPIT, das einen weniger integrierten Funktionsumfang hat als dasjenige, das der Darstellung in Abbildung 12–1 zugrunde lag (nach [Reese10]).

Dinge wie Projektportfolio-Datenbank, Ablage der Geschäftsziele oder ein grober Überblick über die Geschäftsprozesse können auch Bestandteil des IPIT selbst sein und müssen dann nicht mehr über Schnittstellen angebunden werden.

Ein weiterer typischer Zielkonflikt ist eine Abwägung, die man beim Einsatz diverser Werkzeuge fast immer hat: **Funktionalität und Integrationsgrad versus Kosten**. Es gibt preiswerte Ad-hoc-Lösungen, die nur einen Teil des vollen Funktionsumfangs eines IPIT abdecken, also z. B. nur das Zeichnen von Bebauungsplänen, und die nicht weiter integriert sind. Auf die Dauer sind solche Lösungen allerdings nicht mehr als eine schnelle Zwischenlösung. Die Ergebnisse veralten schnell wieder, wenn die Systeme nicht ordentlich in den betrieblichen Informationsfluss integriert sind.

Es ist also egal, welchen Funktionsumfang man aus den in Abschnitt 12.3 vorgestellten üblichen funktionalen Stufen auswählt. Man wird immer auch Nachteile in Kauf nehmen und jede Lösung wird einen Kompromiss darstellen.

Das Wunschbild und die derzeitige Realität

Manager auf Vorstandsebene müssen manchmal eher willensgetrieben als lageorientiert sein. Ein Vorstand oder Geschäftsführer wird sich von Ihnen oft eine Lösung wünschen, die möglichst nichts kostet, optimal integriert ist, innerhalb kurzer Zeit risikofrei einzuführen ist und stets aktuelle Informationen auf Knopfdruck liefert. Das ist sicherlich eine gute Entwicklungsrichtung. Der aktuelle Stand der Technik ist davon aber noch weit entfernt und wird es auch auf längere Zeit bleiben.

Interessant war in diesem Zusammenhang einmal das Statement eines Kollegen, der über die Einführung eines IPIT sagte: »Das Projekt ist derzeit gefährdet, weil sich herausgestellt hat, dass das ja ähnlich umfangreich ist wie ein ERP-System.« Dazu kann man nur sagen: »Ja, das ist es in der Tat.« Aber die Fachbereiche haben ja auch ein ERP-System, das von der IT-Funktion für sie mit Millionenaufwänden eingeführt wurde. Warum erwartet man dann von der IT-Funktion, dass sie ihr eigenes Informationssystem nebenbei und kostenfrei einführen kann.

12.2 Umfang eines integrierten IT-Planungswerkzeugs

In diesem Abschnitt werden Sie eine Zusammenfassung über mögliche Funktionalität eines IPIT erhalten. Dazu geben wir Ihnen zunächst einen kurzen Überblick, welche Prozess- und Funktionalitätsblöcke ein IPIT grob umfassen kann und wie diese Funktionalitätsblöcke die üblichen IT-Governance- und IT-Unternehmensarchitektur-Prozessmodelle abdecken. Um hier nicht im »luftleeren Raum« zu agieren, wird als Referenz jeweils das Prozess- und Funktionsblockmodell desjenigen IPIT-Werkzeugs verwendet, das seit mehr als einer Dekade konstant von Gartner [Gartner16] und weiteren relevanten Studien als Marktführer ausgewiesen wird: alfabet.

Aus dieser Darstellung der obersten Ebene wird schon eines klar: Ein IPIT ist deutlich mehr als ein Werkzeug für IT-Unternehmensarchitektur. Es ist auch deutlich mehr als ein Werkzeug für IT-Projektportfoliomanagement und es muss mit dem IT-Asset-Management und dem Anforderungsmanagement gut integriert sein.

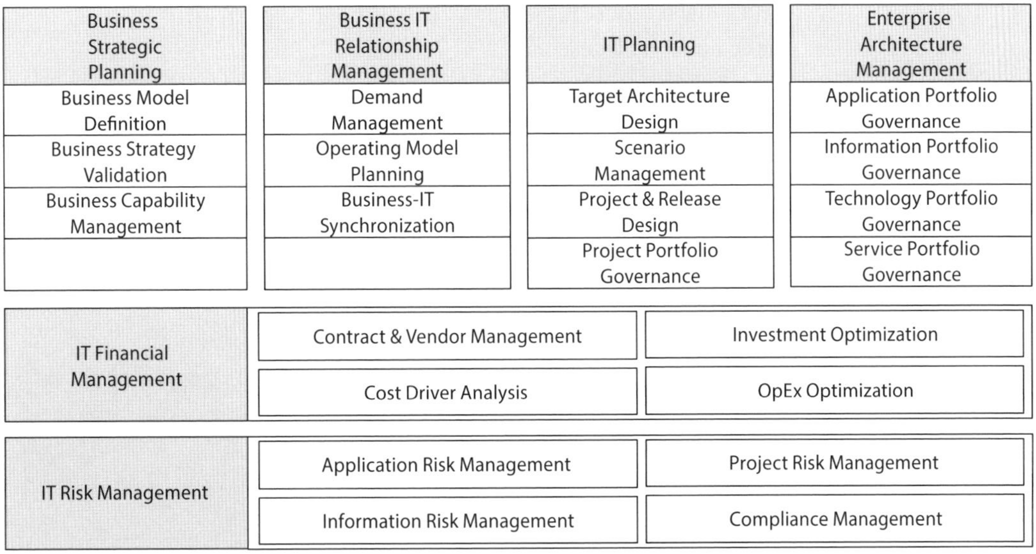

12.2 Umfang eines integrierten IT-Planungswerkzeugs

Business Strategic Planning	Business IT Relationship Management	IT Planning	Enterprise Architecture Management
Business Model Definition	Demand Management	Target Architecture Design	Application Portfolio Governance
Business Strategy Validation	Operating Model Planning	Scenario Management	Information Portfolio Governance
Business Capability Management	Business-IT Synchronization	Project & Release Design	Technology Portfolio Governance
		Project Portfolio Governance	Service Portfolio Governance

IT Financial Management	Contract & Vendor Management	Investment Optimization
	Cost Driver Analysis	OpEx Optimization

IT Risk Management	Application Risk Management	Project Risk Management
	Information Risk Management	Compliance Management

Dies wird auch aus Abbildung 12–3 deutlich: Capability Management haben wir hier im Buch (Abschnitt 4.2) als gemeinsame Sprache für Business und IT sowie als Hilfsmittel für Business-IT-Alignment schon kennengelernt. Dinge wie Business Strategy Validation oder aber auch das Business Demand Management würde man in einem Werkzeug nur für IT-Unternehmensarchitektur eher nicht suchen, ebenso z. B. Cost Driver Analysis. Die Menge der Funktionalität macht deutlich, dass hier nicht nur ein Werkzeug für IT-Unternehmensarchitektur gebaut werden sollte, sondern auch ein vollständiges ERP-System für das Management einer IT-Komplettfunktion.

Abb. 12–3
Funktionsblöcke der aktuellen Version (2016) des IPIT alfabet der Software AG

12.2.1 Zu unterstützende Prozesse der IT-Unternehmensarchitektur

In diesem Abschnitt finden Sie eine Liste der Prozessblöcke, die ein IPIT unterstützen sollte. Dabei wird hier weniger das Detail des *Was* beschrieben, als vielmehr begründet, warum es sinnvoll ist, diese Aufgaben in einem solchen Werkzeug zu integrieren.

Es erfolgt dabei jeweils eine Zuordnung zwischen dem Modell oben aus Abbildung 12–3 und dem Prozessmodell, das diesem Buch zugrunde liegt. Dieses Prozessmodell ist hier in Abbildung 12–4 noch einmal wiedergegeben.

Die meisten der in diesem Buch dargestellten Prozesse können mit Werkzeugen zumindest teilweise unterstützt werden. Lediglich die Projektbegleitung besteht vor allem aus Gesprächen und eignet sich daher eher nicht als Einsatzfeld für eine Werkzeugunterstützung. Die Unterstützung für den Projektprozess wird im Allgemeinen nicht als Aufgabe eines IPIT gesehen.

Abb. 12–4 *Prozessmodell*

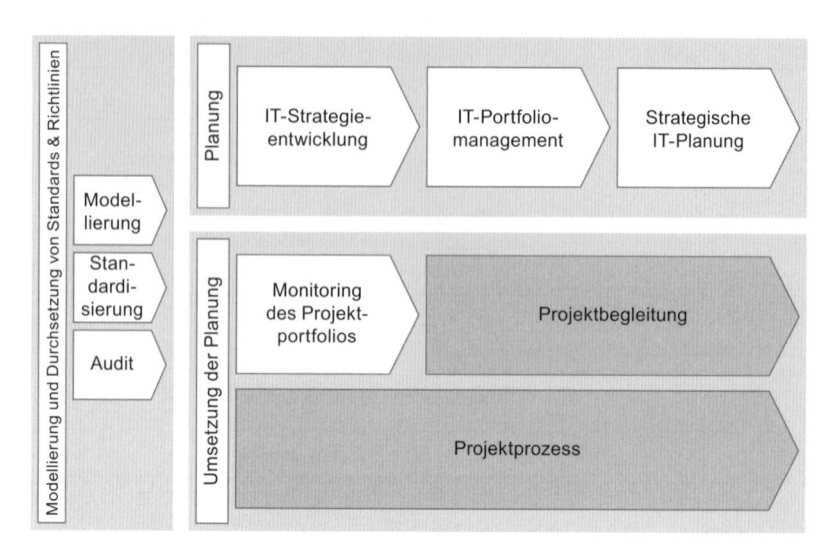

Modellierung und Durchsetzung von Standards & Richtlinien:
- Modellierung
- Standardisierung
- Audit

Planung:
- IT-Strategieentwicklung
- IT-Portfoliomanagement
- Strategische IT-Planung

Umsetzung der Planung:
- Monitoring des Projektportfolios
- Projektbegleitung
- Projektprozess

Unterstützung: Strategie ableiten und verfolgen

Strategie ist Handarbeit.

Die Erarbeitung einer Strategie selbst ist Handarbeit. Werkzeuge, die sich eine Überschrift wie »Business Strategic Plannning« (siehe Abb. 12–3) auf einen Prozessblock schreiben, erheben nicht den Anspruch, dass sie z. B. bei der Erarbeitung der Strategie helfen. Sie können lediglich in Management-Workshops erarbeitete Ergebnisse formalisiert dokumentieren. Ein Werkzeug kann hier etwas anderes leisten. Mit seiner Hilfe kann man verfolgen, wie weit die Strategie auch umgesetzt wird, indem man Objekte der Planung mit Objekten der dokumentierten Strategie verknüpft. Dazu ist u. a. folgende Unterstützung üblich:

- Balanced Scorecards und KPI-Verfolgung
  Sie können z. B. zu den in einem Maxime-Prozess (siehe Abschnitt 4.1.5) festgelegten Business- und IT-Maximen KPIs (Key Performance Indicators) definieren und diese dann z. B. in Form einer Balanced Scorecard darstellen und verfolgen.
- Zuordnung Ziele zu Projekten
  Sie können die Unternehmensziele auch den Projekten des IT-Projektportfolios zuordnen. Bei der Priorisierung der Projekte sieht man dann, welche Programme von einem Projekt unterstützt werden. Umgekehrt sieht man z. B. bei der Verzögerung eines Projekts sofort, welche Ziele dadurch negativ beeinträchtigt werden könnten.

Auch ohne den Anspruch eines IPIT gibt es eine Menge sogenannter Management-Cockpit-Werkzeuge, die nur diese Zielverfolgung als einzige wesentliche Funktionalität leisten. Solche Werkzeuge müssen oft erst aufwendig mit dem IT-Projektportfoliomanagement integriert werden. Des Weiteren müssen sie mit den Systemen integriert werden, die Istwerte zu den KPIs in das Management-Cockpit liefern können.

Unterstützung: IT-Anwendungsportfoliomanagement

Portfoliomanagement wurde bereits in den Abschnitten 4.3 bis 4.6 erläutert. In Kurzform bedeutet IT-Anwendungsportfoliomanagement zu betreiben Folgendes:

- Sie kennen Ihr Ist-Portfolio und dessen Eigenschaften.
- Sie kennen Ihr Soll-Portfolio zu verschiedenen frei definierbaren Zeitpunkten.
- Und Sie wissen, welche Projekte auf welche Elemente des Ist-Portfolios einwirken, um den Sollzustand herzustellen.

Ein EAM-Werkzeug muss dazu Folgendes bieten:

- Es muss Ablage für die Fakten eines **Anwendungshandbuchs** und für die Beziehungen zwischen Anwendungen sein. Diese Fakten werden im Block »Application Portfolio Governance« abgelegt.
- Es muss die Möglichkeit bieten, dieses Anwendungshandbuch und alle seine Elemente nach vorne zu **historisieren** und zu **versionieren**. Das heißt, es muss möglich sein, beliebig viele zukünftige Zustände einzugeben, also Zustände der Anwendungslandschaft mit beliebigen Gültigkeitszeiträumen zu versehen.
- Es muss in der Lage sein, **Softwarekarten** für einen beliebigen Zeitpunkt zu zeichnen. Auf diese Weise kann man schnell und einfach Zukunftsprojektionen anfertigen.
- Zusätzlich müssen **Projekte** mit den Zuständen so zu verknüpfen sein, dass man nachvollziehen kann, welcher Zustandsübergang von welchem Projekt unterstützt wird.

Werkzeuge, die nur in der Lage sind, Anwendungshandbücher aufzubereiten, die aber keinen Zeitbegriff haben, bringen Sie nicht weit voran. Weiter kommen Sie, wenn Ihr Werkzeug einen Zeitbegriff besitzt und Zustandsübergänge mit Projekten sowie Projekte mit Zielen und KPIs verknüpfen kann.

Wo werden technologische Blueprints abgelegt?

Blueprints Blueprints würden in dem Modell aus Abbildung 12–3 in dem Block »Target Architecture Design« abgelegt. Technologische Blueprints wirken ähnlich wie Aspekte[1]. Im Modell dieses Buches fallen sie unter »Richtlinien« und sagen etwas darüber aus, in welcher Art von Anwendungsarchitektur die Systeme realisiert werden sollten. Der zukünftige Zustand einer Anwendungslandschaft würde z. B. als Prozessunterstützungskarte oder Clusterkarte im IPIT darstellbar sein. Technologische Blueprints würden als Dokumente hinterlegt werden, weil sie eher einen langfristigen Zielcharakter als einen strengen Bezug auf einen Zeitpunkt haben.

Unterstützung: Modellierung

Modellierung wird implizit unterstützt. Jedes Werkzeug basiert auf einem größeren Metamodell und darin gibt es z. B. Ablagen für Anwendungshandbücher (Application Portfolio Governance), Unterstützung für Softwarekarten und Weiteres, je nach implementiertem Metamodell. Das Thema ergibt sich also implizit, wenn man ein IPIT einführt. Man kann noch Werkzeuge unterscheiden, die man quasi leer ohne Metamodell kauft, und solche, die ein fertiges, aber anpassbares Metamodell mitbringen. Aus Aufwandsgründen sind letztere zu bevorzugen.

Unterstützung: Entwicklung und Durchsetzung von Richtlinien

Das Erstellen von Richtlinien ist Handarbeit. Wenn Ziel-Anwendungslandschaften als Teil von Richtlinien betrachtet werden, dann kann man die Darstellung durch Werkzeuge unterstützen. Dies wurde oben bereits gefordert. Dort wurde ebenfalls diskutiert, dass technologische Blueprints besser in einem Textdokument abzulegen sind. Die meisten anderen Architekturrichtlinien ebenfalls. Damit spielt Werkzeugunterstützung für diesen Prozess keine wesentliche Rolle.

---

1. Gemeint sind hier Aspekte im Sinne aspektorientierter Programmierung (AOP). Man legt an einer zentralen Stelle fest, wie ein Aspekt, z. B. die Fehlerbehandlung, im Code abgehandelt werden soll, und Werkzeuge sorgen dafür, dass der entsprechende Code an allen relevanten Stellen generiert wird. Analog: Man erstellt den Blueprint ein Mal, lässt ein Framework dazu erstellen, und die Projekte in der Fläche werden verpflichtet, den Blueprint zu berücksichtigen.

Unterstützung: Monitoring des Projektportfolios

Für das Monitoring des Projektportfolios ist es hilfreich, wenn es ein Werkzeug für IT-Projektportfoliomanagement gibt. Das erlaubt es den Architekten, immer und mit wenig Aufwand in die Liste der aktuellen und geplanten Projekte Einblick zu nehmen. Sie können diese Projekte dann, wie in Abschnitt 4.11.3 beschrieben, danach klassifizieren, ob sie eine separate Projektbegleitung benötigen.

Unterstützung: Projektbegleitung

Projektbegleitung ist bezogen auf ein IPIT Handarbeit und kann von einem solchen Werkzeug nicht sinnvoll unterstützt werden. Projektbegleitung besteht vor allem aus Reviews, Workshops und Gesprächen, und dafür benötigt man als Werkzeug vor allem Papier, Bleistift und eventuell einen Moderatorenkoffer.

12.2.2 Sonstige Prozesse des IT-Managements

Unterstützung: Anforderungsmanagement

Nachdem dieses Buch den Titel »IT-Unternehmensarchitektur« hat, haben wir uns bisher mit fachlichem Anforderungsmanagement (Business Demand Management) nur am Rande befasst. Anforderungen können u.a. in folgenden Formen auftreten:

- **Unternehmensstrategie und IT-Strategie**
  Anforderungen der Unternehmensstrategie und der IT-Strategie wurden u.a. bei der Beschreibung des Maxime-Prozesses (Abschnitt 4.1.5, S. 73) abgedeckt.

- **Veränderungsprogramme**
  Es soll z.B. ein ganzer Geschäftsprozess umgebaut werden. Dabei wird eine zweistellige Anzahl von Anwendungen berührt. Solche Anforderungen sollten so lange zusammen mit dem Programm oder Projekt verfolgt werden, bis sie jeweils sicher einer Anwendung zugeordnet sind.

- **Lokal begrenzte Change Requests**
  Es gibt Anforderungen, die sich auf ein einziges Anwendungssystem beziehen. Diese machen zahlenmäßig den Großteil aller Anforderungen aus, allerdings nicht wertmäßig. Auch sie sollten werkzeugunterstützt verwaltet werden, damit der Produktmanager eines Anwendungssystems einfach definieren und nachverfolgen kann, welche Anforderungen mit welchem neuen Release seiner Anwendung umgesetzt werden.

Damit ist klar, dass ein IPIT das Anforderungsmanagement auf allen drei Ebenen unterstützen sollte. Es ist eine wichtige Anforderung an ein IPIT, dass es Verantwortliche in die Lage versetzt, Änderungen, die für große Veränderungsprogramme (Änderung mehrerer Anwendungen simultan) nötig sind, auf einzelne Programmsysteme herunterzubrechen und dabei im Detail zu verfolgen.

Unterstützung: Projektportfoliomanagement

Über IT-Projektportfoliomanagement (siehe Abb. 12–3, Block »Project Portfolio Governance«) gibt es eigene Bücher, die aufgrund der Vielzahl der Priorisierungsverfahren für Projekte umfangreich sind. Wenn in einem Unternehmen in der Unterstützungsgruppe des IT-Vorstands Tätigkeiten von Werkzeugen übernommen werden, dann handelt es sich hier fast immer um IT-Projektportfoliomanagement. Ein IPIT, das diesen verbreiteten Funktionalitätsblock nicht unterstützt, hätte nur geringe Marktchancen.

Unterstützung: IT-Asset-Management (CMDB)

Ein IPIT benötigt eine Modellbasis, damit ein Anwendungsportfoliomanagement erst möglich wird. Es handelt sich dabei allerdings um eine etwas andere Sicht als die, die für das »normale« IT-Inventory (alias IT-Asset-Management, alias CMDB, Configuration Management Database) benötigt wird.

- Das IT-Asset-Management muss nur den aktuellen Zustand kennen. Es muss keine Planungszustände in mehreren Versionen vorhalten können.
- Das IT-Asset-Management muss jeden noch so kleinen physischen Server oder sonstigen Knoten kennen. Die Technology Portfolio Governance benötigt nur vereinfachte Sichten. Hätte man dort keine vereinfachende Modellabbildung, so würde man den Blick aufs Wesentliche verlieren.

Es wird also deutlich, dass eine Schnittstelle zwischen »echtem« und »logischem« IT-Asset-Management benötigt wird und dass diese Schnittstelle in der Lage sein sollte, eine vereinfachende Transformation vorzunehmen.

12.2.3 Schnittstellen eines IPIT zu anderen Arten von Werkzeugen

Ein IPIT erledigt noch nicht alle Aufgaben, die beim Betrieb und Management der IT-Unterstützungsfunktion eines Unternehmens anfallen. Neben den Planungsaufgaben gibt es auch noch die Aufgaben des Betriebs und die Softwareentwicklungsprozesse. Hier werden daher einige typische Schnittstellen zu Systemen genannt, aus denen ein IPIT in den meisten Fällen Informationen beziehen wird.

Schnittstelle zum ERP-System des Gesamtunternehmens

Oben haben wir diskutiert, dass ein IPIT unter dem Titel »Value Management« ein Management-Cockpit (alias eine Balanced Scorecard) enthalten kann. Solche Cockpits funktionieren dann am besten, wenn sie nicht manuell gefüllt werden, sondern ihre aktuellen Messwerte aus operativen Systemen beziehen.

Ein IPIT muss daher in der Lage sein, z.B. ein SAP-System oder beliebige andere ERP-Systeme »anzuzapfen«, um sich dort seine KPI-Messwerte abzuholen.

Schnittstellen zum IT-Asset-Management und zur Configuration Management Database

Diese Schnittstelle wurde oben (»Unterstützung: IT-Asset-Management (CMDB)«, S. 348) schon besprochen. Die Herausforderungen hier sind:

- Nur die wenigsten Unternehmen verfügen über ein IT-Asset-Management, das wirklich tagesaktuell den Zustand der installierten Netze, Hardware und Software wiedergibt. Wenn man daraus Informationen einfach extrahiert, bekommt man oft einen verfälschten Stand.
- Die Detailfülle eines IT-Asset-Managements hat in einem IPIT nichts zu suchen. Welche Maus an welchem der 35.000 PCs eines Großanwenders angeschlossen ist, interessiert im Umfeld des IT-Vorstands eher nicht. Also wird eine vereinfachende Transformation benötigt, wenn man Informationen aus dem IT-Asset-Management automatisiert über eine Schnittstelle nutzen möchte.
- Wenn man alle Dinge redundant und doppelt von Hand pflegen muss, werden beide Datenbestände (der logische des IPIT und der des IT-Asset-Managements) hoffnungslos auseinanderlaufen.

Beispiele von Unternehmen, die dieses Problem wirklich gut gelöst haben, sind rar. Hersteller behaupten zwar immer wieder, das Problem umfassend gelöst zu haben. Wenn man dann allerdings Kunden dieser Hersteller besucht, findet man häufig Insellösungen und Daten vor, die unvollständig und nicht voll integriert sind.

Schnittstelle ITIL-Unterstützungssysteme (Incident, Problem)

Im Bereich des Systembetriebs gibt es Systeme für das sogenannte Problem und Incident Management. Wenn ein Endbenutzer dem Helpdesk ein Problem meldet, kann es sein,

- dass der IT-Kollege ihm am Telefon sofort helfen kann,
- dass der Nutzer einen Softwarefehler gefunden hat
- oder sich hinter dem Problem eine Anforderung verbirgt.

Aus den letzten beiden Arten von Meldungen der Benutzer entsteht ein Problemticket. Nach Sichtung durch einen Anwendungsverantwortlichen kann daraus entweder ein Fehlerticket oder ein Eintrag in einer Anforderungsdatenbank werden. Oft werden alle Arten von solchen Meldungen in einer einzigen Datenbasis verwaltet und nur bei Auswertungen und bei der Weiterverarbeitung unterschiedlich präsentiert. Da aus Mengen von Anforderungen Projekte oder Anforderungspakete für neue Auslieferungen entstehen und da die Beseitigung von Fehlern und die Umsetzung von Anforderungen eingeplant werden müssen, gibt es eine Schnittstelle zum IPIT.

12.2.4 Weitere funktionale Anforderungen an IPITs

In der Studie zur Untersuchung von Werkzeugen für das Management von IT-Unternehmensarchitekturen [sebis08] wurden noch weitere funktionale und nicht funktionale Anforderungen beschrieben. Soweit sie nicht oben schon über die Prozesse eingeführt sind, werden sie im Folgenden kurz erläutert.

Unterstützung: Synchronisationsmanagement

Für das Projektportfoliomanagement gibt es noch Erweiterungen. Häufig muss das IT-Management »Was wäre wenn«-Fragen stellen. Sie treten besonders im Multiprojektmanagement auf. Typische Fragen sind z. B.:

- Was passiert, wenn wir das Budget für das Projektbündel X streichen? Welche Folgen hat das für welche anderen Projekte? Welche Projekte werden dadurch verzögert oder unmöglich?
- Das Projekt Y hat sich verzögert. Welche Projekte sind davon negativ betroffen? Welche Unternehmensziele werden davon berührt?

Synchronisationsmanagement im Rahmen von Multiprojektmanagement ist algorithmisch extrem komplex. Automatisierte Unterstützung dafür ist eine relativ neue Disziplin. Auch ist die Disziplin in der Praxis noch nicht weit verbreitet.

Unterstützung: Management von Softwareservices (SOA)

Bisher haben wir nur von ganzen Anwendungen als Gegenstand des Managements gesprochen. Mit dem Thema SOA wird es aber auch realistisch sein, dass man Services managen muss. Services im Sinne einer SOA sind Teile von Anwendungen, die als Softwareservices zur Verfügung gestellt werden. Diese Disziplin, englisch auch »SOA-Governance« genannt, ist vergleichsweise neu, und entsprechend haben sich bei der Werkzeugunterstützung in IPITs noch wenig Standards durchgesetzt. Als Tendenz ist jedoch die Anforderung zu erkennen, dass das IPIT in der Lage sein sollte, aus dem meist vorhandenen SOA-Repository (Service-Registry) die Beschreibungen der technischen Services zu importieren, um sie mit den fachlichen Services, die in einer Unternehmensarchitektur im IPIT modelliert sein sollten, zu verknüpfen. Auf diese Weise kann auch eine Verbindung zu Geschäftsprozessen und Capabilities hergestellt werden. Eine entsprechende User Story ist in Abschnitt 4.8 über Service Portfolio Management enthalten.

SOA-Governance

12.2.5 Nicht funktionale Anforderungen an IPITs

Die Mehrzahl der oben beschriebenen Anforderungen sind funktionaler Natur. Die Werkzeugstudie der Technischen Universität München [sebis08] hat darüber hinaus häufig anzutreffende nicht funktionale Anforderungen untersucht.

Anforderung: Prozessunterstützung

Ein IPIT sollte neben der reinen Pflege von Bestandsdaten über die Anwendungslandschaft eines Unternehmens auch Workflows z.B. für Genehmigungsprozesse unterstützen, und zwar nach Möglichkeit konfigurierbar. Teamsupport kann daraus bestehen, dass Aufgaben generiert, weitergereicht und terminlich nachgehalten werden. Es sollte möglich sein, bestimmte Aufgaben, die eine Zusammenarbeit erfordern, als Geschäftsprozesse zu definieren.

Anforderung: Konfigurierbarkeit des Metamodells

Es wird kaum jemals der Fall sein, dass ein Anwenderunternehmen ein IPIT zu 100 Prozent unverändert einsetzt. Typische ERP-Systeme verfügen über Customizing-Möglichkeiten, und auch IPITs benötigen die Fähigkeit, dass das Metamodell und die Funktionalität über Customizing angepasst werden können.

Wenn es z. B. in einem Großkonzern einheitlich geforderte Informationen über ein Projektportfolio gibt, die der Zentrale geliefert werden müssen, und wenn diese speziellen Attribute noch nicht im Informationsmodell des IPIT enthalten sind, dann muss das Metamodell des IPIT um solche Attribute erweitert werden. Auf Customizing sollte man jedoch wenn immer möglich verzichten, weil man Anpassungen meist in jedem neuen Release eines Werkzeugs erneut durchführen muss. SAP-Systeme mit Tausenden vom Anwenderunternehmen programmierten Spezialprogrammen sind ein immer wieder gerne zitiertes Negativbeispiel. In solchen Fällen werden die Vorteile gekaufter Standardsoftware durch übertriebenes Customizing schnell zunichte gemacht.

Anforderung: Abdeckung bekannter Frameworks durch das ausgelieferte Metamodell

Diese Anforderung spielt nur dann eine Rolle, wenn eine IT-Organisation schon ein bekanntes IT-Unternehmensarchitektur-Framework wie z. B. TOGAF 9.x [TOGAF9.1] eingeführt hat und ein Werkzeug dafür sucht, das dieses Vorgehen unterstützt. Oben haben Sie gesehen, dass IT-Unternehmensarchitektur nur ein Teil des sinnvoll in einem IPIT abzubildenden Funktionsumfangs ist. Ein reines Architekturwerkzeug ist keine Lösung, die die Unterstützungsgruppe des IT-Verantwortlichen (CIO-Office) auch nur mittelfristig wirklich weiterbringt. Von daher leitet diese Anforderung eher in die Irre. Auch lässt sich beobachten, dass es relativ egal ist, welches Modellframework man benutzt. Wesentlich ist, dass man eines benutzt. Solange Ihr IPIT-Werkzeug ausreichend umfangreich ist, ist dieser Punkt nicht erfolgskritisch.

Anforderung: Reichhaltigkeit unterstützter Visualisierungsarten, Flexibilität der Visualisierung

In Kapitel 5 wurden diverse Formen von Softwarekarten erläutert. Ein IPIT-Werkzeug sollte diese möglichst komplett unterstützen und so flexibel sein, dass man auch noch neue Kartenarten definieren kann.

Anforderung: Flexibilität der Reporting-Funktionen

Dass automatisch zu generierende Berichte und Dokumente nicht nur starr vordefiniert sein dürfen, sondern auch anpassbar sein müssen, sei hier nur erwähnt, damit es bei einer eventuellen Evaluierung nicht vergessen wird. Eigentlich ist dieser Punkt eine Selbstverständlichkeit.

Anforderung: Unterstützung für die Zusammenarbeit mehrerer Benutzer (Usability)

Ein IPIT wird nur dann erfolgreich sein, wenn die Inhalte nicht zentral gepflegt werden, sondern dezentral. Ferner ist es erfolgreicher, wenn es ähnlich wie ein ERP-System fast jeder Mitarbeiter der IT-Funktion benutzt und das auch gerne tut. Damit muss ein IPIT für Dimensionen von mehreren Tausend Benutzern ausgelegt sein und damit technisch mehrere Hundert gleichzeitig eingeloggte Benutzer »aushalten«. Außerdem müssen die Sperrkonzepte auf der darunter liegenden Datenbank so geregelt sein, dass sich Benutzer nicht gegenseitig blockieren (Stichwort: optimistische versus pessimistische Sperren). Damit die Benutzer gerne mit dem System arbeiten, muss das IPIT nicht nur performant sein, sondern auch sonst die Kennzeichen guter Benutzerfreundlichkeit aufweisen.

Anforderung: Unterstützung für Import und Export von Daten

Sie haben oben gesehen, dass ein IPIT Schnittstellen in viele Richtungen hat und deshalb auch gut integriert werden muss. Es benötigt also gute und einfach anzupassende externe Schnittstellen sowohl für Batch-Datenimport und -export als auch für Onlinezugriffe aus ERP-Systemen.

12.3 Möglicher Umfang von Planungswerkzeugen

Sie haben jetzt einen Überblick über den maximal möglichen Ausbau eines IPIT bekommen. In der Praxis werden viele, eher eingeschränkte Lösungen pauschal als »Werkzeuge für IT-Unternehmensarchitektur« angeboten. Diese Werkzeuge unterscheiden sich allerdings erheblich im Funktionsumfang und Anspruch. Daher sollen hier Leistungsklassen beschrieben werden. Diese Einteilung macht es Ihnen einfacher, den Umfang der Werkzeuge schnell einzuordnen und auf dieser Basis ein Gefühl für deren Leistungsfähigkeit zu bekommen.

12.3.1 Werkzeuge mit maximalem Umfang: das umfassende Informationssystem für die IT-Funktion?

Der maximale Umfang, der heute wünschenswert und denkbar ist, wäre ein voll integriertes Planungssystem für die IT-Funktion eines Anwenderunternehmens. Ein solches Werkzeug hätte den oben beschriebenen Umfang eines IPIT plus den Umfang aller Werkzeuge, die für das Betriebsmanagement benötigt werden (ITIL-Unterstützung), plus den Umfang aller Werkzeuge, die für den Softwareentwicklungs- und Wartungsprozess erforderlich sind. Abbildung 12–1 (S. 340) hat nur einen

Teil davon dargestellt. Dort fehlte noch die Werkzeuglandschaft für die Softwareentwicklung. Solche Werkzeuge sind derzeit auf dem Markt nicht zu bekommen, und es wäre auch die Frage, ob sie angesichts ihrer möglichen Komplexität überhaupt sinnvoll zu handhaben wären.

12.3.2 Werkzeuge mit realistischem Funktionsumfang: IPIT

Integrierte Planungswerkzeuge für die IT-Funktion (IPITs) sind auf dem Markt erhältlich. Das Prozess- und Funktionsblockmodell aus Abbildung 12–3 (S. 343) hat einen Überblick über die Funktionsblöcke eines IPIT in einer Vollausbaustufe gegeben, und in den darauf folgenden Abschnitten wurde der Funktionsumfang beschrieben. Werkzeuge dieses Umfangs stellen allerdings eher eine Minderheit der angebotenen Lösungen dar. Der Anspruch der Verkäufer mag vielleicht einem IPIT entsprechen, implementiert ist aber oft weniger, wie die Werkzeugstudie der Technischen Universität München [sebis08] zeigt.

12.3.3 Werkzeuge mit mittlerem Funktionsumfang: Aufsätze auf bestehenden Lösungen

Häufiger als IPITs, die als solche konzipiert wurden, findet man Aufsätze auf bestehenden Lösungen, die ursprünglich für andere Zwecke erstellt waren, z.B. für Geschäftsprozessmodellierung (bzw. Business Process Management, BPM) oder als UML-Werkzeuge. Sie haben zwar oft als Zielvision ebenfalls die Funktionalität von IPITs, werden diese aber nicht kurzfristig umsetzen können, weil das ursprüngliche Trägersystem eben nie als IPIT gebaut wurde.

Ergänzungen zu BPM-Werkzeugen

Viele sehr große Unternehmen haben seit den 1990er-Jahren Werkzeuge für BPM im Einsatz. Wenn solche Unternehmen ein Werkzeug für Architekturmanagement oder die integrierte Planung der IT benötigen, ist es für sie nur natürlich, bei dem Lieferanten ihres BPM-Werkzeugs nachzufragen, ob der nicht eine Lösung hat, bzw. ihn zu beauftragen, eine Lösung zu bauen. Dadurch sind bei den Herstellern prominenter BPM-Werkzeuge (z.B. ARIS oder Adonis) auch Zusatzkomponenten für das Management von IT-Unternehmensarchitekturen entstanden. ARIS ist inzwischen ebenfalls von der Software AG gekauft worden, sodass nur noch adoIT, eine Ergänzung des Prozessmodellierungswerkzeugs Adonis in diese Kategorie fällt. Gegenüber einem IPIT verfügen solche Lösungen meistens über funktional schwächere Komponenten für das Projektportfoliomanagement und müssen auch, was die Visualisierung und den Zeitbegriff in der Modellierung betrifft, oft noch aufholen[2].

Ergänzungen zu UML-Werkzeugen

Ein UML-Werkzeug ist ebenfalls bei den meisten IT-Anwendern im Einsatz. Wenn man also schnell eine Lösung z. B. für die Darstellung einer Anwendungslandschaft oder für Darstellungen in einem Anwendungshandbuch benötigt, liegt es nahe, solche Werkzeuge einzusetzen. Zumal es in UML ja auch das Konzept der Stereotypen gibt, mit denen man das Metamodell erweitern kann. Beim Einsatz in der Praxis wird man jedoch schnell Folgendes feststellen:

- Nicht alle UML-Werkzeuge haben gute und einfach zu bedienende Import-Schnittstellen. Es ist also nicht immer einfach, das Werkzeug mit Daten über Anwendungen zu bestücken, die man nicht von Hand eintippen möchte.
- Die Stereotypen sind bei manchen Werkzeugen alles andere als handlich. Der Umgang mit ihnen ist nur unzureichend standardisiert.
- Stereotypen sind bei den meisten Werkzeugen auf existierende Diagrammtypen beschränkt, und UML-Werkzeuge kennen z. B. keine Prozessunterstützungskarten.
- Darüber hinaus sind solche Lösungen nicht in die restliche Landschaft von Werkzeugen integriert.

Damit stößt man schnell an Grenzen. Statt UML-Werkzeuge sollte man besser ein IPIT einsetzen. Auch weil IPITs auf große Benutzergruppen eingerichtet sind (Multiuser-Fähigkeit, dezentrale Pflege, kein Flaschenhals durch zentrales Modell).

12.3.4 Werkzeuge mit geringem Funktionsumfang: Ad-hoc-Werkzeuge nur für Bebauungsplanung

Einige Softwarehäuser, die häufig als Berater gerufen werden, um lediglich eine Bebauungsplanung zu machen, haben dafür »kleine Werkzeuge« entwickelt, die im Rahmen der Beratungsaufgabe kostenlos mitgeliefert werden. Sie können allerdings auch kaum mehr, als Anwendungslandkarten zu zeichnen. Wenn man diese Werkzeuge nicht nur für eine singuläre Beratungsaufgabe, sondern längerfristig einsetzen möchte, wird man Folgendes feststellen:

---

2. Diese Folgerung steht zwar nicht direkt in der Werkzeugstudie der Technischen Universität München [sebis08]. Man kann sie allerdings durch Betrachtung der entsprechenden Management-Summaries schnell ableiten.

- Die Werkzeuge sind nicht in die sonstige Werkzeuglandschaft integriert. Damit erzeugt man eine »Insel«. Änderungen »auf anderen Inseln« erscheinen nicht automatisch auf dem eigenen Radarschirm. Das heißt, die Daten veralten auch in diesem Fall schnell.
- Die Pflege der Bebauungspläne ist meist nur zentral möglich: Das führt zu einem Flaschenhals bei den Architekturplanern, und die Daten veralten schnell.
- Die Funktionalität ist meist eingeschränkt auf ein Anwendungshandbuch und die dazugehörigen Kartendarstellungen.
- Das Erstellen von zeitlichen Projektionen ist oft mühsam, weil solche Werkzeuge meist keinen Zeitbegriff und keine interne Versionierung der Modelle enthalten.

Damit sind solche Werkzeuge ad hoc besser als PowerPoint oder Visio, aber langfristig bieten sie keinen wesentlichen Automatisierungssprung.

12.4 Herkunft der Werkzeuge

Wenn Sie verstehen wollen, was Ihnen angeboten wird, ist es gut zu wissen, wo der Werkzeughersteller herkommt, also in welchem Markt er sich früher bewegt hat. Der Markt für IPITs ist zwar inzwischen an die 15 Jahre alt, trotzdem kann man an den Werkzeugen ihre Geschichte noch ablesen, die teilweise in anderen Märkten begonnen hat – auch wenn sich dies langsam »abschleift«. Wir werden diese Richtungen daher kurz beschreiben, weil Sie damit besser verstehen, wo das betrachtete Werkzeug stark ist (da, wo es herkommt) und wohin es sich entwickeln muss.

Werkzeuge für Balanced Scorecards

Controlling   Solche Werkzeuge erlauben es, ein Management-Cockpit zu definieren, und fragen dann die Messwerte der KPIs aus diversen Systemen ab. Balanced-Scorecard-Werkzeuge sind oft auch gut im Verwalten unstrukturierter Informationen. Sie bringen meist wenig an Funktionalität für IT-Projektportfoliomanagement und IT-Architekturmanagement mit und werden nur in Ausnahmefällen dafür geeignet sein, in Richtung IPIT zu gehen. Solche Werkzeuge sind inzwischen aufgrund ihres ursprünglich geringen Funktionsumfangs eher auf dem Rückzug und nur noch selten anzutreffen.

Metaeditor-Werkzeuge

Metaeditor-Werkzeuge sind Werkzeuge, die es erlauben, sich zuerst selbst ein Metamodell zu bauen und dann darauf einen visuellen Editor zu erstellen. Der Markt für Metaeditoren umfasste zu Zeiten der New Economy mehr als 30 kleinere Firmen. Einige von ihnen haben sich schon um das Jahr 2000, nach dem New-Economy-Hype, in Richtung Werkzeuge für IT-Unternehmensarchitektur oder IPIT orientiert.

Solche Hersteller haben meistens keine Probleme mit der Flexibilität ihrer hinterlegten Metamodelle und mit der visuellen Darstellung, da sie zu Beginn Werkzeuge entwickelt hatten, die Metamodellflexibilität als Designziel hatten. Funktional können sie recht unterschiedlich sein – je nachdem, wie lange und mit welcher Fokussierung sie sich auf dem IPIT-Markt bewegen. Diese Art Werkzeuge hat sich jedoch auf dem Markt gut gehalten und sogar ausgebreitet.

BPM-Werkzeuge

Die Hersteller von BPM-Werkzeugen wurden oben bereits erwähnt. Einige von ihnen fallen gleichzeitig unter die Kategorie »Hersteller von Metawerkzeugen«, da sie aus dem Metawerkzeugmarkt in den BPM-Werkzeugmarkt eingestiegen sind. Ein solches Beispiel ist BOC mit seinem Werkzeug adoIT, das aus Adonis entwickelt wurde.

Hersteller von Systemverwaltungssoftware

Diese Hersteller bieten vor allem Software für die Unterstützung von ITIL-Prozessen an. Darunter finden sich große Hersteller von Systemmanagementwerkzeugen, wie z.B. IBM, CA oder BMC. Als Hersteller von Software für IT-Unternehmensarchitektur sind sie alle noch nicht aufgefallen.

Hybride Wikis

Seit ca. 2010 ist ein neuer Typ von Wikis aufgetaucht, der sich als leichtgewichtiges EAM-Tool einsetzen lässt. Diese sogenannten hybriden Wikis werden in Abschnitt 5.4.2 (S. 182) näher beschrieben.

12.5 Marktsituation

Insgesamt kann beobachtet werden, dass der Markt für IPITs weiter wächst, aber gleichzeitig trotz eines Marktalters von ca. 15 Jahren immer noch stark fragmentiert ist. Bei einigen Key Playern handelt es sich im Vergleich zu den großen ERP-Herstellern wie SAP oder Oracle allesamt um recht kleine Firmen. Es verwundert, dass in diesem Markt noch keine starke Konsolidierung stattgefunden hat. Eine Ausnahme bilden hier alfabet und ARIS, die beide von der Software AG gekauft wurden.

- Große Softwarehersteller haben darüber hinaus bisher nicht im großen Umfang IPIT-Hersteller gekauft. Beispiel neben ARIS/alfabet war das EAM-Tool von ehemals Telelogic. Telelogic wurde 2008 von IBM Rational erworben und firmierte dann als »Rational System Architect«. In diesem Fall gab es sogar das Gegenteil von weiterer Konzentration: Das Tool »System Architect« wurde per 31.12.2015 von IBM wieder an eine kleinere Firma (Unicom[3]) verkauft.
- IPIT-Hersteller haben sich nicht im großen Umfang gegenseitig gekauft, so wie das in ähnlichen Märkten normalerweise geschieht, um Marktanteile zu bekommen.

Warum sich dieser Markt in den letzten 15 Jahren also eher atypisch verhalten hat, kann hier nicht geklärt werden. Eine mögliche Ursache sind vielleicht die insgesamt vergleichsweise geringen Umsätze im Markt der EAM-Tools. Wenn sich die Umsatzgröße eines nach Gartner Topherstellers[4] (Mega) bei ca. 50 Mio. USD bewegt, dann hat man es hier nicht mit einem Multi-Milliarden-Markt zu tun, der die ganz großen Hersteller anlockt. Sie haben damit dann das Risiko, dass Sie von Ihrer Lösung wieder weg migrieren müssen, wenn Ihr Hersteller dann doch gekauft wird. Wobei es fast egal ist, für welches Werkzeug Sie sich entscheiden. Das Risiko ist bei dem Werkzeug des verbliebenen etablierten Großherstellers (Software AG) am geringsten. Für dieses Tool werden aber auch erhebliche Lizenzgebühren berechnet. Des Weiteren haben Sie verschiedene Leistungsstufen zur Auswahl, die in Abschnitt 12.3 beschrieben wurden. Diese reichen von einfachen Zeichenwerkzeugen für Softwarelandkarten bis zu Werkzeugen, deren Installation einen kleineren ERP-Rollout erfordert (IPITs). Langfristig

---

3. Siehe *https://teamblue.unicomsi.com/products/system-architect/*
   (aufgerufen am 26.10.2016).
4. Quelle: Gartner Magic Quadrant für EAM-Tools 2014:
   Frei verfügbar über *http://www.persys.com.mx/*
   Reporte_Gartner_EA%20Leader%20V4%20%202014%2009%2030).pdf
   (aufgerufen am 26.10.2016).

sind für sehr große Anwender nur größere Lösungen sinnvoll, weil die kleineren zu einem Fleckenteppich mit hohen Integrationskosten und hohem manuellem Konsolidierungsaufwand führen.

Abschließend kann festgestellt werden, dass die »Kinder des Schusters, die im Winter keine Schuhe besitzen«, heute zumindest auf dem Rückzug sind. Mit zunehmendem Druck durch Compliance-Initiativen aller Art werden sich IPITs noch weiter verbreiten. Eine zu hohe Geschwindigkeit sollte man dabei jedoch weiterhin nicht erwarten.

Compliance-Druck steigt.

13 Lean und Agile EAM

Auf reifen Märkten mit reifen Produkten entstehen Produktvarianten, um auch noch Marktnischen abzuschöpfen. In der Kindheit vieler Leser gab es Coca-Cola. Heute gibt es eine Light-Variante, eine Light-Variante mit einem etwas anderen Geschmack, Kirschgeschmack, Vanillegeschmack, Varianten mit speziellem Süßstoff, Varianten ohne Coffein und noch mehr. Wenn einem Lean EAM und agiles EAM das erste Mal begegnen, kann man zunächst den Eindruck gewinnen, dass man mit etwas Ähnlichem konfrontiert wird. EAM ist – wie man auch an der Tatsache sieht, dass es dieses Buch nach zehn Jahren in einer dritten Auflage gibt – über die Zeit immer stabiler geworden. Es gibt also durchaus Beratungsunternehmen, die, um auf einem an sich reifen Markt Umsatz zu machen, die Begriffe dieses Marktes mit Buzzwords aus aktuellen Themenfeldern kombinieren. Sie tun das, um in einem reiferen Markt noch Marktanteile zu bekommen. Im vorliegenden Fall von EAM ist beim Autor zunächst der Eindruck entstanden, dass Marktteilnehmer EAM mit Trends kombiniert haben, die bei Entscheidungsträgern positiv belegt sind: Lean und agil gelten als »hoch dynamisch« und sind bei vielen Vorständen inzwischen positiv belegt. Beide Ansätze versprechen, schneller und preiswerter Software zu liefern, die im Falle von agil auch den Bedarf der Benutzer besser treffen soll.

EAM hat Reife erreicht.

Die obige Sicht hat man schnell, wenn man gewohnt ist, pragmatisch zu agieren und sein EAM so zuzuschneiden, dass genau die Dinge getan werden, die im Interesse der Beteiligten (Stakeholder) liegen, und nicht überflüssigerweise mehr. Das hier vorgestellte musterbasierte EAM ist also in gewissem Sinne Lean, weil bei konsequentem Einsatz der Muster genau verhindert werden sollte, dass in großem Umfang überflüssige Dinge getan werden. Es wird also »Verschwendung vermieden«. Es sollte aber nicht verschwiegen werden, dass es Unternehmen gibt, in denen wirklich EAM mit sehr viel Bürokratie und ohne Rücksicht auf das unbedingt Notwendige betrieben wird. In einem solchen Umfeld kann es sehr nützlich sein, einen Begriff wie Lean zu ver-

Musterbasiertes EAM ist bereits bedarfsgerecht.

Agiles EAM wenden, um einen notwendigen Wandel und eine notwendige Verschlankung herbeizuführen.

Agil ist ein musterbasiertes EAM damit noch nicht unbedingt. Hierzu wenden wir uns wieder der Diskussion aus Kapitel 2 zu. Dort wurde unterschieden zwischen IT-Unternehmensarchitektur als Verb – also der Tätigkeit IT-Unternehmensarchitektur – und IT-Unternehmensarchitektur als Substantiv – also die Architektur, die durch die Tätigkeit der IT-Unternehmensarchitekten erzeugt wird.

Dass man die Tätigkeit IT-Unternehmensarchitektur leicht auch »agil« ausüben kann, dürfte einsichtig sein. Dies wird in Abschnitt 13.2 diskutiert zusammen mit der Anwendung von Lean-Praktiken für Prozesse der IT-Unternehmensarchitektur. Die weiteren Tipps für pragmatische Architekturarbeit, die in Kapitel 14 vorgestellt werden, sind darüber hinaus weiter gültig, auch wenn sie nicht ausschließlich mit den Schlagwörtern »Lean« und »agil« zu tun haben.

Was »agile Architektur« als Substantiv bedeutet, dürfte vielen Architekten heute noch nicht so intuitiv klar sein.

> **Agile Architektur** ist diejenige Software- und IT-Unternehmensarchitektur, die es einem Unternehmen ermöglicht, sich schnell und flexibel – also agil – an sich ändernde Marktbedingungen anzupassen [Bloomberg13].

Agile Softwarearchitektur Was solche Architekturen auszeichnet und wie man sich ihnen heute annähert, zeigt Abschnitt 13.3. Ihnen werden dabei einige der Makro-Architekturmuster aus Kapitel 9 wieder begegnen. Es ist nicht wirklich ein Zufall, dass Cloud, Microservices, SOA und REST heute breit diskutiert werden. Sie sind wichtige Bausteine einer »agilen Softwarearchitektur«.

Bevor hier die Anwendung von Lean- und agilen Methoden diskutiert wird, werden kurz die Prinzipien, die dahinter stehen, eingeführt und auch miteinander abgeglichen, damit eine gemeinsame Begriffsbasis vorhanden ist, um in der Folge die Anwendung auf IT-Unternehmensarchitektur diskutieren zu können.

13.1 Lean und IT-Unternehmensarchitektur

Dieser Abschnitt soll Ihnen zunächst die Grundlagen und Prinzipien von Lean kurz in Erinnerung rufen. Wenn Sie sich tiefer einarbeiten wollen, empfehlen wir Ihnen die Lektüre weiterer Werke zu den Themen Agile oder Lean, z. B. die jeweils zitierte Literatur.

13.1.1 Lean-Prinzipien

Dem Thema »Lean« nähert man sich vermutlich am einfachsten über das Durchgehen der sogenannten Lean-Prinzipien an. Dabei stellt man fest, dass diese in der Literatur äußerst unterschiedlich wiedergegeben werden. Liker [Liker04] hat sich dabei sehr stark am Toyota-Produktionssystem orientiert. Bente et al. [Bente+12] setzen mit ihren sieben Prinzipien auf den Arbeiten von Poppendieck auf ([Poppendieck06], [Bente16]). Für das Buch von Hanschke [Hanschke14] ist dem Autor nicht bekannt, wie die fünf Prinzipien, die dort verwendet werden, ausgewählt wurden. Alle Ansätze nennen sich Lean, obwohl sie sehr unterschiedliche Teilmengen möglicher Lean-Prinzipien verwenden.

Lean wird unterschiedlich definiert.

Komus et al. [Liker04], [Bösenberg+95]	Bente et al. [Bente+12]	Hanschke [Hanschke14]
Kundenorientierung		Kundenorientierung
Verschwendung eliminieren	Eliminate Waste	Nutzen/Wertorientierung
Fließende Prozesse, just in time, Kanban		Flussprinzip
		Pull-Prinzip
		Null-Fehler-Prinzip
	Build Quality In	
Reflexion, 5-W-Methode	Create Knowledge	
	Defer Committment	
Kurze, planbare Intervalle	Deliver fast	
Arbeitsgruppen, Eigenverantwortung der Mitarbeiter, Genchi genbatsu: »Geh hin und schau nach.«	Respect People	
Ständige Verbesserung, KVP: Kontinuierlicher Verbesserungsprozess	Optimize the Whole	
Standardisierung		
Heijunka: Produktionsnivellierung		
Jidoka: Autonome Automation		
Andon: Visuelle Kontrolle (Art von Dashboards)		

Tab. 13–1
Abgleich der Lean-Begriffe verschiedener Autoren

Der Vergleich zeigt schon einmal, dass es durchaus unterschiedliche Auffassungen über das gibt, was unter Lean verstanden werden soll oder verstanden werden muss.

13.1.2 Lean auf Prozesse der IT-Unternehmensarchitektur anwenden

Wenn man sich also die Lean-Begriffe der obigen Tabelle 13–1 ansieht, dann ist zu erkennen, dass der gemeinsame Nenner durchaus überschaubar ist. Dieser kleinste gemeinsame Nenner wird hier kurz im Hinblick auf Prozesse der IT-Unternehmensarchitektur diskutiert:

- **Kundenorientierung**
  Es ist relativ »banal«, dass die Prozesse von IT-Unternehmensarchitektur so eingerichtet werden sollten, dass sie das liefern, was die internen Kunden (Stakeholder) benötigen. Darauf ist auch der komplette musterbasierte Ansatz ausgerichtet. Es werden nur diejenigen Managementprozesse, Visualisierungen und Metamodellanteile genutzt, für die es auch sinnvolle Abnehmer gibt. Es wird nicht jede mögliche Information gesammelt in dem Glauben, dass man sie irgendwann einmal für irgendetwas verwenden könnte.

- **Eliminate Waste**
  Das Vermeiden von Verschwendung geht in eine ähnliche Richtung, wobei man das noch feingranularer an den Mustern diskutieren könnte, was man bei der Erarbeitung von benötigten Ergebnissen »weglassen kann«. Dazu gibt es bei Bente et al. [Bente+12] oder auch Hanschke [Hanschke14] Listen potenzieller Stellen von Verschwendung, mit denen man seine Prozesse einer Überprüfung unterziehen kann.

Softwareproduktion ist keine Fertigung von physischen Gütern.

Damit erschöpfen sich die engsten Gemeinsamkeiten dann auch. Berater, die Lean EAM propagieren, sprechen dann gerne von **Wertflussorientierung**. Dass dieses Wort bei Senior Managern, vor allem von Beratungsunternehmen, Begeisterung auslöst, weil man glaubt, einen »Sales Point« gefunden zu haben, kann durchaus unterstellt werden. Was das allerdings genau ist, kann man sich am Beispiel einer Autoproduktion wie eben der von Toyota sehr gut vorstellen. Die Werkstücke kommen nie zur Ruhe, verlassen nach minimaler Zeit als fertiges Auto die Fabrik, können an den Kunden ausgeliefert werden und bringen maximal schnell Geld in die Kasse des Produktionsunternehmens. Wie man Wertflussorientierung auf Anwendungsportfoliomanagement anwenden kann, erschließt sich einem normal pragmatisch agierenden Unternehmensarchitekten spontan schon weniger. Im Anwendungsportfoliomanagement werden Informationen gesammelt, periodisch immer wieder ausgewertet, und es werden Entscheidungen auf Basis der gewonnenen Daten getroffen. Aber es wird nichts an einen Kunden ausgeliefert und schnell zu Umsatz gemacht. Bente erklärt die Wertflussorientierung daher eher mit dem Negativbeispiel, wenn Informationen nur gesammelt, aber nie sinnvoll verwendet werden [Bente16]. In einem solchen Fall ist nach Bente keine Wertflussorientierung vorhanden.

Dinge wie »**Build Quality In**« oder »**Optimize the Whole**« kann man in vielen Kontexten beobachten – natürlich auch im Kontext von Unternehmensarchitektur. Sie sind allerdings besser auf die Produktion von Software als auf das Management einer Softwarelandschaft anzuwenden, wobei man »das Ganze« recht abstrakt natürlich schon optimieren kann.

Viele der restlichen Praktiken aus der linken Spalte sind einfach gute Führungspraktiken. Damit kann man Lean EAM sicher verwenden, um eine verkrustete EAM einer extrem bürokratischen EAM-Gruppe als Manager aufzubrechen. Vernünftige Unternehmensarchitekten sollten allerdings nicht allzu weit von dem entfernt gearbeitet haben, was auch als Lean EAM firmiert.

13.2 Die Tätigkeit: agile Praktiken auf EAM-Prozesse anwenden

Bei den agilen Praktiken ist es weniger schwierig, die »genaue Definition« zu finden, was unter dem Agilen Manifest und darauf folgend den zehn agilen Prinzipien verstanden wird.

13.2.1 Agiles Manifest und agile Prinzipien

Um Ihren Lesefluss nicht durch die Suche nach einem anderen Buch zu unterbrechen, werden hier das Agile Manifest und die agilen Prinzipien abgedruckt. Um Übersetzungsfehler zu vermeiden, erfolgt dies auf Englisch (siehe Abb. 13–1).

Einige der Aussagen des Manifestes muss man im Hinblick auf IT-Unternehmensarchitektur zumindest mit einer gewissen Vorsicht handhaben. Das heißt nicht, dass man sich nicht nach ihnen richten kann, aber man sollte »wissen, was man tut«.

Working software over comprehensive documentation: Mit dieser Aussage können Sie den Compliance-Manager eines großen Aktienkonzerns, der SOX-pflichtig ist, einigermaßen unruhig machen. In Kapitel 6 wurde u.a. gezeigt, dass es gesetzliche Auflagen und Dokumentationspflichten gibt, die man besser einhält, weil man ansonsten im günstigeren Fall hohe Geldstrafen bezahlen muss und in schlechteren Fällen in Privathaftung gerät und/oder zu Gefängnisstrafen verurteilt werden kann. Für einzelne Softwarebausteine mag dieses Prinzip einfacher anzuwenden sein. Ausnahmen, wie FDA-Compliance, bestä-

Agile Prinzipien

Abb. 13–1
Das Agile Manifest[1]

> **Manifesto for Agile Software Development**
>
> We are uncovering better ways of developing software by doing it and helping others do it. Through this work we have come to value:
>
> **Individuals and interactions** over processes and tools
> **Working software** over comprehensive documentation
> **Customer collaboration** over contract negotiation
> **Responding to change** over following a plan
>
> That is, while there is value in the items on the right, we value the items on the left more.

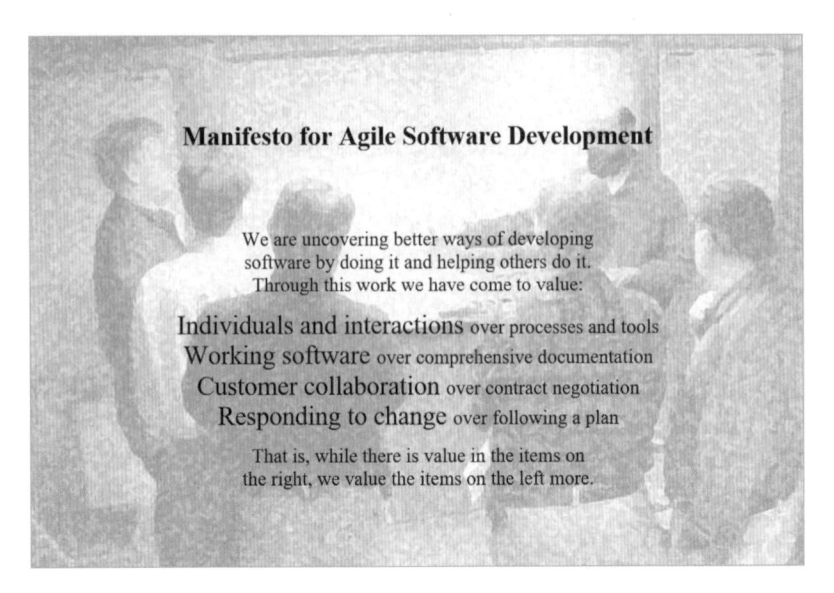

tigen die Regel. Auf der Planungs- und Risikomanagementebene eines Großkonzerns zeigen sie bestenfalls eine diskutable Richtung, dürfen aber nicht einfach naiv ohne Nachdenken umgesetzt werden.

Dasselbe gilt für **Responding to change over following a plan**: Dies wird von vielen IT-Schaffenden in Projekten als Vorwand genommen, erst gar keinen Plan zu machen, sondern sich mittels Scrum von Sprint zu Sprint zu hangeln. Auf der Ebene von unternehmensweiten Planungen ist das noch weniger anzuraten.

Direkte Kommunikation und **enge Zusammenarbeit mit den Stakeholdern** waren auch schon unter den Lean-Prinzipien zu finden und können relativ gefahrlos umgesetzt werden.

Agile Prinzipien können auch auf EAM angewandt werden.

Die in Abbildung 13–2 wiedergegebenen agilen Prinzipien sind auch auf der Ebene von IT-Unternehmensarchitektur vorbehaltlos unterstützbar. Dies bezieht sich dann vor allem auf die Vorgabefunktionen der IT-Unternehmensarchitektur im Sinne der Erstellung von Richtlinien und Leitplanken und für die Projektbegleitung. Hier ist agile Softwareentwicklung einfach moderne Softwareentwicklung. Diese Prinzipien werden – wie im Folgenden in Abschnitt 13.3 noch dargestellt wird – benötigt, um »agile Softwarearchitekturen« (im Sinne von Architektur als Substantiv) bauen zu können.

---

1. Quelle: *agilemanifesto.org* (aufgerufen am 24.07.2016).

> - Our highest priority is to satisfy the customer through early and continuous delivery of valuable software.
> - Welcome changing requirements, even late in development. Agile processes harness change for the customer's competitive advantage.
> - Deliver working software frequently, from a couple of weeks to a couple of months, with a preference to the shorter timescale.
> - Business people and developers must work together daily throughout the project.
> - Build projects around motivated individuals. Give them the environment and support they need, and trust them to get the job done.
> - The most efficient and effective method of conveying information to and within a development team is face-to-face conversation.
> - Working software is the primary measure of progress.
> - Agile processes promote sustainable development. The sponsors, developers, and users should be able to maintain a constant pace indefinitely.
> - Continuous attention to technical excellence and good design enhances agility.
> - Simplicity – the art of maximizing the amount of work not done – is essential.
> - The best architectures, requirements, and designs emerge from self-organizing teams.
> - At regular intervals, the team reflects on how to become more effective, then tunes and adjusts its behavior accordingly.

Abb. 13–2
Die Prinzipien der agilen Softwareentwicklung[2]

13.2.2 Abgleich Lean und Agile

Auch wenn Lean-Methoden und agile Methoden in anderen Kontexten entstanden sind, gibt es doch eine Menge Gemeinsamkeiten. Bevor im Folgenden die Gemeinsamkeiten gelistet werden, die wirklich umfangreich sind, soll jedoch auf einen grundlegenden Unterschied hingewiesen werden: Lean wurde für die Verschlankung von Massenproduktion erfunden. Dort ging es also nicht darum, wie bei der Softwareentwicklung mit jedem Vorhaben einmalig ein komplett neues Produkt zu erzeugen, sondern darum, die Wiederholung der Produktion immer wieder gleicher Artikel günstiger zu machen. Agile Entwicklung ist aus dem Ziel entstanden, den Kunden schnell mit genau der Software zu beliefern, die er benötigt. Abbildung 13–3 gibt das komprimiert wieder.

---

2. Quelle: *http://agilemanifesto.org/principles.html* (aufgerufen am 24.07.2016).

Abb. 13–3
Abgleich Lean versus Agile
auf hoher Ebene
(Quelle: [Komus+14])

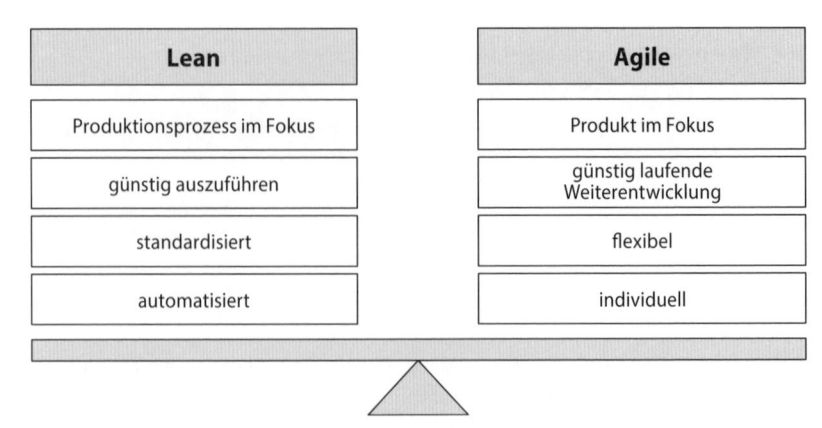

Lean	Agile
Produktionsprozess im Fokus	Produkt im Fokus
günstig auszuführen	günstig laufende Weiterentwicklung
standardisiert	flexibel
automatisiert	individuell

Es liegt in der Natur der Softwareentwicklung, dass ein Stück Software einmal gebaut und dann mit Null Grenzkosten beliebig reproduziert werden kann. Dies und den Forschungscharakter von Softwareerstellung sollte man bei allen Vergleichen von Lean und Agile immer berücksichtigen. Metaphern wie eine »Lean Software Factory« neigen schnell dazu, zu hinken.

Nun aber zu den Gemeinsamkeiten. Diese werden in Tabelle 13–2 dargestellt.

Tab. 13–2
Abgleich Lean und Agile –
Idee aus [Komus+14]

Lean	Agile
Grundsätzliche Ausrichtung	
Wertschöpfung für den Kunden	Optimales Erfüllen des Bedarfs des Kunden
Konzentration auf die Prozesse und Tätigkeiten, die Werte schöpfen	Vermeidung von Over-Engineering: »Do the simplest thing that might possibly work.«
Position zu Teams	
■ Arbeitsgruppen, ■ autonome Teams, ■ Eigenverantwortung von Mitarbeitern und Teams	■ Autonome Teams, ■ Selbstorganisation, ■ Eigenverantwortung der Teams
Standardisierung/Flexibilisierung	
Änderungen an Produkten und Prozessen werden als positiv gesehen, wenn sie mehr Wertschöpfung oder weniger Verschwendung bringen.	Änderungen am Produkt werden als etwas Positives angesehen (»embrace change«).
Feedback	
Stetiges Feedback dient der Verbesserung und Offenlegung von Defiziten.	Stetiges Feedback in kurzen Zyklen

Lean	Agile
Verbesserung	
Ständige Verbesserung. Ein endgültiger Zustand wird nie erreicht.	▪ Exzellente Mitarbeiter bauen exzellente Software. ▪ Permanente Verbesserung ▪ Endzustand durch »Projektende« ▪ Im Grunde aber ständige Verbesserung
Dauer der Bearbeitungsintervalle	
Kurze, gut planbare Intervalle	Kurze Zyklen
Nachhaltigkeit	
Gleichmäßige Verteilung der Produktionsauslastung	Beständiges Arbeitstempo halten, ohne zu überfordern (40-Stunden-Woche)

Die Tabelle zeigt, dass Lean und Agile viele Gemeinsamkeiten haben, vor allem, was die Themen »autonome Teams«, »Feedback« und »Streben nach ständiger Verbesserung« anbelangt. Im folgenden Abschnitt wird daher auch kein großer Unterschied mehr gemacht, wenn Lean- und agile Prinzipien auf die Prozesse von IT-Unternehmensarchitektur angewendet werden.

13.3 Das Substantiv: agile Softwarearchitektur

Sie können sich jetzt die Frage stellen, ob Sie allein durch die Anwendung von Lean-Prinzipien und agiler Arbeitsverfahren in der IT-Unternehmensarchitektur automatisch zu Softwarelandschaften kommen, die agil im Sinne der Erwartungen der Geschäftsseite sind, sich nämlich schnell an neue Gegebenheiten anzupassen. Die Antwort ist klar: **Nein!**

> Wie schon in der Einleitung dieses Kapitels erwähnt, ist agile Architektur diejenige Software- und IT-Unternehmensarchitektur, die es einem Unternehmen ermöglicht, sich schnell und flexibel – also agil – an sich ändernde Marktbedingungen anzupassen [Bloomberg13].

Nur weil man also bei der Erstellung der Pläne für eine Softwarelandschaft agile Prinzipien anwendet, muss das Ergebnis noch lange nicht automatisch auch eine »agile Architektur« sein.

Agile Architektur wird heute meist mit folgenden Architekturprinzipien in Verbindung gebracht:

- **Verwendung von RESTful Services**
  Wie in Abschnitt 9.3.3 erläutert wurde, erlaubt die Verwendung des REST-Architekturstils den relativ einfachen und flexiblen Aufbau von Services mit Mitteln von Webprotokollen, wie http://.
- **Verwendung von Microservices**
  Wie in Abschnitt 9.3.3 weiter zu sehen war, erlauben es Microservices getrennten Teams voneinander entkoppelt Features zu entwickeln. Die Teams können dazu auch getrennte Software-Stacks verwenden. Die Kombination aus REST und Microservices finden Sie bei mehr als einem Anbieter von Onlineportalen wie autoscout24.de [Wider+16] oder otto.de [Steinacker15].
- **Verwendung der Cloud**
  Nachdem REST und Microservices sehr gut mit ubiquitären Open-Source-Stacks entwickelt werden können, die auch häufig bei Cloud-Providern Anwendung finden, drängt sich die Implementierung als Lösung in der Cloud geradezu auf. Des Weiteren bietet sich an, die Anwendungen in einer Containertechnologie wie z.B. Docker zu entwickeln.
- **Kombination mit DevOps**
  Wenn die Teams für einzelne fachliche Bereiche nach Conways Law schon getrennt werden können und mit den Grenzen von Microservices zusammenfallen, dann ist es auch sinnvoll, DevOps-Techniken anzuwenden, also in der Lage zu sein, täglich oder sogar binnen Stunden auszuliefern
- **Herausforderung: Zusammenbau der User Interfaces**
  Ein wesentliches Problem ist noch, die von einzelnen Microservices gelieferten User-Interface-Fragmente (UI-Fragmente) zusammenzubauen ([Newman15], S. 68 ff.). Das Ziel sollte sein, dass – wenn man REST wirklich konsequent umsetzt – jeder Service UI-Bausteine liefern kann, sodass diese in einer Oberfläche nur noch zusammengesetzt werden müssen. Das Problem wird derzeit noch in diversen Blogs diskutiert ([Glozic14], [Steinacker15], [Wider+16]). Abbildung 13–4 zeigt das grundsätzliche Problem. Dabei gibt es jedoch zahlreiche Freiheitsgrade. Die fertige Seite (also das »fertige« Web-GUI) kann entweder auf einem Server zusammengebaut werden und geschlossen an den Browser ausgeliefert werden ([Steinacker15], [Wider+16]). Oder aber man könnte sich auch gerade im Falle von REST vorstellen, dass Oberflächenteile erst im Browser integriert werden. Es ist z.B. denkbar, dass HTML5-Dialogfragmente erst im Browser zusammengefügt werden. Dazu findet man dann allerdings keine aktuellen Blogeinträge mehr. Das Verfahren

scheint eher unüblich zu sein, obwohl es gerade bei REST durchaus möglich wäre, dass ein HTML5-Dialogfragment genau eine Repräsentation für ein fachliches Objekt ist.

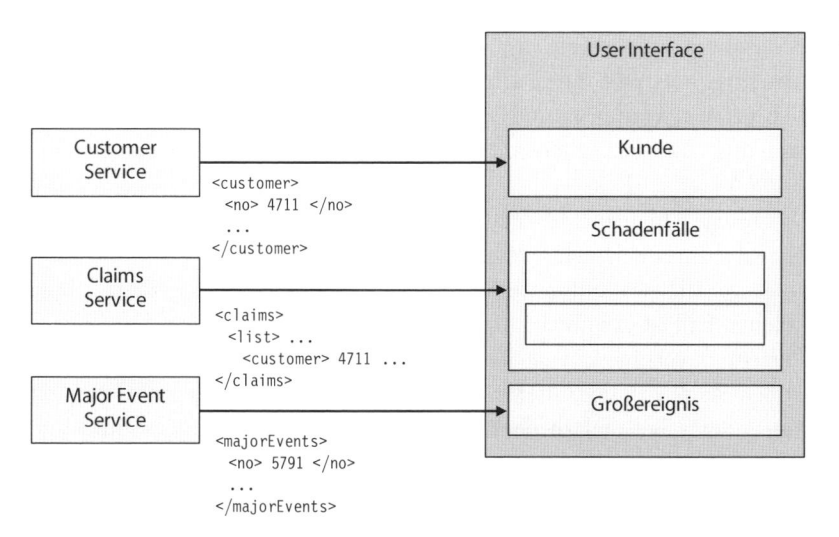

Abb. 13–4
Vertikale Services liefern fachliche Bausteine an eine Oberfläche.

- **Zuletzt erwähnt, aber wichtig: Facharchitektur**
  Entkopplung durch vertikale Microservices funktioniert nur dann gut, wenn eine Facharchitektur vorhanden ist, in der die fachlichen Domänen sauber voneinander getrennt und beschrieben sind. Wenn sich beispielsweise – um das Versicherungsbeispiel von Abschnitt 9.3.3 zu verwenden – in einer Schadenakte Funktionalität für In- und Exkasso befindet, dann bekommt man mit hoher Wahrscheinlichkeit redundante fachliche Funktionalität. Dies ist ein wesentlicher Grund dafür, warum in Projekten, die mit REST und Microservices arbeiten, immer wieder Wert darauf gelegt wird, die Fachlichkeit sauber zu zerlegen. Das heißt aber auch, gerade wenn man mit REST und Microservices arbeitet, sollte man über eine gute Facharchitektur und ein gutes Modell von Business Capabilities als Leitplanken für die Zerlegung der Funktionalität verfügen.

Facharchitektur

Aus diesem Abschnitt konnten Sie mitnehmen, dass es mehr gibt als nur »agile Prozesse« bei der Erstellung von Software, sondern dass man auch versuchen kann, die Software selbst »agil« zu machen – also so zu bauen, dass sie schnell an die Bedürfnisse des Auftraggebers angepasst werden kann. Oder anders formuliert: Nur, weil man bei der Erstellung der Pläne für eine Softwarelandschaft agile Prinzipien und Prozesse anwendet, muss das Ergebnis noch lange nicht automatisch auch eine »agile Architektur« sein, die zu veränderungsfreundlicher Software führt.

REST

Auf der Basis von REST, Microservices, Containern und der Cloud werden zwar heute schon recht flexible Architekturen aufgebaut. Allerdings sind noch lange nicht alle Probleme so stabil und eindeutig gelöst, dass man dazu weitverbreitete Lehrbücher findet. Die von Bloomberg postulierte agile Architektur [Bloomberg13] ist zwar absehbar – es gibt dafür allerdings noch kein Kochbuch, das einheitlich gelehrt werden kann. Die Kochrezepte muss man sich eher mühsam aus Blogs zusammensuchen, siehe z.B. [Glozic14], [Steinacker15] und [Wider+16].

Architekturstile werden erst erprobt.

Einige Themen sind auch schlicht noch nicht ausreichend praktisch erprobt: Zum Beispiel, wie man Microservices oder Self Contained Systems auf die Bestandssysteme einer bestehenden IT aufsetzt. In einem solchen Fall ist es ja nicht sinnvoll, wenn die Microservices über eigene Persistenz verfügen, weil die dahinterliegenden Bestandssysteme einen vollen Stack von der Oberfläche bis zur Persistenz enthalten. Oder, um ein anderes Beispiel zu nennen, wie geht man damit um, wenn Hunderte Entwickler gleichzeitig anfangen, mit hoher Produktivität Microservices zu entwickeln? Wie regelt man hier das Governance-Thema bzw. wie verhindert man zu viel Redundanz? Diese beiden Themen müssen für den Einsatz bei Großanwendern noch gelöst werden – beispielsweise durch Pilotprojekte. Fertige Lösungen, z.B. in Buchform beschrieben, sind zum jetzigen Zeitpunkt (Februar 2017) noch nicht verfügbar.

14 Pragmatische Vorgehensweisen

In diesem Kapitel werden Sie pragmatische Vorgehensweisen bei der Einführung und Umsetzung von Unternehmensarchitekturen kennenlernen, z.B., wie Sie das Budget für diese Aufgaben bei Ihrem Auftraggeber rechtfertigen können. Denn die praktische Erfahrung im Unternehmensalltag zeigt, dass viele Dinge, die sinnvoll und wirtschaftlich sind, trotzdem nicht realisiert werden, weil z.B. das Management andere Prioritäten hat – selbst dann, wenn dezidiert nachgewiesen werden kann, dass der ROI dadurch höher ist als bei anderen Maßnahmen.

Systematische Einführungsstrategien für EAM finden Sie im nächsten Kapitel. Betrachten Sie dieses Kapitel als eine Art Abschnitt zu »Frequently Asked Questions«, der Ihnen ein paar Tricks zeigt, mit denen Sie in der Praxis Wege abkürzen können. Mit diesen Tricks können Sie u.U. sehr viel Geld einsparen. Die Widerstände gegen EAM, die in diesem Kapitel immer wieder durchscheinen, müssen nicht in jedem Unternehmen so auftreten. Dieses Kapitel zeigt teilweise einen »Worst Case«. Wenn Sie allerdings in der Lage sind, mit einem solchen umzugehen, können Sie EAM auch in einfacheren Umfeldern gut rechtfertigen.

FAQs für IT-Unternehmensarchitektur

14.1 Angemessenes Budget für IT-Unternehmensarchitektur

Es kommt nicht selten vor, dass Ihr Management betont, wie wichtig Architektur doch sei. Wenn es dann allerdings zur Rüttelphase einer mittelfristigen Planung kommt, findet sich die Architekturgruppe allzu oft ohne ausreichende Budgetmittel wieder. In diesem Abschnitt bekommen Sie daher Informationen dazu, was die »normale Personalausstattung« einer Gruppe für IT-Unternehmensarchitektur ist und in welcher Höhe ein Unternehmen damit Einsparungen realisieren kann. Sie werden sehen, dass man in den meisten Unternehmen durch IT-Unternehmensarchitektur wesentlich mehr in Form von Einsparungen erwirtschaften kann, als die Personaldecke der Architekturgruppe kostet. Sie bekommen in diesem Abschnitt redundante Argumente an die Hand nach dem Motto »Viel hilft viel«, denn meistens kann man sich mit nur einem Argument noch nicht durchsetzen.

14.1.1 Zahlt sich IT-Unternehmensarchitektur aus?

Architektur bringt mehr ein, als sie vordergründig kostet.

Um die Antwort an den Anfang der Erläuterungen zu stellen: Ja! IT-Unternehmensarchitektur spielt mehr ein, als das Personal kostet, oder um John A. Zachman zu zitieren:

> **Architecture is free!**
> Quelle: [Zachman97]

Würde Ihr Topmanagement also auf eine Planung der IT-Architektur komplett verzichten? Eigentlich sollte diese Frage gar nicht gestellt werden. Stellen Sie sich vor, Sie würden den Vorstandsvorsitzenden oder IT-Vorstand Ihres Unternehmens fragen, ob er nicht der Meinung sei, dass die Buchhaltung aufgelöst oder das Controlling eingespart werden kann. Versuchen Sie z.B. einmal folgende Argumentation anzubringen:

> *Das Management muss ja nicht wissen, welche Anlagen und Maschinen in der Firma vorhanden sind. Das Wissen über die dabei anfallenden Kosten ist komplett verzichtbar wie auch eine Unternehmensplanung an sich unnötig ist.*

Sie werden im besten Fall nur ungläubiges Kopfschütteln ernten. Im Regelfall wird man Sie für verrückt erklären. Konsequent weitergedacht heißt das aber, dass es eigentlich keine Frage sein sollte, ob Ihre Firma ihr Inventar an Software kennen muss und managen kann. Die Frage, ob man das Anlagevermögen »Software« ordentlich inventarisiert, plant und kontrolliert, ist kein anderes Thema. Aber im Gegensatz zu Buchhaltung, Controlling oder Unternehmensplanung ist IT-Unternehmensarchitektur eine jüngere Disziplin.

Planung sollte selbstverständlich sein.

Obwohl es vernünftig ist, wenn ein Unternehmen seine Investitionen in Software ordentlichen Planungsprozessen unterwirft, werden Sie in der Praxis immer wieder Probleme haben, das Budget für IT-Unternehmensarchitektur durchzusetzen. Und das, obwohl das Management des Anwendungsportfolios in seiner einfacheren Form doch »nur« das Inventar der vorhandenen großen Anwendungssysteme darstellt.

Das obige Argument ist somit gut einzusetzen, wenn Sie immer wieder die Frage gestellt bekommen, ob das, was Sie als IT-Unternehmensarchitekt machen, eigentlich notwendig ist.

Architecture is free

Plastisch beschreibt John A. Zachman auch, warum Investitionen in die Architektur sich auszahlen.

John A. Zachman über den Nutzen von Architektur

> **Architecture is free**
>
> Top Management in every Enterprise is under heavy pressure to improve performance. To quote Doug Ericson once again: »In 1967, 40–50 percent of the cost of a product was direct labour cost. Today the direct labour cost ratio is often as low as 15 percent.« Where do you think management is going to get any more major chunks of cost reduction? It looks to me like these enormous costs of architectural discontinuities and redundancies are now »low hanging fruit« just waiting to be picked. <…>
>
> New Enterprises have the luxury of the opportunity for doing it right. The older Enterprises have the necessity of doing it over. Bill Smith argues that cost of replacing the legacy is not even an issue. The new entrants and competition are forcing the legacy systems to be re-written.
>
> The only question is, how long will it be, and are they going to be architected … or just re-written? If they are architected, architecture would be (virtually) free because if they are merely re-written, they are re-re-written every time the new entrants, competition or market demand forces new changes into the Enterprise, which is happening with increasing frequency.
>
> Quelle: [Zachman97]

Für Architekten sind diese Argumente gut nachvollziehbar und völlig logisch. Dem Autor ist es leider noch nicht gelungen, damit »harte Controller« weich zu machen, weil selbst die niedrig hängenden Früchte noch mehr als zwei Quartale benötigen, bis die Ernte sichtbar wird. Aber es gibt ja noch mehr Argumente.

Die Kinder des Schusters haben die schlechtesten Schuhe

Als weiteres Argument auf derselben Ebene könnten Sie anführen, dass es ja wohl nicht sein kann, wenn die Betreiber von integrierten Planungssystemen selbst keine verwenden. Als IT-Dienstleistungsunternehmen betreiben Sie meistens ERP-Systeme für Ihre Kunden. In diesen werden Buchhaltung, Controlling, Waren- und Leistungsflüsse minutiös genau abgebildet und geplant.

Die Kinder des Schusters haben oft die schlechtesten Schuhe.

Sie haben vielleicht sogar eine besonders gründliche Buchhaltung, die aus steuerlichen Gründen jedes Gästeessen im Wert von 5,- Euro genauestens nachvollzieht und dokumentiert. Aber die IT-Funktion weiß oft noch nicht einmal, welche und wie viele Anwendungen sie in welchem Zustand hat. Sie wissen aber, dass die Summe dieser Anwendungen einen drei- bis vierstelligen Millionenbetrag wert ist.

Sie sind also ein Schuster, der seinen Kunden Schuhe (ERP-Systeme) verkauft, und haben selbst oft kein ERP-System, mit dem Sie Ihre eigenen Assets planen. Sie tragen also selbst keine Schuhe.

Nehmen wir nun an, dass Ihr Topmanagement gegenüber beiden Argumenten nicht aufgeschlossen ist, weil die Kollegen lediglich von Themen getrieben sind, die kurzfristige Kosteneinsparungen bringen.

Leerkapazitäten

Abschalten von Leerkapazitäten

In einem solchen Fall können Sie fragen, ob im Unternehmen bekannt ist, wie viele Systeme eigentlich leer mitlaufen, wie viele Batch-Jobs gar nicht gebraucht würden und was passiert, wenn man einen bestimmten Unix- oder Windows-Server abschalten würde.

Ohne ein ordentliches Anwendungsportfolio- und Konfigurationsmanagement sind diese Fragen schwer zu beantworten. Sie können dann schätzen, wie viel Prozent der Host-CPU leer laufen oder wie viele Server mit Anwendungen laufen, die unter Umständen nicht gebraucht werden, die aber jeden Tag Betriebskosten verursachen.

Alle diese Fragen lassen sich ohne ein Minimum an Ordnung schwer oder gar nicht beantworten. Wenn diese drei Argumente nicht überzeugen, haben wir hier noch ein paar mehr.

Business Continuity Management

In Kapitel 6 über IT-Architektur und Compliance haben Sie gesehen, dass zunehmend Tendenzen bestehen, Topmanager schadenersatzpflichtig zu machen, wenn sie fahrlässig Risiken ignoriert haben, die zu einem Bankrott ihres Unternehmens führen.

Business Continuity Management beschäftigt sich mit der Frage, wie lange die Geschäftsprozesse eines Unternehmens funktionieren, wenn das Personal oder die IT-Unterstützung ausfällt. Dabei reicht es nicht aus, lediglich technisch nachzuweisen, dass ein Rechenzentrum ausfallsicher ist. Man sollte vielmehr den Nachweis führen können, welche Geschäftsprozesse durch den Ausfall welcher Komponenten zum Stillstand kommen.

Dieses Wissen ist auch nützlich, wenn man wirtschaftlich besser argumentieren möchte, bei welchen Komponenten es sich wirklich lohnt, sie ausfallsicher zu machen, und bei welchen Komponenten man eventuell Overengineering betreibt. Das heißt, viele Unternehmen machen auch solche Komponenten routinehalber ausfallsicher, die zu keinem kritischen Geschäftsprozess beitragen. Dadurch werden unnötige Kosten verursacht. Hier kann man als IT-Unternehmensarchitekt oft noch erhebliche Einsparpotenziale aufzeigen.

Um Business Continuity Management ordentlich zu betreiben, benötigt man u.a. ein Inventar der Anwendungen und ein Inventar der Geschäftsprozesse, die damit unterstützt werden, sowie Informationen darüber, auf welchen physischen Knoten die Anwendungen laufen und wie ausfallsicher diese sind.

Wenn Sie alle diese Argumente vorgebracht haben und Ihr Management weder durch Unordnung noch durch die Perspektive von Privathaftung im Katastrophenfall zu beeindrucken ist, können Sie weiter mit Investitionslenkung argumentieren.

Langfristige Einsparungen durch Portfoliomanagement

Wie schon im Zusammenhang mit der Geschichte über die magische Orange (siehe S. 53) erwähnt, verkaufen viele Berater heute sogenannte IT-Fitnessprogramme und versprechen dabei Einsparungen von 25–40 Prozent des IT-Budgets. Die Wahrscheinlichkeit, dass solche Berater auch Ihren Vorstandsvorsitzenden, Finanzvorstand oder den IT-Vorstand besucht haben, liegt nahe bei 100 Prozent. Diese Kollegen verwenden dann gerne Darstellungen, wie z.B. die schon diskutierten IT-Fitnessprogramme (siehe Abb. 3–2, S. 49). In Abbildung 3–2 sind mögliche Verbesserungsmaßnahmen nach den zwei Kriterien Kostensenkungen und Fristigkeit in einer 2×2-Matrix eingeordnet. Berater argumentieren dabei in der Regel, dass IT-Unternehmensarchitektur ca. drei Jahre bis zu einem eingeschwungenen Zustand benötigt, um wirksam zu werden, und ab dann Gesamteinsparungen von um die 5 Prozent des IT-Budgets einbringt: alleine durch Vermeidung von Fehlentwicklungen, eine gesteigerte Wiederverwendung von Konzepten und Software sowie durch eine bessere Planung der Anwendungslandschaft.

Wenn man das auf eine typische große IT-Funktion mit ca. 500 Mio. bis zu 1 Mrd. Euro Budgetvolumen hochrechnet, ist man schnell bei dauerhaften Einsparungen von ca. 20–40 Mio. Euro pro Jahr durch Etablierung einer professionellen IT-Unternehmensarchitekturfunktion. Damit kann man ein Architekturteam der Größe von fünf bis 20 Personen, wie es in Abschnitt 14.1.2 noch diskutiert wird, problemlos finanzieren.

Geht es nicht schneller?

Nur wenige Vorstände werden Ihnen offen sagen, warum Sie auch mit solchen guten Argumenten immer noch kein Budget bekommen: z.B. weil ein Vorstand unter Umständen wesentlich kurzfristiger als binnen drei Jahren Resultate liefern soll. Wenn Sie das Gefühl haben, dass dies

Quick Wins

der Fall ist, können Sie prüfen, ob man nicht noch kurzfristiger durch Architekturmaßnahmen Einsparungen abliefern kann. Dafür eignen sich zwei Hebel:

- **Optimierung der Infrastruktur**
  Möglicherweise werden Sie Workloads finden, die, »weil sie schon immer da waren«, auf zu teuren Plattformen installiert sind. Sie können z. B. überprüfen, ob es sich rechnet, dass eine Workload, die man möglicherweise auch auf WIntel-Servern[1] laufen lassen kann, von einem Hostbetriebssystem dorthin portiert wird. Sie werden unter Umständen in der »typischen großen IT-Funktion« Potenziale von mehreren Millionen Euro pro Jahr finden, die man durch Plattformwechsel heben kann.

- **Priorisierung der Anwendungsentwicklung**
  Darunter soll hier vor allem IT-Projektportfoliomanagement anhand »der richtigen« Prioritäten verstanden werden. Dafür kann eine Architekturgruppe nicht alleine verantwortlich sein. Aber wenn die Architektur z. B. direkt beim IT-Vorstand verankert ist, wird sie sicher einen wesentlichen Input für eine Überprüfung der Prioritäten liefern können, beispielsweise wenn sie hilft, die Prioritäten überhaupt erst einmal aufzuspüren und zu beschreiben (siehe dazu die in Kapitel 4 geschilderten Methoden).

Speziell die Repriorisierung der Entwicklungsaktivitäten kann relativ schnell zu einem positiven wirtschaftlichen Effekt führen. Langfristiger und nachhaltiger wirken jedoch Optimierungen der Plattformstrategie, die, auf welcher Hardware welche Arbeitspakete ausgeführt werden sollen. Die typische IT-Funktion hat etwa einen Anteil der Infrastrukturkosten (also der quasifixen Kosten für Infrastruktur) von 70–80 Prozent. Wenn man also die Entwicklung optimiert, optimiert man einen Kostenblock von 20–30 Prozent. Das bringt zunächst kurzfristig Entlastung, weil man Kapazitäten freibekommt, um Anforderungen der Fachbereiche schneller zu erfüllen. Langfristige Budgeteffekte erzielt man aber vor allem dadurch, dass man die Infrastrukturkosten auf den Prüfstand stellt.

---

1. Die Abkürzung WIntel steht für Windows und Intel. Das ist neben Linux derzeit eine der preiswerten Serverplattformen – in den meisten Fällen günstiger als proprietäres Unix oder Hostplattformen.

Professionalisierung ist zu erwarten

In den 1950er-Jahren waren Sicherheitsgurte in Autos die Ausnahme. Heute haben viele Autofahrer ein schlechtes Gefühl, wenn sie nur mit Gurt, aber z. B. ohne Seitenairbag unterwegs sind. Das Kapitel über Compliance (Kap. 6) hat gezeigt, dass der Regulierungsdruck überall steigt. Die Toleranz gegenüber vermeidbaren Katastrophen sinkt mit steigendem Wohlstandsniveau. Ähnliches kann man auch in Fragen der Regulierung von Schadstoffemissionen beobachten. Der Trend geht zur Vermeidung »unangenehmer, unvorhergesehener Effekte«.

Weitere Professionalisierung der IT-Funktionen

IT-Unternehmensarchitektur ist in den meisten Unternehmen heute alles andere als gut mit Budgets hinterlegt und professionell aufgestellt. Falls alle oben genannten Argumente für die Einführung einer professionellen Architekturfunktion nicht wirken, können Sie sich zumindest damit trösten, dass die Zeit für Sie arbeiten wird.

14.1.2 Wie groß sollte eine Architekturgruppe sein?

Wenn Sie die grundsätzliche Bereitschaft Ihres Managements haben, in Architektur zu investieren, wird sich die Frage stellen, wie viele Kollegen in einer IT-Unternehmensarchitekturgruppe arbeiten sollten.

Dabei sind, wie so oft, mehrere Einflussfaktoren zu berücksichtigen:

- Die IT-Unternehmensarchitektur sollte eigentlich »allgegenwärtig« sein: Das heißt, IT-Unternehmensarchitekten sollten über praktisch jedes Projekt informiert und in allen Lenkungsausschüssen präsent sein. Dies würde für viele IT-Unternehmensarchitekten sprechen.
- Auf der anderen Seite hat idealerweise genau eine Person den Masterplan im Kopf. Das würde dafür sprechen, dass es nicht mehr als einen Architekten gibt.
- Aus Kostengründen möchte man die Gruppe klein halten.
- Und da bekannt ist, dass die Effizienz pro Gruppenmitglied in einer Gruppe durch den immer höheren Kommunikationsaufwand (quadratische Zunahme der Kommunikationsbeziehungen, jeder muss mit jedem abgestimmt sein) überproportional sinkt, möchte man eine Architekturgruppe auch aus diesem Grund klein halten.

Eine informelle Umfrage des Autors unter zehn Finanzdienstleistern hat ergeben, dass die zentrale IT-Unternehmensarchitekturgruppe jeweils ca. 0,7–1,2 Prozent der IT-Mannschaft stark war. Unter einer IT-Mannschaft werden dabei die Mitarbeiter für Anwendungsentwicklung und IT-Betrieb verstanden. Die Meta Group [Meta02] empfiehlt jedoch, nicht mehr als 5–7 Personen in einer zentralen Architekturgruppe zu beschäftigen. Das sind bei großen IT-Funktionen mit mehr

Benchmarks

als 1000 Mitarbeitern eher geringere Kapazitäten, als die obige Umfrage ergeben hat.

Einfluss der Fertigungstiefe

Wer wenig selbst baut, benötigt mehr Planer.

Ein weiterer Einflussfaktor auf die Stärke des IT-Architekturteams sind die Fertigungstiefe und der Grad der Vernetzung von Wertketten. So kann man beobachten, dass Automobilhersteller typischerweise eine weit höhere Anzahl an Bebauungsplanern haben als z.B. Finanzdienstleister. Automobilhersteller haben, was ihre Software anbelangt, meist eine wesentlich geringere Fertigungstiefe als Finanzdienstleister. Letztere schreiben häufig ihre kompletten Kernsysteme selbst, sofern ERP-Hersteller noch keine passenden Angebote haben. Außerdem müssen Automobilhersteller aufgrund der Fertigungstiefe von oft nur noch 20–30 Prozent verstärkt ihre Wertkette mit den Wertketten der Zulieferer integrieren. Dies ergibt einen erheblichen Abstimmungsbedarf bei der Kopplung einander fremder IT-Systeme, die in einer Logistikkette zusammengeschaltet werden müssen.

Anzahl der Projektarchitekten

Wenn ca. 1 Prozent der IT-Mannschaft IT-Unternehmensarchitekten sind, ist noch die Frage interessant, wie viele Projektarchitekten man typischerweise antrifft. Hier findet man meist 3,5–4,5 Prozent der IT-Mannschaft, die Architekturaufgaben übernehmen.

14.2 Wie viel Ordnung muss sein?

Ordnung oder auch kontrolliertes Chaos

Ordnung zeigt sich normalerweise in Einfachheit und in vielen Fällen in Kostenreduktion. In Abschnitt 14.2.1 erhalten Sie Hinweise dazu, wie Sie Ordnung herstellen können. Abschnitt 14.2.2 gibt Ihnen ein Gefühl dafür, wann zu viel Ordnung kontraproduktiv sein kann.

14.2.1 Wie sorgt man für die Reduktion von Komplexität?

Komplexität ist ein Kostentreiber.

Der Satz »*If you can't measure it – you can't manage it*« ist nicht nur Softwareentwicklern gut bekannt. Er ist auch in der Managementliteratur zu finden. In diesem Buch wurde immer wieder erwähnt, dass Komplexität ein Kostentreiber erster Ordnung ist, d.h., wenn man »zu viel« von allem hat, resultiert daraus ein zu hohes Kostenniveau.

Die Frage ist dann, wie man solche Probleme in den Griff bekommt. Der Schlüssel zur Antwort liegt in dem eingangs erwähnten Satz:

1. Zunächst muss man die Komplexität, die man als störend erkannt hat und angehen möchte, messbar machen.
2. Dann kann man Maßnahmen einleiten, um sie zu reduzieren, und sollte permanent »nachmessen«, um festzustellen, ob und was man erreicht hat.

Komplexität messen

Gegenmaßnahmen einleiten

Praktische Projektbeispiele sind z.B. die Anzahl der installierten Server, der Betriebsstätten, an denen Server zu finden sind, der Betriebssysteme und Softwareplattformen oder die Anzahl der Büroanwendungen, die »irgendwo« im Unternehmen installiert sind.

Durch Konzentration auf wenige Server, Betriebssysteme, Softwareplattformen, Standorte und Softwarepakete kann man in vielen Fällen »Geld verdienen«. Sie werden sicher noch andere Beispiele finden, bei denen man durch die Reduktion der Anzahl von Konfigurationselementen aller Art Komplexität reduzieren und im erheblichen Umfang Kosten sparen kann.

Das klingt einfach und ist es eigentlich auch. Trotzdem werden Sie feststellen, dass so manches hehre Ziel zur Reduktion durch lokalen Widerstand im Sand verläuft. In solchen Fällen ist der Erfolgsfaktor wieder die Unterstützung durch einen Topmanager,

- der sich das Thema Komplexitätsreduktion auf die Fahne schreibt
- und der Parteien, die bremsen, dazu bringt, ihren Widerstand aufzugeben.

Alles beginnt damit, dass ein Topmanager oder ein entsprechendes Gremium ein quantifiziertes Ziel für die Komplexitätsreduktion setzt und dieses Ziel über eine möglichst einfache Metrik überwacht.

Unterstützung durch Topmanagement

14.2.2 Wie viel Ordnung ist gut? Gibt es zu viel Ordnung?

Wenn Sie den obigen Abschnitt gelesen haben, könnten Sie glauben, man wäre als IT-Unternehmensarchitekt dann am Ziel, wenn man dafür sorgt, dass es nur noch eine Ausführungsplattform, eine Entwicklungsplattform und z.B. nur noch eine absolut einheitliche Softwareentwicklungsmethode gibt.

Sie werden in der Tat ab und zu einmal auf Vorgesetzte treffen, die genau solche »perfekt ordentlichen Zustände« für absolut und in jedem Fall erstrebenswert halten. Sie werden aber wesentlich mehr Entwickler treffen, die sich durch solche »perfekte Ordnung« in ihrer Arbeit schwer behindert fühlen.

Damit stellt sich die Frage, wie man dafür sorgt, dass der richtige Grad an »Ordnung« bzw. »Unordnung« im Unternehmen hergestellt wird. Wie bei so vielen Dingen, mit denen Architekten zu tun haben, gibt es auch hierfür weder eine geschlossene Formel noch eine algorithmisch eindeutig herleitbare Lösung. Man hat es vielmehr wieder mit dem Herstellen von Balance zwischen einander widersprechenden Anforderungen zu tun. Dies ist eine »Standardaufgabe« für IT-Unternehmensarchitekten. Dieser Abschnitt wird daher ein wenig »philosophisch«, weil die Aufgaben unscharf definiert und auch nur unscharf zu lösen sind. Daher werden hier im starken Maße Analogien verwendet.

Städte, die leblos wirken

Die Geschichte hat diverse Pläne für megalomanische Architekturen produziert. Solche Architekturen waren oft der Ausdruck eines Machtanspruches (siehe z.B. Abb. 14–1) oder basierten auf der Annahme, dass perfekte Planung »von oben nach unten« und bis ins letzte Detail funktionieren könnte.

Abb. 14–1
Modell von Germania, der geplanten Hauptstadt des Dritten Reiches, die zum Glück nie gebaut wurde, als Beispiel für eine »von oben nach unten« geplante Architektur mit dem klar formulierten Ziel, Macht auszudrücken.

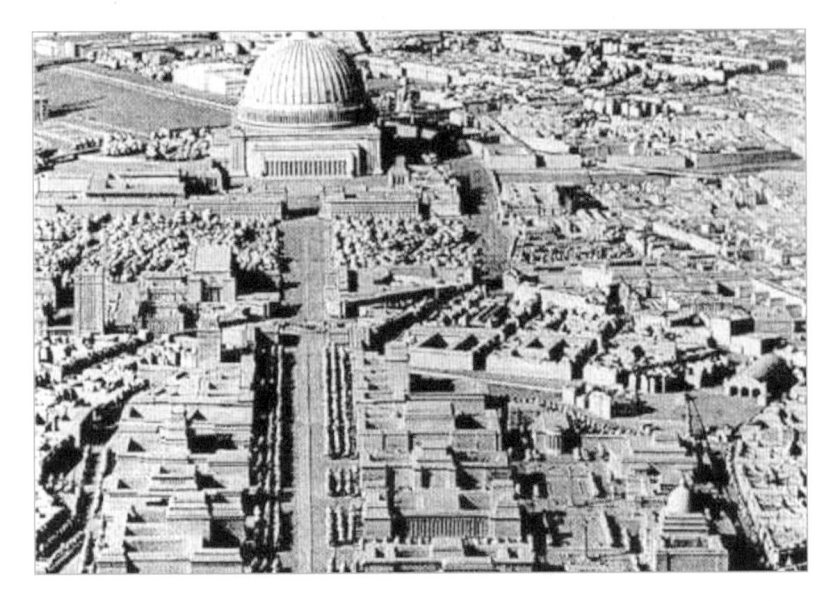

Planung heißt nicht Leben

Auch wenn Trabantenstädte wie München-Westkreuz (siehe Abb. 14–2) oder ihre Gegenstücke der Neuen Heimat scheinbar perfekt durchgeplant sind, so sind sie doch auf den ersten Blick »tot« und disfunktional. Was die Infrastruktur und die Versorgung mit planbaren technischen Einrichtungen anbelangt, sind sie gewachsenen Vierteln oft überlegen. Und trotzdem entstehen häufig gerade in solchen durchgeplanten Vierteln unerwünschte soziale Zustände, die in gewachsenen Vierteln deutlich seltener auftreten. Die Menschen fühlen sich nicht wohl. Die Viertel sind kalt und tot.

Abb. 14–2
München-Westkreuz als Beispiel für ein totes Stadtviertel, das am Reißbrett geplant wurde. Trotz Modernität und besserer Infrastruktur als in manchem gewachsenen Kiez wirkt das Viertel tot.

Abb. 14–3
Ein »lebendiges« Stadtviertel – Berlin-Charlottenburg, Dankelmannstraße. Ein gewachsenes Stadtviertel, das nicht am Reißbrett geplant wurde, sondern über mehrere Jahrzehnte entstanden ist.

Wenn man sich statt in München-Westkreuz in Berlin-Charlottenburg bewegt, wird man sich wohler und geborgener fühlen. Kleine Plätze mit Cafés laden zum Ausspannen ein. Alleebäume spenden Schatten. Die Architektur ist divers und nicht uniform. Viele Menschen würden spontan lieber in Charlottenburg leben als in Westkreuz.

Warum »leben« Städte?

Die Frage ist WARUM?

Die Lösung dieser Frage hat viel mit der Anwendbarkeit von zentraler Planung zu tun.

Christopher Alexander und die rekursive Nutzung von Mustern

Rekursive Muster und Fraktale

Christopher Alexander war Forscher, Hochschullehrer und Architekt im Sinne von »Gebäudearchitekt« und »Stadtplaner«, der mehr oder weniger sein ganzes Leben lang versucht hat, die Frage zu beantworten, was »schön« ist und was gute Architektur ist. Als Mathematiker hat Alexander zunächst versucht, Schönheit und gute Architektur mit Formeln darzustellen.

Mit seinen zwei Büchern über Muster ([Alexander79a], [Alexander79b]) hat er auch die Methodik von Softwareentwicklern wesentlich beeinflusst. Diese Bücher waren vor allem in der objektorientierten Entwickler-Community beliebt und führten zur Beschreibung und Anwendung von Entwurfsmustern ([Coplien96], [Gamma+95], [Quibeldey-Cirkel99]).

Raum und Zentren

Alexander benutzt häufig die Begriffe »Raum« und »Zentren«[2]: Der Raum wird durch Zentren rekursiv aufgeteilt. Dabei entstehen neue Räume. Muster zeigen dem Architekten, wie man das auf eine schöne, funktionale und Leben generierende Weise tun kann. Man kann diese Begriffe auch analog zu fraktalen Strukturen sehen. Fraktale finden sich häufig in der Natur und sind durch die rekursive Anwendung von mathematischen Formeln generiert. Auch dabei wird Raum aufgeteilt und es entstehen neue Zentren.

Um die weiteren Ausführungen einfach zu halten, benutzen wir hier zwei Bilder zur Verdeutlichung der Idee und der Analogien. Der kaukasische Teppich in Abbildung 14–4 erinnert stark an fraktale Strukturen. Es ist deutlich rekursiv strukturiert.

Abb. 14–4 Kaukasischer Teppich (Quelle: wikimedia – public domain). Der Raum wird durch Zentren in Unterräume geteilt.

---

2. Allen Lesern, die sich für dieses Konzept näher interessieren und dafür, wie die Begriffe Raum und Zentrum mit dem früher verwendeten Begriff Muster bzw. Entwurfsmuster zusammenhängen, sei zur vertiefenden Lektüre [Alexander79a] und [Alexander79b] empfohlen.

Abb. 14–5
Muster dafür, wie Alexander Stadtarchitektur beschreibt. Hier wird z. B. das Konzept einer von Fußgängern zu benutzenden Straße beschrieben. Man beachte, dass die anderen Entwurfsmuster rekursiv verwendet werden, um das hier vorgestellte Muster zu erklären ([Alexander79b], S. 491).

> **100 PEDESTRIAN STREET**
>
> ❖ ❖ ❖
>
> The street absolutely will not work unless its total area is small enough to be well filled by the pedestrians in it—PEDESTRIAN DENSITY (123). Make frequent entrances and open stairs along the street, instead of building indoor corridors, to bring the people out; and give these entrances a family resemblance so one sees them as a system—FAMILY OF ENTRANCES (102), OPEN STAIRS (158); give people indoor and outdoor spaces which look on the street—PRIVATE TERRACE ON THE STREET (140), STREET WINDOWS (164), OPENING TO THE STREET (165), GALLERY SURROUND (166), SIX-FOOT BALCONY (167); and shape the street to make a space of it—ARCADE (119), PATH SHAPE (121). . . .

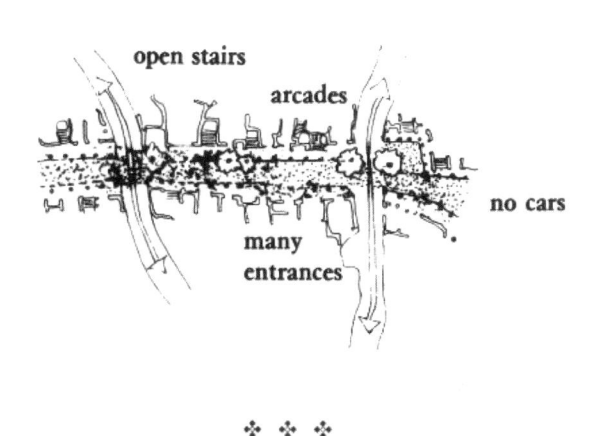

So wie der Teppich aus Abbildung 14–4 deutlich rekursiv angelegt ist, ist auch die Beschreibung einer Straße für Fußgänger rekursiv angelegt. Das Muster wird durch die rekursive Verwendung anderer Muster beschrieben. Die meisten dieser verwendeten Muster basieren rekursiv wieder auf anderen Mustern. In späteren Arbeiten bezeichnet Alexander dies als »den Spiegel des Selbst« und weist nach, dass Selbstähnlichkeit mit dem korreliert, was wir als »schön« empfinden.

Wenn Sie daraufhin noch einmal die Bilder von München-Westkreuz (siehe Abb. 14–2) und Berlin-Charlottenburg (siehe Abb. 14–3) ansehen, werden Sie feststellen, dass Charlottenburg die höhere rekursive Selbstähnlichkeit aufweist, während bei Westkreuz die Rekursion recht schnell abgebrochen wird. Charlottenburg ist das bessere »Bild von sich selbst«. Oder man kann auch sagen, Charlottenburg entspricht eher einer rekursiven, fraktalen Struktur.

Selbstähnlichkeit

Entwicklungsplanung

Sie können sich nun fragen, was solche esoterischen Theorien mit dem notwendigen Grad der Ordnung des IT-Portfolios in einem Unternehmen zu tun haben.

Zunächst kann man analog folgern, dass die Planung sehr großer Systeme »von oben nach unten« bis ins kleinste Detail nicht funktionieren kann. Damit ist der Anspruch totaler Ordnung bis in den letzten Code, bei der alles von allwissenden IT-Unternehmensarchitekten durchgeplant wird, zum Scheitern verurteilt. Im besten Fall bekommen Sie eine disfunktionale Architektur wie München-Westkreuz oder Germania.

Raumaufteilung

Es ist besser, mit Abgrenzung (Aufteilen des Raums) und lokalem Wissen sowie lokaler Verantwortung (lokale Zentren) zu arbeiten und rekursiv Grundsätze guten Designs anzuwenden.

Des Weiteren kann man per Analogie folgern, dass Architekturen, die »zu ordentlich« sind oder implizit auch dafür eingesetzt werden, Macht zu demonstrieren und auszuüben, selten wirklich funktionieren. Sie werden schnell Beispiele auch aus der IT-Unternehmensarchitektur finden, bei denen ein Machtanspruch hinter Systementscheidungen zu erkennen ist. Solche Entscheidungen führen selten zu flexiblen, guten und funktional brauchbaren Softwaresystemen. Beispiele hierfür in Form von Blueprints großer Hersteller sind schnell zu finden. Wenn man in die Details dieser Blueprints schaut, funktionieren sie oft nicht oder anders als erwartet.

Stadtplanung und IT-Unternehmensarchitektur

Die Frage ist dann aber, wie ein IT-Unternehmensarchitekt für genug Ordnung sorgen kann, nicht zuletzt auch damit die Kosten nicht explodieren. Sollte man alles unreguliert, rekursiv wachsen lassen? Sicher nicht! Das tun auch Stadtplaner nicht. Man kann hier wieder eine Analogie benutzen, und zwar die sogenannten Bauleitpläne (siehe Abb. 14–6).

Baupläne

Auch ein solcher Plan teilt den vorhandenen Gesamtraum in Unterräume auf und definiert Zentren z.B. für Märkte oder Schulen. Der Plan macht Vorgaben, welche Art Bebauung in welchem Raum erwünscht ist. Die Stadtplaner planen aber nicht einzelne Häuser. Das überlassen sie den Bauherren und deren Architekten. Man kann die Stadtplaner also mit den IT-Unternehmensarchitekten vergleichen und die Architekten der einzelnen Häuser mit den Projektarchitekten.

Was interessiert den Stadtplaner?

Den Stadtplaner interessieren die Details der Ausführung einer Regenrinne an einem Einzelgebäude herzlich wenig, solange der Architekt des Einzelgebäudes nicht offensichtlich sonstige allgemeine Bauvorschriften verletzt.

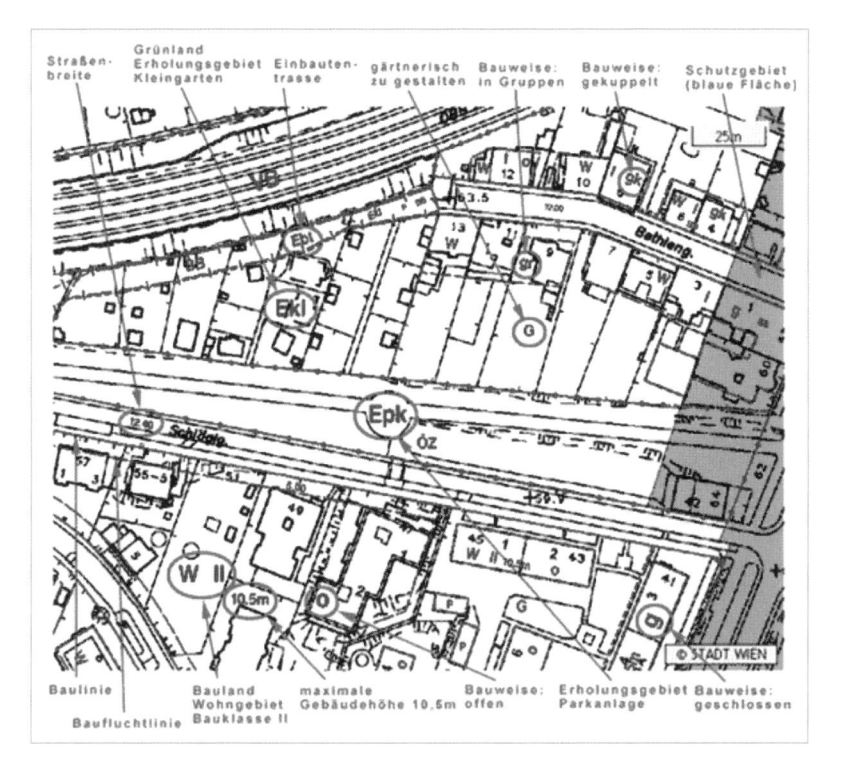

Abb. 14-6
Beispiel für einen Bauleitplan der Stadt Wien[3]

Ein IT-Unternehmensarchitekt sollte also nicht versuchen, zu detailliert in das hineinzuregieren, was Projektarchitekten für die Softwarearchitektur eines Projekts ausarbeiten. Erstens ist das nicht seine Aufgabe, zweitens verliert er damit Zeit für seine eigentlichen Aufgaben und drittens ist es unwahrscheinlich, dass er für 30 Häuser jeweils einen besseren Job macht als 30 einzelne Architekten. In der Software-Community wird schrittweises Vorgehen auch als »Piecemeal Growth« bezeichnet, also Wachstum in kleinen Schritten.

> »Piecemeal Growth is the process of building something a step at a time. Each step consists of evaluating the current system, deciding what should be done next (what should be fixed or improved) and then adding a piece or making a change.
>
> CHRISTOPHER ALEXANDER claims that the only way to make something that seems alive is through a process of Piecemeal Growth. For him, Piecemeal Growth is more fundamental than patterns. Since people are able to develop a community using Piecemeal Growth, and since there is no central coordination, they must be following the same patterns. The Nature of Order is also based on Piecemeal Growth, though not on patterns.

→

---

3. Quelle: Internetauftritt der Stadt Wien vor 2006, nicht mehr im Web erreichbar.

> Piecemeal Growth used to be considered bad by many of those who thought about software development. It was a sign of not planning ahead. But now most people acknowledge that iterative development and phased delivery are good. Piecemeal Growth is not nearly as controversial as it used to be, though many large organizations still try to develop software with a Master Plan.«
>
> Quelle: *http://c2.com/cgi/wiki?PiecemealGrowth* (aufgerufen am 27.06.2016)

Es sollte also einen Prozess geben, in dem die Beteiligten sich auf einen Generalbebauungsplan einigen und in dem dann jeder Bauherr und Architekt im Rahmen der Regulierungen selbst bauen kann. Das obige Zitat beschreibt einen solchen Prozess recht gut.

14.3 Gefahren für Unternehmensarchitekten

Die obigen Abschnitte zeigen, dass intensive strategische Kommunikation eine Grundvoraussetzung dafür ist, den IT-Vorstand und damit auch die IT-Unternehmensarchitekten erfolgreich zu machen. Kommunikation hat es leider auch an sich, dass sie gestört sein kann. Wenn man sich Projektdesaster ansieht, dann ergeben die Post-mortem-Analysen in einer Mehrzahl der Fälle Managementprobleme (und damit meist Kommunikationsprobleme) und nur in einer verschwindenden Minderheit der Fälle technische Probleme[4]. Mit dem Erfolg von IT-Unternehmensarchitektur verhält es sich ähnlich. Es muss Ihnen klar sein, dass Sie als IT-Unternehmensarchitekt keine Strategie gegen die Vorstandsebene durchsetzen können und keinen nachhaltigen Erfolg haben werden, wenn das Unternehmen, für das Sie arbeiten, keine stimmige Strategie hat oder an auffällig vielen Kommunikationsproblemen leidet. Ausweichen auf technische Inhalte ist ebenfalls keine dauerhafte Lösung, weil solche Inseln heute nur noch in den wenigsten Unternehmen dauerhaft unauffällig bleiben oder toleriert werden.

Die folgenden Diagnosen sollen Ihnen zeigen, welche Art von Problemen für Ihren Erfolg und damit für Ihre Position als IT-Unternehmensarchitekt dauerhaft gefährlich werden können. Die sinnvolle

---

4. Aus einem Konferenzbericht von Jutta Eckstein über die OOPSLA 2005, erschienen in der Zeitschrift iX, Heft 12/05, S. 20: Ed Yourdon, der zurzeit wie er berichtete, hauptsächlich als Berater zu fehlgeschlagenen Projekten hinzugezogen wird, stellte heraus, dass die Gründe für fehlgeschlagene Projekte zu 90 Prozent in der Politik und schlechtem Projektmanagement auszumachen sind und nur zu 10 Prozent in technischen Bereichen wie schlechter Performance oder mangelnden Tests. Von daher folgerte er, dass gutes Softwaredesign erst dann wirklich eine Rolle spiele, wenn man die anderen 90 Prozent im Griff hätte.

Gegenstrategie ist eigentlich immer identisch. Spielen Sie trotzdem ein sauberes Spiel, fördern Sie gute Kommunikation und bauen Sie Vertrauen auf. Je nach Unternehmenskultur wird Ihnen das nicht immer nachhaltig gelingen, aber häufig werden Sie graduelle Verbesserungen erreichen können. Was Sie bei den meisten nachfolgend geschilderten Problemen benötigen werden, sind Geduld und ein langer Atem.

14.3.1 Exkurs: Organisationsmuster für die IT-Funktion

Bevor wir in die weitere Diskussion einsteigen können, wird für diesen Abschnitt zunächst ein kurzer Exkurs über Organisationsformen für IT-Organisationen benötigt. Es werden drei Organisationsformen für IT-Funktionen beschrieben, eine klassische, eine modernere – genannt Manage/Change/Run (M/C/R) – und DevOps [Kim+14], eine Organisationsform, die rund um schnelle, agile Projekte immer mehr Verbreitung findet. Wobei DevOps genau genommen noch keine Organisationsform für die IT ist, sondern eher eine Prozessfamilie. Neben diversen Aspekten unterscheiden sich diese Organisationsformen darin, wo die Funktion IT-Unternehmensarchitektur angesiedelt ist. Dies hat Auswirkungen auf die mögliche Wirksamkeit. Für die dann folgenden Prozessbetrachtungen wird die mittlere Organisationsform M/C/R zugrunde gelegt. Die klassische (älteste) Ausprägung von IT-Organisationen sollte man aber auch kennen, um zu verstehen, warum in einer solchen Organisation die Wirkungsmöglichkeiten von IT-Unternehmensarchitekten eingeschränkt sein können. Interessanterweise werden mit DevOps viele Elemente der »Ur-IT« wieder zum Leben erweckt – allerdings erheblich moderner, besser automatisiert und daher deutlich erfolgreicher als vor 30 oder 40 Jahren.

Grundlegende Muster für die Organisation der IT-Funktion

Klassische Organisation (Typ A)

Die klassische Aufteilung von IT-Abteilungen erfolgt in Leitungsfunktionen, Anwendungsentwicklung (AE) und Systembetriebsfunktionen (SB) (siehe auch Abb. 14–7). Die Anwendungsentwicklung ist in vielen Organisationen heute noch um Fachsysteme (sog. funktionale Silos, Systemgruppen) organisiert. Die Kritik an solchen Organisationen ist zwar gut bekannt, trotzdem hier ein kleiner Auszug:

IT-Organisation »alten Stils«

- Die Anwendungsentwicklung hat meist im erheblichen Umfang Betriebsaufgaben, z.B. das Erstellen von Fehlerkorrekturen oder die tägliche Kontrolle, ob bestimmte Batches ohne Abbrüche durchgelaufen sind. Die Betriebsprozesse sind also mit Anwendungsentwicklung und Systembetrieb auf verschiedene große Organisationsblöcke verteilt.

- Die Trennung von Anwendungsentwicklung und Systembetrieb führt oft zu Verständnisproblemen an den Übergabeschnittstellen im Tagesbetrieb, wenn Betriebsprozesse von beiden zu verantworten sind.

*Abb. 14–7
Klassische Organisation großer IT-Abteilungen, wie man sie heute noch finden kann. Dieses Muster für Organisationscharts befindet sich allerdings auf dem Rückzug.*

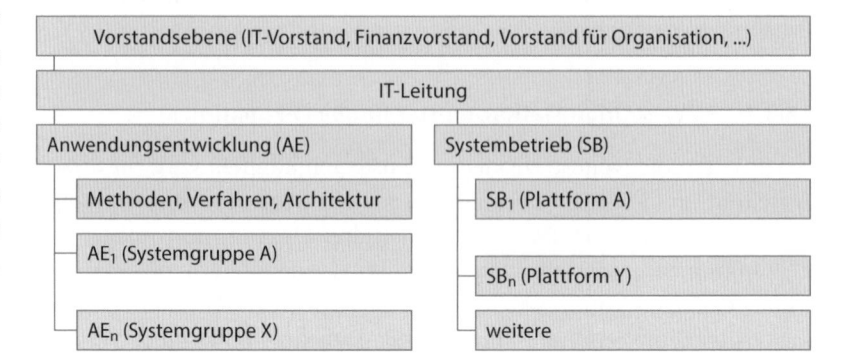

```
Vorstandsebene (IT-Vorstand, Finanzvorstand, Vorstand für Organisation, ...)
                              IT-Leitung
        Anwendungsentwicklung (AE)              Systembetrieb (SB)
          Methoden, Verfahren, Architektur        SB₁ (Plattform A)
          AE₁ (Systemgruppe A)
                                                  SBₙ (Plattform Y)
          AEₙ (Systemgruppe X)                    weitere
```

- Funktionale Silos in der Anwendungsentwicklung unterstützen nicht gerade die Wiederverwendung und fördern funktionale Redundanz.
- Das Fehlen eines Entwicklerpools wird meistens dazu führen, dass die Entwickler nicht immer mit dem ausgelastet sind, was wirklich für das Gesamtunternehmen wichtig ist. Während z.B. die Entwickler eines Systems A gerade nicht so stark ausgelastet sind und Schönheitsfehler reparieren, können gleichzeitig die Entwickler des Systems B am Rande ihrer Kapazität operieren.
- Übergreifende Projekte haben es mit einer Vielzahl von Eigentümern von »funktionalen Silos« zu tun, die jeweils ihre eigenen Interessen verfolgen und damit die Projektdurchführung quer über alle Funktionen erschweren.
- Man kann schwer messen, wie hoch der Fixkostenblock (Kosten des »Run the Business«) ist, den man eigentlich senken möchte, um Spielraum für Veränderungen zu bekommen, und wie hoch der Budgetblock zur Veränderung des Unternehmens (Change the Business) ist, dessen Anteil an den Gesamtkosten man steigern möchte.
- Entwickler werden häufig auch in das Tagesgeschäft des Systembetriebs mit einbezogen. Der Entwickler, der jeden Morgen die Batchabbrüche der vergangenen Nacht analysiert, ist in dieser Organisationsform kein Einzelfall, sondern eher die Norm. Damit ist die Kapazität des Entwicklers nur schlecht planbar, wenn Tagesprobleme ständig die Kapazität für Neuentwicklung überlagern.

Modernere Organisationsform (M/C/R) (Typ B)

Die obige Kritik ist bei Weitem nicht vollständig. Sie hat zusammen mit der Diskussion um das Thema »Outsourcing« dazu geführt, dass in vielen großen Unternehmensgruppen heute die IT-Funktionen nach »Manage IT«, »Change the Business« und »Run the Business« grob aufgeteilt werden (siehe Abb. 14–8). Dabei ist diejenige Einheit, die für das Tagesgeschäft, d.h. für das Betreiben der Informationssysteme (»Run the Business«), zuständig ist, von derjenigen getrennt, die Projekte durchführt, mit denen die Art geändert wird, wie die Gesamtorganisation ihr Geschäft betreibt (»Change the Business«). Auf diese Weise kann sich jede Einheit auf ihre Aufgabe konzentrieren und ist dadurch besser messbar und transparenter sowie einfacher zu führen.

Manage/Change/Run-Organisationen

Beide Einheiten (Change und Run) erhalten ihre Ziele und Vorgaben von einer gemeinsamen Steuerungseinheit, die sich um Themen wie die Kundenschnittstelle, IT-Strategie, Programmplanung (Projekte, Architektur) und das Produktmanagement der Softwarepakete kümmert. Eine Einheit der Art »Change the Business« unterschiedet sich von einer klassischen Anwendungsentwicklung dadurch, dass sie nur noch in Ausnahmefällen Betriebsaufgaben wahrnimmt und meist in Form eines Entwicklerpools organisiert ist.

Die Einheiten für »Run the Business« (Systembetrieb) und »Change the Business« (Systemhaus) in Abbildung 14–8 entsprechen relativ gut den Blöcken für quasifixe und quasivariable Kosten und können einfacher mit Vorgaben gesteuert werden:

- Typische Steuerungsgrößen für ein Systemhaus sind z. B. die Kosten pro Function Point für neu erstellte Systeme oder die Anzahl der Produktionsfehler nach Übergabe pro 1000 Function Points.
- Typische Steuerungsgrößen für einen Systembetrieb sind End-to-End-Systemverfügbarkeit, Reaktionszeiten auf Serviceanfragen von Endnutzern und Ähnliches.

Steuerungsgrößen

Auffällig ist, dass das Systemhaus (Pool von Entwicklern) und der Systembetrieb durch klare Schnittstellen voneinander getrennt sind, über die normalerweise keine tagesaktuellen Prozesse laufen müssen. Die Organisationsform hat also eindeutige Verantwortlichkeiten und Schnitte sowie klare Kostenkriterien für den Erfolg der einzelnen Einheiten. Damit ist eine solche Organisationsform gut mit anderen über ein Benchmarking vergleichbar, und die Hauptteile können bei Bedarf auch nach außen vergeben (outgesourct) werden. Es gibt Beispiele großer Unternehmen, die entweder nur den IT-Betrieb oder das Systemhaus und den Betrieb an große Integratoren verkauft haben.

Entwicklerpool

Abb. 14–8
Aufteilung der IT-Funktion in Manage/Change/Run

Kundenunternehmen
Abnehmer der IT-Leistungen

Leistungen

Aufträge, SLAs

Unternehmenssteuerung
Manage IT
- Kundenmanagement
- Strategie
- Projektportfoliomanagement
- Architektur
- IT-Controlling
- IT-Security
- Softwareproduktmanagement

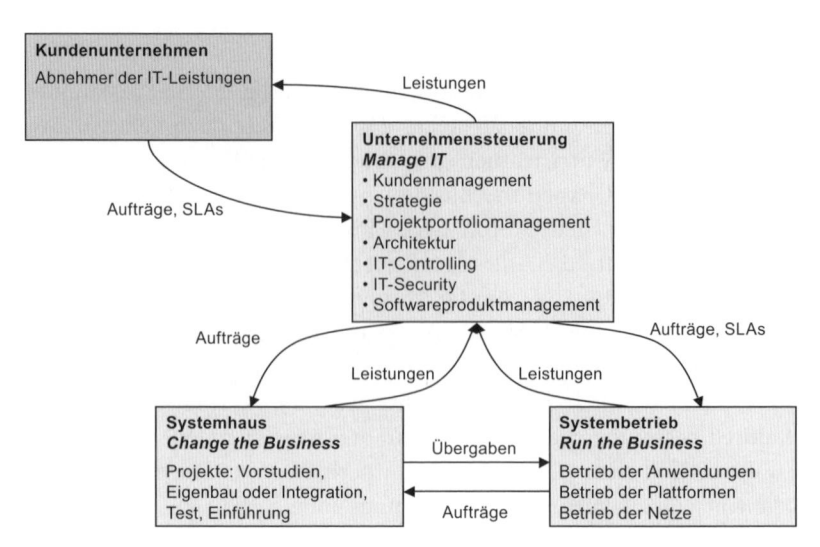

Aufträge

Leistungen   Leistungen

Aufträge, SLAs

Systemhaus
Change the Business
Projekte: Vorstudien,
Eigenbau oder Integration,
Test, Einführung

Übergaben

Aufträge

Systembetrieb
Run the Business
Betrieb der Anwendungen
Betrieb der Plattformen
Betrieb der Netze

Positionierung der IT-Unternehmensarchitektur

Sichtbar ist ferner, dass das Thema »Unternehmensarchitektur« in einer solchen Organisationsform deutlich höher aufgehängt ist als in der klassischen Organisation vom Typ A (siehe Abb. 14–7), weil immer mehr erkannt wurde, dass Anwendungs- und Plattformstrategie nahe am IT-Vorstand als Chefsache anzusiedeln sind, um Business-IT-Alignment zu ermöglichen.

DevOps (Typ C)

Der Begriff DevOps [Kim+14] leitet sich ab aus den beiden Begriffen Development und Operations. Eine Organisation, die Software mit DevOps-Prozessen entwickelt, will damit meist vor allem Geschwindigkeit erreichen. Tägliche Auslieferungen sind dabei möglich – aber auch mehr als einmal täglich kann Software in Produktion gebracht werden, allerdings in der Regel dann kleinere Umfänge.

Oft tritt DevOps daher im Rahmen von sogenannter 2-Speed-IT auf und mit DevOps-Methoden werden dann z. B. Frontends oder Apps entwickelt, bei denen es auf schnelle Reaktionen am Markt ankommt – während Bestandssysteme beispielsweise mit traditionellen Methoden in einem Organisationsteil entwickelt werden, der nach Typ B strukturiert ist. Zum Beispiel könnte eine Typ-B-Organisation einen Anteil von vielleicht 5–20 Prozent DevOps haben. Typische Praktiken bei DevOps sind:

- **Agiles Entwicklungsvorgehen**
  Teams haben ein Backlog und entscheiden täglich, welche Features umgesetzt und welche angefallenen Bugs gefixt und ausgeliefert werden sollen.

- **Automatisierte Tests**
  Sie sind Voraussetzung dafür, dass man derart oft ausliefern kann.
- **Voll automatisierte Integration** (Continuous Integration (CI))
- **Voll automatisiertes Deployment** in kleinen Einheiten
- **Agile Architektur**
  Zum Beispiel unter Verwendung von Microservices, Self Contained Systems, REST und Containertechnologien, wie in den Abschnitten 9.3.3 und 13.3 beschrieben.

Wenn DevOps als einzige Form der Softwareentwicklung vorkommt, dann meist zusammen mit modernen Organisationsformen, wie autonomen Teams mit flachen Hierarchien. Eine EAM-Gruppe (wie in Organisationen des Typs A oder B) wird man in diesem Kontext selten in einer Reinform finden. Diese wird am ehesten noch dann anzutreffen sein, wenn DevOps als Anteil in eine Typ-B-Organisation eingefügt sein sollte.

Die Frage, was passiert, wenn man Softwareentwicklung in sehr großen Organisationen, wie z. B. bei einem großen internationalen Automobilhersteller, ausschließlich mit Typ C, also DevOps, betreibt, kann derzeit noch nicht aus praktischer Erfahrung heraus beantwortet werden. Es sind noch erhebliche Lerneffekte zu erwarten, weil angenommen werden darf, dass eine vierstellige Anzahl von Entwicklern, die mit DevOps hochproduktiv an Microservices arbeiten, doch übergreifende Koordinationsprobleme bekommen werden, die auch mit heutigen »Scaled Agile«-Methoden [Mathis16] alleine nicht voll befriedigend zu lösen sein werden.

Abgleich Typ A versus Typ B aus Sicht von Unternehmensarchitektur

Man kann jetzt noch fragen, warum die moderne Organisationsform M/C/R (Typ B) besser als die klassische (Typ A) sein soll. Wenn Sie die Kritikpunkte an der klassischen Organisation durchgehen, werden Sie feststellen, dass diese ohne großen Aufwand behoben werden können. Auch die moderne Organisationsform hat Eigenschaften, die nicht nur vorteilhaft sind. Wenn nämlich die Trennung an den Schnittstellen übertrieben wird und nur noch formale Kommunikation stattfindet, kann es passieren, dass dadurch der formale Kommunikationsaufwand extrem zunimmt und der IT-Kostensatz merklich steigt. Künstlich eingezogene Schnittstellen haben auch einen Preis in Form von Overhead. Wie so oft führen Übertreibungen und einseitige Ausschläge des Pendels zu suboptimalen Lösungen.

IT-Unternehmensarchitektur hat sich sehr stark zusammen mit Typ B entwickelt. Wie sie sich im Umfeld von Typ C entwickeln wird, bleibt abzuwarten. Eine Aussage dazu wäre derzeit noch eher Theorie und Spekulation als solide Erfahrung aus der Praxis.

Nach diesem Exkurs wenden wir uns nun aber den Gefahren für IT-Unternehmensarchitekten zu, dem Thema dieses Unterkapitels.

14.3.2 Auf die Beschaffungsseite fixierter IT-Vorstand

Chefmechaniker als IT-Verantwortlicher

Schon die Einleitung hat gezeigt, dass für einen IT-Vorstand das Management der Nachfrageseite, also das Marketing des IT-Bereichs, von erheblicher Bedeutung ist. Wenn Sie in Ihrem Unternehmen einen IT-Vorstand alter Schule haben, der lediglich die drei klassischen Felder Projekte, Betrieb und Kosten auf der Beschaffungsseite betrachtet, wird Ihre Reichweite ebenfalls eingeschränkt sein. Symptom dafür kann ein Organigramm, wie in Abbildung 14–7 gezeigt, sein. Es gibt jedoch auch IT-Vorstände moderner Prägung mit »altem« Organigramm. Symptome hierfür sind Ausführungen wie: »Der Kunde spezifiziert sowieso nicht, was er haben will« – ein Satz, der in der IT-Organisation überall wiederholt wird – und seitens des Kunden: »Die reagieren eh zu langsam.« Hier handelt es sich um ein generell fehlendes gegenseitiges Vertrauen.

In einer solchen Organisation werden Sie als IT-Unternehmensarchitekt nur zäh Erfolge erzielen. Sie können Ihren IT-Vorstand loyal und gut beraten. Aber der Weg zu Harmonie zwischen IT und Geschäftsseite wird mühsam.

14.3.3 Organigramm alten Stils

Organigramm »alten Stils« erschwert Wirksamkeit von IT-Unternehmensarchitekturfunktion.

In dem Organigramm »alten« Stils (siehe Typ A, Abb. 14–7) ist der IT-Unternehmensarchitekt irgendwo in einer Abteilung für Methoden, Verfahren und Tools »vergraben«. Dies legt nahe, dass sich ein IT-Architekt eher mit technischen Dingen beschäftigen wird, also z.B. mit Anwendungsarchitekturen. Das ist zwar auch eine wichtige und Profit bringende Tätigkeit, sie hat aber keinen wesentlichen Einfluss auf die Übereinstimmung von Geschäfts- und IT-Seite und damit auf den Geschäftserfolg Ihres Gesamtunternehmens.

Ein IT-Architekt wird dann häufig in Konflikten zwischen verschiedenen Abteilungen der Anwendungsentwicklung und zwischen Betrieb und Anwendungsentwicklung »verbraucht« und zwei Ebenen tiefer arbeiten als dort, wo er eigentlich Wirkung entfalten müsste. Ein IT-Vorstand neuen Stils würde dies negativ beurteilen.

14.3.4 Hierarchiedenken

Nehmen wir nun an, Sie sitzen im Organigramm »neuen Stils« (siehe Abb. 14–8) an der richtigen Stelle, also z.B. als direkter Mitarbeiter des IT-Vorstands. Sie werden dann, wenn Sie Pech haben, feststellen, dass viele (vor allem größere) alte Konzerne von einem unsichtbaren Standesdünkel oder Hierarchiedenken geprägt sind, auch wenn in den Leitbildern etwas anderes stehen sollte.

Hierarchiedenken verlangsamt Kommunikation.

Als der IT-Unternehmensarchitekt haben Sie maximal den Rang einer Führungskraft der Ebene direkt unter Vorständen und Geschäftsführern. Oft »reden« solche Kollegen allerdings nicht mit Abteilungsleitern, sondern diskutieren Fragen der Ausrichtung ihrer IT nur mit Vorstandskollegen, also mit Ihrem Chef. Mit »reden« sind dabei nicht große Meetings gemeint, in denen Projekte besprochen werden oder »von oben nach unten« kommuniziert wird. Es sind vielmehr kleine Arbeitsmeetings gemeint, in denen neue Ideen durchdiskutiert und entwickelt werden.

Das sind dann nutzlos verstrichene Gelegenheiten, weil der IT-Vorstand die Informationen, die Sie als IT-Unternehmensarchitekt benötigen, meist nicht selbst auswerten wird. Wenn Sie Glück haben, können Sie an solchen Meetings teilnehmen. Wenn dies nicht der Fall ist, haben Sie eine Kommunikationsstufe zwischen sich und den wichtigsten Kundenvertretern und erhalten meist nicht die für Sie wichtigen Informationen.

14.3.5 Chicken Race

> Spätestens seit dem Film »Denn sie wissen nicht, was sie tun« (Regie: Nicholas Ray; Darsteller: James Dean, Nathalie Wood, Dennis Hopper, USA 1955) wissen wir, was ein »Chicken Race« ist: Zwei Autos fahren gegen einen Abgrund, und wer zuerst aussteigt, ist ein Feigling. Warum sie das machen? »What else can we do?«

Eine typische derartige Situation in Unternehmen betrifft IT-Projekte: Fachbereich und IT wissen, dass sie ein Projekt nicht rechtzeitig fertig bekommen werden. Jeder wartet, bis der andere zugibt, dass er die Termine nicht halten kann. Und wer es zuerst zugibt, hat verloren. Auf diese Weise kommen Terminverschiebungen erst in letzter Minute auf den Tisch. Das ist zwar auch eine Situation, der Sie als IT-Architekt oft beggegnen werden, aber als IT-Unternehmensarchitekt haben Sie es eher mit der im Folgenden beschriebenen Situation zu tun.

Der Graben zwischen IT und Fachbereich

Ihr Vorstandsvorsitzender verkündet, dass er durch Fokussierung auf »Operational Excellence« Einsparungen bei den Betriebskosten der Fachbereiche in Höhe von 10 Prozent oder mehr erzielen möchte. Es werden Arbeitsteams auf der Geschäftsseite eingesetzt, und nichts passiert. Gleichzeitig hat Ihr IT-Vorstand Sie beauftragt, die technischen Planungen und Vorarbeiten für die technologischen Voraussetzungen zu starten. Budget bekommen Sie allerdings nur, wenn auch der ROI gesichert ist. Sie erhalten aber von der Geschäftsseite keinerlei Zusagen zu Plänen, Vorhaben oder Einsparungen, während Ihr IT-Vorstand Sie gleichzeitig unter Druck setzt, weil sich nichts bewegt. Was passiert hier? Chicken Race!

In dem Moment, in dem die Geschäftsbereiche sagen, welche fachlichen und technischen Mittel sie einsetzen wollen, kann man das notwendige Investitionsbudget berechnen. Die Faustformel ist dann z. B.:

$$(Investitionsbudget \div 2 \div 100.000) = Anzahl\ der\ abzubauenden\ Mitarbeiter^5.$$

Da Mitarbeiter aus dem eigenen Vorstandsressort abgebaut werden müssen, wird man sich damit Zeit lassen und sich nur dann bewegen, wenn man dazu gezwungen wird. Wer hier also zuerst mit konkreten fachlichen und mit Budgetvorschlägen kommt, ohne vom Vorstandsvorsitzenden dazu gezwungen worden zu sein, hat das Chicken Race *verloren*.

14.3.6 Mangelnde Offenheit

> Ich war schon immer ein großer Fan von Offenheit. Tatsächlich habe ich mich bei General Electric mehr als 20 Jahre lang für Offenheit eingesetzt. Seit meinem Ausscheiden bei GE weiß ich, dass Offenheit noch seltener ist, als ich dachte. Meiner Ansicht nach ist mangelnde Aufrichtigkeit sogar das dunkelste Kapitel der Geschäftswelt.
>
> Quelle: Jack Welch, Winning [Welch+05]

---

5. Diese Formel basiert auf den folgenden Überlegungen: Investitionen sollten sich normalerweise innerhalb von 2–3 Jahren voll amortisieren. Alles, was »länger läuft«, wird von der Zeit schon wieder überholt. Wenn man also z. B. 2 Mio. Euro investiert, sollten dem jährliche Einsparungen von ca. 1 Mio. Euro gegenüberstehen – dann liegt man auf der sicheren Seite. Der Faktor 2–3 berechnet sich grob aus der zu erzielenden Eigenkapitalrendite von >25 Prozent, weil auch noch das Risiko berücksichtigt werden muss. Nachdem Personalkosten oft die einzige (relativ einfach umzusetzende) Einsparungsmöglichkeit sind, rechnet man je nach betroffenem Qualifikationsniveau des Bereichs mit Personalkosten von pauschal 50.000–100.000 Euro pro Person und Jahr.

Chicken Race ist sicher eine Form mangelnder Offenheit, Hierarchiedenken ebenfalls. Beides macht Sie als IT-Unternehmensarchitekt nicht schneller.

Dazu kommen dann noch diverse versteckte Vorgehensweisen von Geschäftsbereichen, die über den Umweg der IT-Funktion z. B. Standortsicherungspolitik betreiben. Sie sollten sich also angewöhnen, auf solche politischen Strömungen zu achten. Manche können Sie Ihren Erfolg und damit Ihren Job kosten, ohne dass Sie etwas dagegen tun können.

Offenheit und Ehrlichkeit im Umgang wären schön und würden Ihre Arbeit beschleunigen. Aber wenn jemand wie Jack Welch sich in »seiner« Firma General Electric 20 Jahre lang für Offenheit einsetzen musste, können Sie nicht damit rechnen, dass Sie an fehlender Offenheit schnell etwas ändern können, wenn überhaupt. Sie werden also mit solchen Praktiken leben und sich an sie anpassen müssen.

14.3.7 Verzetteln: keine klare Strategie

Die obigen Beispiele sind schon desaströs und oft nur schwer anzugreifen, weil es dabei um den Kommunikationsstil der Vorstände untereinander geht. Ein weiteres Problem ist oft noch schwerer zu erkennen und von unten ähnlich schwierig zu attackieren: Verzetteln.

Strategiedefizite

Sie beobachten, dass es in Ihrem Unternehmen immer mehr strategische Initiativen gibt, beispielsweise wird 2014 eine Kundenbindungsoffensive verkündet, 2015 wird eine »Operational Excellence«-Initiative gestartet und gleichzeitig wird für 2017 angekündigt, dass es eine Produktoffensive geben soll.

Als IT-Unternehmensarchitekt stehen Sie etwas verwirrt in der Mitte, weil für alle diese Initiativen technische Veränderungen geschaffen werden müssen und Sie beobachten können, dass die Budgets für diese komplette Agenda nie ausreichen werden. Der Erwartungsdruck wächst enorm. Budgets werden fraktioniert. Es passiert überall ein bisschen, aber nichts so, dass Sie sagen würden, das reicht, um damit den Wettbewerb das Fürchten lehren zu können.

Sie fragen sich also: Was passiert hier?

Die Antwort ist: Verzetteln.

Empirische Untersuchungen haben ergeben, dass Unternehmen, die alle Werttreiber gleichzeitig angehen, sich verzetteln und eine wesentlich schlechtere relative Leistung zeigen als solche, die sich konzentrieren [Broadbent+05]. Porters Analysen über die »Strategie zwischen den Stühlen« [Porter89] sagen nichts anderes aus.

Auch gegen Verzetteln kommen Sie nur schwer an, weil kaum ein Vorstand und schon gar kein Vorstandsvorsitzender Ihnen als Abteilungs- oder Gruppenleiter gegenüber zugeben wird, dass Sie ja Recht haben, dass er sich gerade verzettelt. Für Ihren Erfolg ist mangelnde Fokussierung aber fatal, weil sich die Anforderungen aus allen strategischen Initiativen mit den Budgets und den Möglichkeiten der IT-Organisation bei Ihnen treffen werden. Sie können hier also nur wieder Ihren IT-Vorstand beraten. Eine weitere Möglichkeit besteht darin, den »Maxime-Prozess« anzuwenden, den Broadbent und Kitzis [Broadbent+05] beschreiben (siehe dazu auch Abschnitt 4.1.5).

14.3.8 Inkonsequenz

Mit dem Verzetteln geht oft Inkonsequenz einher. Wenn z.B. die oben erwähnte Initiative für Operational Excellence zum einen wegen der Chicken-Race-Situation hängen bleibt und zum anderen, weil es nur eine von vielen Initiativen ist, werden Sie sich wundern, was man Ihnen nach 1½ Jahren unter Umständen antworten wird:

> »Wieso? So haben wir das nicht gemeint. In dieser Konsequenz war die Initiative für Operational Excellence nicht gedacht. Da haben Sie uns falsch verstanden.«

Initiativen werden also erst angekündigt, dann nicht konsequent umgesetzt und ex post wird negiert, dass es sie jemals in voller Konsequenz gegeben habe. Dass man auf einer solchen Basis nur schwer langfristige Investitionsprogramme aufsetzen kann, dürfte klar sein, und dass ein solches Verhalten nicht zur Konzentration auf das Wesentliche beiträgt, ebenfalls.

14.4 Zusammenarbeit mit Lösungsarchitekten

Wie bereits gezeigt wurde, unterscheiden sich die Methoden und Verfahren, mit denen IT-Unternehmensarchitekten arbeiten, von denen, mit denen Lösungsarchitekten (Synonym Projektarchitekten) ein einzelnes System bauen. In der Praxis zeigt sich häufig »Unverständnis« zwischen Lösungsarchitekten, die Verantwortung für ein einziges Projekt tragen, und den Unternehmensarchitekten, die die Optimierung des kompletten Portfolios im Blick haben müssen. Wenn beide Seiten kein Verständnis für die jeweils andere Seite aufbringen, kann es zum Denken in Stereotypen kommen. Die Lösungsarchitekten sehen die Unternehmensarchitekten dann als »Leute im Elfenbeinturm«, und für die Unternehmensarchitekten sind die Lösungsarchitekten Egoisten, die nur ihre eigene Lösung im Blick haben. Beide Seiten müssen daher immer wieder aktiv einen Interessenausgleich suchen. Das IT-Management, das für beide Seiten verantwortlich ist, muss mögliche Gräben erkennen und durch Moderation – oder im schlimmsten Fall sogar durch personelle Maßnahmen – auflösen. Damit es an der Schnittstelle zwischen Lösungs- und Unternehmensarchitektur nicht zu Problemen kommt, ist die Lektüre der folgenden beiden Abschnitte hilfreich.

14.4.1 Warum macht der IT-Unternehmensarchitekt nicht meine Projektarchitektur?

Als Projektarchitekt werden Sie sich manchmal fragen, warum der IT-Unternehmensarchitekt nicht eigentlich alle Projektarchitekturen erstellt, wenn er beim Review sowieso alles besser weiß. Als IT-Unternehmensarchitekt werden Sie versucht sein, eine Projektarchitektur »einfach zu machen«, oder Ihr Management wird Ihnen dies für kritische Großprojekte nahelegen. Da die meisten IT-Unternehmensarchitekten früher einmal gute Projektarchitekten waren, ist die Versuchung in der Tat groß, so zu agieren.

IT-Unternehmensarchitekten sind nicht die obersten Sachbearbeiter der Lösungsarchitektur.

Dieser Abschnitt soll aufzeigen, warum es gefährlich und wenig sinnvoll ist, wenn IT-Unternehmensarchitekten auch für die Projektarchitektur verantwortlich sind und warum eine klare Aufgabenabgrenzung zwischen IT-Unternehmensarchitektur und Projektarchitektur notwendig ist.

Dahinter steckt im Prinzip das Problem einer neuen Führungskraft (analog zum IT-Unternehmensarchitekt), die nach wie vor noch versucht ist, Sachbearbeitertätigkeiten auszuüben (analog zur Projektarchitektur), obwohl sie eigentlich mit dem Aufgabenwechsel in die Rolle der Führungskraft ein komplett anderes Aufgabenspektrum übernommen hat. Damit kein falscher Eindruck entsteht: Projektarchitektur ist weder höherwertiger noch niederwertiger als IT-Unternehmensarchitektur. Sie ist einfach »anders«.

Das Verhältnis von Projektarchitektur und IT-Unternehmensarchitektur ist also nicht unähnlich dem Verhältnis eines frisch ernannten Managers zu seinen Mitarbeitern. Wenn man sich ansieht, welche Arbeitsmittel und Modelle ein Projektarchitekt verwendet, dann ist sein Aufgabenspektrum von dem eines IT-Unternehmensarchitekten verschieden. Ähnlich verhält es sich mit Führungskräften, die ihre Führungsaufgaben ernst nehmen. Wenn sie überwiegend Sachbearbeiteraufgaben erledigen würden, würden sie als Führungskraft ein Problem bekommen. Auch wenn viele Manager über mehr Wissen auf einem Fachgebiet als ihre Mitarbeiter verfügen, dürfen sie sich nicht in die Rolle des obersten Sachbearbeiters ziehen lassen.

Problem des »neuen Vorgesetzten«

Es gibt also ein paar klassische Fallen für Sie als IT-Unternehmensarchitekt, wenn Sie Ihre Aufgaben nicht klar von denen der Projektarchitektur abgrenzen.

Ihre eigentlichen Aufgaben bleiben liegen

Tun Sie das, was Sie tun sollen – nicht das, was Sie (noch) am besten können!

Wenn Sie zu viel Zeit in Projektarchitektur investieren, können Sie sich logischerweise weder richtig um das Thema IT-Strategie noch um Aufgaben des Portfoliomanagements kümmern. Die Aufgaben, an denen Ihr Erfolg langfristig gemessen wird und mit denen Sie Ihren IT-Vorstand am meisten unterstützen könnten, bleiben liegen.

Außerdem bauen Sie leicht einen Flaschenhals auf, wenn Sie die Projektarchitektur für zehn oder mehr Projekte »am Hals« haben. Man mag sich zwar wichtig fühlen, wenn man in alles involviert ist und wenn das Handy dauernd klingelt. Aber gut für das Unternehmen ist das nicht, weil Aufgaben langsamer als nötig erledigt und die Potenziale Ihrer Kollegen nicht optimal genutzt werden.

Sie fördern Rückdelegation von Verantwortung

Lassen Sie keine Rückdelegation zu!

Wenn Sie bei Reviews scheinbar so »gute Vorschläge« machen, dass die Projektarchitekten nur noch frustriert die Köpfe zusammenstecken und zu dem Schluss kommen, dass der IT-Unternehmensarchitekt sowieso alles besser weiß und es folglich doch gleich selbst machen sollte, kann das wieder kurzfristig gut für Ihr Ego sein. Schon mittelfristig bekommen Sie aber Probleme, wenn sich Kollegen, die Sie implizit aus der Verantwortung entlassen, nicht mehr so in ihrer Aufgabe engagieren, wie sie das tun würden, wenn sie sich voll in der Verantwortung fühlen würden.

Mitarbeiter, die spüren, dass man ihnen nicht vertraut, werden sich auch entsprechend verhalten und Sie – vielleicht nicht einmal bewusst – »auflaufen« lassen. Das heißt, sie werden bei passender Gelegenheit Arbeit liegen lassen oder Entscheidungen verzögern, weil sich der IT-Unternehmensarchitekt ja eh alle endgültigen Entscheidungen vorbehalten hat.

Der Trainer trainiert – er spielt nicht selbst.

Ein Fußballtrainer stellt sich normalerweise auch dann nicht selbst auf den Platz, wenn er früher Nationalspieler war und jetzt eine Mannschaft aus der 2. Bundesliga trainiert. Stattdessen wird er seine Mannschaft coachen, d. h. sie beobachten und den Spielern vermitteln, was sie noch besser machen können. Er wird sie aber nie aus der Ergebnisverantwortung entlassen.

Nicht abheben

Auch wenn IT-Unternehmensarchitekten komplett andere Aufgaben haben als Projektarchitekten, werden sie von diesen als Gesprächspartner über ihre Arbeitsergebnisse (Reviewer) nur dann voll akzeptiert, wenn sie sich technisch noch einigermaßen gut auskennen.

IT-Unternehmensarchitekten sollten also den Kontakt zur Technik behalten, um nicht abgehoben zu wirken. Die ausschließliche Beschäftigung mit Strategie ohne den Kontakt zum Projektgeschäft kann in der Tat zum Abheben führen. Es ist daher zu überlegen, ob Sie die Tätigkeit als IT-Unternehmensarchitekt nur für eine begrenzte Zeit ausüben. Positionen in einer IT-Unternehmensarchitektur sind klassisch für Jobrotation geeignet. Man kann die Aufgabe z. B. für ca. drei Jahre übernehmen. Danach ist es aber meist empfehlenswert, den »Bodenkontakt« wiederherzustellen.

Abgrenzungsregeln, die sich bewährt haben

Um nicht in die oben beschriebenen Fallen zu laufen, hat sich folgende kleine Charta zur Abgrenzung von Verantwortlichkeiten, Rechten und Pflichten bewährt.

Aufgabenverteilung

Projektarchitekten

- Sind voll dafür verantwortlich, dass ihr Projekt am Tag der Auslieferung technisch lauffähig ist und dass die Anforderungen, egal ob funktionale oder nicht funktionale, dabei berücksichtigt wurden.
- Benutzen, wenn möglich, fertige Komponenten aus dem Lösungsportfolio des Unternehmens.
- Entwickeln neue Komponenten dann, wenn sie dies mit den IT-Unternehmensarchitekten abgestimmt haben.
- Haben jederzeit das Recht zu eskalieren, wenn sie der Meinung sind, dass das Unternehmen benötigte Komponenten nicht zur Verfügung stellt, die sie für ihren Projekterfolg benötigen.

IT-Unternehmensarchitekten

- Sind verantwortlich für die Integrität des gesamten Anwendungs- und Softwarekomponentenportfolios im Unternehmen. Die Planungen dafür werden in der IT-Bebauungsplanung festgehalten.
- Kommunizieren mit den Projektarchitekten auf Grundlage der Bebauungspläne,
    - ob sie für ihr Projekt zusätzliche Komponenten benötigen,
    - wann fehlende Komponenten geliefert werden können und
    - ob das Projekt konform zur Gesamtarchitektur des Unternehmens ist.

- Haben eine Qualitätssicherungsfunktion über alle Projektarchitekturen hinweg.

Wenn Sie sich als IT-Unternehmensarchitekt an die Regeln konstruktiver Reviews halten, sich keine Verantwortung zurückdelegieren lassen und Ihre Verantwortung von derjenigen Ihrer Kollegen aus dem Projektarchitekturteam klar abgrenzen, sollten Sie zu einer reibungslosen Zusammenarbeit kommen.

14.4.2 Das Kostendilemma der Wiederverwendung

Wie schon oben erwähnt, ist es eine Ihrer Aufgaben als IT-Unternehmensarchitekt, die mehrfache Entwicklung von Lösungen für ein und dasselbe Problem zu verhindern und dafür zu sorgen, dass ein Gesamtoptimum bei den Kosten entsteht. Es kann also sein, dass Sie ein Projekt A auffordern, an einer Komponente etwas mehr zu tun, als unbedingt erforderlich wäre, damit ein Projekt B diese Komponente wiederverwenden kann und dadurch mehr einspart, als A zusätzlich ausgibt. Das Unternehmen würde so Geld sparen.

Dummerweise wird der Projektleiter des Projekts A dies nicht immer begrüßen, vor allem dann nicht, wenn er lediglich an seinem Projekterfolg, seiner Termineinhaltung und seiner Budgeteinhaltung gemessen wird. Der Projektleiter des Projekts B wird Sie dagegen unterstützen, weil er durch Ihre Initiative schneller fertig wird und weniger Budget verbraucht. Dadurch können Blockaden entstehen. Wenn Sie solche Blockaden lösen wollen, brauchen Sie auch hier eine starke Rückendeckung durch das höhere Management Ihrer Firma. Oder anders formuliert, Sie erkennen, dass Ihre Position als IT-Unternehmensarchitekt im Unternehmen zu schwach ist, wenn es wiederholt vorkommt, dass Sie solche Blockaden nicht auflösen können.

Rückhalt im Topmanagement

Für Ihren Erfolg ist also sowohl Ihr Rückhalt im Management als auch Ihre organisatorische Position wichtig. In Abschnitt 14.3.1 wurden verschiedene Typen von Organigrammen für IT-Funktionen diskutiert. Wenn Sie in der klassischen Organisation integriert sind (siehe Abb. 14–7), haben Sie ein Problem, das Dilemma aufzulösen, weil aller Wahrscheinlichkeit nach jeder Projektleiter an einen anderen Abteilungsleiter der Entwicklung berichtet und die einzelnen Abteilungsleiter die Ziele ihrer Projektleiter übernehmen. Als IT-Architekt im Organigramm alten Stils sind Sie zu weit weg von der Leitung der IT, um zwei Abteilungsleitern sagen zu können, wie der Konflikt zum Wohle des Gesamtunternehmens aufzulösen ist.

Wenn Sie jedoch in einer IT-Organisation des modernen Typs eingeordnet sind (siehe Abb. 14–8), dann sind Sie in einer Position, die es

Ihnen eher erlaubt, Projektleiter zu beeinflussen oder das Problem geeignet zu eskalieren. Fazit ist also: Wenn Sie beim Auflösen von Konflikten zugunsten des Unternehmens »zu oft verlieren«, schauen Sie sich die Organisation genau an und überlegen Sie, wie Sie eine Position erreichen können, in der Ihre Erfolgsquote steigen wird.

14.5 Tipps und Tricks

14.5.1 Architekturtickets

In Abschnitt 14.1.2 wurde bereits diskutiert, dass ein Team für IT-Unternehmensarchitektur nicht zu groß sein sollte, um den Kommunikationsaufwand im Rahmen zu halten. Die Sache hat noch einen zweiten Aspekt. Als IT-Unternehmensarchitekt bekommen Sie immer wieder Anfragen, bei denen Sie entweder

- technische Entscheidungen mit treffen müssen
- oder z.B. helfen müssen, Vereinbarungen über die Grenzen von Projekten zu treffen. Gerade an Schnittstellen zwischen Projekten kommt es immer wieder zu Diskussionen zwischen den beteiligten Projektleitern, weil Verschiebungen der Projektgrenzen meist auch Aufwandsverschiebungen bedeuten, d.h., damit kann man oft noch ein bisschen Aufwand beim Nachbarn loswerden.

Glaubwürdigkeit

Es wäre nun nicht gut, wenn Projekt A den Kollegen C aus dem Architekturteam fragt und Projekt B den Kollegen D aus demselben Team und die beiden Projekte unterschiedliche Auskünfte bekommen würden. Wenn es ein paar Mal vorkommt, dass verschiedene Anfrager von einem IT-Unternehmensarchitekturteam unterschiedliche Anweisungen bekommen, wird Ihre Glaubwürdigkeit stark in Mitleidenschaft gezogen. Man muss sich auch darüber im Klaren sein, dass es immer wieder nette Kollegen gibt, die bewusst versuchen, widersprüchliche Aussagen zu provozieren, um ihre Vorstellungen durchsetzen zu können. Wenn solche Kollegen also vom Architekten C eine Auskunft bekommen haben, fragen sie D und so weiter, bis sie die Auskunft bekommen, die sie von vornherein haben wollten. Ein Architekturteam muss also eine Art Customer Relationship Management einrichten, in dem es dokumentiert,

> »wer wann wen was gefragt hat und welche Antworten gegeben wurden«,

damit jeder im Architekturteam immer denselben Informationsstand hat. Dazu kann man z.B. eine Lotus-Notes-Datenbank oder ein Wiki-

Web verwenden, also irgendeine Groupware-Plattform, in der man Texte von ein bis drei Seiten einem ganzen Unternehmen zugänglich machen kann.

Dokumentation sichert konsistente Aussagen.

Eine solche Ablage lässt sich auch gut mit Fehlertickets vergleichen. Daher auch der Name »Architekturtickets«. Ein Tester meldet Fehler und erfasst sie als Fehlertickets. Dadurch werden mehrere Dinge erreicht:

- Das Problem ist durch die schriftliche Erfassung dokumentiert.
- Wenn Kollegen dasselbe Problem haben, können sie das oft schon in der Fehlerdatenbank nachlesen und kennen den Status.
- Probleme werden statistisch erfasst.
- Die Lösungen werden ebenfalls allgemein sichtbar dokumentiert.

Gründe für Ticketsysteme

Es gibt also viele gute Gründe, für die Verfolgung von Fehlern und Anforderungen ein Ticketsystem zu verwenden. Für den Bau eines kleinen Systems für Architekturanfragen sind analog dazu folgende Aspekte anzuführen:

- Beim ersten Auftreten einer Anfrage wird dokumentiert, dass das Problem oder Thema existiert. Alle Kollegen im IT-Architekturteam und sogar im ganzen Unternehmen können das nachlesen.
- Für erledigte Anfragen werden die Lösungen dokumentiert. Man spart sich dadurch unter Umständen die wiederholte Antwort auf ein und dieselben Fragen und bleibt konsistent in seinen Aussagen.
- In einem Architekturticket sind auch die Gründe zu dokumentieren, die zu einer Entscheidung geführt haben. Sprich: Man kann sowohl die wesentlichen Lösungsalternativen dokumentieren als auch die Einflussfaktoren (Forces, die nicht funktionalen Anforderungen), die zur Auswahl der beschlossenen Lösung geführt haben.
- Schließlich machen Ticketsysteme den Entscheidungsprozess transparent, nachvollziehbar und auch schneller.

Ein Ticketsystem muss man noch nicht einmal programmieren. Es reichen eine einfache Groupware-Akte und etwas Disziplin bei der Erstellung und Verfolgung der Tickets, die so formuliert werden sollten, dass die Entscheidungen und der Status jederzeit einfach nachvollziehbar sind. Durch agile Entwicklung haben passende Systeme, wie beispielsweise JIRA[6] extreme Verbreitung gefunden, auch ohne dass sie explizit auf EAM ausgelegt wären. Die periodische Kontrolle einer Akte mit Architekturtickets reicht völlig aus, um die oben beschriebenen positiven Effekte zu erzielen.

---

6. Zu JIRA siehe z. B. *https://de.atlassian.com/software/jira/* (aufgerufen am 18.10.2016).

14.5.2 Radar-Chart-Methode

Als IT-Unternehmensarchitekt müssen Sie gleichzeitig eine Vielzahl von Kommunikationskanälen bedienen und eine Menge von Zuständen verfolgen. Darunter mindestens die sechs Hauptprozesse aus Abbildung 2–7 (S. 31), die Sie am Laufen halten müssen, und dazu noch viele Kommunikations- und Dokumentationsverpflichtungen.

Die Frage ist nun, wie man all diese Dinge einigermaßen plant und gleichzeitig den Überblick behält. Dazu betrachten wir zunächst ein paar Beispiele von Tätigkeiten, deren Reifegrad und Qualität Sie auf Ihrem Radarschirm haben könnten:

Interessante Faktoren erfassen

- Zustand der Anwendungslandkarten
- Zustand der Anwendungsliste und Schnittstellenlisten
- Zustand des Anwendungshandbuches
- Zustand der Geschäftsprozesslandkarten
- Zugänglichkeit obiger Dokumentation über das Intranet
- Zustand der Service Level Agreements (SLAs) Ihres Unternehmens
- Vorhandensein von Repositories für Anwendungen, Services und Schnittstellen
- Vorhandensein von Repositories für technische Konfigurationsobjekte (Konfigurationsdatenbank)
- Vorhandensein von Werkzeugen und Prozessen passend zu den Repositories

Die Liste lässt sich leicht auf 30 bis 40 Zustände verlängern, die eine IT-Unternehmensarchitekturgruppe beeinflussen kann, beobachten muss oder für die sie verantwortlich ist. Ähnlich wie bei Balanced Scorecards sind 40 Zustände schon reichlich viel, und mehr wäre nicht mehr vernünftig zu handhaben.

Es ist recht schwer, für jeden dieser Punkte eine exakte Metrik zu finden. Oft reichen aber vier bis fünf verbal ausgedrückte Werte auf einer Skala aus:

```
  |           |           |           |
mangelhaft  befriedigend  gut       sehr gut
```

Abb. 14–9
Beispiel für eine qualitative Skala

Es sollte dann zunächst allein oder in einer Gruppe eingeschätzt werden, über welchen Reifegrad das eigene Unternehmen zu einem zu beobachtenden Punkt verfügt.

Man kann des Weiteren z. B. in einem Architekturboard mit Kollegen aus anderen Bereichen der IT-Funktion festlegen, bis wann welcher Zustand bei welcher zu beobachtenden Größe erreicht werden sollte. Die angestrebten Statusverbesserungen sind mit Maßnahmen und Projekten und damit auch mit Budget zu hinterlegen.

Alle diese Überlegungen lassen sich in einem einzigen kompakten Bild zusammenfassen, das z. B. wie in Abbildung 14–10 aussehen kann (das Beispiel ist willkürlich gewählt).

Das entsprechende Chart lässt sich einfach aus einem Excel-Sheet erzeugen. Der Darstellungsaufwand ist also gering und der Effekt gegenüber dem Senior Management meistens beeindruckend.

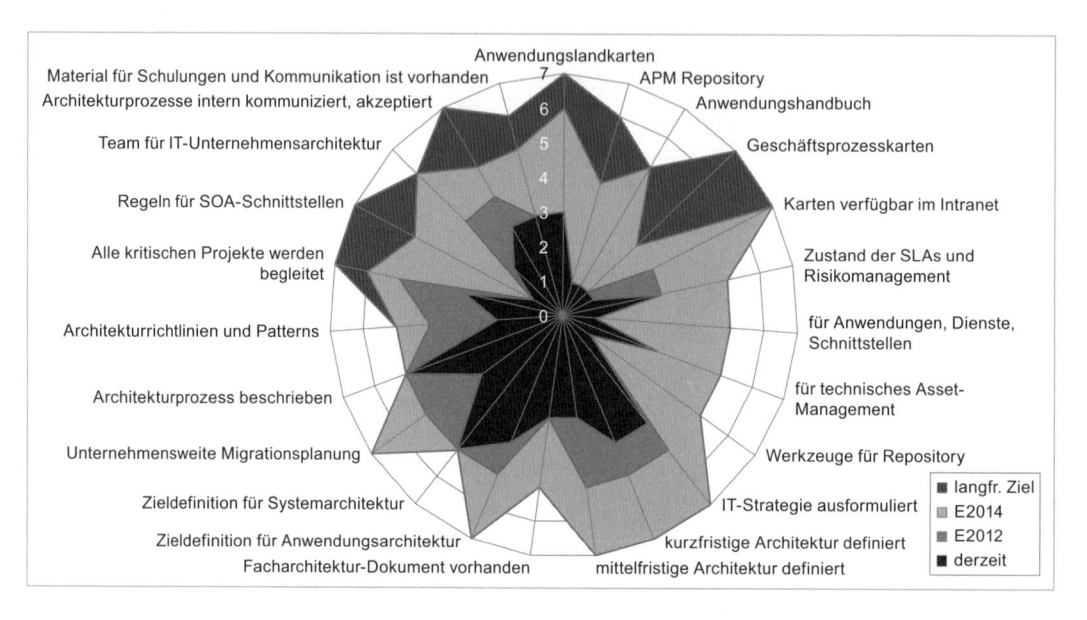

Abb. 14–10 Beispiel für ein Radar-Chart für die Größen, die in einem Architekturmanagement als diejenigen erkannt werden, die gesteuert werden müssen. An den Ringen kann man recht schnell die geplanten Fortschritte erkennen. Dazu muss es logischerweise noch einen Maßnahmenplan geben. Konkrete Themen sind für die Prinzipdarstellung nicht relevant.

14.5.3 Chefmanagement

> Egal wie falsch sich Ihr Vorgesetzter verhält. Sie dürfen nie die Opferrolle einnehmen.
> Quelle: Jack Welch, Winning [Welch+05]

Als IT-Unternehmensarchitekt sollten Sie normalerweise ein enger Mitarbeiter und Helfer Ihres Chefs, des IT-Vorstands, sein. Wie immer im Leben gibt es aber auch hier Situationen, die von der Idealsituation abweichen. Ideal ist es, wenn Sie einen zu 100 Prozent integren, erfolgreichen Chef haben, der die Werte des Unternehmens achtet, der ein IT-Verantwortlicher moderner Prägung ist und dessen unverzichtbarer Helfer Sie als IT-Unternehmensarchitekt sind. Wie in Abschnitt 4.5 bereits erwähnt, gibt es auch die »Chefmechaniker«. Wie so oft im Leben ist der Idealzustand allerdings eher die Ausnahme.

Wie sehen Chefs ihre Mitarbeiter?

Auf jeden Fall sind zunächst die Tipps von Jack Welch [Welch+05] nützlich. Er nennt zwei Kategorien von Tipps. Die erste nimmt die Perspektive »von oben« ein, also wie Topmanager »Untergebene« sehen, die immer nur über die Firma jammern, über ihre Chefs polemisieren und sich in der Cafeteria stundenlang über deren schlechte Eigenschaften auslassen sowie nur Probleme statt Lösungen thematisieren. Der Rat von Jack Welch ist, solche Kollegen unabhängig von ihrer sonstigen Qualifikation schnell in Tätigkeitsbereiche zu schicken, wo sie dem Vorgesetzten garantiert nicht mehr schaden können. Sie können davon ausgehen, dass die meisten Vorstände solche Verhaltensweisen verinnerlicht haben. Sonst hätten sie es in der Hierarchie kaum so weit nach oben geschafft. Sie sollten sich also davor hüten, in der oben beschriebenen Art wahrgenommen zu werden. Abgesehen davon, dass solche Verhaltensweisen unprofessionell und damit unproduktiv sind, verderben Sie sich vor allem selbst den Tag damit. Egal, ob Sie also einen guten oder einen aus Ihrer Sicht nicht so guten Chef haben: Niemand kann Sie darin hindern, den besten Job auf professionelle Weise zu erledigen, der unter den gegebenen Umständen möglich ist.

Sicht »von unten«

Die zweite Kategorie von Tipps hat etwas mit der Sicht von unten zu tun. Was machen »Untergebene«, wenn sie einen Chef haben, der aus ihrer Sicht nicht integer ist oder schlicht unangenehm. Wobei unangenehm nichts mit fordernd zu tun hat, sondern eher mit einer Häufung der oben geschilderten Art von Kommunikationsproblemen. Als IT-Unternehmensarchitekt ist die Wahrscheinlichkeit eher höher, dass Sie in eine solche Situation geraten (siehe oben). Einerseits müssen

Sie an jemanden auf Vorstandsebene berichten, um überhaupt als IT-Unternehmensarchitekt eine Erfolgschance zu haben. Andererseits werden Sie dort mehr unangenehme Erlebnisse haben als z.B. auf Mitarbeiterebene.

Abb. 14–11
Matrix zur Klassifikation unangenehmer Situationen im Chefmanagement (adaptiert nach [Welch+05], S. 329)

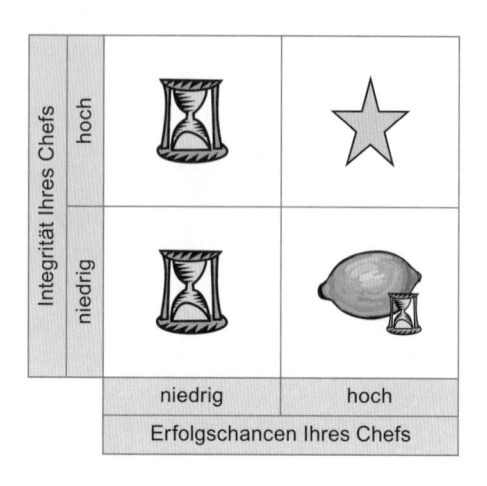

Boston Square für das Chefmanagement

Nach bewährter Beraterart werden Cheftypen von Welch in einem Boston Square, also einer 2×2-Matrix, nach zwei Kriterien eingeteilt (siehe Abb. 14–11). Das Kriterium Integrität sagt aus, inwieweit sich Ihr Chef an allgemein akzeptierte Werte guter Mitarbeiterführung und z.B. an die Werte eines Leitbildes Ihrer Firma hält. Das Kriterium Erfolgschancen verdeutlicht, inwieweit Ihrem Chef zugetraut werden kann, die Aufgaben zum Erfolg zu führen, die er von seinem Management übergeben bekommen hat. Man kann auch hier wieder pro Quadrant einen Archetyp beschreiben:

Netter Chefmechaniker

Obere Sanduhr: Wenn Ihr Chef integer ist, sich also an Werte im Allgemeinen und speziell an die Werte des Unternehmens hält, haben Sie kurzfristig kein Problem. Sie bekommen nur langfristig eines, wenn nicht auch gleichzeitig eine hohe Erfolgswahrscheinlichkeit damit einhergeht. Ein integrer »Chefmechaniker« ist also langfristig auch nicht gut für Sie, weil er durch seine Art Probleme im Unternehmen bekommen wird und diese auch auf Sie durchschlagen werden.

Der ideale Chef

Stern: Wirklich gut getroffen haben Sie es, wenn Ihr Chef integer und vom modernen Typus IT-Vorstand ist. Wenn Sie in dieser Situation sind, freuen Sie sich einfach.

Untere Sanduhr: Wenn Ihr Chef keine großen Erfolgsaussichten hat, also z. B. ebenfalls ein »Chefmechaniker« und wenig integer ist, handelt es sich um einen angenehmeren Fall. Die Chance ist dann gut, dass er wegen mangelnden Erfolgs schnell ersetzt wird. Seine Uhr läuft dann schnell ab.

Der anstrengende Chefmechaniker

Zitrone: Am problematischsten für Sie ist es, wenn Sie einen nicht integren Chef haben, der aber zugleich intellektuell so brillant ist, dass seine Tätigkeit eine hohe Erfolgswahrscheinlichkeit hat. Auch solche Persönlichkeiten werden zwar früher oder später aus ihrer Position entfernt, wenn sie z. B. eine spezielle Aufgabe erfüllt haben. Die Zeit bis dahin kann aber für Sie recht hart werden bzw. es kann Ihnen passieren, dass Sie »abgeschossen« werden, bevor Ihr Chef die nächste Mission bekommt. In dem Fall haben Sie schlicht Pech gehabt. Seien Sie auch in solchen Fällen loyal. Begeben Sie sich nicht auf die Ebene der Lästerer aus der Betriebskantine, sondern machen Sie den Umständen entsprechend einen guten Job.

Zitrone

Egal, was passiert, der Ratschlag bleibt derselbe: Machen Sie den besten Job, den Sie machen können, nehmen Sie es nicht persönlich, jammern Sie nicht, machen Sie sich nicht zum Opfer, sitzen Sie es aus oder suchen Sie sich unauffällig eine bessere Position. Keiner zwingt Sie, sich an Verhaltensmuster anzupassen, die Sie selbst für sich als unpassend empfinden.

15 Einführungspfade für IT-Unternehmensarchitektur

In der Einleitung in Kapitel 1 ist bereits angeklungen, dass man Methoden der IT-Unternehmensarchitektur in verschiedenen Unternehmenstypen mit unterschiedlicher Intensität und unterschiedlichem Grad an Formalismus einsetzen wird.

Das folgende Kapitel über »Einführungspfade für IT-Unternehmensarchitektur« ist vor allem für sehr große Unternehmen relevant, in denen sich Hunderte bis Tausende Mitarbeiter allein in der IT-Funktion mit Tausenden oder Zehntausenden Mitarbeitern in den Geschäftsfunktionen koordinieren müssen.

Für mittelständische Unternehmen, in denen die Themen von einem CIO oder noch von dem engen Kreis an Mitarbeitern um ihn eher informell abgearbeitet werden, sind solche formalen Einführungspfade nur am Rande als Checkliste interessant. Und schließlich wurde auch schon dargestellt, dass bei vielen »One App Start-ups« vor allem ein Thema wie Anwendungsarchitektur relevant ist. Von daher bietet dieses Kapitel für Mitarbeiter aus den letzten zwei Unternehmenstypen vor allem zusätzliche Information und kann bei einem ersten Durchlauf auch schadlos überlesen werden.

15.1 IT-Unternehmensarchitektur für Großunternehmen

Wenn Sie bereits große Projekte geleitet haben, wird Ihnen intuitiv klar sein, dass Sie scheitern würden, wenn Sie alle hier diskutierten Prozesse und Vorgehensweisen der IT-Unternehmensarchitektur und des IT-Projektportfoliomanagements in einem Schritt einführen wollten.

Wenn Sie ein Gefühl für die Dimension verträglicher Schritte brauchen, dann halten Sie sich z. B. Folgendes vor Augen: Infrastruktur ist nur eine der vier Schichten der Architektur-Modellpyramide aus Abbildung 2–5 (S. 29). Infrastrukturmanagement nach ITIL ist, wenn man Abbildung 11–2 (S. 336) betrachtet, in zahlreiche Subdisziplinen aufgeteilt. Wenn Sie nun ein Unternehmen suchen, das derzeit eine

Dimension der Aufgabe

wirklich aktuelle und ordnungsgemäße CMDB (Configuration Management Database) besitzt, werden Sie lange suchen müssen. Sie werden aber gleichzeitig viele Geschichten hören über Unternehmen, die auch »nur« versucht haben, eine CMDB einzuführen, und dabei gescheitert sind. Ihre Chancen, den mehrfachen Umfang mit einem Big Bang einzuführen, sind also schlechter als schlecht. Davon sollten Sie sich zwar nicht abhalten lassen, überhaupt etwas zu unternehmen. Sie haben allerdings einen langen Weg vor sich. Nicht zuletzt versprechen die Unternehmensberater in ihren IT-Fitnessprogrammen aus einem Architekturprogramm keinen wesentlichen Nutzen vor Ablauf von ca. drei Jahren. Wie so oft kann man das Gesamtproblem aber in Teile zerlegen (divide et impera) und sinnvolle Teile einführen, ohne gleich alles anzugehen.

Wo fängt man an?

Bei der Analyse, welche Schritte zuerst angegangen werden sollten, wird Ihnen Abschnitt 15.2 helfen. Ein wesentlicher Faktor dafür, was Sie sinnvoll auf den Weg bringen können, ist das Interesse Ihres IT-Vorstands und der übrigen Vorstände für das Thema. Abschnitt 15.2 ist daher vor allem darauf hin ausgelegt, Ihnen zu zeigen, wofür Sie unbedingt die Unterstützung eines IT-Vorstands benötigen und welche Tätigkeiten Sie auch sinnvoll in einer Nische durchführen können, in der der IT-Vorstand Sie schlimmstenfalls einfach nur ignoriert.

Wie bei den meisten Projekten hilft es, festzustellen, welche Systeme in Ihrem Unternehmen vorhanden sind. Dieses Buch liefert Ihnen hierfür ein Referenzmodell. Dieser Abschnitt unterstützt Sie bei der Einschätzung, wie weit Sie mit oder ohne Unterstützung Ihres IT-Gesamtverantwortlichen kommen. Ihren Plan können Sie dann z.B. mit der in Abschnitt 14.5.2 dargestellten Radar-Chart-Methode einfach visualisieren und gut verfolgen.

15.2 Einführungspfade für IT-Unternehmensarchitektur mit und ohne Topmanagement-Unterstützung

Sie haben also die enorm große Aufgabe vor sich, flächendeckend IT-Unternehmensarchitektur einzuführen. Vor Ihnen liegt ein wirklicher Berg von Arbeit. Fragt sich, an welcher Ecke Sie anfangen, den Berg abzutragen. Sie könnten über das Thema ITIL einsteigen und z.B. erst einmal ein solides IT-Asset-Management für Infrastruktur einführen. Diesen Weg gehen Unternehmensarchitekten eher selten. Denn dabei entstehen auffällige Kosten und nur wenige Resultate, mit denen Ihr IT-Vorstand glänzen könnte. Sie könnten auch mit dem Thema IT-Strategie anfangen. Wenn Sie dabei keine Unterstützung Ihres Topmanagements haben, werden Sie aber nicht einmal die dafür benötigten

15.2 Einführungspfade für IT-Unternehmensarchitektur

Termine für Zielfindungsworkshops bekommen. Sie können allerdings, wenn Sie feststellen, dass es mit der Unterstützung des Topmanagements aktuell noch nicht so gut bestellt ist, Tätigkeiten durchführen, bei denen dessen Unterstützung nicht vonnöten ist, und darüber den Nutzen von IT-Unternehmensarchitektur demonstrieren. Sie können auf diesem Weg versuchen, mehr Unterstützung und Budget zu bekommen, um so mehr zu bewegen. Abbildung 15–1 fasst diesen Kreislauf leicht ironisch zusammen.

Es kann Ihnen aber auch passieren, dass Sie einer Sparwelle zum Opfer fallen, bevor Sie die volle Wirksamkeit von IT-Unternehmensarchitektur herstellen konnten. Es dreht sich bei den Einführungswegen also viel darum, wie weit Ihr Topmanagement IT-Unternehmensarchitektur auf der Agenda hat oder eben auch nicht. Im Folgenden werden wir daher alle wesentlichen Prozesse der IT-Unternehmensarchitektur darauf hin durchsehen, inwieweit dafür Unterstützung des Topmanagements benötigt wird oder ob die Prozesse auch ohne Unterstützung des Managements schon angestoßen werden können.

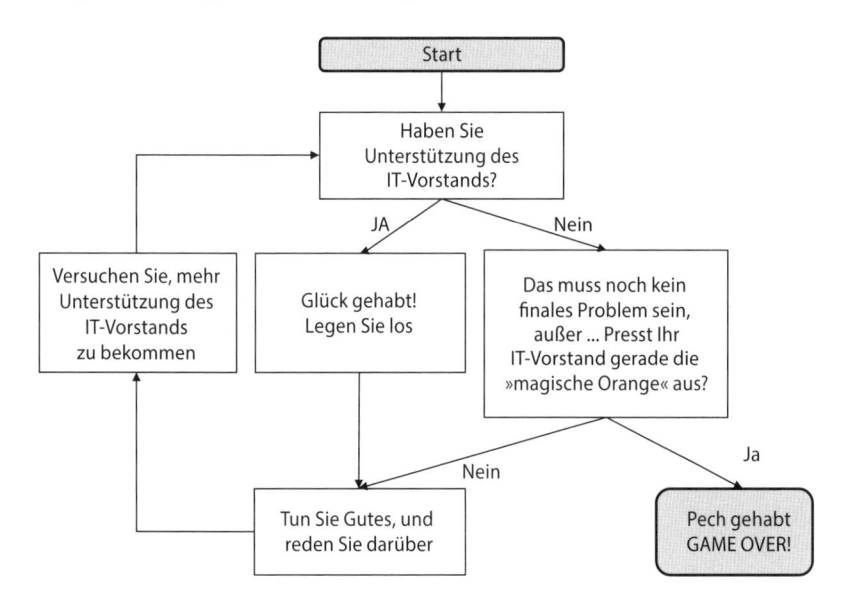

Abb. 15–1
In Anlehnung an bekannte und eher leicht witzig gemeinte »Problem-Charts« zeigt diese Abbildung, worauf es bei der Maßnahmenplanung für IT-Unternehmensarchitektur ankommt.

Management-prozessmuster	Umsetzbarkeit
Erarbeiten einer IT-Strategie, Abschnitt 4.1	Eine IT-Strategie kann sinnvollerweise nur erarbeitet werden, wenn sich die Vorstandsebene Ihres Unternehmens dabei aktiv einbringt. Wenn Sie hier keine Unterstützung haben, bekommen Sie schlicht die Termine nicht, die für ein bis zwei Workshops erforderlich wären. Und Sie können bestenfalls die gelebte Ist-Strategie beschreiben. Es wird Ihnen aber nicht gelingen, etwas Zukunftsweisendes zu erarbeiten. Eigentlich sollte der IT-Vorstand selbst der Treiber dafür sein, dass eine IT-Strategie erarbeitet wird. Ist er hier untätig, können Sie sich als IT-Unternehmensarchitekt auf beschränkte Wirkung einrichten.
Business-IT-Alignment herstellen mit Capabilities, Abschnitt 4.2	Damit die Arbeit mit Capabilities relevante Auswirkungen auf die Planung des IT-Portfolios hat, müssen sich an den Planungen Top-Führungskräfte – vor allem auch aus dem Business – beteiligen und eine Linie abstimmen, welche Capabilities im Unternehmen wichtig sind und welche nicht. Die Arbeit mit Capabilities erfordert also sinnvollerweise Unterstützung des Topmanagements.
Management des Anwendungsportfolios, Abschnitt 4.3 – 4.6	Ist-Anwendungsportfolio: Das Ist-Anwendungsportfolio kann auch ohne Unterstützung Ihres IT-Vorstands erhoben werden. Sie müssen dazu lediglich die Unterstützung der Anwendungsverantwortlichen haben. Die zu bekommen, ist meist nicht übermäßig schwer, da von einer guten Dokumentation der Nachbarsysteme jeder Anwendungsverantwortliche mit profitiert.
EAM-Werkzeuge, Kapitel 12	Werkzeugunterstützung: Für eine gute Werkzeugunterstützung benötigen Sie Budget im mindestens fünf- bis sechsstelligen Euro-Bereich allein für die Softwarelizenzen. Wenn Sie selbst über das erforderliche Budget verfügen, können Sie hier auch ohne Unterstützung des IT-Verantwortlichen agieren. Wenn dies nicht der Fall ist, stoßen Sie schnell an eine Grenze. Schnell und unbürokratisch einsetzbar sind hybride Wikis (siehe Abschnitt 5.4.2). Hier ist die Einstiegshürde deutlich niedriger als bei einem IPIT (siehe Kap. 12).
Strategische Bebauungsplanung, Abschnitt 4.7	Soll-Anwendungsportfolio: Um auszuarbeiten, was mit der Anwendungslandschaft sinnvoll geschehen soll, benötigen Sie eine IT-Strategie oder strategische Aussagen darüber, in welche Richtung Ihre Firma die IT-Unterstützung entwickeln möchte – z.B. auf der Basis von bewerteten Capabilities. Hier kommen Sie ohne Unterstützung der Vorstandsebene nicht weiter. Außer Sie beschränken sich auf reine Konsolidierungsmaßnahmen, die sich auch alleine rechnen, ohne dass dafür ein strategischer Plan benötigt wird.
Modellierung, Kapitel 5	Modellierung ist ein Unterstützungsprozess, und Sie können die nötigen Modelle für alle die Felder anfertigen, auf denen Sie aktuell arbeiten. Die Vorstandsebene interessiert sich dafür meistens sowieso nicht. Das Thema ist hier also von sekundärer Bedeutung und berechtigterweise nachgelagert.

→

Management-prozessmuster	Umsetzbarkeit
Management eines Serviceportfolios, Abschnitt 4.8, und SOA-Governance, Abschnitt 4.12	SOA sollte – wie in Abschnitt 4.12 zu lesen – keine reine Angelegenheit der IT sein, sondern vom Business mitgetrieben werden. Für eine erfolgreiche SOA benötigen Sie also erhebliche Unterstützung des Topmanagements. Andernfalls bleiben Sie mit Ihrer Initiative stecken. SOA-Governance setzt voraus, dass das Topmanagement Ihr SOA-Programm massiv unterstützt. Nachdem Service Portfolio Management nur sinnvoll ist, wenn Sie eine großflächige SOA betreiben, wird es in der Folge ebenfalls nur dann erfolgreich sein, wenn das Topmanagement sich Ihre SOA zu eigen gemacht hat.
Etablieren eines IT-Governance-Systems, Abschnitt 4.10	Der Aufbau einer IT-Governance ist eine der Kernaufgaben eines CIO, von der er Teile z.B. an IT-Unternehmensarchitekten delegieren wird. Von daher können Sie als IT-Unternehmensarchitekt allein ein System der IT-Governance nicht aufbauen.
Installieren einer Architektur-Governance, Abschnitt 4.11.1	Die »höchste Instanz«, die Sie für den Aufbau einer Architektur-Governance benötigen, ist das Architekturboard. Man kann es auch »von unten« installieren, wenn auf genügend freiwillige Mitstreiter aus IT und Business zurückgegriffen werden kann. Besser und wirksamer ist es natürlich, wenn diverse C-Level Officer[a] ihre Vertreter entsenden. Dies erfordert wieder Topmanagement-Unterstützung.
Richtlinien, Abschnitt 4.11.2	Technische Richtlinien, Blueprints und Ähnliches kann man auch entwickeln und durchsetzen, wenn sich die Vorstandsebene wenig für Architektur interessiert. Solange man seine Kollegen im Boot hat, die die Tätigkeiten ebenfalls für sinnvoll halten, ist Erfolg garantiert. In dem Moment, in dem man aus Gründen »sauberer Architektur« Mehraufwände gegen Projekte durchsetzen muss, können jedoch Eskalationen auftreten, da Projekte dadurch verzögert und teurer werden.
Monitoring des Projektportfolios, Abschnitt 4.11.3	Da das Projektportfolio etwas mit Budgetplanung zu tun hat, wird es in den meisten Unternehmen ein Projektportfoliomanagement geben. Auch dann, wenn Themen wie IT-Strategie und Anwendungsportfoliomanagement schwach besetzt sind. Sie haben fast immer die Chance, sich zu informieren, welche Projekte initiiert werden und zu Architekturveränderungen führen. Monitoring des Projektportfolios können Sie gut auch ohne Unterstützung des IT-Vorstands vorantreiben.

→

Management-prozessmuster	Umsetzbarkeit
Projektbegleitung, Abschnitt 4.11.4	Ob die IT-Architektur in einzelnen Projekten in Ordnung ist oder nicht, dafür interessieren sich Vorstände bis auf wenige Ausnahmen meist nur dann, wenn etwas schiefgelaufen ist und dadurch Budgets oder Termine gefährdet sind. Sie können Projektbegleitung auch ohne Unterstützung des IT-Vorstands gut initiieren. An Grenzen werden Sie dort stoßen, wo Sie anfangen, Mehrkosten zu verursachen, oder wo durch Ihre Arbeit Termine verschoben werden müssen. Dann können Sie schnell auf Widerstand im mittleren Management treffen, den Sie ohne passenden Rückhalt nur schwer beiseite räumen werden. Nur wenn Sie auf Dinge hinweisen, die die Projekte wenig kosten, aber sie besser machen, werden Sie keinen oder wenig Widerstand bekommen.
Installation von Managed Evolution, Abschnitt 4.9	Eine sinnvolle Installation von Managed Evolution benötigt einen starken Rückhalt im Topmanagement. Dies ist vor allem deshalb so, weil im Rahmen von Managed Evolution die Unternehmensarchitektur u. a. die Aufgabe hat, zum Teil umfangreiche »technische Schulden« festzustellen und deren Beseitigung durchzusetzen. Dies kann (und wird) Projekte des Business kurzfristig verzögern und auf den ersten Blick teurer machen. Die Einführung von Managed Evolution verlangt also ein Übereinkommen zwischen Business und IT-Management auf einer hohen strategischen Ebene. Managed Evolution ist eine langfristige Strategie. Kurzfristige Erfolge können nicht erwartet werden.

a. Unter einem C-Level Officer wird ein Manager verstanden, der einen Titel der Art CxO trägt, wobei x z.B. für I stehen kann (CIO = Chief Information Officer), für F (CFO = Chief Financial Officer), für E (CEO = Chief Executive Officer) und weitere.

Wichtige Prozesse erfordern die Unterstützung des Topmanagements.

Damit wird Folgendes deutlich: Die Prozesse, die für das Unternehmen eigentlich wertschöpfend sind, weil sie für die Abstimmung zwischen Geschäftsstrategie und IT-Strategie sorgen, sind IT-Strategie, das Herstellen von Business-IT-Alignment mit Capabilities und das Management des IT-Anwendungsportfolios. Dabei ist vor allem die Planung des Soll-Anwendungsportfolios (= strategische Anwendungsplanung) von Bedeutung. Bei diesen Prozessen werden Sie ohne Unterstützung der Vorstandsebene und des IT-Vorstands wenig erreichen. Die meisten IT-Unternehmensarchitekten, die dort Probleme haben, müssen sich dann auf Tätigkeiten konzentrieren, die sie auch ohne die enge Zusammenarbeit mit Managern der Vorstandsebene anpacken können: z.B. Modellierung, zur Not auch die Einführung einer Informationsbasis (EAM-Werkzeug) und große Teile der Architektur-Governance. Auf die Dauer lebt der Unternehmensarchitekt so allerdings gefährlich. Gut integrierte Architekten sind die, die von ihrer Vorstandsebene als Partner für IT-Strategie und Planung des Soll-Anwendungsportfolios akzeptiert sind. Wenn dies nicht der Fall ist, wird ihre Wirksamkeit beschränkt bleiben. Entsprechend werden sie zwei grundsätzliche Einführungspfade für IT-Unternehmensarchitektur finden:

Weg 1: Von oben nach unten

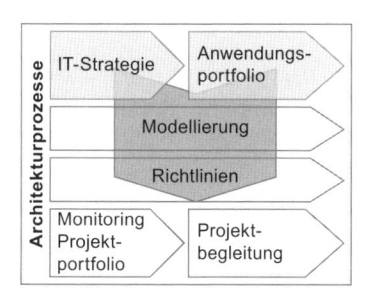

Abb. 15–2
Einführungsstrategie »von oben nach unten«

Dieser Ansatz startet meist damit, dass sich der IT-Vorstand mit seinen Vorstandskollegen auf eine IT-Strategie und eine strategische Anwendungsplanung verständigen möchte.

Er bedient sich dabei der Hilfe der IT-Unternehmensarchitekten aus seinem Umfeld.

Weg 2: Von unten nach oben

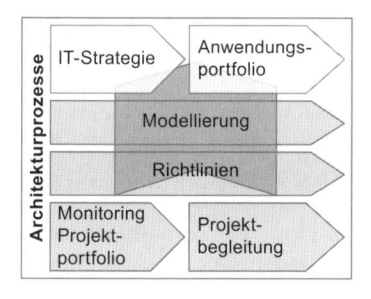

Abb. 15–3
Einführungsstrategie »von unten nach oben«

Aus »irgendwelchen Gründen« gibt es eine Architekturabteilung oder -gruppe. Diese hat jedoch keine volle strategische Unterstützung des IT-Vorstands. Oder der IT-Vorstand selbst hat teilweise keine strategische Verbindung zu seinen Vorstandskollegen, z.B. dann, wenn er als der »Chefmechaniker« auf der Beschaffungsseite wahrgenommen wird.

Die Architekten werden sich mit all den Prozessen beschäftigen, für die man keine Unterstützung der Vorstände benötigt. Das hat Probleme zur Folge:

- Sie leben in der Gefahr, immer dann zu unterliegen, wenn ihre Aktivitäten zu kurzfristigen Kostensteigerungen führen würden (siehe Kostendilemma, Abschnitt 14.4.2).

- Sie sind gefährdet, langfristig »wegrationalisiert« zu werden, wenn der Finanzvorstand gerade mal wieder auf die »magische Orange« IT drückt (siehe dazu S. 53, Geschichte von der magischen Orange).

Die Arbeit »von unten« ist leider immer noch verbreitet.

Heutzutage arbeitet der IT-Unternehmensarchitekt in vielen Firmen immer noch zu stark »von unten« mit allen Begrenzungen, Gefahren und Nachteilen für die Wirksamkeit, die damit zusammenhängen:

- Die IT-Unternehmensarchitektur hat keine wirklich durchschlagende Wirksamkeit bei der Ausrichtung der IT auf die Bedürfnisse des Geschäfts.
- Die IT-Unternehmensarchitektur verfügt über keine IT-Strategie, die tatsächlich von allen Vorständen (nicht nur vom IT-Vorstand) getragen wird, und hat damit keine breit verabschiedete Arbeitsgrundlage.
- Die IT-Unternehmensarchitektur erleidet leicht Niederlagen bei der Durchsetzung von Kosteneinsparprogrammen, die der gesamten Firma nutzen, aber ein einzelnes Projekt auch nur ein Jota langsamer oder teurer machen.
- Die IT-Unternehmensarchitektur schwebt in der Gefahr, bei einer Sparwelle beseitigt zu werden.
- Die IT-Unternehmensarchitektur hat oft den Zwang, einen hohen Prozentsatz an verrechenbaren Stunden zu produzieren – auch dann, wenn die Architekten nachweisen können, dass sie ein Vielfaches ihres Gehalts z.B. durch Infrastrukturbegradigungen oder verhinderte Projektdesaster eingespielt haben.
- Der IT-Unternehmensarchitekt läuft Gefahr, sich in Nebentätigkeiten wie Modellierung oder Richtlinien zu verzetteln, weil er dort »beschäftigt« ist. Aber strategisch wird er dadurch wenig erreichen.

IT-Unternehmensarchitektur per se befindet sich laut Gartners Hype-Cycle für EAM schon 2010 auf dem sogenannten Slope of Enlightment – also dem Teil der Hype-Kurve, der beginnende Reife anzeigt. Daran hat sich später nichts geändert. Im Gegenteil: EAM ist Mainstream. Sie ist aber noch nicht überall Sache der C-Level-Manager. Um wirklich erfolgreich zu sein, muss IT-Unternehmensarchitektur aber genau das sein: Die Grenzen zwischen Business und IT sollten nach Möglichkeit verschwinden oder immer unwichtiger werden. In Zukunft werden diejenigen Unternehmen erfolgreich sein, die Business-Architektur und IT-Unternehmensarchitektur durchgängig betreiben können.

15.3 Wege in Konzernen mit dezentralen IT-Einheiten

Die meisten Konzerne haben deutlich mehr als eine Geschäftseinheit oder Sparte. Solche Konzerne kann man schematisch, so wie in Abbildung 15–4 gezeigt, darstellen. Die folgende Diskussion ist nur für eine dezentrale IT-Funktion sinnvoll. Wenn also ein Konzern seine IT-Funktion in einem zentralen, formal rechtlich selbstständigen Dienstleister konzentriert hat und die Einheiten »wirklich keine eigene IT-Funktion« mehr besitzen, dann kann man lediglich die Einführungswege aus Abschnitt 15.2 gehen. In dezentralen IT-Organisationen sind dagegen mehrere potenzielle Einstiegspunkte möglich.

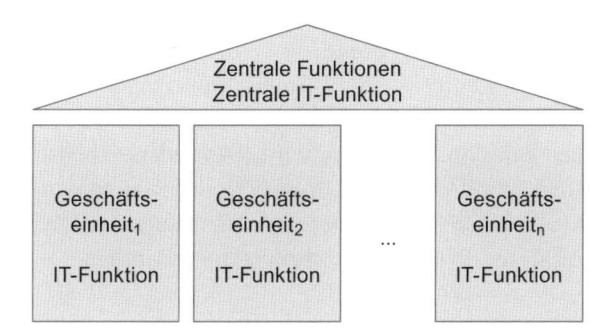

Abb. 15–4
Unternehmensgruppe mit mehreren Geschäftseinheiten und jeweils dezentralen IT-Funktionen. Über die Stärke der Zentralfunktionen ist hier noch keine Aussage getroffen.

Wenn Sie in einer solchen Organisationsform IT-Unternehmensarchitektur-Management einführen wollen, stellt sich Ihnen zuerst einmal die Frage, ob Sie das überhaupt tun sollten. Sie erinnern sich sicher an die Diskussion von Unternehmenstypen in Abschnitt 4.10.4 (S. 125). Wenn Sie einen föderalistischen Mischkonzern vorfinden, bei dem sich alle Tochtergesellschaften agil verhalten müssen, kann es unter Umständen kontraproduktiv sein, gemeinsame IT-Governance-Strukturen einzuführen, die über einen Erfahrungsaustausch hinausgehen.

Bezug zum Anwendungsportfolio

Darüber hinaus können Sie auch noch feiner differenzieren: Sie erinnern sich z. B. an die Anwendungsportfoliomatrix nach Art der Boston Squares aus Abbildung 4–17 (S. 98) und überlassen es jeder Einheit selbst, ihre Anwendungen des Typs »Hohes Potenzial« zu managen, weil das die Geschäftseinheit selbst am besten kann. Auch die strategischen Anwendungen der Geschäftsfelder überlassen Sie deren Teams und als »Zentrale« kümmern Sie sich nur um Kernprozesse oder sogar nur um Unterstützungsprozesse.

Wenn Sie abgeklärt haben, bei welchen Feldern Sie ein zentrales Management für sinnvoll und zielführend halten, können Sie wieder zwei Wege gehen: »von oben nach unten« oder über Pilotanwendungen.

Zentrales versus dezentrales Management

Weg 1: Von oben nach unten

Abb. 15–5
Einführung von oben nach unten über die Zentrale

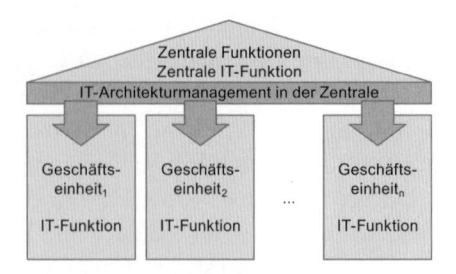

In solchen Fällen möchte die Zentrale Aspekte der IT besser steuern, weil sie z. B. der Meinung ist, dass man Synergien zwischen den Geschäftseinheiten nutzen könnte.

Oft wird die Zentrale ein IT-Architekturmanagement einführen, das auf die Geschäftseinheiten dadurch ausstrahlt, dass es Zulieferungen verlangen kann und verlangen wird. Es werden sich also über kurz oder lang korrespondierende Organisationseinheiten in den Geschäftseinheiten herausbilden. Oder aber die Organisationseinheiten waren vorher schon unter diversen Bezeichnungen vorhanden.

Weg 2: Pilotanwendungen

Abb. 15–6
Einführung über ein Pilotprojekt

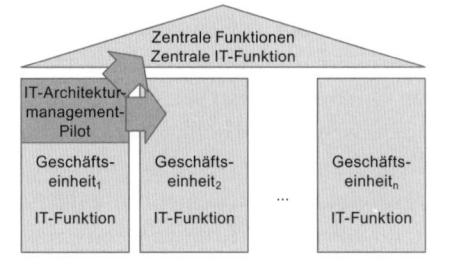

Ein anderer Weg ist, dass sich in einer Geschäftseinheit entweder auf deren Initiative oder auf Initiative der Zentrale ein Architekturmanagement bildet, das dann als Best Practice im Rest des Konzerns ausgerollt wird.

Man kann nun die beiden oben beschriebenen Wege noch mit den Mustern aus Abschnitt 15.2 kombinieren und kommt zu der in Abbildung 15–7 dargestellten Matrix.

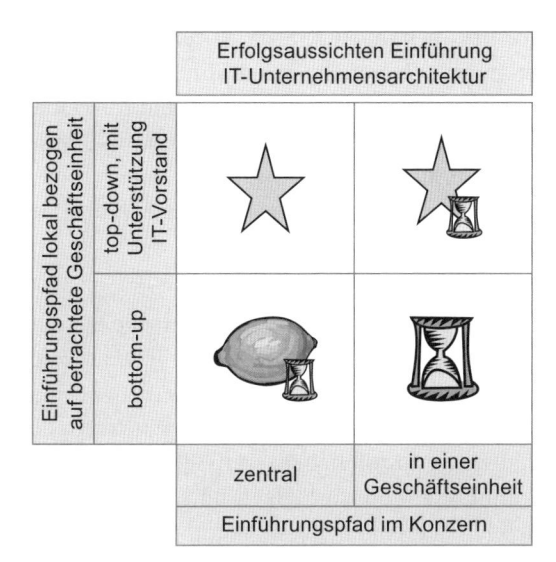

15.3 Wege in Konzernen mit dezentralen IT-Einheiten

Abb. 15–7 *Erfolgsaussichten verschiedener Einführungswege von IT-Unternehmensarchitektur – gilt auch für unterstützende Werkzeuge.*

- **Der unangenehmste Fall für einen IT-Unternehmensarchitekten ist der unten links in der Matrix**
  Sie haben keine Unterstützung durch den IT-Vorstand und befinden sich in der Zentrale. Sie können also nur von unten nach oben arbeiten, haben aber gleichzeitig selten »Freunde« in den Geschäftseinheiten. Gleichzeitig haben Sie als Zentralabteilung eine hohe Sichtbarkeit. In allen Fällen ohne Unterstützung des IT-Vorstands können Sie nur »von unten nach oben« arbeiten, und in einer Zentrale kann das schwierig werden, weil Sie »weit weg vom Feld« sein könnten. Eine solche Konstellation ist also denkbar unwirksam. Man kann durch Überzeugungsarbeit und gute Kommunikation auch daraus etwas machen und z.B. durch Infrastrukturkonsolidierung in jedem Fall sein Gehalt einspielen. Aber strategisch wirkungsvoll wird das kaum sein.

  Zentraler Ansatz ohne Unterstützung durch den IT-Vorstand

- **Etwas weniger gefährlich, aber auch nicht angenehm ist das Feld unten rechts in der Matrix**
  Sie können in einer eigenen Geschäftseinheit gut arbeiten, allerdings nur »von unten nach oben«. Aber Sie spüren wenigstens nicht den Widerstand, den eine Zentralabteilung bekommen würde, sind näher am Feld und können deshalb mehr direkt beeinflussen. Dadurch, dass Sie sich nur in der eigenen Geschäftseinheit bewegen, kommen Sie bezogen auf das Gesamtunternehmen nur langsam voran. Sie haben allerdings den Vorteil, dass nicht »alle Geschäftsbereiche« im Zweifel auf Sie »schießen«, weil Sie eine niedrigere Sichtbarkeit haben.

  Dezentraler Ansatz ohne Unterstützung durch den IT-Vorstand

- **Das Feld rechts oben in der Matrix ist recht angenehm**

  Sie können in einer Geschäftseinheit mit Unterstützung des zentralen IT-Verantwortlichen arbeiten und ein Pilotprojekt durchführen. Wenn alles gut klappt, wird der Pilot breiter ausgerollt. Sowohl die eigene Geschäftseinheit als auch die Zentrale haben ein Interesse am Erfolg. Diese Situation ist recht sicher, solange Sie einen guten Job machen.

- **Bleibt das Feld links oben in der Matrix**

  IT-Unternehmensarchitektur ist in der Zentrale angesiedelt und hat die volle Unterstützung des IT-Vorstands. In einer solchen Position besteht die größte Gefahr darin, den Realitätsbezug zu verlieren und Entscheidungen zu treffen, die mit der Praxis in den Geschäftseinheiten zu wenig zu tun haben. Der Gefahr können Sie durch verstärkte Kommunikation vorbeugen und dadurch, dass Sie schnell in den Geschäftseinheiten lokale Verantwortliche benennen, mit denen Sie sich über Prozesse und Methoden abstimmen können.

Die Situation in einem Konzern mit einer zentralen IT-Funktion ohne lokale IT entspricht der linken Spalte. Sie haben immer eine hohe Sichtbarkeit, es gibt sehr wohl Geschäftseinheiten, die Ihnen von Widerstand über freundliches Desinteresse bis zu Unterstützung alle Verhaltensvarianten liefern können, und der entscheidende Faktor ist wieder, ob Sie mit Ihrem IT-Vorstand auf einer Linie agieren können.

Dezentraler Ansatz mit Unterstützung durch den IT-Vorstand

Zentraler Ansatz mit Unterstützung durch den IT-Vorstand

Konzerne mit zentraler IT-Funktion

16 Ausblick

Lassen Sie uns zum Abschluss einige wichtige Botschaften dieses Buches noch einmal gemeinsam durchgehen:

IT-Unternehmensarchitektur hat sich ausgebreitet und wird zur reifen Disziplin

IT-Unternehmensarchitektur war schon im Gartner Hype-Cycle 2010 für »Enterprise Architecture« inzwischen auf dem Slope of Enlightment angekommen. In späteren Versionen hat sich das noch weiter konsolidiert. Wie Sie in diesem Buch lesen konnten, gibt es mittlerweile einen relativ ausgereiften Satz von Methoden und Techniken, um IT-Unternehmensarchitektur im Tagesgeschäft zu praktizieren. Die meisten großen Unternehmen beschäftigen eine Stabsgruppe für IT-Unternehmensarchitektur, die direkt an den CIO berichtet, und betreiben ein systematisches Management ihres Anwendungsportfolios. Es ist zu erwarten, dass der Quasistandard TOGAF 9.x weiter verbessert wird, sodass es für IT-Unternehmensarchitektur auch ein allgemein akzeptiertes Framework geben wird, das alle Bereiche von der IT-Strategie über das Anwendungsportfoliomanagement bis zum Management der Infrastrukturen abdeckt.

IT-Unternehmensarchitektur wird reif.

Bezüglich Business-IT-Alignment gibt es nach wie vor Verbesserungspotenzial

Die oben geschilderte Entwicklung kann schon als positiv betrachtet werden. Es gibt jedoch in den meisten Unternehmen noch deutliches Verbesserungspotenzial. Wenn Sie sich Abbildung 16–1 vor Augen halten, dann wurde zumindest erreicht, dass die sogenannte modellzentrierte Unternehmensarchitektur, also die Aktivitäten einer Architekturgruppe im Elfenbeinturm zur Dokumentation von Istzuständen ohne enge Bindung an das Geschäft, selten geworden ist.

Business-IT-Alignment muss in vielen Organisationen noch besser werden.

Dies sollte jedoch nicht darüber hinwegtäuschen, dass es schon auf der nächsten Stufe, bei der Business-IT-Alignment im Mittelpunkt der Aufmerksamkeit steht, einen erheblichen Verbesserungsbedarf gibt. IT-Unternehmensarchitektur wird zu häufig ausschließlich in der IT betrieben. Die Bindung an das Business ist noch nicht immer sonderlich gut. Qualitativ hochwertige IT-Strategien sind keine Selbstverständlichkeit, sondern nach wie vor eine Seltenheit. Das hat sich leider in vielen Großunternehmen auch in den letzten fünf Jahren nicht wirklich geändert. Ein großflächiger Einsatz von Capabilities steht erst am Anfang – das ist daran zu erkennen, dass sich das Thema »Business Capability Modeling« im Gartner Hype-Cycle für EAM 2015 immer noch auf dem »Peak of Expectations« befunden hat. Dies verwundert ein wenig, da es die Methode seit ca. 2002 gibt und ca. 2005 auch aktiv in den Markt gebracht wurde. Innerhalb von zehn Jahren wurde sie also noch nicht wirklich flächendeckend eingeführt, auch wenn sich der Einsatz beschleunigt.

Abb. 16–1
Steigender Nutzen verschiedener Herangehensweisen an das Thema IT-Unternehmensarchitektur

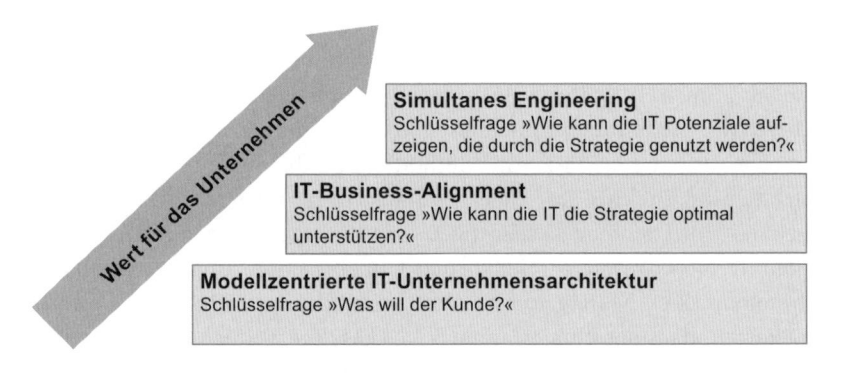

Wert für das Unternehmen

Simultanes Engineering
Schlüsselfrage »Wie kann die IT Potenziale aufzeigen, die durch die Strategie genutzt werden?«

IT-Business-Alignment
Schlüsselfrage »Wie kann die IT die Strategie optimal unterstützen?«

Modellzentrierte IT-Unternehmensarchitektur
Schlüsselfrage »Was will der Kunde?«

IT-Unternehmensarchitektur wird in Unternehmensarchitektur aufgehen.

Die dritte Stufe in Abbildung 16–1 (simultane Entwicklung), nämlich dass Unternehmen ihr Business und ihre IT synchron zum Gegenstand von Unternehmensarchitektur machen und Business- und IT-Aspekte nahtlos integriert haben, ist die absolute Ausnahme.

Dies liegt nicht nur am fehlenden Willen der Beteiligten – es liegt sicher auch daran, dass Literatur zu einer Unternehmensarchitektur, die beide Aspekte gleichwertig und als konsistentes Gesamtmodell behandelt, erst noch in deutlich größerem Umfang veröffentlicht werden muss, als dies heute schon der Fall ist. Wenn es heute Ansätze in diese Richtung gibt, dann kann erwartet werden, dass die Methodik frühestens in ca. zehn Jahren einen ähnlichen Grad der Verbreitung hat, wie die Inhalte dieses Buches es heute haben.

IT-Unternehmensarchitektur und Business-Architektur werden weiter zusammenwachsen

Es darf also angenommen werden, dass auf dem Gebiet einer integrierten Unternehmensarchitektur für beides – die Business- und die IT-Seite – in den nächsten Jahren massive Bemühungen erfolgen werden. So wie Gartner vor ca. zehn Jahren vorausgesagt hat, dass solche Unternehmen einen Vorteil haben werden, die das Thema IT-Unternehmensarchitektur beherrschen, wird man heute analog vorhersagen können, dass solche Unternehmen einen Vorteil haben werden, die simultane Entwicklung für Business und IT beherrschen.

Dies wird zu einer erneuten Anreicherung der Berufsbilder für Unternehmensarchitekten führen. Die Business- und die IT-Architekten werden jeweils von der anderen Disziplin lernen. Es wird Universalisten geben, die sowohl IT- als auch Business-Modelle integriert erarbeiten und abstimmen können.

IT-Unternehmensarchitektur rechnet sich schon bei geringerem Anspruch

Dieses Buch zeigt auf, dass IT-Unternehmensarchitektur eine Funktion ist, die im unmittelbaren Umfeld jedes IT-Vorstands verankert sein sollte. Damit wäre man mindestens auf der zweiten Stufe der Treppe aus Abbildung 16–1 angelangt. IT-Unternehmensarchitektur kann sich aber selbst dann schon wirtschaftlich rentieren, wenn man sie nur von unten nach oben auf Stufe 1 in einer »traditionellen« Organisationsform der IT einführt. Bei den hier empfohlenen Teamstärken von 0,7– 1,2 Prozent des IT-Teams wird IT-Unternehmensarchitektur in den meisten Fällen allein durch Konsolidierung, Bauaufsicht und Architektur-Governance deutlich mehr Geld einsparen, als sie kostet.

IT-Unternehmensarchitektur rechnet sich in den meisten Fällen.

Modellierung ist nicht die Hauptsache

Das, was viele Informatiker als den Kern von IT-Architektur empfinden, nämlich die Entwicklung technischer Architekturen oder die Verwendung komplexer Modelle, ist nicht für den Erfolg von IT-Unternehmensarchitektur ausschlaggebend. Wichtig ist es, am strategischen Dialog zu partizipieren, in die Entwicklung von Geschäftsmodellen eingebunden zu sein und darauf das IT-Anwendungsportfoliomanagement ausrichten zu können. Die anderen Prozesse der IT-Unternehmensarchitektur spielen zwar mehr Geld ein, als sie kosten, aber sie haben den vergleichsweise geringeren Wirkungsgrad. Wie im Buch mehrmals erwähnt, spielen Modellierung und Architekturframeworks keine zentrale Rolle bei der IT-Unternehmensarchitektur. Sie sind wichtig, aber keinesfalls der wesentliche Erfolgsfaktor. Im Gegenteil, sie können schnell zu Ersatzhandlungen werden.

Modellierung ist ein Mittel zum Zweck – kein Selbstzweck.

Compliance, IT-Sicherheit, IT-Risikomanagement und IT-Governance werden weiter als Themen »wachsen«

Vor ca. zehn Jahren gehörte Grundwissen über Compliance, IT-Sicherheit und IT-Risikomanagement zu den Aufgabenspektren eines IT-Unternehmensarchitekten. Die Themen hatten allerdings in Projekten bei Weitem noch nicht die Bedeutung, die sie heute haben.

Wenn man heute ein Projekt in einem großen Unternehmen als Projektleiter steuert, fällt auf, dass die klassischen Architekturthemen, über die vor 10 bis 15 Jahren unter Lösungsarchitekten noch angeregt diskutiert wurde, immer mehr zur Nebensache werden. Man kann heute die zweite Generation Blueprints für Webanwendungen ohne große Mühen aus dem Internet beschaffen. Cloud-Provider bieten komplette, gut abgestimmte Applikationsstacks an, die die wesentlichen Komponenten für ein webbasiertes Informationssystem als Open-Source-Stack zur Verfügung stellen. Die meisten guten Lösungsarchitekten arbeiten mindestens mit Blueprints – meistens mit fertigen Stacks aus der Cloud. Die Arbeitszeit von Lösungs- und IT-Unternehmensarchitekten wird heute wie oben schon erwähnt immer mehr mit den Themen Compliance, IT-Sicherheit und IT-Risikomanagement gebunden. Ein Ende dieser Entwicklung ist aktuell noch nicht abzusehen. Der Sicherheitsbedarf der Öffentlichkeit und des Staates wächst nach wie vor. Die Toleranz gerade gegenüber Datenschutz- und Gesetzesverstößen sinkt weiter. Privathaftung für Vorstände ist immer weniger ein Tabu. Damit wird der Aufwand für diese Themen auch für IT-Unternehmensarchitekten weiter steigen. Allerdings können in nächster Zeit methodische Verbesserungen erwartet werden. Erwähnt sei in diesem Zusammenhang die Konsolidierung von COBIT 5.

Ausreichendes Rüstzeug ist vorhanden

Methoden sind großteils vorhanden.

Für IT-Unternehmensarchitektur haben sich heute »Good Practices« in Form von Patterns und Prozesslandkarten entwickelt, die auch schon von Werkzeugen unterstützt werden. Beispielsweise ist die Entwicklung großer EAM-Werkzeuge bei der methodischen Umsetzung einer Capability-basierten Planung schon deutlich weiter, als es die meisten Anwenderunternehmen dieser Werkzeuge sind, die sich mit dem Begriff erst anfreunden müssen.

Interessanterweise hat eine Marktkonsolidierung der EAM-Werkzeuge bei Weitem nicht in dem Umfang stattgefunden, wie das normalerweise in ähnlichen Märkten mit vielen kleinen und innovativen Key Playern zu erwarten gewesen wäre.

Zu »Architektur« gibt es keine wirklichen Alternativen mehr

Zentraler Erfolgsfaktor für IT-Unternehmensarchitektur ist immer noch die Unterstützung durch das Topmanagement und dessen Einsicht, dass Architektur nicht einfach nur Geld kostet, sondern wie Buchhaltung oder Controlling erforderlich ist – analog dem Zitat von John A. Zachman [Zachman97]:

Enge Zusammenarbeit mit dem Topmanagement ist der Erfolgsfaktor.

> **Architecture is free!**

Wenn man allerdings die mit Managed Evolution gemachten Erfahrungen aus dem exzellenten Buch über die Geschichte der IT der Credit Suisse [Murer+11] betrachtet, muss man zu einem noch weiter gehenden Schluss kommen:

Big-Bang-Lösungen werden wir noch seltener sehen.

> **Für sehr große Systeme ist architekturgetriebene, kontrollierte Weiterentwicklung (Managed Evolution) der einzig sinnvolle Weg, um die Kontrolle über die IT zu behalten und als Unternehmen handlungsfähig zu bleiben.**

Anhang

A Checkliste für Richtlinien, Vorstudien und Architekturdokumente

Die folgende Checkliste wurde vom Autor ursprünglich für das Prüfen von Vorstudien verfasst. Sie lässt sich allerdings auch auf andere Dokumente wie z.B. Richtlinien (siehe Abschnitt 4.11.2) oder Architekturdokumente übertragen, weil sie im Wesentlichen einige Grundlagen »kundenorientierten Schreibens« berührt und Ihnen damit Hilfestellungen gibt, die allgemeiner sind als nur Hilfen für das Schreiben von Vorstudien.

A.1 Wer kann diese Checkliste verwenden und warum?

In vielen Unternehmen wird für die meisten größeren Projekte eine Vorstudie erstellt. Es liegt in der Natur der Sache, dass diese Vorstudien nicht immer genormt, homogen und ähnlich sein können, da sich die Probleme der Unternehmen stark unterscheiden. Dieser Fakt spiegelt sich in den verschiedenen Studien wider.

In diesem Dokument sind Kontrollfragen dokumentiert, die z.B. von der IT-Unternehmensarchitekturgruppe oder anderen Reviewern verwendet werden können, um Vorstudien auf Plausibilität und Qualität der Darstellung von Sachverhalten zu überprüfen. Des Weiteren gibt es Hinweise, wie der Reviewprozess positiv und für alle Beteiligten produktiv gestaltet werden kann.

Die Checkliste ist für Kollegen gedacht, die Vorstudien und ähnliche Dokumente verfassen, und für Reviewer, die solche Dokumente gegenlesen und überprüfen.

A.2 Zu Beginn

Zunächst sollen hier noch ganz kurz zwei grundsätzliche Dinge zu Reviews und Dokumenten angemerkt werden:

A.2.1 Reviewen ist eine Dienstleistung für den Autor

Wenn Sie ein Dokument für einen Kollegen oder Kunden reviewen, machen Sie sich bitte immer bewusst, dass Ihr primäres Ziel darin besteht, das Dokument durch Ihr Review noch besser zu machen, als es vorher schon war.

Als derjenige, der ein Dokument reviewt, sind Sie vor allem ein Dienstleister für den Autor. Sie wollen ihm eben nicht zeigen, »was für ein Nichtswisser« er ist, sondern möchten ihm helfen, das Dokument für alle Beteiligten besser lesbar zu machen.

Das heißt also u. a.:

- Formulieren Sie Ihre Anmerkungen immer positiv, also so, dass der Verfasser weiß, was er besser machen kann.
    - Dem Autor hilft es wenig, zu wissen, was er »falsch« gemacht hat.
    - Sagen Sie ihm, wie er es aus Ihrer Sicht richtig machen kann, also was Ihr konkreter Vorschlag ist, das Dokument zu verbessern.
- Versuchen Sie, den Autor nicht zu verletzen.
    - Wenn man die Arbeit eines Kollegen negativ kritisiert, besteht immer die Gefahr, dass er das auf seine Person bezieht. Dies ist ein Grund mehr, sich bei der Durchsicht des Dokuments darauf zu beschränken, was verbessert werden kann, statt nur festzustellen, was nicht gut ist.
- Sie können z. B. folgende Tricks verwenden:
    - Gehen Sie jede Stellungnahme zweimal durch, suchen Sie nach negativen Formulierungen wie »XY ist nicht vorhanden« und formulieren Sie sie positiv um in: »XY sollte da und da vorhanden sein.«
    - Beginnen Sie gedanklich jeden Reviewkommentar mit: »Das Dokument würde verständlicher sein, wenn XY ergänzt, YZ umformuliert etc. werden würde.«
    - Streuen Sie auch positive Rückmeldungen darüber in das Review ein, was Ihnen gefallen hat. Man kann z. B. auch die Sandwich-Technik dafür verwenden, d. h. mit Kommentaren anfangen, was einem besonders gut an dem Dokument gefallen hat, und damit auch wieder aufhören. Die Verbesserungsvorschläge werden dazwischen verpackt wie der Belag in einem Sandwich.

A.2.2 Schreiben ist eine Dienstleistung für den Leser

Sowohl als Autor als auch als Reviewer können Sie sich fragen, ob und wie Ihre Zielgruppe von Ihrem Dokument profitiert.

Ein Dokument ist dann gut, wenn es dem Leser nutzt. Dazu muss man sich zunächst darüber klar werden, wer der Leser ist, und dann ein Versprechen für den Leser formulieren. Beispielsweise kann man bereits am Anfang eines Dokuments ein explizites Versprechen formulieren, wie und warum es dem Leser das Leben im Unternehmen erleichtern wird, wenn er dieses Dokument kennt.

A.3 Kontrollfragen

A.3.1 Kontrollfragen zur Geschichte, die das Dokument wiedergibt

Ein gut geschriebenes Dokument sollte eine Geschichte erzählen und flüssig lesbar sein. Wenn Sie sich selbst beim Schreiben folgende Fragen stellen oder sich die Fragen beim Reviewen gegenwärtig halten, steigt die Wahrscheinlichkeit, dass Ihre Ausführungen vom Leser gut verstanden und als Dienstleistung empfunden werden. *Welche Geschichte erzählt der Text?*

Wer sollte das Papier lesen und warum? *Zielgruppe*

Beschreiben Sie immer, für welche Zielgruppe Sie ein Dokument schreiben. Für Vorstände und Geschäftsführer werden Sie anders schreiben als für Entwickler oder für einen Fachbereich.

Wenn Sie für mehrere Zielgruppen schreiben, können Sie z. B. bestimmte Kapitel nur für eine oder wenige von ihnen schreiben und zu Beginn explizit erwähnen, für wen dieses Kapitel gedacht ist und wer es überspringen kann.

Ihr Versprechen an den Leser

Zwingen Sie sich, am Anfang des Dokuments zu formulieren, was der Leser davon haben wird, wenn er Ihren Text gelesen hat.

Wenn Sie dieses »Versprechen an den Leser« formulieren, bekommen Sie fast automatisch einen roten Faden in Ihr Dokument. Überprüfen Sie auch selbst immer wieder, ob Sie dieses Versprechen einhalten.

Management Summary *Zusammenfassung*

Schreiben Sie bei längeren Dokumenten am Ende eine Zusammenfassung von einer bis maximal zwei Seiten, in der die komplette Geschichte zusammengefasst ist. Schreiben Sie diese erst, nachdem Sie das Dokument fertiggestellt haben, und gleichen Sie sie auch mit Ihrem »Versprechen an den Leser« ab.

Problemstellung   **Problem (am besten in einem Satz)**

Beschreiben Sie das Problem, das Sie mit dieser Studie lösen oder angehen möchten, wenn möglich in einem einzigen Satz. Dies führt zu einer präziseren Darstellung, und der rote Faden im Dokument wird deutlicher. Leider gelingt dies nicht oft.

Ihnen sind sicher schon Dokumente in die Hände gefallen, in denen zwar eine Lösung beschrieben wurde. Allerdings wurde nicht klar, welches Problem eigentlich gelöst werden soll. Diesen Eindruck kann man bewusst umgehen.

Spannungsfeld   **Einflussfaktoren (Forces)**

Oft gibt es für ein Problem deutlich mehr als eine Lösung. Ihr Leser wird nachvollziehen wollen, warum Sie genau eine bestimmte Lösung vorschlagen. Deshalb ist es gut, wenn Sie die Kriterien – oder nennen wir sie die Einflussfaktoren – explizit nennen und beschreiben. In vielen Fällen (Beispiel Performance) kann man die Kriterien auch quantifizieren. Wenn das möglich ist, sollte man es tun.

Das Nennen der Einflussfaktoren trägt wesentlich zur Versachlichung einer späteren Lösungsdiskussion bei.

Meist ist jede Lösung ein Kompromiss. Wenn Sie klarmachen, welche Kräfte beim Finden einer Lösung ausbalanciert wurden, versachlichen Sie die Diskussion.

Oft stehen die Einflussfaktoren auch im Konflikt zueinander. So hat man es selten mit einer Lösung zu tun, die ein performantes System ergibt und gleichzeitig den geringsten Speicherverbrauch aller möglichen Varianten hat. Solche Zielkonflikte kann und sollte man explizit machen. Auch das versachlicht wieder die Diskussion, wenn es darum geht, Ihre Lösung zu kommunizieren.

Lösungsidee in einem Satz darstellbar   **Lösung (am besten in einem Satz)**

So wie ein Problem in einem Satz beschrieben werden kann, kann das auch bei der Lösung funktionieren. Es ist klar, dass sie nur grob umschrieben werden kann. Aber der Trick, sich selbst dazu zu zwingen, die Lösung in einem Satz zu beschreiben, bringt Sie dazu, eine präzise Formulierung zu finden, die alles Wesentliche beinhaltet.

Ist die Lösung verständlich beschrieben?

Verständliche Lösung

Die von Ihnen in einem Satz beschriebene Lösung besteht meist aus Teilen, die in einer Beziehung zueinander stehen. Versuchen Sie, alle Teile und alle Beziehungen zu beschreiben. Oft kann man zu diesem einen Satz auch noch ein einfaches Bild zeichnen, das die Lösung illustriert.

Wenn Sie ein solches Bild nicht zeichnen können oder das Bild zu komplex wird, können Sie sich fragen, ob die Lösung, die Sie gefunden haben, wirklich elegant und simpel und schon optimal verständlich dargestellt ist.

Konsequenzen einer Lösung

Wenn man eine Lösung gefunden und beschrieben hat, ist es sinnvoll, auch darauf hinzuweisen, welche Folgen das in Bezug auf die oben beschriebenen Einflussfaktoren hat. Bei Evaluierungsmatrizen geschieht das explizit. Aber auch wenn man nur eine oder zwei Lösungen ohne Matrix beschreibt, ist es oft für die Akzeptanz einer Lösung hilfreich, explizit anzugeben, welche Auswirkungen sie auf bestimmte Einflussgrößen hat.

Haben andere die Lösung auch verwendet?

Wiederverwendung

Sie kennen sicher den Spruch »lieber gut geklaut als schlecht erfunden«. Wenn man für eine Lösung zeigen kann, dass sie an X anderen Stellen von X anderen Firmen oder Teams ebenfalls verwendet wird, ist das oft eine gute Argumentationshilfe für ihre Glaubwürdigkeit.

Umgekehrt – wenn die Lösung nur in einem Unternehmen eingesetzt wird – kann es sein, dass der Unternehmensarchitekt entweder genial ist (selten) oder aber sich auf einem falschen Weg befindet (häufiger).

Weiterführende Hinweise

Tipps von Kent Beck

Der Ratschlag, das »Versprechen an den Leser« zu formulieren, stammt aus einem häufig zitierten Artikel über das Schreiben guter Abstracts von Kent Beck »How to get a paper accepted at OOPSLA« [Beck93].

Patterns

Viele der oben beschriebenen Ratschläge stammen aus der Pattern-Community. In einem ausführlichen Artikel von Gerard Meszaros und Jim Doble »A Pattern Language for Pattern Writing« [Meszaros+98] wird z.B. erläutert, was man beim Schreiben von Software-Patterns beachten kann. Die Autoren beschreiben ausführlich, was Sie gerade in Kurzform hier gelesen haben.

A.3.2 Formalia

Es gibt noch ein paar formale Tricks, mit denen man Dokumente verständlicher machen kann.

Erläuterungen zu Abbildungen

Oft werden Bilder ohne Beschreibung in einem Dokument platziert. Dem Autor ist völlig klar, was er meint. Nur dem Leser nicht. Man kann also relativ stur und formal überprüfen, ob jede Abbildung auch im Text erläutert ist.

Außerdem ist es ratsam, zu überprüfen, ob jedes Element (meist Kästchen) und jeder Pfeil (Beziehung) in der Abbildung beschrieben ist. Das erfordert auch, über die Semantik der Abbildung nachzudenken. Viele Autoren tun das nicht. Entsprechend mehrdeutig sind die Abbildungen zu verstehen.

Bildunterschriften

Am schnellsten wird man auf das obige Problem aufmerksam, wenn keine Bildunterschriften vorhanden sind.

7+/-2-Regel

Der Mensch ist angeblich nur in der Lage, Abbildungen mit 7+/-2 Elementen gut und schnell zu verstehen. Wenn Sie also Bilder mit 35 gleichwertigen Elementen gezeichnet haben, sollten Sie darüber nachdenken, wie Sie diese vereinfachen können.

Weitere Hinweise auf Formalia finden Sie in dem Buch »Agile Documentation« von Andreas Rüping [Rüping03].

B Textauszüge

B.1 Auszug SOX Sections 302 und 404

SEC. 302. CORPORATE RESPONSIBILITY FOR FINANCIAL REPORTS.

(a) REGULATIONS REQUIRED. – The Commission shall, by rule, require, for each company filing periodic reports under section 13(a) or 15(d) of the Securities Exchange Act of 1934 (15 U.S.C. 78m, 78o(d)), that the principal executive officer or officers and the principal financial officer or officers, or persons performing similar functions, certify in each annual or quarterly report filed or submitted under either such section of such Act that – *SOX Section 302*

(1) the signing officer has reviewed the report;

(2) based on the officer's knowledge, the report does not contain any untrue statement of a material fact or omit to state a material fact necessary in order to make the statements made, in light of the circumstances under which such statements were made, not misleading;

(3) based on such officer's knowledge, the financial statements, and other financial information included in the report, fairly present in all material respects the financial condition and results of operations of the issuer as of, and for, the periods presented in the report;

(4) the signing officers –

(A) are responsible for establishing and maintaining internal controls;

(B) have designed such internal controls to ensure that material information relating to the issuer and its consolidated subsidiaries is made known to such officers by others within those entities, particularly during the period in which the periodic reports are being prepared;

(C) have evaluated the effectiveness of the issuer's internal controls as of a date within 90 days prior to the report; and

(D) have presented in the report their conclusions about the effectiveness of their internal controls based on their evaluation as of that date;

(5) the signing officers have disclosed to the issuer's auditors and the audit committee of the board of directors (or persons fulfilling the equivalent function) –

(A) all significant deficiencies in the design or operation of internal controls which could adversely affect the issuer's ability to record, process, summarize, and report financial data and have identified for the issuer's auditors any material weaknesses in internal controls; and

(B) any fraud, whether or not material, that involves management or other employees who have a significant role in the issuer's internal controls; and

(6) the signing officers have indicated in the report whether or not there were significant changes in internal controls or in other factors that could significantly affect internal controls subsequent to the date of their evaluation, including any corrective actions with regard to significant deficiencies and material weaknesses.

SEC. 404. MANAGEMENT ASSESSMENT OF INTERNAL CONTROLS.

SOX Section 404

(a) RULES REQUIRED. – The Commission shall prescribe rules requiring each annual report required by section 13(a) or 15(d) of the Securities Exchange Act of 1934 (15 U.S.C. 78m or 78o(d)) to contain an internal control report, which shall –

(1) state the responsibility of management for establishing and maintaining an adequate internal control structure and procedures for financial reporting; and

(2) contain an assessment, as of the end of the most recent fiscal year of the issuer, of the effectiveness of the internal control structure and procedures of the issuer for financial reporting.

(b) INTERNAL CONTROL EVALUATION AND REPORTING. – With respect to the internal control assessment required by subsection (a), each registered public accounting firm that prepares or issues the audit report for the issuer shall attest to, and report on, the assessment made by the management of the issuer. An attestation made under this subsection shall be made in accordance with standards for attestation engagements issued or adopted by the Board. Any such attestation shall not be the subject of a separate engagement.

B.2 Auszug AO (Abgabenordnung)

AO 1977 § 147 Ordnungsvorschriften für die Aufbewahrung von Unterlagen

Abgabenordnung

(1) Die folgenden Unterlagen sind geordnet aufzubewahren:
1. Bücher und Aufzeichnungen, Inventare, Jahresabschlüsse, Lageberichte, die Eröffnungsbilanz sowie die zu ihrem Verständnis erforderlichen Arbeitsanweisungen und sonstigen Organisationsunterlagen,
2. die empfangenen Handels- oder Geschäftsbriefe,
3. Wiedergaben der abgesandten Handels- oder Geschäftsbriefe,
4. Buchungsbelege,
5. sonstige Unterlagen, soweit sie für die Besteuerung von Bedeutung sind.

(2) Mit Ausnahme der Jahresabschlüsse und der Eröffnungsbilanz können die in Absatz 1 aufgeführten Unterlagen auch als Wiedergabe auf einem Bildträger oder auf anderen Datenträgern aufbewahrt werden, wenn dies den Grundsätzen ordnungsmäßiger Buchführung entspricht und sichergestellt ist, dass die Wiedergabe oder die Daten

GoBDV

1. mit den empfangenen Handels- oder Geschäftsbriefen und den Buchungsbelegen bildlich und mit den anderen Unterlagen inhaltlich übereinstimmen, wenn sie lesbar gemacht werden,
2. während der Dauer der Aufbewahrungsfrist jederzeit verfügbar sind, unverzüglich lesbar gemacht und maschinell ausgewertet werden können.

(3) Die in Absatz 1 Nr. 1 und 4 aufgeführten Unterlagen sind zehn Jahre, die sonstigen in Absatz 1 aufgeführten Unterlagen sechs Jahre aufzubewahren, sofern nicht in anderen Steuergesetzen kürzere Aufbewahrungsfristen zugelassen sind. Kürzere Aufbewahrungsfristen nach außersteuerlichen Gesetzen lassen die in Satz 1 bestimmte Frist unberührt. Die Aufbewahrungsfrist läuft jedoch nicht ab, soweit und solange die Unterlagen für Steuern von Bedeutung sind, für welche die Festsetzungsfrist noch nicht abgelaufen ist; § 169 Abs. 2 Satz 2 gilt nicht.

Zehnjahresfrist

(4) Die Aufbewahrungsfrist beginnt mit dem Schluss des Kalenderjahrs, in dem die letzte Eintragung in das Buch gemacht, das Inventar, die Eröffnungsbilanz, der Jahresabschluss oder der Lagebericht aufgestellt, der Handels- oder Geschäftsbrief empfangen oder abgesandt

worden oder der Buchungsbeleg entstanden ist, ferner die Aufzeichnung vorgenommen worden ist oder die sonstigen Unterlagen entstanden sind.

Aufbewahrung der Programme und der Laufzeitumgebung

(5) Wer aufzubewahrende Unterlagen in der Form einer Wiedergabe auf einem Bildträger oder auf anderen Datenträgern vorlegt, ist verpflichtet, auf seine Kosten diejenigen Hilfsmittel zur Verfügung zu stellen, die erforderlich sind, um die Unterlagen lesbar zu machen; auf Verlangen der Finanzbehörde hat er auf seine Kosten die Unterlagen unverzüglich ganz oder teilweise auszudrucken oder ohne Hilfsmittel lesbare Reproduktionen beizubringen.

Betriebsfähige Altsysteme

(6) Sind die Unterlagen nach Absatz 1 mit Hilfe eines Datenverarbeitungssystems erstellt worden, hat die Finanzbehörde im Rahmen einer Außenprüfung das Recht, Einsicht in die gespeicherten Daten zu nehmen und das Datenverarbeitungssystem zur Prüfung dieser Unterlagen zu nutzen. Sie kann im Rahmen einer Außenprüfung auch verlangen, dass die Daten nach ihren Vorgaben maschinell ausgewertet oder ihr die gespeicherten Unterlagen und Aufzeichnungen auf einem maschinell verwertbaren Datenträger zur Verfügung gestellt werden. Die Kosten trägt der Steuerpflichtige.

C Abkürzungsverzeichnis

Abkürzung	Bedeutung
ADM	Architecture Development Method
AE	Anwendungsentwicklung
AG	Aktiengesellschaft
AI	Artificial Intelligence
ANSI	American National Standards Institute
AO	Abgabenordnung
AOP	Aspektorientierte Programmierung
APM	Anwendungsportfoliomanagement
ATL	Atlas Transformation Language
AWL	Anwendungslandschaft
BCG	Boston Consulting Group
BOC	Business Objectives Consulting
BOTL	Bidirectional Object Oriented Transformation Language
BPEL	Business Process Execution Language
BPM	Business Process Management
BPMS	Business Process Management System
BPO	Business Process Outsourcing
BPR	Business Process Reengineering
BSI	Bundesamt für Sicherheit in der Informationstechnik
BU	Business Unit
BWL	Betriebswirtschaftslehre

C Abkürzungsverzeichnis

Abkürzung	Bedeutung
CA	Computer Associates Inc.
CCTA	Central Computer and Telecommunications Agency. Eine Behörde der britischen Regierung.
CEO	Chief Executive Officer
CFO	Chief Financial Officer
CIO	Chief Information Officer
CISO	Chief Information Security Officer
CM	Configuration Management
CMDB	Configuration Management Database
CMM	Capability Maturity Model
CMMI	Capability Maturity Model Integration
COBIT	Control Objectives for Information Technology
COO	Chief Operations Officer
CORBA	Common Object Request Broker Architecture
COSO	Committee of Sponsoring Organizations of the Treadway Commission
COTS	Component off-the-Shelf
CPU	Central Processing Unit
CRAMM	CCTA Risk Analysis and Management Method
CRM	Customer Relationship Management
CRUD	Create, Read, Update, Delete
CSV	Comma Separated Values
DAX	Deutscher Aktienindex
DB	Datenbank
DIN	Deutsche Industrienorm
DMZ	Demilitarized Zone
DV	Datenverarbeitung
DWH	Data Warehouse
EA	Enterprise Architecture
EAI	Enterprise Application Integration
EAM	Enterprise Architecture Management

Abkürzung	Bedeutung
EDV	Elektronische Datenverarbeitung
EEM	Enterprise Engineering Methodology
EET	Enterprise Engineering Tool
EFQM	European Foundation for Quality Management
ERP	Enterprise Resource Planning
ESB	Enterprise Service Bus
EU	Europäische Union
FDA	Food and Drug Administration
FEAF	Federal Enterprise Architecture Framework
FIRM	Fundamental Information Risk Management
GDV	Gesamtverband der Deutschen Versicherungswirtschaft
GI	Gesellschaft für Informatik e.V.
GoBDV	Grundsätze ordnungsmäßiger DV-gestützter Buchführungssysteme
GUI	Graphical User Interface
HPI	Hasso-Plattner-Institut der Universität Potsdam
HVB	HypoVereinsbank AG
IAF	Integrated Architecture Framework
IBM	International Business Machines Corp.
ICT	Information and Communication Technology
IDL	Interface Definition Language
IDS	Intrusion Detection System
IEEE	Institute of Electrical and Electronics Engineers Inc.
IIOP	Internet Inter-ORB Protocol
IPIT	Integriertes Planungswerkzeug für die IT-Funktion
IPS	Intrusion Prevention System
ISACA	Information Systems Audit and Control Association
ISMS	Informationssicherheits-Managementsystem
ISO	International Standard Organization
IT	Informationstechnologie

Abkürzung	Bedeutung
ITGI	IT Governance Institute
ITIL	IT Infrastructure Library
KI	Künstliche Intelligenz
KonTraG	Gesetz zur Kontrolle und Transparenz im Unternehmensbereich
KPI	Key Performance Indicator
LAN	Local Area Network
LDAP	Lightweight Directory Access Protocol
LLP	Limited Liability Partnership
MBA	Master of Business Administration
M/C/R	Manage/Change/Run
MDA	Model Driven Architecture
MIS	Management Information System
MIT	Massachusetts Institute of Technology
MOF	Meta Object Framework Microsoft Operations Framework
MSBA	Microsoft Business Architecture
MSDN	Microsoft Developer Network
MSF	Microsoft Solutions Framework
MZSG	Management-Zentrum St. Gallen
NASDAQ	National Association of Securities Dealers Automated Quotations
NYSE	New York Stock Exchange
OGC	Office of Government Commerce, IT Infrastructure Library
OPM3	Organizational Project Management Maturity Model
OWASP	Open Web Application Security Project
PaaS	Platform as a Service
PID	Prozess-ID
PIN	Persönliche Identifikationsnummer
PKI	Private Key Infrastructure
PloP	Pattern Languages of Programs
PMBoK	Project Management Body of Knowledge

Abkürzung	Bedeutung
PMO	Project Management Office
PT	Personentag
RBAC	Role Based Access Control
RDF	Resource Description Framework
REST	REpresentational State Transfer
RFID	Radio Frequency Identification
RIA	Rich Internet Application
ROI	Return on Investment
RPC	Remote Procedure Call
RSS	Really Simple Syndication
RUP	Rational Unified Process
SaaS	Software as a Service
SAP	SAP AG: bekannter Hersteller von ERP-Software
SAP-HR	SAP – Human Resources
SAP-MM	SAP – Materials Management
SB	Systembetrieb
SEC	Securities Commission
SEI	Software Engineering Institute der Carnegie Mellon University
SLA	Service Level Agreement
SOA	Service Oriented Architecture
SOAP	Simple Object Access Protocol
SOX	Sarbanes-Oxley Act
SPICE	Software Process Improvement and Capability Determination
SQL	Structured Query Language
SSH	Secure Shell
SSL	Secure Socket Layer
SSO	Single Sign-on
TAFIM	Technical Architecture Framework for Information Management
TEAF	Treasury Enterprise Architecture Framework

Abkürzung	Bedeutung
TLS	Transport Layer Security
TOGAF	The Open Group Architecture Framework
TQM	Total Quality Management
TRM	Technical Reference Model
TRP	Total Risk Profiling
TSO	Time Sharing Option
TUM	Technische Universität München
UML	Unified Modeling Language
VAA	Versicherungs-Anwendungs-Architektur
VPN	Virtual Private Network
WAN	Wide Area Network
WSDL	Web Service Definition Language
XML	Extensible Markup Language
ZIFA	Zachman Institute for Framework Advancement

D Glossar

Begriff	Bedeutung
Änderungsanforderung (engl.: Change Request)	Eine (meist schriftlich) dokumentierte Anforderung, an einem Softwaresystem eine Veränderung vorzunehmen. Eine Änderungsanforderung wird meist durch die Anwenderseite formuliert. Änderungsanforderungen werden dann von der Entwicklung bewertet und gebündelt, sodass in einer neuen Version eines Softwarepakets typischerweise eine vorher festgelegte Menge von Änderungsanforderungen implementiert wird.
Anwendungsarchitektur (engl.: Application Architecture)	Eine Anwendungsarchitektur ist eine Beschreibung einer → Softwarearchitektur, bei der die Architektur eines Typs von Anwendungen beschrieben wird, ohne dabei auf fachliche Besonderheiten der Anwendung einzugehen. Prominentestes Beispiel für Anwendungsarchitekturen ist die sogenannte Drei-Schichten-Architektur.
Anwendungsframework (engl.: Application Framework)	Ein (Anwendungs-)Framework ist eine Menge von Klassen, die zusammengenommen ein abstraktes Design für eine Familie von zusammenhängenden Aufgabenstellungen darstellt. Ein Anwendungsframework unterstützt Wiederverwendung auf einer gröberen Granularitätsebene als einzelne Klassen. In den früheren Phasen des Lebenszyklus eines Softwaresystems wird ein Framework in größerem Umfang Vererbung benutzen. Der Softwareentwickler benötigt Wissen darüber, wie eine Komponente implementiert ist, um sie wiederzuverwenden. Wenn Frameworks über die Zeit verfeinert werden, entstehen sogenannte Blackbox-Komponenten, die man auch wiederverwenden kann, ohne die Implementierung zu kennen.

Begriff	Bedeutung
Anwendungsportfoliomanagement (APM) (engl.: Application Portfolio Management)	Das Anwendungsportfoliomanagement (APM) dient dazu, die Menge der IT-Anwendungen eines Unternehmens sinnvoll zu verwalten. Dabei werden Fragen gestellt wie: Welche Anwendungen müssen nur gewartet werden, welche müssen neu gebaut und welche außer Betrieb gesetzt werden? APM ist ein zyklischer Planungsprozess, jeweils bestehend aus Istanalyse, Sollplanung sowie Überwachung der Umsetzung geplanter Maßnahmen. Für die Istanalyse kommen zahlreiche Portfoliomanagementtechniken zum Einsatz.
Application Architecture	→ Anwendungsarchitektur
Application Framework	→ Anwendungsframework
Application Portfolio Management	→ Anwendungsportfoliomanagement
Architekturframework (engl.: Architecture Framework)	Ein Architekturframework ist ein Hilfsmittel, das man dazu verwenden kann, um eine große Menge verschiedener einzelner Architekturen zu entwickeln. Es sollte eine Methode für den Entwurf eines Informationssystems beschreiben, die als Begrifflichkeiten eine Menge von Bausteinen verwendet und mit der man zeigen kann, wie diese Bausteine zusammenarbeiten. Ein Architekturframework sollte außerdem einen Satz an Werkzeugen enthalten und ein gemeinsames Vokabular vorgeben sowie eine Liste von empfohlenen Standards und passenden Produkten, die benutzt werden können, um die Bausteine zu implementieren.
Architektur-Governance	Architektur-Governance beschäftigt sich damit, wie einmal beschlossene IT-Architekturen und → Blueprints in einem Portfolio mit vielen Projekten umgesetzt werden können. Dazu wird das ITProjektportfolio eines Unternehmens regelmäßig betrachtet, wobei als kritisch erkannte Projekte genauer angesehen und wenn nötig länger begleitet werden.

Begriff	Bedeutung
Balanced Scorecard	Eine Balanced Scorecard ist eine Form der Erfolgskontrolle, die den Erfolg eines Unternehmens nicht nur mit rein finanziellen Kennzahlen misst, wie das die traditionelle Buchhaltung tut. Stattdessen wird ein wesentlich umfassenderes System von Kennzahlen verwendet, das typischerweise in Perspektiven wie Kundenperspektive, Prozessperspektive, Potenzialperspektive und eben auch noch Finanzperspektive unterteilt wird. Das Originalwerk zu Balanced Scorecards von Kaplan und Norton wurde auch ins Deutsche übersetzt [Kaplan+97]. Unter dem Stichwort »Balanced Scorecard« finden Sie leicht und schnell Dutzende Bücher mit Praxistipps für die Einführung.
Blueprint	Wörtlich übersetzt heißt der Begriff »Blaupause«. Der deutsche Begriff wird aber eher nicht im Zusammenhang mit Softwarearchitektur verwendet. Gemeint sind Übersichtspläne für technische Architekturen auf einer hohen und noch eher abstrakten Ebene. Ein Beispiel für einen Blueprint finden Sie in Abbildung 9–8 (S. 296).
Business Architecture	→ Geschäftsarchitektur
Business Model	→ Geschäftsmodell
Business Process Management	→ Geschäftsprozessmanagement
C-Level Officer	Vorstand oder sonstiger Manager der ersten Ebene (Geschäftsführer)
Change Request	→ Änderungsanforderung
Compliance	Compliance heißt wörtlich aus dem Englischen übersetzt, sich an Regeln zu halten. Im Kontext von IT-Management werden darunter die Aktivitäten verstanden, die erforderlich sind, um eine IT-Funktion konform mit gesetzlichen und sonstigen Auflagen sicher zu führen.
Configuration Management Database (CMDB)	Eine Datenbank, in der die Konfiguration der Hardware, Netze und Software eines Unternehmens im Detail festgehalten sind. Eine CMDB ist eine wesentliche Grundlage für den IT-Betrieb.
Customizing	Anpassung von Standardsoftware an die Gegebenheiten des Anwenderunternehmens. Dies kann durch Konfiguration von Metadaten geschehen oder aber durch Programmierung und Einhängen anwenderspezifischer Programme.

Begriff	Bedeutung
Data Warehouse (DWH)	In einem Data Warehouse werden harmonisierte, sowohl aktuelle als auch historische Datenbestände eines Unternehmens physikalisch getrennt von dessen operativen Datenbeständen gespeichert und für den Zugriff dispositiver IT-Systeme des Unternehmens bereitgehalten. Von Core Data Warehouses spricht man, wenn diese dispositive Daten für ein Unternehmen, einen Unternehmensbereich oder für eine Querschnittsfunktion (z. B. Rechnungswesen) beinhalten. Quelle: [HMDGlossar]
Dunkelverarbeitung	Durch sogenannte Dunkelverarbeitung werden Geschäftsvorfälle vollautomatisch ohne Mitwirkung eines menschlichen Sachbearbeiters maschinell abgearbeitet. Der Begriff ist in der Finanzwirtschaft (Banken, Versicherungen) gebräuchlich.
Enterprise Architecture	→ Unternehmensarchitektur
Enterprise Resource Planning (ERP)	Bezeichnung für die am meisten verbreitete Art von Standardsoftware, mit der Unternehmen Funktionen wie z. B. Einkauf, Produktion, Vertrieb, Buchhaltung, Finanzbuchhaltung oder Controlling abwickeln können. Prominentester Hersteller ist die SAP AG.
Facharchitektur	Eine Facharchitektur beschreibt für ein Unternehmen oder für eine Branche, wie die benötigte Gesamtfunktionalität aller IT-Systeme in Teilsysteme aufzuteilen ist. Sie beschreibt die wesentlichen Geschäftsobjekte sowie ihre wichtigsten Methoden und Beziehungen zueinander. Im Unterschied zu einer Facharchitektur ist eine Informationsarchitektur meist eher datenorientiert (enthält also wenig oder keine Beschreibung von Funktionalität).
Framework	→ Anwendungsframework
Function Points	Maß für die Größe eines Programms unabhängig von der Programmiersprache, siehe *http://www.ifpug.org* (Seite der International Function Point User Group)
Gartner Group	Informationsdienstleister für IT-Analysen (*http://www.gartner.com*)
Geschäftsarchitektur	Die Geschäftsarchitektur ist die Summe aller Beschreibungen der → Geschäftsprozesse eines Unternehmens.

Begriff	Bedeutung
Geschäftsmodell (engl.: Business Model)	Ein Geschäftsmodell ist ein Dokument, das möglichst kompakt beschreibt, wie ein bestimmtes Geschäft funktionieren soll. In einem Geschäftsmodell findet man typischerweise z.B. Aussagen über Strategie und Ziele eines Unternehmens, über → Geschäftsprozesse, Modelle der Wertschöpfung, Preismodelle, Vertriebs- und Produktionssysteme und alle wesentlichen Angaben dazu, wie das Geschäft gewinnbringend funktionieren kann.
Geschäftsprozess	Integrierte, zeitlich-logische Anordnung von Aktivitäten (Vorgängen/Tätigkeiten), die zur Wertschöpfung im Unternehmen einen wesentlichen Beitrag leisten. Darüber hinaus sollte jeder Prozess einen messbaren In- und Output haben, wiederholbar sein und eindeutig einem Verantwortungsbereich zuzuordnen sein. Quelle: [HMDGlossar]
Geschäftsprozessmanagement (engl.: Business Process Management)	Geschäftsprozessmanagement ist ein ganzheitliches Managementkonzept, in dessen Mittelpunkt → Geschäftsprozesse stehen. Aufgaben der Gestaltung und Implementierung von Geschäftsprozessen werden in Form von Projekten wahrgenommen. Handelt es sich um ein fundamentales Neugestalten, spricht man auch von Business Process Reengineering. Neben diesen Maßnahmen mit Projektcharakter sind es insbesondere die dauerhaft und kontinuierlich wahrgenommenen Aufgaben, die das Geschäftsprozessmanagement prägen. Hierzu gehören das Führen, Planen, Überwachen und Steuern sowie das kontinuierliche Verbessern von Prozessen. Charakteristisch im Geschäftsprozessmanagement sind das Denken in Regelkreisen und die Integration von Ziel-, Planungs- und Kontrollsystemen. Quelle: [HMDGlossar]
Incident	Englische Bezeichnung für Störung in einem Informationssystem. Der Begriff wird häufig im Zusammenhang mit Incident Management und der → IT Infrastructure Library (ITIL) verwendet.
Informationsarchitektur (engl.: Information Architecture)	Eine Informationsarchitektur beschreibt die Struktur der Information, die für ein bestimmtes Geschäft benötigt wird. Dies geschieht meist in Form von Datenmodellierung auf einem eher abstrakten Niveau.

Begriff	Bedeutung
Infrastrukturarchitektur (engl.: Infrastructure Architecture)	Eine Infrastrukturarchitektur beschreibt, wie die Gesamtheit der Kommunikationsnetze, Server und systemnahen Softwarekomponenten eines Unternehmens aufgebaut ist.
IT-Governance	Unter IT-Governance versteht man die Steuerung der IT-Funktion eines Unternehmens. IT-Governance liegt in der Verantwortung der Vorstandsebene. Sie ist ein wesentlicher Teil der Unternehmenssteuerung. Sie gliedert sich auf in die Führungsaufgaben, die Gestaltung der organisatorischen Strukturen und der Prozesse, die sicherstellen, dass die IT-Funktion einer Organisation die Strategien der Organisation optimal unterstützt.
IT Governance Institute (ITGI)	Organisation, die sich die Förderung des Verständnisses von → ITGovernance zum Ziel gesetzt hat (siehe im Web http://www.isaca.org/about-isaca/it-governance-institute/pages/default.aspx, aufgerufen am 20.10.2016).
IT Infrastructure Library (ITIL)	ITIL (Information Technology Infrastructure Library) ist eine herstellerunabhängige Sammlung von »Best Practices« für das ITServicemanagement. Ausgehend von einer Initiative der britischen Regierung Ende der 80er-Jahre wurde das Konzept kontinuierlich durch Vertreter der Praxis weiterentwickelt. Als generisches Referenzmodell für die Planung, Überwachung und Steuerung von IT-Leistungen ist ITIL mittlerweile zum internationalen De-facto-Standard für das IT-Servicemanagement geworden. Der aktuellen Version von ITIL (ITIL V3) liegt ein Lebenszyklusmodell für IT-Services zugrunde: Service Strategy – Service Design – Service Transition – Service Operation – Continual Service Improvement. Ziel ist es, in strategischen, taktischen und operativen Bereichen eine verbesserte Kunden- und Serviceorientierung beim (internen oder externen) IT-Dienstleister zu gewährleisten (vgl. http://www.itil.co.uk). Quelle: [HMDGlossar]
IT-Unternehmensarchitektur	IT-Unternehmensarchitektur ist derjenige Teil der → Unternehmensarchitektur, den die IT-Funktion in einem Unternehmen betreuen kann, ohne wegen Kompetenzüberschreitung von anderen Unternehmenseinheiten außerhalb der IT erfolgreich politisch attackiert zu werden. Im besten Fall sind IT-Unternehmensarchitektur und → Unternehmensarchitektur identisch und einheitlich organisiert.

Begriff	Bedeutung
Management-Cockpit	Unter einem Management-Cockpit versteht man die kompakte Aufbereitung von Controlling-Informationen in einer übersichtlichen IT-Anwendung.
Meta Group	Informationsdienstleister für IT-Analysen. Wurde 2005 von der Gartner Group aufgekauft und ist seitdem unter der Marke Gartner am Markt.
Metamodell (engl.: Meta Model)	Ein Metamodell ist ein Modell, das angibt, welche Konstrukte in einem konkreten Modell zugelassen sind. Wenn Sie z.B. in der UML Aktoren modellieren, dann gibt es ein Metamodell der UML, in dem definiert ist, welche Attribute Sie zu einem Aktor erfassen können oder welche Beziehungen es zwischen einem Aktor und Aktivitäten geben darf und welche Attribute diesen Beziehungen zugeordnet werden.
Meta-Object Facility (MOF)	Eine spezielle Metadatenarchitektur der Object Management Group
Microsoft Operations Framework (MOF)	Best-Practice-Ansatz für das Betriebsmanagement von Windows-Plattformen
Microsoft Solutions Framework (MSF)	Menge von Methoden, Verfahren und Tools für die Anwendungsentwicklung mit Microsoft-Produkten
Perimeter	In der Informationstechnologie wird unter einem Perimeter ein Netzwerksegment verstanden, das an der Schnittstelle zweier Netzwerke steht. Ein typisches Beispiel ist eine DMZ (Demilitarized Zone), die über eine Firewall gleichermaßen von außen wie von innen erreichbar ist (der Durchgriff über die DMZ ist dabei nicht möglich).
Project Management Office (PMO)	→ Projektbüro
Projektbüro (engl.: Project Management Office)	Ein Projektbüro ist typisch ein Bestandteil eines CIO-Office. Ein Projektbüro befasst sich mit IT-Projektportfoliomanagement.
Return on Investment (ROI)	Maßzahl für den finanziellen Rückfluss als Folge einer Investition
Sarbanes-Oxley Act (SOX)	Ein Gesetz »zur Verbesserung der öffentlichen Mitteilungen von öffentlich gehandelten Kapitalgesellschaften« in den USA

Begriff	Bedeutung
Softwarearchitektur	Die IEEE-Norm 1471-2000 definiert Softwarearchitektur als den fundamentalen Aufbau eines Softwaresystems, verkörpert in seinen Komponenten, ihren Beziehungen zueinander und den Prinzipien, die sein Design und seine Entwicklung bestimmen.
Softwarekartografie	Softwarekartografie ist ein Wissensgebiet, in dem versucht wird, die Erkenntnisse der Kartografie für die Darstellung großer Softwarelandschaften zu nutzen.
Systemarchitektur (engl.: Systems Architecture)	Eine Systemarchitektur beschreibt, welche Instanzen der Komponenten einer → Anwendungsarchitektur auf welchen physischen oder virtuellen Hardwarekomponenten installiert werden müssen, um zu einem lauffähigen System zu kommen.
Unternehmensarchitektur (engl.: Enterprise Architecture)	Unternehmensarchitektur ist eine komplette Darstellung des Unternehmens, ein Generalplan, der »als die zusammenführende Kraft« wirkt zwischen Aspekten der Geschäftsplanung (wie z.B. Zielen, Visionen, Strategien) und Lenkungsprinzipien, Aspekten des Geschäftsbetriebs (wie z.B. Geschäftsbedingungen, Organisationsstrukturen, Prozessen und Daten), Aspekten der Automatisierung (wie z.B. Informationssystemen und Datenbanken) und der technologischen Infrastruktur eines Unternehmens (wie z.B. Computern, Betriebssystemen und Netzwerken). In einem großen, modernen Unternehmen ist ein streng definiertes Rahmenwerk notwendig, um in der Lage zu sein, die Vision des Unternehmens in allen ihren Dimensionen zu erfassen. Unternehmensarchitektur ist eine Funktion, die von Rahmenwerken unterstützt wird und die damit in der Lage ist, die vielen Facetten, die die grundlegende Essenz eines Unternehmens ausmachen, ganzheitlich zu koordinieren. Quelle: [Schekkerman04], S. 13

E   Literatur

[Alexander79a]   *Christopher Alexander:* The Timeless Way of Building. Oxford University Press, New York, 1979.

[Alexander79b]   *Christopher Alexander:* A Pattern Language. Oxford University Press, New York, 1979.

[Alexander02a]   *Christopher Alexander:* The Nature of Order (Book One) – The Phenomenon of Life. The Center of Environmental Structure, Berkeley, 2002.

[Alexander02b]   *Christopher Alexander:* The Nature of Order (Book Two) – The Process of Creating Life. The Center of Environmental Structure, Berkeley, 2002.

[Anderson09]   *Chris Anderson:* Free: The Future of a Radical Price. Hyperion, 2009.

[Balzert98]   *Helmut Balzert:* Lehrbuch der Software-Technik: Software-Management, Software-Qualitätssicherung, Unternehmensmodellierung. 1. Auflage, Heidelberg, Berlin, 1998.

[Beck93]   *Kent Beck:* How to get a paper accepted at OOPSLA. Verfügbar z.B. unter *http://www.sigplan.org/oopsla/oopsla96/how93.html* (aufgerufen am 27.06.2016).

[Behringer13]   *Stefan Behringer (Hrsg.):* Compliance kompakt: Best Practice in Compliance Management. 3. Auflage. Erich Schmidt Verlag, 2013.

[Bente+12]   *Stefan Bente, Uwe Bombosch, Shailendra Langade:* Collaborative Enterprise Architecture. Morgan Kaufmann Publishers, 2012.

[Bente16]   *Stefan Bente:* persönliche Kommunikation, Oktober 2016.

[Bernhard+03]   *Martin G. Bernhard et al. (Hrsg.):* Strategisches IT Management, Band 1, Organisation – Prozesse – Referenzmodelle. Symposion Verlag, 2003.

[Bieberstein+05]   *Norbert Bieberstein, Sajay Bose, Marc Fiammante, Keith Jones, Rawn Shah:* Service Oriented Architecture Compass – Business Value, Planning and Enterprise Roadmap. IBM Press, 2005.

[Bieberstein+08] Norbert Bieberstein, Robert G. Laird, Keith Jones, Tilak Mitra: Executing SOA – A Practical Guide for the Service-Oriented Architect. IBM Press, 2008.

[BITKOM14] BITKOM e. V.: Kompass der IT-Sicherheitsstandards. 6. Auflage, 2014, im Web erhältlich über https://www.bitkom.org/Bitkom/Publikationen/Kompass-der-IT-Sicherheitsstandards.html (aufgerufen am 03.10.2016).

[BIZ04] Bank für Internationalen Zahlungsausgleich: Bericht »Internationale Konvergenz der Eigenkapitalmessung und der Eigenkapitalanforderungen«. Überarbeitete Rahmenvereinbarung, Basel, Juni 2004.

[Bloomberg13] Jason Bloomberg: The Agile Architecture Revolution. Wiley, 2013.

[Bösenberg+95] Dirk Bösenberg, Heinz Metzen: Lean Management: Vorsprung durch schlanke Konzepte. 5. Auflage, Verlag Moderne Industrie, 1995.

[Broadbent03] Marianne Broadbent: Tailor IT Governance to Your Enterprise. Gartner Group Document 117510, October 2003.

[Broadbent+05] Marianne Broadbent, Ellen S. Kitzis: The New CIO Leader. Harvard Business School Press, 2005.

[BSIGrundschutz16] Bundesamt für Sicherheit in der Informationstechnologie: BSI IT-Grundschutz-Kataloge, 2016, im Web erhältlich über https://www.bsi.bund.de/DE/Themen/ITGrundschutz/ itgrundschutz_node.html (aufgerufen am 03.10.2016).

[Buchta+04] Dirk Buchta, Marcus Eul, Helmut Schulte-Croonenberg (Hrsg.): Strategisches IT-Management. Gabler, 2004.

[Buckl+07] Sabine Buckl, Alexander Ernst, Josef Lankes, Kathrin Schneider, Christian Schweda: A Pattern based Approach for constructing Enterprise Architecture Management Information Models. In: 8. Internationale Tagung Wirtschaftsinformatik, Karlsruhe, 2007, S. 145–162.

[Buckl10] Sabine Buckl: Vorlesung »SEBA Master – Enterprise Architecture Management«, Technische Universität München 2010.

[Buckl+10] Sabine Buckl, Florian Matthes, Christian Neubert, Christian Schweda: A Lightweight Approach to Enterprise Architecture Modeling and Documentation. In: Soffer, P.; Proper, E. (eds), Information Systems Evolution, CAiSE Forum 2010, Hammamet, Springer-Verlag, Lecture Notes in Business Information Processing (LNBIP), Vol. 72, S. 136-149, 2010.

[Cameron+09] Bobby Cameron, Ulrich Kalex: Webinar (Web Seminar) on Business Capability Management; Forrester Research & alfabet AG, June 2009; leider im Web nicht mehr verfügbar.

[Carr04] Nicholas G. Carr: Does IT Matter? Information Technology and the Corrosion of Competitive Advantage. Harvard Business School Press, 2004.

[Clausewitz98] *Carl von Clausewitz:* Vom Kriege. Ullstein Taschenbuch 1998. Nachdruck der Originalquelle: Vom Kriege, Hinterlassenes Werk des Generals Carl von Clausewitz, Bd. 1–3, bei Ferdinand Dümmler, Berlin 1832–1834 (Hrsg. von Marie von Clausewitz).

[COBIT12a] *ISACA*: COBIT 5 Business Framework. 2012, beschaffbar über http://www.isaca.org/cobit (aufgerufen am 12.07.2016). Ebenfalls verfügbar als deutsche Version.

[COBIT12b] *ISACA*: COBIT 5 Enabling Processes. 2012, beschaffbar über http://www.isaca.org/cobit (aufgerufen am 12.07.2016). Ebenfalls verfügbar als deutsche Version.

[COBIT12c] *ISACA*: COBIT 5 Implementation. 2012, beschaffbar über http://www.isaca.org/cobit/ (aufgerufen am 12.07.2016).

[COBIT4RISK13] *ISACA*: COBIT 5 for Risk. 2013, beschaffbar über http://www.isaca.org/cobit/ (aufgerufen am 09.07.2016).

[Coplien96] *Jim Coplien:* Software Patterns. SIGS Publishing, New York et al., 1996.

[COSO04] *COSO – The Committee of Sponsoring Organizations of the Treadway Commission (Hrsg.)*: Enterprise Risk Management – Integrated Framework, 2004.

[Cunningham+01] *Ward Cunningham, Bo Leuf*: The Wiki Way. Quick Collaboration on the Web. Reading, MA, Addison-Wesley, 2001.

[Denert+92] *Ernst Denert, Johannes Siedersleben:* Software-Engineering. Springer-Verlag, Berlin, 1992.

[Dern03] *Gernot Dern:* Management von IT-Architekturen. Vieweg Verlag, Edition CIO, 2003.

[Dern+08] *Gernot Dern, Wolfgang Keller:* Vorlesung IT-Unternehmensarchitektur, Hasso-Plattner-Institut der Universität Potsdam, 2008.

[Dietrich+06] *Lothar Dietrich, Wolfgang Schirra:* Innovationen durch IT: Erfolgsbeispiele aus der Praxis. Springer-Verlag, 2006.

[Dirksen13] *Jos Dirksen:* SOA Governance in Action. Manning Publications, 2013.

[Doblaski03] *Lutz Doblaski:* Geschäftsmodell und IT-Strategie – Strategien und Initiativen der Versicherungsbranche im Softwaregeschäft.
In: *Hans-Georg Kemper, Wilhelm Müldner (Hrsg.):* Informationsmanagement – Neue Herausforderungen in Zeiten des E-Business. Eul-Verlag, 2003.

[Ehrlich+15] *Martin Ehrlich, Rolf Knoll*: Enterprise Architecture Tool Survey. Syracom AG, 2015.

[Engels+08] *Gregor Engels, Andreas Hess, Bernhard Humm, Oliver Juwig*: Quasar Enterprise: Anwendungslandschaften serviceorientiert gestalten. dpunkt.verlag, 2008.

[Ernst08] *Alexander Ernst:* Enterprise Architecture Management Patterns, Submission for PLoP 2008, zu finden auf *http://hillside.net/plop/2008/papers/ACMVersions/ernst.pdf* (aufgerufen am 27.06.2016).

[eTOM16] *Tele Management Forum (Hrsg.):* Business Process Framework (eTOM) V 16.0.1. Im Web verfügbar unter *https://www.tmforum.org/resources/suite/ gb921-business-process-framework-etom-r16-0-1/* (aufgerufen am 20.10.2016).

[Fielding00] *Roy Thomas Fielding:* Architectural Styles and the Design of Network-based Software Architectures. Dissertation, University of California, Irvine, 2000. Im Web verfügbar unter *https://www.ics.uci.edu/~fielding/pubs/dissertation/top.htm* (aufgerufen am 13.07.2016).

[Fink03] *Dietmar Fink (Hrsg.):* Management Consulting Fieldbook – Die Ansätze der großen Unternehmensberater. 2. Auflage, Verlag Vahlen, 2003.

[Forrester15] *Gordon Barnett:* The Forrester Wave: Enterprise Architecture Management Suites, Q3 2015. Forrester Group 2015.

[Fowler+14] *Martin Fowler, James Lewis:* Microservices: A Definition of this new Architectural Term. 2014. Im Web verfügbar unter *http://martinfowler.com/articles/microservices.html* (aufgerufen am 13.07.2016).

[Gamma+95] *Erich Gamma, Richard Helm, Ralph Johnson, John Vlissides:* Design Patterns, Elements of Reusable Object-oriented Software. Addison-Wesley, 1995.

[Gartner03a] *Robert Mack, Ned Frey:* Six Building Blocks for Creating Real IT Strategies. Strategic Analysis Report R-17-3607, Gartner Group, December 2002.

[Gartner03b] *Robert Mack: Real IT Strategies:* Steps 1 to 4 – Laying a Foundation. Gartner Group, Report R-21-4074, Gartner Group, 2003.

[Gartner03c] *Robert Mack:* Real IT Strategies: Steps 5 to 8 – Creating the Strategy. Gartner Group, Report R-21-4950, Gartner Group, 2003.

[Gartner16] *Mark McGregor:* Magic Quadrant for Enterprise Architecture Tools. Gartner Group, 2016.

[Gassmann+14] *Oliver Gassmann, Karolin Frankenberger, Michaela Csik*: The Busines Model Navigator. Pearson Education, 2014.

[Gaulke14] *Markus Gaulke*: Praxiswissen COBIT: Grundlagen und praktische Anwendung in der Unternehmens-IT. 2. Auflage, dpunkt.verlag, 2014.

[Geisser+07] *Michael Geisser, Hans-Jörg Happel, Tobias Hildenbrand, Stefan Seedorf*: Einsatzpotentiale von Wikis in der Softwareentwicklung am Beispiel von Requirements Engineering und Traceability Management. Working Papers in Information Systems, University of Mannheim, März 2007.

[Generali02] *Generali:* Generali Internet Application Blueprint – Interne Unterlage; Generali Group, 2002.

[Glozic14] *Dejan Glozic:* Micro-Services and Page Composition. Blog-Eintrag, *https://dejanglozic.com/2014/10/20/micro-services-and-page-composition-problem/* (aufgerufen am 17.07.2016).

[Hake+02] *Günter Hake, Dietmar Grünreich, Lligin Meng:* Kartographie. 8. Auflage, Berlin, New York, de Gruyter, 2002.

[Hammer+93] *Michael Hammer, James Champy:* Reengineering the Corporation: A Manifesto for Business Revolution. 1. Auflage, New York, HarperCollins Publishers, 1993.

[Hanschke13] *Inge Hanschke*: Strategisches Management der IT-Landschaft. 3. Auflage, Hanser Verlag, 2013.

[Hanschke14] *Inge Hanschke*: Lean IT-Management, Hanser Verlag, 2014.

[Hauder+14] *Matheus Hauder, Dominik Münch, Felix Michel, Alexej Utz, Florian Matthes:* Examining Adaptive Case Management to Support Processes for Enterprise Architecture Management, 9th Trends in Enterprise Architecture Research Workshop (TEAR), Ulm, Germany, 2014.

[HeatMap06] *Microsoft Services*: Microsoft Motion Heat Mapping Tool: *blogs.microsoft.co.il/files/folders/2034/download.aspx* (aufgerufen am 14.11.2009).

[High14] *Peter A. High:* Implementing World Class IT-Strategy. Verlag Jossey-Bass, 2014.

[Hirzel+12] *Matthias Hirzel, Martin Sedlmayer, Wolfgang Alter (Hrsg.):* Projektportfolio-Management: Strategisches und operatives Multi-Projektmanagement in der Praxis. 3. Auflage, Gabler Verlag, 2012.

[HMDGlossar] Glossar der Zeitschrift HMD – Praxis der Wirtschaftsinformatik. Seit 2014 bei Springer-Verlag, ISSN: 1436-3011. Das Glossar war bis 2014 frei im Internet verfügbar, wurde aber durch den Verlagswechsel aus dem Internet entfernt. Die in diesem Buch verwendeten Texte stammen aus der Fassung 2011 – sind aber auf Aktualität geprüft.

[Holley+06] *Kerrie Holley, Jim Palistrant, Steve Graham:* Effective SOA Governance. IBM White Paper, 2006.

[IBM11] *IBM:* IBM eBusiness Patterns – zu finden unter *https://www.ibm.com/developerworks/patterns.* Zuletzt funktionierend aufgerufen in 2014; 2016 sind die IBM eBusiness Patterns leider in ihrer alten Form nur noch teilweise im Web verfügbar und werden nicht mehr gepflegt.

[IEEE00] *IEEE Std 1471-2000:* IEEE Recommended Practice for Architectural Description of Software-Intensive Systems. IEEE, 2000.

[Infosys09] *Infosys:* Enterprise Architecture Expands its Role in Strategic Business Transformation. White Paper, Infosys, 2009. Erhältlich unter *http://itsmf.cz/wp-content/uploads/2014/04/ea-comprehensive-report-2008.pdf* (aufgerufen am 27.06.2016).

[Ismail+14] *Salim Ismail, Michael S. Malone, Yuri van Geest:* Exponential Organizations: Why New Organizations Are Ten Times Better, Faster, and Cheaper Than Yours (and What to Do about It). Diversion Publishing, 2014.

[ISO2700x] *International Standards Organisation: Standards ISO 27000–27005,* erhältlich bei diversen Verlagen, die ISO-Normen vertreiben, z.B. *http://www.beuth.de/* (aufgerufen am 03.10.2016).

[ITGI11] *IT Governance Institute:* Board Briefing On IT-Governance, 2nd Edition, White Paper 2011. Erhältlich unter *http://www.isaca.org/knowledge-center/research/researchdeliverables/ pages/board-briefing-on-it-governance-2nd-edition.aspx* (aufgerufen am 27.06.2016).

[ITIL11] *The Stationery Office (Hrsg.):* ITIL Lifecycle Suite 2011, The Stationery Office Ltd, 2. Auflage, 29. Juli 2011.

[Johannsen+10] *Wolfgang Johannsen, Matthias Goeken:* Referenzmodelle für ITGovernance: Methodische Unterstützung der Unternehmens-IT mit COBIT, ITIL & Co. 2. Auflage, dpunkt.verlag, 2010.

[Johnson+88] *Ralph E. Johnson, Brian Foote:* Designing Reusable Classes. Journal of Object-Oriented Programming, June/July 1988, Volume 1, Number 2, Seiten 22–35.

[Kagermann+06] *Henning Kagermann, Hubert Österle:* Geschäftsmodelle 2010. Verlag Frankfurter Allgemeine Buch, 2006.

[Kaplan+97] *Robert S. Kaplan, David P. Norton:* Balanced Scorecard. Strategien erfolgreich umsetzen. Schäffer-Poeschel Verlag, 1997.

[Kappes+09] *Randolph Kappes, Thomas Heimann, Martin Eldracher:* Wertorientierung der Unternehmensarchitektur. Capgemini s&m Eigenverlag, 2009.

[Keller+08] *Wolfgang Keller, Dieter Masak:* Was jeder CIO über IT-Alignment wissen sollte. IM – Information Management & Consulting, April 2008. Beziehbar u.a. über *http://www.objectarchitects.biz/ResourcesDontDelete/italignment.pdf* (aufgerufen am 27.06.2016).

[Kelly16] *Kevlin Kelly:* The Inevitable: Understanding the 12 Technological Forces that will Shape out Future. Viking Press, 2016.

[Kerth03] *Norman L. Kerth:* Post Mortem. Mitp Verlag, 2003.

[Keuntje+10] *Jan H. Keuntje, Reinhard Barkow (Hrsg.):* Enterprise Architecture Management in der Praxis. Symposion Verlag, 2010.

[Keuper+10]   *Frank Keuper, Fritz Neumann (Hrsg.):* Corporate Governance, Risk Management & Compliance: Innovative Konzepte und Strategien. Gabler Verlag, 2010.

[Khosroshahi+15]   *Pouya Aleatrati Khosroshahi, Matheus Hauder, Alexander W. Schneider, Florian Matthes):* Enterprise Architecture Management Pattern Catalog, Version 2.0. White Paper, Technische Universität München, November 2015.

[Kim+14]   *Gene Kim, Kevin Behr, George Spafford:* The Phoenix Project: A Novel about IT, DevOps, and Helping Your Business Win. Verlag Astronaut Projects, 2014.

[Knoll14]   *Matthias Knoll:* Praxisorientiertes IT-Risikomanagement. dpunkt.verlag, 2014.

[Komus+14]   *Ayelt Komus, Waldemar Kamlowski:* Enterprise SOA: Gemeinsamkeiten und Unterschiede von Lean Management. Working Paper des BPM-Labors Hochschule Koblenz, 06.05.2014.

[Krafzig+04]   *Dirk Krafzig, Karl Banke, Dirk Slama:* Enterprise SOA: Service Oriented Architecture Best Practices (Coad-Series). Prentice Hall International, 2004.

[Kumar06]   *Dinesh Kumar:* Motion – A Framework for SOA Adoption in the Enterprise. Microsoft TechEd Conference, Pasadena, 2006.

[Lahti+05]   *Christian B. Lahti, Roderick Peterson:* Sarbanes-Oxley IT Compliance Using COBIT and Open Source Tools. Syngress Publishing, 2005.

[Lankes+05a]   *Josef Lankes, Florian Matthes, André Wittenburg:* Architekturbeschreibung von Anwendungslandschaften: Softwarekartographie und IEEE Std 1471-2000. Software Engineering Essen, Köllen Druck+Verlag, 2005.

[Lankes+05b]   *Josef Lankes, Florian Matthes, André Wittenburg:* Softwarekartographie: Systematische Darstellung von Anwendungslandschaften. 7. Internationale Tagung Wirtschaftsinformatik 2005, Bamberg, Germany, Physica-Verlag, 2005.

[Liker04]   *Jeffrey K. Liker:* The Toyota Way: 14 Management Principles from the World's Greatest Manufacturer. 5. Auflage, McGraw-Hill Professional, 2004.

[Lilienthal16]   *Carola Lilienthal:* Langlebige Softwarearchitekturen: Technische Schulden analysieren, begrenzen und abbauen. dpunkt.verlag 2016.

[Lutchen04]   *Marc D. Lutchen:* IT Spend and Performance: Achieving Visibility and Transparency. White Paper, PricewaterhouseCoopers LLP, 2004.

[Malik95]   *Fredmund Malik:* Systematische Müllabfuhr. MoM (Malik on Management) Letter 7/1995, zu beziehen über MZSG (Management Zentrum St. Gallen), *http://www.malik-management.com/de/ueber-uns/publikationen/malik-letter* (aufgerufen am 27.06.2016).

[Malinverno06a]   *Paolo Malinverno:* The ICC and SOA Governance. Gartner Group Research Note G00137440, 3. Februar 2006.

[Malinverno06b] Paolo Malinverno: Sample Governance Mechanisms for a Service Oriented Architecture. Gartner Group Research Note G00139465, 27. April 2006.

[Maro12] Fred Maro: Von netten anderen Menschen: Industriespionage – unterschätzte Gefahr!, epubli GmbH, 2012.

[Masak05] Dieter Masak: Legacysoftware. Springer-Verlag, 2005.

[Masak06] Dieter Masak: IT-Alignment. Springer-Verlag, 2006.

[Mathis16] Christoph Mathis: SAFe – Das Scaled Agile Framework: Lean und Agile in großen Unternehmen skalieren. dpunkt.verlag, 2016.

[Matthes+04] Florian Matthes, André Wittenburg: Softwarekarten zur Visualisierung von Anwendungslandschaften und ihrer Aspekte. Technische Universität München, Lehrstuhl für Informatik 19 (sebis), Technischer Bericht TB0402, 2004.

[Matthes11] Dirk Matthes: Enterprise Architecture Frameworks Kompendium. Springer-Verlag, 2011.

[Matthes+11a] Florian Matthes, Christian Neubert: Enabling Knowledge Workers to Collaboratively Add Structure to Enterprise Wikis. In: 12th European Conference on Knowledge Management – ECKM 2011, University of Passau, 2011.

[Matthes+11b] Florian Matthes, Christian Neubert, Alexander Steinhoff: Hybrid Wikis: Empowering Users to Collaboratively Structure Information. In: 6th International Conference on Software and Data Technologies (ICSOFT), Pages 250–259, Seville, 2011.

[Merrifield+06] Ric Merrifield, Jon Tobey: Motion Lite: A Rapid Application of the Business Architecture Techniques Used by Microsoft Motion, 2006, zu beschaffen über http://msdn2.microsoft.com/en-us/library/bb736727.aspx (aufgerufen am 27.06.2016).

[Meszaros+98] Gerard Meszaros, Jim Doble: A Pattern Language for Pattern Writing; http://hillside.net/index.php/a-pattern-language-for-pattern-writing (aufgerufen am 27.06.2016).

[Meta02] Meta Group: Enterprise Architecture Desk Reference. 2002.

[Meyer14] Bertrand Meyer: Agile! The Good, the Hype and the Ugly. Springer-Verlag, 2014.

[Mitra05] Tilak Mitra: A case for SOA Governance. IBM White Paper, 2005.

[Moskaliuk08] Johannes Moskaliuk (Hrsg.): Konstruktion und Kommunikation von Wissen mit Wikis. Theorie und Praxis. Boizenburg 2008, S. 17–27.

[Murer+11] Stephan Murer, Bruno Bonati, Frank J. Furrer: Managed Evolution – A Strategy for Very Large Information Systems. Springer-Verlag, 2011.

[Neubert12] Christian Neubert: *Facilitating Emergent and Adaptive Information Structures in Enterprise 2.0 Platforms*, PhD Thesis, Technische Universität München, 2012.

[Newman15] *Sam Newman:* Building Microservices. O'Reilly, 2015.

[OMG15] *Object Management Group:* Unified Modeling Language (UML) Version 2.5, Object Management Group, 2015. Zu finden unter http://www.omg.org/spec/UML/2.5/ (aufgerufen am 20.10.2016).

[Osterwalder10] *Alexander Osterwalder:* Business Model Generation: A Handbook for Visionaries, Game Changers, and Challengers. John Wiley & Sons, 2010.

[OWASP] *The Open Web Application Security Project*: http://www.owasp.org/ (aufgerufen am 03.10.2016).

[OWASP10] *The Open Web Application Security Project*: OWASP Top Ten Project; https://www.owasp.org/index.php/Category:OWASP_Top_Ten_Project (aufgerufen am 03.10.2016).

[Pautasso09] *Cesare Pautasso*: Some REST Design Patterns (and Anti-Patterns). 2009. Zu beziehen unter anderem über *http://www.jopera.org/files/SOA2009-REST-Patterns.pdf* (aufgerufen am 13.07.2016).

[Peppard+16] *Joe Peppard, John Ward:* The Strategic Management of Information Systems. 4. Auflage von [Ward+97, Ward+02]. Wiley, 2016.

[Philip96] *Mathias Philip:* Handels- und Steuerrechtliche Aspekte der Entwicklung, Nutzung und Abwicklung betrieblicher Informationssystemarchitekturen: Am Informationssystem-Lebenszyklus orientierte Umsetzung der GoBS. Erschienen in: Informationssystem Architekturen, Rundbrief des GI-Fachausschusses 5.2, Heft 1, September 1996, S. 85–88, im Web zu beziehen über *http://www.home.hs-karlsruhe.de/~phma0001/pub/gi1_96.pdf* (aufgerufen am 27.06.2016).

[Poppendieck06] *Mary Poppendieck:* Implementing Lean Software Development: From Concept to Cash. Addison-Wesley, 2006.

[Porter89] *Michael Porter:* Wettbewerbsvorteile (Competitive Advantage). Spitzenleistungen erreichen und behaupten. Sonderausgabe, Verlag Campus, 1989.

[Quibeldey-Cirkel99] *Klaus Quibeldey-Cirkel:* Entwurfsmuster: Design Patterns in der objektorientierten Softwaretechnik. Springer-Verlag, 1999.

[Reese10] *Richard J. Reese*: Troux Enterprise Architecture Solutions, PACKT Publishing, 2010.

[Reschenhofer+16] *Thomas Reschenhofer, Manoj Bhat, Adrian Hernandez-Mendez, Florian Matthes:* Lessons Learned in Aligning Data and Model Evolution in Collaborative Information Systems. In: Proceedings of the International Conference on Software Engineering (ICSE), Austin, Texas, USA, 2016.

[Reynolds10] *Chris Reynolds*: Introduction to Business Architecture. Course Technology, 2010.

[Rising00] *Linda Rising:* The Patterns Almanac 2000. Addison-Wesley, 2000.

[RiskIT09] *ISACA – Information Systems Audit and Control Association (Hrsg.):* The Risk IT Framework, 2009.

[Ritzenhöfer08] *Gero Ritzenhöfer:* SOA-basierte IT-Strategien für Banken, Talk at GI-Jahrestagung. München, 9. September 2008.

[Robinson+95] *Arthur H. Robinson, Joel L. Morrison, Philipp C. Muehrcke et al.:* Elements of Cartography. 6. Auflage, Hoboken (USA), John Wiley & Sons, Inc., 1995.

[Roebuck11] *Kevin Roebuck:* Single Sign-on (SSO): High-impact Strategies – What You Need to Know: Definitions, Adoptions, Impact, Benefits, Maturity, Vendors. Emereo Pty Limited, 2011.

[Rozemeijer07] *Eric Rozemeijer:* Frameworks for IT Management – A pocket Guide: itSMF International, 2007.

[Rüping03] *Andreas Rüping:* Agile Documentation. Wiley, 2003 (Dt. Übersetzung »Dokumentation in agilen Projekten – Lösungsmuster für ein bedarfsgerechtes Vorgehen« bei dpunkt.verlag, 2013).

[Schaffert06] Sebastian Schaffert: *IkeWiki: A Semantic Wiki for Collaborative Knowledge Management.* 15th IEEE International Workshops on Enabling Technologies: Infrastructure for Collaborative Enterprises (WETICE'06), Manchester, 2006, S. 388–396.

[Schekkerman03] *Jaap Schekkerman:* Enterprise Architecture Survey 2003, IFEAD (Institute for Enterprise Architecture Development), 2003.

[Schekkerman04] *Jaap Schekkerman:* How to Survive in the Jungle of Enterprise Architecture Frameworks. Verlag Trafford, Victoria, Canada, 2004.

[Schönherr04] *Marten Schönherr:* Enterprise Architecture Frameworks. In: *Stephan Aier, Marten Schönherr (Hrsg.):* Enterprise Application Integration – Serviceorientierung und nachhaltige Architekturen. Gito, Berlin, 2004, S. 3–48.

[Scholz12] *Gero Scholz:* IT-Systeme für Verkehrsunternehmen. dpunkt.verlag, 2012.

[sebis08] *sebis:* Enterprise Architecture Management Tool Survey 2008. Erhältlich über Technische Universität München, Lehrstuhl für Software Engineering for Business Information Systems (sebis), 2008.

[Sensler+15] *Carsten Sensler, Thomas Grimm:* Business Enterprise Architecture. entwickler.press, 2015.

[Simon+15] *Daniel Simon, Christian Schmidt (Hrsg.):* Business Architecture Management: Architecting the Business for Consistency and Alignment. Springer-Verlag, 2015.

[Slama+11] *Dirk Slama, Ralph Nelius:* Enterprise BPM – Erfolgsrezepte für ein unternehmensweites Prozessmanagement. dpunkt.verlag, 2011.

[Solvency06] *Europäische Kommission:* Website zur Solvency II Initiative. *http://ec.europa.eu/internal_market/insurance/solvency/index_en.htm* (aufgerufen am 03.02.2011).

[Sowa+92] *John F. Sowa, John A. Zachman:* Extending and Formalizing the Framework for Information Systems Architecture. IBM Systems Journal, Volume 31, No. 3, 1992. IBM Publication G321-5488.

[SOX02] *Senate and House of Representatives of the United States of America:* Sarbanes-Oxley Act: Volltext zu finden unter *http://news.findlaw.com/hdocs/docs/gwbush/sarbanesoxley072302.pdf* (aufgerufen am 27.06.2016).

[Steinacker15] *Guido Steinacker*: Von Monolithen und Microservices. Blogeintrag Informatik aktuell, *https://www.informatik-aktuell.de/entwicklung/methoden/von-monolithen-und-microservices.html* (aufgerufen am 17.07.2016).

[Sterling10] *Chris Sterling*: Managing Software Debt: Building for Inevitable Change. Addison-Wesley Longman, Amsterdam, 2010.

[Sweeney10] *Rick Sweeney:* Achieving Service Oriented Architecture – Applying an Enterprise Architecture Approach. John Wiley & Sons, 2010.

[Tilkov+15] *Stefan Tilkov, Martin Eigenbrodt, Silvia Schreier, Oliver Wolf:* REST und HTTP – Entwicklung und Integration nach dem Architekturstil des Web. 3. Auflage, dpunkt.verlag, 2015.

[TOGAF8.1] *The Open Group:* TOGAF Enterprise Edition. Version 8.1: Part I, Introduction. The Open Group, 2003.

[TOGAF8.1.1] *The Open Group:* TOGAF Enterprise Edition. Version 8.1.1. The Open Group, 2007, zu finden unter *http://www.opengroup.org/architecture/togaf8-doc/arch*.

[TOGAF9.1] *The Open Group:* TOGAF Version 9.1. The Open Group, 2011, zu finden unter *http://pubs.opengroup.org/architecture/togaf9-doc/arch/* (aufgerufen am 11.07.2016).

[Treacy+97] *Michael Treacy, Fred Wiersema:* The Discipline of Market Leaders: Choose Your Customers, Narrow Your Focus, Dominate Your Market. Perseus Books Group, Expanded Edition, 1997.

[TRP10] *Zurich Insurance:* Total Risk Profiling-Methode, zu finden unter *https://www.zurich.com/en/products-and-services/protect-your-business/risk-engineering* (aufgerufen am 27.06.2016).

[Ulrich+13] *Wilhelm Ulrich, Neal McWhorter:* Business Architecture: The Art and Practice of Business Transformation. Meghan-Kiffer Press, 2013.

[Ward+97] *John Ward, Pat Griffiths:* Strategic Planning for Information Systems. 2. Auflage, Wiley, 1997.

[Ward+02] *John Ward, Joe Peppard:* Strategic Planning for Information Systems. 3. Auflage, Wiley, 2002.

[Weill04] *Peter Weill:* Don't Just Lead, Govern! MIS Quarterly Executive Vol. 3 No. 1/ March 2004. Im Web unter *http://cisr.mit.edu/blog/documents/ 2004/03/01/mit_cisrwp341_howtopperffirmsgovit-pdf/* (aufgerufen am 27.06.2016).

[Weill+04] *Peter Weill, Jeanne W. Ross:* IT Governance – How Top Performers Manage IT Decision Rights for Superior Results. Harvard Business School Press, 2004.

[Welch+05] *Jack Welch, Suzy Welch:* Winning – Das ist Management. Verlag Campus, 2005.

[Wider+16] *Arif Wider, Johannes Mueller:* An Unexpected Solution To Microservices UI Composition. Blogeintrag *http://inside.autoscout24.com/talks/2016/01/13/microservice-ui-composition/* (aufgerufen am 17.07.2016).

[Windley06] *Philip J. Windley:* SOA Governance: Rules of the Game, Infoworld, 23. Januar 2006.

[Winter+06] *Robert Winter, Ronny Fischer:* Essential Layers, Artifacts, and Dependencies of Enterprise Architecture. Los Alamitos, CA, USA: IEEE Computer Society, 2006. EDOC Workshop on Trends in Enterprise Architecture Research (TEAR 2006) im Rahmen von The Tenth IEEE International EDOC Conference (EDOC 2006). Hong Kong, 2006, S. 30.

[Wittenburg07] *André Wittenburg:* Softwarekartographie: Methoden und Modelle zur Beschreibung, Bewertung und Gestaltung von Anwendungslandschaften. Gastvorlesung Hasso-Plattner-Institut, 22.05.2007.

[Zachman87] *John A. Zachman:* A Framework for Information Systems Architecture. IBM Systems Journal, Volume 26, No. 3, 1987. IBM Publication G321-5298.

[Zachman97] *John A. Zachman:* Enterprise Architecture: The Issue of the Century. Database Programming and Design. March 1997.

Stichwortverzeichnis

A

Abgabenordnung (AO) 439
    Auszug 439
    Definitionen 439
ADM *siehe Architecture Development Method*
Adonis 354
Agil
    Prinzipien 365–367
    Vergleich mit Lean 367
Agile Prinzipien 365–367
Agiles Manifest 365
Agilität 50, 99, 116, 126, 159, 165, 419
    Metrik 116
Alexander, Christopher 325, 384, 387
Anforderungsmanagement
    Werkzeugunterstützung 347
Anwendung
    Definition 86
    funktionaler Vergleich von 83
Anwendungsarchitektur 325, 346, 394
    Blueprint 295
Anwendungsentwicklung 389, 394
    Priorisierung der 378
Anwendungshandbuch 90, 340
    beschreibende Attribute 91
    Erfassung von Schnittstellen 92
    typischer Umfang 91
    Werkzeugunterstützung 345
Anwendungslandkarte 93
Anwendungsportfolio
    Alignment des 90
    Auswertungen 95
    Bewertung des 89
    Compliance 90
    Dashboard 100

Anwendungsportfolio (Fortsetzung)
    Erfassung des 88, 90
    Inventarisierung 90
    Management des 84
    Maßnahmenplanung 89
    Metriken 101
    Unterschied zu Finanzportfolio 87
Anwendungsportfoliomanagement 84, 314
    als zyklischer Prozess 88
    Begriffe 85
    Tipps und Tricks 94
AO *siehe Abgabenordnung*
Architecture Development Method (ADM) 309
Architekturboard 133, 135, 405
    Definition 134
Architektur-Governance 130–131, 317
    Definition 130
Architekturmuster 11
    im Großen 281
Architekturpyramide 28
Architekturticket 403
Architektur, agile 362
ARIS 354
Aufbewahrungsfristen 213
    bei Stilllegung von DV-Systemen 214
    für Architekturdokumentation 214
    für E-Mails 213

B

Balanced Scorecard
    KPI-Verfolgung 344
    Schnittstelle ERP 349
    und Spider-Chart-Methode 405
    Werkzeugunterstützung 356

Basel II und III 202
　Compliance 202
　Motivation 203
　versus Solvency II 206
Bebauungsplanung, strategische 103
Bente, Stefan 363
Beratungsunternehmen 49
Betriebsvorstand 132
BITKOM 234
Blueprint 8, 282, 386
　Beschreibungsmittel 283
　Definition 282
　Entwurf 346
　Marchitecture 284
　SAP Netweaver 284
　und Richtlinien 137
　und Standards 283
　Werkzeugunterstützung 346
Bonati, Bruno 115
Bondel, Gloria 182
Boston Squares 96–97, 408, 419
BPM *siehe Business Process Management*
BPO *siehe Business Process Outsourcing*
Buchhaltungssystem 98, 285–286
Buchhaltungsvorschriften 201
Buckl, Sabine 33, 303
Budget für IT-Unternehmensarchitektur 373, 376–377
Business Alignment 392
Business Architecture 425
Business Continuity Management 376
Business Development 15
Business-IT-Alignment 38, 40, 423
　architektonisches 43
　Bedeutung 41
　Dimensionen 42
　kognitives 42
　strategisches 43
　systemisches 44
　temporales 44
Business-Maxime 67
Business-Monarchie 122
Business Process Management (BPM) 114–115, 354
Business Process Outsourcing (BPO) 158
Business Process Reengineering 47

C

Capability 74
　Bewertung von 80
　Definition 75
　Footprint 83
　Granularität 80
　Investitionssteuerung mit 76
　Katalog von 78
　Landkarte 79
　und Sourcing 82
Capgemini, IAF 181
Cash Cow 97
Change the Business 330, 390
Chefarchitekt 133
Chefmanagement 407
Cherry Picking 163
Chicken Race 395, 398
Chief Information Officer (CIO) 15
　Office 132
　Prioritäten 39
CIO *siehe Chief Information Officer*
Clausewitz, Carl von 66
Clinger-Cohen Act 218
Cloud Computing 4, 48, 51, 58, 70, 159–160
　und agile Architektur 362
　und Datenschutz 249
　und Sicherheit 221, 256
　und TOGAF 9.x 315
　und Webanwendungen 295
CMDB *siehe Configuration Management Database*
Coaching 154
COBIT *siehe Control Objectives for Information Technology*
Committee of Sponsoring Organizations of the Treadway Commission (COSO) 274
　Risikowürfel 274
Compliance 2, 10, 14, 16, 39, 59, 90, 197, 426
　Abgabenordnung 213
　Aufbewahrungsfristen 213
　Basel II und III 202
　Clinger-Cohen Act 218
　COBIT Audit 215

Compliance (Fortsetzung)
 Definition 197
 E-Mail-Archivierung 213
 KonTraG 212
 Solvency II 206
 SOX 206
 Stilllegung von IT-Systemen 214
 Themen 201
 und Architekturbudget 376
 und Werkzeugunterstützung 359
Computer-Forensik 245
Concerns 33
Configuration Management Database
 (CMDB) 340, 348, 412
Control Objectives for Information
 Technology (COBIT) 205, 210, 213
 Audit 210
 Definition 328–329
 for Risk 273
 Nutzen von 334
 Prozesslandkarte 330
 und Compliance 215
Corporate Compliance 200
 Arbeitsgebiete 200
 Rechtsquellen 200
 Würfel 200
Corporate Governance 119
COSO *siehe Committee of Sponsoring
 Organizations of the Treadway
 Commission*
Credit Suisse 115
Crowdsourcing 47
Customer Intimacy 126

D

Dampfwalze 164
Datenmodell
 logisches 324
 unternehmensweites 142, 288, 340
Demilitarized Zone (DMZ) 264
Dern, Gernot 28
Differenzierung 126–127
DMZ *siehe Demilitarized Zone*
Dunkelverarbeitung 47

E

EA *siehe Enterprise Architecture*
EAM *siehe Enterprise Architecture
 Management*
Einkauf, Kostenreduktion durch 54
Enterprise Architecture (EA) 23, 31, 301,
 423
 Definition 24
 Frameworks 301
 Ordnungsrahmen 302, 304
Enterprise Architecture Management
 (EAM) 23, 31, 301
 agiles 361
 Frameworks 11, 301
 Marktanteil 305
 Informationsmodell 7, 318
 Kern 6
 Konfiguration 35, 64
 Lean 361
 Metrik, modellbasierte 191
 musterbasiertes 7, 32, 362
 patternbasiertes 35
 Patternkatalog 33
 Patterns 32–33
 Managementprozessmuster 61
 Zielmuster 37
 Prozess
 Modellierung von 191
 Prozesslandkarte 61, 343
 Prozessmodell 8
 Überblicksbild 10
 Werkzeuge 11, 194
Enterprise Compliance 200
Enterprise Resource Planning (ERP) 126,
 161, 337, 341, 349, 351, 375, 380
Enterprise Service Bus (ESB) 294
Entscheidungsrechte 69, 134–135
Entwicklungsprozess, agiler 50
Ernst, Alexander 33
ERP *siehe Enterprise Resource Planning*
Ertragskraft, Verbesserung der 45
ESB *siehe Enterprise Service Bus*

F

Facharchitektur 29
  Beispiel 286
  Definition 285
  Nutzen 287
  Referenzmodell 287
  und Bebauungsplanung 288
  und Migrationsplanung 285
  und Projektaufträge 287
  und Zachman-Framework 324
Fehlerticket 350, 404
Fixkosten 390
Flexibilität, Messung von 56
Fly on the Wall 153
Footprint 83
Forensik 245
Forrester Group 339
Fraktale 384
Frameworks
  COBIT 328
  Definition 301
  für Architektur 302
  ITIL 334
  und Modellierungswerkzeuge 352
  Zachman-Framework 323
Function Points 391
Furrer, Frank J. 115
Fusion 58–59, 159
  und IT-Anwendungsportfoliomanagement 159
Fusionsmanagement 39

G

Gartner Group 65, 295, 339
  Raster für IT-Strategien 69
  und IT-Strategie 65
Germania 382, 386
Geschäftsarchitektur 26, 425
  Trennung von IT-Unternehmensarchitektur 31
Geschäftsfähigkeit 74
  Bewertung von 80
  Definition 75
  Footprint 83
  Granularität 80
  Investitionssteuerung mit 76
  Katalog von 78
  Landkarte 79
  und Sourcing 82

Geschäftsmodell 15, 27, 46, 325
  Crowdsourcing 47
  Free 48
  Muster 46
  Template 27
  Zerlegung von 47
Geschäftsprozess
  Ausfallsicherheit 376
  Umbau 347
  Vereinheitlichung von 74
  virtualisierter 69
Geschäftsstrategie 28, 416
  als Grundlage für IT-Strategie 65
  im IT-Strategieprozess 67
  Probleme
    keine Betriebsstrategie 73
    keine Managementunterstützung 72
    nicht dokumentiert 72
    nicht fokussiert 72
    widersprüchlich 72
  und Normstrategien nach Porter 127
  und Reife der Industrie 125
  und Unternehmenstyp 125
  Werttreiber 126
Governance 119
Greenfield Approach 117
Gremien der IT-Unternehmensarchitektur 132
Groupware 403

H

Hanschke, Inge 363
Heat Map 76
  Beispiel 78
Heterogenität, Reduktion von 39, 58, 165
Hierarchiedenken 395, 397
HR-Management 286
Hybrides Wiki 180, 182

I

IAF *siehe Integrated Architecture Framework*
IEEE 1471-2000 175
  Viewpoint 176
Information-Model-Patterns 34
Informationsarchitektur 285
  Abgrenzung Facharchitektur 288

Informationsmodell 7, 10, 36, 179, 183, 318
  Metamodell 180
  Sichten 36, 167
  und TOGAF 181
Informationssicherheits-Managementsystem 235
Infrastrukturarchitektur im Zachman-Framework 325
Inkonsequenz 398
Innovation 99
  und Chefmechaniker 100
  und Unternehmenstyp Gewinner 128
Integrated Architecture Framework (IAF) 306
Integration
  eines Werkzeugs für IT-Unternehmensarchitektur 337
  Leiter der 160
  und innovative Anwendungen 99
  und IT-Strategie 67
Integriertes Planungswerkzeug für eine IT-Funktion (IPIT) 339
  Definition 337
  Funktionsblöcke 343
  Marktsituation 358
  nicht funktionale Anforderungen 351
  Reporting 352
  Schnittstellen 340
  Umfang 342, 353
  und Blueprints 346
  unterstützte Prozesse 343
  Usability 353
Intervallkarte 288
  Definition 174
Inventarisierung 90
I-Patterns 34
IPIT *siehe Integriertes Planungswerkzeug für eine IT-Funktion*
ISMS *siehe Informationssicherheits-Managementsystem*
ISO 27000 234
IT-Anwendungsportfolio
  Matrix 96
  und Fusionen 159
IT-Anwendungsportfoliomanagement
  als Linienaufgabe 135
  Modellbasis 348
  und Facharchitektur 287
  und Fusionen 159
  Werkzeugunterstützung 345

IT-Architektur 5
  Personalstärke 380
IT-Architektur-Governance 121, 130
IT-Asset-Management 340, 412
  Werkzeugunterstützung 348
IT-Bebauungsplanung 135, 341, 388
  Bebauungsplaner 380
  fachliche 285
  und Aufgabenabgrenzung zu Projektarchitekt 401
  und Facharchitektur 288
  Verwendung im Projektmonitoring 148
  Werkzeuge nur für Bebauungsplanung 355
IT-Budget 12, 53, 70, 100, 124, 127, 133, 197, 215, 350, 377, 390, 397, 402, 406
IT-Controlling 5
  Steuerungsgrößen 391
IT-Duopol 122
IT-Einkauf 54
IT-Fitnessprogramm 377, 412
IT-Gesamtverantwortlicher 15
ITGI *siehe IT Governance Institute*
IT-Governance 3, 119, 159, 165
  Archetyp
    Anarchie 122
    Feudal 122
    Föderal 122
  Definition 120
  dezentrale 58
  Hierarchie von Systemen 121
  im IT-Strategieraster 69
  Regelkreise 121
  Stile 122
  synergistische 125, 129, 132, 160, 165
  und agile Unternehmen 419
  und Architektur-Governance 131
  und Maxime-Prozess 67
  und TOGAF 119
  und Unternehmenstyp 125
  Werkzeugunterstützung 342
IT Governance Institute (ITGI) 120
ITIL *siehe IT Infrastructure Library*
IT Infrastructure Library (ITIL) 140, 334, 411–412
  Definition 335
  Incident Management 350
  Problem Management 350

IT Infrastructure Library (ITIL)
(Fortsetzung)
Systembetrieb 350
Überblicksbild 336
versus IPIT 353
IT-Komitee 133
IT-Kosten
Reduktion 45, 48
Agilität 50
Einkaufseffekte 51
IT-Unternehmensarchitektur 52
Offshoring 50
Optimierung der Infrastruktur 52
Programme 49
Rechenzentrumskonsolidierung 51
richtige Prioritäten 49
IT-Management 1, 3
Compliance 197
Frameworks 327
Informationsmanagement 327
IT-Governance 327
Ordnungsrahmen 302
Qualitätsmanagement 327
Prozessmodelle 327
Sonstige Prozesse des 347
IT-Maxime 67
IT-Monarchie 122
IT-Planung, strategische
Definition 104
IT-Programmmanagement 5
IT-Projektportfoliomanagement
Werkzeugunterstützung 348
IT-Risikomanagement 10, 39, 59, 271, 426
Assurance 272
Betriebsrisiko 274
Projektrisiko 273
Risikoreaktion 275
Risikoregister 278
Risk IT 273, 279
Total Risk Profiling 276
und COBIT 273
und Risikomatrix 277
und Val IT 273
IT-Sicherheit 2, 10, 39, 59, 219, 426
Akteure 229
als Prozess 228
Anforderungen 223
Assurance 237
Aufgaben der 231

IT-Sicherheit (Fortsetzung)
Aufgaben des Unternehmens-
architekten 253
Bebauung 258
bedarfsgerechte 221
Bedrohungsanalyse 242
Bedrohungslage 219
Behandlung 247
Dienstleister und 226
Dimensionen 221, 224
Dokumentation 251
Ebenen 228–229
Entdeckung 245
Forensik 245
Grundwerte 222
Hardwaresicherheit 224
internationale 227
ISMS 235
Management der 232
Netzwerkinfrastruktur 264
Netzwerksicherheit 224
Organisation 228
Patterns 254
Penetrationstests 253
Projektvorgaben 268
Quellen von Anforderungen 223
Reaktion auf Vorfälle 237, 249
Risikomanagement 237
rollenbasierte Berechtigungen 260
Schutzbedarfsanalyse 240–241
Schutzzonen 263
Sicherheitsbebauung 258
Sicherheitsmaßnahmen
funktionale 260
Logging 262
nicht funktionale 263
Zugriffsschutz 261
Strategie 238
und Codierung 267
und Infrastruktur 267
und IT-Betrieb 267
und Programmierfehler 267
und Verschlüsselung 266
IT-Strategie 65, 161, 308, 314, 325
als Einführungsweg für
IT-Unternehmensarchitektur
412
Anwendungsstrategie 71
Beschluss über 135
Durchsetzung 143

IT-Strategie (Fortsetzung)
    Einkaufsstrategie 67, 71
    Infrastruktur-Betriebsstrategie 71
    kommunizieren 137
    Strategieraster 69
    Werkzeugunterstützung 338, 344
    Zeit nehmen für 400
IT-Unternehmensarchitekt 11, 13
    allwissender 386
    Anzahl von 380
    Aufgabenabgrenzung 146
    Aufgabenabgrenzung zur
        Projektarchitektur 399
    Gefahren für 388
    Tipps und Tricks für 373
    und Chefmechaniker 394
    und Compliance 198
    Wirksamkeit 389
IT-Unternehmensarchitektur
    agile 362
    als Substantiv 24
    als Tätigkeit 30
    Definition 28
    Einbettung in Organisation 391
    Einführungspfade 411
        in dezentralen Konzernen 419
        Unterstützung durch das
            Topmanagement 412
    Personalstärke 379
        und Fertigungstiefe 380
    Professionalisierung 379
    Prozesslandkarte 31
IT-Vorstand 15

K

Kartengrund 175
Kernsystem, fachliches 99, 285–286, 380
Key Visual 93
Kiviat-Diagramm 406
Knoten, physischer 348, 377
Komplexitätsreduktion 92, 135, 138,
    378, 380
Konfigurationsmanagement 381
Konsolidierung
    der Infrastruktur 378, 421
    von Anwendungen 161, 165
KonTraG 212
Kostendilemma 402
Kostenführerschaft 74, 125, 127
Kostenlose Angebote 48
Kundenorientierung 364

Kundenselbstbedienung 47
Kundenzufriedenheit 57

L

Lean
    Architekturprozesse 364
    Prinzipien 363
    Vergleich mit agil 367
    Verschwendung 364
    Wertflussorientierung 364
Legacy 69, 375
Lösungsarchitektur 29
Lösungsarchitekt, Nutzen des Buches für
    16

M

Magische Orange 52
Makro-Architekturmuster 8, 11, 281
Managed Evolution 10, 115
    Zielkorridor 118
Managementprozessmuster 7, 36, 61
Marchitecture 93, 284
Marktwachstum-Marktanteil-Portfolio
    96
Maßnahmenplanung, strategische 109
Matthes, Florian 33, 182
Maxime-Prozess 73, 344
    als Abhilfe gegen Verzetteln 398
    Beispiel 74
Meta Group 379, 453
Metaeditor 357
Metamodell
    für IPIT 346
        bekannte Frameworks 352
        Konfiguration 351
    konfigurierbares 351
    UML-Werkzeug 355
Methodology-Patterns 33
Microservices 87, 297, 362, 369
Migration 285
    Anwendungskonsolidierung 161
Mile Wide – Inch Deep 93
Mitarbeiterentwicklung 51
Modellierung
    als Nebentätigkeit 418
    Tiefe der 92
    Werkzeugunterstützung 346
Monitoring von Projekten 143
    Projektbegleitung 146
    Werkzeugunterstützung 347
    Ziele 143

M-Patterns 33
Murer, Stephan 115
Muster, Rekursion 384

N

Nachfrageseite 394
Nelius, Ralph 290
Netweaver 284
Nischenstrategien 127
Nokia 44

O

Oelmaier, Florian 219
Offenheit, mangelnde 397
Offshoring 50
Open Source, Frameworks 295
Operational Excellence 126, 396, 398
Orange, magische 52–53
Organisationsformen für IT
    klassisch 389
    modern 391
Organisationsvorstand 133
Outsourcing 17, 69, 99, 212, 391

P

Pattern
    Community 153
    Konferenz 152
    Mile Wide – Inch Deep 92
    Viewpoint-Pattern 175
    Viewpoints 177
Piecemeal Growth 387
Poolkonzept 390
Poor Dogs 97
Portfolio, Definition 86
Post-mortem-Analyse 149
Problemticket 350
Product Leadership 126
Produktflexibilität 57
Projektarchitektur 144, 147, 302, 325, 380, 386
    Aufgaben 401
    Zusammenarbeit mit IT-Unternehmensarchitekt 398
Projektarchitekt, Nutzen des Buches für 16
Projektbegleitung 146
    kontinuierliche 146
    Retrospektive 149
    Reviews 149
    Werkzeugunterstützung 347
Prozesslandkarte 61

Q

Qualität 138, 161
    der Kernanwendungen 99
Qualitätssicherung 144, 402
Question Marks 97, 99

R

Radar Chart 405, 412
Rechenzentrumskonsolidierung 51
Redundanz, funktionale 129, 144, 173, 390
REST 297, 362, 369–370
Retrospektive 149
Return on Investment (ROI) 160, 373, 396
    relativer 160
    von IT-Unternehmensarchitektur 374
Reviews 149
    als Dienstleistung 146
    und positives Formulieren 151
    und Rückdelegation 154, 400
    und Wertschätzung 150
Richtlinien
    abstimmen 140
    aktuell halten 142
    Bedarf erkennen 137
    Einhaltung prüfen 144
    entwerfen 139
    formulieren 140
    kommunizieren 141
    messbar machen 140
    Prozess 137
    und Rückdelegation 154
    Werkzeugunterstützung 346
    zur Komplexitätsreduktion 135
Risiko, Definition 274
Risikomanagement 2, 271
Risikomatrix 277
Risikoreaktion 275
Risikoregister 278
Risikowürfel 274
Risk IT 273, 279
    Überblick 280
ROI *siehe Return on Investment*
Rückdelegation vermeiden 154, 400
Run the Business 330, 391

S

Safety 222
Sandwich-Technik 153
SAP 286, 337, 340, 349, 352

SAP-HR 286
Sarbanes-Oxley Act (SOX) 207
    als Chance 211
    Audit mit COBIT 210
    Gültigkeitsbereich 207
    Konsequenzen 209
    Privathaftung 209
    relevante Auszüge 208
    und Architekturbudget 211
    und IT-Sicherheit 210
    und Mittelstand 211
Schekkerman, Jaap 303, 305
Schnittstellen
    eines IPIT 338
    IPIT zu IT-Asset-Management 348
    Rolle bei Projektbegleitung 148
    und Facharchitektur 285
    zum Planungssystem 338
Schönherr, Marten 304
sebis, Toolstudie 339
Semantisches Wiki 186
Service Level Agreement (SLA) 293
Service Oriented Architecture (SOA) 110
    Basiskomponenten 291
    Definition 290
    Elemente 294
    Frontends 290
    Governance 122, 154, 351
        Definition 155
        operationale 157
        Schichten 155
        technische 157
    Infrastruktur 294
    Komponenten 292
    mit zentraler Verwaltung 340
    Motivation für 158
    Orchestrierung 291
    Prozesskomponenten 291
    Schichten 290
    Service
        Implementierung 293
        innerer Aufbau 292
    Service Repository 295
    und Geschäftsmodelle 158
Service Repository 295
Serviceportfolio
    Definition 111
    Management 110
    Schichtenmodell 113
    Schritte 113
    und Capabilities 111

Services
    Geschäftsservices 113
    technische 113
Sicherheit *siehe IT-Sicherheit*
Sicherheitsbebauung 258
Silo, funktionales 389
Single Sign-on 261
Skaleneffekt 125, 212
SLA *siehe Service Level Agreements*
Slama, Dirk 290
SOA *siehe Service Oriented Architecture*
SocioCortex 182
Softwarearchitektur 139, 198, 387
    Lösungsarchitektur 2
    und EAM-Frameworks 302
Softwareentwicklungsprozess
    Kostenreduktion 50
    Qualitätsstandards 138
    und Anwendungsportfolio 99
    und Compliance 198
    und IPIT 349
Softwarekarten
    Clusterkarte 171
    Intervallkarte 174
    ohne Kartengrund 175
    praktische Herausforderungen bei
        Erstellung 168
    Prozessunterstützungskarte 172
    Typen von 170
    Werkzeugunterstützung 345–346
Sourcing-Strategie 54
SOX *siehe Sarbanes-Oxley Act*
Spider Chart 406
Stadtarchitektur 385
Stadtplanung 386
Standardkomponenten 295
Standardprodukte 288, 297
Standards
    COBIT 210, 328
    ITIL 334
Standardsoftware 165
    Customizing 352
Standardstrategie 97
Stars 97, 99
Story – MagicOrange 53
Strategie
    Definition Gartner Group 66
    Definition von Clausewitz 66
Strategieprozess 67
Strategische IT-Planung
    Abstimmung 108

Strategische IT-Planung (Fortsetzung)
    Analyse 107
    Definition 104
    Erfassen der Anforderungen 106
    Maßnahmenplanung 109
    Vorgehen 104
    Zielbebauung 108
Studierende, Nutzen des Buches für 17
Synchronisationsmanagement
    Werkzeugunterstützung 350
Synergie 74, 122, 126–127, 420
Systemarchitektur 324
Systembetrieb 330, 335, 389, 391
Systemhaus 330, 391

T

Technical Debt 116
Technische Universität München (TUM),
    EAM-Patternkatalog 33
The Open Group Architecture Framework
    (TOGAF)
    TOGAF 9 29
    TOGAF 9.x 307
        ADM 309
        Content Metamodel 30, 181
        Foundation Architecture 321
        Integrated Information
            Infrastructure Reference
            Model (III-RM) 322
        Marktanteil 305
        Referenzmodell Infrastruktur 316
        Technical Reference Model 321
        und Anwendungsportfolio-
            management 314
        und Architektur-Governance 317
        und Einführungspfade 319
        und Infrastrukturportfolio 315
        und IT-Strategie 308, 314
        und IT-Unternehmensarchitektur
            308
        und Toolunterstützung 319
        und Vorversionen 308
Time-to-Market 54
    Produktflexibilität 57
TOGAF siehe The Open Group
    Architecture Framework
Total Risk Profiling (TRP) 276
    Risikomatrix 277
    Vorgehen 277
Toyota, Produktionssystem 44
Tricia 187

TRP siehe Total Risk Profiling
TUM siehe Technische Universität
    München

U

UML siehe Unified Modeling Language
Unified Modeling Language (UML)
    und IEEE 1471 176
    Werkzeuge und Architekturmodel 355
Unternehmensberater 412
Unternehmensplanung 32
Unternehmenstyp 74, 125
Usability 353

V

Verschlüsselung 266
Verschwendung 364
Verzetteln 72, 127, 397, 418
Viewpoint-Pattern 33, 175, 177
Virtual Private Networks (VPN) 265
Vision bei der Strategiedefinition 66
V-Patterns 33, 175, 177
VPN siehe Virtual Private Networks

W

Wartungskosten 161
    gedeckelte 51
Webarchitektur 295
Welch, Jack 397, 407
Werkzeuge für IT-Unternehmens-
    architektur 337
    Ablage für Blueprints 346
    Abwägungen 339
    Ad-hoc-Werkzeuge 355
    Aufsätze 354
    BPM-Werkzeuge 354, 357
    Entstehungsgeschichte 356
    IPIT 339, 354
    Marktsituation 358
    Metaeditoren 357
    nicht funktionale Anforderungen 351
    Planungswerkzeuge 353
    Schnittstellen 349
    Systemverwaltungssoftware 357
    Umfang 342
    UML-Werkzeuge 355
    und Balanced Scorecard 356
Wertflussorientierung 364
Wettbewerbsvorteil 285
    Werttreiber 126
Wiederverwendung
    Kostendilemma 402

Wiki 182, 403
　Einsatzmöglichkeiten 193
　Funktionsweise 183
　hybrides 180, 182
　　Page Ranks 194
　　RSS 192
　　Suchoption 191
　　Zugriffsschutz 194
　Informationsmodell im 183
　semantisches 186
　Struktur 185
　Web 182
Wikipedia-Definitionen 19
Writers' Workshops 153

Z
Zachman Institute for Framework
　　Advancement (ZIFA) 324
Zachman, John A. 374–375, 427
　Framework 323
Zielbebauung 108
Zielmuster 7, 36–37
　Kostenmanagement 38
　Kundenzufriedenheit 39, 57
　Optimierung von Sourcing-Strategien 38
　Reduktion von Heterogenität 39
　Time-to-Market 38, 54
ZIFA *siehe Zachman Institute for Framework Advancement*

Stefan Tilkov · Martin Eigenbrodt
Silvia Schreier · Oliver Wolf

REST und HTTP

Entwicklung und Integration nach dem Architekturstil des Web

3., aktualisierte und erweiterte Auflage, 2015
330 Seiten, Broschur
€ 37,90 (D)

ISBN:
Buch   978-3-86490-120-1
PDF   978-3-86491-643-4
ePub   978-3-86491-644-1

Das Buch bietet eine praktische Anleitung zum professionellen Einsatz von RESTful HTTP für Webanwendungen und -dienste. Dazu beschreibt es den Architekturstil REST und seine Umsetzung im Rahmen der Protokolle des Web (HTTP, URIs u.a.). Es zeigt, wie man verteilte Anwendungen und Webservices im Einklang mit den Prinzipien des Web entwirft. Grundlagen und fortgeschrittene Techniken werden detailliert erläutert und anhand einer Beispielanwendung umgesetzt.

Neu in der dritten Auflage ist unter anderem die Behandlung von HAL, collection+json und Siren, sowie das Zusammenspiel nach dem ROCA-Prinzip.

dpunkt.verlag
www.dpunkt.de

Carola Lilienthal

Langlebige Software-Architekturen

Technische Schulden analysieren, begrenzen und abbauen

1. Auflage, 201,
288 Seiten, Broschur
€ 34,90 (D)

ISBN:
Print 978-3-86490-292-5
PDF   978-3-86491-882-7
ePub   978-3-86491-883-4
mobi   978-3-86491-884-1

Softwaresysteme und IT-Landschaften bestehen aus einer Vielzahl an Elementen und Beziehungen, die in ihrer Gesamtheit eine äußerst komplexe Struktur bilden. Darüber hinaus ist es im Lebenszyklus von Softwaresystemen unvermeidlich, dass die Architektur mit der Zeit degeneriert und ArchitekturerosioEn einsetzt. Das beste Mittel, um diese beiden Probleme (Größe und Architekturerosion) zu entschärfen, ist, eine möglichst einfache und gleichartige Softwarearchitektur zu wählen und diese regelmäßig zu überprüfen: also Einfachheit von Anfang an, die fortwährend qualitätsgesichert wird.

Die Autorin beschreibt in diesem Sinne detailliert Architekturkonzepte, Architekturmuster und Architekturstile, die Architekturanalyse und Architekturbewertung, was architekturelle Einfachheit, Modularität, Geordnetheit und Mustertreue bedeutet sowie das praktische Vorgehen in Projekten. Auch die Themen Architektur und Agilität sowie die Rolle des Architekten im agilen Projekt werden behandelt.

dpunkt.verlag
www.dpunkt.de

Rezensieren & gewinnen!

Besprechen Sie dieses Buch und helfen Sie uns und unseren Autoren, noch besser zu werden.

Als Dankeschön verlosen wir jeden Monat unter allen neuen Einreichungen fünf dpunkt.bücher. Mit etwas Glück sind dann auch Sie mit Ihrem Wunschtitel dabei.

Wir freuen uns über eine aussagekräftige Rezension, aus der hervorgeht, was Sie an diesem Buch gut finden, aber auch was sich verbessern lässt. Dabei ist es egal, ob Sie den Titel auf Amazon, in Ihrem Blog oder bei YouTube besprechen.

Schicken Sie uns einfach den Link zu Ihrer Besprechung und vergessen Sie nicht, Ihren Wunschtitel anzugeben: www.dpunkt.de/besprechung oder besprechung@dpunkt.de

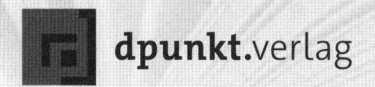

dpunkt.verlag

dpunkt.verlag GmbH · Wieblinger Weg 17 · 69123 Heidelberg
fon: 0 62 21/14 83 22 · fax: 0 62 21/14 83 99